주희의
역사세계

상

주희의
역사세계

상

위잉스 지음 ｜ 이원석 옮김

글항아리

차례

상

차례

하

일러두기

_ 저자 주와 옮긴이 주는 모두 미주로 처리했다. 구분을 위해 옮긴이 주에는 '―옮긴이' 표시를 해두었다.

_ 본문 내 ( )는 저자, [ ]는 옮긴이가 부연설명한 것이다. 단 연도를 밝혀줄 때는 가독성을 위해 ( )를 사용
  했다.

상

통론

　베이징의 싼롄서점이 '위잉스余英時 작품 시리즈' 여섯 권을 출판하기로 한 이 기회를 빌려 이 여섯 권이 지니는 성격을 설명해보려 한다.

　역사학 저술인『방이지의 만년方以智晩節考』『대진과 장학성論戴震與章學誠』, 그리고『주희의 역사세계朱熹的歷史世界』는 각각 독립된 단위를 이룬다. 이 세 책은 개별 사상가 이름을 표제로 삼기는 하지만, 연구 중심은 그들이 대표하는 시대에 놓여 있다.『방이지의 만년』은 방이지方以智(1611~1671)가 만년에 펼친 활동과 그가 최후로 황공탄惶恐灘[1]에 은거했던 일을 추적하지만, 이 책은 일반적 의미의 전기 연구는 아니다. 나는 명나라 멸망 이후 방이지의 생활과 사상을 통해 당시 사대부 유민의 정신세계 일각을 드러내고자 했다. 왜냐하면 명청 교체기는 중국 역사상 천지가 뒤집어진 비극적 시대였기 때문이다. 현대에 와서 천인커陳寅恪 선생은『유여시 별전柳如是別傳』에서 그런 정신세계를 심금을 울리게끔 서술해놓았지만, 1971년 내가『방이지의 만년』을 쓸 때『유여시 별전』원고는 아직도 먼지 속에 있었다. 방이지와 전겸익錢謙益이 명나라 회복을 위해 함께 일을 꾀한 적이 있다는 내용을 나중에『유여시 별전』에서 읽었으나,

안타깝게도 관련 이야기가 상세히 기록되어 있지는 않았다. 이런 의미에서 『방이지의 만년』은 『유여시 별전』에 대한 주석이라 할 수도 있다.

『대진과 장학성』은 어째서 송나라와 명나라의 이학理學이 변하여 청나라의 경전 고증학이 되었는가 하는 문제에 답하고자 저술된 책이다. 중국 학술사상사의 이 중대 변환에 대해 20세기 초 이래 여러 사학자는 이미 여러 해석을 제시해놓고 있었다. 이런 설들이 각각 근거가 있기는 했지만, 나는 아직 파악하지 못한 더 핵심적인 실마리가 있을 것이라 시종일관 생각하고 있었다. 송명 이학과 청대 고증학이 모두 전체 유학의 전통 내에 자리 잡고 있음을 부정할 사람은 없을 것이다. 그렇다면 이학에서 고증학으로 변화한 데에는 반드시 내적 요소가 있으며, 밖에서만 관찰해서는 결코 그 변화의 근거를 온전히 해석해낼 수 없을 것이다. 나는 나흠순羅欽順(1466~1547)의 『곤지기困知記』 중 한 구절을 읽게 되었는데 그 의미는 대체로 이랬다. 곧 "본성이 곧 리다性卽理"와 "마음이 곧 리다心卽理" 사이의 논쟁에서 이미 각각 한쪽만 고집하면서 서로 지지 않으려는 지경까지 이르러, 만약 누가 옳고 누가 그른지를 진정하게 해결하려면 결국 "경전에서 증거를 취할 수取證於經書"밖에 없다는 것이었다. 나는 이 구절에서 한 줄기 빛을 볼 수 있었다. 정程·주朱와 육陸·왕王 사이의 형이상학적 논쟁이 막다른 골목에 이르자, 쌍방이 자기 입론의 근거로 삼았던 원시 경전으로 되돌아갈 수밖에 없었던 것이다. 이로부터 나는 다음과 같이 생각하게 되었다. 어째서 왕양명王陽明(1472~1529)은 주희朱熹(1130~1200)와 더불어 '격물格物' '치지致知' 문제를 논하기 위해 최후로 『대학고본大學古本』에 의지해야 했으며 원문 고증 영역으로 들어가야 했을까?

고염무顧炎武(1613~1682)의 "경학은 곧 이학이다經學卽理學"라는 명언이 건륭乾隆·가경嘉慶 연간 경학자들의 지도 원칙이었다는 사실은 현대 학자들이 일치해서 강조하는 바다. 그런데 나는 방이지가 『청원산지략靑原山志略』(1669년 간행본)을 위해 쓴 「발범發凡」에서 "이학을 경학 속에 숨긴다藏理學於經學"는 구절을 발견했다. 이 구절과 고염무의 명언은 마치 한입에서 나온 듯 똑같았다. 이는 이학에서 경전 고증으로 나아가는 것이 16~17세기 유학 내부의 공통 요구였음을 설명하는 것이 아닐까? 이런 실마리는 갈수록 많이 발견되었고 결국 나는 체계적 연구를 하기로 했다. 『대진과 장학성』은 그런 연구의 초보적 성과다. 이 책이 1976년 간행된 이래 명청 사상사 분야에서 적잖은 논쟁이 일어났다. 책의 '내적 논리inner logic' 연구법이 특히 논쟁거리가 되었다. 논쟁은 주로 해외(일본과 미국을 포함) 학술계에서 일어났다. 오해를 풀기 위해, 나는 1996년의 증정본 「서문」에서 요점을 담아 대응했다. '내적 논리'는 이 책의 특수성에 상응해 채택된 방법일 뿐이지 학술사상사를 연구하기 위한 유일한 길이라고 주장했던 것은 아니라고 말이다. 그렇지만 학술사상사를 연구하면서 '내적 논리'를 전적으로 경시함은 마치 보탑寶塔을 지으면서 탑머리를 빼먹는 것과 같아, 그렇게 한다면 연구를 위한 온전한 노력을 다하지 못하게 된다고 나는 굳게 믿고 있다. 혹은 왕안석王安石이 '도를 이야기했던 것'에 대해 정호程顥가 비판했던 것을 떠올릴 수도 있다. 정호에 따르면, 왕안석은 "곧바로 탑 속에 들어가 위로 올라가서 상륜相輪을 찾지直入塔中, 上尋相輪" 않고, 다만 탑 밖에서 "13층 탑 위의 상륜에 대해 이야기할 뿐說十三級塔上相輪"이었다. 이제 싼롄서점이 『대진과 장학성』을 본 '시리즈' 속에 포함시켰으므로, 더 많은 새로운 독자로부터 가르침을 받을 수 있기를 바란다.

『주희의 역사세계』는 지난해(2002)에 비로소 완성된 책인데, 포함하는 시대나 다루는 범위가 모두 앞 두 책을 훨씬 뛰어넘는다. 이 책은 송대 문화사와 정치사에 관한 종합 연구이지만, 별도로 특수한 연구 중점이 들어 있다. 이 책의 초점은, 송대 신유학을 중심으로 삼는 문화적 발전과, 개혁을 기본 경향으로 삼는 정치적 동태에 놓여 있다. 배후의 최대 동력은 당시의 신흥 '사士' 계층으로부터 나왔기 때문에, 이 책의 부제는 '송대 사대부의 정치문화 연구'가 됐다. 송대의 '사'는 문화적 주체로서 자처했을뿐더러 정치적 주체의식을 고도로 발전시키기도 했다. "천하를 나의 임무로 삼는다以天下爲己任"는 말은 그것을 가장 뚜렷이 나타내는 슬로건이다. 이는 당 말과 오대五代 이래 여러 역사적 변동이 함께 조성해놓은 것이었다. 다뤄지는 역사적 현상의 복잡성과 상응하여, 책의 구조는 서로 관련 있으면서도 독립하는 3개 부분으로 구성되었다. 상편은 송대 정치문화의 구조와 형태를 전체적으로 서술했다. 하편은 주희 시대의 이학 쪽 사대부 집단과 권력세계 사이의 복잡한 관계를 주제별로 서술했다. 상편 속 「서설緒說」은 그 자체로 독립적인 글로서, 정치문화적 관점에서 도학道學(또는 이학)의 기원·형성·변화·성격을 체계 있게 그리고 여러 측면에서 검토했다.

20세기 이래, 도학 또는 이학은 일찍부터 철학사 연구 분야로 편입되었다. 서양에서 기원하는 '철학'을 취사의 표준으로 삼을 때, 이학 가운데서는 형이상학적 사유와 관련된 부분만이 현대 철학사가들의 주목을 받기 마련이다. 서양의 어떠한 철학적 관점을 채택했든 간에, 지난 100여 년간 이뤄진 이학 연구에서 철학적 측면의 연구 성과는 아주 뚜렷이 드러났다. 그렇지만 이학의 '철학화'는 커다란 대가를 치러야 했다. 곧 이학의 형이상학적 사유가 이학 전체로부터 독립해나갔고, 더욱이 그것은 유학이라는 커다란 전통으로부터 떨어져나갔다. 나는 「서설」에서 전체적holistic 관점하에서 이학을 그 원래의 역사적 맥락 context으로 되돌려놓음으로써 이학을 새롭게 인식하려고 시도했다. 이는 결코 '역사화'로써 '철학화'를 대체하려는 것이 아니라 새로운 참고 체계를 제공함으로써 이학 연구가 점차 동태적 평형 상태로 나아가게끔 하려는 것이다.

싼롄서점 편집부의 건의에 따라, 본 '시리즈' 중 다른 세 책(『문사·사학의 전통과 문화의 재건설文史傳統與文化重建』『현대의 위기와 사상·인물現代危機與思想人物』『현대 유학의 회고와 전망現代學的回顧與展望』을 가리킨다)은 내가 과거에 썼던 단편 논문들로부터 선택하여 세 가지 서로 다른 주제에 따라 묶어놓은 것이다. 세 책에 실린 논문들이 다루는 시대·지역·범위는 앞서 서술한 세 권보다 훨씬 넓어, 여기서 하나하나 소개할 수는 없다. 아래에서는 나의 중국사 연구 구상과 걸어온 길을 소략하게 설명하여, 독자들이 이 '시리즈'를 이해하는 데 도움이 되게끔 하려 한다.

나의 전공은 19세기 이전의 중국사다. 이미 발표한 여러 논문에 입각해 말하자면, 시기상으로는 춘추전국시대부터 청나라 중엽까지에 해당되고, 다루는 분야는 사회사, 문화사, 사상사, 정치사, 중외 관계사漢代 등 광범위하다. 그렇지만 나의 목적은 잡박하면서도 체계가 없는 '박식'을 추구하는 것도 아니고, '전문'으로부터 '종합'으로 나아가서 마침내 모든 것을 포괄하는 '통사通史'를 쓰려는 것도 아니다. '박식'은 과거 '문인'들의 이상으로서 때로는 묘미가 있기도 하지만, 체계적이며 신뢰할 지식을 구성할 수는 없다. '통사'는 중국의 사학 전통 속에서 여러 사람이 지향했던 최고 경지인데, "하늘과 사람의 관계를 궁구하고, 고금의 변화에 통달하며, 일가의 학설을 이룬다窮天人之際, 通古今之變, 成一家之言"는 사마천司馬遷의 말이 그 이상을 잘 표현한다. 그렇지만 현대의 학문 체계 내에서 그런 저작은 '사변적 역사철학speculative philosophy of history'에서만 찾아볼 수 있을 뿐이다. 예를 들어 헤겔의 『역사철학』, 슈펭글러의 『서양의 몰락』, 또는 토인비의 『역사의 연구』가 그것이다. 현대의 사학 분야에서 이른바 '통사'는 역사교과서의 명칭에 불과할 뿐이다. 그렇지만 사변적 역사철학이든 역사교과서든 모두 나의 흥미에 맞지 않는다.

나는 젊었을 때 사학 분야에 들어온 뒤 한 가지 구상을 품고 있었다. 곧 어떻게 서양(주로 서유럽) 문화와 체계적으로 대비함으로써 중국 문화 전통의 특색을 인식할 것인가 하는 구상이었다. 당연히 이 문제는 '5·4운동'을 전후하여 처음으로 나타난 새로운 것이었다. 량수밍梁漱溟(1893~1988) 선생의 『동서문화와 그 철학東西文化及其哲學』[2]이 한 시대를 풍미한 까닭은, 당시 중국의 모든 지식인이 마음속으로 품고 있던 큰 문제를 그 책이 대신 제기했기 때문이다. 몇몇 추상적 철학 개념에 바탕을 둔 량수밍 선생의 해법은 당시에 크게 유행했지만 지금은 벌써 다 잊혀버렸다. 이는 량 선생의 생각이 깊지 않아서가 아니라, 한 사람 또는 소수의 사람이 단기간 내에 단지 사고에만 의지해서 대답하기에는 그 문제가 무척 컸기 때문이다. 서양의 문화적 전통이든 중국의 문화적 전통이든 모두 역사의 긴 흐름 속에서 점차 변화해가며 이뤄진 것이고,

그러는 가운데 수많은 발전 단계를 거친다. 게다가 문화적 전통은 한 덩어리의 혼돈과 같은 것이 아니라, 정치 체제, 경제 형태, 사회 조직에서 사유 방식에 이르기까지 각 분야에 걸쳐 그 변화의 궤적이 추구되어야 하거니와 다른 한편으로는 그런 각 분야의 상호 관계가 종합적으로 관찰되어야 하는 것이다. 그래서 나는 역사 연구를 통해서만 중국의 문화 전통에 대한 기본 인식을 얻을 수 있다고 인식했다. 당연히 그것은 사학계가 장기간의 노력을 들여야 하는 공동의 작업일 것이다. 중국 사학의 현대화는 이제 시작 단계에 있기 때문에, 중국의 문화적 특색과 관련한 어떤 주장이든지 간에 아직은 증거가 더 필요한 가설일 뿐이다.

　나는 문화적 특색을 찾는 문제를 가지고 중국사 연구 분야에 들어오긴 했지만, 사학 연구에서 그처럼 커다란 문제는 연구 작업 중 단지 한 가지 기본 가설일 뿐이었다. 어떠한 전문 분야의 연구로 하여금 그 문제에 대한 구체적 해답을 직접 제시하도록 요구할 수도 없고 그럴 필요도 없다. 이 말이 지니는 뜻을 좀더 풀이해보자. 세계 주요 옛 문명 가운데서 중국의 문명 체계만이 장기적 지속성을 뚜렷한 특색으로 한다. 이는 현재 고고학에서 발견된 증거들에 의해 증명되므로 의문의 여지가 없다. 문자로 기록된 역사에 따르면, 중국은 상나라와 주나라를 거치면서 독특한 문화적 전통을 형성했고 그 전통이 오늘날까지 이어져오고 있다. 중국사는, 3000여 년간 변화도 기복도 많았지만, 바로 그 연속성으로 인해 유럽사와 선명하게 대비된다. 레이하이쫑雷海宗 (1902~1962) 선생은 이렇게 지적한 바 있다. 곧 유럽사에는 로마제국 분열 이후 유럽 전체를 통일한 국가가 다시 출현하지 않았지만, 중국사에는 진나라와 한나라의 제1주기가 끝나고 수나라와 당나라의 제2주기가 이어졌다고 말이다. 레이하이쫑 선생은 젊었을 때 미국에서 유럽 고중세사를 전공했고 귀국한 후에 비로소 중국사 연구를 시작했음에도 그의 관찰은 오늘날에까지 깊은 깨달음을 준다. 중국과 유럽이 각자의 역사적 길을 따라 전진했다는 것은 거시적으로나 미시적으로나 본래 문제가 되지 않을 것이다. 따라서 우리는 이를 기본 가설로 삼아야 한다. 그러고 나서 원시 사료에서 드러나는 내적 맥락에 바탕을 두고 중국 역사의 특정 시대와 문제를 연구해야 한다. 이를 통해 직접적으로는 중국사의 특수함을 증명해 보이고, 간접적으로는 중국 문화 전통의 특색에 대한 인식의 깊이를 넓힐 수 있을 것이다.

하지만 현대 중국의 사학계에서 이러한 기본 가설을 세우기는 매우 어렵다. 왜냐하면 20세기 초부터 중국 학자들이 서양의 실증주의적 사회이론(예를 들어 허버트 스펜서의 사회진화론)을 지나치게 숭배했기 때문이다. 스펜서는 옌푸嚴復가 번역한 『군학이언群學肄言』(『사회학 연구The Study of Sociology』) 서문에서 이렇게 말한다. "군학群學(사회학)이란 무엇인가? 과학의 원칙을 이용하고 사람들의 변화를 관찰함으로써 과거를 밝히고 미래를 예측하는 것이다." 옌푸는 서양의 사회학(군학)이 자연과학과 마찬가지로 사회 진화의 보편적 '법칙'을 발견했다고 굳게 믿었다. 그렇기에 문자학을 통해 중국 역사·문화의 발전 과정을 실증하려 한 장빙린章炳麟과 류스페이劉師培의 시도는 스펜서의 '원칙'에 부합하는 것이었다. 그렇지만 당시 서양 사회학자들이 말한 '진화 단계'는 사실 유럽 사회사를 모델로 세워졌기 때문에 장빙린과 류스페이의 시도는 서양 이론에 대한 숭배에서 비롯했다고 할 수 있다. 이들은 유럽 발전 과정의 각 단계를 보편적이며 유효한 전형으로 간주하고 유럽사 단계에 맞게 중국사를 구분해나가기 시작했다. 그때부터 이론상의 '서양 중심론'과 실천상의 '서양 전형론'이 중국사 연구의 주류 의식으로 자리 잡았다. 극단적 사례는 청대 학술사 연구에서 찾아볼 수 있다. 어떤 이는 그것을 '문예부흥Renaissance'에 견주어보고, 또 어떤 이는 '계몽운동the Enlightenment'에 견주어본다. '문예부흥'과 '계몽운동'은 모두 유럽사 특유의 현상인 데다, 유럽에서 이와 같은 역사적 현상이 일어난 시기와 청대 사이에는 300~400년의 시차가 있다. 그런데 어떻게 유럽의 것을 청대의 고증학과 비교할 수 있을까? 중국과 서양의 역사를 비교하는 것은 종종 큰 깨달음을 주기도 하지만, '견강부회forced analogy'는 중국사 연구에 혼란과 왜곡을 야기할 뿐이다. 그런데 '발을 잘라 신발에 맞추는' 분위기가 사학계에 생겨난 지 오래되어 단단히 뿌리내리고 있다. 이런 분위기 속에서 앞서 언급한 가설은 발 딛을 곳이 없다. 그렇지만 1970년대 이후 사학을 포함한 서양의 인문학, 사회과학은 분명한 방향 전환을 보이기 시작했다. 자연과학을 모범으로 삼는 실증주의, 문화적 일원론, 서양 중심론이 점차 퇴보하는 중이다. 이와 반대로 시간이 지날수록 다원 문화(또는 문명)의 관념이 받아들여지고 있다. 과거 '근대화 이론'을 제창했던 정치학자들은 이제 관점을 바꿔 '문명의 충돌'을 소리 높여 주장할 수밖에 없다. 아마도 그리 멀지 않은 미래에는 "중국 문화는 기원이 오래되고 오랜 시간 지속된 독특한 전통이다"라는 것이 사학 연구의 기본 가설 가운데 하나가 될 것이다.

이 '시리즈'에 수록된 논문집 세 권은 대체로 19~20세기 문화와 사상을 다룬다. 하지만 이는 내가 직업 규칙을 위반했음을 뜻하지 않는다. 따라서 내가 '자리에서 벗어난 생각出位之思'을 하거나 '자리에서 벗어난 말出位之言'을 한 것은 아니다. 19~20세기 문화와 사상 연구는 중국 전통 연구의 연장이기 때문이다. 두목杜牧(803~852)의 '쟁반 위를 굴러가는 구슬'의 비유를 통해 내 생각을 설명하고자 한다. 두목은 이렇게 말한다.

구슬이 쟁반 위를 굴러가는데 〔쟁반을〕 옆으로 기울이면 〔구슬은〕 원을 그리면서 구르거나 직선으로 구르니, 그때에 당해서 헤아려봐도 다 알 수가 없다. 반드시 알 수 있는 사실은 그 구슬이 쟁반을 벗어날 수는 없다는 것이다.[3]

'쟁반'이 전통 바깥의 틀이라면 '구슬'은 전통 내부의 다양한 발전 동력을 상징한다. 18세기 이전 중국의 전통 내부에 크고 작은 변동이 있었고 어떤 때는 매우 격렬하기도 했지만 전통의 기본 틀을 돌파하지는 못했다. 이는 '구슬이 쟁반을 벗어날 수 없는 것'과 같은 이치다. 내가 18세기 이전의 중국사를 연구할 때, 각 형태 변화 단계의 여러 변동 국면을 중심에 놓곤 했던 것은 '구슬'이 '쟁반'을 굴러갈 때 '원을 그리면서 굴러갈지 직선으로 굴러갈지'를 관측하기 위함이었다.

그러나 19세기 말 이후 중국의 전통은 안팎의 힘으로부터 협공을 당하면서 신속히 해체 과정으로 들어갔다. 이번에는 '구슬이 쟁반을 벗어난 것'이다. 많은 사학자와 사회과학자들이 중국이 '전통'에서 '근대'로 나아가는 새로운 단계에 접어들었다고 인식했다. 나는 19세기 이후의 중국사를 연구하지는 않았지만, '전통'의 현대적 귀착점이 어떤 것이었는가 하는 문제는 처음부터 나의 관심사였다. 여기서는 상호 관련된 문제 두 가지만 간략하게 제시한다. 첫째는 '전통'과 '근대'(또는 '근대화') 사이의 관계이고, 둘째는 중국 전통의 가치 체계가 현대에서 맞이한 상황이다.

막스 베버가 그의 역사사회학 이론에서 '전통'과 '근대'라는 양대 범주를 제시하고부터 대체로 서양의 사회과학자들은 '전통'을 '근대화'에 반대되는 개념으로 간주하는 경향이 있다. '이성' '진보' '자유' 등의 가치는 '근대'의 지표인 반면, '전통'은 그런 가치를 실현하는 데 장애가 된다. 이런 생각은 18세기 '계몽시대' 사상가들에게까지 거슬러 올라간다. 미국에서는 1950년대에 근대화 이론modernization theory'이 그런 생각을 극단으로 밀고 나갔다. '전통'은 '근대화'의 주요 장애물이므로 '전통'을 제거해야만 '근대화'를 추진할 수 있다는 생각은 1950~1960년대의 학술계 대부분이 받아들였던 관점이다. 자연스럽게 이런 관점은 중국 근현대사 연구 분야에까지 적용되었다. 사학자들은 보통 아편전쟁(1840)을 중국 근대의 시작점으로 보는데, 이러한 관점은 중국의 '근대화'가 서양 세력의 압력에 의해 어쩔 수 없이 이뤄졌다는 인상을 보편화시켰다. 당대 미국의 사학자 존 페어뱅크John K. Fairbank 같은 이는 그런 이해에 입각해 '도전'과 '응전'의 이론(토인비로부터 빌려옴)으로써 19세기 중엽 이후 중국의 역사적 과정을 해석했다. 그의 기본 관점은 이렇다. 서양의 문화적 힘(예를 들어 '민주'와 '과학')은 '근대'를 대표하며 이것이 중국의 '전통'에 '도전'했지만, 중국의 '전통'은 줄곧 적절한 '응전'을 하지 못했기 때문에 백 몇십 년간 중국의 '근대화'는 실패했다. 서양의 중국사 연구에서는 이런 '전범paradigm'이 매우 오랜 기간 지배적 위치에 있었다.

그러다 1970년대에 이르러 에드워드 사이드Edward W. Said의 『오리엔탈리즘 Orientalism』이 출간되자 페어뱅크의 제자 가운데서 그런 '전범'에 의문을 던지는 이들이 나타났다. 나는 예전부터 '전통'과 '근대'가 서로 용납될 수 없다는 이론에 설복되지 않았다. 내가 보기에 '근대'는 바로 '전통'의 '근대화'이고 '전통'이라는 주체를 떠나면 '근대화'가 이뤄질 곳은 아예 없어진다. 문예부흥은 유럽이 고중세에서 근대로 들어선 첫 단계였기 때문에 19세기 사학자들은 대체로 문예부흥이 고중세의 옛 '전통'을 제거하고 '근대'의 새로운 길을 열어젖힌 것으로 인식했다. 그러나 최근 십몇 년간 고중세사 연구와 문예부흥 시대의 연구 모두 100년 전에 비해 그 깊이가 훨씬 더 깊어졌다. 그래서 현재 사학계는 고중세의 '전통' 속에서 문예부흥의 '근대적' 요소의 근원을 대부분 찾을 수 있다고 인정한다. 그뿐 아니라 1960년대 말, 사회학자들은 인도의 정치 발전을 연구하다가 다음과 같은 사실을 발견했다. 곧 '전통' 속에 '근대적' 요소가 들어 있을뿐더러, '근대화'도 완전하게 근대에 속하는 것이 아니고 그 가운데에는 '전통'으로부터 형태가 바뀐 것들도 있다는 것이다. 그러므로 '전통'과 '근대화' 사이에는 '변증법적' 관계가 존재한다. 나는 『현대 유학의 회고와 전망現代儒學的回顧與展望』(1994)에서 명청대의 사상적 기조 전환이라는 관점에 입각해 청 말의 적잖은 유학자가 서양의 여러 관념과 가치를 접한 뒤 '마치 예전부터 알고 있었던一見如故' 듯한 느낌을 받는 이유를 설명한 적이 있다. 그렇기 때문에 나는 '도전'과 '응전'의 가정을 전혀 받아들일 수 없었다. 왜냐하면 그런 가정은 기껏해야 외교와 군사 분야에만 적용될 수 있을 뿐 사회·사상 분야의 변화를 충분히 설명해낼 수 있기 때문이다. 중국의 '전통'은 명나라와 청나라 때 벌써 새로운 방향으로 나아갔다. '구슬'은 아직 '쟁반을 벗어나지' 않았지만 이미 '쟁반' 가장자리에 있었다. 그러므로 중국 '근대화' 과정에서 '전통'은 주도적 힘을 발휘했지 수동적으로 서양의 '도전'에 '응전'만 했던 것이 아니다.

전통의 가치 체계가 현대에 처한 상황과 관련해서 나의 가설은 대체로 다음과 같다. 20세기 초 중국적 '전통'의 해체는 먼저 '하드웨어' 쪽에서 일어났다. 가장 분명한 사례는 2000여 년간 이어져온 황제 제도의 폐지다. 그 밖에 사회적·경제적 제도에서도 뚜렷한 변화가 적잖이 일어났다. 그렇지만 가치 체계는 '전통'의 '소프트웨어' 부분이다. 그것은 '보아도 보이지 않고視之不見' '들으려 해도 들리지 않으며聽之不聞' '치려고 해도 그럴 수 없는搏之不得' 것이지만 사람의 사상과 행동을 직접 규제한다. 1911년 이후 '전통'의 '하드웨어'는 붕괴했지만 가치 체계인 '소프트웨어'는 '죽었어도 사라지지 않는死而不亡' 상태로 들어섰다. 겉만 보자면 담사동譚嗣同의 『인학仁學』(1896) 이래 '삼강오상三綱五常'이 처음으로 정면 공격을 받았고 '전통'적 가치 체계는 흔들리며 무너지기 시작했다. '5·4운동'에 이르러서는 그런 체계 자체가 이미 '죽었다'고 할 수 있다. 그러나 '전통' 속 개별적 가치와 관념(긍정적이든 부정적이든)이 '전통'적 체계로부터 분리된 이후, 그것들은 신속하게 소멸되지도 않았고 그럴 수도 없었다. "죽었어도 사라지지 않았다"는 말이다. 그것들은 수많은 '근대적' 가치나 관념과 맞붙어 서로 자극하고 뒤섞였을 뿐만 아니라 서로를 도와주고 완성시켜주었다. 이런 현상은 20세기 중국 문화사에서 매우 중요하면서도 기이한 추세다. 나는 바로 이런 가설에 바탕을 두고 20세기의 사상적 변화와 문화적 동태를 집필하곤 했다.

이상으로 이 '시리즈'에 수록된 각 책의 성격과 중국의 문화 전통을 연구하는 나의 사유 경로를 설명했다. 중국의 역사와 문화는 광대하고 비옥한 세계다. 나는 그 속에서 오랜 기간 밭을 갈았지만 수확은 보잘것없다. 그렇지만 나의 실패한 시도가 새로운 세대의 학자들에게 지적인 열정의 자극을 주고 그들로 하여금 평생토록 개간하려는 마음을 먹게 한다면 이 '시리즈'의 간행이 완전히 허사로 돌아가지는 않을 것이다.

위잉스
2003년 12월 10일 프린스턴대학에서

『주희의 역사세계』는 우연히 저술된 것으로 원래 연구 계획에는 없었다. 1999년 가을 더푸문교기금회德富文教基金會의 표점본 『주자문집朱子文集』에 소개 성격을 띠는 서문을 한 편 쓰기 시작했는데 사료에서 파생해 나오는 문제가 끝이 없어 거기에 점점 깊이 빠져들었고, 결국 원래 세워놓은 저술 방향을 바꾸게 되었다. 그것이 이 책을 쓰는 계기가 되었다. 『주자문집』 서문에 그 경과를 자세히 설명해놓았고 그 서문을 이 책 「자서 2」로 수록해 참고할 수 있게 했다. 그렇지만 「자서 2」는 벌써 2년여 전에 쓴 글이다. 당시 상편은 겨우 초고만 완성되었고 하편은 준비 중이라서 「자서 2」는 중간보고 성격을 띠었다. 이제 책 전체가 완성되었으므로 저술 과정 전체를 설명해야 할 필요가 생겼고, 그것이 「자서 1」의 임무다.

이 책은 송대 문화사와 정치사에 관한 종합 연구이고 특히 양자 사이의 상호작용에 초점을 맞추고 있다. 연구 중점을 말하자면 문화사 측면에서는 유학의 부흥과 그 변화이고, 정치사 측면에서는 개혁 활동에서 드러나는 권력 구조와 운동 방식이다. 그렇지만 실제 역사 과정에서 두 계열의 발전은 함께 짜여 있어 칼로 두부 자르듯 나눌 수 없다. 이는 곧 사대부의 전체 활동 속으로 통합된다. 송대 사士 계층은 문화 주체일뿐더러 어느 정도 정치 주체이기도 했다. 적어도 그들이 정치에서 보인 능동성은 이전의 한漢, 당唐, 후대의 원元, 명明, 청淸 대 사 계층의 그것을 훨씬 넘어선다. 이 점이 바로 송대의 두드러진 특색이었기 때문에 과거 사학계는 이에 대해 음으로 혹은 양으로 의식했다. 그러나 꽤 엄격한 사학적 관점을 적용하면, 직관이나 전체적 인상에서 얻는 추상적 논단만으로는 만족할 수 없다. 어떻게 그런 논단을 객관적으로 검증된 역사적 사실 위에 성립시킬 수 있을까가 전업 사학자들의 본격적 임무일 것이다. 그래서 이 연구에서는 송대 사대부의 사유 구조와 행동 모델이 핵심을 이루며, 이 책의 부제도 그런 면에서 의미를 취했다.

나는 「자서 2」에서 "원래 서문(이 책)은 모두 8개 절로 이뤄져 있고 절마다 전문 주제가 있다"라고 말했다. 이는 20세기 말의 구상이었다. 당시 계획에 따르면, 각 절은 송대 초기부터 시작해 주희 시대에서 끝나도록 하고 8개 절이 전부 모이면 '주희의 역사세계'를 대략 드러낼 수 있을 거라고 생각했다. 그렇게 원고를 써나갈 당시 제8절(처음에는 '이학과 정치문화')의 원고 작성이 벌써 반을 넘어서고 있었다. 2000년 4월, 제8절의 초고가 완성되었을 때 무려 10만 자를 초과한 데다 글에 두서가 없어 나조차도 끝까지 읽기 힘들 지경이었다. 복잡다단한 사료 속에서 내 원래 구상이 통제력을 잃은 만큼 새 출발을 해야 한다는 사실이 분명해졌다. 그중에서도 가장 중요했던 것은 주희 시대 정치사의 중요 연결 고리를 발견했다는 점이다. 남송 순희淳熙 14년(1187) 10월 고종高宗(1127~1162 재위)이 죽자 효종孝宗(1162~1189 재위)은 대규모 개혁을 추진하기 시작한다. 효종은 당시 이학파 사대부와 동맹해 그후 십몇 년간 지속된 정치적 파란을 일으켰고, 그 유명한 경원당금慶元黨禁[남송 영종寧宗의 경원 연간(1195~1200) 초에 취해진 정주이학 통제령]이 최후의 결말이었다. 그러나 개혁 정책이 채 실시되지도 않은 상태에서 정국이 바뀌어서 효종의 최후 정책과 이학파 사대부의 정치적 활동은 정부 문서에 분명한 기록으로 남지 않게 되었다. 이것이 앞서 설명한 역사적 연결 고리다. 이 연결 고리를 잃어버렸기 때문에 주희가 말년에 어째서 당금의 고난을 당했는지 설명할 길이 없다. 그 결과 경원당금도 무의식적인 역사적 익살극으로 화해버리고 만다. 남송대 이심전李心傳의 『도명록道命錄』, 초천초수樵川樵叟의 『경원당금慶元黨禁』부터 청대 전조망全祖望의 『경원당안慶元黨案』(『송원학안宋元學案』 권97)에 이르기까지 모두 짐작도 되지 않는 화두를 충분히 해결하지 못했다. 이렇게 유실된 연결 고리에 대해서는 이 책 하편 「서설」에서 설명해놓았으므로 여기서 다시 서술하지는 않겠다.

　이러한 역사적 연결 고리를 발견했기에 이미 완성된 제8절 원고는 단지 1차 사료를 초보적으로 수집한 것에 불과하다고 인정할 수밖에 없었다. 그래서 어떻게 하면 그와 다른 개념 틀을 세워 생각지도 않게 발견된 사료를 재구성하고 재해석할지 새롭게 생각해야 했다. 이 책의 하편은 바로 그렇게 탄생했다. 나는 주희 시대의 역사적 세계를 깊이 연구하기로, 1차 사료로부터 일체의 관련 증거를 체계적이며 전면적으로 찾아보기로, 그리고 그렇게 함으로써 12세기 마지막 20~30년의 문화사와 정치사를 재구성하기로 마음먹었다. 주제는 여전히 사대부와 정치문화의 관계였지만 실제 중점은 이학파 사대부, 관료 집단, 황제 등 3자 사이의 상호작용이었다. 상편과 하편을 구분해보면 상편은 주희의 역사세계에 대해 비교적 광범위한 배경을 제공하고, 하편은 주희가 활약했던 역사적 세계의 핵심 지역으로 들어간다고 할 수 있다.

　상편 「서설」은 10만 자에 이르고 그 자체로 한 단원을 이루고 있어 이에 대한 설명이 필요할 듯하다. 이 부분은 「서설」이라는 제목으로 실려 있긴 하지만 실제로는 책이 전부 완성된 후에 전체를 되돌아보며 쓴 글이다(이른바 '추상追想, afterthought'에 해당된다). 2001년 밀 하편을 탈고하고 나서 다시 상편을 읽어봤는데 미진하다는 느낌을 많이 받았다. 책 제목이 '주희의 역사세계'인 만큼 도학(또는 이학)이 뚜렷한 위치를 차지해야 마땅하다. 내 최초의 계획은 구고舊稿 제8절에서 이학과 정치문화 사이의 관계를 정식으로 다루는 것이었지만 연구 방향이 중간에 바뀌면서 하편의 중점도 다른 곳으로 옮겨갔고, 그 결과 이학 자체를 다룰 공간은 충분하지 않게 되었다. 고민을 거듭한 끝에 상편의 「서설」을 통해 결점을 보완하기로 했다. 때문에 나는 이 책의 특수한 관점에서 출발해 이학사의 몇 가지 핵심 문제를 철저히 탐구하고자 했다.

「서설」에서 제1절은 해제 성격을 띠는 반면, 나머지 네 절은 문제를 상세히 다루고 있다. 증거가 허락하는 한 '물이 마르면 돌이 드러나는水落石出' 수준으로 설명하려고 노력했다. 제2절은 주희를 중심으로 '도통道統' '도학' '도체道體' 개념 및 이학 사상의 변화를 상세히 설명했다. 개념 분석과 역사적 추적을 모두 운용해야만 송대 도학(또는 이학)과 '치도治道'의 내적 연계가 분명히 드러날 수 있다. 그렇지만 '도통' '도학' '도체'에 대한 주희의 이해는 그 기본에서 북송 대의 주돈이周敦頤, 장재張載, 이정二程을 계승한 것이었다. 나는 도학과 '치도'의 관계를 더 철저하게 이해하기 위해 북송 시대로 되돌아갈 수밖에 없었다. 따라서 「서설」 제3, 4, 5절은 북송 도학에 대한 연구 보고다. 이 세 절에서 도학의 기원과 형성을 새롭게 검토했을 뿐만 아니라 도학의 정치적 함의를 발굴하려고 시도했다. 「서설」의 결론은 철학사와 사상사에서 유행하는 견해와 차이가 크지만, 이는 시야가 달라서이지 일부러 다른 견해를 세우려 한 때문은 아니다. 내가 종사하는 분야는 여전히 역사적 재구성 작업이 중심인지라 가능한 한 증거를 따라서 나아가려고 애썼다. 미리 설정된 어떠한 철학적 입장도 내게는 없다.

이 책을 쓰는 과정에서 프린스턴대학의 동료 윌러드 피터슨Willard J. Peterson과 루양陸揚은 언제나 인내심을 가지고 각 단계의 연구 진전을 들어주었으며, 내게 깨달음을 주는 질문을 끊임없이 해줘 구상의 빈틈을 최소화해주었다. 타이완대학의 친구 황진싱黃進興은 원고를 처음부터 끝까지 전부 읽어주었는데, 그의 비판과 건의 덕분에 이 책의 내용이 더 나아질 수 있었다. 애리조나 주립대학의 호이트 틸먼Hoyt C. Tillman은 남송 유학사 전문가인데 그에게 여러 번 가르침을 청해 내 연구가 최근의 연구 동태로부터 지나치게 멀어지지 않게끔 할 수 있었다. 이 자리를 빌려 네 벗에게 특히 마음에서 우러나오는 감사

를 표한다. 윈천允晨출판사 양자싱楊家興 편집자는 나의 끊임없는 원고 수정과
여러 차례 어긴 원고 마감을 아주 인내심 있게 기다려줬다. 그에게는 감사하
다는 말과 함께 미안하다는 말을 전해야겠다. 마지막으로 더푸기금회의 지원
에 감사드린다. 덕분에 나는 교육과 연구 와중에 상당히 많은 자유 시간을 얻
어 연구와 저술에 종사할 수 있었다. 그렇지 않았다면 이 책의 완성이 얼마나
길어졌을지 알 수 없을 일이다.

위잉스

2002년 7월 25일

"그 사람의 시를 읊고 그 사람의 책을 읽으면서 그 사람을 모를 수 있을까? 그러므로 그 시대를 논한다."[1] 이 서문을 쓰기 시작할 때 맹자의 위 명언은 유일한 내 지도 원칙이었다. 이 『주자문집』[더푸문교기금회의 표점본]은 현존하는 가장 훌륭한 몇 종의 판본에 바탕을 두고 세심하게 교정하고 표점을 찍어 완성되었다. 이처럼 중요한 경전에 대한 서문을 쓰자니 경건하고 신중하지 않을 수 없다.

이 서문을 잘 쓰기 위해 "사람을 알면 그 시대를 안다知人論世"는 관점에 입각해서 『주자문집』과 『주자어류朱子語類』를 전부 다시 읽었다. 왕무굉王懋竑의 『주자연보朱子年譜』는 고증학적 방법을 통해 사실을 상세히 밝혔다는 점과 더불어 다루는 자료 역시 굉장히 광범위하다는 점으로 유명해서, 나 역시 중요한 부분에서는 그 책을 몇 차례나 반복해서 꼼꼼히 파고들었다. 나는 처음에 그런 식으로 준비하면 『주자문집』의 독자들을 오도하지 않을 서문을 무난하게 써내리라 여겼다.

내가 이상으로 삼는 "사람을 알면 그 시대를 안다"는 방법은 주희의 평전을 간략하게 쓴다거나 그 학술사상을 약술하기 위한 게 아니며, 현대인의 편견을 가지고 그의 언행을 논평한다는 것은 더더욱 아니다. 내가 바라는 것은 가능한 한 가장 믿을 만한 증거에 바탕을 두고서 주희의 역사세계를 재구성해 독자들로 하여금 그 세계 안으로 들어가게 하여, 주희가 발표한 여러 논의와 그의 활동을 통해 그를 마치 실제로 보고 있다는 느낌을 받도록 하는 것이다. 독자들이 주희의 세계와 동일한 세계를 만나게 된다면 그의 여러 의론과 활동이 전혀 낯설게 느껴지지는 않을 터다. 물론 이는 높디높은 이상에 그칠 수 있다. 사실 탈현대 사학의 도전을 들먹이지 않더라도 역사세계는 한 번 가면 되돌아오지 않음을 이미 우리는 알고 있다. 그 세계를 기사회생시킬 신비한 힘을 가진 사람은 아무도 없다. 그러나 부인할 수 없는 사실은 역사적 세계를 재구성하려는 이상이 현재에 이르기까지도 여전히 절대다수의 전업 사학자를 유혹하고 있다는 점이다. 더욱이 그 이상은 그들(그녀들)이 일생 동안 방대한 사료 속에서 그 고생을 하면서도 끊임없이 무언가를 찾아가도록 하는 기본 동력이기도 하다. 분명 사학자들은 객관적 역사세계를 재구성할 수 없다. 그렇지만 이론상 불가능하다고 해도 역사세계를 재구성하려는 그들의 시도 자체를 막지는 못한다. 그런 시도는 분명한 인식의 기초 위에서 이뤄진다. 즉 역사세계의 자취는 현존하는 사료 속에 남아 있으므로 사학자들은 과거의 효과적 연구법과 현재 계속 발전하는 여러 연구법을 통해 역사세계의 도상을 희미하게나마 그려낼 수 있다는 것이다. 동일한 역사세계일지라도 그 도상은 개인이 처한 각기 다른 배경과 시대에 따라 서로 다른 도상으로 나타나기 마련이다. 그래서 최후의 결정본이라 할 수 있는 도상은 있을 수 없다.

그렇지만 역사세계의 노상은 문학 또는 예술의 허구와는 전혀 같지 않다. 역사세계는 역사적 증거라는 내적 제약을 받기 때문이다. 만약 그런 제약이 없다면 서로 다른 도상 가운데 어느 것이 더 사실에 가까운지를 판가름할 공동 표준을 잃어버리게 되고, 사학계가 현재 받아들이고 있는 모든 도상을 수정·보완할 어떠한 근거도 갖지 못하게 될 것이다.

나는 이런 인식을 바탕으로『주자문집』의 서문으로서「주희의 역사세계」를 쓰기 시작했다. 그런데 글쓰기를 시작하자마자 내 준비 작업이 무척이나 불충분함을 알게 됐다. 먼저 주희의 역사세계는 대체 언제부터가 그 시작일까? 과연 그 세계는 어떤 내용이 포함되어야 할까? 이 두 문제는 모두 주희의『주자문집』과『주자어류』로부터 제기된 것이지 내가 무에서 유를 창조해서 1차 자료에 억지로 부과하는 것이 아니다. 주희는 말한다. "국초[송 초]에 사람들은 이미 예의를 숭상하고 경전을 존숭함으로써 요·순 두 황제와 하·은·주 삼대三代로 돌아가려는 생각이 당나라 사람들보다 강했지만, 아직 그 이론이 철저하지 못했다. 이정二程이 나오고 나서야 비로소 그 이치가 철저해졌다."[2] 이렇게 볼 때 주희의 역사세계는 송대 초기까지 거슬러 올라가야 한다. 두번째 문제를 보자.『주자문집』의 서한 부분인 권24~29는 특별히 '시사출처時事出處' 항목으로 지칭되고, 권30~64은 '문답'류에 속한다. 전자는 정치적 문헌이고 후자는 학문을 논한 서신이다.『주자문집』의 편집을 누가 했는지 상세히 고증할 수는 없지만 현존하는『주자문집』본이 이미 주희 사후 수십 년 안에 대체로 편정이 이루어졌음은 단언할 수 있다. 주희의 후인과 제자들은 정치와 학문이 그의 세계에서 주요한 분야였음을 이미 인식하고 있었던 것이다. 수량만 놓고 보자면, '문답'류 서신이 '시사출처'류보다 훨씬 많다. 하지만 '문답'류 가운데는 '시사출처' 관련 논의도 적지 않다. 권11부터 권23에 있는「봉사封事」「주차奏箚」「주장奏狀」「사면辭免」등 다량의 문헌을 포함한다면 정치와 학문이 각각『주자문집』에서 차지하는 비중은 비슷할 것이다.

　내 최초의 구상은 시간상으로는 남송을 한계로 삼고, 내용은 학문에만 집중하는 것이었다. 그렇지만『주자문집』과『주자어류』의 내적 맥락으로 인해 원래 계획을 바꿀 수밖에 없었다. 이렇게 보니 내 준비 부족이 분명하게 드러났다. 그런 생각 끝에 마침내 사대부의 정치문화를 전체 글의 주제로 삼기로 결정했다. 주희는 송대 사대부를 대표하는 전형이다.『주자문집』은 내용이 극히 풍부해서 당시 사대부 생활의 다면성을 충분히 드러낼 수 있다. 사대부가 주희 당시의 생활 속에서 주체였다는 점은 두말할 나위가 없다. 그렇지만 나는 어째서 중점을 '정치문화'에 두어야 했을까? 그 이유는 『주자문집』의 정치와 학문 두 측면을 모두 아울러 고찰하고자 했기 때문이다. 사실 정치와 학문을 함께했던 것은 주희만이 아니었고 양송兩宋[북송과 남송] 사대부들은 대체로 다 그랬다. 정치문화는 탄력성이 강한 개념으로서 정치뿐 아니라 학문도 포함하며 나아가 양자 사이 불가분리의 관계까지 설명할 수 있다. 또한 이 개념에는 개인을 뛰어넘는 의미도 있어서 사대부 집단이 드러내는 시대적 분위기도 아우를 수 있다. 따라서 '송대 사대부의 정치문화'를 서문의 부제로 삼고 이를 논하기로 했다.

하지만 결정을 내리고 보니, 서문이 마치 고삐 풀린 망아지처럼 양송 정치사와 문화사의 양대 영역을 왔다갔다해서 도무지 통제가 되지 않았다. 이 야생마는 매번 방향을 바꾸는지라 마부인 나는 먼저 길을 열어두고 사료를 쌓아두는 준비를 해야 했다. 그 결과 말은 더이상 질주하지 않게 됐지만 마부도 바빠서 숨 돌릴 새 없었다. "[격전 결과] 사람은 하늘을 보고 뻗고, 말은 뒤집어져버렸다人仰馬翻"는 고사성어가 이 서문을 쓴 과정을 가장 잘 표현한다. 이 글을 쓰는 현시점에 서문은 거의 마무리됐지만, 분명한 이유로 그것을 『주자문집』의 가장 앞에 둘 수는 없다. 이미 받아들인 임무를 이행하기 위해서 나는 서문을 다시 쓸 수밖에 없었다. 완성해놓은 서문(이하 '원래 서문')이 제공하는 실마리를 따라 새로운 서문을 쓰고자 했다. 원래 서문은 모두 8개 절로 이뤄져 있고 절마다 전문 주제가 있다. 새로운 서문은 발전적 관점으로 주희의 역사세계에 대한 전체적이며 동태적인 관찰을 시도했다. 원래 서문과 새로운 서문의 차이점은 대략 이렇다. 그렇지만 지면의 제한으로 새로운 서문은 입론의 근거를 상세히 밝힐 수 없으니 이 점은 독자들의 양해를 바란다.

개괄하자면, 주희의 역사세계에서 사대부의 정치문화는 세 발전 단계를 거친다. 첫번째 단계인 고조기는 북송 인종仁宗 연간(1022~1063)으로 건립기라 할 수 있다. 건립기란 송대 초기의 유학 부흥 운동이 70~80년간에 걸친 숙성을 거친 후 마침내 명확한 방향을 찾았음을 말한다. 정치적·사회적 질서의 재수립이라는 면에서 인종 시기의 모든 유학 지도자는 한당대를 넘어서 '삼대'의 이상으로 돌아가야 한다고 주장했다. 이런 이상은 황제로부터 정식으로 승인받았기 때문에 남송의 사호史浩는 효종을 향해 "우리 왕조의 통치는 삼대와 풍격이 같으며 (…) [그것이 인종 이래] 조종의 법도입니다"라고 말할 수 있었다.[3] 사대부들이 정치 주체로서 지닌 공통 의식 측면에서 "천하를 자신의 임무로 삼아야 한다"는 범중엄范仲淹의 호소는 사대부들로부터 보편적이고 강렬한 반응을 얻었다.

두번째 단계인 핵심 시기는 북송 신종神宗 희령熙寧 연간(1068~1077)의 변법變法 기간이며 정형기라고도 할 수 있다. 이 시기는 '삼대'로 돌아가자는 운동이 '앉아서 말하는' 단계에서 '일어서서 행동하는' 단계로 나아갔음을 가리킨다. 곧 사대부들이 정치 주체로서 권력세계에서 정식으로 그 기능을 발휘한 시기다. 이 시기 신종과 왕안석王安石 사이에서 공통 원칙이 생겨났는데, 황제는 반드시 사대부와 더불어 "공동으로 국시를 정한다共定國是"는 원칙이었다. 이는 북송 정치사에서 획기적인 대원칙이었고, 왕안석은 그로 인해 변법의 대임大任을 결연히 받아들이게 됐다. 그리고 바로 이 원칙에 따라 왕안석은 이렇게 말할 수 있었다. "[사士 가운데서] 도가 높고 덕이 뛰어난 자가 있다면, 비록 천자라 할지라도 그를 북쪽에 두고 물어야 하며 그와 더불어 주인과 손님의 자리를 바꿔야 한다."[4] 그 원칙이 있었기 때문에 문언박文彦博은 신종을 향해 "사대부와 더불어 천하를 다스리십시오"[5]라고 말할 수 있었고, 정이程頤는 "천하의 통치와 혼란은 재상에게 달려 있다"[6]는 명언을 할 수 있었다. 권력 구조의 관점에서 천하를 통치하는 권력의 원천은 황제의 손 안에 있었지만, 적어도 이론상으로는 황제와 사대부가 통치권의 방향('국시')을 공동으로 결정했다. 따라서 권력의 행사는 재상을 우두머리로 삼는 사대부 집단에 완전히 귀속되었던 것이다.

세번째 단계는 주희(1130~1200)의 시대로 전환기라 할 수 있다. 전환기란 희령 시기에 나타난 사대부 정치문화의 기본적 범형에 변화가 일어나기 시작했으나 원형의 범위를 완전히 벗어나지는 않은 단계를 가리킨다. 왕안석의 변법이 철저하게 실패한 정치적 실험임은 남송 사대부들에게 상식이었다. 그 실험이 남긴 효과와 그에 대한 반응은, 그것이 긍정이든 부정이든, 남송의 정치문화에서도 중심 요소였다. 왕안석의 유령이 수많은 사대부에게 들러붙어 여전히 모종의 작용을 하고 있었다. 그 대표적 사례는 다음과 같다. 곧 이학자 가운데는 장식張栻처럼 왕안석을 극단적으로 반대한 사람도 있었고, 주희처럼 그 인물은 추숭하되 학문은 배척한 사람도 있었으며, 동향인 육구연陸九淵처럼 왕안석에게 동정적인 사람들도 있었다. 왕안석을 반대하건 동정하건 간에 그가 남긴 거대한 그림자는 떨쳐내려 해도 그럴 수 없는 것이었다. 그래서 우리는 주희의 시대를 '후後 왕안석 시대'라 칭할 충분한 근거를 갖게 된다.

신종 시대 정치문화가 남송대에도 이어졌음은 쉽게 발견할 수 있다. 긍정적으로 말하자면 남송 사대부들 역시 '삼대로 돌아가자'는 이상을 여전히 포기하지 않았다. 북송 여러 유학자가 갖고 있던 이상주의와 비교해봤을 때, 남송 사대부들의 이상주의에 걱정 어린 기색이 아주 없지는 않지만 그것[이상주의]이 완전히 퇴색된 것은 결코 아니었다. 그들은 '사士가 정치적 주체'라는 원칙을 꿋꿋이 지켰다. 희령 초기, "도道를 기준으로 나아가고 물러선다"는 왕안석의 방식은 널리 알려져 있었다. 왕안석은 신종이 자신의 '변법'안을 완전히 받아들이기 전에는 절대로 재상직에 나아가려 하지 않았다. 마찬가지로 신종이 정호에게 "짐이 사마광司馬光을 불렀는데 경은 사마광이 올 것이라고 생각하는가?"라고 묻자, 정호는 "폐하께서 사마광의 말을 받아들인다면 그는 반드시 올 것이요, 그의 말을 받아들이지 않는다면 [그는] 반드시 오지 않을 것입니다"라고 대답한다. 이는 사마광과 정호가 자신들을 정치적 주체로 간주했기 때문이다. 그들은 자신들이 갖고 있는 원칙에 바탕을 두고 황제와 '공동으로 천하를 다스리려' 했을 뿐, 단지 벼슬자리 때문에 황제가 부르면 곧바로 달려가는 하인처럼 행동할 수는 없었다. 이런 주체적 의식은 남송대 이학자들에 의해 한층 더 깊게 발휘된다. 『주자문집』의 서신 가운데 '출처出處' 항목을 표제로 삼은 것들이 있다는 사실이 그 증거다. 주희, 장식, 여조겸呂祖謙 세 사람이 주고받은 편지 중 '출처'에 관해 토론한 것을 모아놓고 보면 문제는 더욱 분명해진다. 선진 이래 사士의 '출처' 문제를 논한 사람은 별로 없었지만 송대에 이르면 그 문제는 보편적이고 집중적인 논의 대상이 된다. 이는 중국 사대부 역사에서 대서특필할 만한 일이다. 장식의 말은 그에 딱 들어맞는다. "아! 진한 이래 사는 천시되고 군주는 방자하게 행동하는 까닭은 아랫사람들은 벼슬자리에 급급했고 윗사람들은 벼슬자리를 이용해 천하의 사들에게 교만하게 굴 수 있었기 때문이다."[8] "사는 천시되고 군주는 방자하게 행동하는" 국면을 타파하는 것이야말로 송대 유학자들이 시종일관 추구한 목표였다. 현대적 관점에서 보면 사들의 주체의식에 대한 각성은 송대 정치문화의 3단계를 관통하는 주요 맥락이라 할 수 있다.

부정적 측면을 말해보자. 송대 정치문화 제2단계와 제3단계 사이에는 단절보다 연속의 측면이 강하다. 희령변법이 실패한 원인을 개인적 각도에서만 찾을 수도 없고, 또한 도덕 문제 즉 '군자'와 '소인'의 구분으로 그 원인을 환원시킬 수도 없다. 이것은 현대 사학계의 상식이므로 여기서 다시 서술하지는 않겠다. 나는 '원래 서문'에서는 특수한 논점 하나를 강조하는 데 그쳤을 뿐이다. 유가의 이상이 송대 권력 구조 속으로 들어간 이후 미리 예측할 수 없었던 복잡한 충돌이 일어나게 되었고, 그 결과 원래 긍정적 측면에 속했던 가치나 관념이 신속하게 부정적 측면으로 바뀌어버렸다는 논점이다. 상세한 설명은 '원래 서문'에 나와 있으므로 여기서는 그 점을 언급할 수도 또 그럴 필요도 없다. 다만 예를 하나 들어보면 앞서 보았던바, 황제가 사대부와 함께 '공동으로 국시를 정하는 것'은 긍정적인 정치 원칙이자 실제로 사대부의 주체적 지위를 세우는 데 도움이 되었다는 점이다. 희령변법 시기에 '국시' 관념이 일련의 논쟁을 일으키기는 했지만, 반대파 지도자였던 사마광조차 그 원칙의 합법성을 인정하지 않을 수 없었다. 철종哲宗이 친정親政을 하게 되어 '소술紹述

[앞사람의 일을 이어받음 즉 신종 신법의 계승]'을 '국시'로 결정해야 할 시기에 '국시'는 당권파가 반대파를 탄압하는 합법적 도구로 탈바꿈했다. 이때부터 '국시'는 송대 당쟁의 성격을 바꿔놓는다. 그로 인해 서로 다른 정치적 관점 사이의 충돌은 점차 적나라한 권력투쟁으로 변모했다. 그래서 철종의 소성紹聖 연간(1094~1098) 이후, '국시'와 당쟁은 상호작용을 일으켜 일종의 악순환을 형성하게 됐고, 따라서 국시와 당쟁은 정치문화에서 부정적 의미를 지니게 되었다. 그렇지만 '국시'와 당쟁은 북송대에서 끝나지 않고 수도 변경汴京이 함락되자 함께 남쪽으로 건너왔다. 남송 고종과 진회秦檜는 '국시'의 위력을 빌려 주전파를 탄압했고 결국 '화의和議' 정국을 만들었다. 주희는 평생 '국시'와 당쟁으로부터 괴롭힘을 당한다. 순희 10년(1183)부터 주희의 죽음(1200)에 이르기까지 효종·광종光宗·영종寧宗 3대의 당쟁은 줄곧 '도학'을 둘러싸고 진행됐다. 주희는 더욱 거세지는 당쟁이라는 태풍의 중심에 서 있었다. 이는 이미 널리 알려진 상황이다. 그러나 그와 '국시'의 관계는 여태껏 충분한 주목을 받지 못했다. 사실 고종 소흥紹興 10년(1140)에 이미 주희의 부친 주송朱松은 "국시가 이미 정해진" 상황에서 이론異論을 펼쳤기 때문에 진회에 의해 조정에서 쫓겨났다. 영종 경원慶元 4년(1198) '거짓되고 사악한 무리僞邪之徒'의 주요 죄상은 "국시를 전복하여 사람들의 마음을 미혹케 하는 일"이라는 조칙이 선포되었다. 경원 원년(1195), 주희가 친구에게 보낸 편지에는 "국론이 크게 변했다"는 내용과 "국시 논의가 처음부터 심해서 듣기에 놀라울 지경이다"는 내용이 있었다.[10] 실로 '국시'가 주희의 일생에 끼친 영향은 깊고도 오랜 것이었다. 그뿐 아니라 우리가 알다시피 송대 정치사에서 '국시'가 일으킨 핵심 작용에 대해 송내 사대부 가운데시 주희만큼 심각하게 인식했던 사람도 없었다. 내가 쓴 '원래 서문'이 '국시' 문제에 주목한 까닭은 주희가 효종 건도乾道 원년(1165)에 쓴 「진 시랑(준경)에게 보내는 편지與陳侍郎(俊卿)書」[11]에서 실마리를 얻었기 때문이다. 『주자문집』은 남송대 그 어떤 문집보다도 송대 정치적 문화를 잘 반영하고 있다고 자신 있게 말할 수 있다.

마지막으로 제3단계에 일어난 송대 정치문화의 전환 문제를 이야기해보자. 종래로 주희는 '도학'의 집대성자로 인정받았고, '도학'의 완성이야말로 제3단계 최대의 전환이라 할 수 있다. 그렇기 때문에 주희의 역사세계를 다시 세우려 할 때 '도학'을 전혀 언급하지 않기란 불가능한 일이다. 그렇지만 '원래 서문'에서 '도학' 논의는 정치문화와 직접 관련이 있는 것으로만 국한되었다. 먼저 이 점에 대해 분명히 밝힘으로써 오해를 피하고자 한다.

일반적인 철학사 또는 이학사의 서술을 보면 보통 심心, 성性, 리理, 기氣 등의 관념에 대한 분석과 해설이 나오는 것을 볼 수 있다. 도학자의 정치사상과 정치적 활동에 대해서 보통 철학사가들은 치지도외하곤 한다. 도학자들의 일생을 언급할 때에도 그렇다. 현대의 학문 분류 관점에서는 이러한 처리 방식이 오히려 정상일 것이다. 그렇지만 이런 현대의 관점은 의식적 혹은 무의식적으로 매우 보편적인 인상 하나를 심어주는데, 곧 유학이 남송에 들어선 이후 내향화되었다는 점이다. 전통적 용어로 남송 유학의 중점은 '내성內聖'에 있지 '외왕外王'에 있지 않다는 것이다. 그러나 핵심은 이학이 남송 유학 전체를 포괄할 수 있느냐 하는 문제다. 여기에서 곁가지를 쳐서 그런 복잡한 문제를 논할 필요는 없다. 다만 정치문화 측면에서 다음 같은 중요 사실만을 지적하고자 한다. 대표적 이학자 주희와 육구연을 놓고 말하자면 그들이 유학에 끼친 불후의 공헌이 '내성' 측면에 있었음은 의문의 여지가 없다고 할지라도, 그들이 생전에 자나 깨나 생각했던 것은 '외왕'의 실현 추구였다는 사실이다. 더욱 중요한 점은 그들이 '내성'으로 전환한 것이 주로 '외왕' 실현을 위한 준비 작업이었다는 것이다. 그들은 '외왕'이 '내성'의 기초 위에 세워져야 한다고 굳게 믿었다. 이처럼 특수한 논점으로 인해 제3단계의 정치문화는 제2단계와 분명히 달라지고, 그 변화는 중요한 의미를 담고 있다.

남송대에 '내성'학이 흥성한 것과 희령변법이 실패한 사이에는 매우 밀접한 관계가 있다. 장식은 말한다. "희령 이래, 인재들이 이전보다 쇠퇴한 까닭은 바로 왕개보王介甫[왕안석]가 그들을 망쳤기 때문이다. 개보의 학문은 허무를 근본으로 삼아 실용에 해롭다. 이락伊洛 지방의 여러 군자는 그런 폐단을 없애려고 매우 노력했다.[12] 또한 장식은 왕안석이 "성명性命에 대한 그의 고원한 담론은 특히 불교와 근사近似한 것을 몰래 취했을 뿐이다"[13]라고 말한다. 이런 관점은 이학자들의 상식을 대변한다. 주희는 왕안석이 "학문이 정당하지 않아 천하를 오도했다"[14]고 말했을 뿐만 아니라 왕안석에게 동정적이었던 육구연마저 "형공荊公[왕안석]의 학문은 아직 올바른 것을 얻지 못했다"[15]고 인정할 수밖에 없었다. 이학자들이 특히 유가의 '내성'학에 힘을 기울였던 까닭은 바로 왕안석의 '외왕'이 잘못된 '성명의 이치' 위에 세워졌다고 인식했기 때문이다. 사실 그들은 겉으로는 왕안석을 공격하면서 속으로는 신종을 비판하고 있었다. 신종이 거듭해서 왕안석의 '도덕道德의 설'[16]과 '성명의 이치'[17]를 칭찬했기 때문이다. 그렇지만 사실 신종 마음속의 '도'는 장식이 말했던 것처럼 "불교와 근사한 것을 몰래 취한 것"이었음에 틀림없었다. 신종은 왕안석과 만나서 이야기하던 중 분명하게 말했다. "도에는 반드시 방법이 있으니, 오묘한 도에는 오묘한 방법이 있다. 불교에서 말하는 것은 오묘한 도이고, 선禪이라는 것은 오묘한 방법이다."[18]

더욱 공교로운 사실은 주희, 장식, 육구연 같은 이학자들이 큰 기대를 걸었던 효종 역시 신종을 계승했다는 사실이다. 효종이 순희 연간(1174~1189)에 지은 「원도변原道辨」은 한유韓愈의 설을 반박하면서 "불교로써 마음을 다스리고, 도교로써 몸을 다스리며, 유교로써 세상을 다스려야 한다"[19]고 주장했다. 나중에 효종은 신하들의 간언으로 「원도변」의 명칭을 억지로 「삼교론三敎論」으로 바꿨다.[20] 「원도변」은 그가 흡족하게 여긴 저작이었다. 그래서 순희 11년(1184), 육구연이 알현했을 때 효종은 특별히 "진한 이래로 도를 알았던 군주는 [나 말고는] 없었다"[21]고 말했다. 그가 마음속으로는 「원도변」이라는 원래 명칭을 그대로 고수하고 있었음을 알 수 있다. 아울러 육구연은 효종이 "자부심이 매우 강했지만 그 설은 대부분 선불교의 것이었다"[22]고 기록한다. 우리는 그 정치적 배경을 분명히 밝혀야지만 남송 이학자들이 어째서 심, 성, 리, 기의 문제를 깊이 논하고자 했는지 완전히 이해할 수 있다. 그들이 '내성'으로 전향했던 것은 바로 권토중래를 위해, 다시 말해서 왕안석이 완성하지 못한 '외왕'의 대업을 잇기 위해서였다. 따라서 주희의 서신 가운데서 '시사출처'와 '문답' 류는 바로 이학자들이 공통으로 지니고 있던 포부를 객관적으로 반영한 것이다.

이학자들은 왕안석의 학문에 대해 꽤나 심각하게 비판했지만 그의 '덕행'만은 상당히 높게 평가했고, 더욱이 신종을 움직이고 치도治道를 재수립한 그의 기개를 흠모하고 있었다. 그런 면에서 주희의 의론은 대표적이라 할 만한데, 그것들은 『주자어류』와 『주자문집』 여기저기에 보인다. 그중 가장 분명하게 표현된 것은 「왕형공 업후鄴侯 시기의 유사遺事와 상주문에 대한 발跋王荊公進鄴侯遺事奏藁」에 나오는 몇 구절이다. "홀로 그 글 마지막 3행을 좋아했는데 어투는 강렬하고 필치는 변화무쌍하여, 고금을 훌쩍 넘어서고 우주를 운용하려는 뜻을 볼 수 있었다. (…) 굉장하구나! 신종은 뜻을 품었고 공[왕형공 즉 왕안석]은 임금을 얻었도다."[23] 우리는 아무런 과장 없이, 주희가 마음속으로는 정치가 왕안석을 매우 존경했다고 말할 수 있다. "고금을 훌쩍 넘어서고 우주를 운용한다"는 구절이 그 모든 것을 다 설명해준다.[24] 왕안석과 친구였던 한유韓維(1017~1098)는 "안석은 세상을 경영함經世에 뜻이 있어서 산림에서 늙으려 하지는 않을 것이다"[25]고 말한 적이 있다. 주희는 시 「감회感懷」 전반부에서 이렇게 읊는다. "세상 경영과 구제經濟는 일찍이 지향했던 바, 은거하여 숨음은 평소 바람이 아니었네. 몇 년간 서리와 이슬을 느꼈더니, 백발이 홀연 이미 드리웠네."[26] 이 구절은 그야말로 한유의 말을 시로 승화한 것이다. 주희의 선배 왕응신汪應辰(1118~1176)이 『석림연어石林燕語』의 시시비비를 가린 적이 있었으니 주희 역시 그를 통해 한유의 기록을 읽을 기회가 있었을 것이다. 어쨌든 그것은 결코 우연이 아니며 그들이 동일한 정치적 문화에 속했다는 명확한 증거다. 이심전은 그 시에서 깨달음을 얻어 「회암 선생[주희]은 은거를 추구한 자는 아니었다晦菴先生非素隱」를 지어서 주희 평생의 정치적 활동을 상세하게 인용했고, 주희가 "군주를 얻어 도를 행하고자 했지만" "미처 그 방법을 얻지 못했던 것"을 안타까워했다.[27] 주희에 대한 당시 사람들의 인식은 직접 보고 들은 것에서 기인하는 만큼 이심전이 내린 평가는 중시할 만하다.

"군주를 얻어 도를 행한다得君行道"는 육구연 평생의 간절한 꿈이기도 했다. 순희 10년(1183), 육구연은 산정관刪定官에 임하라는 칙령을 받았고 이듬해 겨울에는 '윤대輪對'[28]를 했다. 육구연의 「산정관 윤대 차자刪定官輪對箚子」 다섯 편은 그가 효종을 알현하기 전에 작성된 글이다.[29] 그는 이번 윤대를 "군주를 얻어 도를 행할" 기회로 간주한 터라 윤대 전후로 친구들과 논의했다. 순희 11년(1184) 초에 주희가 육구연에 보낸 편지를 보자. "윤대 차례는 언제입니까? 과연 영명한 주상을 알현하신다면, 핵심이 되는 곳에서 몇 마디 하시면 좋습니다."[30] 육구연은 답장에서 이렇게 말한다. "저의 윤대 차례는 아마도 겨울일 것 같습니다만, 윤대를 할 수 있을지 잘 모르겠습니다. 평소대로 지내면서 천명을 기다릴 뿐입니다!"[31] 주희와 육구연 두 사람이 이전부터 서신 왕래를 하면서 윤대 일을 이야기했다는 사실을 알 수 있다. "평소대로 지내면서 천명을 기다린다"는 말은 육구연이 이번 윤대 기회를 얼마나 중시했는지 잘 보여준다. 주희 역시 관심이 육구연에 못하지 않았다. 그는 육구연이 윤대를 한 후 즉각 차자箚子[일정한 격식 없이 사실만을 간략히 적어 올리는 상소문]를 얻어 세밀하게 읽었고 효종이 어떤 반응을 보였는지 물었다.[32] 다른 한편으로 육구연은 문인들에게 윤대의 경과 설명 말고도 친구들에게 편지를 써서 이렇게 알렸다. "지난 연말 [임금을] 면대하여 마음속 생각을 다 풀어놓았습니다. 임금의 말씀이 아주 자상하여, 윤대 도중 감히 제 생각을 다 말하지 않을 수 없었습니다. [임금과] 의기투합했는지 여부는 감히 '그렇다'고 여기지 못하겠습니다. 이는 천명이고 사람이 관여할 수 있는 것이 아닙니다."[33] "의기투합遇合"이라는 구절은 "군주를 얻어 도를 행하고 싶다"는 육구연의 심리를 숨김없이 드러낸다. 육구연은 그후 2년간 두번째 윤대를 간절히 기다렸지만 끝내 기피되어 이루어지지 못했다. 순희 14년(1187) 「주자연에게與朱子淵」 제1서 중 몇 구절은 인용할 만하다.

빌붙어 먹으면서 여기저기 돌아다닌 지 벌써 5〜6년이 되는데도 아무 일도 한 것이 없으니 날마다 부끄럽습니다. 과거 깨달은 내용에 자못 체계가 있어, 지난날 윤대할 때 그 핵심을 대략 진술했는데, 영명한 임금께서는 터무니없다고 여기지 않으셨습니다. 그러나 조목 간의 일관성이 완전하지 않고 조리에도 마무리가 없었습니다. 오랫동안 그 자리에 있었던 까닭은 다시 임금을 만나 뵈어 조금이라도 [제 생각을] 다 말하는 것이 신하의 의義를 다하는 것이라고 생각했기 때문입니다. 작년 겨울, 윤대 차례가 돌아오기 며칠 전 갑자기 장승匠丞직을 제수받아 마침내 동성東省[비서성祕書省]에서 쫓겨났습니다. 벼슬자리를 잃을까 두려워하는 사람들은 평소 의구심이 많고, 또 간사함으로써 말을 지어내어 시끄럽게 떠드는 부류에 속하는지라 [저는] 과감하게 그 자리에서 나왔으니 참으로 제 자신이 안타깝습니다. 그러나 우리가 [임금을] 만나고 못 만나고의 여부와 도가 행해지냐 행해지지 않냐의 여부에는 원래 천명이 있으니, 저 소인들이 어떻게 저로 하여금 [임금을] 못 만나도록 했겠습니까?[34]

"군주를 얻어 도를 행하려는" 육구연의 꿈은 이렇게 깨졌다. 수도 임안臨安[지금의 저장 성浙江省 항저우杭州]을 떠나기 전 그는 시를 짓는다. "세상에 영합하기를 비난함이 원칙이지만 [그렇다고] 세상을 저버리지는 않고, 이 몸을 도모하지 않음을 지향하지만 [그렇다고] 어떻게 몸을 잘못되게 하겠는가?"[35] 이 구절은 주희의 "세상 경영과 구제는 일찍이 지향했던 바, 은거하여 숨음은 평소 바람이 아니었네"라는 구절과 마치 한입에서 나온 듯 보인다. 왕안석과 신종 사이 '군주와 신하의 의기투합'이 남송 이학자들에게 얼마나 매혹적이었는지를 여기서 엿볼 수 있다. 그래서 나는 앞서 송대 사대부 정치문화의 제3단계에 변화가 일어나기는 했지만, 제2단계와 3단계 사이에는 단절보다 연속성이 더 강했다고 한 것이다. 이런 의미에서 주희 시대를 '후 왕안석 시대'라고 이해해도 무방하다.

'원래 서문'은 주희의 역사세계 중 몇 가지 주요 측면을 추적하는 가운데 먼 곳에서 가까운 곳으로 진입했고, 서술하면 서술할수록 내용이 복잡해져서 길이가 거의 10여만 자에 달하여 '서문' 지면에 그것을 전부 담을 수 없게 되었다. 그래서 나는 원천출판사의 동의를 얻어 『주희의 역사세계』를 제목으로 하는 단행본을 간행하여 『주자문집』의 부록으로 삼고자 했다. 새로운 서문은 '원래 서문'의 요약이 아니고 역사의 분기점을 실마리로 삼아 송대 정치문화 3단계의 변화를 종합적으로 서술한 글이라서 그 핵심 내용은 '원래 서문'의 내용과 다르다. 하지만 그 의미는 서로 보충된다. 다만 상세한 논증은 '원래 서문'에 들어 있다. 이 두 서문이 『주자문집』 독자들로 하여금 "사람을 알면 그 시대를 안다"는 역사적 깊이를 더하도록 한다면, 나에게는 최대의 보답이 될 것이다.

1999년 12월 14일 프린스턴대학에서
삼가 이 서문으로 주희 서거 800주년(2000)을 기념하며

이 책은 상하 두 편으로 이뤄져 있고, 상편은 통론通論이며 하편은 전론專論
이다. 먼저 이 책의 취지를 약술하여 편을 나눈 의도를 분명히 하고 그 내용
을 상편의 서설로 삼고자 한다.

1. '정치문화' 해석

먼저 제목 풀이부터 시작하자. 이 책 제목은 '주희의 역사세계'이고 부제는
'송대 사대부의 정치문화 연구'이며, 둘은 의미상 표리 관계에 있다. 제목은 이
책의 범위, 곧 주희朱熹가 실제로 경험한 역사세계를 가리킨다. 그렇지만 여기
서 말하는 세계는 주희가 태어난 날에서 시작하는 것이 아니라 그 기원과 형
성은 북송으로 거슬러 올라간다. 따라서 이 책이 다루는 시간적 범위는 11,
12세기를 포함한다. 주희의 세계는 유학을 중심으로 하는 세계여서 그 2세기
동안 일어난 유학의 변화는 이 책의 핵심 줄기를 이룬다. 하지만 이 책은 학

술사나 사상사의 내적 연구가 아니다. 그 초점은 오히려 정치·문화·사회의 각 분야와 유학 사이 실제 관련성과 상호작용에 맞춰진다. 바꿔 말하면 유학을 당시 역사적 맥락에 놓고 그 움직임을 관찰하는 데 초점이 있다. 이렇게 해야만 주희가 활약했던 참된 세계를 재구성할 수 있다.

　부제는 한 걸음 더 나아가 이 책이 드러내고자 하는 세계를 구조화해낸다. 고대 사상의 '형체形, 정신神' 개념을 빌려온다면, 유학은 주희 역사세계의 '정신'을 구성한다고 할 수 있다. 그렇지만 '정신'만 있고 '형체'가 없다면 그것은 귀신의 세계 혹은 형이상形而上의 세계일 뿐, 사람이 창조해내는 역사적 세계일 수는 없다. "형체가 갖춰지고 정신이 생겨난다"[1]는 유가 학설을 받아들이건 아니면 "살아가는 바는 정신이고 의탁하는 바는 형체다"[2]라는 도가 학설을 받아들이건 간에, 역사세계라는 존재가 형체로부터 완전히 벗어나 있는 구조임을 우리는 상상할 수 없다. 부제가 가리키는 '사대부의 정치문화'는 이 책이 제공하는 그 구조다. '정치문화'가 담고 있는 의미에 대해서는 이후에 분명히 설명하기로 한다. 먼저 '주희의 역사세계'에서 어째서 사대부에게 그토록 중요한 위치가 부여되었는가를 설명하고자 한다. 그것은 매우 분명한 두 가지 이유에서였다. 첫째, 신유학의 출현과 변화는 양송사兩宋史상 '일대사인연一大事因緣'이지만 유학의 발전은 "사람이 길을 넓힐 수 있지 길이 사람을 넓히는 것은 아니다"라는 말처럼 전적으로 사대부들의 대代를 이은 부단한 노력에 의해 이뤄졌다. 이 점에서 유학 그 자체는 결코 변하지 않았다. 사대부들은 사상적으로 옛것을 버리고 새것을 창출했을 뿐 아니라 정치적 실천을 통해 중요한 유가적 관념 몇 개를 제도와 관습 속에 이입해 구조적 존재로 만들었다. 이런 유형의 사대부들은 아널드 토인비Arnold J. Toynbee가 말한 '창조적 소수creative minority'이기는 했지만, 그들의 영향력은 결코 과소평가될 수 없다. 둘째, 주희는 기본적 신분이 사대부였다. 정치·문화·사회 어느 방면에서 보든 그랬다. 오늘날 우리는 다양한 범주로 주희의 역사적 위치를 부각시킨다. 예를 들어 주희는 도학자이고 경전학자이며 교육자였다. 그렇지만 이런 이유로 사대부

일원이었던 본래 그의 신분을 경시해서는 안 된다. 어떻게 그 점을 경시할 수 있겠는가? 주희가 의리義理를 밝히고 경전을 주석하며 서원을 세웠던 것은 사록祠祿을 받았기 때문이며 혹은 지방에서 관직을 맡았기 때문이다. 이 모든 것은 그가 사대부의 신분이어서 가능했다. 주희는 정신적 조예와 학문적 성취 측면에서 당시 일반적인 사대부를 훨씬 뛰어넘는다. 그러나 '뛰어넘는다'는 '건너뛴다'는 것과는 다르다. 만약 사대부라는 신분을 건너뛰고 논한다면 주희의 역사적 지위를 이해할 수 없게 된다. 남송 효종 순희 3년(1176) 주희는 유언비어로 곤경을 당해 비서랑祕書郎직에서 물러나려고 굳게 결심하고서 한무구韓無咎에게 편지를 썼다. 그는 한편으로 "사대부의 사직, 제수, 나아감, 물러섬은 (…) 풍속의 성쇠와 관련이 있는 만큼 특히 살피지 않을 수 없다"[3]고 말하면서, 다른 한편으로는 "속임수를 써서 벼슬자리를 취하려는"[4] 소위 '사대부들'과 절대로 같이 있을 수 없다고 표명했는데, 그 언사가 매우 격렬했다. 한무구는 답장에서 "그렇게 화내지만 말라"고 주희를 질책하는 동시에 날카롭게 반문한다. "세상에 쓸모가 없으니 다시는 사대부 부류로 되돌아가지 않겠다고 하는데, 원회元晦[주희]가 평소 배운 것은 대체 무엇인가?"[5] 주희는 결국 사퇴를 철회함으로써 일을 해결했다. 이런 예를 보면, 주희의 친구들이 그의 기본적 신분을 '사대부'로 인정했을뿐더러 주희 자신도 이를 부인할 수 없었음을 알 수 있다. 주희의 문집과 평생 활동을 보면 그의 세계와 사대부의 세계는 뿌리부터 겹쳐 있다.[6]

이제 더 나아가 '정치문화'의 함의를 풀이해보자. 이 책은 이 용어를 두 가지 의미로 쓴다. 첫째, '정치문화'는 'political culture'에 상응한다. 이는 오늘날 광범위하게 유행하는 개념이지만 정확하게 정의하기는 어렵다. 이 책에서 '정치문화'는 대략 정치적 사유 방식과 행동 방식을 가리킨다. 사유 방식과 행동 방식 모두에서 송대 사대부들은 하나의 사회집단으로서 독특하고 새로운 면모를 보여주었다. 송대 사대부는 그보다 앞선 한대, 당대 사대부에 비해도 손색이 없고 이후의 원대, 명대, 청대 사대부들도 도저히 그들을 따라잡을 수 없다. 상세한 논증은 각 장에 들어 있으므로 여기서는 그 요점만을 간단히 말하고자 한다. 정치적 사유 측면에서 보면 송대 사대부라는 '창조적 소수'는 처음부터 이상적 인간 질서, 당시 말로 '삼대의 통치'를 수립해야 한다고 요구했다. 송대 사대부가 요, 순, 삼대 때 완전한 질서가 출현했다고 진심으로 믿었거나 혹은 단지 먼 옛날을 유토피아로 삼았거나 간에, 어찌됐든 그들은 현재 상태에 불만을 품고서 세계를 철저히 개조해야 한다는 충동을 표출했다. 이런 사유 경향은 북송대와 남송대에 모두 나타났다. 그 점은 본론에서 좀더 분석하겠다. 다음으로 정치적 행동 방식 측면에서 "천하를 자신의 임무로 삼는다以天下爲己任"는 명언은 송대 사대부의 기본 특징을 보여주는 데 매우 적합한 말이다. 비록 이 구절은 주희가 범중엄을 묘사할 때 쓴 표현이지만,[7] 당시 중국 정치문화의 주요 동향을 잘 나타내준다. 그래서 후세까지 전해져 지금도 인구에 회자되는 것이다. 그런데 이 구절이 어째서 그 이전도 그 이후도 아닌 바로 송대에 출현했는가를 이해하는 일은 결코 간단하지 않다. 이 구절이 지닌 함의는 문언박文彦博의 "[황제는] 사대부와 더불어 천하를 함께 다스려야 한다", 정이의 "천하의 안위는 재상에게 달려 있다" 등의 설과 함께 보아야 드러난다. 게다가 그 의미는 당시 권력 구조 속에서 사대부가 차지한 객관적 위치와 밀접한 관련을 맺는다. 현대 관념으로 말하자면, 그들은 은연중 스스로를 정치적 주체로 자부했기 때문에 추호의 의심도 없이 질서 수립이라는 중임을 자기 어깨에 걸머질 수 있었다. 그 의미는 「자서 2」에서 대략 밝혔으므로 여기서는 보충만 해두고자 한다. 이러한 주체의식은 송대 사대부라는 창조적 소수들에게 보편적으로 존재했으며, 각종 사상의 유파들 모두 예외는 아니었다. 이런 측면에서 볼 때 "우주 안의 일은 내 안의 일이고, 내 안의 일은 우주 안의 일이다"[8]라는 육구연의 명언이 동일한 의식에서 비롯된 표현이라는 사실을 이해할 수 있을 것이다.

둘째, 부제 속 '정치문화'에는 다른 의미도 있다. 곧 정치문화는 정치와 문화라는 서로 구별되면서도 한편으로 관련이 있는 활동 영역을 아울러 가리킨다. 그런 의미는 오히려 부제에서 그대로 나타난다. 왜냐하면 송대 사대부의 정치문화political culture는 원래 정치와 문화 두 계열이 발전하면서 상호 작용한 결과 만들어진 최종 산물이기 때문이다. 개괄하여 설명하자면, 송 왕조의 특수한 역사적 환경으로 사土 계층은 정치 영역에서 비교적 넓은 정치 참여 공간을 차지하게 되었다. 문화 영역에는 장기간의 내전과 군인의 횡행으로 인해 민간에서 보편적으로 문치文治에 대한 요구가 출현했고, 그것이 유학이 부흥하는 계기를 가져왔다. 분명한 점은 앞서 언급한 송대 사대부의 사유 방식과 행동 방식이 이런 양대 영역의 새로운 움직임과 관련을 맺는다는 사실이다. 이 책은 이렇듯 복잡하고 독특한 역사 현상에 상응하여 정치사와 문화사의 동시 이용을 연구 방법으로 채택한다. 정치사가 다루는 대상은 주로 권력 구조와 그 실제적 운용이니만큼 사대부와 황제의 권력, 관료체계 사이의 관계가 이 책에서 중요한 부분을 구성한다. 비록 그것이 이 책의 핵심 논지는 아닐지라도 말이다. 그런데 당쟁은 사대부의 정치세계에서 핵심적 위치를 차지하고, 사대부의 주요 활동은 그 핵심을 둘러싸고 이뤄진다. 마찬가지로 정호, 정이, 주희 역시 사대부 구성원으로서 당쟁의 소용돌이에 휘말려 들었다. 주희는 '당黨' 문제에 대해 매우 놀라운 주장을 한다. 곧 '군자'에게는 '당'이 있어야 하거니와 "오직 그 당인의 수가 많지 않음을 걱정해야 한다"는 주장이다.[9] 주희의 정치생명이 당금黨禁에 의해 끝난 것도 전혀 이유가 없는 일은 아니었다. 그러나 송대 당쟁의 성격은 후한後漢, 중당中唐, 만명晩明의 그것과 다르다. 거기에는 사대부 정치문화의 낙인이 분명히 찍혀 있기 때문이다. 그러므로 당쟁의 구성은 이 책의 중점 연구 가운데 하나다. 문화사는 연구하는 시대의 다양한 관념과 이상을 다뤄야 하지만 그것들을 고립적으로 다뤄서는 안 되고 실제 생활과 연결해서 관찰해야 한다. 이것이 바로 문화사가 철학사나 사상사와 근본적으로 다른 지점이다. 송대의 유학 부흥과 그 변화는 이 책의 또다른 중점에 놓여 있지만, 내가 여기서 논하고자 한 것은 유학의 내적 발전이 아니라 유학적 이상과 관념이 정치적 영역 속에서 대체 어떠한 긍정적·부정적 효과 또는 반응을 낳았는가 하는 점이다. 다른 한편으로는 사대부의 정치 경험이 송대 유학의 구성과 변화에 과연 영향을 미쳤는지 역시 추구할 만한 문제다. 종합하자면 정치적 현실과 문화적 이상 사이에서 양자가 어떻게 서로 침투하고 제약했으며, 나아가 어떻게 충돌했는가 하는 것이 정치사와 문화사를 동시에 이용하는 연구법이 담당하려는 주요 과제다.

2. 도학, 도통, 그리고 '정치문화'

위 글은 '해제解題'에 속하는 것으로서 대체로 이 책 제목과 부제가 서로 표리를 이루며 상응하는 관계에 있음을 설명했다. 이어서 나는 '의혹 해명解惑'에 노력하고자 한다. 어떤 의혹을 해명할까? 우리가 통상적으로 이해하기에, 주희는 '도통론'의 정식 수립자이자 도학의 집대성자다. 이 같은 이해로 주희의 역사세계는 오로지 '도통'과 도학을 중심으로 삼으며, '정치문화'는 기껏해야 변두리를 차지할 뿐이다. 이 책은 그런 이해를 뒤집으려 한다. 하지만 어째서 경중을 뒤집어버리고 주객을 전도시켜야 할까? 아마 이러한 의문을 갖는 독자가 많으리라고 추측된다. 나는 어째서 그렇게 추측할 수 있을까? 왜냐하면 그것은 도학에 대한 현대 철학사의 처리 방식과 불가분의 관계에 있기 때문이다.[1] 개략적으로 말하자면 현대 철학사가들의 도학 연구는 바로 '진웨린金岳霖'(1895~1984)이 말한 바대로 먼저 "유럽 철학의 문제를 보편적 철학 문제로 간주하고" 그다음에 도학을 "중국에서 발현한 철학으로 간주한다."[2] 각 학자가 도학을 해석하는 데서 보이는 중내한 차이점은 그들이 채택한 유럽 철학 체계에 따라 각자의 해석이 다르다는 점에 기인한다. 그런 표준을 채택하는 까닭에 철학사가들의 연구는 필연적으로 '도체道體'에 관한 도학자들의 여러 논변에 집중된다. 왜냐하면 그것이야말로 '철학'이라는 기준 심사를 통과한 유일한 부분이기 때문이다. 따라서 다음과 같이 말해도 무방할 것이다. 곧, '도체'

는 도학 중 가장 추상적인 일단이고, 도학은 전체 송대 유학 중 가장 창조적인 부분이다. 철학사가들이 '도체'에 관해 현대적으로 해석하는 것은, 우리로 하여금 중국 철학의 전통에 대한 이해를 심화시켜줄지는 몰라도, 송대 유학 전체를 놓고 말하자면 적어도 두 번에 걸쳐 분리 과정을 겪는 게 된다. 먼저 도학을 유학에서 분리해내고 그다음 '도체'를 도학에서 분리해낸다. 그래서 도학자와 그들의 실제 생활 방식 사이 관계는 처음부터 철학사가들 시야에 들어가지 못했다. 오늘날 일반 독자들의 도학 인식은 대체로 철학사 연구에 빚지고 있다. 그들이 만약 이 책 제목이 지닌 의미에 대해 곤혹해하고, 주희의 역사세계 속으로 어떻게 '정치문화'를 포용할 수 있을지 상상할 수 없다면, 그것은 매우 자연스러운 반응일 것이다. 이러한 곤혹감을 해소하기 위해 이 절은 '도학' '도통' '도체' 개념의 변천과 상호 관계를 분명히 하는 데서 시작하고, 그다음 한 걸음 더 나아가 이들 개념과 '정치문화' 사이 내적 관계를 보여주고자 한다. 그렇지만 지면의 제한으로 여기서는 기초적 윤곽을 그리는 데 머물 수밖에 없다.

유가가 중시하는 '내성외왕의 도_{內聖外王之道}[3]'는 예전부터 공인된 설이었다. 특히 송대 도학은 후대에 줄곧 '내성외왕의 학_{內聖外王之學}'으로 칭해져왔다.[4] 도학은 '내성'과 '외왕'을 겸비하고자 하는데 그것이 내포하는 의미는 형이상의 '도체'를 훨씬 넘어선다. 도학과 철학을 동일시할 수 없음은 증명하지 않더라도 자명한 일이다. 그렇다면 대체 도학은 어떤 종류의 학문에 속할까? 도학의 '내성'과 '외왕'은 어떤 내용을 포함할까? 이른바 '내성'과 '외왕'을 가름하는 경계선은 어떻게 그을 수 있을까? 이런 문제에 철저한 답변을 내놓는 일은 이 책이 감당할 수 없다. 그렇지만 여기에 마침 첩경이 되는 방법이 있다. 우리는 그 방법을 통해 상술한 문제들에 대해 구체적이며 초보적인 인식을 할 수 있을 것이다. 이는 『근사록_{近思錄}』를 가리켜서 하는 말이다. 『근사록』은 주희와 여조겸 두 사람이 주돈이, 장재, 이정[정호·정이 형제]의 학문에 대한 글과 어록을 정선한 후 편찬한 책으로, 그 목적은 초학자들에게 도학의 입문 교재를 제공하는 데 있었다. 남송 도학자들이 도학에 지니는 기본 관점을 이 책이 잘 보여준다는 우리의 생각에는 어떠한 논쟁거리도 없을 것이다.[5] 현행본『근사록』의 차례는 후인들에 의해 개정된 것이고, 원차례는『주자어류』에 보인다. 『근사록』의 각 편 항목은 다음과 같다.

1) 도체道體 2) 배움의 핵심爲學大要 3) 격물궁리格物窮理 4) 존양存養 5) 개과천선改過遷善, 극기복례克己復禮 6) 제가의 길齊家之道 7) 출처, 진퇴, 〔관식〕 거절·수락의 원칙出處, 進退, 辭受之義 8) 치국과 평천하의 길治國, 平天下之道 9) 제도制度 10) 군자의 일처리 방식君子處事之方 11) 교학의 길教學之道 12) 허물 고치기 및 마음의 결함改過及人心疵病 13) 이단의 학문異端之學 14) 성현의 기상聖賢氣象[6]

이 항목들은 대체로『대학大學』의 8조목에 바탕을 둔다는 점이 분명하다. 권1부터 권5까지는 각각 격格[격물格物], 치致[치지致知], 성誠[성의誠意], 정正[정심正心], 수修[수신修身]에 해당된다. 주희는『사서집주四書集注』에서 이에 대해 "수신이상以上은 명덕을 밝히는 일明明德이다"[7]라고 말한다. 이것이 '내성'의 영역이다. 권6부터 권11까지는 제齊[제가齊家], 치治[치국治國], 평平[평천하平天下]에 해당된다. 이에 대해『사서집주』는 "제가 이하는 민을 새롭게 하는 일新民이다"[8]라고 말한다. 이것이 '외왕'의 영역이다. 마지막 세 권 중 '이단'은 도교와 불교를 비판함으로써 '내성'의 학문을 강화하려는 것이고, 나머지 두 항목은 잡류雜流에 속하는 것이므로 논의하지 않겠다. 이 각 편의 항목은 유가 '내성외왕의 학'에 대한 주희와 여조겸의 전제적 인식을 대변할뿐더러 '내성'과 '외왕' 사이의 경계 및 배움의 순서를 명확하게 가리킨다.

『근사록』을 바탕으로 우리는 한 걸음 더 나아가 '도체'와 도학 사이 관계를 분명히 할 수 있다. 제1권「도체」에 뽑힌 글들은 모두 태극太極, 성性, 명命, 중中, 화和, 리理, 기氣, 심心, 정情 등 형이상학적 개념을 논한다. 그렇지만 제1권이『근사록』에 최후로 들어갔던 것은 여조겸의 의도로 보이고, 주희는 시종일관 유보적 태도를 취했다. 그래서 주희는 이렇게 말한다.

『근사록』 제1권은 읽기가 어렵다. 내가 여조겸과 상의해서 그로 하여금 몇 마디를 〔『근사록』〕 뒤에 붙이도록 했던 까닭은 바로 그런 이유에서였다. 만약 제1권만 읽는다면 도리道理가 고립된 것이 되어 마치 견고한 성 아래에 군대를 주둔시키는 셈이 될 것이다.[9]

만약 여조겸이 제1권을 그대로 놔둬야 한다고 주장하지 않았다면, 주희로서는 여조겸으로 하여금 현존하는「후인後引」을 특별히 쓰도록 할 이유가 없었을 것이다. 주희는 또 말한다.

『근사록』을 볼 때, 만약 제1권을 다 이해하지 못했다면 제2권과 제3권부터 보아나가도 된다. 오랜 시간이 흐른 후 제1권을 다시 보면 점차 이해가 될 것이다.[10]

더욱 중시할 만한 것은『근사록』 제1권에 대한 주희의 제자 황간黃幹의 기억이다.

제1권의 경우, 이전에 선생을 뵌 적이 있는데 "나는 처음에는 이 제1권을 두려고 하지 않았다. 나중에 머리頭 부분이 없음을 깨닫고서 그대로 놔둘 수밖에 없었다. 이제 근사近思〔가까운 곳부터 사색하기〕는 반대로 원사遠思〔먼 곳부터 사색하기〕가 되었다"고 말했다.[11]

'도체'가 도학에서 비록 강령(머리 부분)의 자리를 차지하지만, 주희가 가르침을 베풀 때는 오히려 배우는 이들이 단계를 건너뛰어 '도체'에서 시작하지 않기를 희망했음을 알 수 있다. 이런 태도는 그의 '하학상달下學上達[아래에서 배워 위로 통달한다]'이라는 일관된 입장과 전적으로 부합한다. 『근사록』은 순희 2년(1175) 여름에 완성됐고 이어서 주희는 여조겸도 오게 해서 육구연 형제와 아호에서 만났으며鵝湖之會, 여기에서 '쉽고 간단함易簡'과 '복잡하고 비체계적임支離'의 논쟁을 벌였다. "나중에 머리 부분이 없음을 깨닫고서 그대로 놔둘 수밖에 없었다"는 말은 어쩌면 육구연이 제기한 비판과 관련이 있을지도 모른다. 여조겸의 「후인」은 『근사록』 완성 이듬해(1176)에 지어졌는데 저간의 사정을 잘 밝히고 있다.

그렇지만 주희의 도통론은 일반적 교육과 강학의 방식과는 반대로 '도체'를 핵심 위치에 놓는다. 그의 『사서집주』 가운데 『중용中庸』은 '도체'를 집중적으로 설명하는 글이다. 이런 까닭에 '도통'이라는 말에 대한 공식적인 정의는 「중용장구 서中庸章句序」에 보인다. 「중용장구 서」의 첫 단락은 이렇다.

『중용』은 무엇 때문에 지어졌는가? 자사子思가 도학이 그 전승을 잃어버릴까 걱정하여 지었다. 무릇 상고시대의 신성한 성인이 하늘을 이어 극極을 세웠는데, 도통의 전승은 거기에서 유래한다. 그것이 경전에 보이는 것으로 "성실히 그 중中을 잡아라"는 요 임금이 순 임금에게 전해준 것이었다. "인심人心은 위태롭고, 도심道心은 미약하니, 오직 집중하고 한결같이 하여 그 중을 잡아라"는 순 임금이 우 임금에게 전해준 것이었다. 요 임금의 한 마디는 지극하고 모든 것을 다 말했구나! 그런데 순 임금이 다시 거기에다가 세 마디를 덧붙인 까닭은 요 임금의 한 마디를 밝히기 위해서였다. 그렇게 한 연후에야 그[성인의] 경지에 가까이 살 수 있었을 것이다.[12]

주희는 분명히 『중용』의 '중中'을 "성실히 그 중中을 잡아라"의 '중'과 동일시하며, 더 나아가 '중'은 바로 '도체'에 대한 일종의 서술이라고 단정한다. 그러므로 주희는 '중'이란 천하의 큰 근본이다"[13]라고 주를 달면서 이렇게 말한다.

큰 근본이란 하늘이 부여한 본성으로 천하의 리가 모두 여기에서 나오니, 도의 본체다.[14]

이 주석은 주희가 효종 건도 5년(1169) 이후에 깨달은 '중화中和' 신설新說에 바탕을 두는데, 여기서 그 설을 설명할 필요는 없을 것이다.[15] 내가 위 두 구절을 인용한 까닭은, 주희가 '도통의 전수'에 관심을 가졌을 때 비로소 '도체'를 강조하기 시작했음을 설명하기 위해서다. 주희가 왜 그랬을까? 그 심층적 원인은 상세한 논증을 거쳐야 분명해질 테지만, 주희가 『중용』의 성격에 대해 서술한 내용에서 부분적인 답안을 얻을 수 있다.

이 편은 바로 공자 문하에서 전수된 심법心法이다. (…) 이 책은 처음에 하나의 리一理를 말하고 중간에는 모든 일萬事을 언급하다가 마지막에는 다시 하나의 리로 합일시킨다. 펼치면 천지와 사방에 가득 차고, 말면 세밀한 틈에 숨길 수 있다.[16]

'도체'는 '말면 세밀한 틈에 숨길 수 있어서' '전수된 심법'이 될 수 있고 이전 시대에서 이후 세대의 성인으로까지 전해질 수 있다.

그런데 위에서 인용한 「중용장구 서」속에는 한층 깊은 의미가 숨어 있고 그 의미는 이 절의 논지와 밀접한 관련을 맺는 만큼 여기서 밝히지 않을 수 없다. 그것은 바로 '도학'과 '도통'의 구분이다. 주희는 어째서 한편으로는 자사가 『중용』을 지은 까닭이 '도학이 그 전승을 잃어버릴까 걱정해서'라고 말하면서, 다른 한편으로는 '상고시대의 신성한 성인'에게 '도통의 전수'가 있었다고 말했을까? '도학'과 '도통' 사이에는 일정한 차이가 있음을 이로부터 알 수 있다. 이런 차이는 『중용』 제28장에 바탕을 둔다.

비록 그 자리에 있더라도 그 덕이 없다면 감히 예악禮樂을 짓지 못한다. 비

록 그 덕이 있더라도 그 자리가 없다면 감히 예악을 짓지 못한다.[17]

주희는 정현鄭玄의 주를 인용한다.

'예악을 짓는 자'는 반드시 성인이 천자의 자리에 있어야 한다.[18]

'상고시대의 신성한 성인'이란 복희伏羲, 신농神農, 황제黃帝, 요 임금, 순 임금을 가리키는데,[19] 이들은 모두 덕과 자리를 겸비한 사람이었다. 곧 성인으로서 천자 자리에 있었기에 '하늘을 이어 극을 세우고' '도통'을 전수할 자격을 가졌다. 이런 의미에서 '도통'은 '도가 인간세계에서 외재화한 것으로서 바로 '펼치면 천지와 사방을 가득 채우고' 내성과 외왕을 모두 포함하는 것이었다. 그러므로 '도통'의 '통統'은 맹자가 말한 '창업수통創業垂統[나라나 사업을 일으켜 세우고 후손에게 잇게 함]'[20]의 '통'과 상통한다. 이것이 「중용장구 서」의 '도통'에 대한 확실한 해석이라는 데는 아무런 의문이 없을 것이다. 주희가 특별히 사용한 '도통' 용어의 함의가 이제 분명해졌다면, 그가 "자사가 도학이 그 전승을 잃어버릴까 걱정했다"고 설명한 이유 역시 분명히 드러난다. 「중용장구 서」는 또 말한다.

이때(요, 순, 우 임금)부터 성인과 성인이 서로 전승했으니 탕왕, 문왕, 무왕 같은 임금과 고요皐陶, 이伊[이윤伊尹], 부傅[부열傅說], 주周[주공周公], 소召[소공召公] 같은 신하들이 모두 이로써 도통의 전승을 이었다. 우리 스승[공자]의 경우, 비록 그 자리를 얻지 못했지만 과거의 성인을 잇고 후학을 열어준 공로는 오히려 요 임금이나 순 임금보다 현명한 점이 있다.[21]

이 단락과 위 단락은 서로 밀접히 호응한다. 단어나 글자 사용에서 안배가 이뤄졌음이 잘 드러난다. 예로 들은 상나라와 주나라의 성스러운 임금과 현명한 재상들은 모두 덕과 지위를 갖춘 자들이라 '도통의 전승을 이을' 수 있다. "우리 스승" 구절에 이르면 어투가 갑자기 변하는데, 이는 공자가 "요 임금이나 순 임금보다 현명한 점"이 있기는 하지만 "그 자리를 얻지 못해서" 다만 "과거의 성인을 잇고 후학을 열어주는" 새로운 길을 걸었을 뿐이기 때문이다. 공자가 '열었던' 것은 당연히 '도학'에 속하는 것들이었다. 주희는 여기서 극히 완곡한 방식으로 공자가 '도통의 전승'을 얻었다고 말하려 하지 않는다. 어째서일까? 왜냐하면 주공 이후로 내성과 외왕이 다시는 합일하지 못해 공자는 단지 '도학'을 열어 상고시대 '도통' 속의 핵심 의미 곧 '도체'를 보존하고 밝힐 수 있었을 뿐 주공의 '도통'을 완전하게 계승할 힘은 갖고 있지 않았기 때문이다. 주희는 바로 이런 이해에 바탕을 두고 비로소 『중용』이 '공자 문하에서 전수된 심법'이라고 특별히 강조할 수 있었다. 「중용장구 서」는 최종적으로 순희 16년(1189)에 완성되었지만, 그중 상고시대 '도통' 관념 부분은 그 이전인 순희 12~13년에 이미 완성되었다.(상세한 논증은 뒤로 미룬다.) 이제 주희가 그 기간에 '도통' 용어를 어떻게 사용했는지 살펴봄으로써 도통 관념의 변화 궤적을 관찰해보자. 주희는 순희 8년(1181), 「염계의 광풍제월정에 대해書濂溪光風霽月亭」에서 이렇게 말한다.

> 오직 선생[주염계, 주돈이]은 하늘이 맡긴 임무를 받들어 도통을 잇고 그로써 단서를 세우고 실마리를 〔후세에〕 드리움으로써 우리 후인들을 깨닫게 하고 도와준 사람이다.[22]

내가 알기로는 주희가 '도통' 두 글자를 사용하기는 이 글이 최초지만 그 의미는 그다지 분명하지 않다. 그저 위로는 요 임금과 순 임금으로 거슬러 올라가고 아래로는 공자와 맹자에 이를 뿐이다. 이 시기 주희의 '도통' 관념은 아직 완전하게 자리 잡지 않았던 것 같다. 그러나 광종 소희紹熙 5년(1194)의 「창주정사의 설립에 즈음하여 선성들에게 보고하는 글滄洲精舍告先聖文」은 다음처럼 말한다.

삼가 도통은 멀리는 복희와 헌軒[헌원軒帳]에서 시작한다. 그것을 집대성한
것은 실로 성인[공자]에게 속한다. 옛것을 조술하고 가르침을 후세에 남겼으
며 영원한 법도를 세웠다. (…) 오직 안연과 증자만이 그 종지를 전해 받았
다. [그에 대해] 사색하고 [그것을] 실어 나르는 역할을 하자 [그 종지는] 더욱
밝고 커졌다. (…) 1000여 년 후에는 '계승'이 있었다고 말할 수 있다. 주염계
선생과 이정 선생이 주고받았던 것은 모든 리의 근원이었다.[23]

이 글은 주희 만년의 저작으로 용어와 글자 사용이 극히 신중하여 「중용장
구 서」와 기본적으로 일치한다. "그것을 집대성한 것"은 「중용장구 서」의 "과
거의 성인을 이었다"에 해당되고, "옛것을 조술하고 가르침을 후세에 남겼다"
는 「중용장구 서」의 "후학을 열어주었다"에 해당된다. 안연顏淵과 증자曾子가
전수받은 것은 '통統'이 아니라 '종지宗'다. 여기서 특히 주희의 안배를 엿볼 수
있다. 왜냐하면 그는 "공자가 돌아가신 이후 (…) 오직 맹가만이 그 종지를 전
수받았다"[24]는 한유韓愈의 구절을 이용하기 때문이다. 송대 주돈이와 이정이
'계승한' 것 역시 공자·맹자 '도학'의 '종지'였지, 복희·헌원의 '도통'은 아니었음
은 두말할 나위도 없다. 그런데 공자가 전수해준 것과 주염계·이정이 계승한
것 모두를 '도학'이라고 칭했던 것은 늦어도 순희 10년(1183)에 확립된 것이 분
명하다. 주희는 이해에 지은 「소주주학 염계 선생 사당기韶州州學濂溪先生祠記」에
서 말한다.

진한 이래, 도는 천하에서 밝혀지지 않았고 사士들은 무엇으로써 배워야
할지를 몰랐다. (…) 그래서 천리天理가 밝혀지지 못하고 인욕人欲이 불타오
르게 되었다. 도학은 전해지지 않고 이단이 흥기했다. (…) 송나라가 흥하
자 (…) 염계 선생이 일어난 이후 천리가 밝혀지고 도학의 전승이 다시 이

어졌다.[25]

이 단락은 '도학'의 범위를 매우 분명하게 정하고 있어 「중용장구 서」의 "도학이 그 전승을 잃어버릴까 걱정했다"의 용법과 기본적으로 일치한다. 위 인용 자료에 바탕을 둘 때 우리는 다음 같은 결론을 내릴 수 있다. 즉 주희는 순희 8년(1181) 초에 처음으로 '도통'이라는 용어를 사용했고, 2년 후 '도학'의 함의를 정의했으며 순희 12~13년에 이르러서는 「중용장구 서」를 증보·개정했다. 4~5년이 걸려 비로소 두 중요 개념의 영역이 완전히 구분된 것이다.

위 분석에서 우리는 명확한 인식을 얻을 수 있다. 주희는 '도통'과 '도학'을 나눠서 각각 두 역사적 단계에 대응시키려 했다는 점이다. "상고시대의 신성한 성인"부터 주공에 이르는 것은 '도통'의 시대이고, 그 시대의 가장 분명한 특징은 내성과 외왕의 합치다. 이 단계에서는 지위에 오른 "성스러운 군주와 현명한 재상"이 '도'를 실행에 옮겼으므로, 다른 일군의 사람들이 나타나서 전문적으로 '도학'을 강학할 필요가 없다. 주공 이후로는 내성과 외왕이 이미 분열되어 둘로 나뉘었고, 역사는 다른 단계로 접어든다. 이것이 바로 공자가 개창한 '도학'의 시대다.[26] 송대 주돈이, 장재, 이정이 직접 이어받은 것은 공자 이래의 '도학'이지 상고시대 성왕들이 대대로 전한 '도통'은 아니다. 그러므로 엄격하게 말한다면 주희 붓끝의 '도학' 두 글자는 후대에 통행된 관념과 큰 차이가 없지만, 그의 '도통'은 특별한 내용을 포함하는 만큼 송대 이후의 용법과 혼동되면 안 될 것이다. 주희가 어째서 이렇게 구분해야 했는지는 본문에서 따로 해설하려고 한다. 이제 우리는 이렇게 물어야 한다. 송대 이후 유행했던 '도통' 관념은 대체 누구의 손 위에서 성립했던 것일까? 전대흔錢大昕이 가장 앞서 이 문제를 제기했다. 그가 내놓는 대답은 이렇다.

'도통' 두 글자는 이원강李元綱의 『성문사업도聖門事業圖』에서 처음으로 보인다. 그 첫번째 그림에 "도를 전하고傳道 큰 줄기를 바르게 함正統으로써 명도

明道[정호]와 이천伊川[정이]은 맹자를 계승했다"는 말이 있다. 이 책은 건도 임진년(건도 8년 즉 1172)에 완성됐으니 주문공朱文公[주희]과 동시대다.[27]

전대흔의 설명은 대의에 부합하지만 정확히 근거를 제시한 것은 아니다. 왜냐하면 이원강의 원문은 '전도정통傳道正統'이라고 했지 '도통'이라고 하지는 않았기 때문이다. 남송대 문헌을 널리 검토해보면 주희의 대제자였던 황간이야말로 후대 '도통' 관념의 정식 수립자였음을 알 수 있다. 황간은 「성현도통전수총서설聖賢道統傳授總緖說」(『면재집勉齋集』권3)에서 한편으로 「중용장구 서」의 종지를 밝히면서도, 다른 한편으로는 「중용장구 서」의 '도통'과 '도학' 두 단계의 구분을 바로 '도통'으로 통합함으로써 위로는 요 임금과 순 임금부터 아래로는 주희에 이르기까지 '도통'으로 일관해버린다. 그리하여 '도통'은 내용이 변해버렸고 이제 다시는 주희 구상 속 내성외왕 합일로서의 '통統' 혹은 '진순陳淳'의 '도학체통道學體統'[28]을 가리키지 않게 되었다. 그리고 '도통'은 황간이 이해한 대로 후대에 통용되었다. 황간의 「성현도통전수 총서설」은 무척 길어 여기서 인용할 수는 없다. 황간은 영종 가정嘉定 7년(1214)에 쓴 「휘주 주문공사당기徽州朱文公祠堂記」에서 '도통'의 새로운 의미를 잘 표현해놓았다.

도는 하늘에서 기원하고 사람 마음에 갖춰지며 사물에서 드러나고 정책에 실린다. [어떤 사람이] 그것을 밝혀서 실천하면 [도는] 그 사람에게 보존된다. (…) 요, 순, 우, 탕, 문, 무, 주공이 태어나자 도가 처음으로 행해졌고, 공자와 맹자가 태어나자 도가 처음으로 밝혀졌다. 공자와 맹자의 도는 주염계, 이정, 장횡거[장재]가 계승했다. 주염계, 이정, 장횡서의 도는 문공 주 선생[주희]이 또다시 계승했다. 이 도통의 전승은 만세에 걸쳐 살펴볼 수 있다.[29]

이 단락을 꼼꼼히 읽어보면, 황간이 일면에서는 '도통'과 '도학'에 대한 주희의 기본 관점을 계승하는 동시에 발전시키고 있음을 즉시 발견할 수 있다. 그는 "도가 처음으로 행해졌다"와 "도가 처음으로 밝혀졌다"라는 두 말로 주공 이상의 성왕과 공자·맹자를 변별하는데, 이는 주희가 '도통'과 '도학'으로 역사를 구분했던 이유를 황간이 분명하게 알고 있었음을 나타낸다. 사실 "행해졌다"는 주희가 말한 '도통'을 가리키고, "밝혀졌다"는 '도학'을 가리킴은 매우 분명하다. 그렇지만 황간은 일부러 '도통'과 '도학'을 하나로 합일시켜버린다. 그래서 '도통'의 존칭은 '덕'은 있되 '자리位'는 없는 유가의 성현으로 귀속되어 버렸다. 글자만 놓고 보면 황간이 스승의 설을 등진 듯하지만, 정신적 측면을 보자면 그는 '세勢[권세]'보다 '도'가 중요하다는 주희의 관념을 더욱더 현창한 것이다.(자세한 내용은 본문을 보라.) 그러므로 이제 우리는 송대 이후 유행한 도통론은 주희가 정식으로 제기했지만 황간의 손에서 완성되었다고 인정할 수 있다. '도통'설이 송 말에서 청 초에 걸쳐 문화사와 정치사에서 줄곧 논쟁을 일으킨 사실은 여기서 언급하지 않겠다. 다만 하나 지적해야 할 점은 이제 '도통'의 전승이 유학자 고유의 책임으로 공인되어서 '치통治統[통치의 정통]'이라는 명칭이 '도통'과 호응하여 성립되었고, '도통'과 더불어 상호 의존적이며 보족적인 대응 개념을 이루게 되었다는 사실이다. 원, 명, 청 3대에서 모두 '도통'과 '치통'에 관한 중요한 서술이 있다. 주희-황간 도통론의 실제적 영향을 설명하기 위해 아래에서 우리는 원대와 명대 예를 하나씩 들어보려고 한다. 원 순제順帝 지정至正 5년(1345)에 송·요·금의 역사가 모두 편수된 다음, 양유정楊維楨은 「삼사 정통변三史正統辨」이라는 표문表文을 황제에게 바친다. 그 가운데 한 단락이다.

도통은 치통의 소재지입니다. 요 임금은 그것을 순 임금에게 전해주었고, 순 임금은 그것을 우 임금, 탕왕, 문왕, 무왕, 주공, 그리고 공자에게 전해줬습니다. 공자가 돌아가시고 그 전승을 얻지 못한 지 백 몇십 년이 되었다가 맹자가 그것을 전해 받았습니다. 맹자가 죽자 또다시 그 전승을 얻지 못한 지 1000여 년이 되었다가, 염계 주 선생[주돈이]과 이정 선생이 그것을 전해

받았습니다. 양중립楊中立[이정의 제자인 양시楊時]에 이르러 우리의 도가 남쪽으로 건너갔습니다. 머지않아 송 역시 남쪽으로 천도했습니다. 양시가 전승한 것은 나예장羅豫章, 이연평李延平에게 전해지다가 마침내 신안新安 주자[주희]에게 전해졌습니다. 주자가 죽자 그 전승은 우리 왕조[원]의 허문정공許文正公[허형許衡]에게 전해졌습니다. 이것이 역대 도통의 기원과 그 귀결입니다. 그렇다면 도통은 요나 금에 있지 않고 송에 있으며, 송에 있다가 우리 왕조에 미친 것입니다. 군자는 치통의 소재를 잘 볼 수 있을 것입니다.[30]

이 표문의 핵심은 원의 '정통'이 남송에서 직접 유래한 것으로 그 '정통'이 북방의 요나 금에 있지 않음을 강조한다. 그런데 '도통'의 전승이 그중에서 가장 중요한 논거가 된다. 양유정은 허형이 주희의 도학을 계승했다는 사실에 의거하여 아무 의심 없이 원 '정통'의 시작을 45년(금이 망한 것은 1234년이고 남송이 망한 것은 1279년이다) 뒤로 늦춰버린다. 양유정이 '도통'에 부가한 정치적 비중은 실로 놀라울 정도다. "도통은 치통의 소재지다"라는 그의 말은 정치사상사에서 이학이 획기적 지표였음을 말한다. 현대 용어로 표현하자면 '치통'의 '합법성legitimacy(또는 정당성)'은 '도통'에 종속되어 있다는 데 있다. 주희−황간 도통론에 숨겨져 있던 의미는 양유정의 「삼사 정통변」에서 분명하게 드러나고, 명청 유학자들의 '도통'과 '치통' 관계에 대한 논의는 그들이 어떤 정치적 입장을 취하든 간에 대체로 양유정이 제시한 명제의 범위를 넘어서지 못한다.[31]

두번째 예는 명의 유종주劉宗周다. 그는 숭정崇禎 9년 병자년(1636)에 「황극의 핵심을 세 번에 걸쳐 풀이하는 상소三申皇極之要疏」 서두에서 이렇게 말한다.

제가 옛 제왕의 일을 들으니, 도통과 치통이 합하여 하나가 되었기 때문에 세상의 교화가 밝아지고 사람 마음이 바르게 되었으며, 천하가 오랫동안 안정되고 길게 다스려진 까닭이 되었다고 합니다. 천하가 쇠락하면서 공자와 맹자가 어쩔 수 없이 도통의 임무를 분한으로 삼아 그것을 추상적 언사에 가탁함으로써 마음의 한 가닥으로 남기려 했으니, 그 공로는 만세에 걸칩니다. 또다시 1100여 년이 흘러 송대 여러 유학자가 그것을 계승했습니다.[32]

위 인용 단락은 이 절의 논지를 잘 밝혀준다. 유종주의 '도통' 개념은 황간 이래 관습화한 용법을 따르고 있어서 '치통'과 짝지어 제시되고 있다. 이 점에서 그와 양유정의 이해는 일치한다. 그렇지만 유종주는 '옛 제왕'과 '공자와 맹자'를 두 단계로 구분하는데, 이 점은 '도통'과 '도학'을 구분하는 「중용장구 서」의 입장과 딱 들어맞는다. 그가 말한바 도道와 통치治의 합일로서의 '통'은 바로 「중용장구 서」의 '도통'이고, 그가 말한바 공자와 맹자의 "임무를 분한으로 삼음"으로서의 '도통'은 「중용장구 서」의 '도학'에 해당된다. "송대 여러 유학자가 그것을 계승했다"는 것은 공자 이래의 '추상적 언사'이지 고대 성왕의 '실제 사업實事'은 아니다. 유종주 상소문을 통해 「중용장구 서」에 숨어 있던 뜻이 완벽히 드러난다.

이제 우리는 「중용장구 서」의 배경 연구로 한 걸음 더 나아가야 한다. 그래야 주희가 어째서 '도통'과 '도학' 두 단계를 구분했는지 이해할 수 있게 된다. 순희 12년(1185), 주희는 진량陳亮(1143~1194)과 그 유명한 '왕王, 패霸' 논쟁을 일으킨다. 정호는 이전에 "삼대의 통치는 리에 순응하는 것이었고, 양한兩漢 이하는 모두 천하를 잡으려는 것이었다"[33]고 말한 적 있다. 이 구절은 송대 도학자들이 '왕, 패'를 구분하는 기본 근거가 되었다. 삼대가 '왕'이 되었던 까닭은 도통과 치통이 합일했기 때문이고, 한나라와 당나라가 '패'가 되는 까닭은 치통이 도통에서 분리되어 '세'만 있고 '리'는 없는 상태에 빠졌기 때문이다. 더욱이 남송 도학자들은 이 논점을 극단적으로 밀고 나가 "마침내 삼대는 오로지 천리로써 행했고, 한과 당은 오로지 인욕으로써 행했다"[34]고까지 말하게 됐다. 진량은 그런 편협하고 과격한 논의를 혁파하기 위해 '삼대'와 '한, 당'은 '왕, 패'로서 분명하게 구분될 수 없고, 기껏해야 "삼대는 다 해낸 데" 반해

"한, 당은 다 해내지 못한 것"으로 정도 차이에 불과하다고 주장했다.[35] 진량의 기본적 문제의식은 종합하자면 이렇다. 곧 한 고조와 당 태종이 이미 나라를 세웠고 그 나라가 오랫동안 지속되었다면, 그 가운데 어떻게 '도'가 전혀 없을 수 있었겠는가?

주희는 정호의 관점을 고수하면서 단호하게 말한다. "1500년 동안 (…) 요, 순, 삼왕三王[하 우왕, 은 탕왕, 주 무왕], 주공, 공자가 전한 도는 천지 사이에서 하루도 행해진 적이 없었다."[36] 여기서 주희와 진량 논쟁의 득실을 논할 수는 없다. 현대인의 역사적 지식을 출발점으로 삼으면 주희보다는 진량 쪽에 동의할 수밖에 없다는 데는 의문의 여지가 없다. 내가 이 화두를 거듭 제기하는 까닭은 바로 이 논쟁이 주희가 「중용장구 서」에서 '도통'을 제기한 계기가 되었기 때문이다. 그런데 그 사이의 곡절은 다시 진부량陳傅良의 해설을 봐야지만 분명하게 드러난다. 진부량은 「진동보에게 답하다荅陳同甫」 세번째 편지에서 다음처럼 말한다.

"공로가 완성된 곳에 바로 덕이 있고, 일이 이뤄진 곳에 바로 리가 있다"는 것이 노형老兄[진동보 즉 진량]의 설입니다. 만일 그렇다면 삼대 성현들은 헛되이 노력한 셈이 될 것입니다. "공로는 때마침 이뤄진 것이니 어떻게 반드시 덕이 있겠고, 일은 우연히 이뤄진 것이니 어떻게 반드시 리가 있겠는가?"는 주 선생[주희]의 설입니다. 만일 그렇다면 한 고조와 당 태종은 도적과 그다지 차이가 없게 될 것입니다. 삼대 성현들이 헛되이 노력했다고 여긴다면 사람의 힘이 독단적으로 운용될 수 있을 것입니다. 한편 한 고조와 당 태종이 도적과 그다지 차이가 없다고 여긴다면, 천명을 구차하게라도 얻을 수 있게 됩니다. 사람의 힘이 독단적으로 운용될 수 있다고 말한다면, 그 폐단은 위로는 전전긍긍하고 두려워하는 군주가 없게 된다는 점입니다. 천명을 구차하게라도 얻을 수 있다고 말한다면, 그 폐단은 아래로는 야심을 품는 신하가 있게 된다는 점입니다. 두 군자의 입론은 '교만한 군주'가 '반란을 일으

키려는 '신하'의 처지를 면하지 못하므로 저는 타당치 않다고 생각합니다.[37]

진부량이 주희와 진량의 차이에 관해 내놓는 분석은 간단하면서도 포괄적이지만, 그의 분석에서 더욱 중요한 것은 주희와 진량의 설이 도출할 수 있는 정치적 후과에 대한 추론이다. 왜냐하면 이학자들의 정치적 민감성 특히 주희의 정치적 민감성이 여기에서 실증될 수 있기 때문이다. 진부량은 진량의 설이 "위로는 전전긍긍하고 두려워하는 군주가 없게 되는" 결과를 낳을 수 있고, 주희의 설은 "아래로는 야심을 품는 신하"의 길을 열 수 있는 것이라고 인식한다. 이렇듯 "교만한 군주"와 "반란을 일으키는 신하"라는 용어 속에서 주희와 진량의 학설에 담긴 정치적 함의가 완전하게 드러난다. 당시 유학자들의 정치적 사유 맥락 속에서 진량의 설은 실제로는 군주의 권한을 대변하는 것으로서 비교적 보수적이었고, 주희의 설은 군주의 권한을 구속하는 것으로서 꽤 급진적이었음을 알 수 있다.

주희는 분명히 "한 고조와 당 태종은 도적과 그다지 차이가 없다"고 여기긴 했지만, 결코 '반란을 일으키는 신하'로서 "야심을 품을" 정도로 급진적이지는 않았다. 우리는 뒤에서 그의 군주관을 살펴볼 것이므로 여기서 자세히 설명할 수는 없다. 다만 주희는 남송 고종이 군주의 권한을 높이려 한 데 깊이 우려하고 있었다. 어쨌든 주희의 급진적 견해는 '군주가 신하의 상례에 참석하는 문제君臨臣喪'를 놓고 그와 문인들 사이에 벌어진 논의에서 잘 나타난다. 주희는 이렇게 말한다.

"그것 역시 강남으로 천도한 이후 군주와 신하의 형세가 줄곧 단절되어 서로 친히 여기는 마음이 없어졌기에 그렇다. 옛날의 군주와 신하가 일마다 성공을 거뒀던 까닭은 〔서로〕 친애하여 한 몸이었기 때문이다." 이어서 〔주자가〕 말했다. "북방 오랑캐(금나라 사람)들이 처음에 흥기할 때 그 추장은 각 부족〔수령〕과 더불어 아무런 차이가 없었고 함께 앉아 마시면서 함께 춤도쳤다. 그래서 일을 해낸 것이다."[38]

　주희는 여진이 처음으로 흥기할 때 추장과 각 부족[수령]이 "아무런 차이가 없었다"는 점을 칭찬한다. 곧 이상적 군신 관계란 군주와 신하가 동일한 계층에 있고 '군주'는 '여러 신하'의 우두머리에 불과한 존재였음을 알 수 있다.[39]

　과거 주희가 군권君權에 대해 의심하고 있었다는 것, 특히 남송 이래 군주와 신하의 차이가 더욱 벌어졌다는 것에 대한 그의 불만을 인식해야지만 그가 어째서 혼신을 다해 진량과 '왕패王覇' 문제를 논했는지 이해할 수 있다. 진부량의 관찰은 매우 날카롭다. 주희가 걱정한 것은 틀림없이 진량의 이론이 초래할 수 있는 정치적 후과 곧 "위로는 전전긍긍하고 두려워하는 군주가 없게 되는" 점이었다. 만약 "공로가 완성된 곳에 바로 덕이 있고, 일이 이뤄진 곳에 바로 리가 있다"는 말을 논리적 극한으로 밀고 나간다면, '세'가 있는 곳이 바로 '도'가 있는 곳이라는 결론을 피할 수 없다. 진량의 이런 논점은 비단 개인의 견해가 아니었고 결국 여조겸 문인들의 지지를 얻게 됐다. 주희는 사태가 심각함을 느끼고 부득불 진량에 대해 반박하지 않을 수 없었다. 『주자어류』는 진량에 대해 언급한다.

　　여백공呂伯恭[여조겸]에게 어찌 잘못이 없겠는가? 그렇게 너저분하게 논하면서 그[진량]의 설을 논파하지 않고, 오히려 그와 더불어 한통속이 되었다. 최근 백공의 문인 가운데 진량의 설을 취하는 이들이 있으니 백공과 진량은 하나가 된 것이다. 참으로 해괴하다.[40]

　논쟁 가운데서 주희는 처음으로 상고시대의 요, 순 이래로 이뤄진 '도체'의 발견과 전승에 호소했고 그것을 진량에 대한 반박 논거로 삼았다. 「진동보에게 답하다」 여덟번째 편지에서 그는 다음과 같이 말한다.

"인심은 위태롭고, 도심은 미약하니, 오직 집중하고 한결같이 하여 그 중中을 잡아라"는 말은 요 임금, 순 임금, 우 임금이 서로 전해준 밀지密旨입니다. (…) 요, 순, 우 임금이 서로 전해준 내용이 그와 같습니다. 탕왕과 무왕은 그것을 듣고서 알았고 또한 [도심을] 회복함으로써 그런 경지에 도달한 사람들입니다. 공자가 안연과 증삼曾參[증자]에게 전해준 내용도 바로 그것입니다. 증자가 자사와 맹자에게 전해준 내용도 그것입니다. (…) 이것이 서로 전수해준 오묘한 내용이므로 유학자들은 모두들 경건히 지키고 함께 배우면서 '천하가 비록 크더라도 통치하는 방법은 그것 외에는 없다'고 여겼습니다. (…) 무릇 사람은 이 사람일 뿐이고, 도는 다만 이 도일 뿐입니다. 어찌 삼대, 한, 당의 구별이 있겠습니까? 그러나 유학자의 학문이 전해지지 않았고, 요, 순, 우, 탕, 문, 무 이래 이들이 주고받았던 마음이 천하에서 밝혀지지 않았습니다. (…) 그것이 바로 요, 순, 삼대는 요, 순, 삼대이고, 한고조, 당 태종은 그대로 한 고조, 당 태종으로서 결국 서로 합일할 수 없는 까닭입니다. 이제 만약 양자 사이에 가로놓인 벽을 허물어서 옛것도 없애고 요즘 것도 없애버리려 한다면, 차라리 요 임금과 순 임금이 서로 주고받은 심법과 탕왕과 무왕의 회복 노력을 깊이 살펴서 그것들을 준칙으로 삼고 자기 몸부터 추구하는 편이 나을 것입니다. 한편으로는 한 고조, 당 태종과 같은 마음이 조금이라도 있다면 철저히 제거해버려야 합니다. 우연히 그런 마음이 들었을 때 그 근원을 살펴야 하고, 어그러진 마음을 쫓아버리면서 그 기원을 찾는다면 아마도 천지의 영원한 법도와 고금의 통의通義를 체득할 수 있을 것입니다. [한가하게 자리에] 앉아서 이미 지난 과거의 흔적을 이야기하거나 과거의 잘못을 꾸미면 안 되고, 또 우연히 일치하는 것을 가리켜 [그것을] 전체로 여기면서 '그것이 옛 성현들과 참말로 다르지 않다'고 말해서는 안 됩니다.[41]

원래 편지가 무척 길어 그것만 읽는 데도 아주 힘들어서 여기서는 관련 부분만 뽑아내어 독자들로 하여금 「중용장구 서」와 비교해보도록 했다. 이를 통해 「중용장구 서」의 '도통'론이 위 편지를 저본으로 삼는다는 점을 확증할 수 있다. 그렇지만 우리는 그 밖에도 강력한 직접적 증거를 가지고 있어서 그것으로 두 문헌 사이 관계를 확립할 수 있다. 주희는 순희 13년(1186) 「첨수(첨의지)에게 답하는 편지答詹帥(儀之)書」 세번째에서 말한다.

근래 절중浙中 지방에서 괴이한 논의가 백출하고 있어 사람들의 귀를 놀라게 하고 사람들의 마음을 못쓰게 하고 있습니다. '강한 사람이 선창하면 약한 사람이 화답한다'는 소리가 사방으로 흘러넘치고 있으니 상당 부분 백공〔여백공 즉 여조겸〕에게 책임을 돌려야 할 것입니다.[42]

이 구절은 바로 지난해(1185) 진량과 '왕패' 논쟁을 벌인 일을 가리킨다. 앞서 인용한 『주자어류』는 "여백공에게 어찌 잘못이 없겠는가?"라고 비판했는데, 위 구절은 바로 그 내용에 대한 증거가 된다. 「첨수에게 답하는 편지」 마지막 부분은 또 이렇다.

「중용장구 서」는 요, 순이 주고받은 내력을 탐구하여 한 단락을 첨가했는데 매우 자세합니다.[43]

이 구절은 더없이 중요하다. 주희가 요, 순, 삼대의 '도통'을 세운 까닭이 드러나 있기 때문이다. 그는 후대(송대를 포함하여)의 '교만한 군주'에게 도움이 될 진량의 의론을 겨냥해서 그렇게 했던 것이다.

지금까지 「중용장구 서」의 역사적 배경을 밝혔다면 이제부터는 주희의 '도통'과 '도학' 구분에 대해 좀더 깊게 들어가 분석해보자. 앞서 인용한 「진동보에게 답하다」에 따르면 주희는 요, 순, 우가 서로 전한 '도통'이든 공자 이래의 '도학'이든 모두 '천하를 다스리는 것'과 밀접한 관계가 있다고 인식했음이 분명하다. 「진동보에게 답하다」와 「중용장구 서」를 비교해보면 '도통'과 '도학'은 모두 깊은 정치적 함의를 갖고 있음을 알 수 있다. '도통'에 대해 말하자면, 주희가 전력을 다해 '내성외왕'이 합일된 상고시대 삼대의 '통統'을 세우려 했던 것은 군권에 대한 후대 유학자들(자신을 포함하여)의 비판을 위한 정신적 근거를 제공하기 위해서였다. 그렇기 때문에 "요 임금과 순 임금이 서로 주고받은 심법과 탕왕과 무왕의 회복 노력"은 군주의 덕을 성취하기 위한 최고 기준으로 변화되고, 거기에 입각하여 "한 고조, 당 태종과 같은 마음이 조금이라도 있다면 철저히 제거해버려야 한다." 그다음 '도학'에 대해 이야기해보자. "과거의 성인을 잇고 후학을 열어준" 공자를 주희가 강조한 까닭은 그가 "천하의 통치"라는 중요한 일에 착안했기 때문이다. 공자가 "이은" 것은 "요 임금, 순 임금, 우 임금이 서로 전해준 밀지"였고, 공자가 "열었다"는 것은 그러한 '밀지(혹은 신법)'의 '도학'을 천명했다는 것이다. 「진동보에게 답하다」는 이렇게 말한다. "이것이 서로 전수해준 오묘한 내용이므로 유학자들은 모두들 경건히 지키고 함께 배우면서 '천하가 비록 크더라도 통치하는 방법은 그것 외에는 없다'고 여겼습니다." 이 구절은 바로 「중용장구 서」속에 있는 '도학'에 대한 분명한 풀이다. 그렇지만 이 구절이 품고 있는 언외의 뜻도 중시할 만하다. 곧 상고시대 '도통'의 '밀지'는 '도학' 속에 보존되어 있거니와 아울러 그것은 끊임없이 새롭게 발휘되어야 한다는 것이다. 그렇기에 후대 제왕이 "천하를 다스리려" 할 때 이것을 놔두고서는 법도를 취할 곳이 없어진다. 이것이 바로 주희의 미언대의微言大義로서 '도학'의 정신적 권위를 극력으로 제고함으로써 군권을 제한하고자 했던 것이다. 이런 '도학'은 결코 공자에서 맹자에 이르는 고전적 단계로 국한되지 않고, 거기에는 주돈이, 장재, 이정으로부터 주희 자신에 이르는 최신의 발전이 포함됨은 물론이다. 종합하자면 「중용장구 서」와 「진동보에게 답하다」의 공통 기조는 '도道'를 통해 '세[권세]'를 제한하는 것으로, 소극적인 면과 적극적인 면이 모두 있다. 소극적 측면은 '도'를 견지하면서 '세'를 비판하는 것이고, 적극적 측면은 '세'를 '도'의 범위 안으로 포섭하는 것이다.

후자는 송대 이학자들이 공통으로 추구했던 장기 목표였다. 이런 각도에서 보면 도학(또는 이학)이 중국 유학사에서 획기적 성취를 거두었다 하더라도, 여전히 송대 사대부 정치문화를 구성하는 하나의 부분임을 확인할 수 있다. 이 점에 대해서는 본문에서 자세히 논하기로 한다.

「진동보에게 답하다」는 누차 '밀지' '심법'을 제기하는데, 그것은 요 임금, 순 임금, 우 임금이 '도체'를 파악하고 있었음을 묘사하는 말이다. 이는 우리의 관찰 결과를 한층 더 실증한다. 곧 주희는 '도통'을 논할 때 특히 '도체'의 중요성을 부각한다. 그래서 우리는 가장 마지막으로 한층 깊이 들어가 '도체'와 '도통' 사이의 특수 관계를 밝혀야 한다. 이것은 송대 이학의 보편적 현상 중 하나여서 주희의 개별 언급을 분석한 다음, 육구연의 관점 몇 가지를 인용하여 비교해보려고 한다. 그런데 '도체'는 대체 무엇을 가리킬까? 이것이 먼저 해결되어야 할 문제다. 불교에는 다음 같은 게偈가 있다. "천지보다 앞선 것物이 있으니 형체가 없고 본래 고요하다. 모든 현상의 주인이 될 수 있고 시간의 흐름에 따라 시들지 않는다."[44] 송대 이학자들 마음속의 '도체'는 바로 이 '것物'이었다. 한마디로 '도체'는 영원하고 보편적인 정신적 실재를 가리킨다. '도체'는 천지와 사방에 가득할 뿐 아니라 천지의 만물을 주재하고 거기에 규범을 가한다.("모든 현상의 주인이 될 수 있다.") 송대 이학자들은 여러 형이상학적 개념을 사용해 '도체'를 묘사했는데, 태극, 천리, 리, 성, 심 등이 그것이다. '도체'의 가장 주요한 작용은 천지만물에 질서를 부여하는 것이다. 그래서 주희는 "만약 태극이 없다면 천지가 곧바로 뒤집어지지 않겠는가?"[45]라고 했다. '도체'가 우주 본연의 질서이기는 하지만 그 '도체'를 가장 먼저 발견하여 그것에 따라 인간 질서를 창건한 이들이 바로 '상고시대의 신성한 성인들'이다. 「중용장구서」가 공식적으로 제시하는 '도통'설은 바로 상고시대 '도체'의 전승을 위해 분명한 계보를 정리함으로써 공자 이래 '도학'의 신성한 근원을 부각하려는 것이다. 도道와 통치治가 분리된 이후 '도체'를 밝히는 일은 유가儒家의 손으로 넘어왔다. 곧 유종주가 말한 대로 "공자와 맹자는 어쩔 수 없이 도통의 임무를 분한으로 삼았다." 바로 이런 의미에서 비로소 주희는 '도학'이 '도통'을 직접 계승한다고 인정할 수 있었다. 「중용장구 서」는 주희가 '도통' 문제에 관해 장기간 사색하다가 얻은 최후의 결정본이고, '도체'는 그 속의 주축을 구성한다. 「중용장구 서」는 '도통의 전승'을 설명하기 위해 "성실히 그 중中을 잡아라"는 말을 들어 "요 임금이 순 임금에게 전해준 것"의 증거로 삼았고, 그다음에는 "인심은 위태롭고, 도심은 미약하니, 오직 집중하고 한결같이 하여 그 중을 잡아라"라는 구절을 "순 임금이 우 임금에게 전해준 것"의 증거로 삼았다. 이는 바로 '도체'의 계승으로써 '도통'의 수수授受를 정의한 것이다. 그런데 순 임금은 어째서 요 임금의 한 마디 이외에 다시 세 마디를 덧붙였을까? 「중용장구 서」가 내놓는 해답은 이렇다. 요 임금의 한 마디는 그 구절의 함의를 충분히 설명할 수 없어서였다. 이런 해답은 또다른 중요한 의미를 함축한다. 곧 '도체'의 내용은 후대로 갈수록 더욱 상세해진다는 것이다. 눈치 빠른 독자라면 다음 내용을 어렵지 않게 알아차렸을 것이다. 그것은 바로 주희가 암암리에 후세의 '도학(공자·맹자에서 송대에 이르기까지)'에 이른바 '도를 전하는 정통'의 지위를 부여하려 했기 때문이다. 좀더 천착해서 말하자면, 상고시대 성왕이 발견하고 실천했던 '도체'는 송대 도학자들(주희 자신을 포함하여)의 해석을 통해 새로운 의미를 획득한다. 제위에 오른 군주는 당대 '도학'이 제공하는 '천하 통치'의 원칙을 파악해야만 비로소 그의 통치가 '도'에 부합할 수 있다. 이것이 이학자들이 말한 "군주를 보좌하여 도를 행한다致君行道"의 주요 내용이다.[46] 주희가 비난과 의심을 피하지 않고서 매번 효종을 알현할 때마다 "마음을 바르게 함正心"과 "뜻을 신실하게 함誠意"을 말했던[47] 까닭은, 바로 그가 『대학』의 격물, 치지, 성의, 정심이 '도체'로 통하는明明德 유일한 법문法門이라고 봤기 때문이다. 이것은, 주희가 『대학』의 "치지는 격물에 달려 있다致知在格物"는 말을 위해 「보전補傳」을 지은 궁극적 원인이기도 하다. 「보전」은 "치지는 격물에 달려 있다"를 해석하면서 "외물에 나아가 리를 궁구하고卽物窮理" "그럼으로써 극에 도달하기를 추구한다以求至乎其極"로 귀결된다. 왜냐하면 주희는 리가 '도체'라고 인식했기 때문이다. "극에 도달한다"에서 '극'은 '태극'을 가리킨다. 왜냐하면 "태극이라는 것은 리의 지극한 것"[48]이기 때문이다. 주희가 효종에게 진술했던 것도 주돈이, 장재, 이정, 그리고 자신이 새롭게 해명한 '도체'였다. 그렇지만 주희만 그랬던 것이 아니다. '도체'에 대한 체험이 주희와 달랐던 육구연도 그랬다. 그는 말한다.

옛날부터 성현이 이런 이치를 밝혔지만 다 똑같았던 것은 아니다. 예를 들어 기자箕子가 말한 것(『상서尙書』 「홍범洪範」의 내용)에는 고요皐陶가 말하지 않은 것이 있고, 공자가 말한 것에는 문왕과 주공이 말하지 않은 것이 있으며, 맹자가 말한 것에는 공자가 아직 말하지 않은 것이 있다. 이치의 무궁함이 이와 같다.[49]

이 단락과 「중용장구 서」의 "순 임금이 [요 임금의 한 마디에다가] 세 마디를 덧붙인 까닭은 요 임금의 한 마디를 밝히기 위해서였다. 그렇게 한 연후에야 그 [성인의] 경지에 가까이 갈 수 있었을 것이다"라는 구절의 의미는 완전히 상통한다. 이로부터 육구연 마음속의 '도통' 전승 역시 '도체'("이런 이치")를 핵심으로 삼음을 알 수 있다. 다만 그가 말한 "이런 이치"는 "마음이 곧 리다心卽理"를 가리킬 뿐이다. 육구연의 '도체'는 '심'이었지 "외물에 나아가 리를 궁구한다"고 할 때의 '리'는 아니어서 그는 격물, 치지, 성의, 정심으로 이어지는 일련의 점진적 수양론을 결코 인정하지 않는다. 그래서 그는 말한다.

여러 사람이 어전에 올라 격물을 설명하기를 좋아하지만, 만약 임금이 위에 있다면 그의 신상에 입각해 이해하도록 하면 되지 어찌 반드시 따로 격물을 말해야 하는가?[50]

육구연은 이 말을 생각나는 대로가 아니라 자신의 윤대 경험에 바탕을 두고 한 것이다. 그가 순희 11년(1184) 윤대할 당시, 제1차로 제출한 차자에는 당 태종과 위징魏徵 사이의 고사, 곧 군주와 신하는 서로 "자신의 행동을 상대에게 숨기지 말아야 한다不存形迹"가 인용되어 있었다. 그는 이 고사를 통해 당 태종이 처음에는 위징의 직간을 질책했지만 이후 태도를 바꿔 후회하는 미덕을 보여주었음을 강조했다.[51] 아래는 육구연이 당시 대화를 기록한 것이다.

> 윤대하여 첫번째 차자를 (…) "자신의 행동을 상대방에게 숨기지 말아야 한다"는 곳까지 읽자, 임금께서 "다행히도 〔태종께서〕 후회를 하셨구나"라고 말했고 이어서 "허물이 없어야 한다는 생각으로 걱정하지 않는다〔그리고 허물 고치기를 귀중히 여긴다〕"는 취지로 많이 말했다. 나는 이렇게 답했다. "그것이 바로 오 임금, 순 임금, 우 임금과 탕왕, 문왕, 무왕의 혈맥이자 골수이니 〔임금의〕 성스러운 배움聖學을 우러러보게 됩니다."[52]

이것은 "그 신상에 입각해 이해한다"는 말의 구체적인 현현이다. 육구연은 오직 '이 마음'만을 믿었을 뿐 밖을 향해 '격물궁리'하지는 않았다. 그래서 윤대할 때에도 오로지 효종 '마음'의 동향에 즉응하여 대답했다. 이런 점에서 보면, 위에 인용된 육구연의 대답은 더욱더 가벼이 넘길 수 없다. 육구연은 효종의 "성스러운 배움"이 요, 순, 우, 탕, 문, 무의 '혈맥과 골수'를 얻었다고 칭송하는데, 이는 효종의 그 마음을 가리켜서 한 말이다. 하지만 육구연의 이런 대답은 그의 평소 언론과 미묘한 차이를 보인다. 순희 2년(1175) 아호지회鵝湖之會에서 육구연의 형 육구령陸九齡이 지은 시에는 "옛 성인들이 서로 전한 것은 이 마음일 뿐"[53]이라는 구절이 있었고, 효종에 대한 육구연의 대답은 전적으로 이런 의미를 채용하고 있다. 그렇지만 아호의 모임 당시에 육구연은 그 구절에 "조금 타당치 못한 곳이 있다"고 지적하고서, 화답하는 시에서는 그 부분을 "이 사람들이 천고의 세월 동안 소멸시키지 못한 마음"[54]이라고 고쳤다. 육구연이 "옛 성인들이 서로 전한 것은 이 마음일 뿐" 구절에 대해 "조금 타당치 못한 곳이 있다"고 느낀 까닭은 그가 구상하는 '마음' 곧 '도체'는 시간과 공간 안에 있지 않았기 때문이다. 그렇지만 육구연은 황제를 대면했을 때는 오히려 '도통'의 권위를 인용함으로써 진언이 받아들여지는 효과를 기대할 수밖에 없었다.

육구연과 주희는 '도체'에 대한 체험상에서 비록 '마음'과 '리'라는 근본적 차이를 나타내기는 했지만, "군주를 보좌하여 도를 행하는" 노력을 할 때 그들이 채택했던 논증 방식은 마치 한입에서 나온 듯하다. 우리는 두 사람의 공통점을 세 가지로 귀납할 수 있다. 첫째, 주희와 육구연 모두 '도체'가 최고의 정신적 실재로서 우주에 일종의 본연적 질서를 제공하므로 이 '도체'("태극"이든 아니면 "이 마음"이든)를 파악하는 것이 "천하를 다스리는" 큰 근본"을 이룬다고 황제를 설득했다. 둘째, '도체'는 역사의 시초에 이미 복희와 같은 당시 '신성한 성인들'에 의해 파악되었고, 그들은 '도'에 부합하는 인간 질서를 수립했다. 요, 순, 우, 탕, 문, 무, 주공은 끊임없이 이 핵심적이고 미묘한 '도체'를 깊이 체험해나가면서, 아울러 시대 추이에 따라 그 질서를 새롭게 했다. 이것이 주희가 「중용장구 서」에서 말하는 '도통'을 형성한다. 주희와 육구연은 '도통'이 상고의 삼대에 출현했다는 점을 인정해야만 후세의 황제에게 "도를 행하라"고 두려움 없이 요구할 수 있었을 것이다. 이는 매우 분명하다. 셋째, 주희와 육구연은 황제에게 진언할 때 똑같이 '도체'와 '도통'이 서로 보완되도록 사용함으로써 논증의 설득력을 강화했다. 이유는 아주 간단하다. 만약 '도체'가 없다면 '도통'이 출현할 곳이 아예 없어지고, '도통'이 없다면 '도체'는 공자 이래 '도학'의 '추상적 언사空言'가 되어 그것이 인간 질서에 적용될 수 있음이 보증될 수 없기 때문이다.

그렇지만 주희와 육구연 두 사람에게는 바로 그 점에서 극히 주의할 차이점도 있다. 앞서 지적했다시피, 육구연은 '이 마음'이 시간과 공간을 초월한다고 믿었던 만큼, "옛 성인들이 서로 전한 것은 이 마음일 뿐"이라는 육구령의 설에 유보적 태도를 취했고, 윤대할 때는 요, 순 이래 고대 성왕들의 '혈맥과 골수'를 특히 강조했다. 주희는 그와 정반대다. 그는 평소 배움을 논할 때 격물과 치지로부터 배움을 시작하고 그런 다음에 점차 '도체'를 깨달아야 한다고 주장했지만, '봉사'와 '주차'에서는 "그 중을 잡아라" "오직 집중하고 한결같이 하라"라고 '인심, 도심'의 의미를 반복해서 설명했는데, 아마도 효종이 '도체'를 깨닫지 못할까봐 걱정해서였을 것이다.

주희와 육구연은 서로 다른 길을 걸어갔지만 결국 한곳으로 모였다는 것을 알 수 있다. "군주를 보좌하여 도를 행하는" 경우, 그들은 똑같이 '도체'와 '도통'을 동전의 양면처럼 강조하기 때문에 그 둘의 관계는 정이가 말한 것처럼 "본체와 작용이 하나의 근원이고, 드러난 것과 숨어 있는 것 사이에 차이가 없는 것"[55]과 같다. 그들의 말에 숨어 있는 행간은 매우 분명하다. 곧 도와 통치가 분열된 이후의 군주는 오직 '도체'를 파악함으로써만 비로소 상고시대 성왕의 '도통'을 계승할 수 있고, '도체'를 파악하려면 당연히 '도학'에 도움을 청해야 한다는 것이다. 이렇게 특수한 언어적 환경 속에서 '도체'와 '도통'은 이제 '치도'와 직접적으로 결부된다.

이상의 검토를 통해 우리는 다음과 같이 말할 수 있다. 송대 이학자들의 이해 속에서 '도체'는 '도통'의 정신적 중핵을 이루고, 상고시대 '도통'의 출현은 '그러한 도체가 만사로 흩어져서散爲萬事 인간 질서로 화한다'는 것에 대한 '역사적 증거'가 된다. 현대 사학의 관점에서 이러한 상고시대의 '도통' 계보는 철두철미하게 허구적인 것으로, 이른바 '탁고개제托古改制'[56] 부류에 속하는 것이다. "언필칭 요순"은 유가의 옛 전통이며 맹자도 그랬다.[57] 송대 이학자들은 그런 경향을 체계적으로 발전시켰다.

그렇지만 이학자들의 저작과 어록으로 판단하건대, 그들은 실로 우주에 "모든 현상의 주인이 될 수 있는" '도체'가 있다고 믿었고, 상고의 삼대에는 '도통'의 질서가 있었다고 믿었음에 틀림없다. 바꿔 말해 '도체'와 '도통'은 그들의 진실한 신앙이자 기본 가설이었다. 그런 신앙과 가설 없이는 인간세계에 대한 이학자들의 의미 체계는 해체되어버린다. 그렇기에 주희는 각각의 경전에 대해 때로는 비판 의식을 표출하기도 했지만, 신앙 및 가설과 직접적으로 관련된 부분에 대해서는 비판한 적이 없었다. "여섯 경전은 나를 주석한 것이다六經注我"라는 육구연의 태도는 경전의 속박을 벗어난 것이기에, 그는 과감히 "『주역』의 「계사전繫辭傳」은 공자의 저작이 아니다"라고 말할 수 있었다.[58] 또한 그는 "『예기』에서 '공자께서 말씀하시기를'이라는 표현이 붙은 부분은 모두 성인의 말이다"[59]라는 설을 믿지도 않았다. 그렇지만 옛것을 의심하는疑古 육구연의 정신은 오히려 주희가 제시했던 경전적 근거에 전적으로 바탕을 둔 것으로서 스스로는 그런 점을 자각하지 못했다. 그래서 육구연은 『맹자』에 있는 말을 그대로 믿으며 아무 의심도 하지 않았는데, 거기에는 요, 순, 삼대에 대한 상상도 포함되어 있었다.

> 희씨姬氏[주나라 종실의 성씨]의 주나라가 쇠망하자 이 도가 행해지지 않았다.[60]

육구연의 『어록語錄 상』에는 이런 조목이 있다.

> 옛날에는 세[권세]와 도가 합일했지만, 후대에는 세와 도가 분리되었다.[61]

이 구절은 '도가 상고의 삼대에 행해졌음을 명명백백히 인정하고 있고, 그 문헌의 근거는 주로 『맹자』 「진심盡心 하」의 가장 마지막 장이다. 이 장은 바로 '도통'설의 원형이라 할 수 있다. 『어록』 속 이야기는 주희의 '도통' '도학' 분리설과 완전히 일치한다. "세[권세]와 도가 합일한다"는 것은 바로 「중용장구 서」의 '도통'에 해당되고, "세와 도가 분리된" 이후 비로소 공자 이래의 '도학'이 일어났다. 주희와 육구연 두 사람은 남송 이학의 양대 학파를 대표하는 이학자로서, '도체' 이해는 칼로 자른 듯이 달랐지만, '도가 요, 순, 삼대에 행해졌다'는 설만은 똑같이 믿고 있었다. 이는 바로 '도체'와 '도통'이 이학자들의 공통 신앙이자 가설로서 한두 사람에게서만 그러지 않았다는 점을 잘 설명해준다. 다만 주희 일파는 '도통' 계보를 세우는 데 더 진지했을 뿐이다.

주지하다시피 이상화된 옛 역사는 이미 현대 고고학과 사학에 의해 철저히 붕괴됐고, 상고시대의 '도통'은 그것이 신앙이었든 가설이었든 존재의 기초를 이미 잃어버렸음이 분명하다. 그렇지만 우리가 현대 역사학적 의식을 잠시 내려두고 시간 설정의 오류에 개의치 않는다면, 그런 신앙과 가설이 19세기 중엽 이전까지 지녔던 유효성을 필경 부인할 수 없을 것이다. 각 시대의 사상은 모두 그런 기본적 신앙과 가설로부터 시작하기 마련이므로, 우리가 가장 마지막으로 물어야 할 것은 송대 이학자들이 어째서 상고시대에 '도통'이 출현했다고 믿게 되었고 또 그것을 가설로 삼게 되었는가 하는 점이다. 하지만 오늘날의 사학에서 이런 학설은 성립할 수 없고 또 관련도 없는 문제로 여겨진다.

천룽제陳榮捷(1901~1994)는 「새로운 도통新道統」에서 「중용장구 서」를 이렇게 논한다.

「중용장구 서」는 첫머리에서 '도통' 용어를 사용할 뿐 아니라 도통 내용을 철학사상으로 채워넣었다. 그 이후 도통은 철학적 범주가 되었다. (…) 도심, 인심 등 열여섯 글자는 도통을 풀이하고 있는데 그로 인해 도통은 확정적으로 철학적 의미를 갖게 되었다. 이는 극도로 가치 있는 주희의 공헌이다.[62]

천룽제는 「신유학의 집대성자 주희朱熹集新儒學之大成」에서는 「중용장구 서」를 다음처럼 설명한다.

도통의 단서는 기본적으로 철학적 체계이지 역사적 경전적 계열은 아니다. 한 걸음 더 나아가 말한다면 도통 관념은 신유학 발전상의 철학적인 내적 필요에서 비롯한 것이다.[63]

천룽제는 철학사의 관점에서 주희가 도통에 끼친 공헌은 그가 도통에 철학적 내용을 부여한 데 있음을 거듭 강조한다. 이런 견해는 매우 자연스러운 해석이자 나름대로 근거도 있다. 그러나 천룽제는 「중용장구 서」에서 '도통'과 '도학'이 서로 다른 개념이었다는 점에는 주의를 기울이지 않았음이 분명하다. 그가 생각하는 '도통'은 황간 이후의 새로운 용법으로서 「중용장구 서」속 원래 개념과는 상당한 거리가 있다. 그렇기 때문에 "도통은 철학적 범주가 되었다"는 것과 "도통 관념은 신유학 발전상의 철학적인 내적 필요에서 비롯한 것이다"라는 천룽제의 두 기본적인 논단에는 분석될 여지가 아직 더 남아 있다.

문제는 여전히 주희가 상고시대 '도통'과 공자 이래 '도학'을 두 단계로 구분했다는 데서 출발한다. 이 부분은 앞에서 이미 설명했다. '도학'의 단계에서 주희가 핵심으로 생각했던 것은 주돈이, 장재, 이정으로부터 그 자신에 이르는 계보를 위해, '도를 전하는 정통'의 지위를 부여하는 것이었다. 만일 이 계보만 놓고 말한다면 천룽제의 두 논단도 부분적으로 적합성을 갖게 될 것이다. 그렇지만 「중용장구 서」에 있는 상고시대 '도통'을 본다면, 천룽제의 논단은 통하지 않는 곳이 많게 된다. 앞에서 분석했다시피 요, 순, 삼대는 내성과 외왕이 합일했던 '도통'의 시대라는 것이 송대 이학자들의 공통된 신앙이자 기본 가설이었기에, 주희와 육구연은 그 문제에서 아무런 차이가 없다. 순 임금의 16자十六字 심법[64]으로써 요, 순, 우가 서로 전했던 '도'를 해석한 것도 주희 한 사람만의 견해가 아니었다. 육구연은 16자 심법의 의미를 이렇게 풀이한다.

두려워할 만한 것[인심은 위태롭고 도심은 미약하다는 것]을 안 다음에는 중中에 힘을 다할 수 있고, 반드시 해야 할 것[오직, 집중하고 한결같이 하는 것]을 안 다음에는 중에서 효과를 거둘 수 있다. 저 위대한 대중의 도大中之道는 참으로 임금이 마땅히 잡아야 한다. (…) 순 임금과 우 임금이 서로 전해 주고받은 것이 어찌 구차했겠는가?[65]

이 구절은 주희가 「중용장구 서」에서 말한 것과 기본적으로 일치한다. 그리고 "임금이 마땅히 잡아야 한다"는 말이 실증하는 바는, 16자 심법이 요, 순, 우가 서로 전한 것으로 "천하를 다스리는" 핵심이었음을 육구연이 인정했다는 것이다. 주희는 "성실히 그 중을 잡아라"에 대한 질문에 답하면서 더욱 분명하게 설명한다.

요 임금이 당시 순 임금에게 알려줄 때 오직 저 한 구절만 말했다. 나중에 순 임금이 우 임금에게 알려줄 때는 거기다가 "인심은 위태롭고, 도심은 미약하니, 오직 집중하고 한결같아야 한다"는 세 구절을 덧붙였는데, 이는 순 임금이 더욱 자세하게 설명한 것이다. (…) 요, 순, 우, 탕, 문, 무 임금이 천하를 다스릴 때 오직 저 이치였다. 성문聖門이 말하는 바 역시 저것일 뿐이다. (…) 대체로 이 편(『서경書經』「대우모大禹謨」)에 실려 있는 내용은 요, 순, 우, 탕, 문, 무가 서로 전한바 천하 통치의 대법大法이다.[66]

이 조목은 황의강黃義剛이 기록한 것으로 "계축癸丑(소희 4년, 1193) 이후에 들은 내용"이라고 하므로 「중용장구 서」에 대한 주석이라고 할 수 있다.[「중용장구 서」는 최종적으로 1189년에 완성되었다.] 그러므로 주희와 육구연은 이 16자 심법을 인용함으로써 똑같이 '도통'에다 분명한 정치적 의미를 부여했음이 여기서 증명된다. 『주자어류』는 "성문이 말하는 바 역시 저것일 뿐"이라고 하는데, 이 구절은 특히 주목할 만하다. 왜냐하면 주희는 자기도 모르게 그 내심의 생각을 드러내기 때문이다. 곧 공자 이래 '도학'의 중심 관심사 역시 여전히 '천하를 다스리는 것'이라는 생각이다. 우리는 여기서 다시금 「중용장구 서」가 '도통'과 '도학'이라는 서로 다른 두 범주를 구분한 데에는 미묘하고도 깊은 의미가 있었음을 볼 수 있다. 명청대 이래, 도통을 논하는 사람들은 이런 구분을 몰라 "위로는 요, 순, 우, 탕, 문, 무이고 아래로는 주염계, 이정, 장횡거, 주자에 이르니 (…) 통괄하여 하나로 여긴다"[67]라고 말하곤 했다. 이 문제를 철저하게 밝히기 위해 몇몇 자료를 인용해 '도통' '도학' 구분의 기원과 그 변화를 밝힘으로써 그것과 송대 정치문화 사이 역사적 관계를 보고자 한다.

「중용장구 서」 속의 '도통'과 "도학" 구분은 주희의 독단에서 나온 것이 아니라, 그 기원은 정이의 「명도 선생 묘표明道先生墓表」에서 찾아볼 수 있다. 원문 중 한 단락은 이렇다.

주공이 죽고 성인의 도가 행해지지 않았다. 맹가가 죽고 성인의 학문이 전해지지 않았다. 도가 행해지지 않으니 100세대 동안 선한 통치가 없었다. 학문이 전해지지 않으니 1000여 년 동안 참된 유학자가 없었다. 선한 통치가 없었으나 사士들은 오히려 저 선한 치도를 밝힐 수 있었고 그로써 여러 〔선〕인을 사모하며 후인들에게 전해줄 수 있었다. 참된 유학자가 없으니 천하가 혼란스러운 가운데 어느 누구도 그것을 알지 못하여, 인욕이 들끓고 천리가 소멸되었다.[68]

인용문 중 "성인의 도"는 바로 주희가 말한 '도통'이고, "성인의 학문"은 바로 '도학'임이 매우 분명하다. 그렇지만 만약 「중용장구 서」가 그 점을 상세히 밝히지 않았더라면 우리는 정이의 위 글을 대충 읽고 넘어가버렸을 것이다. "선한 통치가 없었으나 사들은 오히려 저 선한 치도를 밝힐 수 있었다"는 구절은 공자 이래의 '도학'에 대한 묘사다. 정이는 여기서 '도학'의 주요 내용을 "선한 치도를 밝히는 것"으로 규성하고 있다. 이 또한 주희의 "성문이 말하는 바 역시 저것일 뿐"이라는 말의 근거가 된다.

'도통'과 '도학'을 구분하는 기원이 이제 밝혀졌으니, 이어 그 변화의 문제를 검토해보자. 앞서 인용한 양유정, 유종주의 설은 「중용장구 서」의 미언대의를 밝히고 있으므로 후대에도 그 의미를 이해하는 사람이 있었음을 알 수 있다.

이제 우리는 완전히 다른 각도에서 「중용장구 서」가 행사하는 영향력을 논증할 수 있다. 송원 교체기를 살았던 웅화熊鉌(1247~1312)는 「제사 전례에 관한 의론祀典議」에서 말한다.

또한 일찍이 듣건대, 천자의 태학太學에서 제사 전례는 마땅히 복희, 신농, 황제, 요 임금, 순 임금, 우 임금, 탕왕, 문왕, 무왕부터 시작한다고 합니다. 〔그들은〕 민民에 앞서 만물의 이치를 깨달았고, 후인들을 위해 그것을 현실에 적용시켰습니다. 그들의 '도덕'과 '도움이 되는 말'은 여섯 경전에 실려 만세에 전해졌으니 후대의 천자와 공경公卿은 거기에서 법도를 취해야 합니다. 만약 복희를 도道의 시조로 삼는다면 신농, 황제, 요 임금, 순 임금, 우 임금, 탕왕, 문왕, 무왕은 각각 차례에 따라 배열될 것입니다. 고요, 이윤, 태공망太公望은 모두 그것을 보아서 안 사람들이고, 주공은 천하에 법도를 세웠으며, 그뿐 아니라 『역』『시』『서』에 실린 것과 『주례』『의례』가 모두 후세에 전해졌습니다. 직稷이 표준을 세우고 영원한 도리를 진술했던 것, 설契이 인륜을 밝히고 가르침을 펼쳤던 것, 이夷가 전례를 반포했던 것, 익益이 덕을 찬양했던 것, 부열이 배움을 논했던 것, 기자가 홍범을 진술했던 것은 모두 선왕들에게 바쳤던 것들입니다. 그러니 천자와 공경이 법식으로 삼아야 할 것들입니다. 이런 차례에 따라 천자의 태학에서 제사를 지내며 예禮 역시 그에 따라야 합니다. 공자는 실로 조술祖述과 현창의 임무를 맡았고 여러 성인을 집대성했습니다. 그는 천하 만세에서 공통으로 제사를 받아야 하므로 위로는 천자로부터 아래로는 향학鄕學에 이르기까지 모두 공자에게 제사를 지내야 합니다. 봄, 가을의 석전釋奠 때에는 천자가 반드시 직접 제사를 준비해야 합니다. (…) 교화의 본원이란 일단 위에서 바르게 되면 사방이 '마치 바람이 불면 움직이듯 한다'는 것 아니겠습니까?[269]

웅화는 원나라 초기 주희를 가장 숭배했던 사람 중 하나로서 제사 전례 논의 역시 주희의 설을 깊이 체득했다. 그가 건의하는 양대 제사 체계는 각각 '도통'과 '도학'을 대변한다. 상고시대에 도와 통치가 합일했던 성군과 현인들은 천자와 공경이 특별히 제사 지내야 할 대상이다. 공자는 비록 '덕'만 있고 '자리'는 없었지만 그는 '도학'의 창시자인 만큼 "천하 만세에서 공통으로 제사"를 받아야 한다. 공자에게 제사 지낼 때 어째서 천자까지 참여해야 할까? "공자는 요와 순을 조술하고 문왕과 무왕을 현창했고",[70] 상고시대 "여러 성왕"의 치도를 보존하고 밝혔기 때문이다. 종합하자면 웅화의 「제사 전례에 관한 의론」은 전적으로 「중용장구 서」에 바탕을 두고 설을 세웠던 것이다. 특히 안연과 증삼만이 "홀로 그 종지를 전해 받았다獨得其宗"는 「중용장구 서」의 첫번째 단락을 읽어보면 그렇게 단정할 수 있다. 그런데 상고시대 '도통'의 시작에 대한 위 글의 서술에는 미묘한 불일치점이 있어서 약간 분석하여 독자들의 의문을 해소하지 않을 수 없다. 웅화는 한편으로 "복희를 도의 시조로 삼는다"고 말해놓고 또다시 『중용』의 [공자가 요순을] 조술했다"라는 말을 인용한다. 그렇다면 '도통'은 과연 복희에게서 시작하는 것일까? 아니면 요, 순에서 시작하는 것일까? 사실 이런 불일치는 주희에게서 비롯된 것이므로 웅화의 잘못은 아니다. 앞서 우리가 봤다시피 주희는 누차에 걸쳐 복희를 '도통'의 창시자로 설정했는데, 이는 '도체'에 대한 그의 인식과 관련이 있다. 왜냐하면 '태극'을 '도체'라고 이미 여겼다면, 『역』「계사전」을 근거로 삼아 이른바 복희씨가 "처음으로 팔괘를 만들었다始作八卦"는 설을 부연설명하지 않을 수 없기 때문이다. 오로지 이 점만 놓고 본다면, 복희의 '도통'은 아마도 천롱제가 말한 대로 '철학적 성격'을 지닌 것일 터다. 그런데 복희가 상고시대의 '도통'을 개창했다는 설은 북송대에도 이미 있었다. 비록 당시에 '도통'이라는 명사는 없었지만 말이다. 석개石介(1005~1045)의 「옛 제도의 회복復古制」[71]과 왕안석의 「요순보다 현명한 공자夫子賢於堯舜」[72]는 그렇게 설명한다. 아마도 주희는 이미 오래된 기존의 견해를 따랐을 것이다. 어쨌든 주희는 치도를 논할 때는 반드시 16자 심법을 '도통'의 시작으로 간주한다. 「중용장구 서」와 「진동보에게 답하다」는 모두 그 증거다. 사실 주희는 이미 그 불일치점을 자각했거니와 그에 대한 명확한 답변을 내놓았다.

요 임금은 최초로 나와서 통치한 첫번째 성인이다.[73]

이 구절은 우리의 의혹을 해소해버린다. 곧 '도체'로 말하자면 주희는 "복희를 도의 시조로 삼지만", '천하의 통치'로 말하자면 요 임금이야말로 '도통'의 '첫번째 성인'이다. 웅화의 기본 관점도 주희와 같았으리라고 우리는 믿는다. 그렇지만 웅화가 「제사 전례에 관한 의론」이 아닌 다른 곳에서도 '도통'과 '도학'에 관한 주희의 구분을 분명히 파악하고 있었음을 증명할 수 있을까? 답은 긍정적이다. 웅화는 「호정방을 송별하고 쓰는 후서送胡庭芳後序」[74]에서 이렇게 말한다.

진한 이래 천하에 선한 통치가 없었던 까닭은 유학자들에게 바른 학문이 없었기 때문이다. (…) 유학자들에게 바른 학문이 없다면 도는 밝혀질 수 없을 것이다. 1500여 년 동안 "덩굴을 끌어와서 비 새는 곳을 막는 상황"에 처했으니 천지의 생민生民이 무엇을 바랐겠는가?[75]

앞 구절에서 "선한 통치가 없었다"는 말은 앞서 인용한 정이의 「명도 선생 묘표」에 바탕을 둔다. 「명도 선생 묘표」는 '도통'과 '도학'을 최초로 구분한 글이다. 뒤 구절의 "덩굴을 끌어와서 비 새는 곳을 막는 상황"은 주희의 「진동보에게 답하다」 제6서에 나온다. 이 답장은 「중용장구 서」의 배경이 되는 글 가운데 하나다. 상황이 이보다 공교로울 수는 없다. 그래서 「제사 전례에 관한 의론」이 지닌 사상적 연원에 대한 우리의 추론은 더욱더 힘을 얻는다. 우리는 다음처럼 믿을 충분한 이유를 갖는다. 곧 웅화는 '도통'과 '도학'의 구분이 지닌 정치적 함의를 깊이 이해하고 있었다고 말이다. 그러나 웅화는, 양유정이나 유종주와는 달리, 처음부터 제사 전례라는 특수한 분야에서 그 함의를 밝힌 사람이다. 명 초기의 송렴宋濂은 「공자묘당에 관한 의론孔子廟堂議」에서 특별히 웅화의 설을 표양表揚한다. 그 대략은 이렇다.

건안建安의 웅씨[웅화]는 복희를 도통의 조종으로 여기고 신농, 황제, 요, 순, 우, 탕, 문, 무를 각각 차례대로 배열했다. (…) 마땅히 이 차례대로 천자의 태학에서 제사를 지내야 한다고 한다. 공자는 실로 조술과 현창의 임무를 겸해서 맡았기 때문에 [천하 만세에서] 공통으로 제사를 받아야 하고, 천자부터 그 아래에 달한다[공자에게 제사를 지내야 한다]고 말한다. 그의 말대로라면 도통이 더욱 존귀해질 것이다.[76]

여기서 송렴은 웅화의 "도를 존귀하게 하는 데는 제사가 있으니 도통을 위해서 시설된 것이다"라는 호소에 호응하고 있음이 분명하다.[77] 앞서 이미 지적했다시피, 주희는 한편으로 상고의 '도통'을 모범으로 삼아 후대의 '교만한 군주'를 구속하려 했고, 다른 한편으로는 공자 이래 '도학'의 정신적 권위에 기대 사대부의 정치적 지위를 이끌어 올리려고 했다. 이것이 바로 그가 「중용장구서」에서 '도통'과 '도학'을 구분한 주된 의도였다. 웅화와 송렴의 건의는 이런 구상을 국가 전례에서 구현해내려는 시도를 담고 있었다. 그들의 노력이 군주 측으로부터 적극적 반응을 이끌어내지 못하리라는 것은 충분히 예측할 수 있는 일이지만, 우리는 오히려 그로 인해 송대 이학의 정치적 방향을 한층 더 깊이 인식할 수 있다.

이 절은 도학, 도통, 도체 관념을 역사적 맥락 속에 놓고 그 내용을 분명히 밝히려 했다. 이런 관념의 기원과 변화는 이리저리 뒤엉켜 있고 그 상호 관계 역시 매우 복잡한 터라 저술 과정에서 그 속의 질서와 층위를 어떻게 분석해낼지 고민을 무척이나 많이 했다. 지면이 예상 범위를 훨씬 넘어섰지만, 여기서 드러낸 것은 대강에 불과하다. 그렇지만 이 대강을 세우는 것은 이 책의 주제와 밀접한 관련이 있다. 이 점을 설명하기 위해 아래에서는 방향을 바꿔 도학, 도통, 그리고 송대 사대부 정치문화 사이의 내적 관계에 대한 역사적 고찰을 해보려고 한다.

3. 고문운동, 신학, 그리고 도학의 형성

이 책의 중점은 송대 유학의 전체 동향과 사대부 정치문화 사이의 상호 영향을 연구하는 데 있다. 주희는 그 가운데 선대를 계승하고 후대를 열어주는 축심의 위치를 차지한다. 때문에 도학(또는 이학)이 이런 역사 과정 속에서 대체 어떤 작용을 발휘했는지가 먼저 밝혀져야 할 문제다. 그렇지만 여기서는, 철학사 또는 사상사가 취하는 경로와는 달리, 도학을 외적 세계로부터 격절된 자족적 체계로 다루지 않으려 한다. 그와 반대로 도학은 전체 유학의 한 부분일 뿐이고 유학은 송 초 이래 시대적 요구에 따라 약동해온 것이다.[1] 도학과 정치문화의 관계는 「서설」 마지막 절에서 서술할 생각이므로, 여기서는 일단 송 초에서 신종 시대 사이의 두 사례를 들어 유학의 전체 동향과 그 역사적 배경을 이야기하려 한다.

첫번째 예는 송 초 고문운동의 도통 의식 재수립이다. 한유韓愈가 최초로 선종禪宗 방식을 모방하여 "도통을 세우려" 했을 때, 그의 가장 주요한 목적은 "불교와 노자를 배척하고, 정치와 풍속의 폐해를 올바르게 고친다"는 데 있었다.[2] 송대 고문운동의 계승자인 유개柳開, 손복孫復, 석개, 구양수歐陽修는 "불교와 노자를 배척"하면서 한편으로는 한유의 방향을 따라 나아갔지만, "정치와 풍속의 폐해를 올바르게 고친다"는 면에서는 한유보다 훨씬 적극적이었다. 그들은 단지 병폐를 고치는 수준에서 만족할 수 없었고, '요, 순, 삼왕이 사람들을 다스렸던 도'에 따라 정치적·문화적 질서를 새롭게 세우고자 했다. 여기서는 다만 석개가 유개(자는 중도仲途, 947~1000)를 추중推重한 구절만 인용해도 문제를 충분히 설명할 수 있을 것이다. 그는 「유선지를 송별하는 서送劉先之序」 에서 말한다.

성스러운 왕조[송]의 대유학자 유중도柳仲途는 (…) 수만 언言을 지었는데, 모 두 요, 순, 삼왕이 사람들을 다스렸던 도[에 관한 내용]이다 (…) 중도의 도는 공자의 도다. 무릇 사람이 공자의 도를 알아서 천지 사이에 적용한다면 적 합하지 않음이 없을 것이다. 그로써 민民을 다스리고 군주를 섬기며 그로 써 천하를 교화한다면 모두 그 차례를 얻을 것이다.[3]

당시 '도통'이라는 명칭은 없었지만, 여기서 가리키는 것이 곧 '도통'의 실제 내용이라는 점은 의심의 여지가 없다. 석개의 말은 확실한 근거를 갖는다. 진 종眞宗이 즉위하자 유개는 「시정에 대해 아뢰는 표문上言時政表」을 올린다.

송나라가 천하를 차지한 지 40년이 되었습니다. 태조와 태종은 정밀하게 지 극한 이치를 구했습니다. 폐하는 제위를 이어받았으니 군주 노릇 하기가 어 려움을 알 것입니다. 만약 옛 규범만 지킨다면 선을 철저히 행하는 것이 아 닙니다. 새로운 법을 세워야지 신성한 기틀을 밝힐 수 있습니다.[4]

유개의 문인門人 장경칙張景則은 이렇게 말한다.

천하가 문치를 사용하는데, 공[유개]은 제도를 충분히 세울 수 있고 교화를 베풀 수 있으며, 삼대의 통치를 세울 수 있다.[5]

이 두 조목의 자료를 석개의 논평과 함께 보면, 송대 유학의 동향과 사대부 정치문화의 특질이 그 실마리를 드러내고, 이 책 상편의 관련된 각 장과 더불 어 서로 인증이 될 것이다.

두번째 예는 개혁운동을 추진한 왕안석이다. 『송사宋史』 본전本傳을 보자.

희령 원년(1068) 4월, 처음으로 황제를 알현했다. 들어가서 대면하자 황제가 통치에서 먼저 해야 할 일을 묻기에 답했다. "방법을 택하는 것이 먼저 해야 할 일입니다." 황제가 말했다. "당 태종은 어떤가?" 대답했다. "폐하는 요, 순 임금을 본받아야지 어떻게 태종을 본받으려 합니까? 요, 순의 도는 지극히 간단하여 번거롭지 않고, 지극히 요령이 있어서 우원하지 않으며, 지극히 쉬워서 어렵지 않습니다. 다만 말세의 학자들이 제대로 알지 못하고서 '고원하여 도달할 수 없다'고 여길 뿐입니다." 황제가 말했다. "경은 임금을 비판한다고 할 수 있겠구나. 짐은 나 자신을 미천하게 보는데 경의 그런 생각에 부합하지 못할까 걱정된다. 마음을 다해서 짐을 보필하면 아마도 그런 도를 함께 이룰 수 있을 것이다." 하루는 강석講席에서 모든 신하가 물러났는데 황제가 안석을 남게 한 다음 말했다. "경과 조용히 논의하고 싶은 것이 있다." 이어서 말했다. "당 태종은 위징을 얻고 유비는 제갈량을 얻은 다음에야 일을 해낼 수 있었는데, 그 두 사람은 불세출의 위인이다." 안석이 말했다. "폐하께서 진실로 요, 순이 되려 한다면 고요, 기夔, 직, 우가 있어야 하고, 진실로 [은나라] 고종高宗이 되려 한다면 반드시 부열이 있어야 합니다. 저 두 사람은 도가 있는 사람들이 수치스러워 하는 이들인데 어찌 말하기에 족하겠습니까?"[6]

그해(1068) 왕안석은 '한림학사翰林學士'였다. 이 두 차례 대화가 드러내는 것은 상고의 '도통'이 황제(신종)에 대해 구속력과 규범으로서 갖는 힘이고, 다른 한편으로는 "도가 있는 사람들"로 자부하는 사대부(왕안석)가 정치 무대에 등장하기 시작했음을 나타낸다. 신종은 거듭 겸사謙辭를 발하면서 자신은 감히 요, 순이 될 수 없다고 말했지만 결국 상고시대 성왕들의 모범에 감동되었기에 경천동지할 행동을 했다. 왕안석은 지고무상의 '도'를 추어올리면서 당 태

종, 제갈량諸葛亮, 위징을 폄척貶斥한다. 의연하게 '도'로서 자임하는 그의 태도
는 매우 선명하다. 가우嘉祐 3년(1058), 왕안석이 인종에게 올린 「만언서萬言書」
[원제는 「인종 황제에게 올려 시사를 논하는 글上仁宗皇帝言事書」]⁷는 그나마 당 태종과
위징의 성과를 인정하고 있어서, 그 10년 사이에 유가의 개혁 사조가 점점 더
강렬해졌음을 엿볼 수 있다. 희령 5년(1072) 5월 갑오일, 왕안석이 재상직을
사직하려는 것을 신종이 만류한다.

> 경이 짐을 위해 관직에 오른 것은 벼슬이나 봉록 때문이 아니라 오직 도술
> 道術을 품어 민民에게 은택을 베풀 수 있어서였다. 그러니 스스로 은둔함으
> 로써 사람들이 그 은택을 입지 못하게 하면 안 된다. 짐이 경을 등용한 이
> 유가 어찌 다른 데 있겠는가? 하늘이 총명한 이를 낳아주셔서 민을 다스릴
> 수 있으니, 서로 함께 그 도를 다함으로써 민을 다스리려 했을 뿐이지 공명
> 을 위함은 아니었다. (···) 짐이 완고하고 비루하여 처음에는 잘 모르다가, 경
> 이 한림에 있고 나서 비로소 [경의] 도덕道德의 설을 듣고 마음에서 작은 깨
> 달음이 있었다. 경은 짐의 스승이자 신하이니 [짐은] 경이 사직하는 것을 결
> 단코 허락하지 않는다.⁸

『송사』에 실린 희령 원년의 대화와 이도李燾의 『속자치통감장편續資治通鑑長編』
에 기록된 내용은 꼭 들어맞는 만큼 실제 기록으로 믿을 만하다. 또한 왕안
석은 「건주학기虔州學記」에서 이렇게 말한다.

> [사土 가운데서] 도가 높고 덕이 뛰어난 자가 있다면 (···) 비록 천자라 할지라
> 도 그를 북쪽에 두고 물어야 하며 그와 더불어 주인과 손님의 자리를 바꿔
> 야 한다.⁹

왕안석이 희령 원년에 신종에게 강론했던 "도덕"이란 그가 평소 믿어 의심

치 않던 유가 원칙을 실천하는 것이었음을 알 수 있다. 그리고 신종이 왕안석을 "스승이자 신하"라고 칭했던 것은 바로 두 사람의 관계가 "주인과 손님의 위치를 바꿨던 것"임을 증명한다. 나중에 위 구절은 중대한 논쟁을 불러일으키는데 이는 제3장에서 더 자세히 다루기로 하고 여기서는 상세히 언급하지 않겠다.[10]

위 두 사례는 각각 북송 유학 발전의 두 주요 단계를 대표한다. 다만 이정이 제창한 도학은 왕안석의 신학新學과 동시대이긴 하지만 약간 늦다. 이어서 우리는 첫번째 단계와 두번째 단계 유학의 움직임 사이에 있는 기본적 차이를 논증하고, 그것들과 도학의 차이를 논할 것이다. 그런 다음 다시 그 세 가지를 한데 묶어 전체적 고찰을 하려 한다.

유개에서 구양수에 이르는 초기 유학은 일반적으로 '송 초 고문운동'이라고 칭해진다. 이 운동은 당대唐代 한유와 유종원柳宗元의 고문운동을 직접 계승한다. 이 운동의 창도자인 구양수는 "문을 통해 도를 깨닫는다因文見道"는 사상을 가지고 있었고, 한유의 도통관을 강력하게 전파하여 그것이 송대 유학의 기본 가설의 하나가 되게끔 했다. 그들은 더 나아가 한유를 맹자 이후의 도통 계보에까지 자리매김했다. 그렇지만 왕안석이나 이정과 비교해보면, 그들의 주의력은 아직까지는 '도덕성명道德性命'류의 '내성' 문제에 집중되지는 않았다. 유개, 손복, 석개 등의 문집은 그에 대한 증거가 될 수 있다.

그 가운데 가장 극단적인 인물은 구양수다. 구양수는 고문운동 중에 가장 큰 성과를 거둔 유력 인사였지만,[11] '내성'의 학문에 대해서는 상당히 소극적인 태도를 취했다. 첫째, 그는 「계사전」이 "성인의 저작이 아니라고" 의심했다.[12] 둘째, 『중용』의 "허언과 고원한 이론"은 "잘못 전승된 것"이라고 의심했다.[13] 이렇게 되면 후대 도학자들이 세운 입론의 두 주요 근거가 완전히 소멸되어버린다. 게다가 그는 매우 유명한 주장을 제시한다. "본성은 배우는 사람들이 급선무로 삼아야 할 것이 아니고, 성인은 [그에 대해] 잘 말하지 않았다."[14] 이것은 구양수가 '내성' 영역의 개척을 거절했던 것에 대한 확증이다. 그래서 주희는 다방면에 걸친 구양수의 유학적 성취를 높이 평가하기는 하지만, 구양수가 "도체에 대해서는 오히려 결여한 점이 있다"고 말하지 않을 수 없었다.[15]

왕안석은 북송 중기 유학의 주요 동향을 대표하는 인물로서 개혁운동 최후의 화신이다. 고문운동의 대표 인물들과 비교해보면, 그는 현저히 다른 세 가지를 드러낸다. 첫째, 그는 한유의 옛 도통론을 받아들이기는 했으나 고문운동의 지도자들처럼 한유를 존경하지는 않았다. 가우 원년(1056)에 구양수가 쓴 「왕개보에게 보냄贈王介甫」에는 "이부吏部[이부시랑을 지낸 한유]의 문장 200년" 이라는 구절이 있는데, 이는 당시 한유에 대한 최고의 찬사였다.[16] 그렇지만 왕안석의 답시는 "어느 날 만약 맹자를 엿볼 수 있다면, 평생 어찌 감히 한유를 앙망하겠는가?"라고 되어 있다.[17] 한유를 뛰어넘어 맹자를 직접 계승하는 것이 이학자들의 공통 포부(예를 들어 정호와 육구연)였는데, 왕안석은 이 점에서 실로 그런 기풍의 선구자였다. 둘째, 왕안석은 '내성(곧 도덕성명)'과 '외왕(곧 신법)'이 서로 보완 관계를 이루는 유학 체계를 발전시켰다.[18] 셋째, 왕안석은 특별한 인연으로 "군주를 보좌하여 도를 행하는" 기회를 얻어서, 유학이 단순한 의론에서 정치적 실천이 되게끔 했다. 가장 마지막 부분은 이미 상식이므로 더 논증할 필요는 없겠다.

여기서는 왕학王學과 이정 도학의 관계를 다시 보도록 하자. 최초에 이정은 왕안석의 '외왕' 구상에 적극 찬동했기 때문에 희령 2년(1069) 정호는 삼사조례사三司條例司 직책을 받아들였다.[19] 그런데 왕안석과 정호는 '내성' 영역에서만큼은 처음부터 뜻이 하나도 맞지 않았다. 여기서 매우 흥미로운 기록 두 가지를 잠시 들어보자. 첫번째는 여러분이 잘 아는 이야기다. 정호는 왕안석에 대해 아래와 같이 말한다.

공[왕안석]의 도에 대한 이야기는 마치 13층 탑 위의 상륜相輪[20]에 대해 이야기하는 것과 같다. [공은 탑을] 멀리서 바라보면서 '상륜이란 이러이러한 것이다'라고 말하는데 이는 매우 분명하다. 나는 어리석고 고지식해서 그렇게 할 수 없고 곧바로 탑 속에 들어가 위로 올라가서 상륜을 찾는다. 고생스럽게 붙잡고 빙 둘러 올라가서 바로 13층에 이르렀을 때, 비록 공이 말한 것과 같은 상륜을 아직 보지는 못하지만, 나는 실제로 탑 속에 있으면서 상륜에 점차 가까워지기 때문에 결국 거기에 도달할 수 있기 마련이다. 상륜에 이르러 그 속에 앉아 있을 때, 여전히 공이 탑을 바라보면서 저 상륜이 이렇다 저렇다 말하는 것을 보게 된다.[21]

이 구절은 이유李籲의 기록인데, 정이는 생전에 이유의 기록이 "그 뜻을 얻었다"고 인정한 터라 이 구절의 신뢰도는 매우 높다. 그렇다 하더라도 다른 기록과 비교해보면, 그 사이에는 아직 밝혀야 할 사정이 숨어 있는 듯하다. 조설지晁說之(1059~1129)는 「원계고 선배에게 답하는 편지答袁季皐先輩書」에서 이렇게 말한다.

예전에 왕형공[왕안석]이 명도[정호]를 놀리면서排明道 "백순伯淳[정호]의 배움은 뛰어나지만 마치 성벽을 뚫고 들어가려는 것과 같으니 어쩔 텐가?"라고 말했다. 명도는 "제 상황은 마치 뚫고 들어갈 수 없는 성벽이 있는 것과 같습니다. [그러나] 공[의 배움]은 마치 바람을 잡는 것 같습니다"라고 대답했다. 하루는 형공이 또다시 명도를 놀리면서 "백순은 수준이 높기는 하지만 13층 올라가는 데 급급하다가 멈추는 데 불과할 뿐이다"라고 말했다. 명도는 "공께서는 13층에서 더 올라가 상륜을 잡았지만 오랫동안 편안히 머물기는 어렵지 않을까 합니다"라고 대꾸했다.[22]

조설지는 북송 신종 원풍元豐 5년(1082) 진사로서 사마광이 만년에 마음에 들어 한 제자다.[23] 따라서 그가 들었던 소문은 모두 확실한 근거를 갖는다. "벽을 뚫고 들어간다" "바람을 잡는다"는 이야기는 『정씨유서程氏遺書』 권19에도 보인다. 글자에 약간 차이가 있는 것으로 보아 다른 사료에서 기원함이 분명하다. 인용 원문 중 '排明道'의 '排' 자는 '배척하다'의 뜻이 아니라 『세설신어 世說新語』에 나오는 '놀리다'[24]는 뜻이자 '희롱하다'는 뜻이다. 두 차례에 걸친 이 농담 이야기는 당연히 왕안석과 정호가 협력하던 시기(희령 2년 1069)에 나왔을 테지만, 두 사람이 학문에 대해 의견이 달랐음은 충분히 드러난다. "벽을 뚫고 들어간다"는 말은 정호의 학문이 단단한 성벽을 파고드는 듯하다는 것을 비유할 터이고,[25] 정호의 "바람을 잡는다"는 말은 왕안석이 아직 '도'를 체득하지 못했음을 야유하는 것일 터다. 그런데 '상륜'의 비유에 관해 그 두 기록은 상당히 다르다. 조설지 편지에 따르면 최초 비난자는 왕안석이었다. 왕안석은 스스로 이미 '상륜'에 올라갔음을 자부하면서 정호가 아직도 탑의 13층에 머물고 있음을 놀리는 듯하다. 이런 추정은, 정호가 "공께서는 13층에서 더 올라가 상륜을 잡았지만 오랫동안 편안히 머물기는 어렵지 않을까 합니다"라고 말한 데서 확인할 수 있다.

이렇듯 두 기록이 다르기는 하지만 그렇다고 병존할 수 없는 것은 아니다. 왜냐하면 『정씨유서』의 "공의 도에 대한 이야기"를 운운하는 부분은 정호가 왕안석에게 대답한 다음, 다른 사람한테 해줬던 이야기일 수 있기 때문이다. 정호는 여기서 '상대방의 창으로 상대방의 방패를 공격한' 셈이다. 대부분은 정씨 어록의 이 구절을 알고 있지만, 만약 조설지의 기록과 함께 보지 않는다면 편면片面의 증거가 될 뿐이고 당시 상황을 제대로 파악할 수 없게 될 것이다. 두 기록을 함께 보면, 왕안석은 실로 '도'로써 자부하고 있었고 정호의 도학 계열은 당시 이미 완성된 상태에서 왕안석에게 한 걸음도 양보하지 않으려 했음을 알 수 있다. 그리고 왕안석과 정호 두 사람 사이 근본적 차이는 '도'의 인식 측면에서 생겨남을 분명히 알 수 있다. 육구연은 주희에 대해 "배웠으면서 도를 보지 못했고 정신만 소모했다"고 비판했으며 또한 "추측하고 베껴 쓰는 노력, 모방하고 빌려오는 사이비"라고 비판했는데,[26] 왕안석에 대한 정호의 생각이 대체로 이와 비슷하다.

왕안석과 정호의 논쟁은 결코 등한시되어서는 안 된다. 그 논쟁은 그다음

세기에 일어난, 왕안석의 '신학'과 이정의 '도학'이 정치문화 영역에서 벌인 패권 쟁탈전의 시작이기 때문이다. 주지하다시피 왕안석의 신학은 북송 휘종 숭녕崇寧 원년(1102)의 '원우元祐 학술 금지'부터 정강靖康 원년(1126)의 해금에 이르기까지 절대적 지위를 누렸다. 그런데 송나라가 남쪽으로 천도한 이후에 왕안석의 신학은 고종 시기 전체를 통해 여전히 정치적·문화적으로 지도적 지위에 있었다. 이 점은 아직까지 충분한 주목을 받지 못한 것 같다. 소흥 26년(1156) 6월 을유일, 고종과 엽겸형葉謙亨은 다음 같은 대화를 나눈다.

비서성 정자正字 겸 실록원 검관檢官 엽겸형이 임금을 면대하여 말했다. "폐하께서는 과거시험에 유의하시어 틀을 일신하십시오. 그런데 신이 걱정스럽게 여기는 점은 학문이 순수한지 잡스러운지의 여부가 시험관의 선택에 달려 있다는 것입니다. 예전에 조정의 의론은 정이의 학문을 오로지 숭상한 터라 그와 조금이라도 다른 설을 세우는 자는 모두 선발되지 못했습니다. 그 이전의 대신들은 음으로는 왕안석을 지지했고, 설을 취함에 조금이라도 정이의 학문을 언급한 자들은 모두 버려졌습니다. 무릇 이치가 있는 곳이 옳을 뿐입니다. 공맹에 합치하는 사람들을 취하고 그렇지 않은 사람들을 떨어뜨리는 것이 학문일 것입니다. 다시 어디에 얽매이겠습니까? 바라건대 시험관에게 명령을 내려 정밀하게 선택하고 넓게 취하되 일가一家의 학설에 얽매이지 않도록 하여, 배우는 자들에게 치우침과 불명료함의 폐단이 없도록 한다면 학술이 바르게 되고 인재가 나올 것입니다." 임금이 말했다. "조정趙鼎은 정이를 위주로 하고 진회秦檜는 왕안석을 숭상하니 참으로 치우침과 불명료함의 폐단이 있다. 경이 말하는 바가 지극히 온당하다." 〔고종은〕 이에 명령을 내려 행하도록 했다.[27]

조정이 재상 자리에 있었던 것은 불과 4년(1134~1138)이고 진회는 총 20여 년(1131~1132, 1138~1155)이었으므로 왕안석 학문 세력이 정이 학문 세력을 훨씬 뛰어넘었으리라는 점은 의문의 여지가 없다. 더욱이 조정에서 왕안석 학문이 지닌 지위는 효종 초년에 이르기까지 조금도 흔들리지 않는 모습을 보인다. 이심전李心傳(1166~1243)의 『도명록道命錄』은 위섬지魏掞之(1116~1173)의 일을 이렇게 기록한다.

건도 4년(1168), 건양建陽의 원리元履 위섬지가 태학록太學錄이 되었다. 선대 성인들에게 제사를 지내는데, 그의 직분은 선현 가운데 제사를 받을 사람들에게 분헌分獻[28] 제사를 지내는 일이었다. 먼저 재상에게 보고하면서 왕안석 부자는 사설邪說로써 천하를 어지럽혔으니 제사 전례 대상이 되어서는 안 되고, 하남河南의 이정은 도학을 창도하고 밝힘으로써 후대인들에게 은혜를 베풀었으니 그 공로가 크다고 했다. [그래서] 왕안석 부자에게는 제사를 올리지 말고 이정 선생에게 작위를 내려서 배향하도록 임금에게 말씀을 올려달라고 청했다. 재상이었던 위공魏公 진강백은 허락하지 않으면서 위섬지에게는 잠시 그 일을 비밀로 하라고 타일렀다. 위섬지는 "이 일을 어째서 비밀로 해야 합니까?"라고 말했다. 진강백은 "사람들이 그대를 비웃을까 두렵다!"라고 대답했다. 무릇 이정의 학문이 당권자들에 의해 인정받지 못했던 것이 이와 같았다.[29]

건도 4년(1168)이라면 이미 진강백陳康伯(1097~1165)이 죽은 지 3년이 지난 때이고, 당시 재상은 진준경陳俊卿(1113~1186)이었다. 때문에 인용문 속 '강백'은 실제로 '준경'의 오자誤字다. 주희의 「국록 위공 묘지명國錄魏公墓志銘」[30]과 『송사』 본전[31]에도 위 일이 실려 있는데, 다만 "잠시 그 일을 비밀로 하라" 이히의 대화만 빠져 있다. 하지만 "잠시 그 일을 비밀로 하라" 이하 구절이야말로 핵심으로서, 당시 왕학과 정학程學의 지위 사이에 현격한 차이가 있었던 상황을 잘 반영하고 있다. 진준경은 최초로 위섬지를 발탁한 사람으로 이후에는 주희를 누차 추천했고, 만년에는 자신의 자손들을 위해 도학 입문 전적을 소개

해달라고 주희에게 요청하기도 했다.[32] 그가 이정의 학문을 동정하고 그쪽으로 기울었던 것에는 전혀 문제가 없다. 진준경이 위섬지의 건의를 받아들이려하지 않았던 까닭은 왕학의 세력이 아직도 대다수 신하를 지배하고 있고, 거기에 정학이 대항하기는 한참 힘들다고 느꼈기 때문이다. 그런 건의가 일단제시되면 비웃음을 살 뿐이었다.

어째서 건도 4년 당시에도 여전히 왕안석의 학문이 그토록 거대한 영향력을 행사하고 있었을까? 이 질문에 답하려면 앞서 인용한 엽겸형의 건의와 고종의 대답을 연관 지어서 봐야 한다. 진회의 장기 집권 아래, 과거시험에서 사士를 선발할 때는 한편으로 왕안석의 '신학'을 위주로 했고 다른 한편으로는거듭 이정이 '독립적 학문專門之學'을 금지했다.[33] 그래서 효종 초년, 조정 신하대부분은 왕학 출신 인사들이었고 그런 사상적 분위기는 단기간에 바뀔 수없는 것이었다. 대체로 건도 초년부터 시작해서 장식張栻, 여조겸, 주희 등의노력으로 인해 이정의 학문은 점차 과거시험이라는 진지 속으로 진출하기 시작했다. 순희(1174~1189) 이후, '도학'은 번성하게 되어 과거시험과 실로 밀접한관련을 맺게 되었다. 비록 개별 이학자들은 "과거시험 공부가 도에 방해 된다"는 한탄을 발하기도 했지만, 이학의 사대부들을 하나의 집단으로 놓고 말하자면 그들은 시대 흐름에 따라 과거시험을 주관하는 대권을 쟁취해나가고있었다.

송대만 그런 것이 아니라 명대 역시 똑같았다. 왕수인王守仁 또한 "과거시험이 도를 방해한다"는 유의 말을 했지만, 서계徐階(1503~1583)와 같은 그 문하의 사대부는 입각入閣하여 차보次輔[34]가 된 후 과거시험 운영 권한을 장악했고,그에 따라 시험관은 출제할 때 이정과 주희의 의리학義理學을 고수하지 않고'양지良知'에 입각한 새로운 설을 출제했다.[35] 최근 발견된 『안균집顏鈞集』은 한걸음 더 나아가 양명학陽明學의 전파와 과거科擧 문화 사이에 불가분 관계가 있음을 실증한다. 안균顏鈞(호는 산농山農, 1504~1596)은 그 특유의 『대학』 『중용』교육을 베풀었는데, 교육의 주요 대상은 지방의 생원, 향시鄉試 회시會試 수험생, 국자감 학생監生 등이었다. 예를 하나 들면 저간의 사정을 엿볼 수 있다. 명 가정嘉靖 35년(1556)에 북경의 영제궁靈濟宮에서 강학했던 상황을 그는 아래와 같이 기록했다.

당시 소호少湖 서계가 보상輔相이 되어 나鐸에게(처음에 안균의 이름은 탁鐸이었다) 요청하기를, 전국에서 서울로 온 관원 350명을 위해 영제궁에서 3일 동안 모임을 주재하라고 했다. 7일이 넘자 또다시 나에게 요청해서 회시 거인擧人(향시 합격자) 700명을 데리고 3일 동안 동洞에서 강의하라고 했다. 이렇게 모였는데 두 차례 모두 사람들이 무척 많았다.[36]

서수비徐樹丕의 『식소록識小錄』 권2 「강학講學」을 보면 이런 말이 있다.

영제궁의 강학이 가장 번성했던 때는 가정 연간 계축, 갑인년(1553~1554)이다. 서계, 구양덕歐陽德, 섭표聶豹 등이 주관했다. 진신縉紳들이 그 모임에 참석하면 그때마다 좋은 관직을 얻었다.[37]

안균이 기록한 내용과 그 상황과 시간이 모두 부합한다. 서계가 보상이 된 때는 가정 31년 임자년(1552)이므로, 그는 당권자 반열에 든 이후 곧바로 자신의 정치적 영향력을 통해 양명학을 발전시켰다는 것과 과거제도는 그 가운데 가장 중요한 매개였음을 알 수 있다. 종합하자면 16세기 중엽 이후 양명학이 이정과 주희의 관학官學을 압도한 것이나 12세기 후반 이정의 '도학'이 왕안석의 '왕학'을 대체한 것이나 과거제도는 해당 학문이 발전하도록 도와주는 힘을 발휘했다. 이는 매우 복잡한 역사적 문제이므로 따로 다뤄야 할 것이다. 다만 이 절은 송대 도학과 정치문화 사이 상호 관계를 논하는 만큼 그 문제를 아예 빼놓을 수는 없었다. 과거제도는 양자 사이 내적 관계에서 매우 중요한 부분이기 때문이다.

초기 고문운동과 중기 개혁운동에 대한 위 분석을 통해 어째서 이 책이 도학 또는 이학을 전체 송대 유학의 동향 중 일부분 혹은 한 단계로 간주하는지 분명해질 것이다. 현대적 관점에 따르면, 고문운동은 문학사에 속하고 개혁운동은 정치사에 속하며 도학은 철학사에 속한다. 이렇듯 분과 범위가 서로 구별될뿐더러 시간상으로도 각자만의 단계가 있는 만큼 서로 얽히지 않고 따로 다뤄질 수 있을 듯하다. 그러나 한층 더 깊이 관찰해보면, 그 세 가지를 꿰뚫는 맥락이 하나 있다. 합리적 인간 질서를 수립하려는 유가의 요구가 그것이다. 고문운동은 먼저 '요, 순, 삼왕이 사람을 다스렸던 도'를 이상으로 제시하여 송대 유학의 기반을 닦았다. 왕안석을 대표자로 삼는 개혁운동은 앞을 향해 한 걸음 성큼 나아가서 이상을 현실화하려고 노력했다. 이 점은 위에서 이미 설명했으니 중복하지는 않겠다.

이어서 논해야 할 것은 도학과 저 두 운동 사이의 전승 관계다. 앞서는 주로 그들의 차이점을 강조했다. 특히 고문운동은 '외왕' 쪽을 중시하고 '내성'은 별로 언급하지 않은 반면, 왕안석은 '내성' 영역에서 정호와 날카롭게 대립한다. 그렇지만 방향을 바꿔서 보면, 그러한 상호 대립 가운데에 상호 보완적 성격이 숨어 있다. 합리적 인간 질서 재수립이 여전히 도학의 중심 임무라는 점에서 도학은 고문운동, 개혁운동과 더불어 북송 유학의 대조류에 함께 처해 있었음은 말할 나위가 없다. 요약하자면, 북송 유학의 부흥 초기에 고문운동 지도자들은 이미 자기 이상 속 상고시대에 바탕을 두고서 질서를 재수립해야 한다고 외쳤다. 이런 외침의 원동력은 장기간 혼란 속에서 문치를 간절히 바라던 민간의 절박한 심리였다.[38] 초기 유학의 관심은 대체로 정치질서 쪽에 치우쳐 있었고, '도덕성명'설은 그다지 깊이 있게 언급하지 않았다. 바꿔 말하면 '외왕'이 급선무였고 '내성'은 느슨히 생각했다. 그런데 개혁운동 고조기에 이르자 '내성'과 '외왕'을 겸비해야 한다는 의식이 출현했고, 이는 왕안석이 가장 전형적인 예다. 왕안석은 '도덕성명'설로 신종의 마음을 움직였는데 그것이 그의 '내성'학이었다. 왕안석은 『주관신의周官新義』[여기서 『주관』은 『주례周禮』를 말한

대를 새로운 질서를 수립하는 근거로 삼고자 했는데 이것이 그의 '외왕'적 이상이었다.

장재, 이정과 같은 도학 창시자들은 왕안석과 같은 시기에 속한다. 이들은 질서를 재수립해야 한다는 고문운동 지도자들의 호소에 반응한 점에서 왕안석과 다를 바가 없다. 그러나 왕안석의 '내성외왕' 체계의 완성과 전파가 결국 도학보다 한 걸음 빨랐고, 이로 인해 도학자들은 그 체계를 모방하거나 비판하게 되었다. 그러므로 유학의 전체 발전을 놓고 보자면 '신학'은 고문운동을 넘어서고 도학은 다시 '신학'을 넘어선다. 이렇듯 한 걸음 한 걸음 전진해나갔던 것이다. 왕안석은 신종에게 구양수를 비판한 적이 있다.

> 구양수는 문장이 현재 진실로 탁월하지만 경전을 모르고 의리를 인식하지 못했으며 『주례』를 비난하고 「계사전」을 훼손했습니다. 그 무렵의 학사들은 구양수에 의해 오도되었으니 일이 참 나쁜 지경까지 미친 것입니다.[39]

왕안석은 구양수의 문장을 칭찬하기는 했지만 그의 경학과 '의리'는 가볍게 보고 있다. 구양수는 「계사전」을 매우 심각하게 의심했지만 『주례』에 대한 의심은 「계사전」에 비해 가벼웠다.[40] 구양수의 의심은 오늘날 관점에서 볼 때 매우 타당하지만 당시로서는 왕안석 '신학'의 경전적 근거에 저촉되는 것이었다. 그렇지만 여기서 문헌 고증을 하는 것은 논지에서 벗어난 일이 될 터다. 어쨌든 동시대 유학자들 눈에 왕안석의 『삼경신의三經新義』와 『역의易義』는 중대한 성과물이었고 구양수라도 이를 수 없는 수준이었다. 왕안석 자신은 더욱이 '신의新義'로서 자부한 터라 희령 5년(1072) 5월 갑오일, 서북西北 사인士人 문제와 관련하여 신종에게 답하면서 이렇게 말했다.

> 서북인들은 예전에 [시험을 쳐서] 학구學究[41]가 되었는데 [그들이] 익혔던 것은 의리義理가 아니었습니다. 지금은 바뀌어서 진사進士가 되었는데 [그들이]

익히는 대상에는 [이제] 의리가 있습니다. 학구가 진사가 된다면 사인들로서는 기뻐하지 않을 수 없습니다. 의리 없는 데서 떠나서 의리가 있는 데로 나아가게 하면 익히는 것에서 좋지 않을 수 없습니다. (…) 요즘 사인들은 의리 없는 데서 떠나서 의리 있는 곳으로 나아가고, 학구에서 벗어나 사인의 명칭을 얻고 있으니 또한 서북 사인들에게 신법新法이란 것은 '손해가 없는 것無負'이라고 할 수 있습니다.[42]

『속자치통감장편』은 이 인용문 바로 앞에 풍경馮京이 신종에게 했던 말을 기록한다. "듣건대 거인擧人 대다수는 왕안석 부자의 글을 바탕으로 삼는다고 합니다."[43] 합해서 보면 당시 진사들이 시험을 치를 때 인용했던 것은 사실 왕안석이 밝혔던 '의리'였음을 알 수 있다. 왕안석의 아들인 왕방王雱(1044~1076)이 조칙을 받들어 부친을 도와『시』『서』의 '새로운 의미新義'를 정리했던 것은 희령 4년(1071)[44]의 일인데, 그 과정에서 단편적인 글들은 유출되는 대로 유행했을 것임에 틀림없으므로 1년이라는 짧은 시간에 이미 수많은 거인에 의해 몰래 이용되었을 것이다. 이런 배경을 분명히 알아야지만 왕안석이 어째서 그처럼 열정적으로 '의리'를 여섯 차례에 걸쳐 연달아 말했는지, 또한 '신법'이 과거시험에 대해 중요한 공헌을 했다고 인정했는지를 이해할 수 있다. 2년 전 왕안석이 구양수를 비판하면서 "경전을 모르고 의리를 인식하지 못한다"고 했던 것은 당연히 그의 새로운 경전 해석이 벌써 마음속에 완성되어 있었기 때문일 것이다. 송대 유학자들은 시종일관『삼경신의』와『역의』를 비판하기보다는 칭찬했고, 왕안석의 정적政敵 또한 예외는 아니었다. 왕안석이 경학을 '의리'의 단계로 격상시켰음은 부인할 수 없는 사실이었다.[45]

발전을 거쳐 왕안석의 단계에 이르자 송대 유학은 고문운동을 뛰어넘어 훨씬 높은 층위로 도약했지만 완전히 성숙한 수준에 이르려면 아직 주희의 시대를 기다려야 했다. 여기서는 다만 도학이 처음으로 흥성하던 단계만을 서술하여 어째서 도학을 북송 유학의 전체적 동향 가운데 하나의 구성 부분으로 간주해야 하는지를 보이려 한다. 앞서 지적했다시피 질서 재수립은 북송 유학의 주요 노선이었고, 고문운동과 왕안석의 '신학', 그리고 도학도 거기서 예외일 수 없었다. 질서 관념은 시간이 지날수록 그 의미 폭이 넓어지는 경향이 있었으나 질서 수립이 정치("천하를 다스린다" 또는 '치도') 영역에서 시작한다는 점만큼은 이상의 세 학파 사이에 아무런 차이가 없었다. 이 점과 관련하여 다만 『주례』의 유행 상황만 구체적으로 설명하려 한다. 『주관신의』는 왕안석 개혁 정치의 주요 근거인데, 『삼경신의』 가운데 이 책만이 왕안석이 직접 친필로 완성한 저작이다.[46][『삼경신의』에서 '삼경'은 『시경』 『서경』 『주례』를 말한다.] 그러나 이전에 범중엄, 석개, 이구李覯 등이 이미 『주례』를 모방하여 제도를 개혁해야 한다고 분명히 주장한 적이 있었고, 구양수는 비록 『주례』의 진위를 의심하기는 했으나 그 역시 『주례』의 정치·교육 사상을 인정하고 있었다.[47] 왕안석과 동시대의 도학자 장재와 정호는 『주례』의 제도를 실현하기 위해 한층 더 노력했다.[48] 정치 질서가 급선무라는 의식이 고문운동, 왕안석의 '신학'과 더불어 도학을 관통하고 있었다는 사실은 의심할 여지가 없다.

역사적 움직임을 보자면, 인종의 경력慶曆 연간(1041~1048)과 황우皇祐 연간(1049~1053) 유학은 정치 질서 재수립을 창도하고 숙성하는 단계에 있었고 그 중점은 '외왕'에 편중되어 있었다. 아직 '내성' 영역으로는 깊이 들어가지 않았다. 그러나 신종의 즉위(치평治平 4년 1067년 1월) 이후, 질서 재수립은 이미 전면적 실천 단계로 들어섰을 뿐 아니라 '외왕'은 '내성'과 더불어 상호 보완되어 행해져야 한다는 관념이 굳건하게 자리 잡기 시작했다. 왕안석의 '신학'과 도학은 이 단계에서 동시에 출현했다. 오직 구조적으로 볼 때, 사상적 내용을 문제 삼지 않는다면, 두 학파의 규모와 경향도 대동소이하다고 할 수 있다. 이는 바로 두 학파가 동일한 유학적 조류의 산물이라는 점을 보여준다.(현대에 쓰이는 용어로 동일한 '담론discourse'에 속해 있었다고 말해도 무방할 것이다.) 그렇다면 '신학'과 도학 사이에는 대체 어떤 관계가 있을까? 나는 이에 대해 간략하게 설명할 수밖에 없다. 상세하게 논증한다면 주제에서 지나치게 멀리 벗어날 것이기 때문이다.

질서 재수립, '내성'과 '외왕'의 상호 보완, 행동 경향이 이 단계 유학의 세 가지 주요 특징이라고 할 수 있다면, 첫번째와 세번째 측면에서는 '신학'과 도학이 일치하고, 차이는 곧 두번째 측면인 '내성'의 성격과 외왕의 관계에서 생긴다고 할 수 있다. 그렇지만 두 학파가 질서 재수립 측면에서 일치한다는 나의 주장에 대해 희령변법의 내막을 조금이라도 알고 있는 독자라면 다음 같은 의문이 들 것이다. 왕안석의 변법운동에 참여했던 도학자들 예컨대 정호, 장재, 장전張戩(1030~1076)[49]은 아주 일찍부터 '신법'의 이해利害에 대해 논쟁하면서 왕안석과 결별했는데, 어째서 쌍방이 질서 재수립 측면에서 일치했다고 말할 수 있는가? 정이의 아래와 같은 술회를 보면 이런 의문은 충분한 해답을 얻을 것이다.

신정新政 개혁에서 우리 당의 싸움에는 지나치게 심한 점이 있었다. 오늘날의 일을 이루고 천하를 도탄에 빠뜨린 것은 그 죄를 양분해야 된다. (…) 그당시 개보(왕안석)는 여러 일을 가지고 임금 앞에서 자신의 거취를 정하려고 했다. 만약 청묘靑苗의 의론이 실제로 행해지지 않는다면 벼슬을 그만둘 결심을 했다. 백순(정호)은 손신로孫莘老(손각孫覺, 1028~1090)와 함께 임금 앞에서 동의를 얻어 이 일을 담당하려고 했다. 대체로 임금의 뜻은 개보를 누르려 하지 않는 것이어서 〔개보 대신〕 다른 사람이 담당하려 한 것이었다. 개보의 생각 역시 아직 정해진 것이 없었다. (…) 개보는 처음부터 타인에 의해 가로막히게 되면 그후 실시될 수 없을까 걱정했다. 그러나 백순이 "다만 인심에 순응하는 일을 하면 그 누가 따르지 않겠습니까?"라고 말했다. 개보는 "그렇다면 그대의 진실한 뜻에 감동했다"고 말했다. 그러나 천기天祺(장전)가 그날 중서성에서 매우 사리에 어긋나는 일을 한지라, 개보는 크게 화내면서 결국 임금 앞에서 사력을 다해 논쟁을 벌였고 임금은 한결같이 〔개보의 말을〕 들어주었다. 이때부터 당이 나뉘게 됐다. (…) 오늘날의 우환으로 그 일을 보자면 우리도 잘 행동하지 못한 것이다. 청묘 같은 것은 그대로 놔뒀다 하더라도 무슨 해가 되겠는가?[50]

정이는 원우(1086~1094)의 정치가 실패한 이후 희령 연간(1068~1077)의 과거사를 기억하면서 이 이야기를 했는데 자못 후회하는 뜻이 많다. 쌍방 사이 정치적 차이는 기술 측면에서 비롯한 것이지 기본 원칙과는 관련이 없었음을 알 수 있다. 원우[철종] 시기에는 사마광이 왕안석의 역법役法을 폐지하려는 것을 정이 역시 반대했다.[51] '청묘'와 '면역免役'은 신법 가운데서 비판을 가장 많이 받은 정책이었지만,[52] 정씨 형제는 '청묘'를 허용했고 '면역전免役錢'은 적극 찬성했다. 이는 정씨 형제가 '외왕' 측면에서 왕안석과 기본적으로 일치했음을 설명하기에 충분하지 않을까? 희령[신종] 초기, 유학은 질서 재수립 면에서 두 파로 나뉜다. 왕안석은 전면적 혁신을 주장해서 특별히 '신법'을 세웠지만, 사마광은 "천하를 다스리는 것은 집에 거주하는 것과 같아서 망가지면 수리해야 하지만, 크게 무너지지 않았다면 다시 짓지 않는다"[53]고 말했다. 도학자 이정 형제는 분명히 왕안석 쪽에 섰다.[54]

그러나 '내성' 면에서 이정과 왕안석 사이에는 조화될 수 없는 충돌이 있었다. 앞 절에서 "탑을 바라보면서 상륜을 말한다"는 정호의 말을 인용하여 이미 그 문제를 설명했는데 여기서 간략하게 다시 언급하기로 한다. 사양좌謝良佐(1050~1103)는 정이의 말을 다음과 같이 기록한다.

정숙正叔[정이]이 백순[정호]의 무덤을 찾아뵐 때, 모시고 가면서 유교와 불교의 차이를 여쭸다. 정숙은 무덤의 담장을 가리키면서 "우리 유학은 그 안으로부터 해내니 어찌 보지 못하는 것이 있겠는가? 불교는 다만 담장 밖에서 보면서 안에 들어가서 하려고 하지 않을 뿐이다. 불교도 본 것이 없다고 말할 수는 없다."[55]

정이가 형[정호]의 무덤 앞에서 이 이야기를 했을 때, 그의 마음속에는 "탑을 바라보면서 상륜을 말한다"는 비유가 있었을 것이다. 서로 다른 두 비유가 가리키는 것은 완전히 동일한 결론이기 때문이다. 그래서 우리는 "탑을 바라보면서 상륜을 말한다"는 정호의 비유가 사실 왕안석의 '도'는 불교적이지 유가적인 것은 아니라는 내용을 함축한다고 확신할 수 있다. 이는 상당한 근거를 갖는 비판이다. 희령 5년(1072) 5월 갑오일에 왕안석은 신종과 아래와 같은 문답을 나눴다.

> 안석이 말한다. "(…) 신이 불교 책을 자세히 보니 경전과 부합합니다. 무릇 〔불교의〕 이치가 이러하니, 〔불교의 발상지와 중국의〕 거리가 멀기는 하지만 서로 부절待節처럼 합치합니다." 주상이 말했다. "붓다는 서역 사람으로 언어는 다르지만 도리가 무슨 이유로 다르겠는가?" 안석이 말했다. "신은 이치에 합한다고 여깁니다. 비록 귀신이나 생각이 다른 사람이라 할지라도 〔그 점을〕 바꿀 수는 없을 것입니다." 주상은 "진실로 그렇다"고 말했다.[56]

이 대화는 임금과 신하 두 사람 모두 불교에 대해 전적으로 개방적인 태도를 취했다는 사실을 분명히 보여준다. 더욱이 신종은 4년 후에 불교가 "오묘한 도妙道"이고 선종은 그 "오묘한 방법妙法"이라고 명백히 칭한다.[57] 왕안석은 당시 유행하던 "불교가 풍속을 어지럽힌다佛教亂俗"는 설을 아예 부정한다.[58] 왕안석의 기본 입장은 분명히 유가적이었으나, 그는 불교 및 제자백가를 모조리 흡수해야 한다고 주장한다. 이것이 바로 그가 "그 이치를 정밀히 하는 길은 하나로 하는 데 있다"[59]고 믿었던 까닭이다. "도리가 무슨 이유로 다르겠는가?"라는 말은 바로 이런 입장에서 비롯했다. 왕안석은 유교, 불교, 도교 사이에 벽을 쌓으려 하지 않기 때문에 노자, 장자, 그리고 그뿐만 아니라 불교에 대해서도 주석 작업을 했다. 왕안석의 『능엄경주楞嚴經注』는 전체가 일실되었지만, 왕안석이 불경을 해석하면서 "오랑캐의 말胡語(범문梵文, 즉 산스크리트어)"을 몰랐다고 주희가 조롱했던 일을 보면, 적어도 그런 종류의 저작이 남송대까지는 전해지고 있었음을 알 수 있다.[60] 현존하는 왕안석 문집에는 「장영숙에게 답하는 편지答蔣穎叔書」[61]가 남아 있는데, 편지에서 논하는 것은 여래장如來藏에 본성이 있느냐 없느냐 하는 문제였다. 불교에 대한 왕안석의 조예가 어떠했는지 여부는 불교인들의 판단을 기다려야 할 것이다. 다만 여기서 지적해야 할 것은 왕안석이 불교적 교의 자체에 근거해 입론을 펼쳤음이 분명하고, 도학자들이 그리하듯 유가의 입장에 따라 거기에 비판을 가하지 않았다는 사실이다. 이 점만 놓고 보더라도 정호가 "탑을 바라보면서 상륜을 말한다"라고 한 비평은 공정하다고 볼 수 있다. 왕안석은 사상적으로 불교의 철리哲理로써 유가의 철리를 강화하려 했거니와 행동상으로도 '사회참여를 위해 방향을 바꾼다入世轉向'는 선종의 입장을 직접적으로 받아들였다. 혜홍惠洪(호는 각범覺範, 1071~1128)은 『냉재야화冷齋夜話』에서 왕안석과 그 동향 후배 주세영朱世英 사이의 이야기를 기록하고 있다.

〔공이〕 또 말했다. "나는 다만 설봉雪峯의 한 구절로 재상이 됐다." 세영이 말했다. "설봉의 말을 듣고 싶습니다." 공이 말했다. "저 늙은이가 일찍이 중생을 위해서 무엇을 했는가?"[62]

[당나라 선사禪師] 설봉(이름 의존義存, 822~908)의 제자 문언文偃(864~949)은 운문종雲門宗을 창시했다. 운문종과 천태종天台宗 모두 북송대에 전성기를 구가했으므로[63] 왕안석이 설봉의 "중생을 사랑하라"는 정신에 의해 감동받은 것도 이상한 일은 아니다. 왕안석이 유교와 불교의 경계를 가르지 않았다는 이 중요한 사실을 확실히 파악해야 비로소 도학(또는 이학)이 어째서 북송 유학 발전의 최고 단계인지를 인식할 수 있다. 이정 같은 도학자 눈에 왕안석은 비록 '내성' 영역에 들어갔고 아울러 '내성'과 '외왕' 사이에 모종의 연결 체계를 세운 사람이기는 했지만, 왕안석의 '내성(이른바 '도덕성명')'은 불교에서 빌려온 부

분이 지나치게 많았고 유가의 옛것이 아니었다. 때문에 그들이 스스로에게 규정한 최고의 역사적 임무는 바로 유가 고유의 '내성'학을 발굴해내서 그것을 대체하는 것이었다. 이렇게 본다면 왕안석의 '신학' 속에 있는 내성 부분이 초기 도학에 끼친 영향은 진지하게 다뤄져야 할 문제다. 과거 우리는 줄곧 왕안석과 도학의 관계를 순수하게 정치적인 측면에서 이해했는데, 그런 전통적 편견은 이제 수정되어야 할 때가 되었다. 내가 이런 논단을 펼치는 것은 결코 엉뚱한 착상이 아니고 다음 자료에 바탕을 두고 있다. 원풍 2년(1079), 여여숙呂與叔(여대림呂大臨의 자, 1046~1092)은 '이정 선생'의 다음 말을 기록한다.

요즘 이단 종교의 폐해는 도가의 설은 더이상 물리칠 만한 것이 없으나, 오직 불교의 설만은 만연하여 [사람들을] 미혹하고 거기에 빠져들게 하는 일이 극심하다. 오늘날은 불교가 번성하고 도가는 쇠락했다. (…) 그러나 오늘날 불교는 오히려 이해할 필요가 없고, 큰 걱정거리는 도리어 개보[왕안석]의 학문이다. (…) 현재 개보의 학문이 후대 학자들을 못 쓰게 만드는 상황을 먼저 정돈해야 한다.[64]

정호와 정이는 이 문제에 대해 의견이 일치한 만큼 두 사람 중 누가 이 말을 했는지는 중요하지 않다. 『정씨수언程氏粹言』 권1 「논정편論政篇」은 이렇게 말한다.

모두들 왕씨[왕안석]의 가르침에 동화되었으니 막대한 우환거리다. [왕안석은] 인간됨과 말로써 그의 배움을 실천했기 때문에 그 가르침은 사람들에게 쉽게 받아들여진다. 처음에는 이익으로써 따르다가 오래되면 거기에 감화되고 이제는 [그것을] 편안히 여긴다. 천하의 잘못된 일은 하루에 뒤바뀔 수 있다고 하지만, 모든 사람의 마음이 이미 정해졌고 풍속은 이미 굳어졌으니 어찌 급격히 바꿀 수 있겠는가?[65]

두 조목을 비교해보면 마치 한입에서 나온 듯하다. 모두 왕안석의 '신학'을 당시의 '큰 걱정거리'로 본다. 원풍 2년은 왕안석이 금릉金陵[지금의 난징南京]으로 물러난 지 2~3년이 되던 해였지만, 사상계에서 그의 영향력은 아직도 하늘에 떠 있는 태양과 같았다. 아마도 이러한 상황은 과거시험이 『삼경신의』로 인재를 선발하던 것과 관련이 깊을 테지만, 왕안석의 학문 자체가 일정한 흡인력이 있었음이 인정되어야 할 것이다. 주희는 정이의 비평을 이렇게 전한다.

> 이천[정이]은 공[왕안석]에 대해 가장 잘 말했다. 그는 "개보[왕안석]가 보았던 것은 결국 세속의 유학자들보다 높았다"고 했다.[66]

이 말이 그 증거가 될 것이다. 앞서 인용한 "두 선생의 말씀二先生語" 가운데서 이정은 확실히 '신학'을 천하 제1의 사상적 적수라고 여겼다. 신학은 불교보다 훨씬 뛰어났기 때문에 그들은 분개하면서 개보의 학문을 먼저 "정돈해야 한다"고 했던 것이다. "정돈해야"는 말은 결코 빈말이 아니었다. 정이의 말을 읽어보자.

> 양시楊時(1053~1135)는 신학에 대해 극히 정밀했다. 하나라도 [신학에 관한] 질문을 받으면 [그와 관련된 신학의] 단점을 다 알고서 바로잡아 줄 수 있다. 개보의 학문은 대체로 번쇄하다. 예전에 백순[정호]이 양시와 함께 몇 편을 읽은 적이 있는데, 그후 유추하여 다 통할 수 있게 되었다.[67]

이는 여대림이 원풍 2년에 기록한 것으로 위 인용문과 동시대 조목이다. 이정은 당시에 벌써 왕안석의 학문을 '신학'으로 호칭한 만큼 "양시는 신학에 대해 극히 정밀했다"는 구절이 있을 수 있다. 정호 또한 양시와 함께 왕안석의 글을 읽었다고 하는데, 그것은 정밀히 연구하고 세밀하게 읽었다는 말이다.

정호는 "그후 유추하여 다 통할 수 있게 되었다." 여기서 알 수 있는 바는 이정 형제가 전력을 다해 왕안석의 저술에 대응했고, 마치 대적大敵에 임하는 정신 상태를 갖고 있었다는 사실이다. 위 기록은 양시의 『구산집龜山集』에서 실증할 수 있다. 권6 「신종일록변神宗日錄辨」과 권7 「왕씨자설변王氏字說辨」은 왕안석의 원문을 한 조목씩 열거하면서 하나하나 반박한다. 사상사 자료로만 보더라도 매우 진귀한 글들이다. 주희 역시 우리에게 일러준다.

> 『구산집』에는 「정일록政日錄」 몇 단락이 있는데 좋다. 구산〔양시〕은 왕안석을 공격하는 데 뛰어나다. 그러나 「삼경의변三經義辨」에는 변론할 필요가 없는 것도 있고, 변론해야 했지만 하지 않은 것도 있다.[68]

「정일록」이 바로 「신종일록」이다. 「삼경의변」은 『구산집』에서는 볼 수 없는데[69] 아마도 일실된 듯하다. 나중에 다른 판본을 찾아볼 필요가 있다. 위 구절 역시 "양시는 신학에 대해 극히 정밀했다"는 말에 딱 맞는 증거다. 정이 역시 왕안석의 저술에 대해 철두철미하게 연구했다. 그는 문인들에게 이렇게 지시한다.

> 『역』에는 100여 사람의 주석서가 있어서 두루 자세히 보기가 어렵다. 만약 아직 읽지 않았거나 문장의 의미를 이해하지 못하겠거든 왕필, 호 선생〔호원胡瑗〕, 형공〔왕안석〕 세 사람을 봐야 한다.[70]

이 구절은 정이가 왕안석의 『역』학을 중시했음을 나타낼뿐더러 그가 『정씨역전程氏易傳』을 지은 동기가 "남의 방에 들어가 그 무기를 빼앗아서 주인을 공격하듯이入室操戈" '신학'의 오류를 바로잡고, 그런 다음에 그 오류를 대체하는 것이었음을 드러낸다. 아래 문답 내용은 무척 중요하다.

또 물었다. "형공의 외물에 대한 궁구는 『자해字解』에 〔잘 나타나는데〕 대부분 오행五行의 생성 관계를 적용해나가는 것입니다. 이제 이를 궁구하려 할 때 오직 이렇게 공부해야 합니까?" 답한다. "형공은 예전에 이야기를 아주 잘했지만 나중에는 오히려 스스로 옳지 않다고 여겼다. 만년에는 참으로 산만해졌다."[71]

정이 문인의 질문에서 정이가 왕안석의 학문 방법을 전범으로 받들고 있었음을 알 수 있고, 정이의 대답에서 정이가 초년에서 만년에 이르는 왕안석 평생의 저작을 다 숙지하고 있었음을 확인할 수 있다. 그렇지 않았다면 어떻게 그 한마디로 설파해낼 수 있었을까? 평소 그토록 자부심이 가득했고 남을 잘 인정해주지 않던 정이의 성격으로 볼 때, "[형공은] 이야기를 아주 잘했다"는 말은 극도의 예찬이라 하지 않을 수 없다. 이 『어록』 권19는 정이가 경연에 있을 때의 일을 누차 언급하고 있으므로 원우 3년(1088) 이후의 기록임에 틀림없다. 이때는 원풍 2년(1079)에 여대림이 어록을 기록했던 시기로부터 10년 가까이 떨어져 있었다. 이때 이미 정호는 죽었지만 정이는 문인들과 함께 여전히 독자적으로 "개보의 학문을 정돈하는 일"을 계속하고 있었기 때문에 이 권19에는 왕안석을 직접적으로 언급하는 조목이 10여 개 이상으로 다른 권에 비해 유독 많다.

이상의 일차적 증거가 가리키는 것은 논쟁의 여지가 없는 역사적 사실로서, 이정의 도학이 왕안석의 '신학'과 분투하면서 점차 틀을 갖춰나갔다는 점이다. 이런 분투 과정 속에서 도학에는 많거나 적거나 흔적이 남게 되었음을 인정할 수 있다. 도학과 '신학' 사이의 일치점 일부는 우연으로 볼 수 없다. 곧 중요한 부분의 큰 차이점에도 그런 흔적이 남아 있다는 혐의를 피할 수 없다는 말이다. 왕안석의 저작 대부분이 이미 유실된 만큼 도학과 신학을 비교해서 연구하기란 극히 어렵다. 그리고 이는 또다른 문제로서 이 절의 범위를 넘어서는 영역이다. 이 절에서는 도학이 '신학'에 도전하면서 형성되었다는 점만을 밝히려 하고, 양자 간 차이에 대해 본격적으로 논할 수는 없다. 다만 논의를 계속해나가면서 뚜렷한 흔적이 드러나는 곳을 만나면 그때마다 그 점을 지적하려고 한다.

도학 형성의 이면인 '신학'이라는 배경은 여러 이유로 연기처럼 사라져버렸음에도, 남송 유학계에서는 그것에 대해 잘 알고 있는 사람이 여전히 있었다. 나는 장식의 편지 두 통을 증거로 삼아 이 주장을 입증하고자 한다. 장식은 주희와 서신을 왕래하면서 『이정문집二程文集』의 글자들과 관련하여 상의한 적이 있고, 또한 그는 『정씨수언』의 목차를 재배열하기도 했다. 따라서 그는 이정의 입설立說 이면에 있는 의도를 매우 잘 알고 있었다. 장식은 「안 주부에게 與顏主簿」라는 편지에서 정학과 왕학을 전문적으로 논한다.

> 그대가 정씨[이정]와 왕씨[왕안석]의 학문에 대해 논하는 것을 가만히 살펴보니, [양자를] 아우르고 뒤섞어서 하나로 만들려는 의도가 있는 것 같습니다. 그런 것은 [내가] 감히 들어보지 못한 일입니다. (…) 왕씨의 설은 모두 사사로운 뜻私意을 천착하는 데서 나오고, 성명에 대한 그의 고원한 담론은 특히 불교와 근사近似한 것을 몰래 취했을 뿐입니다. 불교와 비슷한 것을 몰래 취하고 사사로운 뜻의 천착으로 그것을 완성했기 때문에 사士들의 마음을 어지럽히고 망쳐버렸으며 그럼으로써 나라의 일을 어지럽혔습니다. 배우는 사람들은 강론하고 명확히 변별해 그것을 하찮게 여겨야 합니다. 이제 왕안석의 학문과 이정 선생의 학문은 하늘과 땅의 차이일 뿐 아니라 흑백의 차이이기도 하니, [양자를] 나란히 놓고서 동일시함은 참으로 괴이한 일이 아니겠습니까?[72]

안 주부가 누구인지는 더 고증해봐야 하지만, 왕안석과 이정을 조화시키려 했던 그의 의도에서 왕학이 효종 때까지도 여전히 사상적 흡인력이 있었다는 점과, 도학과 '신학' 사이에는 "나란히 놓고서 동일시할" 만한 지점이 있었음을 알 수 있다. 이는 송대 유학사에서 매우 주목할 현상으로서 남송 이후 이학이 독존적 위치를 확보했다는 관념을 깰 수 있는 것이다. 장식이 왕안석의 견해를 깊이 있게 파악하고 있었다는 사실은 지금껏 잘 이야기되지 않았다. 주희가 사창제社倉制를 시행하면서 왕안석의 청묘법을 인정하려 하자 장식은 강력히 비판한다.[73] 장식은 이정의 도학이 '신학'을 겨냥해서 발전해나왔다는 점을 분명히 알고 있었던 만큼, "하늘과 땅의 차이, 흑백의 차이"라는 말은 실로 근거가 있었을 것이다. 그는 또한 「상서 주자충(주필대)에게 드리는 편지寄周子充(必大)尚書」 두번째에서 아래와 같이 이야기한다.

> 희령 이래, 인재들이 이전보다 쇠퇴한 까닭은 바로 왕개보가 그들을 망쳤기 때문입니다. 개보의 학문은 허무를 근본으로 삼아 실용에 해롭습니다. 이락伊洛 지방의 여러 군자는 그런 폐단을 없애려고 매우 노력했습니다.[74]

이 구절은 특히 급소를 찌르고, "개보의 학문을 정돈해야 한다"는 정이의 선언과 꼭 들어맞는다. 또한 『정씨유서』권6의 간단한 기록은 이렇다.

> 정숙[정이]은 불교와 도교를 배척하지 않았다.[75]

이 말은 앞뒤 문장이 없어 그 의미를 밝히기 어렵지만, 이정의 입에서 나왔다는 사실만큼은 의심할 수 없다. 위 논증에 바탕을 둘 경우 우리는 이렇게 해석할 수 있다. 이정은 "오늘날 불교는 오히려 이해할 필요가 없다"고 분명히 말한 적이 있고, 또한 두 번에 걸쳐 "개보의 학문"이 "막대한 우환거리"라고 지적했다. 따라서 위 구절 역시 이 말들과 동일한 언어 환경 속에 놓고 풀이해야 한다. 왕안석은 유교, 불교, 도교를 구분하지 않았고, 그의 유명한 '도덕성명'설은 '불교, 도교'의 요소를 이미 흡수하고 있었다. 따라서 이정은 "개보의 학문을 정돈하는 것"이야말로 급선무라고 여겼다. "이치에 매우 가깝기는 하지만 진실을 크게 혼란시키는"[76] 왕안석의 사상을 '정돈'하기만 하면, 불교와 도교는 이미 그 안에 포함되어 있어서 따로 "불교와 도교를 배척할" 필요가 없었을 것이다.

이 절은 11세기 유학의 전체 동향을 따라 도학의 기원과 형성을 추구追究해 나가고 있으며, 더욱이 도학과 전체 유학 사이 내적 관계에 착안하고 있다. 아래에서 우리는 왕안석 사상을 통해 그런 동향의 역사적 내막을 구체적으로 밝히려 한다. 송대 유학은 질서 재수립을 가장 중요한 관심사로 여겼다. 고문운동, 개혁운동에서부터 도학에 이르기까지 모두 그렇다. 한 걸음 더 나아가서 그런 동향을 관찰해보면 그 사이에는 분명 발전의 과정이 있다. 유가 사상의 중점이 전기에는 '외왕'에 놓여 있었으나 후기에는 '외왕'과 '내성'을 모두 중시해야 한다는 단계로 나아간다. 그리고 왕안석은 그런 방향 전환 속 핵심 인물이었다. 고문운동의 여러 유학자가 공통으로 강조한 것은 '외왕'의 재수립이었다. "새로운 법도를 세워" "삼대의 통치"를 수립해야 한다[77]고 한 유개, "천하를 다스리고 국가를 다스리는 대중의 도大中之道"[78]를 제시한 손복, "두 가지 위대한 전적(『주례』와 『춘추』)을 붙들고서 요, 순, 삼대의 통치를 일으켜야 한다"[79]고 주장한 석개, "왕도 정치가 밝아지면 예의가 충족된다"[80]고 말한 구양수는 모두 '외왕의 재수립'을 가리킨다. 이들은 '내성' 영역에 대해서는 인식 수준과 흥미가 서로 달랐지만, 그 분야의 유학을 발전시키는 것을 자신들의 주요 임무로 삼지는 않았고, 하물며 '내성'과 '외왕'을 연결시키지도 않았다. 이 점은 현존하는 그들 문집에 반영되어 있는 사실이다.

이런 면에서 우리는 다음과 같이 신중하게 지적해야 한다. 곧 '외왕'이 반드시 '내성'을 갖춰야 한다고 강조한 왕안석은 송대 유학의 정치문화에 중요한 공헌을 했다는 점이다. 앞서 인용한, '도덕성명'을 주제로 그와 신종이 나눈 문답이 논점을 분명히 드러낸다. '내성' 영역 중 성性, 명命의 관념에 대하여 북송 초기 유학자들은 한유와 이고李翱의 뒤를 이어 부단하게 탐구했는데, 이후李詡의 「본성에 대한 설명性詮」 세 편이 그 일례다.[81] 그러므로 유가의 '내성'학에 초점을 맞춰 논한다면, 그것은 송대 초기에는 하나의 복류伏流를 이루고 있었고 주돈이, 장재, 이정이 한유와 이고의 글을 직접 발견해서 그것이 갑자기 성립했던 것은 결코 아니다. '내성'에 관한 왕안석의 의론은 매우 많은데 역시 이런 복류에 이어서 나온 것이고, 그 가운데는 도학자의 설과 서로 보완될 것이 매우 많다. 다만 '내성'과 '외왕'이 표리를 이뤄야 한다는 논점에서 말한다면, 그런 주장을 창도한 공은 왕안석에게 돌아가야 할 것이다. 이런 특수한 관점에 국한하면 왕안석은 송대에서 가장 먼저 공맹의 옛 전통을 받아들인 유학자였다고 할 수 있다. 이런 면과 관련된 왕안석의 주요 논저는 「예악론禮樂論」「대인론大人論」 두 편이다.[82] 원문이 몹시 길어 여기에 전부 인용할 수는 없다. 아래에서 우리는 『주례』와 『시』에 관한 왕안석의 해설 중 남아 있는 편장篇章 중 몇몇 단편을 뽑아내서 상술한 두 편과 교차 검증을 해보고자 한다. 왕안석은 『주례』의 "춘관春官과 종백宗伯[83]을 세워 그들로 하여금 그 소속 신하들을 거느리고 나라의 예를 관장하도록 하며, 그럼으로써 왕과 나라를 돕도록 한다"[84]는 구절에 주를 단다.

사람들이 각각 동일한 것을 높이면서 스스로 노력한다면 예禮는 하나에서 나오고 위아래가 다스려진다. 밖으로는 기물을 만들어 신명의 덕에 통하고, 안으로는 덕을 쌓아 성명의 핵심을 바로잡으면, 예의 도가 여기서 지극해진다. 예가 지극하게 되면 음악이 거기서 생겨난다. 예와 음악이 천지의 화육, 만물의 산출과 부합한다면 종백의 일은 거기서 지극해질 것이다. 그런 다음에 왕의 대례大禮를 도우면서 그 일을 통괄할 수 있고, 왕의 대사大事를 도우면서 그 정치를 찬송할 수 있다.[85]

"사람들이 각각 동일한 것을 높이면서 스스로 노력한다면 예는 하나에서 나온다"는 것은 왕안석이 항상 강조하던 "도덕을 하나로 한다—道德"는 말과 통하고, 후자는 신종의 인정을 받았던 것이다.[86] "동일한 것을 높인다"는 것은 묵자墨子의 "동일한 것을 숭상한다尙同"는 사상과 통한다. 다만 왕안석은 "개인 스스로가 노력하기"를 기대하면서 만인의 일치를 강제로 추구하지는 않았는데, 도학 역시 이런 경지를 목표로 삼고 있었다. "밖으로는 기물을 만들어 신명의 덕에 통하고, 안으로는 덕을 쌓아 성명의 핵심을 바로잡는다"는 구절은 각각 집정자가 '외왕'과 '내성' 두 측면에서 응당 해야 할 노력을 규정한다. "밖으로 기물을 만든다"고 할 때의 '기물'은 다양한 '예기禮器'를 가리키는 것으로, '옥백玉帛'이나 '종고鍾鼓'(『논어』 「양화陽貨」) 같은 것이 그 예다. "안으로 덕을 쌓다"라고 할 때의 '덕'은 "덕으로써 정치를 한다"(『논어』 「위정」)고 할 때의 '덕'과 같고, 여기서는 '예의 근본'(『논어』 「팔일八佾」)이라는 의미를 포함하는 것 같다. '기물'은 필요한 외재적 형식을 예에 제공하고, 덕은 그 정신적 핵심을 제공한다. 내재적 '덕'이 외재적 '기물'과 합일해야 비로소 예치禮治 질서를 건설할 수 있다. 그렇지만 이런 질서는 결코 순수하게 사람의 힘만으로 건설될 수 있는 것이 아니며 인간 세상에만 국한되는 것도 아니다. 그것은 전체 우주의 형이상학적 질서를 이루는 구성 부분이다. 그러므로 "신명의 덕에 통하고" "성명의 핵심을 바로잡는다"는 두 구절은 결코 등한시되어서는 안 될 것이다.[87] 왕안석은 『시』 「빈칠월豳七月」을 해석하면서 이렇게 말한다.

음양의 왕래는 무한한데, 그것과 더불어 들거나 나오고 일하거나 휴식하는 것은 천지만물 성명의 이치로, 인간사만 그런 것은 아니다.[88]

인간의 질서와 우주의 질서는 통합하여 하나가 된다는 사상이 이 구절에 매우 분명하게 나타난다. 이 주석과 아래 두 단락은 그 의미가 대동소이하므로 서로 보완된다.

사람의 정신과 천지는 함께 소통한다. 만물은 하나의 기氣다. 『역』은 "건도가 운행하여 창생하는데, 각각 성명을 바르게 하고 커다란 조화를 보존하니 곧 리利와 정貞이다"라고 말한다.[89]

사람의 정신은 천지의 음양과 더불어 소통하기 때문에 꿈에서 각각 그 종류에 따라 도달한다. 선왕은 관직을 설치하여 천지의 만남을 관찰하고 음양의 기를 변별하도록 했다. (…) 이런 것을 알면 성명의 이치를 말할 수 있을 것이다.[90]

'성명의 이치'가 '사람'에서부터 곧바로 '천지'를 관통한다는 의미가 잘 드러난다. 왕안석은 "예는 하늘에서 시작하여 사람에게서 완성된다"[91]고 말한 적이 있는데, 이로부터 우리는 그의 '내성외왕' 합일이 초월적인 '천인합일'의 관념을 전제한다고 단정할 수 있다. 왕안석은 '내성'과 '외왕'의 합일에 모종의 형이상학적 근거를 부여하려고 시도한다. 그는 「춘관·대사악春官·大司樂」의 "음악의 덕목으로 나라의 자손들을 교육한다: 중中, 조화和, 공경祗, 평범庸, 효성孝, 우애友"[92]를 해석하면서 다음처럼 말한다.

중과 평범은 '삼덕三德'[93]에서 말하는 '지극한 덕至德'이다. 조화는 '육덕六德'에서 말하는 '조화'다. 효성은 '삼덕'에서 말하는 '효성'이다. 공경은 순순히 행동하여 이뤄지는 것이다. 우애는 우애로 행하여 이뤄지는 것이다. 행동은 밖에서 이뤄지니 예로써 그것을 정립한다. 덕은 안으로부터 나오니 음악으로써 그것을 완성한다. (…) 중은 도의 본체에 바탕을 두는 방법인데, 그것의 의로움이 조화[의 덕으로]되고 그것의 경건함이 공경[의 덕으로]된다. 조화롭고 공경할 수 있다면, 평범의 덕이 이뤄진다. 평범한 말의 신뢰성과 평범한 말의 신중함은 『역』의 건괘에서 이른바 군주의 덕이라고 한다.[94]

지면의 제한과 「서설」이라는 글의 성격을 고려해 상세한 훈고는 그만두고 주요 관념만을 설명해보자. "행동은 밖에서 이뤄지니 예로써 그것을 정립한다. 덕은 안으로부터 나오니 음악으로써 그것을 완성한다"는 구절과, 앞서 인용한 "밖으로 기물을 만든다" "안으로 덕을 쌓는다"는 사유가 일관된다. 곧 두 구절 모두 '외왕'과 '내성'이 표리를 이뤄야 한다는 뜻이다. 여기서 주의할 것은 위 인용문에서 '중'과 '조화'를 중시한다는 사실이다. 왕안석은 「예악론」에서 말한다.

> 성인이 남긴 말씀에 '위대한 예는 천지와 절조를 같이하고, 위대한 음악은 천지와 조화를 같이한다'는 말이 있다. 무릇 본성性에 대해 말한 것이다. 위대한 예는 본성의 중中이고, 위대한 음악은 본성의 조화다. 중과 조화의 감정은 신명에 통한다.[95]

앞서 인용한 구절의 이론적 근거가 바로 여기에 있음은 다시 설명하지 않아도 분명할 것이다. 왕안석은 '중'과 '조화'를 '본성'과 '감정'에 귀결하는데 이는 『중용』의 형이상학적 이론으로써 『주례』 원문의 '중도' '조화' '평범'을 해석하는 것이다. 더욱이 지적해야 할 것은 "중은 도의 본체에 바탕을 두는 방법이다"라는 구절이다. 나는 앞 절에서 '도체'를 논하면서 『중용』의 "중이란 천하의 큰 근본이다"에 대한 주희의 주석을 인용했다.

> 큰 근본이란 하늘이 부여한 본성으로 천하의 리가 모두 여기에서 나오니, 도의 본체다.[96]

비교해보면 사유 혹은 어휘 사용에서 쌍방의 유사점은 매우 놀랍다. 그렇지만 주희의 이 주석은 사실 전적으로 정이에 바탕을 두고 있다. 『정씨수언』권1 「논도편論道篇」에는 이런 말이 있다.

> 여대림은 "중이란 도가 그로부터 나오는 곳입니다"라고 말했다. 선생은 "아니다"라고 답했다. 대림이 말했다. "이른바 도, 본성, 중, 조화는 이름이 서로 다르더라도 섞어서 하나로 할 수 있지 않습니까?" 선생이 말했다. "중이

란 바로 도다. 자네는 도가 중에서 나온다고 여기는데, 그렇게 하면 도가 중과의 관계에서 또 하나의 사물이 될 것이다. 하늘에서는 명命이라고 하고 사람에게서는 본성이라고 하며, 본성을 따르는 것을 도라고 하므로 각각 마땅한 곳이 있다. '큰 근본大本'은 그 본체를 말하고 '통달하는 도達道'는 그 작용을 말하는 것이니, 어떻게 섞어서 하나로 할 수 있겠는가?[97]

여기서 정이는 '중' '도' '본성'을 구분하고 그 사이의 관계를 정립하고 있는데, 이런 견해는 왕안석의 의견과 매우 유사하다. 『중용』은 '중'을 '큰 근본'으로 삼고, 정이는 그 '큰 근본'을 '본체'라는 말로써 풀이한다. 이는 "중이란 도의 본체에 바탕을 두는 방법"이라는 왕안석의 말과 잘 들어맞는다.[98] 여대림이 정이에게 보낸 편지에는 "예전에 이미 선생님과 군자들의 가르침을 들었습니다"[99]라는 대목이 있는데, 이는 원풍 2년(1079)에 이정을 만난 지 훨씬 이후에 한 말이다. 여대림이 편지를 보냈을 때는 『주관신의』가 학관學官에서 반포·간행된 지(1074) 오래된 때라서, 정이도 그 책을 이미 읽었을 것으로 추정할 수 있다. 이런 구체적 예증으로부터 있을 법한 사실을 찾을 수 있다. 곧 정이는 개별적 논점과 경전 해석 측면에서 왕안석에게서 영향 받았다는 것이다. 그렇기는 하지만 정이가 세운 도학 체계와 왕안석의 '내성외왕' 구상 사이에 어떤 실질적 관계가 있었는지 설명하기는 충분치 않다. 그러나 각도를 바꿔서 보면, 이러한 예와 그 밖에 관련된 사실로부터 도학은 '신학'과 벌인 격렬한 투쟁 속에서 발전해나갔다는 점은 분명히 말할 수 있다. 그래서 사학의 관점으로 보면, 도학의 기원과 형성이라는 문제와 관련하여 연구자들의 시야는 절대로 전통적 도학 계보 안에 머물러 있으면 안 되고, 게다가 도학과 상고시대 사이에 있던 여러 유학적 전통을 무시한 채 단선적으로 도학을 상고의 유학과 직결시키면 안 된다는 것이다. 이런 연구 경향과 방법에 관해 아래에서 계속 논하기로 하고 여기서는 이야기를 끝마치고자 한다.

다시 왕안석의 '내성외왕론'으로 돌아와서 나는 한 걸음 더 나아가 『주례』의

"춘관과 종백을 세운다"는 구절에 대한 『주관신의』의 주석이 당시의 재상을 향하고 있다는 점을 논하려 한다. 곧 왕안석은 "왕의 대례를 돕는" 자들에게 "밖으로는 기물을 만들고 안으로는 덕을 쌓아라"고 요구했던 것이다. 다만 『주례』의 「춘관·대사악」에 대한 『주관신의』의 주석은 오로지 '군주의 덕'만을 겨냥하여 말하면서, 천자의 지위에 있는 사람에게 '도의 본체'를 장악할 것을 요구한다. 그런 다음에야 "행동은 밖에서 이뤄지고" "덕은 안으로부터 나오"면서 예치의 질서를 세울 수 있다고 한다. 그는 '내성외왕' 실현이 군주와 재상의 공동 책임이라고 봤다. 이는 당시 유가의 정치문화를 보여주는 중요한 면모다. 이 책 상편 제3장은 황제와 사대부가 "함께 천하를 다스렸다"는 것을 이야기하고 제5장은 "공동으로 국시를 정했다"는 것을 이야기하는데, 두 장은 모두 그런 정치적 문화의 구체적 표현이다. 현대 용어로 말하자면, 그것은 사대부의 정치적 주체의식이 현현했음을 가리킨다. 왕안석은 그런 의식을 추동했던 이들 중 가장 중요한 사람이었다. 그는 거듭해서 "안으로 덕을 쌓아라" "덕은 안으로부터 나온다"는 점을 강조한다. 그렇다면 '덕'은 대체 무엇을 가리킬까? 왕안석은 「대인론」에서 이렇게 말한다.

> 옛 성인들은 그 도가 신神[의 영역]에 들어가지 않은 적이 없고, 그들이 '성인의 경지에 머물렀다'고 칭해졌던 까닭은 그 도가 허무하고 적막하며 볼 수 없는 곳에서 보존되었기 때문이다. 만약 [그 도가] 사람에게 보존된다면 이른바 덕이다.[100]

왕안석은 또다른 글에서도 위처럼 말한다.

> 만물이 그에 의지한 다음에 존재할 수 있는 것이 하늘이다. 모든 것이 그것에 따라서 가는 것이 도이다. 도가 나에게 있는 것이 덕이다.[101]

이 두 조목을 합쳐보면, 왕안석은 모든 존재를 통할하는 '도'를 믿고 있었고, 그 '도'가 "허무하고 적막하며 볼 수 없는 영역에 존재한다"고 믿고 있었음을 알 수 있다. 그가 마음속으로 생각했던 '도'는 『역』「계사전」, 불교, 도교의 세 구성요소를 갖는다는 점이 그의 말에서 드러난다. 그렇지만 이에 대한 논증은 논지에서 벗어나므로 여기서는 더이상 이야기하지 않겠다. 왕안석은 위 두 조목에서 '덕'을 분명하게 정의하고 있다. '덕'은 개별적 인간이 획득한 '도'다. 바로 그 때문에 "군자는 몸을 돌이켜 덕을 닦는다"[102]는 것이 그가 특별히 중시하는 관념이다. 왕안석은 「문왕지습文王之什」의 "조상과 같은 덕을 닦는다 聿脩闕德"와 "스스로 많은 복을 누린다自求多福" 두 구절[103]에 대해 다음과 같이 주석을 단다.

자신에게 족하여 밖에 의존하지 않는 것을 덕이라고 하니, 덕으로써 다복多福을 누리는 것은 밖에 의존하는 것이 아니다.[104]

"자신에게 족하여 밖에 의존하지 않는 것"과 앞서 인용한 "그것에 따라서 가는 것"은 모두 한유韓愈의 「원도原道」의 설을 차용한다.[105] 왕안석과 고문운동 사이의 사상적 전승 관계를 여기에서 엿볼 수 있다. 한유가 제시한 '덕'에 대한 정의와 "도가 나에게 있는 것이 덕이다"라는 왕안석의 정의는 서로 충돌하지 않는다. 그렇지만 "덕으로써 다복을 누린다"는 구절은 매우 중요한 의미를 나타낸다. 곧 '안內'에서 '밖外'으로 나아가는 과정이다. 전통적 설명에 따르면, 어떻게 해야 '천명'을 보존할 수 있는지 주공이 성왕에게 훈계하려 했던 것이 「문왕지습」의 저작 의도라 한다. 그래서 왕안석이 풀이는 오직 '내성'이 있어야 '외왕'을 가져올 수 있다는 점을 강조한다. 이 점은 바로 「대인론」에 의해 확증될 수 있다. 왕안석이 「대인론」에서 사용한 '성덕대업盛德大業'[106] 네 글자는 '내성외왕內聖外王'과 완벽하게 바꿔 쓸 수 있고, '성덕'으로부터 '대업'으로 나아가는 과정을 분명히 보여주기 때문이다.

마지막으로 「문왕지습」의 "빛나는 수많은 사가 왕의 나라에서 태어나네思皇多士, 生此王國" 구절에 대한 왕안석의 주석을 인용하면서 이 논의를 마무리하려고 한다.

'황皇'은 도가 있는 군주다. '왕王'은 대업이 있는 군주다. '황제의 수많은 사'는 도가 있는 사들이다. '왕의 나라'는 대업이 있는 나라다. 도가 있는 사들이 대업 있는 나라를 보좌한다면, 그 나라가 흥성하게 되어 아무도 막을 수 없을 것이다.[107]

"사람에게 보존된다면 이른바 덕이다"는 왕안석의 정의에 바탕을 둔다면, "도가 있는 군주"와 "도가 있는 사"라고 할 때의 '도가 있다'는 바로 '덕'을 가리키는 말이다. 그러므로 왕안석의 주석은 앞서 말한 「대인론」의 '성덕대업'과 부합한다.[108] 송대 이저李樗는 왕안석의 주석이 '천착穿鑿'이라고 비판했지만,[109] 이러한 '천착'에는 실로 평범치 않은 내용이 들어 있다. 여기서 '도가 있는 군주'는 신종을 가리키고, '도가 있는 사'를 통해서는 왕안석 자신의 이야기를 하는 것이다. 왕안석은 『시』에 대한 설명을 통해 변법에 대한 신종의 신념이 확고하다는 점을 말하고자 한다. 이로부터 왕안석의 『삼경신의』는 경전 해석解經을 위주로 하지만, 그 속에 포함된 '의미'는 유가의 최대 목표인 질서의 재수립을 위한 것이었음을 알 수 있다. 하지만 왕안석만이 아니라 양송의 경학이 대체로 그런 통례를 벗어나지 못했다고 봐야 한다. 예를 들어 북송 진종 때 형병邢昺(932~1010)은 "『효경』『예기』『논어』『서』『역』『시』『좌전』을 설명할 때 전傳과 소疏를 널리 인용하는 것 말고도 시사時事를 인용하여 비유하는 일이 많았다"고 한다.[110] 그래서 주희는 말한다.

경전을 해설說經할 때 시사를 꺼리기는 하지만 기피할 수는 없다.[111]

정이의 『역전』 두 조목과 앞서 인용한 왕안석의 『시』 주석을 교차 검증 해보자. 정이는 "구이, 드러난 용이 땅에 있으니 대인을 보는 것이 이롭다九二, 見龍在田, 利見大人"는 구절을 이렇게 풀이한다.

> 큰 덕을 지닌 군주를 만나 그 도를 실천하는 것이 이롭다. 군주 역시 큰 덕을 지닌 신하를 만나 함께 공로를 이루는 것이 이롭다. 천하는 큰 덕을 지닌 사람을 만나 그 은택을 입는 것이 이롭다.[112]

"구姤의 시의는 크구나姤之時義大矣哉"에 대한 주석은 다음과 같다.

> 군주와 신하가 서로 만나지 않으면 정치가 흥성하지 못한다.[113]

비교해보면 이 두 해석은 왕안석의 설과 동일한 것으로서 유가 사대부의 정치적 주체 의식을 완곡하게 표현했음을 알 수 있다. 그러나 권력세계에서 왕안석과 정이의 입장은 정반대였기에 두 사람 모두 자기에게 '덕'이 있고 상대방은 아직 '도'를 깨닫지 못했다고 여겼다. 정이의 『역전』을 꼼꼼하게 읽어보면 그 핵심은 우주 질서에 바탕을 두고 이상적 정치 질서를 세우려는 것이었지만, 왕안석 시대의 정치적 현실이 책 곳곳에서 여실히 드러나 있기도 하다. 이와 관련한 자세한 설명은 제5절에서 하기로 한다. 그 가운데서 왕안석을 공격하는 곳은 때로 지나치게 노골적이어서 의아할 지경이다.[114] 도학은 한편으로 왕안석의 신학과 날카롭게 대립했지만, 다른 한편으로는 동일한 정치문화의 틀 안에 처해 있었기 때문이다. 앞서 인용한 실례는 그에 대한 구체저 설명을 제공한다.

4. 도학자의 '불교 배척'과 송대 불교의 새로운 동향

1930년대 이래 철학사가들은 송대 도학(또는 이학)의 기원을 논하면서 대체로 한유韓愈와 이고의 선구적 역할을 중시한다. 더욱이 한유는 한편으로 불교를 배척하는 동시에 도통의 계보를 세우려 한 첫번째 유학자였다. 그 이후 북송대에 이르러 불교 특히 선종이 중국인의 정신세계를 지배하자 유학자들은 한유를 이어 불교를 배척하면서 전력을 다해 심성心性의 영역을 되찾아오려 했고, 그럼으로써 한유와 이고가 못다 이룬 일을 완성하려 했다. 이런 설명에 따르자면 "홀로 밝히고 앞서서 드러냈던孤明先發" 한유의 노력과 쇠락할 줄 모르던 불교 세력이야말로 도학이 흥기하게 된 양대 주요 원인이라 할 수 있다. 이런 관점은 본래 송대 이래 도통론에 들어 있던 것으로 뿌리가 매우 깊고, 현대의 새로운 학설도 아니다. 현대 중국 철학사의 연구 대상은 기본적으로 과거의 도통사(예를 들어 이정, 주희, 육구연, 왕양명, 심, 성, 리, 기)와 겹치기 때문에 이러한 관점 역시 더욱 강렬해졌고 따라서 더욱 광범위하게 유행하게 되었다. '한유의 계승'과 '불교 배척辟佛'은 모두 특정한 역사적 근거가 있어서 그 중요성과 유효성은 오늘날까지 여전히 논쟁의 여지가 없다. 그렇지만 이 책의 중점과 시야는 철학사와 다르다. 그 설을 인정하기는 하지만 그처럼 머나먼 배경에 만족할 수 없다. 도학의 형성을 설명하기 위한 꽤나 직접적인 역사의 실마리를 찾으려면, 우리는 11세기에 주의를 기울여야 한다. 나는 이런 의도를 살리면서 '한유의 계승'과 '불교 배척'이라는 두 사안을 북송의 역사 상황 속에 놓고 고찰해보려고 한다.

서설 제3절 서두에서 이미 한유의 최초 논지로부터 질서의 재수립(이른바 "요, 순, 삼왕이 사람들을 다스렸던 도")이라는 새로운 궤도로 나아가는 가운데 송 초의 고문운동이 시작됐음을 밝혔다. 송 초의 고문운동은 한유의 생각을 융통성 없이 곧이곧대로 모방했던 것은 아니다. 이러한 방향 전환은 실제 시대의 요구에 따라 일어난 일이고, 한유의 글은 그 과정에서 일종의 매개로서 역할한다. 본성과 감정에 대한 한유의 이론이 새로운 기풍을 여는 역할을 했지만, 이미 이정의 도학이 형성되기 이전에 본성과 감정의 이론이 여러 학자에 의해 운위된 것이 사실이다. 앞서 이후의 「본성에 대한 설명」을 사례로 들었는데, 여기서는 유창劉敞(1019~1068)의 「공시 선생 제자기公是先生弟子記」를 들어 그 점을 살펴보려 한다.

유창은 희령 원년(1068)에 죽었는데 「공시 선생 제자기」에는 왕안석의 「원성原性」에 대한 유창의 반박문이 실려 있다. 유창은 반박문에서 본성과 감정의 문제를 논할 뿐만 아니라 '태극'과 '오행'의 관계도 다룬다.[1] 유창의 사망연도를 보면 왕안석의 「원성」이 이른 시기에 지어졌음을 알 수 있다.[2] 「원성」은 이렇게 말한다.

> 무릇 태극이란 오행五行이 생겨나오는 곳이고, 오행은 태극이 아니다. 본성이란 오상五常의 태극인데, 오상을 본성이라 할 수는 없다. 이 점이 내가 한자韓子〔한유〕와 다른 까닭이다.[3]

이 구절을 보면 왕안석의 「원성」이 한유의 「원성」[4]을 겨냥해 지어져서 동일한 편명을 사용했음을 알 수 있다. 물론 왕안석 역시 계승한 사상이 있었을 테지만, 오늘날 그 기원을 추적하기란 쉽지 않다. 이상의 검토를 염두에 두면 우리는 다음 사실을 인정할 수 있다. 곧 '외왕' 영역에서든 '내성' 영역에서든 간에 도학자들이 접한 한유는 이미 앞선 시대 사람 혹은 동시대 사람들에 의해 일련의 해석이 가해진 한유였다는 사실이다. 도학자들은 한유를 직접 발견한 자들은 아니었다. 이정의 어록을 살펴보면, 한유에 대해 이야기힌 부분은 기껏해야 10여 조목에 불과하고 내용도 그다지 중요하지 않다. 세 조목을 예로 삼아보자.

> 양자揚子〔양웅揚雄〕의 학문은 실질적이고 한자〔한유〕의 학문은 화려하다. 화

려하니 깨달음이 얕다.[5]

퇴지退之〔한유〕가 만년에 지은 문장은 체득한 곳이 매우 많다. 배움은 본래 덕을 닦는 것이고 덕이 있은 다음에 말이 있게 되는데, 퇴지는 오히려 거꾸로 배웠다. 배움과 문장에서 날마다 '아직 이르지 못한 경지'를 추구했기 때문에 마침내 체득한 것이 있었던 것이다. 예를 들어 "맹자가 죽은 후 그 전승이 이어지지 못했다"고 했는데 이 말은 선인들을 답습한 것이 아니고 근거 없이 지어낸 말도 아니며, 반드시 본 것이 있었을 것이다. 만약 본 것이 없다면 무얼 전할 게 있었을 텐가?(「원성」 등의 글은 모두 젊었을 때 지어진 것이다.—소주小注)[6]

"널리 사랑하는 것을 어짊仁이라 하고, 행동하여 마땅한 것을 의로움義이라 하며, 그에 따라 나아가는 것을 도道라 하고, 자신에게 족하여 남에게 의존하지 않는 것을 덕德이라 한다"는 한퇴지의 말은 좋다. 다만 "어짊과 의로움은 규정된 명칭이고, 도와 덕은 비어 있는 자리다"라는 말은 멋대로 한 말이다. 오직 「원도편」만 매우 좋다. 한퇴지〔의 글〕는 매번 한두 곳에서는 파악한 내용이 매우 직접적이고 구체적이어서 도를 아는 것 같지만, 결국에는 박학에 그칠 뿐이다.[7]

첫번째 조목은 한유의 글은 화려하되 실질적이지 않으며 깨달음도 얕다는 비판적인 언사를 담고 있다. 두번째와 세번째 조목은 모두 한유의 「원도」를 칭찬한다. "맹자가 죽은 후 그 전승이 이어지지 못했다"는 구절은 이정 도통론의 근거이므로 당연히 칭양되고 있다. 그러나 정이는 "반드시 본 것이 있었을 것이다"고 한 다음 곧바로 "만약 본 것이 없다면 무얼 전할 게 있었을 텐가?"라고 말함으로써, 한유에게 깨달음이 있었으리라는 것을 확정하기는 힘들다는 뜻을 표한다. 정이는 어짊, 의로움, 도, 덕에 대한 한유의 정의를 칭찬하는데, 이 점에서 그는 왕안석과 동일하다. 종합하자면 두번째와 세번째 조목의 공통점은 이렇다. 정이에 따르면, 한유의 글 가운데 '도'를 깨닫고서 지어진 듯한 말이 있기는 하지만 사실 한유는 진짜 도를 깨닫지는 못했다는 것이다. 이는 첫번째 조목의 의미와 합치한다. 두번째 조목에 달린 소주 역시 정이의 말인데, 그는 「원성」이 "한유가 젊었을 때 지어진 것"[8]이라고 지적함으로써 그 글이 성숙하지 못하고 중요한 의미도 없음을 나타낸다. 이런 생각 역시 왕안석의 「원성」 관점과 유사하다. 이상 세 조목의 논평을 읽어본다면, 이정에 대한 한유의 영향력을 도저히 높게 평가할 수 없다.

이어서 도학자들의 '불교 배척' 문제를 밝혀보아야 한다. 한유는 자신이 쓴 「논불골표論佛骨表」 때문에 쫓겨나는 등 불교와 정면으로 맞섰다. 이와 같은 일이 송대 초기에도 일어났다. 이도의 『속자치통감장편』 권7, 건덕乾德 4년(966) 4월 정사丁巳 조목에는 이런 기록이 있다.

> 하남부河南府 진사 이애李藹가 곤장형을 받고 사문도沙門島로 유배를 갔다. 이애는 불교를 믿지 않았고, 수천 언言의 저서를 지어 『멸사집滅邪集』이라는 제목을 붙였다. 또한 불교 서적을 모아 끈으로 묶어 이불과 베개를 만들었다. 그래서 승려로부터 고발을 당했다. 하남 장관이 그 일을 보고해서 [이애는] 유배를 가게 되었다.[9]

이것은 한유 사건의 재연이다. 다른 점은 이애가 민간에서 불교를 공격하여 승려로부터 고발을 당했다는 것뿐이다. 조송趙宋 황실은 불교로써 그 가문을 대대로 이어나갔다고 할 수 있다. 진종과 휘종을 제외하고는 황제 대부분이 불교도였다. 태종은 "부처님의 가르침에는 정치에 도움이 되는 점이 있다"고 믿었고, "짐은 이 도에서 암암리에 종지를 궁구한다"고 자부했다.[10] 이학사를 연구할 때 이런 배경은 매우 중요하다. 이학은 북송의 신종대에 최초로 형성되기 시작했는데, 오히려 신종은 불교를 '오묘한 도'로 여기고 선禪을 '오묘한 방법'으로 간주하고 있었다. 이학의 성숙기인 남송 효종대에도 공교롭게 효종은 개인적 신앙 측면에서 선종 신도였다. 그가 순희 8년(1181)에 지은 「원도변」

은 오로지 한유의 「원도」를 반박하기 위한 글이었다. 효종이 내린 최후 결론은 "불교로써 마음을 닦고, 도교로써 양생하며, 유교로써 세상을 통치한다"는 것으로, 대체로 태종과 신종의 가법家法을 계속해서 지키는 것이었다.[11] 황제는 불교를 믿고 사대부는 선불교를 좋아했던 것이 송대 정치문화의 기본 특징이다. 북송 도학자들의 '불교 배척'이 지닌 특성을 분명하게 이해하려면 바로 이를 기점으로 삼아야 한다.

　장재, 이정과 같은 도학자들은 당나라의 한유나 송 초의 이애와 달리 결코 불교와 정면으로 부딪치지 않았다. 그들이 직접 공격한 대상은 출가한 승려들이 아니라 사대부 가운데 재가在家한 신도들이었다. 이 점에서 그들은 한유식式의 '불교 배척'을 뿌리부터 바꿔버린다. 불교를 반대하는 도학자들의 확고한 태도는 한유와 비교해봤을 때 더했으면 더했지 덜하지는 않았다. 불교 이론에 그들이 가한 반박은 한유보다 훨씬 정밀하고 깊이 있었다. 18세기의 어떤 승려는 이렇게 말한다.

불교 배척설의 경우, 송대 유학자들은 깊고 한유는 얕으며, 송대 유학자들은 정밀하고 한유는 거칠다. 그렇지만 승복을 걸친 사람들은 한유를 무서워했지 송대 유학자들을 무서워하지는 않았고, 한유를 원망했지 송대 유학자들을 원망하지는 않았다. 왜냐하면 한유가 배척한 것은 시주와 공양을 드리는 불교로서 [그는] 어리석은 남녀들을 위해 말했던 반면, 송대 유학자들이 배척한 것은 '마음을 밝히고 본성을 깨닫게 해주는' 불교로서 [그들은] 사대부들을 위해 그렇게 말했기 때문이다. (…) 만약 한유의 설이 이겼다면 향로에 연기가 사라지고 절은 설 곳을 잃었을 것이다. (…) 만약 송대 유학자들의 설이 이겼다면 (…) 각각 자신이 들은 내용을 높이고 각각 아는 대로 행동함으로써 불교와 유교가 서로를 지탱하는 데 불과할 것이어서 아무런 해가 되지 않았을 것이다.[12]

한유는 「원도」에서 "승려들을 환속시켜 사람 노릇을 하게 해야 하고 그 서적을 불태워야 하며 그들의 거처를 초막으로 만들어야 한다"[13]고 주장함으로써 불교의 생존을 직접 위협했다. 도학자들은 "성인은 하늘에 근본을 두고 불교는 마음에 근본을 둔다"[14]고 말했다시피 겉으로는 쉴 새 없이 불교를 비판했지만 실제로는 불교를 대수롭지 않게 생각했다. 위 인용문 가운데 "송대 유학자들이 배척한 것은 (…) 사대부들을 위해 그렇게 말했기 때문이다"라는 말은 역사의 진상을 완벽하게 갈파한다. 아래에서는 이런 논지에 바탕을 두고 개략적으로 논해보고자 한다. 이정의 어록에는 이런 조목이 있다.

어제 모임은 대체로 선불교를 이야기해서 기분이 좋지 않았고, 집에 돌아와서는 오랫동안 한탄했다. 그 설이 이미 천하에 유행하고 있으니 어떻게 그것을 막을 수 있겠는가? 옛날에도 불교가 있었지만 흥성할 때도 다만 불상을 숭상하고 설교하는 데 그쳐서 폐해가 매우 적었다. 요즘 분위기는 먼저 성명도덕을 말하면서, 앞서 알아야지 더욱 고명하다고 여기니 폐해가 더욱 심각하다. 나는 재능이 없고 덕도 없어서 그것을 어쩌할 수 없다. 오늘날 상황에 처하여 맹자를 얘기한다 해도 역시 어쩌할 수가 없다.[15]

이 조목의 원문은 무척 긴데, 여기서 인용한 부분은 『정씨수언』 권1에도 보인다. 위 말은 정이가 한 것 같지만 100퍼센트 단정 지을 수는 없다. 이정의 '불교 배척'에 대한 인식을 이해하려 할 때 위 기록은 매우 중요하다. 우리는 "어제 모임"이라는 구체적 역사를 새롭게 재구성한 다음에야 선불교를 이야기하던 사대부들과 이정 사이의 교류를 파악할 수 있을 것이다. 게다가 이정의 일상생활과 당시 정치문화의 면모가 위 구절에서 그 단편을 드러낸다. 위 조목 바로 뒤에 "지국持國이 이 학문(선불교)을 한 지 30년이 됐다"[16]는 말이 나오는 데서 그 모임은 지국과 관련되어 있었음을 알 수 있다. '지국'은 한유韓維(1017~1098)의 자字이고 그의 사적은 『송사』 「본전」에 보인다.[17] 엽몽득葉夢得

(1077~1148)의『피서록화避暑錄話』권하卷下에는 이런 기록이 있다.

범촉공范蜀公은 평소 술을 마시지 않았고 불교를 비난했다. 허하許下[지금의 허난 성河南省 쉬창許昌]에서 한지국[한유] 형제와 교류했는데 그들 형제는 술과 불교를 좋아했다. 매번 연회 때 촉공도 참여했는데, 술을 실컷 마시고 즐기면서 틈 날 때마다 선불교 이야기로 서로를 권면했다. 촉공은 그런 분위기를 자못 싫어했다. 소자첨蘇子瞻[소식蘇軾]이 당시 황주黃州[지금의 후베이 성湖北省 황강黃岡]에 있어서 [촉공은] 편지를 써서, 그런 분위기를 없애려면 어찌해야 할지를 물었다. 곧 "누룩에는 독이 있으니 갑자기 취한 향기가 생겨나고, 토우土偶[불상]는 사람을 해롭게 하니 환상에 빠져 눈앞에서 불국佛國을 본다"고 말했다. 소자첨은 이렇게 답장을 보냈다. "바라건대 한번 자세히 살펴보십시오. 미혹될 수 있는 본성은 어디에서 생겨난 것입니까? 그것을 구하려는 마음은 어떤 형상을 띠고 있습니까? 이것들이 아직 정립되어 있지 않은데, 저것들이 무엇을 의지하겠습니까? [이런 이치에 대해] 석가모니 역시 경의를 표할 텐데, 하물며 배우는 사람들은 어떻겠습니까?" 의도는 범촉공을 깨우치려는 데 있었으나 범촉공은 끝내 깨닫지 못했다. 그의 돈독한 믿음과 절조로 말미암아 외물에 의해 쉽게 침탈되지 않았음을 볼 수 있다. 소자첨의 이 편지는 문집에 실려 있지 않다.[18]

뒤 문장을 읽어보면, 이 기록이 바로 "어제 모임"에 대한 묘사임을 알 수 있다. 위 글에 나오는 범촉공은 범진范鎭(1007~1088)이다. 한유韓維는 「범공 신도비范公神道碑」에서 "그의 배움은 육경에 바탕을 두었고 불교, 노자, 신불해, 한비자의 설을 입 밖에도 내지 않았다"[19]고 말한다. 이런 묘사는 엽몽득이 말했던 내용과 완전히 일치한다. 범진은 정치적으로 사마광, 소식, 한유 쪽에 서서 왕안석의 '신법'에 반대했고, 퇴임한 이후 대략 원풍 초년(1078)에 허주許州(원풍 3년에 영창부潁昌府로 승격했고 오늘날의 허난 성에 있다)로 이주했다. 한유의 형제는 8명이었고 그중 가장 두드러졌던 인물은 셋째 형인 한강韓絳(1012~ 1088)이었다. 한강은 두 번에 걸쳐 왕안석과 함께 재상직을 맡으면서 왕안석을 강력하게 지지했던 사람 중 하나였다. 한강과 한유 형제의 정치적 관점은 서로 반대였는데, 북송대에 그런 현상은 결코 이상한 일이 아니었다. 왕안석의 동생 왕안례王安禮, 왕안국王安國 역시 형과 정치적 입장이 달랐다. 한유는 원풍 시기에 영창 군수를 역임했고 나중에는 허주에 정착한다. 범진이 한씨 형제들의 주연酒宴에 참석했던 시기는 원풍 3년(1080) 이후임에 틀림없다. 왜냐하면 소식이 오대시烏臺詩 사건[20] 이후 좌천되어 황주의 단련부사團練副使로 부임했던 것이 원풍 3년 2월 1일이었고, 원풍 7년(1084) 5월에 퇴직했기 때문이다.[21] 범진이 술과 선불교에 대해 소식에게 가르침을 구했던 때는 그가 처음으로 모임에 참여했을 때인데, 원풍 3년일 가능성이 가장 높다.[22]

이어서 이정과 한씨 형제 사이의 관계를 살펴봐야 한다. 정이는 「가군家君을 위해서 지은 한강공의 제문爲家君祭韓康公(絳)文」에서 이렇게 말한다.

〔우리〕 한미한 가문이 〔한씨 가문과〕 혼인의 인연을 맺게 되었고, 두 사내를 국사國士가 알아주셨다.[23]

이 두 마디는 극히 중요하다. 왜냐하면 이정과 한씨 형제가 혼인 관계로 묶였으며, 아울러 희령 2년(1069) 정호가 삼사조례사 관원이 된 것과 원우 초년(1086)에 정이가 경연에 들어간 것이 모두 한강의 추천 때문이었다는 사실을 위 구절에서 알 수 있다는 점에서다. 정이의 「한강공에게 감사드리는 편지謝韓康公啓」와 「또다시 감사드리는 편지又謝簡」는 그 점을 확증한다.[24] 정이는 정호가 죽자 한유에게 정호의 묘비명을 써달라고 부탁했으므로, 양쪽 인물들이 서로 존중함이 어떠했는지를 여실히 알 수 있다.[25] 한유는 「정백순 묘지명程伯純墓誌銘」에서 말한다.

선생이 부구扶溝에서 파면된 이후 가난해서 집을 지을 수 없어서, 영창에 와서 집을 짓고 머물렀다. 대부大夫(이정의 부친 정향程珦)께서 청렴하게 퇴직한 후, [선생의] 동생 정숙[정이]은 도를 즐기느라 출사하지 않았고, 선생은 정숙과 함께 아침저녁으로 부친을 봉양하면서 부친의 뜻을 거스르지 않았다. (…) 나는 막 영창의 수령이 되자 선생을 따라서 어울렸다.[26]

「명도 선생 행장」[27]을 보면, 정호가 부구현 수령직에서 파면당한 때는 "관제가 바뀌었을時官制改" 때 곧 원풍 3년(1080)이다. 이정이 영창으로 이주한 때는 범진과 한씨 형제가 모임을 가졌던 때와 거의 같은 시기임을 알 수 있다. 또 이정의 제자 윤돈尹焞(호는 화정和靖, 1071~1142)은 다음처럼 말한다.

한지국은 이천[정이]과 잘 사귀었다. 한지국이 영창에 있을 때 이천과 명도 [정호]를 겸손하게 모셔오면서 여러 아들과 조카에게 집 하나를 지으라고 미리 명해두었고, 집을 짓다가 창문을 만드는 때에 이르자 모두들 직접 지으라고 시켰다. 한지국의 성실함과 경건함이 그와 같았다. 두 선생이 도착하여 틈을 내 한지국과 함께 서호西湖로 놀러갈 때는 아들들에게 모시고 가도록 시켰다.[28]

한유[한지국]가 쓴 「정백순 묘지명」과 비교해보면, "[이정이] 영창에 와서 집을 짓고 머물렀다"는 것이, 실은 한유가 "집 하나를 지으라고" 하여 특별히 이정을 그리로 모셨던 일이었음을 알 수 있다. 「정백순 묘지명」의 말은 겸사謙辭로서, 한유는 자신의 행적을 스스로 드러내려 하지 않았던 것이다. 윤돈의 위 기록은 한유의 아들인 한종질韓宗質로부터 직접 전해들은 것이므로 믿을 만하다. 『정씨문집』 권3에는 정호의 「자정 한지국이 호수에서 홀로 낚시를 하다가 지어서 보내준 시에 화답함酬韓持國資政湖上獨酌見贈」이 있는데, 이 시 마지막에는 한유의 원래 시 제목이 「호수에서 홀로 낚시를 하다가 조산[29] 범이수와 봉의 정백순[정호]에게 보냄湖上獨酌呈范彝叟朝散程伯淳奉議」[30]으로 되어 있다. 이 시는 한유의 『남양집』에서 찾아볼 수 있는데, 시 제목이 아예 다르다.[왜냐하면 아래에서 보다시피 한유가 정호가 아니라 정이에게 시를 보낸 것으로 되어 있기 때문이다.] 한유는 거기서 이렇게 말한다.

재미 삼아 정정숙程正叔[정이]과 범이수范彝叟에게 보여주었다. 당시 정숙은 낙 땅으로부터 와 있었다.[31]

이 시를 정호에게 보냈는지 아니면 정이에게 보냈는지는 의문이다. '이수'는 범중엄의 셋째 아들인 순례純禮(1031~1106)의 자字이고, 그는 만년에 형 순인純仁(1027~1101)과 함께 영창에 거주하면서 한유와 친밀하게 교류했다. 당시 일이 한유의 시에 많이 기록되어 있다. 영창에서의 이정의 행적을 여기서 자세히 고증할 필요는 없을 것이다. 위의 1차 자료에서 우리는 다음과 같은 사실을 분명히 알 수 있다. 곧 영창은 원풍 초년부터 이미 반反'신법'의 정치적 중심지가 되고 있었고, 주요 지도자들이 여기 다 모여들었다는 것이다. 이정 형제는 원풍 3년(1080)에 한유로부터 오랜 기간 접대를 받았고, 나중에는 정이가 그를 다시 방문한다. 예를 들어 소성 3년(1096) 한유가 80살 때, 정이는 한유를 방문하여 상당 기간 머물렀다.[32] 정숙이 낙 땅으로부터 와 있었을 때 지어졌다는 시는 아마도 이 시기에 지어졌을 것이다.[33] 이렇듯 이정은 의기가 잘 맞는 사람들과 함께 마음을 터놓고 이야기하곤 했고, 이것은 그들의 생활 가운데 매우 중요한 부분이었다. 따라서 도학 형성 과정을 연구하는 사람들은 당시 상황을 분명히 알아야 할 것이다. 이런 모임에서 그들의 화제는 정치, 인물 평론, 경전 해석, 본성과 기질의 문제, 유교와 불교의 구분에까지 미쳤다. 현존하는 이정의 어록 가운데 '한지국(한유)' '범경인范景仁(범진)' '범요부范堯夫(순인)'의 말이 많이 남아 있는데, 이는 아마도 모두 영창의 시기로 거슬러 올라갈 것이다. 앞서 고찰했다시피, 이정이 처음으로 영창에 가서 한유의 손님이 된 것과 범진이 영창으로 이주한 것은 모두 원풍 3년(1080)의 일이다. 따라서 이정이 "어제 모임은 대체로 선불교를 이야기했다"고 말했을 때의 '어제 모임'이 『피서록화』의 "범촉공이 (…) 허하에서 한지국 형제와 교류했다"고 할 때의 그 모임이라고 추측하는 일은 결코 근거 없는 것이 아니다. 어쨌든 이정과 범진은 한유가 연 주연에서 서로 만나 마음을 터놓고 이야기했을 것이라는 점은 단언할 수 있다. 왜냐하면 이정의 어록에서 그 흔적을 찾을 수 있기 때문이다. 『정씨유서』 권1을 보자.

> 선생이 말했다. "범경인[범진]은 본성을 논하면서 '어찌 삶이 여기 있고 죽음은 저기에 있겠는가?'라고 말했는데 참으로 깨달음이 있었던 것 같다. 하지만 뒤에는 '원래 귀신이 있다'고 말했는데 다시 미혹에 빠졌던 것 같다.[34]

이 조목은 이유(이단백李端伯)가 기록한 것이므로 가장 믿을 만한 것이다. 여기서 추억하는 것은 당시 한유가 마련한 자리에서 나왔던 이야기였을 거라고 나는 믿고 있다. 범진은 원로 유학자로서 아직 도학자들의 새로운 학설을 받아들이지 못했기 때문에, 불교 배척에서는 이정과 의견을 같이했지만 귀신에 대한 이론은 그들과 차이가 있었을 것이다. 만약 소식이 범진에게 답해주었던 선불교 가르침의 핵심("미혹될 수 있는 본성은 어디에서 생겨난 것인가? 그것을 구하려는 마음은 어떤 형상을 띠고 있는가?")과 함께 참고해본다면, 당시 사대부들의 "선을 이야기하는" 분위기로부터 도학자들의 '심성心性' 이론이 어떤 과정을 거쳐 한 걸음 한 걸음 발전하고 완성되어나갔는지를 어렵지 않게 엿볼 수 있다. 그런데 이정이 개탄했던 사대부들의 선불교 유입은 보편적인 현상이었다. 이는 결코 그들 주위에서만 일어난 일이 아니다. 이정이 직접 겪었던 대상은 한유 일가에서 그치지 않았다. 심한沈偁은 주희 만년의 말을 기록한다.

> 당시(원우 초년) 여정헌공呂正獻公(여공저呂公著, 1018~1089)이 재상이 되었는데

불교를 좋아하여 사대부들이 앞다투어 참선하러 간지라, 입실入室하고 승당 昇堂한 사람들로 절이 가득 찼다. 당시 이런 현상을 '선불교로 벼슬길 찾기禪鑽'라고 불렀다.[35]

서도徐度의 『각소편却埽編』에도 동일한 기록이 있다.

여신공呂申公(여공저)은 평소 불교학을 좋아했다. 재상이 되자 간소함과 청렴함에 노력을 기울여 사대부들과 접하는 일이 드물었다. 다만 선불교 이야기를 할 수 있는 자들은 여신공과 많이 어울렸다. 그래서 벼슬길에 나가고 싶은 사람들은 왕왕 머리에는 [유학자의] 두건을 쓰고 [몸에는] 승복을 걸친 채 날마다 절에 놀러가서 스님들과 함께 공양하며, 성리性理에 대해 강설함으로써 벼슬길에 나아가기를 희망했다. 당시 사람들은 이런 이들을 '선불교로 벼슬길 찾는禪鑽 사람들'이라고 불렀다.[36]

'선불교로 벼슬길 찾는 사람들'에 대해서는 여기서 더이상 설명하지 않겠다. 다만 여공저 역시 이정과 관계가 밀접했다. 그는 왕안석과 정치적으로 갈라선 후, 희령 4~10년(1071~1077) 사이에 낙양洛陽에 거주하면서 사마광, 소옹邵雍, 정호 등과 교류했다.[37] 이정은 이 모임 내에서 선불교를 좋아하는 사대부들의 '성리 담론'을 접할 수밖에 없었을 것이다. 주희의 제자 심한은 마침 낙양과 영창이라는 양대 사대부 중심지의 사상적 활동을 연결하면서 주희에게 이렇게 묻는다.

『[정씨]유서』 제1편에는 명도[정호]와 한지국[한유]이 선불교를 논한 곳이 있는데, 보아하니 한지국은 다만 낮은 수준의 선불교를 깨우쳤던 것 같습니다. 범촉공이 온공溫公[사마광]에게 보냈던 편지를 봤더니 "한지국은 선불교에 의거해서 산하대지에 땅 한 조각이 없다고 합니다. 잘 모르겠지만, 땅

한 조각이 없을 수 있겠습니까? 참으로 큰 즐거움과 깨달음을 그쪽에 돌리고 있습니다"라고 했습니다. 이제 명도가 그에게 답한 말을 보자면 "산하대지의 설 말씀입니다만, 저 산하대지가 당신하고 무슨 관련이 있습니까?"라고 했습니다. 한지국이 그런 질문을 한지라 명도가 이렇게 말했던 것 같습니다.[38]

여기서 소개된 정호와 한지국 사이 대화는 원풍 3년(1080)의 일이었음에 틀림없다. 당시 범진은 영창에 있었고 사마광은 낙양에 있었다. 범진이 사마광에게 편지를 보낸 시기는 그가 황주에 있는 소식에게 편지를 보낸 시기와 대략 일치한다. 정호는 문객으로서 영창에 머물렀기 때문에 그 자리에서 범진의 설을 논파했던 것이다. 범진이 보낸 원래 편지는 더이상 볼 수 없지만 사마광의 『전가집傳家集』에는 「범경인[범진]에게 보내는 편지與范景仁書」 10여 통이 남아 있고, 각 통마다 「경인이 답하는 편지景仁答書」가 붙어 있다. 그런데 이들 편지는 대부분 '즐거움樂'과 '중화中和'를 논하는 것들이다. 다만 안타깝게도 '산하대지'론에 관한 왕복 서한은 수록되어 있지 않다. 이뿐만 아니라 한유에게는 「사마군실[사마광]에게 보내는 편지與司馬君實書」와 「군실의 '중' 자 논증에 대해 다시 답하는 편지再答君實論中字書」가 있고,[39] 사마광에게는 「한병국[한유]에게 답하는 편지答韓秉國書」 두 통이 있다. 이들 편지는 모두 『중용』 제1장의 '중화' 개념에 대해 토론하고 있다.[40] 따라서 이들 세 사람[한유, 범진, 사마광]이 논쟁을 벌인 것은 바로 도학의 중심 문제였음을 알 수 있다. 이정은 후배로서 세 사람과 어울린 만큼 그들의 영향을 받지 않았을 리가 없다. 이렇게 보면 나중에 정이가 지은 「여대림의 중론에 대해 부치는 편지與呂大臨論中書」[41]는 왕안석의 『주관신의』 및 「예악론」과 비교되어야 함은 물론(앞에서 이미 비교했다), 사마광의 「중화론中和論」[42] 및 범진·한유의 질의·응답과 비교하면서 검토되어야 한다. 『전가집』에 따르면, 사마광의 「중화론」은 '원풍 7년(1084) 10월 3일 작'이고 「한병국에게 답하는 편지」는 이듬해 '2월 29일 작'이므로, 『주관신의』가 간행된 지 오랜 후다. 사마광의 『의맹疑孟』[맹자를 의심함]은 원풍 5~8년(1082~1085)에 지어졌다.[43] 남송의 예사倪思(1147~1220)는 그것이 왕안석의 「존맹尊孟」[맹자를 존숭함]에 자극받아 지어졌다고 지적한다.[44] 이로부터 추론해보면, 「중화론」이 지어진 까닭은 사마광이 분명히 어떤 자극을 받았기 때문일 것이다.

종합하자면 당시 이정에 비해 나이가 열 살 이상 많았던 사대부들은 "선불교를 이야기했든" 아니면 그로부터 마음과 본성에 대해 논했든 간에, 이미 '내성'을 탐색하는 공통의 분위기(혹은 '유교·불교의 분변에 대한 담론')를 창출해내고 있었고, 이정의 도학은 바로 이런 역동적 분위기 속에서 한 걸음 한 걸음 완성되다가 나중에는 최상의 위치에 오른 것이다. 이정의 어록에는 사마광을 비판하는 조목이 있는데, 사마광은 "항상 '중中'을 생각하고 있었다"[45]고 한다. 이런 기록은 우리의 주장을 뒷받침하는 가장 뚜렷한 증거가 된다. 장재와 이정이 계승했던 '한유' 그리고 그들이 배척했던 '불교'가 그 이전 또는 동시대 사대부들에 의해 상당히 많이 다뤄졌음은 부인할 수 없는 사실이다. 장재와 이정이 "불교와 노자를 공부하다가, 돌이켜 육경에서 추구한 이후에야 깨달았다"[46]라는 부류의 설은 글자 그대로 받아들여져서는 안 되고, 적어도 사상사 연구의 가설 또는 출발점이 되어서는 안 된다. 나는 앞서 도학의 기원과 형성을 추적할 때 곧바로 상고시대로 거슬러 올라가면서 상고시대와 도학 사이에 아무런 인물이 없었다는 식으로 이야기해서는 안 된다고 말했는데, 바로 이런 의미에서 한 말이었다.

도학자들이 불교를 배척하는 데서 직접적 대상이 당시 사대부들의 선풍禪風이었다는 점은 앞에서 설명했다. 이어 한 걸음 더 나아가야 한다. 곧 도학자들이 어째서 당나라의 한유韓愈처럼 불교를 직접적 공격이 대상으로 삼지 않았는지를 불교의 새로운 변동이라는 측면에서 설명하고자 한다. 이는 아직까지 세밀히 연구되지 않은 영역으로, 여기서도 한두 가지 예를 들어 그 얼개를 말하는 데 그치려 한다.

불교의 입세전향入世轉向은 당나라 중기에 새로운 선종이 일어났을 때부터

시작되었다.[47] 불교의 사회참여는 북송대에 이르러 더욱 심화되어, 고승대덕高
僧大德이 시사時事에 보이는 관심은 사대부들 못지않았다.[48] 또한 송대 사대부
들의 정치적·사회적 지위가 상승하고 영향력도 엄청나게 커져서, 불교도들이
불교를 선양하기 위해서는 사대부들의 홍보력을 빌려야만 했다. 따라서 불교
도와 관료 사대부 사이에 교류가 빈번해졌고, 이는 송대 정치문화 현상 중 가
장 특출한 점이기도 했다. 북송대 명승의 상당수가 사대부화한 것은 사대부
들의 '선불교 담론' 현상과 동전의 양면을 이룬다고 볼 수 있다. 그런데 더욱
중요한 점은 불교 사상가들이 입세전향으로 인해 현세에 적극적이며 긍정적
인 태도를 갖게 되었다는 사실이다. 한편으로 그들은 유가 경전을 광범위하게
읽으면서 그 의미와 가치를 밝혔고, 다른 한편으로는 치국과 평천하는 유가의
책임이며 불교의 사회적 존재 역시 유가의 정치적 성공에 의존해야 한다고 공
개적으로 인정하기에 이르렀다. 이런 현상은 북송 불교의 유학화로서 승도僧徒
의 사대부화와 표리를 이룬다.

지금까지 오랫동안 우리는 도학자들의 '불교 배척'론이 지니는 표층적 의미
에만 근거하여 도학 또는 이학이 불교를 압도함으로써 중국 사상의 방향을
출세간出世間에서 입세간入世間으로 전변轉變시켰다고 단정해왔다. 이런 관점은
옳은 듯하지만 실은 틀린 것으로 역사적 사실과 부합하지 않는다. 한층 깊이
관찰해보면 북송의 적잖은 불교 대사大師는 인간 질서 재수립의 유력한 추진
자이며 유학 부흥의 공신임을 어렵지 않게 발견할 수 있다. 이학자들이 불교
를 배척할 때 늘 이용했던 전략은 불교의 원시적 교의를 원용하면서, 불교의
최종 목적이 '차안'을 버리고 '피안'으로 올라가는 것이기 때문에 불교가 '차안'
에 대해서는 진정하게 긍정할 수 없다고 고집스레 주장하는 것이었다. 신앙
투쟁의 수단 측면에서 그러한 당시 사정은 이해할 수 있는 것이다. 그렇지만
오늘날 우리가 송대 유불儒佛 관계를 연구할 때 이러한 송대 이학자들의 주장
을 곧이곧대로 받아들여서는 안 된다. '종교 세속사the secular history of religion'
를 조금이라도 이해하는 사람이라면, 종교의 원시적 교의는 역사 발전에 따

라 부단히 새롭게 해석될 수 있음을 안다. 기독교의 '최후의 심판'과 마찬가지로 불교가 사람들을 '피안'으로 제도濟度하는 일은 무한히 연기될 수 있다. 그날이 오기 전까지는 불교가 '차안'에 대해 긍정하는 것은 유가와 원칙상 다르지 않다. 이런 긍정은 남북조 시대에 벌써 싹을 보였고 북송대에 이르러서는 더욱 뚜렷해진다. 개설은 여기까지 하고 실례를 들어 증명하고자 한다.

앞서 인용한 이정 어록의 "어제 모임은 대체로 선불교를 이야기했다"는 마지막 부분에 이런 이야기가 있다.

> 선불교를 이야기하는 사람들은 비록 〔자신이〕 깨달았다고 이야기하지만, 아직 깨달은 것이 아니었다. 그 무리 가운데도 '불교는 결국 천하국가天下國家〔天下, 國, 家의 의미〕를 다스릴 수 없다'고 인정하는 사람들이 있었지만 〔그들은〕 또한 '근본을 얻으면 두루 미칠 수 있다'고 말하기 마련이었다.[49]

"그 무리"는 사대부가 아니라 불교도를 가리킨다. 이 구절은 중요한 사실을 나타낸다. 이정은 당시 불교 사상의 새로운 동향, 곧 "천하국가를 다스리는 일"을 유가에 돌리면서도 불교의 '도(즉 본本)'가 더욱 완전하여 "천하를 다스리는" 데 더 도움이 된다는 불교도들의 주장을 잘 알고 있었다. 북송대 유불 논쟁의 핵심 관건은 '출세'와 '입세'라는 표면적 언사에 있었던 것이 아니라 누구의 '도'가 질서 수립의 최종 근거가 되어야 하는가에 있었다. 그렇다면 위에서 말한 "그 무리"는 대체 누구를 가리킬까? 조설지는 「구설증연공懼說贈然公」에서 말한다.

> 과거 고산孤山 지원智圓이 세상에 명성을 떨치고 스스로 일가의 학문을 이루었으니, 독서 범위가 매우 넓었고 문장의 조리를 깨우쳤으며 한문공韓文公〔한유韓愈〕을 모범으로 삼았다. 항상 배우는 자들을 책망하면서 한유만큼 공자에게 공을 세울 수 없느냐고 했다. 근래 계승이 구양수의 비방에 힘써

반박하고 있으니 옛 의사_{義士}[지원]의 풍모가 있다.[50]

지원_{智圓}(976~1022)과 계숭_{契嵩}(1007~1072)은 바로 북송 초중기에 가장 강력하게 유학을 제창했던 승려들이다. 지원은 천태산_{天台山} 외파_{外派}이고, 계숭은 선종 운문종 4세손이다. 또한 이들은 각각 북송에서 가장 세력이 컸던 양대 불교 종파를 대표한다. 그들의 말을 조금 더 살펴보자면, 이정 어록의 "그 무리"에는 아마도 두 사람이 포함되어 있었으리라 추측하지 않을 수 없다. 첸무_{錢穆}(1895~1990) 선생은 「지원의 『한거편』을 읽고_{讀智圓閑居編}」[51]에서 지원에 대해 그 대강을 밝혀놓았다. 여기서는 그 내용에 바탕을 두고서 이정의 설을 인증하고자 한다. 『한거편_{閑居編}』 권19 「중용자전_{中庸子傳}」은 이렇게 말한다.

유교와 불교는 말은 다르지만 이치는 일관된 것으로, 어느 것이든 민_民을 교화하여 선으로 나아가고 악에서 멀어지도록 한다. 유교는 몸을 꾸미는 가르침이어서 외전_{外典}이라고 한다. 불교는 마음을 닦는 가르침이어서 내전_{內典}이라 한다. 어리석은 생민_{蚩蚩生民}이 어찌 몸과 마음에서 벗어나겠는가? 우리의 두 가르침이 없다면 무엇으로써 그들을 교화하겠는가? 아! 유교와 불교는 함께 표리가 되는구나! 이 세계 안에만 국한되어 있기 때문에 우리의 가르침을 헐뜯으면서 그것을 폐기해야 한다고 말하는 사람들이 세상에는 있다. 또한 불교에 정체되어 왕왕 유교를 희롱하는 사람들이 세상에는 있다. 중니_{仲尼}[공자]의 가르침이 없다면 나라를 다스릴 수 없고 집안을 안녕히 할 수 없으며 몸을 편안히 할 수 없음을 어찌 알겠는가? 불교의 도는 무엇을 통해 행해지겠는가?[52]

이것이 곧 "불교는 결국 천하국가를 다스릴 수 없는 것이다"라는 말이 가리키는 내용이다. 지원은 『사십이장경 풀이_{疏四十二章經}』에서 또 다음처럼 말한다.

불교가 동쪽으로 전해져 중니[공자], 백양伯陽[노자]의 설과 더불어 세 학설을 이뤘다. 그러나 공자와 노자의 가르침은 성명性命을 이야기함에 유심종에 미치지 못했고, 보응報應을 이야기함에 삼세三世에 이르지 못했다. 천하를 다스리고 국가를 안녕케 하려면 [그 세 가지 학설이] 하루라도 없어서는 안 된다. (…) 정신을 제도하고 지극한 이치를 연찬하며 (…) 오묘함을 크게 밝히는 것은 불교의 가르침 속에 있지 않은가?[53]

이 구절은 "근본을 얻으면 두루 미칠 수 있다"는 설과 분명히 합치한다.

계숭은 장재나 이정보다 조금 앞서 살아서 도학자들은 자연스럽게 계숭의 말과 글을 익히 들어 알고 있었을 것이다. 계숭은 종문宗門 가운데서 사대부화한 가장 전형적인 인물이었다. 문영文瑩은 『상산야록湘山野錄』 권하에서 다음처럼 말한다.

내 친구 계숭선사는 희령 4년(5년이라야 한다) 여항餘杭[지금의 저장성 항저우] 영은산靈隱山 취미당翠微堂에서 입적했다. 장례가 끝났는데도 아직 타지 않은 다섯 가지가 있었다. 눈동자, 혀, 코, 귀의 털, 사리 여러 개였다. 당시 험담을 걱정해서 세찬 불로 다시 태웠지만 태울수록 더 단단해졌다. 계숭의 문장은 다만 한유와 유종원을 참고했을 뿐이다. 치평 연간(1064~1067) 자신이 지은 책을 『보교편輔敎編』이라 명명하고, 그것을 가지고 임금을 알현했다. 오늘날의 재상인 왕상王相, 구양歐陽 같은 거두들이 모두 예를 차리며 고개를 숙였다.[54]

문영의 일생을 전하는 전기는 없다. 그는 자칭 '여항 사문沙門'이라 했는데,[55] "문영의 자는 도온道溫이고 전당錢塘[지금의 저장 성 항저우] 출신이며, 서호 보리사菩提寺에 거주한 적이 있다"[56]는 정해鄭獬(1022~1072)의 말과 일치한다. 희령 6년(1073) 유지劉摯(1030~1097)가 지은 「문영선사집 서文瑩師集序」[57]에 따르면, 유지가 20년간 형주荊州에서 문영을 두 번 만났는데 그중 한 번은 "[문영이] 형양衡陽에 있던 나를 방문했다"고 하고 또한 "문영이 늙었다"고 한탄한다. 이로부터 문영과 계승이 거의 동시대 인물이었음을 알 수 있다. 문영 역시 사대부 사이에서 활약했던 사문인지라 그의 이름이 정해와 유지의 문집에 남게 되었을 것이다. 문영과 계승이 서로 알고 지내던 사이임은 틀림없다. 계승의『심진집鐔津集』권22에 있는 「또다른 서又序」는 작자 미상인데,『심진집』편집자는 그 글이 '도온 문영'이 지었을 것으로 추정하기 때문이다. 그가 기록한 계승의 일화를 보면, '오늘날의 재상 왕상'은 바로 왕안석이고, '구양'은 구양수다. 특히 '구양'이 구양수를 가리킨다는 것은『심진집』권10의 「구양 시랑에게 올리는 편지上歐陽侍郎書」로부터 추정할 수 있다. 같은 권에는 한기韓琦, 부필富弼 및 그 밖에 유명 사대부들에게 보내는 편지가 있고, 권9에는 「인종 황제에게 올리는 만언서萬言書上仁宗皇帝」도 있는 것을 보면 계승이 정치세계에서 활동했던 상황을 엿볼 수 있다. 그러나 계승은 권세가를 등에 업고 출세하려 한 속승俗僧이 결코 아니었고, 열정적으로 사회에 참여해 적극적으로 행동하려 한 인물이었다. 소식의『동파지림東坡志林』권3을 보자.

계승선사는 항상 눈을 부릅뜨고 있어서 그가 웃는 모습을 본 사람이 없었다. 해월海月 혜변慧辯은 항상 웃어서 그가 화내는 모습을 본 사람이 없었다. 나는 전당에 있을 때 그 두 사람을 직접 본 적이 있는데, 둘 다 결가부좌하고 입적했다. 계승은 다비를 마친 뒤에도 타지 않은 다섯 가지가 있었고, 해월은 장례를 치르려 할 때 그 얼굴이 마치 산 사람 같았고 게다가 미소를 띠고 있었다. 그래서 두 사람은 각각 부릅뜬 눈과 기쁜 얼굴로 불사佛事를 했음을 알게 되었다.[58]

이 기록은 계승의 엄숙함을 알게 해주는데, 문영이 기록했던 것과도 부합한다. 희령 8년(1075) 진순유陳舜俞가 지은 「심진 명교대사[계승] 행업기鐔津明敎大

師行業記」[59]에도 매우 중요한 기록이 있다.

당시 천하의 사들은 고문을 배우면서 불교를 배척하고 공자를 존숭했던 한
퇴지[한유]를 흠모했다. 동남 지방에서 장표민章表民(이름은 '망지望之'), 황오우
黃聱隅('희晞'), 이태백李泰伯('구觏')이 특히 뛰어난 인물이었고, 학생들은 이들
을 종장으로 여겼다. 중령仲靈(계숭) 홀로 「원교原敎」「효론孝」 10여 편을 지어
유교와 불교의 도가 일관된다는 점을 밝힘으로써 그들의 설에 맞섰다. 여러
사람이 읽고서 그의 글을 아끼게 되었고 또한 그 뛰어난 이치를 외경하게
되어, 어느 누구도 그의 권위를 빼앗을 수 없었고 결국 그와 사귀게 되었다.
중령은 불교를 비난하는 사대부를 만나면 정성스레 그에 대해 말하지 않은
적이 없었다. 이때부터 불교를 배척하는 사람들이 점차 줄어들고 나중에는
매우 좋아하는 사람들이 있게 된 것은 중령이 창도했기 때문이다.[60]

계숭이 한유의 문장을 배워서 그와 거의 유사한 문체를 구사한 까닭은 바
로 당시 고문운동의 불교 배척에 대항하기 위해서였음을 위로부터 알 수 있
다. 그는 「한유 비판非韓」 30편을 지었는데, 이 글은 근 200년 동안 불교가 한
유에 대해 가했던 최대 규모의 반격이었다. 계숭이 성공을 거뒀던 데는 그의
문장이 큰 역할을 했다. 「심진 명교대사 행업기」는 계숭의 반격 시기를 분명히
밝혀놓지 않았지만, 다행히도 이 문제를 해결하는 데 도움이 되는 문헌 두 종
류가 남아 있다. 소흥 4년(1134), 승려 회오懷悟는 『심진집』을 위해 쓴 「서」에서
이렇게 말한다.

선사[계숭]는 경력 연간(1041~1048) 처음으로 문장으로써 천하에 명성을 떨
쳤다.[61]

영원靈源이 쓴 「명교선사의 글에 부쳐題明敎禪師手帖後」 첫째 수首를 보자.

명교대사 계숭 화상和尚은 (…) 현묘한 종지를 오묘하게 통달하여 세상의 이해를 한없이 넓혀주었는데, 황우(1049~1053), 지화至和 연간(1054~1056) 사이에 불교 밖에서 우리 법도의 폐해를 추궁하는 사람들이 있는 것을 보고는 이렇게 말했다. "나는 보살의 권한을 훔쳐 여래의 사신이 되어 〔그 점을〕 분별하여 밝힘으로써 저들의 의혹을 해결하고 〔그들을〕 올바른 취지로 귀의하도록 하겠다."62

위 두 구절을 합하면 계숭이 직접 나서서 응전한 때는 바로 석개가 가장 격렬하게 불교를 공격한 시기였음을 알 수 있다. 영원은 그 일생을 자세히 알기 어렵지만 두번째 발문 끝에서 자신을 "늙은이叟"로 칭하는 것을 보면 계숭과 동시대인일 것이다. 어떻게 그 점을 알까? 앞에서 든 『심진집』 「또다른 서」에 "영원 유청惟清선사가 〔계숭〕 선사의 두 수첩에 대해 쓴 발문靈源惟清禪師之跋師二手帖"이라는 구절이 들어 있는데, 이 서문은 영원이 직접 지은 것이 아니기는 하지만 계숭 사후 몇 년 안에 지어진 것이기 때문이다. 이로부터 추론해보건대, 영원은 계숭보다 기껏해야 열 살 정도 어렸을 것이다.

영원 유청선사와 정이 사이에는 매우 유명한 화두가 있는 만큼 우리는 특히 영원의 생몰연대에 주목해야 한다. 아래에서 그 점을 상세히 보자. 위에서 인용한 「심진 명교대사 행업기」 맨 마지막 구절은 매우 중요하다. 그 구절은 북송대 유교−불교 관계사의 획기적 사건을 드러내기 때문이다. 곧 계숭은 고문운동의 불교 배척 공세를 막았을뿐더러 사대부들의 '선불교 담론' 분위기를 열어놓았다는 사실이다. 진순유가 기개 넘치는 사대부였다는 점은 그의 「청묘신법 시행의 탄핵을 주장하는 상소문奉行青苗新法自劾奏狀」63을 보면 알 수 있다. 그래서 그의 「심진 명교대사 행업기」는 죽은 사람을 위해 좋은 말만 하는 유의 글로 볼 수 없다. "중령(계숭)이 창도했다"는 말은 "분별하여 밝힘으로써 저들의 의혹을 해결하고 〔그들을〕 올바른 취지로 귀의하도록 했다는" 영원의 말과 정확히 호응한다. 따라서 진순유의 말은 상당한 신빙성 있다. 앞서 "어제 모임은 대체로 선불교를 이야기했다"는 이정의 말이 원풍 3년 (1080)에 나온 것이라고 했다. 그렇다면 그와 같은 조목의 "지국이 이 학문(선불교)을 한 지 30년이 됐다"는 말을 볼 때, 한지국이 처음으로 불교를 공부하기 시작한 시기는 원풍 3년으로부터 30년을 거슬러 올라갈 경우 황우 2년 (1050)이 되고, 이때는 바로 계승이 선학禪學을 가장 활발히 전파하던 시기였다. 한유가 계승의 영향을 받았다고 단정할 확증은 없지만, 계승이 새로운 기풍을 연 사람이었음을 이런 추론으로써 방증한다고 해도 그리 틀리지는 않을 것이다.[64]

계승이 선가禪家의 '성명설性命之說(그가 가장 상용한 용어다)'을 사용하여 사대부들을 이끌었던 까닭은 무엇보다도 그가 사회참여 측면에서 유가의 기본 가치를 전적으로 긍정했기 때문이다. 계승은 「원교」에서 말한다.

불교의 도가 어찌 한 사람의 사적 행위를 위한 것이겠는가? 그 역시 천하국가에 뜻을 둔 것이다! 군신과 부자의 관계를 살피지 않은 적이 언제 있었던가? 사람을 낳고 기르는 도를 어찌 방해하겠는가? 다만 불교는 기원이 관리들로부터 비롯되지 않았고 또 관리들이 불교를 전파하지 않았기 때문에 그 교화의 이치는 숨어서 드러나기 어렵다. 그래서 세상은 불교를 완전히 믿을 수 없었다.[65]

여기서 계승의 사상을 두루 논할 수는 없고, 이정이 지적했던 불교의 새로운 동향과 관련해서만 계승의 사상적 핵심을 설명하려 한다. 당시 선가는 '천하국가를 다스리는 것('외왕' 혹은 '적迹')'을 유가로 돌리면서 여전히 '본(내성 또는 마음)'은 자신들이 확보하고자 했는데, 이런 흐름은 계승의 의론 속에서 구체적으로 나타난다. 그는 특히 유가 경전인 「홍범」과 『중용』을 선택하여 그런 관점을 제시한다. 계승은 「황극론黃極論」에서 이렇게 말한다.

천하가 동화하는 것을 대공大公이라 하고, 천하의 중정中正을 황극皇極이라 한다. 중정은 만인의 마음을 동화하는 방법이다. 중정이 아니라면 만인의 마음으로부터 벗어나버린다. 만인의 마음에서 벗어나면 천하가 혼란스러울 것이고, 만인의 마음을 동화한다면 천하가 다스려질 것이다. 천하를 잘 다스리는 자는 반드시 먼저 황극을 지니고 대공하게끔 한다. 천하를 잘 다스리지 못하는 자는 먼저 황극을 버리고 대공을 폐기하기 마련이다. 그래서 옛 성인들이 임금에게 황극을 추천했던 것은, 다름이 아니라 천하를 다스리려 했기 때문이다. 인민人民에게 황극을 가르쳤던 것은, 다름이 아니라 천하가 [저절로] 다스려지게끔 하려 했기 때문이다.[66]

이 구절은 질서 재수립에 대한 계숭의 관심이 일반 유학자들과 완전히 일치함을 실증하고 계숭이 고문운동의 정치 사조에 응전하고 있음을 드러낸다. 손복·석개 등은 이구동성으로 "대중의 도大中之道"를 선양했고, 석개가 가장 존경한 친구 사건중士建中(998년생)의 이름은 바로 「홍범」의 "건중입극建中立極"에서 따온 것이었다. 그렇지만 계숭이 '중정'과 '만인의 마음'을 연결하는 것은 선종의 입장을 나타낸다. 마침 『중용』은 유교와 불교의 소통을 위해 편리한 해결책을 제시해준다. 『중용해中庸解』 제3을 보자.

어떤 이가 물었다. "「홍범」에는 '황皇[임금]이 극極[표준]을 세운다'는 말이 있는데 이것은 '중을 크게 세운다'는 말입니다. 이는 당신이 말한 중용의 도와 같습니까, 다릅니까?" 대답한다. "중용의 도는 황극과 대체로 같고 작은 부분에서만 차이가 있습니다. 같은 점은 그 두 가지 모두 통치의 실체를 향한다는 것입니다. 다른 점은 황극은 가르침이고 중용은 도라는 것입니다. 황극은 가르침이고 중용은 도입니다. 도라는 것은 만물을 산출하고 만물을 거둬들입니다. 따라서 도道를 중中으로 여깁니다."[67]

계승이 '중용'을 취한 까닭은 중용이 불교의 '중도'와 직접 통할 수 있었기 때문이다. 일찍이 지원은 다음과 같이 말한 적이 있다.

유가의 '중용'은 용수龍樹가 말했던 '중도中道'라는 뜻이다. 여러 법法에 대해 〔그것들은〕 마음이 변화된 것이라고 한다. 마음에 형상이 없는데 법이 어떻게 있겠는가? 없앨수록 더 있게 되는 것은 본래 갖춰져 있는 본성이다. 있게 하려 할수록 더 없어지는 것은 있지 않은 몸뚱이다. 없지도 않고 있지도 않은 데서 중中의 뜻이 뚜렷해진다.[68]

계승이 지원의 학설을 듣고 자신의 이론을 개진했다는 것에는 의문의 여지가 없다. 계승은 「황문皇問」에서 '황皇'과 '제帝'를 구분하는데, 대체로 '황'은 '본체本'이자 '도道'를 가리키고 '제'는 '작용用'이자 '가르침敎'을 가리킨다고 한다. 이는 유가의 '내성과 외왕' 구분에 해당된다. 계승의 결론은 이렇다.

저 공자라는 사람은 교화를 구체화해 지목했다. 우리는 참된 도에 근본을 두고 교화에 대해 말한다. 교화는 자취이고 도는 본체다. 자취를 살핀다면 마땅히 중요한 것과 일정한 것이 있다. 근본을 끝까지 추구한다면 '황皇'과 '제帝'는 하나가 되기 마련이다. 공자는 심원한 것을 본 사람이라고 할 수 있다. 〔그러나〕 어찌 도의 연원을 알 수 있었겠는가?[69]

"근본을 끝까지 추구한다極本"고 할 때의 '근본本'은 바로 이정이 말한 "근본을 얻으면 두루 미칠 수 있다"고 할 때의 '근본'이다. 그래서 이정이 비판하는 목표가 명확했다는 점이 여기서 충분히 실증될 수 있다. 그러나 관점을 바꿔서 보면 왕안석과 도학자들이 지향했던 "내성과 외왕의 합일"이라는 이상은 선종의 새로운 논변으로부터 자극받아 형성되었음을 알 수 있다. 비록 그들이 계승의 직접적 영향은 받지는 않았더라도 말이다.[70]

위에서 우리는 지원과 계숭의 사상이 북송 불교의 새로운 동향을 대표한다고 봤다. 이런 동향을 간략하게 말한다면, 세간법世間法의 중시와 인간 질서의 재수립에 대한 관심이라 할 수 있다. 이런 추세 아래, 고승대덕들은 왕왕 유가 경전을 정밀하게 연구하여 유학 부흥을 돕기도 했다. 지원과 계숭은 그 가운데 가장 대표적인 인물이었다. 그렇지만 '동향'과 '추세'는 수많은 사람이 참여해야지 형성될 수 있다. 그렇다면 지원과 계숭 말고도 다른 예증을 찾을 수 있을까? 전체적으로 연구를 마친 다음에야 그런 질문에 답할 수 있을 터이므로, 이는 이 절의 범위를 한참 벗어난다. 독자들의 의문을 해소하기 위해 다만 『한거편』과 『심진집』 속에서 한 가지씩 예증을 찾고자 한다. 『한거편』 권28 「한유를 스승으로 삼는 데 대한 의론師韓議」을 보자.

우리 문중에서 글을 짓는 사람들은 오히려 우리의 가르침을 배척하면서 유학을 존중하고 있다. 이에 말한다. "한유韓愈라는 인간을 스승으로 삼고 한유의 문장을 스승으로 삼으면 불교에 대해 배척하지 않을 수 없고 유학에 대해 존경하지 않을 수 없다. 이치가 원래 그러하다."[71]

이 구절이 명확히 보여주는 것은 한유의 도전으로 송대 초기 불교 내부에서 유학적 분위기가 이미 형성되고 있었다는 점과 지원의 출현은 이러한 기존 동향에 대응하기 위해서였다는 사실이다. 지원은 결코 "홀로 밝히고 앞서서 드러냈던 것孤明先發"이 아니다. 계숭이 경력 임오년(1042)에 지은 「무릉집 서武陵集敍」에는 이런 말이 있다.

혜원慧遠 화상이 도道의 체득으로써 사방에 알려지다가 천희天禧, 건흥乾興 연간(1017~1022)에는 더욱더 명성을 떨쳤다. 배우는 이들이 원근을 가리지 않고 마치 물처럼 그에게 귀의했고, 쏴 하는 소나기처럼 그에게 왔다. 나는 어려서 그 이야기를 들었고 그 사람과 만나보지 못함을 안타까이 여겼다.

나이 들어 오_吳 땅에 갔다가 근_懃, 섬_暹 두 선사에게 그의 어록을 얻어 읽었다. 사람을 계발시키고 뜻을 풀이함이 지극히 상세했고, 질문에 답함에는 조리가 있었으며, 말에는 문리가 있어서 평범하고 용속한 이야기를 이리저리 하지 않았다. 불경과 중요 이론을 섭렵하면서도 치세를 위한 문서, 노자와 장주의 설을 곁들여 언급했는데 애매한 곳이 없었다.[72]

「무릉집 서」 말미에서는 혜원을 '운문대사_{雲門大師}의 3대_{三世} 제자'[73]라고 칭한다. 그렇다면 혜원은 계승과 동문이면서 약간 선배다. 그의 생몰연대는 대략 지원과 비슷하고, 불교 이외의 경전을 섭렵했다는 점은 지원과 같다. 지원은 「호숫가의 감상_{湖居感傷}」이라는 시에서 "예와 음악은 주공과 공자를 스승으로 삼고, 허무는 노자와 장자를 배운다"[74]라고 했는데, 이 구절이 그에 대한 증명이다. 「무릉집 서」에서 지칭한 "치세를 위한 문서"는 바로 유가 문헌을 가리킨다. 이런 두 구체적 사례는 송대 초기 불교에는 사회참여_{入世}와 유교 귀의라는 특수한 경향성이 있었음을 믿을 만한 충분한 근거가 되고, 앞서 인용한 이정의 관찰 역시 한층 더 확실한 근거로 작용한다.

만약 지원에서 계승에 이르는 인물이 불교의 한 동향을 대표할 수 있다고 한다면, 북송의 불교 내부에도 고문운동에 상응하는 발전이 있었고, 그것은 유가의 동향과 평행선을 달리면서도 서로 영향을 끼쳤으리라 말할 수 있을 것이다. 지원은 한유의 유가 도통론을 받아들이면서, 맹자 이후의 도통을 계승한 인물로 순경_{荀卿}, 양웅_{揚雄}, 왕통_{王通}, 한유, 유종원을 꼽는다.[75] 이 명단은 유종원만 제외한다면 유개_{柳開}가 작성했던 것과 똑같다. 유개는 자신의 호를 소선_{紹先}[조상을 밝히다]으로 지으면서, 자신의 조상인 유종원을 그 안에 포함시키고 있다.[76] 나중에 손복과 석개도 순경, 양웅, 왕통, 한유를 맹자 이후의 도통 계승자로 인식했다. 지원은 전당 출신이고 유개보다 서른한 살이 적은 만큼 그가 직접적으로 유개의 영향을 받았는지는 알 수 없다. 지원이 왕통을 추존했던 까닭은 그가 손하_{孫何}(자는 한공_{漢公}, 961~1004)의 「문중자에 관한 변론辨文中子」[77]을 읽고 깨달음을 얻었기 때문이다.[78] 손하는 진종의 함평咸平 연간 (998~1003)에 양절전운사兩浙轉運使를 지냈는데,[79] 지원이 그의 글을 얻어 읽었던 것은 자신의 출신 지역에 손하가 부임했기 때문이다.

우연이었든 유학 신설新設의 자극을 받았든 간에, 지원이 불교도 신분으로 유가의 도통 계보에 이토록 진지한 태도를 취했다는 것은 결코 등한시할 수 없는 사실이다. 그가 질서 재수립에 보인 절절한 관심과 태도는 분리될 수 없다. 주희에 따르면 북송 태종太宗 때(976~997) 수많은 사람이 문중자[왕통의 시호諡號]를 숭상한 까닭은 사람들이 '치도治道'[80]에 대해 관심을 가졌기 때문이라고 하는데, 지원이 바로 그 전형적인 예다. 이 점에서 지원은 유개와 나란히 설 수 있다. 곧 유개가 유학적 신동향의 최초 단계에 처한다면 지원은 불교적 신동향의 최초 단계에 있다.

계숭은 이에 비해 불교 고문운동의 성숙기 사람이었다. 계숭(1007~1072)은 구양수(1007~1072)와 똑같은 시기에 살았고, 둘은 각각 방외方外의 고문과 방내方內의 고문에서 최고봉에 도달했다. 이들은 고문을 통해 '외왕'을 추진하려는 동일한 이상을 갖고 있었지만 동상이몽을 면할 수는 없었다. 구양수는 「본론本論」을 지어 '예의'의 질서를 다시 세우는 것은 '불교에 승리하는 근본'이라고 봤다. 한편 계숭은 '황극'을 지향하고 '예악'을 제창하기는 했지만 불교가 존재하지 않는다면 유교는 세간의 질서를 제공할 수 없을 것이라고 믿었다. 그 말을 빌리자면 "무릇 자취는 가르침에 속하고, 본체는 도에 속한다. 도가 없다면 가르침에는 근본이 없고, 가르침이 없다면 도가 드러나지 않는다"[81]는 것이다. 앞서 봤다시피 지원은 일찍이 "중니의 가르침이 없다면 나라를 다스릴 수 없고 (…) 불교의 도는 무엇을 통해 행해지겠는가?"라는 명확한 명제를 제시했다. 계숭은 『보교편』등 일련의 저술을 통해 이 명제를 더욱 확장한다. 그렇지만 지원과 계숭이 질서 재수립에 나타낸 관심은 모두 불교적 입장에서 출발한 것인 만큼 그들은 필연적으로 '외왕'보다 '내성'을 강조한다. 이 점에서 계숭은 구양수와 아주 큰 차이점이 있고, 반대로 왕안석 및 이정의 관점과는 방법은 달라도 그 지향은 같았다고 할 수 있다. "도가 없다면 그 가르침에 근본이 없다" "마음이란 성인의 도의道義의 근본이다"[82]와 "마음과 도가 어떻게 다르겠는가?" 같은 계숭의 설은, 그 사상적 실제 내용은 논외로 한다면, 결국 이후 이학자들의 의론과 동일한 '담론 영역'에 처한다. 도학의 기원과 형성의 문제를 진지하게 검토하려 한다면, 이는 결코 경시될 수 없는 부분이다.[83]

지원과 계숭은 한유의 문장에 정통했으며 모두『중용』을 제창했는데, 이런 경향이 북송 불교 내부의 학풍이었음은 의문의 여지가 없다. 한유의 문장이 북송대에 유행하기 시작했던 것은 유개 때문이었고, 유개는 지원보다 30여 세 많았으므로『중용』은 유학으로부터 불교로 전해졌을 가능성이 매우 높다. 그렇지만 북송 때『중용』의 깃발을 최초로 든 사람으로 지원을 꼽아야 함은 이미 주지된 사실이다. 천인커陳寅恪(1890~1969)는「펑유란의『중국철학사』하책에 대한 심사 보고馮友蘭『中國哲學史』下冊審査報告」에서 이렇게 말한다.

대체로 도교, 혹은 도교와 관련된 불교가 신유가 학설을 선도했다. 예를 들어, 천태종은 불교 종파 가운데 도교적 의미가 가장 풍부한 종파다. 그 문도인 양경지梁敬之(양숙梁肅, 753~793)와 이습지李習之(이고李翱)의 관계는 실로 신유가를 개창한 동기動機가 된다. 북송의 지원이『중용』을 제창했고, 이뿐만 아니라 승도의 신분으로서 자신의 호를 중용자中庸子라 했으며, 스스로 전기를 지어 그 의미를 풀이했다. 그 연대는 사마군실(사마광, 1019~1086)이『중용광의中庸廣義』를 짓기 이전으로, 역시 송대 신유가의 선구자가 되는 듯하다. 지원과 사마광의 관계가 어떠했는지 여기서는 상세히 따지지 않기로 한다. 그러나 이런 예를 보면 신유가 형성의 문제에는 아직도 밝혀지지 않고 숨어 있는 부분이 있음을 알 수 있다.[84]

천인커가 제시한 이 심각한 역사의 문제를 철학 연구자들이 여태껏 중시하지 않아서 "아직도 밝혀지지 않고 숨어 있는 부분"이 70년 동안 여전히 봉인

된 상태 그대로 남아 있었다. 최근 나는 새로운 사료 몇 가지를 우연히 발견했는데, 비록 숨어 있는 부분을 다 밝힐 수는 없지만 적어도 도학의 기원과 지원 사이의 거리를 줄일 수는 있을 것 같다. 이에 아래에 간략하게 서술하여 참고자료로 제공하고자 한다.

먼저 가설 하나를 제시해보자. 『중용』의 발견과 유행은 남북조 이래의 도가 또는 불교도들과 밀접한 관련을 맺는다. 도교와 불교 모두 교류했던 대옹戴顒(378~441)은 『예기』 「중용」에 주석을 달았고,[85] 불교도였던 양 무제梁武帝(464~549)는 『중용강소中庸講疏』를 지었다.[86] 그 밖에 『수서隋書』 권32 「경적지經籍志 1」에는 『사기제지 중용의私記制旨中庸義』 5권이 열거되어 있는데, 아마도 『중용』에 관한 양 무제의 또다른 저작을 신하가 기록했던 것 같다.[87] 이런 정황은 불교도의 '격의格義'와 신도가新道家의 '청담淸談'이라는 필요에 따라 『중용』이 최초로 중시되었음을 가리킨다. 이고가 읽었던 『중용』은 아마 불교도들이 대대로 전해왔던 것인 듯하다. 이런 가설은 어째서 지원이 "승도의 신분으로서 자신의 호를 중용자라 했는지"를 설명해줄 수 있다. 『송사』 「예문지藝文志 1」(권202)에 수록되어 있는 송대 유학자들의 『중용』 관련 저작으로는 『호 선생 중용의胡先生中庸義』가 가장 앞선다. 그러나 호원(993~1059)은 지원(976~1022)보다 훨씬 이후 사람이다. 때문에 나는 북송대의 『중용』이 불교로부터 환류하여 유가로 다시 들어온 것이라고 가정한다. 아래에서 설명하려는 것은 바로 이 환류의 과정이다.

『송사』 권310 「장지백전張知白傳」 기록이다.

인종이 즉위하자 (…) 〔장지백은〕 공부상서工部尙書, 동중서문하평장사同中書門下平章事가 되었고 (…) 당시 진사 급제자 명단이 발표되자 〔인종은 급제자들에게〕 『중용해中庸解』를 하사했다. 중서성이 그 책을 바치자, 〔인종은〕 곧 장지백에게 명하여 소리 내서 읽도록 했고, 수신 제가의 도에 이르러서는 반드시 반복하여 진술하도록 했다.[88]

인종이 즉위한 해는 건흥 원년(1022)이고 장지백이 재상이 된 해는 천성天聖 3년(1025)이다. 진사 급제자 명단이 발표되자 급제자들에게 『중용해』를 하사했고, 재상이 이를 대중 앞에서 낭독했다는 것은 필시 당시의 중요 사건이었을 것이다. 그래서 장지백의 전기에 기록된 것이다. 『송사』권439 「문원 1·화몽전 文苑一·和嶸傳」에서 이 사건을 살펴보자.

이해(순화 3년 992), 태종이 직접 공사貢士〔회시會試 응시생〕들을 시험 보았는데 화몽도 시험에 참여했다. (…) 당시 「유행편儒行編」을 필사하여 새로운 급제자들 및 삼관三官,[89] 대성臺省[90]의 관리들에게 하사했고, 모두들 감사를 표했다.[91]

「유행」은 『예기』의 한 편명이다. 그런데 어째서 30년 후 진사 급제자들에게 하사한 책은 『중용해』로 바뀌었을까? 우리는 그 사이에 사상적 변화가 있었다고 단언할 수 있다. 더 나아가 『송회요집고宋會要輯稿』 「선거選擧」 순화 3년(992) 조목을 살펴보자.

새로운 진사급제자 및 여러 학과의 공거인貢擧人들에게 「유행편」을 한 축석 하사하여, 이르는 곳마다 벽에 걸어놓고서 좌우명을 대체하도록 명령했다.[92]

이 초기 문서는 『송사』 기록을 실증하거니와 태종이 그런 의식을 만들었기 때문에 엄숙히 행해졌다는 것, 곧 「유행편」을 하사받은 사람들은 그것을 벽에다 걸어놓고서 기존의 좌우명을 대체해야 했음을 알려준다. 이렇게 보건대, 인종이 즉위하자마자 태조와 태종의 제도를 바꿔버린 것은 분명 평범한 일이 아니었다. 「장지백전」의 내용은 『송회요』에도 보인다. 그 원문은 이렇다.

〔천성〕5년(1027) 4월 21일 새로운 급제자들에게 「중용편」을 하사했다.[93]

장지백은 동중서문하평장사를 지내던 중 천성 6년(1028) 2월 임자일에 숨을 거둬서,[94] 천성 5년(1027) 4月에 그가 「중용편」을 낭독했다는 기록은 실제 사실과 합치한다. 황제가 「중용편」을 하사할 때 재상에게 큰 소리로 낭독하도록 명령했던 것은 성대하게 최초로 거행된 의식이었다. 낭독하게 했을 뿐만 아니라 "수신 제가의 도에 이르러서는 반드시 반복하여 진술하도록 했다." 곧 한편으로는 낭독하고 한편으로는 뜻을 풀이하도록 한 것이다. '수신 제가'는 주희가 교정한『중용장구』로 보면 제20장을 가리키고, 그중에서도 특히 "무릇 천하 국가를 다스리는 데에는 아홉 가지 원칙이 있다"[95]는 단락을 가리킴에는 의문의 여지가 없다. 그런데『중용』과 과거시험 사이 직접적 관계는 천성 5년에 처음으로 형성되었던 것은 아니다. 범중엄(989~1052)의 문집에는 「"성실함에서 비롯한 명철함을 본성이라고 한다"는 성시의 출제문제省試自誠而明謂之性賦」[96]가 있다. 여기서 '성시省試'는 상서성 소속의 예부禮部가 주관하는 시험으로서 상서성에 합격자 명단이 붙은 데서 "성시"라는 명칭이 비롯했다. 문집 말미 「범문정공 연보」 대중상부大中祥符 8년(1015) 조목에는 이런 기록이 있다.

> 갑甲 제97명. "천하를 배치하기를 그릇 배치하듯이 한다"는 문제로 시험을 치렀다.[97]

출제 문제가 앞의 것과 다른데, 위는 아마도 전시殿試의 출제 문제였을 것이다. 어쨌든 성시에서『중용』을 이용해 출제한 것(1015)은 적어도 「중용편」을 하사한 일(1027)보다 12년 먼저 일어났음을 알 수 있다. 진종과 인종 때에 진사 시험을 주관한 사대부 가운데는『중용』을 제창한 사람이 있었을 것이다. 범중엄은 또 「남경부 학생 주종도의 이름 풀이南京府學生朱從道名述」[98]를 써서 '종도從道' 두 글자에 대해 긴 문장을 남겼다.

그렇다면 도道는 무엇인가? 본성에 따르는 것을 말한다. 따른다從는 것은 무엇인가? 도를 따른다는 것이다. 신하는 충忠을 따르고, 아들은 효孝를 따르며, 자신의 행동은 예禮를 따르고, 일 처리는 의義를 따르며, 민民의 보호는 신信을 따르고, 만물을 접할 때는 인仁을 따른다. 이것이 도의 시작이다. 그대가 이것들을 따른 이후에 나라, 가문, 민, 만물에 대해 말할 수 있을 것이다. 그러니 참으로 중요하지 않겠는가? 만약 성실하고 명철하며, 중도에 맞고 조화롭게 하며, 성현에게 예의를 차려 양보하고, 천지에 두루 미친다면 그것이 도의 결과다. 반드시 마음으로 크게 이룬 다음에 무엇에 대해 말할 수 있다.[99]

이 글은 오로지 『중용』의 관점에서 수신 제가 그리고 이상적 질서 수립에 대해 이야기하고 게다가 '내성'과 '외왕'이 서로 관통한다는 관념을 포함한다. 「범문정공 연보」에 따르면, 이 문장은 천성 6년(1028)에 지어졌는데 바로 「중용편」이 하사된 지 1년 뒤다. 따라서 그 일이 범중엄의 마음에 얼마나 큰 파장을 일으켰는지 추측해볼 수 있다. 이런 배경을 파악해야 다음과 같은 이학사의 중요 일화를 이해할 수 있게 된다. 여대림은 「횡거 선생 행장橫渠先生行狀」에서 말한다.

강정康定 원년(1040) 병력을 운용할 때 나이가 열여덟(오류다. 『송사』 본전에 따르면 21세다)이었는데 (…) 편지를 올려 범문정공을 찾아뵈었다. 공은 (…) 「중용」을 읽으라고 권했다.[100]

범중엄은 어째서 장재[장횡거]에게 오로지 「중용」을 읽으라고 권했을까? 여태껏 이 문제에 주목한 사람은 많지 않았던 것 같다. 이제 배경이 명확해졌으니, 과거제도의 발전이 도학이 발흥하는 데 직접 도움이 되었음은 부인할 수 없는 사실이다. 따라서 위 일화는 결코 논지에서 벗어난 세세한 일화라 할 수 없다.

이어서 진종 인종 때 「중용」이 불교로부터 유가로 이입된 과정을 추측해보자. 범중엄이 대중상부 8년(1015)의 성시 출제 문제인 "성실함에서 비롯한 명철함을 본성이라고 한다"를 풀었다는 사실로부터 시험관 가운데 「중용」을 숙독했던 사람이 있었음을 알 수 있다. 바로 이 지점에서 출발해 4차에 걸친 진사시 주고관主考官 명단을 자세히 살펴보자. 진종의 대중상부 8년 곧 범중엄이 응시했던 것이 제1차이고, 인종의 천성 5년(1027) 곧 「중용편」을 하사했던 것이 제4차다. 나의 목적은 시험관 중 몇 명이 불교 관련 인사였는지를 확인해보는 데 있다. 이런 방법이 위 가설을 완전히 증명할 수는 없지만, 아무것도 모르는 상태에서 추측하기보다는 훨씬 실증적일 것이다. 당시의 진사 시험은 관례에 따라 '지공거知貢擧' 1명과 '동지同知' 3명이 주관했는데, 다행히도 그들의 이름이 『송회요宋會要』[101]에 남아 있다. 이에 각 연도에 따라 이름을 열거해봤다. 각 행 첫번째가 '지공거'다.

대중상부 8년(1015) 조안인趙安仁, 이유李維, 성도盛度, 유균劉筠
천희 3년(1019) 전유연錢惟演, 왕효王曉, 양억楊億, 이자李諮
천성 2년(1024) 유균, 진요좌陳堯佐, 유엽劉燁, 송수宋綬
천성 5년(1027) 유균, 풍원馮元, 한억韓億, 석중립石中立

중복된 사람을 셈하지 않으면 모두 14명이다. 왕효 말고는 모두 『송사』에 전기가 있다. 사료를 간략하게 검토해봐도 적어도 7~8명이 불교와 긴밀한 관계를 맺고 있다. 연도순으로 증거를 들면 아래와 같다.

1. 조안인(958~1018): 지반志磐의 『불조통기佛祖統紀』 권44 대중상부 6년(1013) 8월 조목에 "병부시랑兵部侍郎 겸 역경윤문관譯經潤文官 조안인이 조칙을 받들어 대장경 목록을 편수하여 완성했는데 모두 21권이었고, '대중상부의 법보록法

寶錄'칭호를 하사받았다"[102]는 기록이 있다.

2. 이유: 이항李沆(947~1004)의 동생인데, 두 사람 모두 불전에 조예가 깊었다는 내용이 『송사』권282 「이항전」에 보인다. 대중상부 3년(1010), 이유는 조칙을 받들어 "경론에서 문제를 출제하여 승려들을 시험 봤고, 이를 통해 불교 관계 관직左右街의 결원을 보충하거나 승진시키는 자료로 삼았다."[103] 천희 5년(1021)에는 역경윤문관을 지낸다.[104] 이로부터 불학에 대한 그의 조예를 알 수 있다. 또한 양억과 함께 조칙을 받들어 『경덕전등록景德傳燈錄』을 재정裁定했다. 이 일은 뒤에서 다시 살펴보겠다.

3. 유균: 양억이 발탁한 사람으로 이후 양억과 함께 유명해져서 당시 '양유楊劉'라고 불렸다.[105] 두 사람은 '서곤체西崑體'의 가장 대표적인 인물이다. 유반劉攽은 『공보시화貢父詩話』에 이런 기록을 남겼다. "유자의劉子儀(유균)가 어떤 사람에게 '유하혜는 조화의 성인인데 관직은 오히려 미천했고, 자장은 통달했지만 봉록을 구해야 했다惠和官尚小, 師達錄須干'라는 시를 보냈으니 유하혜와 자장에 대한 것이었다. 어떤 사람이 '官' 자를 빼고서 다른 사람에게 보여주자 '이것은 틀림없이 달록수간達錄須干이라는 토번土蕃의 승려다'라고 했다. 듣던 사람들이 크게 웃었다."[106] '官' 자를 빼버리면 원래 시는 "혜 화상은 어려서 달록수간을 스승으로 삼았다惠和尙, 小師達錄須干"로 변해버린다. 그 이름이 오랑캐 승려의 이름인 것처럼 보이니 웃을 만했던 것이다. 유균이 평소 불교 이야기를 좋아한 터라 그런 시도 지을 수 있었을 것이다.

4. 양억(974~1020): 11세기 중엽 고문운동이 대성大盛을 이루기 전, 양억은 문단의 독보적 존재로서 사대부들이 선불교에 귀의하던 분위기도 그가 일으킨 것이었다. 양억이 사상계에 끼친 영향력은 그가 문학계에 끼친 영향력보다 결코 덜하지 않다. 석개는 인종 경우景祐 2년(1035)에 이렇게 말했다. "지금 천하에 양억의 도가 있은 지 40년이 되었다."[107] 이 말은 틀림없이 양억의 서곤체와 그의 선풍禪風을 가리킬 것이다. 『경덕전등록』은 그가 이유·왕서王曙와 공동으로 편찬한 것으로, 양억은 「서」를 썼고 권30 말미에는 「이유에게 보내는

편지寄李維書가 실려 있다.[108] 이 「서」와 「편지」는 현존하는 양억의 『무이신집武夷新集』(사고전서본)에 보이지 않아서, 그의 문장 대다수가 이미 일실되었음을 알 수 있다. 『송사』 본전(권305)은 양억이 "불전과 선관禪觀의 배움에 마음을 두었다"[109]고 가볍게 묘사하는 데 그치지만, 사실 그는 임제종의 정식 신도였다.[110] 『불조통기』 권44에 있는 양억에 관한 기록은 이루 다 열거할 수 없을 만큼 많은데, 그가 유불에 두루 통한 핵심 인물이었음을 증명한다.

5. 진요좌: 생몰년 미상이다. 우리는 그가 경우 4년(1037)에 재상이 되었고 이듬해 물러났다는 사실만 알 뿐이다. 진요좌가 직접 쓴 자신의 묘지명에 "나이 여든둘이 되니 요절은 아니다"라는 말에서[111] 그가 장수를 누렸음을 알 수 있으나 그의 사망연도를 단정할 길은 없다. 본전에는 진요좌가 "동물을 보면 반드시 좌우 사람들에게 죽이지 말라고 훈계했다"[112]고 기록되어 있는 데서, 그는 불교 계율을 엄격하게 지켰던 것 같다. 『청상잡기青箱雜記』에는 "진문혜공文惠公(진요좌의 시호) 역시 본성의 이치를 깨달았는데, 일찍이 어떤 고찰古刹에 가서 '오래된 건물은 빛나는 허공을 차갑게 하고, 떠다니는 먼지는 금빛과 옥빛을 어둡게 하네. 홀로 앉아 게偈를 읊었으나 아무 사람도 없어, 또다시 참된 깨달음을 얻었네'[113]라는 게를 지었다"고 기록되어 있다. 진요좌는 경건한 불교도였다. 그는 천성 2년(1024)에 동지공거同知貢擧가 되었으며 양억이 참여한 그 전회(천희 3년 1029) 과거시험에서 막후에 있었다. 진요좌는 그해에 '고시考試의 조례를 제정한' 사람 중 한 명이었으나, 폐단이 생겨서 '강등' 처분을 받아 공문서 기록에 남게 되었다.[114]

6. 송수: 경우 3년(1036), 참지정사參知政事 겸 속수續修『법보록』의 윤문관이었다.[115] 또한 그는 하송夏竦과 함께 동자승들의 『법화경』 암송 시험을 주관했으니,[116] 이는 불학에 대한 기본 지식 없이는 할 수 없는 일이었다.

7. 한억(972~1044): 한유(지국)의 부친으로, 한씨 형제가 선불교를 좋아하게 된 근원이었음은 다시 논증하지 않아도 될 것이다.[117]

이상 설명한 7명은 4차에 걸친 시험에서 시험관의 반수를 차지한다. 그러나 유균이 3차에 걸쳐 참여했으므로 인원수와 차수로 계산해보면 반수를 넘는다. 그 밖에 7명 중 전유연은 오월吳越 왕 전숙錢俶의 아들이었다. 전숙은 "불교를 깊이 믿어 절 수백 개를 지었고 송 왕조에 귀순해서는 또 아끼는 아들을 승려로 만들었다"[118]고 한다. 석중립(972~1049)은 양억·유균과 사귀었고, 경우~보원寶元 시기(1037~1038)에 왕수王隨·진요좌·한억과 함께 집정했으며 동시에 파면되었다.[119] "그 사람을 알지 못하거든 그가 사귀는 사람을 보라"라고 하듯이, 석중립의 사상적 경향을 위의 사실로부터 미루어 볼 수 있다. 그러므로 전유연과 석중립은 불교를 깊이 신봉했을 수 있다. 하지만 아직 관련자료를 발견하지 못한 만큼 여기서는 넣지 않겠다.

이상 4차의 공거를 봤을 때, 양억과 유균이 중심인물이었다. 만약 양억이 먼저 죽었다면 아마 유균은 그후 2차에 걸친 시험의 주고관을 맡았을 것이다. 특히 범중엄이 "성실함에서 비롯한 명철함을 본성이라고 한다"는 문제가 출제된 시험(대중상부 8년)에서, 시험관 4명 중 3명이 분명한 불교적 배경을 갖고 있었다. 이는 결코 우연일 수 없다. 곧 선禪을 좋아하는 시험관에 의해『중용』이 공거 제도 안으로 들어왔던 것은 오히려 매우 자연스러운 일이었다. 이 점과 관련하여 이 추론을 지지하는 또다른 근거를 제시하려고 한다. 곧 천성 8년(1030)의 진사시에서는 중요한 변화가 또 하나 일어난다.『송회요집고』본년 4월 4일 조목 기록을 보자.

새로 급제한 진사들에게『대학』을 하사했다. 그후로『중용』과 번갈아 하사했다. 이에 그것이 관례가 되었다.[120]

이는 전회 과거시험에서『중용』을 하사했던 것을 바꾼 것이고,『대학』과 중용』이 '번갈아 하사되는 것'은 이때부터 제도로 확정되었다.『송회요집고』「선거 1」에 따르면, 이때의 지공거는 안수晏殊(991~1055)였는데, 이듬해 그는 조칙을 받들어『육조의발기六祖衣鉢記』를 편찬한다.[121] 동지同知[벼슬명] 3인 가운데는 왕수가 있었고, 그는 양억과 나란히 명성이 높았던 불교 신도였다. 경우 원년 (1034), 왕수는『경덕전등록』을 축약하여 15권으로 만들었다.[122] 이것이 그 유명한 불교 사적史籍인『전등옥영절록傳燈玉英節錄』이다.[123] 왕수는 임종 날 저녁에 게를 짓고 서거했다.[124]

어째서 당시에 그런 변화가 있었을까? 모종의 논쟁과 관련이 있을까? 지금은 사료가 부족해서 답할 수 없다. 다만 도학의 기원이라는 측면에서 그것은 획기적 사건이었다. 이후 이학자들이 떠받든『대학』과『중용』은 모두 과거시험을 통해 세상에 널리 전파된 것이었다. 정이는 전혀 거리낌 없이 이렇게 말한 바 있다.

「유행편」에는 아무런 도덕적 이치가 없다. 후대 유세객들의 과장된 설과 흡사하다. 평소 공자의 말씀을 보면 그런 부분이 있는가?[125]

정이는 다른 곳에서 이와 동일한 취지의 이야기를 한 번 더 반복한다.[126] 어째서 정이가 「유행편」만을 비판했는지 과거 우리는 이해할 수 없었다. 이제 우리는 태종 순화 3년(992)에 진사들에게 「유행편」을 하사했던 일을 겨냥하여 정이가 그런 말을 한 것임을 분명히 이해할 수 있다. 정이는 「유행편」에 대해 그렇게 생각했기 때문에『중용』과『대학』을 하사했던 인종 초년의 일은 그의 마음에 한층 깊은 인상을 남겼을 것이다. 따라서 우리는 다음의 사실을 인정할 수 있다. 곧 도학자들이 육경을 두루 읽고 자세하게 평가한 다음, 마지막으로『대학』과『중용』을 골라서 유가의 기본 문헌으로 삼았던 것은 결코 아니라는 사실이다. 또한 그들은 한유와 이고의 글로부터 직접 깨달음을 얻은 것도 아니었다. 어째서 이렇게 단정 지을 수 있을까? 왜냐하면 이정이『대학』과『중용』을 직접 골라냈다거나, 한유韓愈와 이고를 곧바로 계승했다는 식의 설명은 '가까운 것은 버리고 멀리서 구하는' 방식으로서 결국 사상사 전체의 진행 과정과 도무지 들어맞지 않기 때문이다. 우리는 "육경으로 되돌아온 후 체득했다"거나 "맹자를 읽은 후 자득했다"는 식의 신화를 깨버려야지만 비로소 도학의 기원과 형성 문제를 참되게 연구할 수 있을 것이다.

앞서 나는 불교의 유학화와 승려의 사대부화라는 각도에서 북송 초중기 유교-불교의 상호작용을 설명하려고 시도했다. 그런데 상호작용의 관건은 불교도와 사대부 모두 합리적 질서를 세우려 한다는 데 있었다. 유학화와 사대부화 과정에서 고승대덕들은 종종 자신의 관점에 입각해 당시 필요에 부응하는 유가 경전을 선택했고, 그에 대해 깊이 이해하려 했으며 나아가 자신만의 견해를 제시했다. 이 같은 견해는 고승대덕과 사대부 간 교류를 통해 점차 유학의 세계로 들어갔다. 고승대덕들의 견해가 반드시 유학자들에게 받아들여졌던 것은 아니며 심지어 배척되기도 했지만, 고승대덕들이 유학자들의 주의력을 특정 경전으로 향하게 했다는 사실에 바탕을 두고 말하자면, 그들의 작용력은 대단한 것이었다. 송대 초기 『중용』의 전파 상황은 그 분명한 증거다. 지원에서 계승에 이르기까지 『중용』의 해석 권한은 분명 불교도에게 있었다. 비교해보면 북송 유학자 가운데 가장 일찍이 『중용』을 전문적으로 연구해 영향력을 행사한 사람은 겨우 호원(993~1059)으로 거슬러 올라갈 수 있다. 『송사』권431 「유림·형병전儒林·邢昺傳」에는 경덕景德 4년(1007) 형병이 조정에서 사직하고 조주曹州로 귀향할 때의 상황이 기록되어 있다.

궁궐에 입조하여 사직하던 날 (…) 특별히 용도각龍圖閣을 열었고 근신들을 불러 숭화전崇和殿에서 연회를 베풀었는데 (…) 형병이 벽에 「상서도尙書圖」와 「예기도禮記圖」가 걸려 있는 것을 보고, 특히 「중용편」의 "무릇 천하국가를 다스리는 데에는 아홉 가지 원칙이 있다"는 구절을 가리키면서 그 대의를 진술하니, 왕이 그 말을 훌륭하다 여기고 받아들였다.[127]

이 기록은 숭화전 담장에 「예기도」가 그려져 있었고 그 가운데 「중용편」이 있었음을 전해준다. 이전에 형병은 진종에게 『예기』를 가르쳐준 적이 있어[128] 자연히 「중용편」의 내용을 알고 있었을 것이다. 그가 따로 「중용편」을 가리켜서 설명했다는 점은 『중용』이 이미 『예기』에서 떨어져 나와 독립적 지위를 갖게 되었다는 사실을 보여준다. 이 일이 범중엄이 성시를 치르기 8년 전에 일어났다는 사실은 더욱 주목할 만하다. 그런데 형병이 "무릇 천하국가를 다스리는 데에는 아홉 가지 원칙이 있다"는 구절만 골라서 그 대의를 밝혔다는 점은 그가 '내성' 부문을 중시하지 않았음을 보여준다. 이러한 형병의 풀이는 장지백이 천성 3년(1025)에 행한 강해와 전혀 다르다. 그리고 호원 이래 유학자들이 「중용」의 중점을 점차 '내성' 쪽에 두었던 것과도 상당히 다르다. 그런데 범중엄이 치른 성시의 시험 문제 "성실함에서 비롯한 명철함을 본성이라고 한다"(『중용장구』 제21장)는 '내성' 영역에서도 핵심 부분이다. 당시 지원과 같은 불교도만이 「중용」의 내성 영역을 잘 이해하고 있었고, 유학 진영 내에는 그와 비견될 사람이 거의 없었던 것이다. 따라서 나는 다음과 같이 가정할 수밖에 없다. 곧 과거시험 출제자는 불교의 영향을 받은 사대부로서 『경덕전등록』을 편차編次한 이유거나, 양억과 명성을 나란히 한 유균이었을 가능성이 높다. 범중엄이 응시했을 때 호원은 겨우 25세로 아직 태산泰山에서 고학하던 시기라 호원이 어떤 영향을 끼쳤을 가능성은 전혀 없다.

　나는 『송사』 「예문지」 서목에만 근거해서 호원 이전에 '내성' 측면에서 「중용」을 연구한 유학자가 없었다고 단정하는 것은 아니다. 조설지가 정화政和 5년(1115)에 쓴 「중용전中庸傳」[129]이 나의 주요 근거다. 「중용전」 말미에는 「중용」을 풀이한 고금의 유학자 명단이 부록으로 실려 있는데, 그 가운데 송대 인물이 분명한 이들은 호원, 사마광, 유창, 정호, 정이, 장재 등 6인이 있다. 이 밖에 조설지와 동시대에 살았던 무명인이 한 사람 더 있는데, 「중용전」에서 그 사람이 비판 대상인 점으로 보아 아마 그는 왕안석이었을 것이다. 왜냐하면 조설지는 이정 문하의 양시와 마찬가지로 사마광 제자 중 전문으로 '신학'을 공격하던 사람이었기 때문이다. 조설지는 「중용」에 대한 고금의 저작을 수집하는 데 집중하여 아주 오래전 일실된 한대漢代의 『중용설中庸說』 2편[130]에까지 주의를 기울였다. 바로 이 명단이 있어서 북송대 유학자들이 「중용」의 '내성'적 함의를 연구하기 시작한 것은 호원부터라고 우리는 자신 있게 말할 수 있다. 특히 지적해야 할 점은 조설지가 "만년에 불교의 설을 자못 신봉하여" 스스로를 '천태교 승려'라고까지 칭했다는 사실이다.[131] 조설지가 지원과 계숭을 극도로 추존했던 사실로 판단하건대,[132] 「중용」에 대한 지원과 계숭의 논설은 적어도 그가 「중용전」을 짓는 데 촉매로서 작용했을 것이다.

또한 조설지의 스승 사마광은 원풍 8년(1085)에 한유(지국)와 더불어 '중中'의 의미를 놓고 논쟁을 벌인다. 사마광은, 한유가 '불교와 노장의 설'을 채용하여 '중'을 '허무虛無'로 풀이함으로써 '허무가 모든 근본의 기원'이 되도록 하는 결과를 초래했다고 비판한다.[133] 장재와 이정의 시대에서조차 유가 사대부들의 「중용」 이해가 아직 불교의 틀에서 벗어나지 못했음을 알 수 있다. 남송대에 주희는 "중이란 천하의 큰 근본이다"를 풀이하면서, "큰 근본이란 (…) 천하의 리가 모두 여기에서 나오니 도의 본체다"라고 말한다. 한유가 '허虛'를 근본으로 삼은 데 비해 주희는 '실實'을 근본으로 삼은 차이가 있기는 하지만, "리가 모두 여기에서 나온다"는 주희의 표현과 "모든 근본이 나오는 곳이다"라는 한유의 표현 사이에는 내용은 바뀌었으되 형식만은 그대로 계승된 사상사적 흔적이 남아 있다. 앞서 논한 대로, 한편으로 계숭은 지원을 따라 「중용」의 '중'을 불교의 '도'로 이해했고[134] 다른 한편으로는 "도가 본체다"라고 단언한다.[135] 이를 주희의 "큰 근본이란 (…) 도의 본체다"라는 말과 구조적 측면에서 비교해보면 얼마나 유사한가! 주희가 한유나 계숭으로부터 어떤 영향을 받았다고 말하려는 것이 아니다. 나는 심지어 주희가 한유나 계숭의 위와 같은 말을 진혀 접하지 못했을 거라고 믿는다. 내가 설명하려는 것은 다음 같은 간단한 사실이다. 곧 북송대 불교도들이 「중용」의 '내성'적 함의를 가장 앞서 설명했기 때문에 그들이 특수한 '담론 영역discourse'을 열어젖혔다는 것이다. 이 담론 영역은 승려의 사대부화를 통해 최후로 유학자들에 의해 받아들여지게 되었다.

실로 도학자들이 「중용」이라는 요새 속으로 진격해 점령해버린 후 잠깐 사이에 면모를 일신시킨 것은, 마치 이광필李光弼이 곽자의郭子儀의 삭방군朔方軍을 대체해버린 것과 같다.[136] 그렇지만 부인할 수 없는 사실은 사대부화한 승려들(지원, 계숭)과 선승화禪僧化한 사대부들(한유韓維)이 여전히 동일한 담론 영역에 있었다는 점이다. 마치 이광필이 명령을 발한 장소가 곽자의의 옛 요새였던 것과 같다. 이야말로 이학의 발생 과정에 있었던 역사적 곡절이다.

이상 송 초 이래 일어난 유교와 불교의 상호작용에 대한 윤곽을 그려보았다. 이 절을 끝맺기에 앞서 기록을 하나 소개하고자 한다.

근래 불교도는 대부분 독경에 힘쓰고 있는데, 오직 국초國初의 찬녕贊寧만은 홀로 책을 짓고 이론을 세웠으며 유학 존숭을 불교의 일로 여겼다. 저서로 『동중서의 『춘추번로』에 대한 반박駁董仲舒繁露』 2편, 『왕충의 『논형』에 대한 비판難王充論衡』 2편, 『채옹의 『독단』에 대한 검증證蔡邕獨斷』 4편, 『안사고의 『광류정속』에 대한 비판斥顔師古正俗』 7편, 『『사통』 비판非史通』 6편, 『여러 사서의 배척에 답하다答雜斥諸史』 5편, 『해조의 「겸명록」에 대한 논의를 비판하며折海潮論兼明錄』 2편, 『'춘추시대에 현명한 신하가 없었다'는 이론을 비판하며抑春秋無賢臣論』 1편이 있었고, 왕우칭王禹偁은 찬녕의 저서를 상찬했다. 그래서 왕우칭은 「찬녕에게 보내는 편지與贊寧書」에서 말한다. "며칠 전 제게 보내주신 편지를 받았는데 통달한 의론을 보내주셨으니, 날마다 세 차례씩 반복해서 보았지만 아직 핵심을 잘 이해하지 못했습니다. 다만 『춘추번로』의 흠을 씻어내고, 『논형』의 튀어나온 부분을 깎아내며, 『독단』의 맹목적 부분에 눈 밝게 하고, 『광류정속』의 종기를 침으로 터뜨렸으며, 자현子玄[곽상郭象]의 사설을 반박했고, 미영米穎[137]의 교묘한 말을 민멸시켰으며, 마치 고목나무를 쉽게 부러뜨리듯이 주광정朱光庭을 비판했고, 퍼진 덩굴을 정리하듯이 손각孫覺을 배척했으니, [찬녕대사는] 우리 나라에서 성인의 도가 상처를 입지 않도록 하고 유학자들이 끝없는 미혹으로 흘러가지 않도록 하셨습니다. 그러니 대사께서는 누구를 위해서 오신 것입니까? 하늘이 공자에게 복을 내려주셨고, 우리 대사께는 손을 빌려주신 것입니다!138

찬녕(919~1001)은 원래 오월吳越 전씨錢氏가 세웠던 관직인 승통僧統을 지낸 사람으로, 송나라가 성립한 후 조칙을 받들어 항주에서 『송고승전宋高僧傳』30권을 편찬했다. 왕우칭(954~1001)의 「통혜대사 문집 서通惠大師文集序」에 따르면, 찬녕은 "청태淸泰 연간 초년(934)에 천태산에 들어가 구족계具足戒를 받았다."139 따라서 그는 천태종에 속한다. 지원은 찬녕과 동향이었고 같은 종파였다. 지원은 "평생 불교를 종지로 삼았고 다시 유학을 종지로 삼았다"140고 하는데, 그 점에서 찬녕과 같았다. 지원이 그랬던 데는 찬녕의 영향이 있었으리라 추정할 수 있다. 오자목吳自牧은 『몽량록夢粱錄』에서 항주 지역 역대 고승들을 기록하고 있는데, 찬녕 바로 다음에 "고산孤山 지원법사, 호는 중용자"라고 되어 있다. 이 기록이 위의 추정을 방증한다. 찬녕이 공자를 위해 왔다는 왕우칭의 말은 불교의 유학화를 말해주는 가장 유력한 증거다. '외학外學[불교 이외의 학문]'에 관한 찬녕의 저술은 유불의 상호작용을 보여주는 구체적 실례다.

특히 『송사』(권306) 본전은 손하가 "『사통』에 대한 반박駁史通』 10여 편을 지었다"고 기록한다. 그것은 분명 찬녕의 『사통』 비판』으로부터 직접적 영향을 받은 것이다. 어째서 감히 이렇게 단정할 수 있을까? 왜냐하면 왕우칭이 순화 3년(992) 지공거로 있을 때 진사로 선발된 사람이 바로 손하이기 때문이다. 대략 지도至道 원년(995)에 왕우칭은 「손하를 송별하는 서送孫何序」141를 썼고, 그는 이 글에서 손하가 "육경을 존숭하고, 제자백가를 배척하며, 낭당하세 한유韓愈와 유종원의 문도가 되었다"142고 말한다. 그런데 왕우칭이 처음으로 찬녕을 만나게 된 것은 찬녕이 입경入京해 『송고승전』을 바쳤을 때다. 『송고승전』은 단공端拱 원년(988) 10월에 편찬되었으므로143 찬녕이 입경한 것은 그 이듬해임이 분명하다. 『청상잡기』에 인용된 「찬녕에게 보내는 편지」는 왕우칭이 찬녕을 처음 만난 이후에 쓰였을 것이다. 따라서 『송고승전』 저작 시기와 왕우칭과 찬녕 두 사람의 관계를 종합해 추론해보면, 왕우칭이 찬녕의 『『사통』 비판』을 알게 된 이후에야 손하가 『사통』에 대한 반박』을 썼음이 분명하다.

유지기劉知幾(661~721)의 『사통』은 송대 초기에 그리 널리 유포되지 않았던 책이며 과연 인쇄본이 있었는지 또한 큰 문제다. 소식(1037~1101)은 '옛 유학자 선생들'의 말을 들었는데, 그들은 "젊었을 때 『사기』와 『한서』를 구하려고 했지만 얻지 못했다"고 한다.[144] 소식의 연대로 추산해보면, 저 '옛 유학자 선생들'은 손하와 왕우칭에 비해 10년 이상 젊었을 것이다. 그렇다면 그 당시에도 『사기』와 『한서』를 보기 힘들었는데, 하물며 『사통』처럼 보기 드문 책의 사정은 어떠했겠는가? 이 실례는 매우 진귀한 것으로 우리는 이를 통해 송 초 유불 사이의 교류가 어떻게 일어났고 서로 영향을 어떻게 끼쳤는지를 확인할 수 있다.[145]

앞서 우리는 진종과 인종 때에 『중용』이 불교로부터 유가로 들어오는 과정을 추측하면서 불교와 밀접한 관련을 맺는 몇몇 과거 시험관이 매개 인물이었을 가능성이 크다고 말했다. 하지만 이는 법률 용어로 말하자면 간접증거 circumstantial evidence라서 사안을 단정 짓기가 매우 어렵다. 이제 『사통』 건은 불교도(찬녕)가 유학 저작을 연구했음을 분명히 보여주고, 그런 저작은 불교도와 교류했던 사대부(왕우칭)의 소개를 통해, 불교를 배척했던 유학자(손하)에게까지 받아들여졌음을 보여준다. 이런 구체적 사례를 염두에 두고 다음 기록을 보자.

법조法照는 멋대로 교류하지 않았고, 화정和靖(임포林逋, 967~1028) 선생과 더불어 동시에 지원과 친구가 되었는데, 재신宰臣 왕흠약王欽若(962~1025), 왕수, 왕화기王化基(944~1010)가 그를 깊이 공경했다.[146]

법조 자신의 이력은 고증을 더 해봐야 하지만, 그는 지원과 조정의 사대부들을 연결하는 교량 역할을 하고 있었다. 조정의 사대부 세 사람은 관직이 재상(왕흠약, 왕수)이나 참지정사(왕화기)까지 올라서 위 인용문이 나온 『몽량록』은 그들을 '재신'이라고 표현한다. 왕흠약은 천희 원년(1017)에 재상으로서 '역경윤문사譯經潤文使'를 겸임했고, 1019년에는 전당으로 가서 지방장관을 지냈는데, 그때 막료들을 모두 데리고 천축영산天竺靈山에 가서 자운慈雲법사에게 『법화경』 설법을 청했다.[147] 왕수가 천성 8년(1030)에 동지공거 중 한 사람이 되었다는 이야기는 이미 했다. 오직 왕화기의 경우 그와 불교 사이의 관련을 더 고증해봐야 한다. 어쨌든 법조를 통해 세 사람 모두 직접 혹은 간접으로 중용자中庸子 지원과 그의 저작을 알게 되었고, 특히 왕수가 그랬을 가능성이 가장 높다. 위 기록은 『중용』이 불교에서 유교로 들어갔다는 것에 대해 분명한 실마리를 제공해주지는 않지만, 우리의 추측 범위를 좁혀주는 것은 사실이다.[148]

나는 이 절 서두에서 이렇게 말했다. 장재, 이정과 같은 도학자들이 배척했던 '불교'는 주로 사대부를 대상으로 삼는다고 말이다. 그들은 결코 불교에 정면으로 싸움을 걸지 않았다. 이 점에서 그들은 한유韓愈를 직접 계승하지는 않은 것이다. 이상 '방내'와 '방외' 측면에서 논증하고 분석함으로써, 내가 제시한 일련의 논단이 대략적으로는 분명해졌을 것이다. 그런데 일찍이 도학자들이 불제자와 직접 교류했다는 사실도 부인할 수 없다. 『정씨유서』 권3에는 이런 말이 있다.

> 선생은 어렸을 때 선객들과 많이 이야기를 하면서 그들 학문의 깊이를 자세히 알고자 했지만, 나중에는 더이상 묻지 않았다.[149]

이는 정이 초년의 이야기인데 '선객'은 승려들을 가리키지 '선禪'을 이야기하는' 사대부들을 가리키는 것은 아니다. "그들 학문의 깊이를 자세히 알고자 했다"는 정이 문인들이 사후에 과장한 말이다. 어렸을 때의 정이는 '구도'의 단계에 있었을 텐데, 어떻게 선사들과 이야기를 나누는 동시에 그 자리에서 그들의 '깊이'를 판단할 수 있었겠는가? 정호와 장재도 모두 그랬다. 그들이 초기에 불교와 접한 것이 사상사에서 어떤 흔적을 남겼을까? 이 역시 도학의 기원과 관련된 중요한 문제라 치지도외할 수 없다. 이에 한두 예를 들어 조금이나마 그 이면을 들춰보고자 한다. 주희는 말한다.

근래 『석림과정록石林過庭錄』을 보았는데, '이천[정이]이 어떤 승려에게 배운 후에 깨달음을 얻었고, 그후 그를 반대하고서 그의 설을 몰래 훔쳐 자신의 것으로 삼으니 그것이 낙학洛學이 되었다'는 상채上蔡[사양좌]의 말이 실려 있었다. 나 역시 처음에는 석림石林의 설이 믿을 만하지 않다고 생각했고, 상채의 그런 말이 어떻게 해서 생겨났는지 잘 몰랐다. 이전에 광로光老를 만났을 때 그가 어떤 승려가 지은 「이천거사에게 보내는 첩與伊川居士帖」을 보여주었고, 나중에 그 첩이 『산곡집山谷集』에 실려 있음을 보았다. 또 나중에는 이 첩에 붙어 있는 발문을 보았는데, 바로 승려가 반자진潘子眞(반순潘淳. 반흥사潘興嗣의 아들—원주)에게 보낸 첩이었다. 그 오류가 이와 같다. 그렇지만 당초 불학에는 존양存養의 공부가 없었고 당나라 육조 혜능 시대에 들어서야 처음으로 사람들이 존양을 공부하게 됐다. 당초 배움에는 자기 몸에서부터 시작하는 공부가 없었고, 이천에 와서야 비로소 사람들로 하여금 자기 몸에서부터 공부를 하도록 가르쳤다. 그래서 '이천이 불교의 설을 훔쳐와 자기 것으로 삼았다'고들 한 것이다.[150]

또한 그 아래 조목을 보면 문인이 이런 말을 한다. "영원이 반자진에게 보낸 편지를 요즘 사람들은 모두 이천에게 보낸 편지라고 간주하면서, 이천의 학문이 영원에게서 나왔다고 합니다." 따라서 위 인용문의 '어떤 승려'는 영원이었음을 알 수 있다. 이천은 젊은 시절 영원에게 가르침을 청한 적이 있었다. 위 인용 어록에서 석림은 엽몽득이고, 광로는 도광道光으로 호는 불조佛照였으며 효종과 육구연 형제 모두 그에게 선禪에 대해 물은 적이 있다.[151] 주희의 뉘앙스를 보면, 아마 그는 광로의 거처에서 영원의 첩帖을 직접 봤던 것 같다. 따라서 주희는 광로와 왕래가 있었을 것이다. 여기서 가장 주목할 점은 주희는 영원의 첩이 정이에게 보내진 것이 아니라는 사실만 밝힐 뿐, 정이가 영원한 테서 배워 깨달음을 얻은 일에 대해서는 부인하는 말을 한 마디도 하지 않았다는 것이다. 주희는 부인하지 않을뿐더러 더 나아가 정이가 깨달음을 얻은 것은 '존양 공부' 쪽이었다고 밝힌다. 사양좌는 정이의 고제高弟로서 스승 생전에 그 일을 들었고, 주희는 정학程學의 완성자로서 100년 이후에 그 사실을 다시 확인해주고 있으므로, 도학자의 수양 공부가 선종으로부터 도움 받은 바가 크다는 점이 분명하다. 더욱이 앞서 인용한 정이가 "어렸을 때 선객들과 이야기했다"는 기록은 그런 사실을 뒷받침하는 내적 증거가 된다.

영원이라는 인물에 대해 여기서는 깊이 고찰할 수 없고, 다만『심진집』끝 부록에 있는 영원의 「명교선사 수첩 제후題明教禪師手帖後」 2수로 추론해보건대, 그는 계숭과 동시대에 살았지만 그보다 약간 어렸고 정이보다는 스무 살 정도 많았던 듯하다. 또한 영원의 「명교선사 수첩 제후」 2수는 우리에게 새로운 증거를 제시하는데, 여기서 두 가지 사실을 추론할 수 있다. 첫째, 영원의 연령과 불교 내 지위 면에서 보면, 정이가 젊었을 때 그에게 가르침을 청했다는 것은 의문의 여지가 없다. 둘째, 영원은 계숭을 떠받들어서 먼저 불교에 대한 유가 사대부들의 오해와 공격에 대응했다. 정이가 찾아와서 가르침을 청했을 때, 영원이 계숭의 새로운 학설을 통해 알려주었으리란 것은 거의 피할 수 없는 사실이다. 이것이 바로 정이가 불교의 새로운 동향을 훤히 알았던 까닭이나. "그 무리[불교노] 가운데도 '불교는 결국 천하국가를 다스릴 수 없다'고 인정하는 사람들이 있다"고 정이가 말했던 것은 바로 그런 맥락에서였다. 이제 우리는 한 걸음 더 나아가서 이렇게 말할 수 있다. 그렇게 인정했던 불교도 가운데 영원과 계숭이 포함되어 있었다고 말이다.

장재를 예로 들어 불교 사상이 어떻게 해서 도학 속으로 직접 들어오게 되없는지를 설명해보겠다. 정이가 영원에게 그랬던 것처럼 장재가 선사를 직접 방문했는지 여부는 알 수 없다. 다만 장재는『중용』을 읽은 후 그다지 흡족하지 않아, 방향을 틀어 불교와 도교 서적에 몇 년간 침잠했다는 이야기가 여대림이 지은「횡거 선생 행장」에 보인다. 아마 그 이야기는 사실일 것이다. 앞서 인용한『이정유서』(권2 상)의 "어제 모임은 대체로 선불교를 이야기했다"는 구절 가운데, 여기서 다시 인용할 만한 구절이 있다.

> 요즘 분위기는 먼저 성명도덕을 말하면서, 앞서 알아야지 더욱 고명하다고 여기니 폐해가 더욱 심각하다.[152]

이 말에 따르면, 당시 유가 사대부 사이에서 선학禪學의 흡인력이 가장 컸던 부분이 바로 '성명도덕'이라는 '내성' 영역이었다. 바로 이 문제와 관련하여 장재는 명확한 견해를 제시했다.

> 도덕성명은 오래도록 죽지 않는 것이다. 자기 몸은 죽지만 이것은 영원히 존재한다.[153]

위 구절은 "몸은 죽어도 본성은 존재한다身死性存"는 불교적 관념을 글자 하나 안 고치고 그대로 유학으로 들여온 것임은 누구라도 쉽게 알 것이다. 그런데 그것이 장재의 중심 사상이기도 했다.『정몽正蒙』「태화편太和篇」편은 기氣의 모임과 흩어짐 면에서 "죽어도 없어지지 않는 것은 본성이라고 말할 수 있다"[154]고 하는데, 바로 위와 같은 의미다. 자세하게 분석해보면 장재와 불교 사이에 중요한 차이점이 있는 것은 당연하다. 장재는 개체의 '본성'이 사후에도 존재함은 인정하지 않는다. 다만 그는 전체적 '도덕성명'이 오래도록 죽지 않는다는 것만 긍정할 뿐이다. 왜냐하면 도덕성명은 인간 질서의 궁극적인 보증이기 때문이다. 장재가 불교적 요소를 유학으로 갖고 들어왔음은 이미 주희에 의해 밝혀진 적이 있다.

> 횡거[장재]는 불교의 윤회설을 배척한다. 하지만 [기의] 모임과 흩어짐, 응축
> 과 펼쳐짐을 말하는 곳에서 오히려 대윤회설과 같아진다는 데 그의 폐단이
> 있다. 왜냐하면 불교는 각 개인이 윤회한다는 것인데, 횡거는 한꺼번에 합쳐
> 버렸으니 여전히 대윤회이기 때문이다.[155]

이는 정말 한마디로 핵심을 말했다고 할 수 있다. 바로 이 '대윤회'설을 수
정하기 위해 정이는 『역』「계사전」의 '날마다 새로워진다日新'와 '낳고 또 낳는다
生生'는 관점에 바탕을 두고 '기의 시작과 끝'을 설명하지 않을 수 없었다.

> 무릇 사물이 흩어지면 그 기氣는 마침내 다하니, [이미 흩어진 기가] 다시 본
> 원으로 되돌아올 리는 없다. 하늘과 땅 사이는 마치 용광로와 같아서, 비록
> 만물을 낳더라도 그것들을 다 녹여버린다. 하물며 이미 흩어진 기가 어떻
> 게 다시 있게 되겠는가? 천지가 창조할 때 어떻게 이미 흩어진 기를 사용하
> 겠는가? 창조하는 것은 생성하는 기다. (…) 이것이 기의 끝과 시작이다. 열
> 리고 닫힘이 바로 역易이다. "한 번 닫히고 한 번 열리는 것을 변화라고 한
> 다."[156]

이 구절은 장재의 '대윤회' 이론을 반박하고 바로잡는 것임이 분명한데, 다
만 그 이름을 구체적으로 대지 않을 뿐이다. 그렇지만 "모인 것도 내 몸이고
흩어져도 내 몸이니, 죽어도 없어지지 않음을 아는 사람이라면 그와 더불어
본성에 대해 말할 수 있을 것이다"라는 장재의 말은 원래 불교로부터 그 신도
들을 이끌어오기 위해 제기된 말이었을 것이다. 왜냐하면 장재의 말은 개인의
사후 존재에 대해 일말의 여지를 남기고 있기 때문이다. "사물이 흩어지면 그
기는 마침내 다한다"는 정이의 설은 불교와 철저하게 갈라서는 것이기는 했지

만, 그로 인해 불교와 경쟁할 능력은 상실해버렸다. 하물며 당시 사대부 계층 가운데서도 사후 세계에 관심을 갖는 사람이 적지는 않았을 것이다.

게다가 북송 선종의 '도덕성명'설이 갖는 의미는 개인 생사에 대한 관심을 훨씬 넘어서는 것이었다. 왕안석은 설봉 의존의 "중생을 위해서 무엇을 했는 가!"라는 말로 인해 재상 자리에 나아가기로 결연히 마음먹었다. 그 행위는 '도덕성명'설을 최고로 체현한 것이다.[157] 황정견黃庭堅(1045~1105)은 「왕형공의 선간禪簡에 대한 발跋王荊公禪簡」에서 다음처럼 말한다.

> 형공[왕안석]의 불교학은 이른바 "용에 뿔이 없다고 생각하고 뱀에 다리가 있다고 생각한다"는 것이었다. 그러나 나는 왕형공의 풍모를 익숙하게 본 적이 있는데, [그는] 진실로 부귀를 뜬구름처럼 보아 재물이나 주색에 빠지지 않았으니 일세의 위인이었다.[158]

황정견은 왕안석이 비록 불학을 배우기는 했지만 출세간한 승려들과 같지 않게 항상 "어짊으로써 만물을 구원하는仁濟萬物" "성덕대업盛德大業"을 성취하려 했음[159]을 말한다. 신종은 왕안석의 사직을 만류하면서 "경이 짐을 위해 관직에 오른 것은 벼슬이나 봉록 때문이 아니라 오직 도술道術을 품어 민民에게 은택을 베풀 수 있어서였다"[160]고 했는데, 이는 "진실로 부귀를 뜬구름처럼 봤다"는 황정견의 말과 같은 취지에서 나온 말이다. '출세간'과 '입세간'은 그 뜻이 반대되지만 서로를 이뤄주기도 한다. 왕안석이 바로 그랬다. "어짊으로써 만물을 구원하고" "도술을 품어 민에게 은택을 베푸는 것"은 당연히 유가 고유의 것이지만, 그 정신적 동력에는 유교와 불교의 혼합체가 있었다. 그 가운데서 불교의 '도덕성명'은 분명 더욱 큰 비중을 차지했을 것이다.

우리는 북송 운문종의 입세전향과 유학화라는 특수한 배경 속에서 그 문제에 대한 해답의 실마리를 찾아야 한다. 계승은 인종 강정 원년(1040)에 '자연자自然子'라는 은자에게 '초야에서 유학자를 구하려는' 조정의 호소를 받아들이라고 강권한다.

> 자연자는 책을 읽어 요순의 도를 찾지만 자신만을 위한 것임에 틀림없구나! 뜻을 얻어 천하로 미루어 가서 다른 사람들과 그것을 공유해야 하니, 어쩔 수 없을 경우에만 산림에 처할 뿐이다. (…) 저 장저長沮와 걸닉桀溺이라는 자들은 소심하고 쌀쌀맞은 사람들로 자신만 선하게 여기고 스스로를 함양한 이들이다. 그들에게는 천하를 걱정하는 마음이 없었으므로 그들과 함께할 수 없다. 자연자는 이 점을 반드시 생각해야 한다. 도道가 산림보다는 천하에 있는 것이 더 낫다! 원숭이나 사슴보다는 군신과 부자와 함께 즐기는 것이 더 낫다![161]

이런 말이 선사의 입에서 나왔다는 것이 실로 믿어지지 않을 지경이다. 여기서 전달되는 메시지가 어찌 "천하의 걱정에 앞서 걱정하고 천하의 즐거움 뒤에서 즐거워한다先天下之憂而憂, 後天下之樂而樂"는 범중엄의 의식과 같은 것이 아니겠는가?

이정과 동시대를 산 또 한 명의 운문종 선사인 복창福昌 지신知信(1030~1088) 역시 이렇게 말한다.

> 모든 성현은 태어나서 죽기까지 중생을 위한 실천을 한없이 해냈다. 만족하지 않기를 소원했고, '만족'이라고 이름 붙이지도 않았다.[162]

이것은 자신을 제도濟度하기에 앞서 타인을 먼저 제도한다는 진정한 보살행인데, 인간 질서를 재수립하려는 당시 유학자들의 간절한 마음과 비교해보면 방법은 다르지만 귀착점은 동일하다. 당시 불교의 '도덕성명'설이 무수한 사대부의 영혼을 정복한 것은 결코 우연이 아니었다.

원풍 5년(1082) 사마광은 「서심경후증소감書心經後贈紹鑑」에서 말한다.

불서佛書의 핵심은 '공空'이라는 한 글자로 집약될 뿐이다. 어떤 사람이 양웅에게 "생과 사를 같이 보고 빈천과 부귀를 동일시하는 사람들이 있는데 어떻습니까?"라고 물었다. 양웅은 "그렇게 하는 사람들은 두려움이 있는 것이다"라고 대답했다. 이 경전(『심경心經』)은 "오온五蘊을 빛으로 비춰보니 모두 공이므로, 일체의 고통을 구원한다"라고 말하는데 양웅과 그 취지가 같다. 그렇다면 불교와 노장의 도는 모두 우환[의 해결]을 위해 쓰여야 하는 것이다![163]

원풍 7년(1084)에 사마광은 또 「불교와 노장釋老」이라는 짧은 글을 쓴다.

어떤 이가 "노장과 불교는 얻은 것이 있습니까?"라고 물었다. 나는 "있다"고 답했다. "무엇을 얻었습니까?" "불교는 공을 얻었다." (…) 어떤 이가 "공이면 사람들은 선을 행하지 않을 텐데 (…) 어떻습니까?"라고 말했다. 답한다. "그렇게 말해서는 안 된다. 공으로써 이기적 욕심이 없는 마음을 얻는 것이다. 선善이라면 죽더라도 썩지 않으니 공이 아니다."[164]

사마광의 유가적 입장은 의심할 수 없다. 그는 장재, 이정과 매우 밀접한 관계였다. 하지만 그는 오히려 불교의 '공'에서 취하는 점이 있었고 불교가 '우환을 없애기 위해 쓰여야 한다'고 생각하며, 사람들로 하여금 '이기적 욕심이 없는 마음'을 갖도록 한다. 이 점에서 사마광과 왕안석 사이에는 아무런 차이가 없다. 그들은 불교의 '출세간'적 정신으로 유가적 '입세간'의 사업을 했다고 볼 수 있다.

도학자들이 사대부들 속에서 '불교를 배척할 때' 가장 먼저 하고자 했던 것은 유가적 '도덕성명'설을 다시 세워 선종이 차지하고 있던 '내성' 영역의 독존적 지위를 대체하는 것이었다. 이에 대해 왕안석이 가장 먼저 분명하게 말했던 듯하다. 그는 「예악론」에서 말한다.

아! 예악의 뜻이 전해지지 않은 지 오래되었구나! 천하에서 생명을 배양하고 본성을 닦아야 한다고 말하는 사람들은 불교와 노장에 귀의해버렸을 뿐이다. 붓다와 노자의 설이 유행하고, 천하에서 예악을 행하는 사람들은 오로지 풍속에 순응할 뿐이다. 천하 사람들로 하여금 예악의 글을 좇도록 하되, 풍속에 따르는 것만을 일삼으면서 나라와 가문을 다스리려고 하는데, 이는 양나라와 진나라가 패망의 화를 입게 된 원인이다. 그렇지만 세상에는 그 점을 아는 사람이 없다. 왜 그럴까? 다만 예악의 의미는 커서 알기 어려운 반면 노자의 말은 친근하여 가볍고 쉽기 때문이다. 성인의 도를 제 몸에 체득하여, 여유롭게 인간사의 일 가운데 처하면서 인간들을 떠나지 않아야 한다. 붓다는 곧바로 곤궁과 고통을 비워버리고서 산림 속에서 홀로 있은 다음에야 그 몸을 선하게 할 수 있었을 뿐이다. 이로부터 보건대, 성인과 불교와 노장 가운데서 어느 것이 멀고 어느 것이 가까우며 어느 것이 어렵고 어느 것이 쉬운지 알 수 있을 것이다.[165]

이정이 한유의 연회에 참석한 후 했던 한탄이 바로 이와 동일하다. 왕안석의 「예악론」은 '중中'과 '화和'로써 예와 음악의 의미를 천명하며 아울러 생명을 주요 노선으로 채택한다. 더 나아가 본성性, 명命, 심心, 기氣 등의 관념을 조직하여, 유가적 '도덕성명'을 구축하려는 의도를 매우 분명하게 보인다. 그렇지만 왕안석의 종파적 의식은 그다지 강하지 않아서, 비록 유학을 주축으로 삼기는 했지만 불교와 도교를 도道의 바깥으로 배제해버리지는 않았다. 당연히 도학자들은 이런 입장을 받아들이려 하지 않았을 것이다. 따라서 엄격하게 말하자면, 유가의 '도덕성명'을 체계적으로 수립한 깃은 도학 득유의 공헌이었고 이 점이야말로 북송 유학사에서 획기적 의미를 갖는 것이라고 할 수 있다.

전체적 동향을 관찰하자면, 도학의 흥기가 북송 유학의 발전 중 최후 단계를 대표한다는 데 의문의 여지는 없다. 앞 절에서 이미 지적한 대로, 송 초기부터 시작하여 인종대에 이르러 일어난 고문운동은 첫번째 단계로서 '삼대'를 구호로 삼아 전면적으로 질서를 재수립해야 한다고 주장했다. 두번째 단계는 정치적 개혁의 모습이 출현하는 시기로서 경력 연간에 시작하여 희령변법으로 마무리된다. 즉 왕안석의 신학이 두번째 단계에서 유학의 주류를 대표한다. 세번째 단계는 시간적으로 앞의 두 단계와 겹친다. 그래서 장재와 이정 같은 초기 도학자들은 한편으로는 고문운동에 영향을 받았고, 다른 한편으로는 희령변법에 투신하기도 했다. 이 절은 한 걸음 더 나아가 송대 불교 내부에도 새로운 동향이 발생했음을 보여준다. 곧 송대 불교 역시 인간 질서의 1차적 중요성을 강조했다.

이런 동향은 사상적으로 유가 윤리에 대한 긍정을 통해 표현되거니와 앞서 서술한 바처럼, 총림叢林 제도 안에서도 나타난다. 곧 당시 사원의 일상적 질서와 정치적 질서 사이에 긴밀하면서도 미묘한 관계가 나타나기 시작했다. 바로 천위안陳垣(1880~1971)이 말했던 대로다.

송 왕실의 전성기와 남도南渡 시기에 임금과 재상 모두 삼보三寶[불佛, 법法, 승僧]를 숭상했다. 당시 고승들은 대부분 칙령을 받아 당堂을 열었기 때문에 [왕실을] 송축하는 제사를 지냈다. 제왕의 도와 조사祖師의 법이 모두 존중되었다.[166]

'당을 열어 송축했다'는 것은 선사들이 당을 열어 설법하기 전에 먼저 향을 피워 임금과 재상들을 축복했다는 말이다. 대혜大慧 종고宗杲(1089~1163)가 소흥 7년(1137) 7월 21일 임안 명경원明慶院에서 당을 연 장면은 매우 흥미로운 예다.[167] 소식의 시 「밤에 영락 문 장로의 사원에 가니, 마침 문 장로가 병이 나서 사원에 없었다夜至永樂文長老院, 文時臥病退院」를 보면 "병이 나서 당을 열지 못했지만 도는 더욱 높아졌다"[168]는 구절이 있다. 이로부터 그 제도가 북송대에 성행했음을 엿볼 수 있다. 그러므로 '외왕' 측면에서만 말하자면, 북송 유학자들에게는 이미 배척할 만한 불교가 없었다고 해야 한다. 그에 비해, 선종의 '도덕성명'설은 불교의 유학화와 승려의 사대부화로 인해 유가 사대부들 의식 속으로 널리 파고들었다. 이야말로 도학자들의 '불교 배척'에서 직접적 대상이었지만, 그것은 이미 유학의 내부에 자리 잡고 있었다. 도학자들은 유가적 '도덕성명'학 수립을 자신들의 주요 사명으로 삼았을뿐더러 기본적으로 그 사명을 성취했다.

그렇다면 도학자들이 사명을 완수한 이후, 사대부의 선풍禪風은 그때부터 완전히 일소되었을까? 그것은 또다른 문제였다. 북송대에는 정이가 "그것을 어찌할 수가 없다. (…) 맹자를 얘기한다 해도 어찌할 수가 없다"[169]고 했을 뿐만 아니라 순희 말년(1188~1189)에는 주희가 깊이 한탄하면서 이렇게 말한다.

> 불교의 가르침이 이토록 성하니 그 세력을 어떻게 꺾어버릴 수 있을까? 우리가 한 세대나 두 세대 동안 그것을 숭상하지 않도록 지키는 것은 이미 어려운 일이다. 세 세대 이후에는 반드시 불교에 의해 꺾여버릴 것이다.[170]

정이와 주희 두 사람의 비관적 언사는 당시의 사상적 상황을 잘 반영한다. "이학이 출현하자 불교가 곧바로 쇠퇴했다"는 후대의 평가가 얼마나 근거 없는 말인지를 이로부터 확인할 수 있다. 그렇기는 하지만 '도덕성명'을 새롭게 정비한 것은 도학자들 불후의 성과였다. 곧 도학자들은 불교 바깥에서 새로운 정신세계를 열었던 것이다. 도학(또는 이학)과 '내성의 학문'이 동일하다는 인식은 이런 근거에서 성립되었다.

이 같은 동일시에서 출발해 후대에는 상당히 보편적인 견해가 형성되는데, 곧 송대 유학이 바로 도학이고 도학은 오로지 '도덕성명'만을 중시했다는 견해다. 이뿐 아니라 맹자 이후 1000여 년 동안 도덕성명의 학문이 중단되었지만, '도덕성명' 그 자체는 스스로 독립적인 생명(이른바 '오래도록 죽지 않는 것長在不死之物')을 지녀서 절학絕學을 다시 이으려는 송대 도학자들의 노력을 통해 더욱 분명한 표현 방식을 가지게 되었고, 또한 외적 사상事象의 변동으로부터 아무런 영향을 받지 않는다는 견해까지 나왔다. 이런 견해는 원래 송대 이후 도통론의 '대서사grand narrative'에서 나온 것이었지만, 그것은 일종의 종교적 신앙을 함유하고 있어서 오늘날에도 여러 모습의 현대적 화신化身으로서 출현하고 있다.

이 책이 연구하는 것은 주희의 역사세계이므로 상술한 '대서사'에 대해 섣불리 평론할 수 없고, 더욱이 신앙에 대해 비판해서는 안 될 것이다. 내가 이 '대서사'를 언급하는 까닭은 '대서사'가 이 책의 논지와 현격히 달라서 조금이라도 설명을 하지 않으면 안 되기 때문이다. 여기서는 근본적 차이 두 가지만 설명하기로 하자. 첫째, '대서사' 속 '도덕생명(혹은 '내성')'은 일종의 초超시공적 정신 실체를 가리킨다. 그래서 어떤 때는 '도체道體'로 불리기도 한다. 이 정신적 실체는 영원한 존재로서, 사람에 의해 관찰되거나 깨닫게 되거나의 여부는 전혀 상관이 없다. 이런 이해에 바탕을 두기에 '대서사' 모델을 받아들이는 연구자들이 도학의 기원과 형성을 논할 때 종종 초시공적 방식을 채택하곤 하며, 구체적인 역사적 상황은 도외시해버린다. 이 책은 사학 연구이므로, 도학의 발생과 실제로 관련되는 일체의 문화·종교·정치의 힘을 가능한 한 추적하지 않을 수 없다. 그러므로 고문운동에서 개혁운동, 왕안석의 신학에서 한유韓維와 사마광의 '중화'논쟁, 불교 유학화에서 승려의 사대부화, 선불교에 대한 사대부의 호의로 조정이 진사들에게 『중용』과 『대학』을 하사했던 일에 이르기까지, 그 어느 하나라도 도학의 기원 및 정형화와 막대한 관련을 맺지 않는 것이 없다. 역사적 관점에서 말하자면, 이런 변동은 도학 형성에 내재하지 바깥에 있는 것은 아니다. 도학 내 형이상학적 명제의 제기 방식과 표현 방식역시 그런 힘들과 상호작용하면서 형성된 것이다.

둘째, '대서사' 모델을 받아들이는 연구자들은 '도덕성명'을 원만자족한 독립체로 바라보기 때문에 도학과 북송의 역사를 칼로 자르 듯 나눌뿐더러 더나아가 도학을 전체 유학으로부터 구분한다. 도학자들은 마치 갑자기 하늘에서 떨어진 존재가 된다. 곧 "하늘이 성현들에게 계시해주어天啓聖衷" 단박에 거슬러 올라가 맹자의 마음을 이어받았고, 마침내 "상하와 천지가 동류인"[171] '도덕성명'을 다시금 깨달았다는 것이다. 따라서 도학이 성립하는 데 역사적 도움이 있었음을 인정한다 하더라도 겨우 불교와 노장의 도움만 인정할 뿐, 송대 초기 이래 유학의 전체 동향과 도학이 아무런 관련도 없다고 여기며, 심지어 이정이 사상적으로 가장 큰 적으로 여겼던 왕안석의 신학은 아예 존재하지 않았던 것처럼 서술한다.

앞 절과 이 절에서 열거한 각종 증거는 분명 '대서사' 패러다임이 받아들일 수 없는 것들이다. 그래서 이 책은 별도로 가설을 세움으로써 그런 역사적 증거를 배열하여 도학의 출현을 이해 가능한 역사 현상으로 그려놓았다. 내가 참고할 수 있는 1차 사료들을 놓고 보면, 장재와 이정 같은 초기 도학자들의 관심은 바로 고문운동과 개혁운동 이래 줄곧 중시되어온 인간 질서의 재수립이었다. 그렇지만 그들은 왕안석의 신학이라는 도전에 직면하여 스스로를 위해 위대한 역사적 사명을 규정하게 된다. 그것은 바로 송대 초기 이래 유학자들이 공통으로 추구해온 이상적 질서에 영원불변한 정신적 기초를 놓는 일이었다. 왕안석이 자신의 변법 배후에 '도덕성명'이라는 근거가 있다고 거듭 강조하기는 했지만, 정이와 같은 도학자들에게 왕안석의 '도덕성명'은 여전히 불교적인 것으로 보였다. 왕안석의 기본 가설은 세계를 비어 있는 것으로 여기는 것이었기 때문이다. 그러므로 왕안석은 유학의 '도'를 진정으로 보지 못한 사람으로 여겨진다. 왕안석이 비록 유가의 언어로 '도'를 묘사하기는 했지만 실제로는 "탑을 바라보면서 상륜을 말하는" 데 불과하다고 여겨졌다.

한 걸음 더 나아가 왕안석의 '도덕성명'설을 고찰한다면, 왕안석은 모든 것을 포괄하는 '천도' 혹은 '천리'를 필요로 하지 않았던 것 같다. 그 두 가지는 인간 질서의 실현을 위한 객관적 보증이 되는 것이었는데도 말이다. 이 점은 왕안석이 '천명'을 맹종하지 않았다는 사실과 밀접한 관련이 있다.[172] 왕안석은 노자의 '도'에 대해 노자는 다만 '도'의 '자연自然' 부분 곧 '만물이 생겨나는 근거'만 봤을 뿐, '도'의 '인력人力' 부분 곧 '인력에 의거해 만물이 완성되는 것'은 보지 못했다고 비판한다. '인력에 의거해야만' 완성될 수 있는 '도'란 바로 인간 질서다. 그는 말한다. "성인은 (…) 반드시 네 가지 방법을 제어한다. 네 가지 방법이란 예, 음악, 형벌, 행정으로서 만물을 완성하는 수단이다."[173] 바로 이 때문에 왕안석은 '마음'의 지위를 부상시킨다. 그래서 "선왕의 도덕은 성명의 이치에서 나오고, 성명의 이치는 사람 마음에서 나온다"[174]고 말한다. 그는 '성인과 불교 및 노장'의 차이점에 대해 "같은 것은 도이고 다른 것은 마음이다"[175]라고 한다. 도학자들이 보기에 어디서부터 왔는지 모를 아무런 내용 없는 '마음'이야말로 왕안석이 불교의 '도덕성명'에 귀의했다는 참된 증거였다. 정이는 말한다.

『서경』은 '하늘의 차례' '하늘의 질서'를 말한다. 하늘에는 리가 있고 성인은 그에 따라 행동하니, 그것이 이른바 도다. 성인은 하늘을 바탕으로 삼고, 불교는 마음을 바탕으로 삼는다.[176]

우리는 이미 왕안석이 "성인은 마음에 바탕을 둔다聖人本心"는 설을 견지했음을 알고 있다. 그렇다면 정이는 이런 말을 표적 없이 한 것이 아니라 왕안석을 겨냥하여 비판한 것이다. 앞 절에서 우리는 왕안석이 '내성'으로부터 '외왕'으로 나아가려는 개혁 계획을 수립하려 했다는 것을 살펴봤다. 그렇지만 도학자들은 왕안석의 '내성의 학문'이 미숙하다고 판단했다. 그 핵심 부분은 여전히 불교적이었기 때문이다. 도학자들은 더 나아가 희령의 변법이 혼란에 빠진 까닭을 '내성'이 미숙한 데도 일거에 '외왕'을 추구한 데서 찾는다. 장재는 말한다.

배우는 과정인데도 공로 세우기를 먼저 뜻으로 삼는다면 곧바로 배움에 해가 된다. 뜻에 필연적으로 천착이 있게 되어, 뜻을 만들어서 일을 일으키기 때문이다. 덕이 아직 형성되지 않았는데도 먼저 공로 세우기를 일로 삼음은 목수를 대신해서 대패질을 하는 것이니, 손이 상하지 않는 경우가 드물다.[177]

이를 장재의 『어록語錄 중』의 대승상大丞相 구절[178]과 함께 보면, 위 인용문 내용은 왕안석을 가리킴이 분명하다. 그러므로 우리는 이렇게 단언할 수 있다. 도학자들이 전력을 다해 유가의 '내성'학을 발전시켰던 1차 목적은 인간 질서의 재수립을 위해 우주론 및 형이상학적 근거를 찾는 것이었다. 그것이 '하늘天'이든 '천리天理'든 혹은 '태극太極'이든 '태화太和'든 아니면 '태허太虛'든 상관없이 모두 그 점에 착안한 것이었다. 정이는 『서경』 「고요모皐陶謨」의 '하늘의 차례天敍' '하늘의 질서天秩'를 인용하고 있는데, 거기서 그들의 의도가 잘 드러난다. 북송 유학의 전체적 동향을 떠나서는 도학의 흥기를 제대로 이해할 수 없음은 의문의 여지가 없다. 다음 절은 이 점에 대해 한 걸음 더 나아가 논해 보기로 하자.

5. 이학과 '정치문화'

지금부터는 이학을 주체로 삼아 이학과 송대 정치문화 사이의 일반적 관계를 고찰한다. 특색 없는 논의로 흐르는 것을 피하기 위해, 몇 가지 관련 있는 중점을 선택하여 비교적 심도 있게 분석한다. 크게 여섯 항목으로 나눠 논의를 진행하지만, 전체로 봤을 때는 이학과 정치문화의 기본 윤곽이 드러나기를 바란다.

1) 도학과 '치도'—고문운동의 영향

앞서 제3절에서 도학이 그 형성기에 고문운동과 교류가 있었다고 언급했으나 상세히 이야기하지는 않았다. 이제 우리는 주희의 관찰에 바탕을 두고 도학의 기원 문제를 보충해보고자 한다. 소희 2년(1191), 정가학鄭可學이 '송 왕조에서 도학의 흥성'이 어떻게 변해왔는지를 묻자, 주희는 이렇게 답한다.

역시 점진적 과정이 있었다. 범중엄 이래 좋은 의론이 많았는데, 예를 들어 산동山東에는 손명복孫明復[손복]이 있었고 조래徂徠에는 석수도石守道[석개]가 있었으며 호우湖州에는 호안정胡安定[호원]이 있었다. 나중에는 주돈이, 정자程子, 장재가 나왔다. 따라서 정자는 평생토록 이런 몇몇 인물을 감히 잊지 못했고 항상 그들을 추존했다.[1]

이 구절은 매우 중요하다. 전조망全祖望은 이 구절에 의거하여 『송원학안宋元學案』을 보완·수정했는데, 「안정학안서록安定學案敍錄」과 「고평학안서록高平學案敍錄」에 수정 내용이 보인다. 그런데 범중엄, 손복, 석개, 호원 네 사람이 대체 어떤 의미에서 도학의 흥기를 추동했는지는 아직도 탐색이 필요한 문제다.

나는 가설을 설정하고서 논의를 시작하려 한다. 곧 도학 체계가 아직 정식으로 수립되기 이전에 도학자들은 필연적으로 '전前 도학 시기'를 거쳤다는 가설이다. 그들의 사상적 경향은 당시 시대적 영향을 더욱 잘 드러내는 듯하다. 그렇지만 자료의 심각한 제한으로 장재와 정이 두 사람만을 예로 들어 설명해보고자 한다. 여대림의 「횡거 선생 행장」을 보자.

선생은 (…) 빈邠 땅 사람인 초인焦寅과 사귀었는데, 초인은 병법 이야기 하기를 좋아했고 선생은 그의 말을 즐겼다. 강정 원년(1040) 전쟁이 일어났을 때 선생은 열여덟[오류. 『송사』 「본전」에 따르면 21세다]이었는데 분연히 공명功名을 세울 것을 목표로 삼고 범문정공[범중엄]에게 편지를 올려 알현했다. 범문정이 한번 보니 원대한 기량이 있음을 알고서 선생을 큰 인물로 이뤄주려고 했다. 그래서 선생을 꾸짖으면서 "유학자에게는 원래 명교名教가 있는데 어째서 병법을 일삼으려 하는가?"라고 말했다. 이어서 『중용』을 읽을 것을 권

했다. 선생이 그 책을 읽고 좋아하기는 했지만 아직도 충분하지 않다고 여겼다.[2]

장재[장횡거]가 범중엄을 알현한 것이 그의 나이 21세 때였음은 이미 제4절에서 말했다. 여대림의 「횡거 선생 행장」은 글이 간략하기는 하지만, 장재가 20세 전후로 "병법 이야기 하기를 좋아했고" 아울러 '공명'에 뜻이 있었음을 알 수 있다. 이런 경향은 10년 후 정이의 모습과 유사하다. 황우 2년(1050) 정이는 18세 때 「인종 황제에게 올리는 글上仁宗皇帝書」을 쓰는데 무려 3000여 언言에 달한다. 이는 정이가 '전 도학 시기'에 쓴 글 가운데 겨우 남아 있는 것으로 사료로서 가치가 매우 크다. 정이는 장재처럼 '병법'에 의거해 '공명'을 얻으려고 하지는 않았지만, 「인종 황제에게 올리는 글」에서 "병력을 충분히 해야 하고足兵" "식량을 충분히 갖춰야 한다足食"고 열심히 진술한다. 세상에서 급히 쓰이고 싶었던 정이의 심정이 지면에서 생생히 드러나는데, 그 간절함은 결코 장재 못지않았다. 정이는 말한다.

그러나 왕의 도를 행하는 것은 한두 마디로 말할 수 없으니, 한번 폐하를 직접 뵙고 제가 배운 바를 다 진술할 수 있기를 바랍니다. 혹여 [신을] 취하신다면, 폐하께서는 [신을] 옆에 두고 [신으로] 하여금 성실함을 다하도록 하십시오. 만약 [신이] 실제로 등용할 만하다면 폐하께서는 [신을] 크게 써주십시오. 만약 행하는데도 효과가 없다면 임금을 속인 죄에 해당되므로, [신은] 폐하가 내려주시는 벼슬과 봉록을 헛되게 받지는 않을 것입니다.[3]

이렇듯 정이가 벼슬길에 나아가는 데 급박하면서도 동시에 "크게 써주기"를 바랐던 것과 도학 성립 이후 견지했던 '출처出處'의 태도를 비교해보면, 마치 전혀 딴 사람인 것 같다.

세상을 구제하려는 장재와 정이의 간절한 지향을 당시 유학 일반의 상황

속에 놓고 보면 오히려 매우 자연스럽다. 북송 인종 경력~황우 시기(1041~
1053), 범중엄의 정신적 호소 아래 유학이 직접적 행동의 단계로 진입하기 시
작했음은 이미 제3절에서 살펴봤다. 당시 사대부 가운데는 국가의 부강에 대
한 관심으로 말미암아 세상에 나와 자기 기량을 시험해보고자 하는 자가 많
았다. 이구李覯(1009~1059)를 예로 들면, 그의 「부국책富國策」[4] 「강병책强兵策」
「안민책安民策」[5] 각 10수는 모두 보원 2년(1039)에 집필되었다. 그는 부필과 범
중엄 및 그 외 조정 사대부들에게 편지를 올려 스스로를 천거하는데,[6] 모두
강정~경력 연간(1040~1048)에 해당된다.[7] 따라서 장재가 범중엄을 알현한 것
이나 정이가 인종에게 글을 올린 것은 당시의 일반적 사풍士風에 영향 받은 것
으로 간주할 수 있다.

이제부터는 정이의 「인종 황제에게 올리는 글」에 드러난 사상적 내력을 대
략적으로 분석해보려고 한다. 첫째, 그는 "신이 배운 것은 천하 대중의 도大中
之道입니다"라고 말한다. '대중의 도'는 손복과 석개가 항상 썼던 말로, 이 책
제6장에서 예를 들어 설명하므로 여기서 중복하지 않겠다. 「인종 황제에게 올
리는 글」 마지막 단락은 이렇다.

한 무제는 제齊 선왕이 맹자의 설을 행하지 않아 왕자王者가 되지 못했다고
비웃었지만, 〔한 무제는〕 동중서의 방책을 쓰지 않았습니다. 수 문제는 한 무
제가 동중서의 방책을 쓰지 않아 도에 이르지 못했다고 비웃었지만, 〔수 문
제는〕 왕통의 말을 듣지 않았습니다. 두 임금의 혼몽함에 대해 폐하 역시
비웃었을 거라 생각합니다. 신은 비록 맹자, 동중서, 왕통만큼 현명하지는
않지만 신이 배운 것은 바로 세 선생의 도입니다.[8]

정이는 「명도 선생 행장」에서 말한다.

〔명도 선생 정호는〕 맹자가 죽은 다음에 성인의 학문이 전해지지 못했다고 생

각하여, 이 문화를 일으키는 것을 자신의 임무로 삼았다.[9]

정이는 장재의 「서명西銘」에 대해 논하면서 말한다.

횡거〔장재〕의 도는 지극히 높고 말은 지극히 진실하다. 맹자 이후의 유학자 중 그만큼 견식 있는 사람은 없었다.[10]

도학이 성립한 이후, 정이는 다시는 동중서董仲舒, 왕통, 맹자를 '도'의 같은 층위에 놓지 않았고 '세 선생의 도'라고도 칭하지 않았다. 그렇다면 정이는 어째서 그처럼 동중서와 왕통 두 사람을 추존했을까? 손복이 쓴 「동중서론董仲舒論」을 보자.

공자 이래로 양한兩漢 사이에 세칭 대유학자大儒로 맹가孟軻〔맹자〕, 순경, 양웅이 있었을 뿐이다. (…) 동중서에 이르러서는 〔그를〕 홀시하여 열거하지 않으니, 이는 시력에 미진한 데가 있어서인가 아니면 견식이 넓지 못해서인가? (…) 또한 동중서는 공자 문하에 그 공이 매우 크다. 그의 도를 자세히 보면, 멀리 유하游夏〔자유子游와 자하子夏〕에서 나온 것이다. 〔그는〕 효무孝武 황제〔한 무제〕에게 왕도의 실마리를 밝혀주었다. '덕에 맡겨야지 형벌에 맡기면 안 된다'는 그의 설로 말하자면, 이윤伊尹과 여상呂尙이라 할지라도 거기에 무엇을 더 보탤 것인가? 무릇 쓰였느냐 그렇지 못했느냐의 차이일 뿐이다.[11]

석개는 「한대에 대한 논의漢論 하」에서 "동중서가 힌민진限民田을 청했지만 쓰이지 않았다"[12]고 안타까워한다. 젊은 시절 정이의 동중서에 대한 인식은 전적으로 손복과 석개로부터 비롯했음을 여기서 확인할 수 있다. 왕통은 말할 나위도 없다. 왜냐하면 그는 송 초 고문운동 지도자들이 공통으로 추존했던 큰 스승이었기 때문이다. 완일阮逸은 「문중자의 『중설』에 대한 서文中子中說序」에서 이렇게 말한다.

유중도柳仲途(유개)는 앞서 그[문중자 즉 왕통]를 종주로 삼았고 손한공孫漢公
(손하)은 뒤에서 그를 널리 알리면서, 두 사람 모두 그를 성인이라고 말했
다.[13]

손복의 「신도당기信道堂記」와 석개의 「한유[韓愈]를 추존함[尊韓]」은 모두 왕통이
맹자 이래 도를 전한 대현大賢 중 한 명이라고 말한다. 정이는 왕통을 존숭하
면서 고문운동의 여러 학자에게서 영향을 받았는데, 특히 손복과 석개에게서
많은 깨달음을 얻었음은 의심할 여지가 없다. 주희는 말한다.

태종 시기, 당시 인사는 대부분 문중자를 숭상했다. 왜냐하면 조정의 일이
진작되지 못하는 것을 보고 문중자의 책이야말로 치도를 잘 말한다고 여겼
기 때문이다.[14]

'태종 시기'는 바로 유개와 손하가 가장 활발하게 활동하던 시대였으므로,
여러 고문운동 학자가 왕통을 추존한 것은 주로 왕통이 '치도'를 잘 말했다고
여긴 까닭이다. 젊은 시절의 정이가 왕통을 인용하면서 자신의 도와 왕통의
도가 같다고 주장했던 것은 당연히 그런 지적知的 상황을 알고 있었기 때문이
다. 정이는 나중에 자신의 어록에서 여러 번 왕통을 언급하는데 칭찬도 하고
비판도 한다.

문중자는 원래 은둔한 군자였는데, 세상 사람들이 종종 그의 의론을 얻으
면 이를 모아 책으로 만들었다. 그 가운데는 뛰어난 격언도 있어서 순자와
양웅도 그런 수준까지는 말하지 못했다.[15]

마지막으로 「인종 황제에게 올리는 글」 한 단락을 인용해보자.

도는 반드시 나에게 충족된 다음에 타인에게 베풀어집니다. 그래서 도는 크게 완성되지 않으면 구차하게라도 쓰이지 못합니다. 자기 몸을 사사로이 여기지 않고 때에 따라 일어서는 사람들이 있습니다. 나아가고 물러섬에는 정해진 원칙이 없고 오직 도덕 원칙만이 관여할 뿐입니다. 이른바 "도는 크게 완성되지 않으면 구차하게라도 쓰이지 않는다道非大成, 不苟於用"는 것은 안회와 증삼 등을 말하는 바입니다. 하늘의 대명大命이 공자에게 있었기 때문에, 그들은 스스로 몸을 선하게 하면서 성인의 경지에 이르지 않으면 출사하지 않았습니다. 태평한 세월에 처하여 벼슬길에 나아가지 않는 것 역시 그렇습니다. "자기 몸을 사사로이 여기지 않고 때에 따라 일어선다"는 것은 제갈량과 신[정이]을 말합니다. 제갈량은 유비의 삼고초려에 감격했고 도탄에 빠진 민民의 고통을 불쌍히 여겼기 때문에, 천하를 삼대로 되돌릴 생각을 했던 것이니 도덕 원칙상 혼자만 편안할 수 없어서 일어섰습니다. 신과 같은 자는 태어나서 성명聖明한 임금을 만났으나 천하에는 위기와 혼란의 걱정거리가 있으니, 도덕 원칙상 어찌 구차하게 제 한 몸만 선하게 하면서 폐하를 깨우치는 말을 한마디도 하지 않을 수 있겠습니까? 그래서 "나아가고 물러섬에는 고정된 원칙이 없고, 오직 도덕 원칙만이 관여한다"고 말합니다.[16]

이 문장의 전반부에서 "도는 반드시 나에게 충족된 다음에 타인에게 베풀어진다"고 말하는데, 이는 '내성'을 먼저 한 다음에 '외왕'을 할 수 있다는 관점이다. 바로 이 지점에서부터 방향을 바꾸어 도학의 단계로 들어서는 것이다. 여기서 언급되는 문제는 정이가 도학을 완성한 다음에 다시 출현하고 있으므로 선후 단계 사이 연속성을 이해하는 데 매우 도움이 된다. 따라서 여기서 먼저 인용하고 비교는 다음 절에서 할 것이다. 지금은 제갈량의 문제만 이야기하자. 이때 정이는 제갈량을 전적으로 인정하면서 아울러 "천하를 삼대로 되돌릴 생각을 했다"고 그를 추존한다. 『문중자 중설文中子中說』 권1 「왕도편王道篇」에는 이런 말이 나온다.

문중자가 말했다. "만일 제갈량이 죽지 않았다면 예악이 흥했을 것이다!"[17]

정이의 '삼대'설은 곧 "예악이 흥했을 것이다"라는 말에 바탕을 둔다. 그래서 나중에 문인이 특별히 그 구절을 인용하면서 정이에게 묻는다. "제갈량이 그런 말에 해당될까요?" 정이는 이렇게 답한다.

예악이라면 감히 그에게 바라지 못한다. 제갈량은 다만 왕의 보좌에 가까웠을 뿐이다.[18]

다른 곳에서 정이는 또 다음처럼 말한다.

제갈공명에게는 왕을 보좌하려는 마음이 있었지만, 도는 다하지 못했다.[19]

전기와 후기 정이의 제갈량 평가에는 상당한 거리가 있음이 분명하다. 그러나 만년에 지은 『역전』에서는 정이의 마음속에서 제갈량이 차지하는 위치가 다시 상승한 듯하다. 정이는 "믿음을 두고 도를 지켜서 밝히면 무슨 허물이 있는가?"[20]를 해설하면서 말한다.

옛사람 가운데 그것을 행한 사람으로 이윤, 주공, 공명[제갈량]이 있다. 모두 덕이 민에게 미쳤고, 민은 그들을 따랐다.[21]

이 말은 매우 높은 평가라고 해야 할 것이다. 그러므로 정이가 초년에 제갈량을 인정한 연원은 왕통의 『중설』에서 찾아야 할 터이고, 이는 정이가 아직도 고문운동의 틀 속에 있었음을 의미한다.

이뿐 아니라 석개는 「계책을 귀히 여김貴謀」에서 고대 제왕의 성공이 '성현의 계책'에 의지했음을 논한다.

> 유비는 제갈량의 계책을 쓸 수 있어서 파巴, 촉蜀에서 왕이 되었다.[22]

정이는 이 글을 읽었을 가능성이 매우 높다. 당시 석개의 시문은 널리 전파되었고 영향력도 극히 컸기 때문이다. 경력 3년(1043), 소식은 겨우 7~8세 때 멀리 사천四川에 있으면서도 석개의 「경력성덕송慶曆聖德頌」을 얻어 읽었고,[23] 곧 외울 수 있었다고 한다. 이 시는 범중엄이 이끄는 개혁운동을 고취하는 작품으로서 질서를 재수립하려는 사대부 계층의 열정을 가장 잘 고양시켰다. 소식은 어린아이였으면서도 그 시의 영향을 받았다.[24]

정이의 감수성을 생각해보건대 석개의 글이 그에게도 유사한 자극을 주었으리라는 것은 상상하기 어렵지 않다. 경력 6년(1046) 2월 장방평張方平은 과거 시험의 '문장 변화'를 논하면서 말한다.

> 태학太學이 성대하게 세워짐에 이르러 강관講官 석개가 더욱 존경을 받게 되었는데, 그는 옛것을 좋아해서 점차 [그것이] 학풍이 되었다. 기괴하고 황당한 것, 비난 비방을 드높였고, 방탕하고 추잡한 일을 우러러봄으로써 더욱더 규범을 넘어서게 되어 후학들을 미혹되게 하고 오도했다. 조정은 그런 현상을 싫어하여 여러 차례 조서를 내려 간절하게 훈계했으니, 힉자들은 방종하기를 즐겨 스스로 되돌아오는 예가 드물었다.[25]

황우 2년(1050), 정이의 부친 정향이 국자박사國子博士가 되자(「인종 황제에게 올리는 글」을 보라), 정이는 부친을 따라 서울에 거주했고 "한가로이 태학에서 공부했으며", 나중에는 호원이 정이를 특별히 칭찬하면서 발탁했다.(「이천 선생 연보」) 당시는 석개가 세상을 떠난 지 이미 5년이 흐른 때였지만 그의 글은 여전히 서울에서 유행하고 있었을 것이다. 지금 정이의 「인종 황제에게 올리는 글」을 읽어보면, 그 역시 '괴이' '황당' '방탕', 그리고 '규범을 넘어선다'는 비판에서 자유롭지 않았음을 알 수 있다. 따라서 석개가 정이에게 끼친 영향은 비단 사상적 측면만이 아니라 문장의 풍격까지였을 것이다.

정이는 인종 황제에게 글을 올렸지만 "윤허를 얻지 못하고不報" 끝났으므로(「이천 선생 연보」), 그 글이 어떤 영향을 끼쳤다고 할 수는 없다. 그렇지만 다행히도 이 글이 남아 있어서 도학과 고문운동의 역사적 연원을 고찰해볼 수 있고, 앞서 인용한 주희의 관찰을 실증할 수 있다.

주희는 또 말한다.

> 본조에서 손복, 석개 등이 홀연히 나와서 공평하고 바른 이치를 잘 밝혔다. 앞선 왕조에는 이런 사람들이 없었다. 한퇴지에서 이미 5할五分 정도 나오긴 했으나, 〔퇴지는〕 다만 문장만 말했을 뿐이다. 만약 이후에 관關과 낙洛 지방의 여러 공公이 출현하지 않았다면 〔손복, 석개 등은〕 제1급의 인물들이었을 것이다.[26]

이 조목은 도학의 기원 문제를 해결하는 데 많은 시사점을 제공한다. 앞 절에서 지적한 대로, 도학은 결코 한유[한퇴지]를 직접 계승해 성립된 것이 아닌 11세기 유학 전체 동향의 최종 결과물로 간주되어야 한다. 주희가 한유를 논하면서 '5할'이라고는 했지만 그것도 '문장'에 불과할 뿐이라고 한 만큼, 주희가 보기에 한유는 손복과 석개에도 훨씬 못 미치는 인물이었다. 황진黃震(1213~1280)은 주희의 서술에 바탕을 두고서 도학의 기원 문제에 관해 극히 명확한 결론을 내린다.

송나라가 일어선 지 80년, 안정安定 호胡 선생, 태산泰山 손孫 선생, 조래徂徠 석石 선생이 처음으로 스승의 도로써 올바른 학문을 밝혔고, 이어서 염락濂 洛[염계와 낙양 즉, 주돈이와 이정二程]에 이르러 정밀해지기는 했지만 실제로는 세 선생에서부터 시작했다. 하여 회암晦菴(주희)은 "이천[정이]은 감히 세 선생을 잊지 못했다"는 말을 했다. 나는 이미 이락의 서적을 베껴서 읽었으나, 결국 조래[석개]와 안정[호원]의 독실한 학문으로 [이락의 학문이] 발원한 곳을 미루어봄으로써 뿌리와 본원으로 돌아가려는 의도를 보이고자 한다.[27]

"발원한 곳" "뿌리와 본원으로 돌아간다"는 말 모두 애매함이나 의심이 전혀 없는 단정으로, 송대 이학의 문헌을 체계적으로 정리한 황진의 입에서 나온 말임을 생각한다면 등한시할 수 없다.

그렇지만 여기서 우리는 매우 곤란한 지점과 만난다. 호원, 손복, 석개 세선생이 '내성'의 깊은 곳에 들어간 적이 없음은 모두가 알 수 있는 사실이다. 심지어 그들에게는 전력을 기울여 '내성' 영역을 개척해야 한다는 의사를 표현하는 글조차 남아 있지 않다. 그렇다면 날카로운 황진의 논변은 대체 어떤 객관성이 있을까? 이 수수께끼를 풀기 위해서 우리는 먼저 이런 질문을 던져야 한다. 전체를 봤을 때, 이 '세 선생'의 유학에서 공통 특징은 무엇일까? 뜻밖에도 매우 다행스러운 점은 주희가 우리를 위해 무척 분명한 해답을 제시해준다는 사실이다.

이정이 아직 나오지 않았을 때 호안정[호원], 손태산[손복], 석조래[석개]가 있었는데, 그들의 경전 해설에는 매우 소략한 점이 있었으나 치도를 미루어 밝힌 점을 보면 실로 늠름하여 경외할 만하다.[28]

"치도를 미루어 밝혔다"는 것이 '세 선생'의 유학 가운데 가장 핵심적이고 중요한 특징이기도 하다. 만약 도학 또는 이학이 "발원한 곳"이 '세 선생'이라면,

"치도를 미루어 밝혔다"는 것은 필연적으로 도학의 가장 중점적인 관심 대상이 된다. 그러므로 문제는 매우 분명하다. 우리에게는 관념상 "코페르니쿠스적 전환"이 필요하다. 오랫동안 도통道通 '대서사大敍事'의 침투 아래 일찍부터 우리는 부지불식간에 도학 또는 이학이 오로지 심, 성, 리, 기와 같은 '내성'의 학문만을 중시하는 것으로 이해해왔다. "치도를 미루어 밝히는" '외왕'의 학문의 경우, 도학 또는 이학이 완전히 관련 없지는 않지만 단지 주변적 위치만 차지하는 것으로 여겨졌다. 이런 이해는 현대의 학문 분류 속에 더욱 분명히 드러나서, 도학 또는 이학은 철학의 영역으로 들어가버렸다. 보통 이야기되는 '송명 이학'은 실제로는 이미 '송명 시기 중국 철학'과 동의어가 되었다.

　나는 앞 제2절에서, 도학 또는 이학이 철학의 영역으로 들어가버린 것은 2차에 걸친 분리의 결과라고 지적했다. 먼저 도학을 유학에서 분리하고, 그다음 '도체'를 도학에서 분리해내는 것이다. 이런 분리 과정에서 드러나는 역사적 원인이 있지만 여기서는 설명하지 않겠다. 오직 내가 강조하려는 역사적 논점은 주희나 황진의 이해 속에서는 도학 또는 이학이 그런 이중 분리를 겪지 않았기 때문에, 그들이 그 개념을 사용했다 하더라도 의미는 오늘날 우리가 알고 있는 것과는 다르다는 사실이다. 그렇지 않다면 '세 선생'은 도학 또는 이학이 '발원한 곳'이 될 수 없을 것이다. 우리는 관념상 근본적 조정을 한 다음에야 비로소 "치도를 미루어 밝히는 것"이 송대의 도학 또는 이학에서 중심 의미를 지녔음을 분명히 파악할 수 있다.

　이 책은 송대 유학의 전체적 동향이 '질서의 재수립'이고, '치도(정치 질서)'가 그 시점이라고 판단한다. 비록 도학은 '내성'을 그 분명한 특색으로 하지만, '내성'의 궁극적 목적은 한 사람 한 사람이 성현이 되는 것이 아니라 합리적 인간 질서를 재수립하는 것이다. 선진先秦 유학의 용어로 표현하자면, 바로 '천하무도天下無道'를 '천하유도天下有道'로 바꾸는 것이다. 그러므로 도학은 반드시 전체 송대 유학의 일부분으로 간주되어야지 그로부터 분리된 다른 부류로 여겨져서는 안 된다. "치도를 미루어 밝힌다"는 주희의 말은 상당히 풍부한 계발성을 갖는 만큼, 우리는 그로 인해 도학이 리, 기, 성명의 탐구와 동일하지 않다는 사실을 알 수 있다.

그렇지만 주희의 말 한마디만으로는 이 글의 논점을 충분히 뒷받침할 수 없다. 따라서 '도학' 개념이 처음 출현했을 때의 내용을 검토해봐야 한다. 장광후이姜廣輝는 「송대에서 도학 명칭 정립의 기원宋代道學定名緣起」에서 진렴陳濂이 소희 2년(1191)에 지은 「유지 선생 학업전儒志先生學業傳」을 인용한다.

황우 연간의 현량賢良 유지 선생 왕경산王景山은 이름이 개조開祖이고 (…) 지은 책은 대부분 출판되지 않았는데, 오직 『유지儒志』 한 편만은 문하의 제자들이 전하고 익혔다. (…) 가장 마지막 장은 이렇게 말한다. "맹자 이래 도학이 밝혀지지 못하여, 나는 요순의 도를 조술하고, 문왕과 무왕의 통치를 논하며, 음란과 사악의 길을 막고, 황극皇極의 문을 열고자 했다." (…) 경력·황우 연간(1041~1053), 송나라가 일어선 지 100여 년이 되었을 때 경학이 쇠미하고 이락 선생[정호·정이]은 아직 일어나지 않았는데, 경산만이 홀로 핵심을 연구하고 깊이 사색하며 경전의 숨은 의미를 밝혀 '도학道學' 두 글자를 창도하여 용어로 만들었다. (…) 그후 40여 년이 흐르자, 이락의 유학 종사宗師들이 비로소 나왔다.[29]

또한 장광후이는 허급지許及之가 건도 8년(1172)에 지은 「유지 선생 상찬儒志先生象贊」을 인용한다.

공은 (…) 황우 연간 계사년(황우 5년, 1053)에 급제했는데 당시 징해鄭獬가 장원을 차지했다. (…) 염락에서 아직 일어나기 전 이학理學이라는 용어를 썼다.[30]

이는 매우 중요한 발견으로, 주돈이·장재·이정의 도학이 아직 성립하기 전에 이미 유지 선생 왕개조王開祖가 '도학'이라는 용어를 사용했음을 증명한다. 그런데 더욱 주목할 점은 다음이다. 왕개조의 마음속에 있던 '도학'은 명백히 "요순의 도를 조술하고, 문왕과 무왕의 통치를 논하는 것"이었는데, 어째서 진렴과 허급지는 이구동성으로 왕개조가 이락 도학의 선구자였다고 강조했을까? 진렴과 허급지는 모두 주희 시대에 활약했던 사람들이고, 특히 허급지는 정치적으로 이학 진영에 속했던 적이 있으므로(상세한 내용은 하편을 참조하라), 그들의 견해에는 분명히 근거가 있었을 것이다.

이제 『송원학안』이 인용하는 왕개조의 학문에 관한 말을 보면, 그는 확실히 심心, 성性, 정情 등의 개념을 논하고 있다.[31] 왕개조는 의식적으로 '내성'과 '외왕'을 관통시키려 했고, 그 방법은 장재 및 이정의 것과 매우 유사했으리라 추측할 수 있다. 하지만 그가 '내성'의 성취를 중시한다 하더라도 최종 목적은 여전히 '요순의 도'와 '문왕 무왕의 통치'를 재확립하는 것이었다. 진렴과 허급지가 이해한 이락의 도학은 대체로 이러했고, 이는 "치도를 미루어 밝힌다"는 주희의 설과 합치한다.

한 걸음 더 나아가 초기 도학자의 견해를 보자. 장재는 「범손지에게 답하는 편지答范巽之書」에서 다음과 같이 말한다.

조정은 도학과 정치술政術을 두 가지 일로 여기는데, 이는 바로 옛날부터 걱정해온 것이다. 그대[범손지]는 공자와 맹자가 자신이 체득한 것을 미루어서 천하에 베풀었다고 생각하는가, 아니면 하지 않은 일을 갖고서 억지로 천하에 시행했다고 생각하는가? 무릇 군주와 재상은 천하에서 부모가 되는 것을 왕도王道로 여기는데, 부모의 마음을 백성에게 미루어 갈 수 없다면 왕도라고 할 수 있겠는가? (…) 만일 우리 군주가 천하 사람들을 마치 어린아이처럼 사랑한다면, 통치의 덕이 날로 새로워지고 벼슬길에 오르는 사람은 반드시 좋은 사士일 것이니, [도학과 정치술은] 반드시 길을 달리하지 않더라도 제왕의 도가 완성될 것이고, 배움과 정치술은 마음을 두 가지로 하지

않아야지만 완성될 것이다.[32]

　도학과 정치술은 동전의 양면이어서 애초에 분리될 수 없다. 장재는 이런 생각을 더없이 철저하게 말하고 있다. 원우 원년(1086), 정이는 「태황태후에게 올리는 글上太皇太后書」에서 말한다.

　신이 속으로 가만히 생각해보건대 유자儒者는 도학으로써 인주를 돕습니다. 비상한 경우라도 신이 스스로 택하는 것은 그것을 넘어서지 않을 것입니다.[33]

　어째서 "도학으로써 인주를 돕는 것"이 유학자 최고의 소원이었을까? 도학의 최대 임무는 '치도'를 확립함으로써 '천하무도'를 '천하유도'로 바꾸는 일이었기 때문일 것이다. 정이는 「명도 선생 표묘」에서 "도가 행해지지 않으니 100세대 동안 선한 통치가 없었다"고 말했는데, 이것이 바로 "도학으로써 인주를 돕는다"는 말의 근거였다. '도와 통치'는 반드시 일치해야 한다. 이 점에서 정이는 장재와 같다. 만약 장재와 정이가 사용했던 '도학' 개념으로부터 '치도'를 분리해낸다면, 앞서 인용한 두 구절을 이해할 길이 없어진다.[34]

　우리는 다음 사실을 기억해야 한다. 유가는 사후 세계를 믿지 않고, 그들의 정신세계는 저 유일한 '우주'에 의탁한다. 어떤 사람이 주희에게 "천지가 무너질까요?"라고 묻자, 주희는 이렇게 답한다.

　무너지지 않을 것이다. 다만 생각해보건대 사람들의 무도함이 극에 이를 때 모든 것이 융합하고 한 차례 혼돈 상태가 되어 사람과 사물이 다하겠지만, 또다시 새롭게 일어날 것이다.[35]

　위 구절은 도학자들이 어째서 그토록 오매불망 '도가 있는' 인간 질서를 세우려고 했는지, 아울러 '치도'의 확립부터 시작하려고 했는지를 충분히 설명 해준다. 도학자들은 이런 책임을 '사士' 계층의 어깨 위에 두었기 때문에, 그들 은 군주와 더불어 "함께 천하를 다스리는同治天下" 사람들일 수 있었다.[36]

2) 이중 논증과 맹자의 영향

도학자들은 고문운동으로부터 질서 재수립이라는 역사적 임무를 이어받았 지만, "치도를 미루어 밝히는" 면에서 그들은 호원·손복·석개에 비해 훨씬 더 멀리 나아갔다. 그들은 '내성'학의 새로운 근거를 확보했기 때문이다. 질서 재 수립은 정말로 가능성이 있는가? 질서 재수립 노력이 무위로 끝나지 않으리 라는 것을 어떤 근거가 보증할 수 있을까? 위로는 황제부터 아래로는 일반 사 대부까지 그런 의문을 갖지 않을 수 없었다. 만일 "함께 천하를 다스리는" 황 제와 사대부에게 확고한 신념이 없다면, 질서 재수립은 행동 단계로 나아갈 수 없다. 왕안석은 정호 및 장재를 포함한 사대부들과 신종을 설복했기에 희 령변법이라는 거대한 행보를 내딛을 수 있었다. 도학자들은 정치적으로 왕안 석과 갈라선 이후, 방향을 틀어 더욱더 '내성외왕의 도'에 침잠함으로써 질서 재수립을 위해 먼 길을 떠날 준비를 한다. 왜냐하면 그들은 시종일관 '신법'의 실패 원인이 잘못된 '신학新學'에 있다고 인정했기 때문이다.

도학자들은 상술한 의문을 해소하고 더욱 확고한 신념을 세우기 위해 질서 재수립에 관한 이중적 논증을 발전시켰다. 첫번째는 우주론적·형이상학적 논 증으로, 인간 질서를 위해 정신적 기초를 놓는 것이다. 두번째는 역사적 논증 으로, 사람들로 하여금 합리적인 인간 질서가 과거에 이미 출현한 적이 있다 고 믿도록 하는 것이다. 그 질서는 후대 유학자들의 '추상적 언사空言'가 아니 라 먼 옛날 '성스러운 군주와 현명한 재상'이 이미 행하여 효과를 보았던 '실제 사건實事'이다. 이런 이중 논증은 과거로부터 계승된 것이었지만 도학자들에 의해 더욱 철저하고 체계적으로 발전한다. 우리는 한 걸음 더 나아가 문헌 고 찰을 통해 이렇게 지적할 수 있다. 도학자들이 도움을 가장 많이 받은 경전은

『맹자孟子』였다. 왜냐하면 맹자야말로 이중 논증을 사용한 최초의 유학자였기 때문이다. 정호가 죽은 후, 정호의 벗과 제자들을 포함하여 정이까지 모두 정호에 대해 "맹자가 죽은 이후 성인의 도를 전한 사람은 그분 한 사람뿐"[1]이라고 말한다. 장재의 학문이 완성된 이후에는 "식자들이 [그를] 맹자와 비견했다"고 한다.[2] 이런 말들은 모두 입에 발린 찬사가 아니었다. 그래서 나는 이 소절小節에서 왕안석의 사례와 함께 맹자의 영향 문제를 간단하게 논하려 한다. 왜냐하면 정이와 장재 이전에 이미 왕안석은 "『회남잡설淮南雜說』이 처음 나오자 보는 사람들이 [그 즉 왕안석을] 맹자로 여겼다"[3]는 소리를 들었기 때문이다. 이는 언급할 가치가 없는 사소한 이야기 같지만 실은 송대 유학의 전체 동향을 가늠하는 지표다.

이제 우주론적 형이상학적 논증을 먼저 설명해보자. 정호는 장재의 「서명」에 대해 말한다.

학자들은 먼저 인仁[어짊]을 인식해야 한다. 인이란 혼연히 만물과 한 몸을 이루는 것이다. 의義, 예禮, 지知, 신信은 모두 인이다. 이런 리理[인]를 인식하여 성실하고 경건한 태도로써 보존할 뿐이지, 검증을 피하려 해서도 안 되고 억지로 찾으려 해서도 안 된다. (…) 이 도道[인]는 만물과 대립하지 않고, 크기 때문에 이름을 붙일 수 없으니, 천지의 작용이 모두 나의 작용이 된다. 맹자는 "만물이 모두 나에게 갖춰져 있다萬物皆備於我. 몸을 돌이켜 성실하다면 매우 즐거울 것이다"라고 말하니, 만약 몸을 돌이켜 성실하지 않다면 그 두 가지가 서로 대립하여 나를 저기에 합치하려 하지만, 결국 그런 일이 일어나지 않을 것이니 어찌 즐거울 수 있을까? 「정인訂頑」의 의도는 이런 핵심을 다 갖춰 말하는 것이다. 이런 의도를 보존한다면 다시 무슨 일이 있겠는가?[4]

'인'은 곧 '리(또는 '천리')'로서 우주에서 운행하는 일종의 정신적 실체이고,

천지와 만물(사람을 포함하여)은 모두 그 범위 안에 있다. 성선설에 근거하면, 사람은 모두 이 '인'의 잠재적 능력을 갖는다. 일단 "몸을 돌이켜 성실하다면", 다시는 소아小我의 "형체로부터 뜻을 일으키지 않고"[5] "천지만물과 한 몸이 되어, 어느 것 하나 나 아닌 것이 없는"[6] 경지에 도달한다. 이는 분명히 "마음을 크게 하면 천하만물을 제 몸으로 삼을 수 있다"[7]는 장재의 말과 상통한다. "하늘과 땅을 가득 채우고 있는 것은 나의 몸이고, 하늘과 땅을 이끄는 것은 나의 본성이다. 민民은 나와 동포이고, 만물은 나와 함께한다"[8]는 「서명」(곧 「정완」)의 말은 그런 '인'의 관념을 구체화한 것이다. 그래서 정호는 「서명」을 "이런 핵심을 다 갖춰 말했다"고 평한다. 정이는 「서명」이 "리는 하나이되 나뉘어 서로 다른 것이 된다는 점을 밝혔다"고 강조하고, 그것은 "앞선 성인들이 미처 밝히지 못한 것을 확장한 것으로서 맹자의 '성선'설 및 '양기養氣'설과 공로가 같다"고 그 명성을 높인다.[9] "리는 하나이되 나뉘어 서로 다른 것이 된다"에 관해서는 뒤에 절을 따로 두어 논하고, 여기서는 더 설명하지 않기로 한다.

내가 우주론적·형이상학적 논증의 예로서 「서명」을 인용한 까닭은 두 가지다. 첫째, 「서명」은 이정 문하에서 이미 경전에 상응하는 지위를 얻어 『대학』과 나란히 놓였다.[10] 이정 문하의 고제高弟인 양시, 유초游酢, 윤돈尹焞 등은 이를 유가의 지극히 귀중한 경전으로 본다.[11] 둘째, 우리는 도학자들이 질서 재수립을 가장 중점적인 관심사로 두었다고 주장했으므로 사례를 들어 그 주장을 실증해야 한다. 「서명」은 그들의 이상 속 인간 질서를 구체적으로 표현한다. 우주 질서가 어떻게 인간 질서와 하나로 관통되는지(곧 '천인합일天人合一'), '내성'이 어떻게 '외왕'으로 통할 수 있는지에 대해 「서명」 속에서 실마리를 찾을 수 있다. 그렇지만 「서명」은 『정몽』 「건칭편乾稱篇」의 첫 단락에 불과해서 전편全篇 혹은 책 전체를 함께 읽어야지만 함축된 의미를 알 수 있을 것이다. 고립적으로 본다면 「서명」은 유토피아적 공상에 머물게 되고, 우리는 그 내용을 전부 다 이해할 수는 없게 된다. 남송 유학자 가운데는 「서명」의 잘못된 점에 대해 이야기하는 사람들이 많았는데, 그런 비판은 「서명」의 정치적 함의를 부각시킨다. 이에 대해서는 뒤에서 상론하기로 한다.

이정으로부터 주희, 장식 등에 이르기까지 이학자들이 「서명」에 보이는 열정은 더하면 더했지 줄어들지는 않았다. 이런 사실은 이학자들이 「서명」을 인간 질서를 위한 정신적 근거로 봤다는 사실을 설명해주고 질서 재수립이 그들의 최대 목표였음을 실증한다. 하지만 여기서 말하는 '정신적 근거'는 현대 사학 관점에서 나온 객관적 서술일 뿐이라는 점도 반드시 지적되어야 한다. 어쨌든 나는 '인체仁體' '천리' 등은 모두 이학자들의 참된 신앙이라는 점을 전적으로 인정한다. 이학자들은 구태의연한 설교를 위해 그런 개념을 말했던 것은 결코 아니었다.

다음으로 역사적 논증에 대해 간단히 설명해보고자 한다. 이는 이른바 앞서 제2절에서 논한 '도통'의 문제에 대한 것이다. 이 문제는 송대 초기 고문운동이 제기된 이래 주희에 이르러 해결을 봤다. 여기서는 보충으로 이정과 왕안석의 관점을 다룬 후 맹자의 영향 문제로 넘어가기로 한다. 희령 원년(1068) 정호는 「왕패 차자王覇次子」를 올린다.

폐하께서는 요순의 자질을 몸으로 가지고 있고 요순의 지위에 처해 있으므로, 반드시 요순의 마음을 지녀야만 그 도를 충족할 수 있습니다. 한당漢唐의 임금 중 칭송할 만한 사람들이 있지만, 그 인간됨을 따진다면 [그들은] 선왕의 학문을 배우지 않았고, 그 시대를 고찰한다면 모두 잡박雜駁한 정치를 행했습니다. 좁디좁은 견식에도 요행히 작은 평화小康를 이뤘지만, [그들이] 창제한 법도와 법통은 후세에 의해 계승되지 못할 것으로 모든 것이 그렇게 하기에 충분하지 않았습니다. 그런데 어진 정치를 바라면서도 평소에 그 수단을 강구하지 않거나, 그 도를 크게 밝혀놓고 나서 행하려고 한다면, 현실이 이상과 어긋나게 되어 결국 아무 성과도 없게 될 것입니다.[12]

『송사』권327 「왕안석전王安石傳」에는 이런 기록이 있다.

희령 원년(1068) 4월, 처음으로 황제를 알현했다. 들어가서 대면하자 황제가 통치에서 먼저 해야 할 일을 묻기에 답했다. "방법을 택하는 것이 먼저 해야 할 일입니다." 황제가 말했다. "당 태종은 어떤가?" 대답했다. "폐하는 요, 순 임금을 본받아야지 어떻게 태종을 본받으려 합니까?[13]

위 두 구절을 비교해보면, 왕안석과 정호의 말은 마치 한입에서 나온 듯하다. 비록 같은 해에 나온 말이기는 하지만, 그들이 사전에 같은 말을 하기로 묵계했다는 어떤 증거도 찾을 수 없다. 왕안석은 「요순보다 현명한 공자」에서 다음처럼 말한다.

옛날에 도가 복희에서 밝혀져 요순에서 완성되었고, 이어서 우왕·탕왕·문왕·무왕에 의해 커졌다. 이들 몇 사람은 모두 천자의 자리에 있었고 천하의 도가 점차 밝아지고 완비되도록 했다. (…) 복희가 이미 밝혔지만 그 법도가 아직 완성되지 않았는데, 요 임금에 이른 다음에 완성되었다. 요 임금은 성인의 법도를 완성할 수 있었지만 공자만큼 완비하지는 못했다.[14]

이런 '도통' 계보는 대체로 석개를 이어받은 것이었다. 석개는 「한유[퇴지]를 추존함」 서두에서 말한다.

도는 복희에서 시작되어 공자에서 마침내 완성되었다.[15]

복희를 '도'의 시조로 여기는 것은 석개가 특별히 강조한 관점인 듯한데, 손복이 상정하는 계보는 한유의 예를 따라 요순부터 시작한다.[16] 이는 왕안석이 석개의 영향을 받았다는 증거다. 당시 사람 대부분은 요순의 통치가 '역사적 사실'이라고 인정했다. 이러한 점은 당 태종 정관貞觀의 통치와 다름없었다. 그 래서 결국 신종은 왕안석과 정호에 의해 설복당한 것이다. 여기서 역사적 논증은 큰 힘을 발휘했다.

정호의 「왕패 차자」는 '어진 정치仁政'라는 말을 분명히 인용하는데, 그 근거가 『맹자』에 있음은 의문의 여지가 없다. 왕안석은 황제를 알현했을 때 "요순임금을 본받아라"라고 말하는데 그 말 역시 『맹자』가 기원이다.[17] 아울러 『맹자』 「이루離婁 상」은 말한다.

요순의 도란 어진 정치를 쓰지 않으면 천하를 태평하게 다스릴 수 없는 것이다. 이제 어진 마음과 어질다는 명성이 있으되 민民이 그 은택을 입지 못하여, 후내에 의해 모범으로 여겨질 수 없는 임금이 있다면 〔이는〕 선왕의 도를 행하지 않았기 때문이다.[18]

이 구절은 앞서 정이의 「인종 황제에게 올리는 글」에 인용되었고, 가우 3년 (1058)에는 왕안석의 「인종 황제에게 올려 시사를 논하는 글」[만언서]에 인용되었다. 역시 왕안석과 정이는 마치 사전에 모의라도 한 것 같은 내용을 담고 있다. 지금부터는 송대 유학자들의 질서 재수립에 맹자가 미친 영향 문제로 넘어가기로 한다.

왕안석은 북송대에서 맹자를 가장 강력하게 제창한 인물이다. 그는 경력 2~4년(1042~1044) 사이 첨서회남절도판관簽書淮南節度判官을 지낼 때 『회남잡설』을 지었는데, 당시 22~24세 사이였다. 현재 『회남잡설』은 전하지 않아 내용이 어떤 것인지 알 수 없지만, 아래에서 인용하는 글은 『회남잡설』이 지어진 시기의 문장 분위기와 사상을 대변한다. 경력 2년, 「손정지에게 보내는 편지與孫正之書」에서 왕안석은 이렇게 말한다.

시대가 그렇다고 그렇게 하는 것은 뭇사람입니다. 자기 스스로가 그렇게 하는 것은 군자입니다. 스스로 그렇게 하는 것은 사사로운 것이 아니고 성인의 도가 그 가운데 있는 것입니다. 무릇 군자가 곤궁하고 어려운 때에 처하여 한 번이라도 실수하려 하지 않고, 자기를 굽혀 시대에 따르지 않음은 시대가 도를 이기지 못하기 때문입니다. 그러므로 군주가 자기 뜻을 알아주면 시대를 변화시켜 도로 나아가게 하는 것이 마치 손을 뒤집듯이 쉽습니다[若反手焉]. 그들의 방법은 평소에 갖춰져 있고 뜻은 평소에 정해져 있기 때문입니다. 양묵楊墨[양주楊朱와 묵적墨翟]의 시대에 처했어도 스스로 그것을 옳다고 인정하지 않았던 자는 맹가[맹자]뿐입니다. 불교와 노장의 시대에 처하여 스스로 그것을 옳다고 인정하지 않았던 자는 한유[퇴지]뿐입니다. 맹자와 한유로 말하자면, '방법이 평소에 갖춰져 있고 뜻이 평소에 정해져 있어 시대가 도를 이기지 못한 것'입니다. 안타깝게도 군주가 그 뜻을 알아주지 않았으니, 참된 유학의 효력이 당시에 숨김없이 드러나지 못했던 것은 뭇사람으로서는 잘된 일이었습니다. (…) 맹자·한유의 도와 우리 사이의 거리가 어찌 월나라 사람이 연나라를 바라보듯 멀겠습니까? 그대가 끊임없이 노력했는데도 맹자·한유의 도에 이르지 못했음을 나는 믿지 못하겠습니다. 어느 날 군주가 뜻을 알아주는데도 참된 유학의 효력이 그때 드러나지 않는다는 것 역시 나는 믿지 못하겠습니다.[19]

이 편지는 명목상으로는 손정지(이름은 '모侔')를 면려하는 것이지만 실제로는 왕안석 자신을 면려하는 글이다. 왕안석의 정치적 포부(군주를 얻어 도를 행한다[得君行道])가 숨김없이 나타나 있어서 그 자신의 미래 발전에 대한 예언으로 볼 수 있을 정도다. 편지가 맹자와 한유를 나란히 놓고 추존하는 데서 당시 왕안석이 여전히 고문운동의 영향 범위에 있었음을 알 수 있다. 왕안석은 중년 이후에는 맹자만 존숭하고 한유는 그다지 존숭하지 않았다. 이 점은 증거를 댈 필요가 없이 명백하므로 번쇄한 논의는 피하고자 한다. 이 편지는 그 정신에서 문장에 이르기까지 곳곳에 맹자의 흔적이 남아 있다. 예를 들어 '군자君子'와 '뭇사람衆人'의 구분은 "군자가 하는 일을 뭇사람들은 원래 알지 못한다"[20]는 맹자의 말에 바탕을 둔다. "若反手焉(마치 손을 뒤집듯이 쉽다)"은 "由反手也(유由는 '유猶'와 같음)"[21]와 의미가 같다. 이처럼 『맹자』에서 용어를 빌려온 부분이 눈에 띤다.

정신적 측면에서 다음 같은 『맹자』의 두 구절이 지니는 의미는 왕안석의 윗글 행간에 가득 차 있다.

하늘이 아직 천하를 태평하게 다스리려 하지 않는다. 만약 천하를 태평하게 다스리려 한다면, 오늘날에 처하여 나를 버리고 누구를 택하겠는가?[22]
문왕을 기다린 이후에 흥한 사람들은 민民이다. 호걸의 사士들이라면 문왕이 없더라도 오히려 일어날 것이다.[23]

만약 이 편지가 『회남잡설』의 일부분이라면, 당시 "보는 사람들이 [왕안석을] 맹자로 여겼다"해도 이상한 일은 아닐 것이다.

청대의 사고관신四庫館臣은 원나라 백정白珽의 『담연정어湛淵靜語』에 대한 「제요提要」에서 다음처럼 말한다.

[『담연정어』에는] 예사倪思가 사마광의 『의맹』[24]을 논하는 조목이 있는데, "왕안석이 맹자의 적극적 행위론을 받아들여, 신종으로 하여금 맹자를 스승으로 삼고 추존하도록 했기 때문에 사마광이 『의맹』을 지어 맹자의 모든 것이 믿을 만하지는 못함을 밝혔으니 종래에 미처 언급되지 못한 이야기를 하고 있다.[25]

예사는 주희와 동시대 사람으로 본서 하편에서 그 사적을 자세히 다룰 것이므로 여기서는 더 언급하지 않겠다. 왕안석이 "맹자의 적극적 행위론大有爲之說을 받아들였다"는 예사의 지적은 급소를 찌르며, 그 중요성은 사마광의 『의

맹』에 대한 이야기 못지않다. 질서 재수립이라는 시대의 압력 아래, 장재와 이정 역시 맹자의 '적극적 행위론'에 고무되었으므로 왕안석 혼자만 그랬던 것은 아니다.

"맹자는 성선을 말했고, 언필칭 요순이었다"[26]는 맹자의 말은 '내성' '외왕' 두 측면을 동시에 나타낸다. 왕안석은 '성선'의 문제에서 맹자와 전혀 다른 새로운 해석을 내놓지만,[27] "언필칭 요순이었다"는 면에서는 평생 맹자를 따른 터라 "온 세상이 [나에게] 지나치게 이상적이라고 혐의를 둔다 해도 무슨 상관인가? 때문에 이 사람(맹자)이 있어 나의 쓸쓸함을 위로하는구나"[28]라는 명언을 남긴다. 이와 비교해보면, 장재와 이정은 맹자의 성선설을 발전시켰을 뿐만 아니라 "언필칭 요순이었다"는 맹자의 말을 계승한다. 앞서 인용한 정호의 「왕패 차자」와 정이의 「인종 황제에게 올리는 글」이 그 분명한 예다. 질서 재수립을 위한 그들의 이중 논증이 맹자의 두 측면을 계승했음은 그 역사적 맥락이 매우 분명하게 드러난다.

그런데 '도통론의 대서사'는 특히 이중 논증의 현대적 화신으로서, 연구자의 사유 방식을 지나치게 구속한다. 마치 조건반사와 같이 '이정·장재·육구연과 같은 이학자가 그간 전해지지 않았던 맹자의 학문을 전승했다'는 말만 나오면, 연구자들은 성선性善, 양기養氣 이외 일체의 것에 대해 "나의 생각 속에 없다"[29]는 듯이 행동한다. 여기서 개념상의 '코페르니쿠스적 전환'이 필요한 듯하다. 공허한 변론은 아무런 도움이 되지 않는다. 아래 자료는 우리로 하여금 진일보한 사고를 하도록 도와줄 것이다. 장재는 『역』의 "물속에 잠겨 있는 용은 아직 능력을 쓰지 말아야 한다"[30]에 대해 이렇게 해설한다.

안자顏子[안회]는 아직 본성을 완성하지 못했으니 물속에 잠긴 용이고, 땅 위로 나타난 용의 자리에 있으려 하지 않는다. 덕과 시대로서는 마땅히 물속에 잠겨 있어야 했기 때문이다. 안자는 맹자와 살았던 시대가 달랐다. 안자에게는 공자가 살아 있었기 때문에 [스스로를] 드러내지 않아도 되었다.

맹자는 스승의 길을 걷고 있었고 또한 이미 늙어서 스스로를 드러내지 않을 수 없었을 뿐이다.[31]

이 구절은 정이의 안회와 맹자에 대한 평가와 함께 읽어보아야 한다.

학자들은 온전하게 시대를 알아야 한다. 만약 시대를 알지 못한다면 배움을 이야기할 수 없다. 안자가 누추한 마을에서도 스스로 즐거워한 것은 공자가 생존하고 있었기 때문이다. 맹자의 시대에 세상에는 공자 같은 사람이 없었으니 어찌 도를 자임하지 않을 수 있겠는가?[32]

장재와 정이는 이 문제에 대해 먼저 의견을 교환했음이 분명하다. 그렇지 않다면 내용과 표현이 이렇게까지 같을 수 없다. 어째서 안회와 맹자 가운데 한 사람은 숨었고 한 사람은 세상에 나왔는지가 장재와 정이의 공통 논지였고, 실제로 그중에는 도학자들의 도덕적 난제가 하나 숨어 있었다. 내적 덕성의 성취를 놓고 말하자면, 안회가 맹자보다 우위에 있다는 것이 장재와 정이의 일치된 견해였다. 외적 사업의 성취를 놓고 말하자면, 안회는 맹자에 훨씬 못 미친다는 것은 부인할 수 없는 역사적 사실이다. 그런데 두 사람의 구체적 실례를 한곳에 놓고 보면, 이는 유가 공통 신앙의 최고 원칙 중 하나에 대한 도전이 된다. 어떤 원칙일까? 그것은 바로 정이가 젊었을 때 「인종 황제에게 올리는 글」에서 말했던 것으로, "도는 반드시 나에게 충족된 다음에 타인에게 베풀어진다. 그래서 도는 크게 완성되지 않으면 구차하게라도 쓰이지 못한다"는 것이었다. 이 원칙은 '도'는 반드시 '쓰임'으로 귀결해야 한디는 질대적 가설 위에 서 있다. 개인이 '도'를 닦아 '(덕을) 얻음'은, 맹자의 말로 하자면, '제 몸만을 선하게 하기獨善其身' 위해서가 아니라 '천하를 모두 선하게 하기兼善天下' 위함이다.

장재와 정이는 '시時[시대, 때]' 자에서 해답을 찾고자 한다. 곧 유자儒者는 '물속에 잠길지潛' 아니면 '땅 위로 드러날지顯'를 결국은 자신이 처한 시대의 추세에 바탕을 두고서 결정해야 한다는 것이다. 장재와 정이의 글에 드러난 뉘앙스에 입각해 판단하건대 장재는 좀 소극적이어서 "땅 위로 드러나지 않을 수 없다"고 말했고, 정이는 매우 적극적이어서 "어찌 도를 자임하지 않을 수 있겠는가?"라고 말했던 듯하다. 나는 여기서 이 도덕적 난제를 발굴해낼 수만 있을 뿐 그들의 해답이 만족스러운지 여부는 논할 수 없다. 여기서 강조하려는 바는 해답의 대체적 경향에서 봤을 때, 도학자들은 왕안석과 마찬가지로 맹자의 '적극적 행위' 혹은 책임 정신을 계승했다는 것이다. 장재도 결코 정이에 비해 소극적이지 않다. 왜냐하면 주희는 「서명」의 "나의 몸이고, 나의 본성이다"라는 표현 방식에 "내가 책임을 지려는 의도가 있다"[33]고 지적하기 때문이다. 이와 같은 주희의 말은 매우 믿을 만하다.

"만약 천하를 태평하게 다스리려 한다면, 오늘날에 처하여 나를 버리고 누구를 택하겠는가?"라는 맹자의 말이 도학자들의 마음에 일으킨 거대한 울림은 결코 왕안석 못지않았다. 또한 정이의 「인종 황제에게 올리는 글」과 그의 어록 사이의 관계를 놓고 말하자면, 그 사이에 일맥상통하는 생각을 역력히 볼 수 있다. 동일한 도덕적 난제가 그 둘을 관통할 뿐만 아니라 구체적 논증 역시 선후로 꼭 들어맞는다. 「인종 황제에게 올리는 글」은 "하늘의 대명大命이 공자에게 있었기 때문에, 그[안회]는 스스로 몸을 선하게 할 수 있었다"[34]고 하고, 어록은 "안자가 누추한 마을에서도 스스로 즐거워한 것은 공자가 생존하고 있었기 때문이다"라고 한다. 두 구절을 비교해보면, 지어진 시기의 차이만 있을 뿐 실질적 차이는 없다. 따라서 전기와 후기의 사상적 연속성을 분명하고도 쉽게 볼 수 있다.

3) "자기를 위하고 타인을 이뤄준다爲己以成物"—도학의 전개

이 소절에서는 초기 도학의 점진적 전개에 따라 질서 재수립의 기본 경향을 설명하려고 한다. 먼저 '자기를 위한 배움爲己之學'부터 보자. 『논어』에는 "옛날의 배우는 이들은 자기를 위했는데, 오늘날의 배우는 이들은 타인을 위한다"는 말이 있고, 그 가운데 "타인을 위한다"는 말은 종래로 비판의 의미를 담고 있다. 그렇지만 왕안석은 이 구절에 대해 이와는 다르게 설명한다. 그는 「양주와 묵적楊墨」에서 이렇게 말한다.

양자楊子〔양주〕가 집착했던 것은 자기를 위하는 것이다. 자기를 위하는 것은 배우는 이들의 시작이다. 묵자가 배웠던 것은 타인을 위하는 것이다. 타인을 위하는 것은 배우는 이들의 마지막이다. 그러므로 배우는 이들은 반드시 자기를 먼저 위한다. 자기를 위하다가 여유가 생기면 천하의 세력을 갖고서 타인을 위할 수 있을 것이니, 그때 타인을 위하지 않으면 안 된다. 그러므로 배우는 이들의 배움은 처음에는 타인을 위하는 데 있지 않고 마지막에야 타인을 위할 수 있다. 처음 배움을 시작할 때, 그 도가 아직 자기를 위할 만하지 않은데도 그 뜻이 이미 타인을 위하는 데 있다면 마음을 잘못 쓰는 것이라고 할 만하다.[2]

왕안석의 "자기를 위함爲己" "타인을 위함爲人"은 『논어』에서 취한 것이 아니고, 각각 양주와 묵자를 가리키면서 양자를 긍정하는 것이다. 다만 순서상 "반드시 자기를 먼저 위하고" "마지막에야 타인을 위할 수 있다"고 강조할 뿐이다. 따라서 왕안석의 문장은 "공자가 말했다고 해놓고서는 실제로는 자기 이야기를 하는"[3] 사례에 해당된다. "타인을 위한다"는 말의 의미를 분명히 밝힌다면, 우리는 곧바로 그것이 유가의 보편적 원칙이었음을 확인할 수 있고, "도는 반드시 나에게 충족된 다음에 타인에게 베풀어진다"는 정이 초년의 발역시 그런 의미를 분명히 표현해냈음을 알 수 있다. 정이는 나중에 『논어』의 "자기를 위한다" "타인을 위한다"에 대해 다음처럼 설명한다.

옛날의 배우는 이들은 자기를 위하면서 외물을 이뤄주었고成物, 오늘날의

배우는 이들은 타인을 위하면서 자기를 잃어버린다.[4]

여기서 주의할 점은 정이가 "자기를 위한다" 다음에 특별히 "외물을 이뤄준다"를 덧붙였다는 것이다. 정이는 이 말을 통해 무의식중에 북송 유학의 새로운 동향을 드러낸다. 그는 "자기를 위한다"고만 말하면 "제 한 몸만 선하게 한다"거나 "자기 일만 생각한다"는 오해를 받을까 매우 걱정했던 것이다. 정이는 또 말한다.

군자의 도는 이뤄주는 것을 귀하게 여기니 〔거기에는〕 외물 구제濟物의 쓰임이 있다. 외물에 미치지 않는다면 〔그것은〕 마치 없는 것과 같다.[5]

여기서 쓰인 일련의 '물物' 자는 모두 '사람人'을 가리킨다. 정이는 『역』의 "성인이 일어나자 만물이 우러러본다"[6]에 이런 주석을 한다.

'물物'은 사람이다. 옛말에서는 사람을 '인물人物' '물物'이라고 한다.[7]

그러므로 "외물을 이뤄준다" "만물을 구제한다" "외물에 미친다及乎物"는 모두 초년의 "타인에게 베푼다"는 의미를 담는다. 그런데 "외물에 미치지 않는다면 [그것은] 마치 없는 것과 같다"는 말은 보통 중요한 것이 아니다. 말하자면, '군자의 도가 만약 개인의 '깨달음自得'에만 그치고 타인에게 베풀어지지 않는다면 이런 '도'는 없는 것과 다름없다는 것이다. '도'의 공동체적 실천성과 효용성이 여기서 최고조로 강조되는데, 이런 강조는 질서 재수립의 경향과 분리될 수 없는 것이다. 그러므로 마지막까지 분석해보면, "자기를 위함"과 '깨달음'은 도학의 시작점에 불과하고, 도학의 궁극적 목표는 '천하무도天下無道'를 '천하유도天下有道'로 바꾸는 것이었다. 정이의 예에서 그는 "누추한 마을에서도 스스로 즐거워한" 안회를 존경하기는 했지만, 그의 마음이 진짜로 기운 곳은 "도로써 자임하던" 맹자였다. 옛사람들에 대한 정이의 평가 기준은 자기 문인들에 대해서도 그대로 적용된다. 윤돈에 대한 정이의 평가를 기관祁寬은 이렇게 전한다.

화정和靖[윤돈]은 말했다. "예전에 범 원장范元長(범충范沖, 1067~1141)과 함께 이천[정이]을 뵈었다. 우연히 일이 있어 먼저 일어나 계단을 내려왔다. 이천은 '그대가 윤언명尹彦明[윤돈]을 봤다시피 언젠가는 반드시 세상에 쓰일 것이다'라고 말했다. 다음 날 범 원장이 그 이야기를 전해줬다. 평소 이천은 남을 잘 인정하지 않았기 때문이다."[8]

이로써 도학의 핵심이 바로 "세상에 쓰인다"는 말에 있음을 알 수 있다. 평소 정이는 이런 뜻을 갖고서 간절히 문인들을 교육하고 격려했기 때문에, 윤돈은 이런 최고의 찬사를 듣고서 마음에 아로새겼고 그 감격을 평생토록 잊지 못한 것이다. 정이가 "세상에 쓰인다"는 기준으로 문인들을 평가했을 뿐만 아니라 장재도 그런 기준으로 이정 형제의 우열을 논했다. 장재의 문인 소병蘇昺은 이런 말을 기록한다.

예전에 백순[정호]이 정숙[정이]보다 낫다는 말을 한 적이 있는데, 지금 보니 과연 그렇다. [백순은] 세상을 구제하려는 뜻이 매우 성실하고 간절하며 오늘날 천하의 일에 대해 모두 익숙히 기억하고 있다.[9]

이것은 장재가 낙양에 도착해서 이정과 회담힌 기록으로서 이성의 어록에 수록되어 있으므로 그 신빙성을 의심할 수 없다. 장재는 이정을 평가할 때 그들이 의리에 조예가 있었는지의 여부를 문제 삼지 않고, 오직 '세상을 구제하려는 뜻救世之志'을 중시했다. 이 점은 깊이 음미할 만하다. 문인의 기록에 따르면, 정호는 평소 "성인은 천하국가에 뜻을 두었다"고 항상 말했고, 말 한마디와 행동거지 하나하나가 모두 그런 기상을 체현하고 있어서 사람들을 매우 감동시켰다고 한다.[10] 그렇다면 장재의 평가는 믿을 만하고 또 근거가 있는 것이다. 소백온邵伯溫은 정호와 자기 부친 소옹이 나눈 대화를 기록하는데, 그 가운데 이런 말이 있다.

(희령) 10년(1077) 봄, 공(여공저)이 하양河陽 지사로 발령을 받은지라, 하남의 가공賈公 윤창형尹昌衡이 온공(사마광)과 정백순(정호)을 데리고 복선사福先寺 상동원上東院에서 전별연을 열었는데 강절康節(소옹)은 병으로 참석하지 못했다. 다음 날 백순이 강절에게 이렇게 말해주었다. "군실君實(사마광)과 회숙晦叔(여공저)이 전별석상에서 출처 문제를 놓고 끊임없이 논쟁을 하길래 내가 시를 지어서 화해시켰습니다. 그 시는 이렇습니다. '두 마리 용이 한가로이 누워 있으니 낙수의 파도가 맑고, 몇 년간 낙성洛城에서 우유자적하고 있었네. 두 분은 출처를 함께하여, 창생蒼生을 위해 일시에 함께 기용되기를 바라네.'"[11]

위 대화는 1차 사료로서 믿을 만한 실록이다. 인용된 정호의 「사마군실에게 바친다贈司馬君實」는 시는 현존하는 문집에도 남아 있다. 글자에는 차이가 있지만 뜻은 동일하므로, 문집의 것이 위의 것을 개정했는지도 모른다.[12] 문집 가운데는 「하양에 부임하는 여회숙을 송별하며送呂晦叔赴河陽」라는 시도 있는데, 이 시 역시 전별석상에서 지어진 것으로 "그대가 다시 기용되어 창생蒼生을 위할 줄 알았다"[13]는 구절이 있다. "세상을 구제하려는 뜻이 매우 성실하고 간절하다"는 취지의 말이 "창생을 위해 일시에 함께 기용된다"는 시구 속에 아주 뚜렷이 드러난다. 정호는 장재와 매우 가깝게 교류했는데, 「장자후[장재] 선생의 죽음에 슬피 울며哭張子厚先生」에서 이렇게 읊는다.

탄식하노니, 사문斯文[성인의 도]을 함께 닦기로 약속했는데 어찌 선생은 오랜 휴식에 들어갔는가! 동산東山은 다시는 창생蒼生을 바라보지 않았는데, 서토西土는 누구와 함께 후학들을 구해주겠는가?[14]

세번째 구절은 예상 밖으로 동진東晋의 명재상 사안謝安의 고사를 인용하고 있고, 장재 역시 마찬가지로 "세상을 구제하려는 뜻"을 갖고 있었음을 알 수 있다. '공명'을 세우려던 초년의 생각이 그런 뜻으로 전이된 것이다. 위에서 인용한 시 세 수에 모두 '창생蒼生'이라는 글자가 있다. 이것은 정호가 항상 생각했던 '치도'가 자연스럽게 드러난 결과다.

이어서 질서 재수립이라는 관점에서 도학자들의 강학과 교육이 지니는 특색을 살펴보려고 한다. 대체로 도학자들의 교육이 상정하는 직접적인 대상은 "도를 밝히고" "세상을 구제하려는" '사士'들이었고, 주로 그들의 문인들로 한정된다. 그다음에는 전체 '사' 계층에 관심을 기울였다. 도학자들은 과거시험 공부를 업으로 삼는 사인士人 속에서 도학의 영향을 확대하려고 했다. 장재는 말한다.

지금 공功을 천하에 미치려 하기 때문에, 배우는 이들을 많이 배양한다면 반드시 도가 전해질 수 있을 것이다.[15]

이 구절은 도학자들의 교육 목적을 분명히 밝히고 있다. 곧 "천하를 다스리는" 인재들을 배양하여 '도에 부합하는 질서를 재수립하는 것이다. 이런 요구 조건에서, 도학자들의 교육 범위는 일반적인 '민民'으로까지 확장될 수 없었다. '민'이 '치도'의 직접적 대상이기는 했지만 말이다. 그래서 이 절 마지막 부분에서는 "사람은 모두 요순이 될 수 있다"[16]는 설을 역사적으로 분석하려 한다. 장재는 『정몽』「중정편中正篇」에서 말한다.

"무릇 배움이란, 관리는 일을 먼저 하고 사士는 뜻을 먼저 하는 것이다"라는 구절은 관직이 있는 사람은 먼저 교육의 일을 하고, 아직 관직이 없는 사람은 그 뜻을 바르게 한다는 말이다. 뜻이란 교육의 대원칙을 말한다.[17]

이 구절은 도학자들의 일반적 태도를 대변하는 것으로 이해될 수 있다. "무릇 배움이란, 관리는 일을 먼저 하고 사는 뜻을 먼저 하는 것이다"라는 구절은 『예기』「학기편學記篇」에 나오며 유가 전래의 원칙이었다. 그런데 공영달孔穎達은 이 구절을 다음과 같이 풀이한다.

만약 배워서 관리가 되었다면 먼저 관직의 일을 갖고서 가르치며, 만약 배워서 사가 되었다면 먼저 학사學士의 뜻을 갖고서 가르친다.[18]

공영달은 정현의 주를 다시 풀이했는데, 이는 고대 봉건사회의 상황을 설명하고 있다. 곧 '사'는 반드시 '관직이 있을' 필요는 없다. 장재는 송대 상황에 바탕을 두고 있어서 '사'를 "아직 관직이 없는 사람"으로 풀이한다. 왜냐하면 송대 '사'들은 과거제도 아래에서 보통 과거시험에 합격해 벼슬길에 나아가기를 희망했기 때문이다. 장재가 이런 구분을 할 때 염두에 둔 것은 '경의재經義齋'와 '치사재治事齋'로 나누어 교육을 했던 호원의 선례였을 것이다. 장재는 「중정편」에서 또 이렇게 말한다.

배우는 이들이 예의를 버린다면 종일토록 배불리 먹기만 하고 공업을 세우지 않게 되어 하민下民들과 똑같아진다. 일삼는 것은 옷과 음식의 사이, 유희와 잔치의 환락을 넘어서지 못할 뿐이다.[19]

"배우는 이들"은 '사'를 가리키지 일반적 '하민'을 가리키지 않는다. 그렇지만 여기서는 다음과 같이 해석해야 할 것이다. 곧 도학자들의 직접 교육 대상이 '사'이기는 했지만, '세상을 구제하려는 뜻'의 주요 대상은 바로 '하민'이었다. 더욱 중요한 점은 송대 '사'들은 기본적으로 '민'의 구성요소였다는 사실이다. 범중엄이 「사민시四民詩」에서 사士, 농農, 공工, 상商에 대해 각각 읊고 있는 것이 그 명확한 증거다.[20]

　사회사 관점에서 말하자면, 세습적 문벌제도는 송대 초기에 이르러 이미 해체된다.[21] 일반적 '민'들은 과거시험을 통해 '사'가 될 가능성이 있었고, 그런 '민' 안에는 공인과 상인도 포함되었다. 경력 4년(1044) 3월, 송기宋祁 등은 공거조례를 다시 제정하면서 "신분이 공인이나 상인의 잡류이거나 한때 승려, 도자道潃였던 경우 결코 취해서는 안 된다"고 주장한다.[22] 이로부터 공인과 상인들이 이미 과거시험에 참가했음을 알 수 있다. 그렇지 않았다면 금지 조례를 제정할 필요도 없었을 것이다. 게다가 "신분이 공인이나 상인의 잡류"라는 말에서, 공인과 상인의 '자제'는 그런 금지에 해당하지 않았음을 추론할 수 있다.[23] 희령 2년(1069), 소철蘇轍은 「황제에게 올리는 글上皇帝書」에서 과거에 선발되는 사의 수가 지나치게 많다면서 매우 의미 있는 이야기를 한다.

　오늘날 농민, 공인, 상인의 가문은 옛 직업을 버리고 모두들 사가 되려 합니다.[24]

　이 구절은 종합적으로 매우 가치 있는 증거인데, '사'와 '민' 사이 유동성이 북송대에 들어 완전히 새로운 국면에 접어들었음을 증명한다. 송대 문헌에는 여전히 '세족世族' '구벌舊閥' '망족望族'과 같이 과거에 쓰였던 호칭이 나오는데, 이는 문장의 관성 때문이고 그 실제 내용을 세밀히 따져본다면 대부분 과거시험을 통해 "가문을 일으킨起家" 경우였다.[25] 농민, 공인, 상인이 '민'에서 '사'로 계급이 상승했다면, 당연히 '사'는 "공인이나 상인의 잡류"로 강등될 수 있다. 이것이 송대 '사' 계층의 고민거리였다. 육유陸游(1125~1210)는 「동양진군의장기東陽陳君義莊記」에서 다음처럼 말한다.

선대의 마음을 헤아려본다면, 그 자손을 사랑하여 그들로 하여금 먹고 입는 것이 풍족하도록 하고 때에 맞춰 시집 장가를 보내며, 그들로 하여금 사가 되도록 하고 공인 상인으로 흘러들어 하인이 되지 않도록 하는 것이다.[26]

육유의 「가훈家訓」[27]과 원채袁采의 「세범世范」[28]은 모두 후세의 자손이 '사'가 되지 못했을 때 어떤 직업을 택해야 하는지에 관심을 기울인다. 송대에서 '사'와 '민' 사이에 고정불변의 경계선이 없어졌다면, 도학자들이 '사'를 직접 교육 대상으로 삼았다는 필자의 말은 다음과 같이 곡해되어서는 안 된다. 곧 '도학자들의 관심은 오로지 '사'의 이익일 뿐이었고 '민'에 대해서는 아무 관심도 갖지 않았다'고 말이다. 이 점에 대해서는 이후 정치사상을 논할 때 상세히 다루기로 한다.

'사'에 대한 도학자들의 교육은 근거리와 원거리 각 시점에서 관찰되어야 한다. 가까이로는 장재 및 이정이 직접 가르쳤던 문인을 이야기해야 하고, 멀리로는 과거시험을 공부하는 일반적인 거업지사擧業之士를 이야기해야 한다. 장재와 이정은 서원을 정식으로 창건하지 않았고, 문하에서 공부하던 사들은 개인적 관계를 통해 왔거나 과거시험에 합격한 후 '도'를 사모해서 온 만큼 그 수는 별로 많지 않았다. 그래서 최最초창기의 도학 단체는 일종의 사적 강학講學의 결합이었다. 당시의 수많은 '사' 가운데 그들은 남들보다 뛰어났던 창조적 소수였다고 할 수 있다. 그렇지만 이러한 창조적 소수 단체는 고고하고 독선적인 수도회 같은 것이 아니었고, 현 상태를 바꿔 인간 질서를 재수립해야 한다는 막중한 임무를 맡고 있었다. 그렇다면 도학자들은 천하에 퍼져 있던 '거업지사'들을 대체 어떻게 간주했을까? 또한 과거제도 자체에 대해서는 어떤 태도를 취했을까? 원거리 시점에서 관찰하다 보면 이 두 문제를 피해갈 수 없다. 한두 가지만 간단히 언급함으로써 도학과 정치문화의 관계를 보충해서 설명하고자 한다. 아래에서 인용하는 정이의 두 어록이 가장 대표적이다.

사람들은 내가 그들에게 과거시험 공부를 하지 말라고 했다고 하는데, 내가 언제 과거시험 공부를 말라고 한 적이 있는가? 사람들이 만약 과거시험 공부를 하지 않으면서 급제를 바란다면, 그것은 천리에 책임을 떠넘기고 사람이 해야 할 일을 하지 않는 것이다. 다만 과거시험 공부를 하여 급제할 수 있다면 그만이다. 만약 더 나아가, 있는 힘을 다해 반드시 합격하는 길을 추구한다면 그것은 미혹된 일이다.[29]

어떤 사람은 '과거시험 공부는 사람의 공력을 빼앗아가는 일'이라고 말하는데 그것은 그렇지 않다. 한 달 중 10일은 과거시험 공부를 하고, 나머지 날은 충분히 학문할 수 있다. 그런데 여기에 뜻을 두지 않으면 반드시 다른 곳에 뜻을 두고 만다. 그러므로 과거시험 공부를 할 때 그것이 공력을 방해할까 걱정하지 말고 그것이 뜻을 빼앗아갈지를 걱정할 뿐이다.[30]

이 구절들은 정이 자신의 경험을 예로 들어 훈계한 것으로 봐야 한다. 정이는 가우 4년(1059) 치러진 진사전시進士殿試에서 떨어진 후 다시는 과거에 응시하지 않았다.[31] 이는 '반드시 합격할 것을 바라지는 않는다'는 것을 스스로 실천했던 것이다. "공력을 방해할까 걱정하지 않는다"는 말 역시 정이 자신의 경험에 바탕을 두었을 것이다. '진사 급제'는 당시의 모든 '사'가 추구한 최종 목표로서 도학자들도 그런 단계를 직접 거쳐온 터라, 과거시험을 공부하는 문제에 대해 진지하게 대처하지 않을 수 없었다. 하물며 '도'가 실현되려면 수많은 '급제한 사'의 지원이 필요하다. 그러므로 이러한 정이의 의도와 "사는 뜻을 먼저 하는 것이다"는 장재의 말에는 차이가 별로 없다. 곧 두 사람 모두 과거시험을 공부하는 사람들의 마음속에는 공자의 "사는 도에 뜻을 둔다"[32]는 의식이 관통해야 한다고 생각했지만, 그렇다고 해서 그들이 과거시험 공부를 포기해야 한다고 요구하지는 않았다. 과거시험은 "현명한 사람과 능력 있는 사람을 선발한다選賢與能"는 유가적 원칙의 제도화였던 만큼, 도학자들이 과거시험 제도 자체에 대해 매몰차게 부정하기란 거의 불가능했다. 그러므로 그들 역시 당시 개혁이라는 대조류의 흐름에서 과거제도 개혁이 질서 재수립을 위한 선결조건이라고 인정했다. 정호의 「열 가지 시사를 논하는 차자論十事箚子」 가운데 한 항목이 바로 '사의 선발貢士'이었다.[33] 더욱 주목할 점은 여대림이 상소를 올려 선거選擧에 대해 논한 사실이다.

> 오늘날 사의 규율을 세워 덕을 배양하고 실천에 힘쓰도록 하며, 학교 제도를 개혁하여 인재를 평가하고 재능 있는 사람을 선발하며, 시험의 법도를 정하여 능력 있는 자와 그렇지 않은 자를 구별하고, 관직 임용 법도를 정비하여 능력 있는 자를 일으키고 쓰임 있는 자를 갖추며, 과거시험의 법도를 엄격하게 하여 실질을 살펴 올바른 인물을 얻고, 시험의 법도를 제정하여 임무를 맡기고 능력을 시험한다면, 아마도 점차 복고復古할 수 있을 것입니다.[34]

이는 북송의 제2세대 도학자가 과거제도를 어떻게 개혁할지에 대해 제시한 청사진이다. 이 청사진은 철저한 제도 개혁을 통해 치도의 인재를 육성해야 한다는 의도를 보여준다. '도(여대림이 말한 복고)'의 실현은 그들이 과거제도를 효과적으로 운용하느냐의 여부에 따라 결정된다는 점을 도학자들은 깊이 인식하고 있었다. 제3절에서 남송 초기에 왕안석의 '신학'과 이정의 '도학'이 과거시험을 놓고 패권을 다퉜다는 이야기를 했는데, 그 근원은 바로 여기에 잠복해 있다. 신학과 도학은 원래 동일한 정치문화에서 나왔기 때문에, 내용상 차이점이 크기는 하지만, 구조상으로는 매우 유사하다. 왕안석 역시 "사는 도에 뜻을 두어야 한다"고 요구하며, 과거시험을 넘어서는 정신적 추구를 해야 한다고 말한다. 여기서 여희철呂希哲(1039~1116)을 예로 들어 또다른 증거로 삼아보자. 『이락연원록伊洛淵源錄』 권7에는 여희철에 관한 「가전략家傳略」이 인용되어 있다.

공[여희철]은 안정 호원 선생에게 배웠다. 나중에 손복 선생, 석개 선생, 이구 선생, 왕안석 공에게 두루 배웠다. 왕안석은 이렇게 말했다. "아직 관리가 되지 못하여 과거시험 공부를 하는 것은 가난하기 때문이다. 이미 관직이 있는데도 다시 과거시험을 공부하는 것은 부귀와 영달을 바라는 것이므로 배우는 사람들은 그런 길을 걸어서는 안 된다." 공은 이 이야기를 듣고서 일거에 과거시험을 포기하고 오로지 옛 학문에 뜻을 두었다.[35]

여희철은 아버지(여공저, 1018~1089)와 할아버지(여이간呂夷簡, 979~1044) 덕분에 이미 음관蔭官으로서 관직에 올라 있던 터라 왕안석이 이런 말을 했던 것이다.[36] 앞서 인용한 정이의 어록과 왕안석의 이 이야기는 한 사람에게서 나온 듯하다. 이는 결코 우연의 일치가 아니라 두 사람이 동일한 유학의 조류 속에 있었기 때문이다. 여희철은 나중에 이정, 장재 등의 도학자에게 배우기도 해서 "하나의 설을 위주로 삼거나 하나의 문파만 옳다고 여기지 않았다"[37]고 한다. 이는 신학과 도학이 방법은 달랐으나 목표는 동일했음을 증명한다. 더욱이 여대림이 과거시험 개혁에 대해 제기한 건의는 왕안석의 '신법'을 한 걸음 더 발전시킨 것이었다. 왕안석이 시부詩賦에서 경의經義로 시험 내용을 바꾸려 했던 것은 '학구學究'를 '수재秀才'로 바꾸기 위해서였다. 여대림은 먼저 "사규士規를 세움으로써 덕을 배양하고 실천에 힘쓰도록 해야 한다"고 강조하는데, 이는 분명히 도학 특유의 교육 방향으로 과거시험을 이끌어나가려는 시도였다. 그렇지만 새로운 치도의 인재를 배양해 질서를 재수립하려는 지점에서 신학과 도학은 여전히 일치했다.

이상 근거리와 원거리 두 시각에서 '사'에 대한 도학자들의 교육 원칙을 논했다. 그렇지만 교육 관점에서 초기 도학자들이 '사' 이하의 '민(농민, 공인, 상인)'에 대해 어떤 태도를 취했는가 하는 것은 치지도외할 문제가 아니다. 이에 관한 자료는 매우 적어서 여기서는 그 대략만을 말하는 데 그치고자 한다. 정이의 「명도 선생 행장」을 보자.

곧바로 택주澤州 진성령晉城令(오늘날의 산시 성에 있다)으로 옮겨갔다. 택 땅 사람들은 순후했고 더욱이 선생[정호]의 명령을 잘 따랐다. 일이 있어서 읍에 오는 민民이 있으면, [선생은] 반드시 효제충신으로 훈계했고, 집 안에서는 아비와 형을 섬기고 집 밖에서는 연장자를 섬기도록 가르쳤다. (…) 모든 마을에 학교가 있었고, [선생은] 틈이 나면 직접 가서 마을 장로들을 불러놓고 그들과 이야기를 나눴다. 아동들이 책을 읽으면 직접 구독句讀을 바로잡아 주었고, 교사가 좋지 않으면 바꿔주었다. 처음에는 풍속이 매우 야만스러웠고 배움이라는 것을 몰랐다. 선생이 자제 중 뛰어난 자들을 선발하여 모아서 가르쳤다. [선생이] 그 읍을 떠난 지 겨우 10년 만에 유복儒服을 입는 사람이 수백 명에 이르렀다.[38]

이 기록은 얼핏 보면, 도학자들이 일반적 '민' 역시 교육 대상으로 여겼음을 증명하는 듯하다. 그러나 좀더 자세히 분석해보면 그렇게 단정 지을 수 없다. 첫째, 순자는 일찍이 "유자는 조정에 있을 때는 정치를 아름답게 하고 아랫자리에 있을 때는 풍속을 아름답게 한다"[39]고 했는데, 이는 "민을 교화하고 풍속을 이룬다化民成俗"는 유가의 옛 전통으로서 결코 도학자 특유의 것은 아니었다. 둘째, 그런 관념은 한대漢代에 이미 제도화했고, 이른바 '올곧은 관리들循吏'이 대대로 끊이지 않고 이어져왔다.[40] 정호는 바로 '올곧은 관리'로서 교화하는 일에 종사했던 것이다. 일반적으로 송대 이학자들은 지방관 신분을 얻었을 때만 비로소 '민'의 교육 문제를 직접적으로 언급한다. 정이는 이렇게 말한다.

옛날에 여덟 살이 되면 소학에 들어갔고 열다섯 살이 되면 대학에 들어갔다. 교육시킬 만한 재목을 선발하여 모으고, 자질이 떨어지는 자들은 다시 농사를 짓게 한다. 무릇 사와 농민은 그 직업을 바꾸지 않는다. 이미 학교에 들어갔다면 농사를 짓지 않고, 그런 이후에 사와 농민이 구분된다.[41]

이 인용 구절은 그의 형[정호]이 "자제 중 뛰어난 자들을 선발하여 모아서 교육시켰던" 행동을 잘 설명해준다. 이 사료들에 바탕을 두었을 때, '민'이 '사'의 샘물이라는 것과 '민'의 "자제 중 뛰어난 자들"은 가능한 한 '사'의 행렬에 들어가야 한다는 것을 이정이 인정했음을 알 수 있다. 동시에 직업의 분화로 인해 형성된 직업군, 즉 사농공상은 장기적 사회 존재라는 점 역시 인식했다. 개별 구성원이 다른 직업군으로 이동하는 일이 그런 사회적 존재의 기본 구조 자체를 바꿔버려서는 안 되었다. 그들이 '사'를 직접 교육 대상으로 삼았던 까닭은 '사'가 특수한 '부류'로서 농민, 공인, 상인으로부터 구별되어야 한다는 데 동의했기 때문이다. 어떤 사람이 정이에게 질문을 던졌다. "아직 벼슬길에 오르지 않은 사가 혼인할 때 관원의 예복을 착용하는 것이 예입니까?" 정이는 답한다.

오늘날 관원의 예복은 곧 옛날 하 등급의 의복이었다. 옛날에는 덕이 있으면 벼슬에 나아갔다. 사는 아직 출사하지 않은 사람으로, 〔사라는〕 신분에 걸맞게 관복을 입는다. 농민이나 상인은 그렇게 하면 안 된다. 왜냐하면 사와 동류가 아니기 때문이다.[42]

이는 매우 분명한 답안으로서 '사'의 사회적 기능을 부각시킨다. "덕이 있으면 벼슬에 나아간다"는 구절로 보자면, 정이의 마음속에 있는 '사'는 미래에 "천하를 다스릴" 예비 인재를 가리킴이 분명하다. 이정이 강학 활동의 시초에는 '도'를 추구하는 데 뜻을 뒀던 창조적 소수만을 강학 대상으로 여겼지만, 이후에는 '거업지사'들까지 범위를 확대한 까닭이 여기서 어려움 없이 해명된다. "아직 관직이 없는 사람은 그 뜻을 바르게 한다"는 장재의 말 역시 '사'에 대한 동일한 기대를 나타낸다. 이는 현대 용어로 말하자면 일종의 '엘리트이론elitism'이다. 그렇지만 송대 도학자들의 '엘리트이론'은 기본적으로 개방적이며, '민' 가운데 "뛰어난 자들"은 수시로 '사'가 될 기회를 가졌다는 점에 주목해야 한다. 만일 정이의 「명도 선생 행장」에 그다지 과장이 없었다고 한다면, 정호가 떠난 지 십몇 년이 지난 후 택주 진성현에는, 자제 중 "뛰어난 자"들로서 '민'에서 '사'로 신분이 바뀐 사람이 몇백 명은 있었을 것이다.

마지막으로 "사람은 모두 요순이 될 수 있다"[43]는 관념을 검토해봐야 한다. 왜냐하면 일반적 이해에 따를 경우, 위에 서술한 내용과 이러한 관념 사이에는 내적 충돌이 일어나기 때문이다. 『정씨유서』 권2 상上 제1조는 다음처럼 말한다.

성인의 가르침은 고귀하게 여기는 것으로써 사람을 이끌고, 불교는 미천하게 여기는 것으로써 사람을 이끈다. 불교를 배우는 사람들은 우리의 말을 비난하면서 "사람은 모두 요순이 될 수 있다면 하인들이 없어질 것이다"라고 말한다. 정숙〔정이〕은 "사람은 모두 요순이 될 수 있다는 것은 성인이 바라는 바다. 요순이 되려 하지 않는 사람들은 천하다고 할 만하기에 하인이 된다."[44]

정이는 "사람은 모두 요순이 될 수 있다"는 관념을 현실의 사회구조 가운데 놓고 고려하면서 부지불식간에 속내를 드러내고 있다. 즉 그 관념은 바람직하지만 곧바로 실현될 수는 없는 공상이거나 주관적 소망이라는 것이다. 객관적 세계에서 "요순이 되기"를 지향하는 것은 영원히 소수 중의 소수이기 때문이다. 더 자세히 분석해보면, 마지막 구절인 "요순이 되려 하지 않는 사람들은 천하다고 할 만하기에 하인이 된다"는 것은 '귀천貴賤'의 분화라는 사회현상에 대한 도학자들의 합리화rationalization, justification라고 할 수 있다. 이에 따르면,

각 개인의 직위와 귀천은 그 사람이 '요순이 되는 것'에 뜻을 두었느냐의 여부 및 얼마나 그 목표에 다가갔느냐 하는 여부에 따라 정해진다. 사회구조가 이런 등급 분화에 의거한다는 기본 가설에 대해 당시 도학자 중 누구도 의문을 갖지 않았다. 그러므로 정이의 해석에 바탕을 둔다면, "사람은 모두 요순이 될 수 있다"는 원칙은 개별 사회 구성원에 대해서만 참된 의미를 갖지 결코 전체 구성원을 가리켜 한 말은 아니다. 정이의 그 말은 등급 분화의 원칙에 의해 제한적으로 적용되어야 한다.

그런데 위에 인용된 어록에는 원래 이야기가 따로 있는 만큼, "불교를 배우는 사람들은 우리의 말을 비난한다"는 말이 대체 무엇을 가리키는지를 알지 못한다면, 그 속뜻을 제대로 밝힐 수 없을 것이다. 『정씨유서』권21 상上에는 다음 기록이 있다.

정자[정호, 정이]가 주질盩庢 땅에 갔을 때, 추밀樞密 조첨趙瞻이 상을 당하여 그곳 읍에 머물면서, 외출을 안 하고 손님을 만나지 않고 있었다. 그래서 후즐侯驚로 하여금 불학佛學에 관해 정자에게 이야기해보도록 시켰다. 선생이 말했다. "인류가 없어지는 것보다 더 큰 화는 없다. 불교는 인류가 없어지게끔 하니 그래서 되겠는가?" 후즐은 그 말을 조첨에게 전했다. 조첨은 말했다. "천하에서 도를 아는 사람은 적고, 도를 모르는 사람은 많으므로 [도를 모르는 사람들은] 스스로 자식을 낳고 생활해나가면 된다. 그러니 계층이 없다고 걱정할 필요가 있겠는가? [만약 유학의 목표대로라면] 천하가 모두 군자가 되는데, 그렇다면 군자는 장차 누구를 부릴 것인가?" 후즐이 이 말을 전했다. 정자는 말한다. "[그렇다고 해서] 어떻게 한 사람 한 사람이 힘을 나해 군자가 되기를 소망하지 않겠는가? 다만 모두들 그렇게 될 수 없는 것을 걱정할 뿐이다. [그러나 군자가 될 수 없는 사람들을] 부리는 것을 이로움으로 여기지는 않는다. 만약 그것을 이로움으로 여긴다면, 인류의 보존은 성현이 아니라 하우下愚에게 의존하는 것이 될 것이다.[45]

앞의 어록과 비교해보면, "불교를 배우는 사람"은 바로 조첨(1019~1090)임을 알 수 있다. 이 기록은 최초의 논쟁에 관한 실제 기록이고, 앞의 기록은 훗날 정이의 추억과 반성이라서 "사람은 모두 요순이 될 수 있다"는 것은 원래 했던 말은 아니었다. 『송사』 권341 「조첨전趙瞻傳」에 따르면, 조첨이 주질에 돌아와서 거상居喪했던 때는 희령 8년(1075)이거나 그보다 약간 이후에 해당된다. 그때 조첨은 이미 청묘법에 반대하여 도교 사원의 관리직을 청해 고향에 거주하고 있었다. 그가 추밀원에 들어간 것은 원우 3년(1088)이므로, 어록 속 "추밀" 두 글자는 나중에 덧붙여진 것이다. 따라서 조첨과 정이가 벌였던 유불 논쟁은 대체로 희령(1068~1077) 말에서 원풍(1078~1085) 초에 일어났다고 볼 수 있다.

위 기록은 매우 중요하다. "사람은 모두 요순이 될 수 있다"는 구절에 그치지 않고 당시 사대부 문화 분기점의 한 측면을 잘 나타내기 때문이다. 첫째, 서설 제4절에서 도학자들이 "물리치려 했던" 대상은 실제로는 사대부들이 신봉하던 불교였다고 주장했는데, 이런 주장이 여기서 다시 증거를 얻는다. 둘째, 정이의 비판적 언사는 "만약 사람들이 모두 출가하여 성불한다면"이라는 전제가 있어야지 "불교는 인류가 없어지게끔 한다"는 결론이 나올 수 있다. 이는 '불교 배척'에서 매우 영향력이 컸던 논거로서, 후대 이학자들에 의해 거듭 원용된다. 주희는 「여자 도사의 환속을 권하는 방勸女道還俗榜」에서 "만약 온 세상 사람들이 전부 그 설을 따른다면 100년이 되지 않아 인종이 없어질 것이다"[46]라고 말한다. 엽적葉適은 방온龐蘊 부부가 "가정을 깨고 선에 따랐던破家從禪" 유명한 이야기를 비판하면서 "만약 모두가 방온처럼 행동한다면 사람이 없어지고 도는 폐기될 것이며, 불교도들 역시 설 곳이 없어질 것이다"[47]라고 이야기한다. 유가의 정신세계는 오직 인간세계에 의거하여 성립할 뿐, 사람들이 모두 열반을 체험하면서 이 세계를 "사람이 없어지고 도는 폐기될" 지경으로 빠뜨리는 것을 절대로 허용하지 않는다. 그러므로 이런 논거만 보더라도, 어째서 송대 이학자들이 시종일관 질서 재수립을 자신들의 최대 관심사로 삼

있는지 분명히 알 수 있다. 셋째, "[만약] 천하가 모두 군자가 된다면" 운운하는 조첨의 말은 바로 "만약 사람들이 모두 출가하여 성불한다면"이라는 정이의 말을 겨냥한 것이다. 곧 '상대방의 창으로 상대방의 방패를 공격하는 것'이다. 정이는 나중에 조첨의 말을 인용하면서, 그것을 "사람은 모두 요순이 될수 있다"는 말로 바꿔버리는데, "[만약] 천하가 모두 군자가 된다면"과 "사람은모두 요순이 될 수 있다"가 상통한다고 생각했던 것이다. 여기서 특히 지적해야 할 점은 "[만약] 천하가 모두 군자가 된다면, 군자는 장차 누구를 부릴 것인가?"라는 말은 조첨이 임기응변으로 제시한 반박이라는 사실이다. 이는 분명당시 사대부 사이에 유행하던 관점일 터이고 불교와는 전혀 관련이 없다. 그런데 정이는 그런 세속의 관점이 불교의 것이라고 여기고, 그것을 "불교는 미천하게 여기는 것으로써 사람을 이끈다"고 요약한다. 이는 심각한 오해거나곡해다. "천하에서 도를 아는 사람은 적고, 도를 모르는 사람은 많다"고 조첨이 말할 때의 '도道'는 윗글의 '불학釋氏之學'을 가리킨다. 조첨은 다음 내용을 강조하는 데 불과하다. 곧 사람들 모두가 성불하기란 불가능하고, "도를 모르는" 무수한 중생은 평소처럼 "스스로 자식을 낳고 생활해나가므로" 인류는 절멸하지 않는다. 그는 방향을 돌려 유가는 "천하가 모두 군자가 되게" 하려 하는데, 그렇게 하면 오히려 해결이 불가능한 사회적 난제, 곧 '군자'가 부릴 사람(복례僕隸)이 없어지는 문제가 발생한다고 지적한다. 정이는 이런 반박으로인해 "사람이 모두 요순이 될 수 있다"는 문제에 대한 자신의 정식 입장을 표명할 수밖에 없었다. 그 역시 "천하에서 도를 아는 사람은 적고, 도를 모르는사람은 많다"는 전제를 인정하고 있었던 것이다. 이렇듯 북송 도학이 이론과교육 측면에서 모두 뚜렷한 엘리트 취향을 보이고 있었음은 앞서 분석했다.이제 더 나아가 이런 경향의 사회적 의식적 근원을 밝혀봐야 한다.

4) "리는 하나이되 나뉘어 서로 다른 것이 된다"―「서명」의 정치적 함의

인간 질서에 대한 이학자들의 구상이 「서명」에 핵심적으로 나타나 있음은 앞서 이미 설명했다. 이런 구상의 특색을 밝히기 위해, "리는 하나이되 나뉘어 서로 다른 것이 된다理一而分殊"는 입장에서 「서명」의 사상적 구조를 검토하고자 한다. 그 정치적 함의는 꽤나 깊이 있는 검토를 해야만 비로소 드러날 수 있을 것이다.

「서명」의 특징을 좀더 확실하게 파악하는 가장 효과적인 방법은 이를 비판적 각도에서 분석하는 것이다. 「서명」에 대한 비판으로는 북송대 양시와 남송대 임률林栗, 육구소陸九韶의 것이 가장 유명하므로, 각각 그들의 의론을 서술하려 한다.

> 「서명」은 성인의 미의微意를 가장 깊이 있게 밝히지만, 본체體는 말하되 작용用은 언급하지 않으므로, 마침내 [묵자의] '모두를 똑같이 사랑한다兼愛'로 흘러가지 않을까 걱정됩니다. 그렇게 되어 후대에 성현이 출현하여 [잘못의] 근본을 따져 논하다 보면, 횡거[장재]에게 그 죄를 돌리지 않을 수 없을 것입니다.[1]

정이가 "리는 하나이되 나뉘어 서로 다른 것이 된다"는 말로써 이 편지에 답했음은 앞에서 살펴보았다. 여기서 지적해야 할 것은 「서명」은 『정몽』의 결론이라서 그 이론적 근거는 앞의 16편에서 종종 볼 수 있다는 사실이다. 따라서 「서명」을 따로 떼어놓고 풀이하면 안 된다. 『정몽』 제6편 「성명편誠明篇」을 보자.

> 본성이란 만물의 한 근원으로 내가 사적으로 얻은 것이 아니다. 오직 대인大人만이 그 도를 다하기 때문에 서면 반드시 함께 서고자 하고, 알면 반드시 두루 알려 하며, 사랑하면 반드시 모두를 똑같이 사랑하려 하고, 이루면 홀로 이루지 않는다.[2]

그러므로 장재는 "모두를 똑같이 사랑한다"는 혐의를 피할 수 없고, 양시의 비판 역시 근거가 없지 않았다. 사실 「서명」이 펼쳐놓은 내용은 바로 "어진 사람은 천지만물을 한 몸으로 여긴다"[3]는 이정의 관념이었다. '한 몸(리는 하나다理一)'이라는 관점에서 보면 "사랑하면 반드시 모두를 똑같이 사랑한다"는 것은 그럴 만한 이유를 갖게 된다. 하지만 "모두를 똑같이 사랑한다"는 그의 말은 결코 묵자식의 "사랑에는 차등이 없다愛無差等"는 뜻을 내포하지는 않는다. 양시는 「이천 선생에게 답하다答伊川先生」에서 말한다.

앞 편지에서 이렇게 논했습니다. 「서명」이 민民을 동포로 여겨, 나이 많은 사람을 우리 가족 내 연장자로 대우하고, 나이 어린 사람을 우리 가족 내 어린아이로 대우하며, 홀아비·과부·고아·무의탁자를 의지할 곳 없는 형제들처럼 여김은 '리는 하나다'를 밝힌 것입니다. 그러나 그 폐단은 '친족을 [다른 이보다] 친히 여긴다'는 식의 차등이 없다는 데 있습니다. 이치에 밝지 못한 사람이 글자 그대로 받아들인다면, '리는 하나이되 나뉘어 서로 다른 것이 된다'는 것을 어찌 알겠습니까? 그래서 저는 그것이 '모두를 똑같이 사랑한다'로 흘러가지 않을까 걱정했던 것이지, 「서명」이 '모두를 똑같이 사랑한다'를 위해 지어져서 묵자와 같다고 말했던 것은 아닙니다.[4]

양시는 정이의 해석을 받아들이고서 「서명」에 "리는 하나다" 또는 '본체'만 아니라 "나뉘어 서로 다른 것이 됨" 또는 "작용"이 있음을 인정한다. 하지만 그는 여전히 "나뉘어 서로 다른 것이 된다"는 함의가 「서명」의 글 밖에 있다고 여긴다. 기관祁寬은 「윤화정[윤돈]의 말尹和靖語」을 기록하고 있다.

양중립[양시]이 「서명」에 관해 이천[정이]에게 보낸 답장을 보면 끝 부분에 '명백하여 의심이 없어졌다'는 말이 있다. 그러나 이천은 "양시는 아직 명백히 이해하지 못했다"고 말했다.[5]

스승보다 나은 제자는 없다는 사실을 위 구절을 통해 알 수 있다. 양시의 마음속에 아직도 의혹이 남아 있었음을 정이가 꿰뚫어 보고 있었던 것이다. 정이와 양시 간 서신 왕래에서 우리는 다음을 분명히 인식하게 된다. 곧 송대 이학자들은 "리는 하나이되 나뉘어 서로 다른 것이 된다"는 것을 인간 질서의 최고 구성 원칙으로 제시했다는 사실이다. 정이가 「서명」에 대해 논할 때 그 설을 처음으로 제시했다는 것, 그리고 주희가 「서명해西銘解」의 마지막 단락에서 행한 추론6이 그 명확한 증거다. 바꿔 말하면, 장재와 정이, 주희는 모두 먼저 이상적 인간 질서를 구상한 다음에야 비로소 이런 구상을 우주론 또는 형이상학적 보편명제로 격상시켰다는 것이다. 그들의 구상 속에서 인간세계는 반드시 두 상반된 요소 위에 세워지기 마련이다. 곧 "리는 하나다"라는 통합적integrative 요소로 말미암아 인간세계를 하나의 전체로서 융합한다. 그리고 "나뉘어 서로 다른 것이 된다"는 규정적regulative 요소로 말미암아 무수한 내부 차이점을 가지런한 질서로서 형성한다. 따라서 "리는 하나이되 나뉘어 서로 다른 것이 된다"는 원칙이 제시되었다는 것으로부터 이학자들이 유가적 정치적 사회적 사유를 전인미답의 경지로 끌어올렸음을 알 수 있다.

「서명」이 인간 질서에 관해 담고 있는 심층적 함의는 여기서 그치지 않는데, 이는 임률의 비판을 통해 더 잘 드러난다. 임률[자字는 황중黃中]의 「서명설西銘說」 요점은 「임황중의 『역』·「서명」 논변에 대한 기문記林黃中辨易西銘」이라는 주희 글에 보존되어 있다. 그 서두는 이렇다.

근세 사인士人들은 횡거의 「서명」이 육경보다 뛰어나다고 존중하는데, 나는 그것을 읽고 의문이 생겨 시험 삼아 질문을 해보고자 한다.7

임률은 양시와 달리 경학經學 입장에 서서 이학의 구파舊派 유학자를 철저하게 부정하는 만큼 그의 비판은 모든 면에 걸쳐 있었다. 임률은 주희보다 약간 연장자였고 당시 이정의 학문은 이미 유명한 학파로 성립해 있어서, "근세 사인들은 횡거의 「서명」이 육경보다 뛰어나다고 존중한다"는 분명한 사실일 것이다. 왕응진王應辰(1118~1176)은 「원회[주희]에게與元晦」 열네번째 편지에서 "「서명」「통서通書」 두 글은 마땅히 책상 오른쪽에 놓고서 아직 깨닫지 못한 것을 추구해야 한다"[8]고 말한다. 임률은 매우 강직한 사람으로서(상세한 내용은 하편을 볼 보라) 저항정신이 특히 강했다. 내용을 분명하게 하기 위해 단락을 나누어 그 내용을 하나씩 분석해보고자 한다. 임률은 "건乾을 아버지라 칭하고 곤坤을 어머니라 칭하며, 나는 그 사이에서 [정신이] 아득해지니, 곧 혼연한 가운데에 처해 있다"[9]는 구절을 이렇게 비판한다.

> 지금 「서명」은 "건이 아버지가 되고 곤이 어머니가 된다"고 하는데, 이는 건과 곤을 하늘과 땅의 호칭으로 삼은 것이므로 『역』의 본래 의미가 아니다. 이미 "건이 아버지가 되고 곤이 어머니가 된다"고 말했다면, "나는 그 사이에서 [정신이] 아득해지니, 곧 혼연한 가운데에 처해 있다"고 함은 복희의 8괘와 문왕의 64괘 중 어떤 명칭과 상象에 해당되는가? 큰 통나무가 아직 쪼개지지 않았을 때 노담老耼[노자]은 "혼연하여 대열을 이룬다"고 말했고, 장자는 "혼돈"이라고 말했으니, 이는 혼연하여 틈이 없기에 이름을 붙일 수 없는 것이다. 이미 나뉘어 [음과 양의] 양의兩儀가 되었다면, 가볍고 맑은 것은 위로 올라가 하늘이 되고, 무겁고 탁한 것은 아래로 내려와 땅이 되며, 사람은 그 가운데 머물면서 금수초목과 더불어 살아가되 [사람만은 그들과] 구별되는 점이 있다. 그러니 어떻게 하늘인 아버지와 땅인 어머니와 더불어 "혼연한 가운데에 처할" 수 있겠는가?[10]

임률의 「서명」 인용은 처음부터 잘못되어 있다. 곧 그는 "건을 아버지라 칭하고 곤을 어머니라 칭한다"고 할 때의 '칭한다稱'를 '된다爲'로 바꿨기 때문이다. 주희는 "아버지와 어머니로서 건과 곤을 비유한 것이다"라고 여겼고, "건이 아버지이고 곤이 어머니라는 것은 모두 크나큰 천지를 작은 가정으로 비유한 것이다"라고 말한다. 따라서 '칭한다'는 말은 거기서 일종의 '비유 metaphor'로 사용된 것이 분명하고, 게다가 「서명」의 전편에는 이런 비유적 사유가 관통하고 있다. 비유를 사용한 의도는 뒤에서 다시 논하기로 한다. 임률은 노자와 장자의 말을 인용하면서 특히 '혼연하다混'는 부분을 강조하는데, 이는 「서명」이 도가의 설을 계승했음을 암시한다. 임률은 이어서 "하늘과 땅을 가득 채우고 있는 것은 나의 몸이고, 하늘과 땅을 이끄는 것은 나의 본성이다"[11]는 구절에 매우 날카로운 비판을 가한다.

이 말의 맥락은 『맹자』에 나온다. 맹자는 "호연지기浩然之氣를 배양하되 〔그것을〕 상하게 하지 않는다면 하늘과 땅 사이를 가득 채운다"고 말한다. 또 "뜻志은 기氣를 이끄는 것이어서, 뜻이 으뜸이고 기는 그다음이다"라고 한다. 지금 〔장재는〕 기를 내버려두고 몸만을 말하므로 또한 맹자의 본의가 아니다. 아마도 그 의도는 "불신佛身이 법계를 가득 채운다"는 불교의 설을 몰래 취하려 한 것 같다. 그러나 불교에서 말하는 불신이란 도체道體를 말한다. 도라는 본체를 확충하면 법계를 가득 채우는 것이 가능할 것이다. 이제 '나의 몸吾體'이라고 말한다면, 7척의 몸이 하늘과 땅을 가득 채운다는 것이 되므로 또한 잘못이 아닌가! "하늘과 땅을 이끄는 것은 나의 본성이다"라는 말은 더욱이 근거가 없다. (…) 하물며 아버지인 하늘과 어머니인 땅에 대해 내가 그것들을 이끈다고 말하는 것은 내가 말하면 그 누구라도 그 말을 어기지 않는다고 말하는 셈이므로 또한 잘못이 아닌가![12]

위 문단의 특수한 두 논점에 대해 설명이 약간 필요하다. 첫째, "불교의 설을 몰래 취했다"는 임률의 비판은 양시의 설에 바탕을 두는 것 같다. 양시는 "「서명」이 옛사람들 마음 씀의 핵심을 위주로 삼는 것은, 바로 두순杜順〔당나라 승려로 화엄종의 시조〕이 법계관法界觀을 만들어낸 것과 비슷하다"[13]고 말한다. 둘째, 임률이 '나의 몸'을 겨냥해 가한 반박은 호굉胡宏(1105~1155)의 설을 참고해 살펴보아야 한다. 호굉의 『지언知言』에는 이 점과 관련해 나눈 문답이 있다.

"만물이 나와 하나가 된다면 [나는] 어짊의 본체가 될 수 있습니까?" "그대가 6척의 몸으로서 어떻게 만물과 하나가 될 수 있겠는가?" "몸은 만물과 하나가 될 수 없지만, 마음은 그럴 수 있겠지요." "사람의 마음은 백병百病을 갖고 있고 [사람은] 한 번은 죽는데, 천하의 만물은 한번 변하면 수만 가지로 태어나니, 그대가 어떻게 그것들과 하나가 될 수 있겠는가?"[14]

그러나 임률의 위 비판은 "당치도 않은 이론을 그럴싸하게 포장한 것言僞而辯"이라고 할 수 있다. 왜냐하면 「서명」의 "하늘과 땅을 가득 채우고 있는 것은 나의 몸이고, 하늘과 땅을 이끄는 것은 나의 본성이다"는 말은 사실 "만물이 나와 더불어 하나가 되는" "인의 본체仁體"를 밝힌 것이기 때문이다. 이에 대해서는 앞서 이미 설명했다. 「서명」이 보여주는 것은 소아小我와 우주가 합일하는 정신적 경지이고('우주적 감각' 즉 'cosmic feeling'에 해당된다) 이전부터 유학자들이 매우 좋아한 것이라서, "하늘과 땅을 위해서 마음을 세운다爲天地立心"는 장재의 말은 오늘날까지도 널리 유행하고 있다.[15] "천지만물을 한 몸으로 여긴다"는 의식이 하나의 경지이자 신앙으로서 어떻게 그처럼 많은 사람의 마음을 감동시켰는지 우리는 매우 쉽게 이해할 수 있다. 그렇지만 '7척의 몸'이 어떻게 하면 "하늘과 땅을 가득 채울" 수 있는가 하는 객관적 문제에 대해, 반대파인 임률이 그렇게 질문했을뿐더러 호굉과 같은 이학자도 계속해서 해답을 찾지 않을 수 없었음을 알아야 한다. 그런데 임률이 가한 가장 날카로운 비판은 "민民은 나와 동포이고, 만물은 나와 함께한다. 대군大君은 우리 부모의 종자宗子이고, 대신大臣은 종자의 신하宗子之家相다"[16]라는 구절에 대한 것이었다. 임률은 말한다.

만약 하늘과 땅 사이에서 나란히 태어났다고 한다면, 민과 만물은 모두 나와 동포다. 이제 "만물은 나와 함께한다"고 하는데, 그 말은 '동포'라는 것과 무슨 차이가 있는가? '함께한다'는 명칭이 어떻게 성립하는가? 횡거는 "대군자 오부모종자야大君者, 吾父母宗子也"라고 말하는데, 대체 대군을 부모로 여기는 것인가 종자로 여기는 것인가? 『서』는 "천지는 만물의 부모이고, 사람은 만물 중 가장 영명한 존재다. 참으로 총명하여 임금이 되었고, 임금은 민의 부모가 된다"고 말한다. 「서명」은 이 말에 근거하여 이론을 세운 것이다. 그런데 한편으로는 "부모"가 된다고 하고 다른 한편으로는 "종자가 된다"고 하니, 친소親疏 후박厚薄 존비尊卑가 나뉘지 않게 된다. 참으로 깊이 생각하지 못한 것이다. 부모가 강등하여 종자가 되는가? 아니면 종자가 올라가서 부모가 되는가? 이는 자리를 뒤바꾸고 윤리를 어지럽힌 것으로서 명교名教의 큰 적이다. 배우는 자들이 거기서 무엇을 취할 것인가? 또한 "대신은 종자의 신하다"라고 말한다면, 종자에게는 신하가 있고 부모에게는 없게 된다. 비단 신하가 없을 뿐만 아니라 부모도 없게 될 것이니 참으로 안타깝구나! 맹자는 "양씨[양주]는 나만을 위하니 그에게는 임금이 없고, 묵씨[묵적]는 모두를 똑같이 사랑하니 아비가 없다. 아비가 없고 임금이 없는 것은 짐승이다"라고 말했다. 사악한 설이 민을 속이고 인의를 가로막았으니, 장차 짐승을 이끌어 사람을 먹게 하는 일이 있게 될 것이다. 나는 「서명」에 대해서도 그렇게 말한다. 「서명」을 높이는 사람들은 변론하지 않을 수 없을 것이다.[17]

"자리를 뒤바꾸고 윤리를 어지럽힌 것으로서 명교의 큰 적이다"라는 말은 유가의 도덕적 언어 가운데 가장 심각한 비판이어서, 주희는 그 점에 대해서만은 「서명」을 변호하지 않을 수 없었다. 그는 임률과 나눈 문답을 아래와 같이 기록한다.

또한 「서명」에 대해 논했다. 나는 이렇게 말했다. "의심할 만한 곳은 없는데,

시랑侍郞[임률]이 아직 글의 뜻을 이해하지 못해서 의심할 수밖에 없습니다. 나머지를 다 변론할 여가는 없고, 다만 '대군자 오부모종자' 한 구절만 보자면, [시랑이 이를] 완전히 잘못 읽은 것이 특히 분명합니다. 본문의 뜻은 '사람은 모두 하늘과 땅의 자손이며 대군은 그 적장자다'라는 것입니다. 이른바 '종자'는 임금의 도를 갖는 자입니다. 따라서 '대군은 곧 우리 부모의 종자일 뿐'이라고 말합니다. 시랑께서 말하다시피 '이미 부모가 되었는데 또다시 강등하여 아들이 된다'는 것은 아닙니다." 임률은 "종자가 어떻게 적장자입니까?"라고 물었다. 나는 말했다. "그것은 바로 아버지를 잇는 맏아들이라는 뜻입니다. 아버지를 잇는 맏아들에 대해 형제들이 모두 그를 종자로 여기니, 부모의 적장자가 아니면 무엇이겠습니까? 다른 사람들이라면 혹이 일을 이해하지 못할 수도 있겠지만, 시랑은 예학의 명가名家인데 어찌 이해를 못합니까?" 임률은 곧 머리를 숙이고 말없이 떠났지만 마음속으로는 매우 불평했던 것 같다.[18]

이 구절은 주희와 임률 두 사람이 그다지 유쾌하지 않게 헤어진 정황을 드러내고 있다. 임률이 결코 주희에게 설득당하지 않았다는 사실은 마지막 구절을 통해 알 수 있다.

양시와 임률의 글을 비교해 읽어보면, 양시는 다만 「서명」이 "나뉘어 서로 다른 것이 된다分殊"는 측면에 대해 충분히 이야기하지 않았다고 의심하는 데서 그치는 반면, 임률은 "리는 하나다"와 "나뉘어 서로 다른 것이 된다" 모두에 대해 비판한다. 여기서는 이런 비판을 통해 인간 질서에 관한 「서명」의 구상을 밝혀내고자 한다. 그들의 비판이 「서명」을 잘못 읽은 데서 기인했는지 여부는 이 책의 주지와 관련이 없기에 논하지 않기로 한다. 주희의 설명에 따르면, 「서명」의 전체 구상은 인의 본체仁體가 "모든 것을 통일시키되 수만 가지로 나뉜다"는 기본적 가정 위에 서 있다.[19] 임률은 그런 가정을 인정할 수 없어서 "건과 곤은 아버지와 어머니다" "혼연한 가운데에 처해 있다"는 관념을 받아들일 수 없었다. 그런데 임률만이 아니라 육구소[자는 자미] 역시 그런 의문을 갖고 있었다. 주희는 「육자미에게 답하는 두번째 편지答陸子美二」에서 이렇게 말한다.

제가 「서명」의 뜻에 대해 논하는 것은, 어른께서 횡거의 말을 '건과 곤이 실제로 부모가 되는 것'으로 이해하면 안 된다고 하면서 "융통성이 없다"고 배척했기 때문입니다. 그래서 가만히 의문이 들어 이렇게 생각했습니다. 만약 어른의 생각대로라면, 사람과 사물은 실로 하늘과 땅을 밑바탕 삼을 곳이 없어져서 타당하지 못할까 두렵습니다. 저는 원래 그렇게 말하려 했던 것이 아닙니다. 이제 보내주신 편지를 자세히 읽어보니 오히려 이렇게 생각하신 것 같습니다. 곧 횡거는 다만 (부모라는 표현을) 빌려와서 그렇게 말했던 것으로, '부모는 건곤과 비록 다르더라도 처음부터 두 가지 실체가 있었던 것은 아니지만, 그 차이점에 대해서는 또한 변별하지 않을 수 없다'는 것을 횡거가 살피지 못한 것이라고 말입니다.[20]

육구소는 임률과 마찬가지로 생각했다. 곧 "건과 곤이 실제로 부모가 된다"는 것이 장재[장횡거]의 진의라고 파악했기 때문에 장재에 대해 "융통성이 없다"고 배척했던 것이다. 위 편지에 앞서 주희가 육구소에게 편지를 보내 「서명」의 뜻에 대해 설명했지만, 그럼에도 육구소는 여전히 '부모'를 '빌려온 표현假借'이라고 주장했고, 건곤을 곧바로 부모로 봐서는 안 된다는 입장을 견지했다. 육구소가 주희에게 보낸 편지 두 통은 모두 「태극도설」과 「서명」을 동시에 비판하고 있다. 하지만 원래의 편지 가운데 「서명」에 관한 부분은 유실되어 현재는 찾아볼 수 없다. 그러나 태극 문제에 관한 부분은 육구연으로 인해 논쟁이 일어난 것으로 이학사의 일대 화두가 된다.[21] 주희가 쓴 「서명해」의 마지막 부분에는 무신년(순희 15년, 1188) 2월 기사일에 작성된 발문이 있다.

처음 내가 「태극」과 「서명」에 대한 해설을 지었지만 감히 출판하여 다른 사람에게 보인 적이 없다. 근래 유학자들이 두 글의 오류를 많이 논의하되 그 글의 의미에 통달하지 못하면서도 제멋대로 망령되이 비난하는 것을 보고, 나는 혼자서 안타까워했다. 이 해설을 출판함으로써 학도들에게 보여주고 〔해설이〕 널리 전파되기를 바란다.[22]

"근래 유학자들이 두 글의 오류를 많이 논의한다"고 하는데, "근래 유학자"는 분명 육구소를 가리키고, 육구소가 편지를 보내와서 「서명」을 비판했던 것은 위 발문이 쓰이기 얼마 전이었을 것이다. 그것을 어떻게 알 수 있을까? 첫째, 임률이 주희와 직접 만나 「서명」 논쟁을 벌인 때는 순희 15년(1188) 6월 1일이었고, 이 발문이 쓰인 후 4개월이 흘러서였다. 그렇다면 발문은 오직 육구소만을 겨냥해서 쓴 것이다. 둘째, 주희의 「육자미에게 답하는 첫번째 편지」에 따르면, 강서江西 지방의 우편 사정이 좋지 않아서 "자정子靜[육구연]에게 부탁하여 [편지를 육구소에게] 전해주도록 했다托子靜轉致"고 한다. 왜냐하면 육구연이 당시 임안에 있어서 우편 사정이 편했기 때문이다. 그런데 「육자미에게 답하는 두번째 편지」에는 "자정이 돌아와서 꼭 아침저녁으로 초대하여 함께한다子靜歸來, 必朝夕得款聚"는 말이 있다. 육구연이 임안을 떠난 때는 순희 13년(1186) 말이었고 되돌아온 때는 이듬해 봄이다.[23] 따라서 주희가 보낸 답장 두 통은 각각 순희 13년과 14년에 쓰였다고 볼 수 있다. 이는 "근래 유학자들" 운운한 발문의 말과 완전히 합치한다.[24] 첫번째 편지가 육구연에 의해 육구소에게 전해졌다는 바로 그 이유로 인해 2년 후의 대논쟁이 일어나게 된다. 하지만 육구연은 「서명」은 놔두고 오로지 "무극이면서 태극이다無極而太極" 구절에 관해서만 논쟁을 벌였다.

'건곤부모乾坤父母'설이 일으킨 논쟁이 이토록 분분했는데, 어째서 장재·이정·주희 계열의 이학자들은 그런 관점을 극히 확고하게 유지하면서 조금도 동요하지 않았을까? 주희의 「육자미에게 답하는 첫번째 편지」는 그 이유를 드러낸다.

옛날의 군자들은 오직 도리를 그처럼 참되게 볼 수 있어서 친족에게 친하게 대하고 민에게 어질게 대했으며, 민에게 어질게 대하고 만물을 사랑했습니다. 그런 행동을 밀고 나아가 천하를 한 가족으로 여기고 온 나라를 한 사람으로 여길 수 있는 경지까지 나아갔습니다. 그렇지만 그렇게 여기는 것은 의도한 바가 아니었습니다. 지금 만약 '사람과 만물은 다만 한 부모로부터 태어난 존재이고 건곤과는 아무런 관련이 없다'라고만 말한다면, 「서명」에서 취할 내용은 다만 '광활하고 광대한 말로써 임시로 어짊의 실체仁體를 형용하면서 사적 자아를 깨뜨렸다'는 것만 될 것입니다. 그렇다면 '어짊의 실체'라는 것은 완전히 공허한 명칭이 되고 처음부터 아무런 실체가 없게 되며, 사적인 작은 자아는 오히려 실체적 이치가 되어, 〔어짊의 실체와 사적인 작은 자아가〕 분별되어야 할 것입니다. 다시 말하면, 성현이 이 점에 대해 의미를 모르고 다만 이해관계만 보고서는 자신의 의도에 따라 망령되이 말을 지어내고, 그로써 '있지 않은 것'을 수식하면서 '있는 것'을 깨버렸다는 말이 됩니다. 정말로 그렇다면 어떻게 다만 "융통성이 없다"는 말만으로 그 이론의 오류를 다 지적할 수 있겠습니까? 또한 어떻게 그것만으로서 사람들의 '사적 자아에 채워진 질곡'을 깨뜨릴 수 있겠습니까?[25]

현대적 분석의 각도에서 말하자면, 「서명」은 부모자녀, 즉 '가家'의 모델로서 '사람'과 '천지만물'의 관계를 유추해내고, 그 안에는 '사람'과 타인의 관계 역시 포함되어 있다. 이렇게 유추해내는 가운데, "건을 아버지라 칭하고 곤을 어머니라 칭한다"는 것이야말로 유일하면서도 필연적인 출발점이다. 주희 자신도 이미 그러한 관점을 보이고 있었다. 그래서 어떤 사람이 「서명」의 '어짊과 효의 이치'를 물어왔을 때, 주희는 이렇게 답한다.

그〔장재〕는 효를 말한 것이 아니라 효로써 저 어짊을 형용한 것이다. 부모를 섬기는 도리는 바로 하늘을 섬기는 모습樣子이다.[26]

주희의 문인은 찬탄하면서 말한다.

'부모를 섬기는 것은 하늘을 섬기는 모습樣子이다'라는 선생의 한마디는 「서명」의 뜻을 전부 설명해냅니다.[27]

위의 "모습" 즉 "양자樣子"는 현대어로 '모델model'에 해당된다. 그러나 언어 측면의 분석이 「서명」 입론의 구조를 제대로 드러낼 수 있다 하더라도, 종교 및 신앙의 정신적 내용까지는 설명해낼 수 없다. 장재, 이정, 주희는 다음 같은 점을 굳건히 믿은 듯하다. 건곤과 만물(사람 포함) 관계는 바로 부모와 자녀 관계와 같다는 것이다. 주희가 「서명해」에서 말했다시피, "건이라는 것은 만물이 그것을 밑바탕 삼아 시작되는 곳"[28]이고, "곤이라는 것은 만물이 그것을 밑바탕 삼아 태어나는 곳"[29]이다. '어짊의 실체'는 바로 그런 관계를 둘러싸고 있는 정신적 실체로서, 그것은 끊임없이 유행하기 때문에, 전체 우주(특히 인간)로 하여금 언제나 "리는 하나이되 나뉘어 서로 다른 것이 된다"는 역동적 평형을 유지하게끔 한다. '인의 실체'는 바로 "리는 하나다"라고 할 때의 '리'이기는 하지만, '어짊의 실체'가 발양하면 바로 '감정情'이라는 "나뉘어 서로 다른 것分殊"이 된다. 달리 말해 "민은 나와 동포가 되고" "만물은 나와 함께하며", 혹은 주희가 말했던 것처럼 "친족에게 친하게 대하고 민에게 어질게 대하며" "민에게 어질게 대하고 만물을 사랑한다."[30] '어짊의 실체'가 지닌 친화력에 의해 인간 질서가 형성되는데, 만일 그런 친화력에 한층 높은 차원의 우주적 근원이 없다면, 그것은 결국 지속될 수 없을뿐더러 '어짊의 실체'에 걸맞지도 않게 될 것이다. 이것이 바로 「서명」이 반드시 "건을 아버지라 칭하고 곤을 어머니라 칭한다"에서 시작할 수밖에 없었던 근본적인 이유다. 주희도 「육자미에게 답하는 첫번째 편지」에서 그 핵심을 강조하면서, '건곤부모'는 글자로만 보면 단순한 비유이지만 오히려 그것이 우주적 실재를 반영한다고 한다. 「서명」의 전체 이론은 바로 이런 우주적 실재에 대한 참된 인식에서 세워졌다. 편지에서 "도리를 그처럼 참되게 볼 수 있었지만 (…) 의도한 바가 아니었다"라는 구절에서 '의도意'는 아래 문장의 "자신의 의도에 따라 망령되이 말을 지어냈다"는 말과 상통한다. 여기서 참된 신앙과 거짓 의식 사이의 차이가 나타난다. 장재에서 주희에 이르기까지, 이학자들은 대체로 '가정'을 모델로 삼는 우주의 실체(仁體)를 믿어 의심치 않았다. 따라서 「서명」이 "광활하고 광대한 말로써 임시로 어짊의 실체를 형용했다"고 할 수 없다. 만약 그런 견해를 취한다면, "리는 하나이되 나뉘어 서로 다른 것이 된다"는 것은 '이해利害(기성 질서의 유지)'를 위해 만들어진 거짓 의식에 불과하게 될 뿐이다. 이는 결코 받아들일 수 없는 결론이었다. '거짓 의식'이나 '의식 형태'는 현대의 용어이고 당시에는 '천도설교天道設敎'라고 칭해졌다. 하지만 용어는 다르더라도 가리키는 내용은 동일하다. 주희는 이미 12세기에 참된 신앙과 거짓 의식 사이 경계를 이처럼 명확하게 구분했으니 그 사유의 복잡함과 깊이는 실로 경이롭다.

이상으로 우리는 임률과 육구소가 제기한 비판을 통해 「서명」의 사상적 기조를 명확히 밝혔다. "리는 하나이되 나뉘어 서로 다른 것이 된다"는 명제는 인간 질서에 관한 전체적 구상에서 기원하는 것으로, 북송 초기 도학자들의 주요 관심사는 '어짊의 실체'가 정치적·사회적으로 어떻게 발현하느냐에 있었다. 이뿐 아니라 주희는 그런 관점을 최대한 발휘했다. "천하는 하나의 가정이고 중국은 한 사람이다天下爲一家, 中國爲一人"라는 주희의 말은 "리는 하나이되 나뉘어 서로 다른 것이 된다"는 것의 최고 경지를 대변한다. 그렇지만 "천하가 하나의 가정이다"라는 말은, 결코 "리는 하나다"로써 "나뉘어 서로 다른 것이된다"는 것을 덮어버린다는 말이 아니다. 주희는 이 점을 분명히 한다.

마치 사람들의 한 가정에는 저절로 등급의 구별이 있는 것과 같다.[31]

이 말은 "나뉘어 서로 다른 것이 된다"는 것이 어디에나 편재한다는 점을 부각시킨다. 엄격하게 말하자면 혈연으로 이루어진 '가정'의 '등급'은 대체로 장유長幼, 상하上下, 친소親疏 등의 유한한 범주를 벗어나지 못한다. 그러나 만약 '등급'을 '천하'의 차원에서 생각해본다면, 사람과 사람 사이 관계에서는 이루 다 헤아릴 수 없는 각종 '다름分殊'이 존재하게 되어, 자연스럽게 가정의 몇 가지 범주로는 그것들을 다 포용할 수 없게 된다. 그렇지만 「서명」의 최대 특색은 바로 '어짊의 실체'를 '하나의 리理一'로 삼으면서도, 이런 비유적 사유를 빌려 천하의 모든 '등급'을 혈연상의 '다름'으로 환원시킨다는 데 있었다. 이렇게 봤을 때, 이학자들의 독특한 구상 속에서 '등급'은 비단 '이치에 합치'할 뿐만 아니라 '인정에도 부합'한다. 이런 특색은 본문에서 서술할 군주와 '사'의 관계와 자못 긴밀한 관련을 맺는다.

바로 이어서 "하늘과 땅을 가득 채우고 있는 것은 나의 몸이고, 하늘과 땅을 이끄는 것은 나의 본성이다"에 대한 임률의 논박을 검토해보자. 앞서 인용한 대로, 임률은 '7척의 몸'인 '나의 몸'을 확장하여 "하늘과 땅을 가득 채운다"고 말하는 것은 '망령된 것妄'이라고 지적했다. 그리고 '나의 본성'이 "하늘과 땅을 이끄는 것"이라고 여기고, "아버지인 하늘과 어머니인 땅"에게 모두 "내가 말하면 그 누구라도 그 말을 어기지 않기"를 요구하는 것은 더욱 커다란 '망령'이라고 주장했다. 이 두 가지 논박 모두 심각한 오해가 있음은 말할 나위 없다. 그리고 그런 오해가 생긴 까닭은 임률이 이학 배후의 전체 우주론 혹은 형이상학적 가설을 전혀 받아들이지 않았기 때문이다. 그런데 그가 정말로 관심이 있었던 것은 학설 자체의 정오正誤가 아니라 그 정치적·사회적 후과였다. 곧 그런 학설은 "자리를 뒤바꾸고 인륜을 어지럽힌 것으로서 명교의 큰 적이 된다"는 것이었다. 이것이야말로 임률의 비판 가운데 가장 주목해볼 만한 부분이다. 그가 사용하는 '망령'이라는 말은 '광망狂妄'이라는 뜻이 있는데, 이 말은 학설 자체를 겨냥할 뿐만 아니라 그런 학설을 만든 사람을 겨냥한다. 「서명」을 지은 사람과 "「서명」이 육경보다 뛰어나다고 존숭하는" "근세 사인들(곧 이학의 사대부들)"은 당연히 "망령되었다"는 비판으로부터 자유로울 수 없다.

바로 이 지점에서 우리는 이런 질문을 던질 수 있다. 「서명」의 이론이 상정하는 사람들은 대체 누구였을까? 어떤 사람이라야 "하늘과 땅을 가득 채우고 있는 것은 나의 몸이고, 하늘과 땅을 이끄는 것은 나의 본성이다"라고 말할 수 있을까? 이론적으로 보면, 「서명」은 모든 '사람'이 우주의 창조 작용에 참여한다는 것을 긍정하는 만큼 그것은 한 사람 한 사람에게 적용된다. 그러나 실천적 측면에서는 "사람은 모두 요순이 될 수 있다"라는 사례와 마찬가지로, 고도의 정신수양을 거친 소수의 인재만이 「서명」에서 제시된 수준으로 한 걸음씩 나아갈 수 있다. 장재가 「서명」을 지은 까닭은, 구도求道의 뜻은 갖고 있으나 사상에 다소 얽매임이 있는 사람들을 이끌어주기 위함이었다고 할 수 있다. 이는 「서명」의 처음 이름이 「정완訂頑」[완고하고 둔한 사람들을 바로잡아 줌]이었다는 데서 잘 드러낸다. 이런 추론을 더욱 밀고 나간다면, 장재 예상 속의 독자군은 '사' 계층에만 소속될 뿐, 농민, 공인, 상인 및 그 외 부류는 포함하지 않는다. "민은 나와 동포다"라는 말이 가장 유력한 증거다. 왜냐하면 '민'을 '동포'로 대우해야 한다는 이런 요구는 분명히 '사'나 '사' 위에 있는 사람들을 향한 것이기 때문이다. "나의 몸이다" "나의 본성이다"라는 말 역시 '사'를 격려하는 말이다. 주희는 이렇게 풀이한다.

'채운다塞'는 맹자가 말한 "하늘과 땅 사이를 채운다"는 것이다. '채우는 것'은 기氣일 뿐이다. 나의 몸이 곧 천지의 기다. '이끈다'는 주재한다는 뜻이고 곧 천지의 영원한 리理다. 나의 본성은 곧 천지의 리다.[32]

이 조목은 맹자를 근거로 삼고 있는데, 엽하손葉賀孫이 신해년(소희 2년, 1191)에 기록한 것으로서, 주희가 임진년(건도 8년, 1172)에 「서명해」에서 했던 말과는 상당히 다르다. 이렇게 내용이 달라진 까닭은 아마도 임률의 도전을 접하고서 주희가 그 내용을 수정했기 때문일 것이다. 맹자에 따르면, '기'는 반드시 "배양되어야養" 비로소 "가득 채울充塞" 수 있고, '본성'은 반드시 '확충擴充'되어야지 완성될 수 있는데, 이런 수양 역시 '사'에게만 기대할 수 있지 일반 '민'에게 바랄 수 있는 것은 아니었다. 위 두 구절에 대한 장재의 이론적 근거는 『정몽』「대심편大心篇」에 보인다.

> 나의 몸을 이루는 것은 하늘의 신神이다. 본성으로써 몸을 이룬다는 것을 모르고, 몸으로부터 지각이 생긴다고 믿는 사람들은 하늘의 공로를 빼앗아 자기 힘으로 삼는 자들이다. 나는 그 사람들이 잘 아는지 모르겠다. 민은 어떻게 아는가? 만물은 서로 다른 가운데 형체를 이뤄주고 수만 가지로 변화하는 가운데 감응하기에, [이런 현상에 직면하여] 귀와 눈을 통해 안과 밖을 합치시키는 것이다. [그러면서] 하늘의 공로를 빼앗고 '나는 안다'고 스스로 말할 뿐이다.[33]

'신'은 곧 '하늘의 덕天德'이므로, 여기서 말하려는 것은 바로 '덕성으로 아는 것德性所知'과 '보고 들어 아는 것見聞之知' 사이의 차이다. '내성'을 완성한 '사'가 아니라면 '덕성으로 아는 것'을 기도할 수 없고, 일반적인 '민'은 아예 눈으로 보고 귀로 듣는 수준에 국한되어 있다. 임률이 "망령되었다"는 용어로써 '내성외왕'을 자부하는 이학의 사대부들을 비난했던 까닭은 그런 사대부들이 "아버지가 하늘이고 어머니가 땅"인 것을 인정하지 않아 존비尊卑의 질서를 뿌리부터 동요시킬 수 있었기 때문이다. 오직 이 점에만 한해 보면, 임률의 열정적 비판에도 전혀 근거가 없지는 않다. 주희를 포함한 이학자들의 평소 언행에서 드러나는 특별한 기풍과 임률의 수구적 심리가 서로 잘 어울리지 않았던 것이다. 주희는 말한다.

"나의 몸이다, 나의 본성이다"라는 말에는 내가 계승하고 담당한다는 뜻이

있다.[34]

이 말은 정곡을 찌르고 있지만, 임률이라면 바로 이런 말에 격노할 것이다. 그래서 임률의 「서명설」은, 그것이 지닌 이론적 가치는 별개 문제로 하고, 하나의 역사 문헌으로서 이학의 정치문화적 특색을 부각시키고 있다. 「서명」의 중심 논지는 '사'의 '계승·담당承當'이라는 정신을 발양하려는 것이고, 그 기원은 범중엄의 "천하를 나의 임무로 삼는다以天下爲己任"는 의식에서 찾아볼 수 있다. 장재가 스물한 살 때 범중엄을 만났을 당시에 범중엄은 그에게 『중용』을 읽으라 권했고, 이때부터 장재의 마음속에서 그런 의식이 싹트기 시작했을 것이다. 그리고 「서명」은 최후의 결과물이었다. 만약 "리는 하나이되 나뉘어 서로 다른 것이 된다"는 형이상학적 명제에만 입각하여 「서명」을 바라본다면, 양송 이학의 핵심을 관통하는 '질서 재수립'이라는 주요 노선을 파악할 수 없게 될 것이다.

마지막으로 "대군은 우리 부모의 종자宗子이고, 대신은 종자의 신하다"라는 구절에 대한 임률의 비판은 더욱 주목할 만하다. "자리를 뒤바꾸고 인륜을 어지럽힌다"는 그의 비판은 바로 이 점을 겨냥한 것이다. 앞서 지적했다시피, 「서명」은 '가정'을 모델로 삼아 천지만물의 관계를 일률적으로 혈연화하는데, 군주와 신민 관계도 당연히 예외가 아니다. 그런데 「서명」은 그런 문제에서 한 걸음 더 나아가, 군주와 신하 관계를 종법 체계 속으로 귀속시킨다. 우리는 주희가 임률에 대해 반박하면서 "대군은 그 [천지의] 적장자"라서 '종자'라고 칭한다는 것을 살펴봤다. 또 주희는 "그것은 바로 아버지를 잇는 맏아들이라는 뜻이다. 아버지를 잇는 맏아들에 대해 형제들이 모두 그를 종자로 여긴다"고 말했다. 종법화의 결과, 군자와 모든 사람이 "아버지인 하늘과 어머니인 땅"으로부터 함께 태어났기 때문에 결국 '형제'로 변한다는 것을 알 수 있다. 이것이 비록 '비유'라고는 하지만, 임률이 보기에는 실로 대역무도한 말이었다. 이제는 '종자'에 관한 장재의 설명을 분명히 해보자. 장재는 『경학리굴經學理窟』

「종법宗法」에서 이렇게 말한다.

이른바 '종宗'이라는 것은 나의 친척과 형제들이 나를 종자로 여긴다는 말이다. 그러므로 [내가] '종'의 명칭을 얻었다는 것은 다른 사람들이 나를 종자로 여긴다는 말이지 내가 다른 사람들 속에서 스스로 종자가 된다는 것이 아니다. 그러므로 아버지를 잇는다면 '아버지를 잇는 종자'라 하며, 조부를 잇는다면 '조부를 잇는 종자'라 한다. 증조부에 대해서도 그러하다.[35]

장재는 종자와 그 외 형제 사이 관계를 다음과 같이 해석한다.

비유하자면 한 사람에게 여러 자식이 있고, 또한 적장자를 대종大宗으로 삼는다. 이때 모든 집안 재산에 의거하여 [대종에게] 후히 지급해서 종자를 길러야 한다. 종자는 위세가 중요하므로 그것을 얻기를 원한다. 종자에게 제공하는 것 말고는 모든 것을 균등하게 족인族人들에게 나눠준다. 종자는 반드시 종자만을 위한 교수敎授를 두어야 한다. 종자의 득실은 그 책임이 교수에게 있다. 그 밖의 족인들은 따로 교수를 둔다.[36]

장재가 "대군은 우리 부모의 종자다"라는 말을 할 때, 마음속에 있던 구체적 모델이 바로 이런 '종자' 제도였음은 두말할 나위가 없다. 비록 군주는 천하 신민으로부터 각별한 존중을 받아야 하고 특별히 후한 봉양을 향유해야 하지만, 그는 결코 "만물 위에 우뚝 선首出庶物" 절대적 존재는 아니었다. 그와 대신의 관계는 마치 '종자'와 '집사'의 관계와 같다. "종자의 득실은 그 책임이 교수에게 있다"는 구절은 군주의 '경연慶筵' 제도를 연상시킨다. 정이는 「경연을 논하는 세번째 차자論慶筵第三箚子」에서 '인주人主'의 '교만 방자驕肆'와 '자만 자대滿假'를 방지하기 위해, '인주'는 "현인을 존경하고 재상을 경외해야 한다"고 특별히 주장한다. 그는 「차자」 말미에 붙은 세번째 「첩황貼黃(차자의 요지)」에서 다음과 같이 분명하게 지적한다.

신은 천하의 중임이 오직 재상과 경연 위에 놓여 있다고 생각합니다. 천하의 치란治亂은 재상에게 달려 있고, 군주의 덕의 성취 여부는 경연에 책임이 있습니다.[37]

이 지적은 '장자'에게 '신하'와 '교수'가 있다는 말과 같다. '대군'을 '종자'로 비유한 것이 결코 등한시될 수 없는 중요한 말임을 알 수 있다. 장재의 마음 깊숙이 자리 잡고 있었던 것은 종법화를 통해 군주의 절대적 권위를 약화시키고, 군주와 신하 사이의 뛰어넘을 수 없는 거리를 좁히는 일이었다. 정이의 다음과 같은 발언은 당시 황제의 지고무상至高無上한 위세를 잘 묘사한다. "숭고한 자리에 있으면서 상벌의 권한을 갖고 있으니 모든 관리가 경외하고 두려워하며, 만방이 떠받들고, 바라는 대로 다 얻을 수 있다."[38] 장재의 종법화 구상은 당연히 이런 일반적 상황을 겨냥해 제시된 것이다. 만약 군주가 다만 '종자'일 뿐이라면, 신민은 모두 그 '친척이자 형제'로 변화되고, 군주와 재상 사이 관계도 '종자'와 '집사' 관계에 따라 다시 정리될 것이다. 그렇게 된다면 '삼강三綱' 중의 첫번째 강령(군주와 신하 사이의 강령)에도 근본적 변화가 일어난다. 장재는 과감하게도 자신의 확고한 '천자' 개념을 천하의 모든 신민에게까지 적용하는데, 바로 이런 단서를 통해 이학이 중국 정치사상사에서 지닌 창조적 정신을 엿볼 수 있다. 그런 구상이 장재의 간절한 바람에서 나왔느냐의 여부는 여기서 그다지 중요한 문제가 아니다. 우리가 중시하는 것은 장재가 결국 이런 복잡한 방식을 통해 '군위신강君爲臣綱' 관념에 도전했다는 사실일 뿐이다.

이상의 분석을 통해 어째서 임률이 「서명」이 '명교의 큰 적'이라고 말했는지를 별 무리 없이 이해할 수 있다. 장재가 그런 의도를 갖고 있었다고 어떻게 단정할 수 있을까? 아래 자료는 이 물음에 대한 답이 될 수 있다. 장재는 『횡거역설 「계사전」에서 "황제와 요순이 의복을 늘어뜨리고 가만히 앉아 있어도 천하가 다스려졌다"[39]는 구절을 이렇게 해석한다.

상고시대에는 군주와 신하, 존귀한 자와 비천한 자, 육체노동자와 정신노동자 사이에 구별이 없어 예禮로써 제도를 만들었으니, "의복을 늘어뜨리고 가만히 앉아 있어도 천하가 다스려졌다." [하지만] 그 이전 시대에는 그렇지 않았을 것이다. 그 형식과 예악은 간단하고 쉬우며 소박하고 소략했는데, 요 임금에 이르러 그 형식이 밝아졌다.[40]

"상고시대에는 군주와 신하, 존귀한 자와 비천한 자, 육체노동자와 정신노동자 사이에 구별이 없었다"는 구절은 '군주와 신하 관계가 어떠해야 하는가'에 대한 장재의 생각을 잘 보여준다. 이는 인간 질서에 관한 이학의 구상 속에서 매우 중요한 부분이므로 따로 단락을 나누어 살펴봐야 한다.

5) 정씨『역전』속의 정치사상

북송은 사士 계층이 정치 영역에서 매우 활발하게 활동했던 시대다. "천하를 나의 임무로 삼는다"는 의식이 점차 깊어짐에 따라 사 계층 선각자들이 지닌 '계승·담당'의 정신이 질서 재수립을 위한 개혁운동이라는 구체적 임무로 나타났다. 그들은 정치적 주체로 자부하면서, 진한 이래의 "사는 천시되고 군주는 방자하게 행동하는" 상황으로 다시는 되돌아가려 하지 않았다.[1] 그들은 이런 의식을 지니고서 조정에 들어갔고, 한 걸음 더 나아가 자신들이 군주와 더불어 "함께 천하를 다스려야 한다同治天下"고 요구했다.[2] 이런 새로운 정치문화 속에서 '군주'의 성격과 직권, 그리고 군주와 신민臣民 사이 관계는 자연스럽게 유학의 논의 대상이 되었다. 이학자들은 이 같은 정치문화 속에서 성장했거니와 일반 유학자들에 비해 '치도治道'에 훨씬 많은 관심을 지녔기 때문에 '군주'에 대한 그들의 생각이 어떠했는지를 살펴보지 않을 수 없다. 지금부터는 정이의 『역전』을 주요 근거로 삼고, 그 밖에 이학자들의 설을 참고하면서 그 대략을 말해보고자 한다.

정이가 군권君權의 절대화에 깊은 불만을 품었음은 앞서 인용한 「경연을 논하는 세번째 차자」에서 이미 살펴봤다. 그런데 군주의 성격과 군주와 신민의 관계에 대한 정이의 논의는 『역전』에 집중적으로 실려 있다. 『역전』은 정이의 유일한 저작으로서, 주요 부분은 경전 해석을 구실로 삼아 '외왕'에 대한 자신의 견해를 밝히고 있다. 특히 왕안석의 신법과 당쟁 문제에 대한 직접적 발언이 종종 보인다. 주희는 『역전』을 이렇게 평가한다. 첫째, "그[정이]는 수많은 도리를 알았지만 스스로 자신의 설을 지어내려 하지 않고 경전에 의탁하여 표현하려 했다."[3] 둘째, "정이의 『역』을 보면, 인간사 측면에서 말하는 것이 일상에서 늘 행해지는 도리임을 알 수 있다."[4] 그러므로 『역전』이 표출하는 것은 정치적·문화적 질서에 대한 정이의 기본 관점이며, 그것은 『역』 자체의 경문과 분리되어 이해될 수 있다. 정이의 궁극적 관심은 질서 재수립이었는데, 『역전』은 그것에 대한 가장 유력한 증거물이다.

정이는 '군주의 자리君位'와 '군주의 도君道'가 지닌 정당성과 필요성을 충분히 긍정한다. 그는 "여러 사물 중에서 으뜸으로 나오니 모든 나라가 다 평안해진다"[5]는 『주역』의 구절을 이렇게 풀이한다.

건도乾道는 "여러 사물 중에 으뜸으로 나와서 만물이 형통하게 되는" 것이고, 군도君道는 천자의 자리에 존귀하게 임하여 사해四海가 복종하는 것이다. 왕이 하늘의 도를 체득한다면 모든 나라가 다 평안하다.[6]

'군주의 자리'와 '군주의 도'가 모두 '하늘'에 뿌리를 둔다는 것은 유가의 통의通義다. 그런데 정이는 '군주의 도'에 대해 진일보한 규정을 내린다. 그는 "구오九五, 다른 사람들과 함께하되同人 먼저 울부짖다가 나중에 웃는다"[7]에 이런 주석을 단다.

인군人君은 마땅히 천하와 더불어 대동大同해야지, 자기 한 사람만을 사사로이 여기는 것은 인군의 도가 아니다. 또한 먼저 떨어져 있어서 소리 내어 울고, 나중에 만났다고 해서 웃는 것은 사사로운 친한 감정으로서 대동의 본체가 아니다.[8]

이 조목은 "들판에서 다른 사람들과 함께하니 형통하다"[9]에 대한 주석과 함께 읽어야 한다.

천하 대동大同의 도는 성현의 대공大公의 마음이다. 보통 사람들이 함께하는 것은 사사로운 뜻私意으로써 합치하는 것이다. 곧 친하고 스스럼없이 지내는 감정일 뿐이다. 그러므로 '들판에 있어야 한다'는 것은 '친근한 사람 사이의 사사로운 감정'에 따르면 안 되고, 교외와 들판이라는 넓고 먼 곳에서 사사롭게 여기는 것에 의해 얽매이지 않는 것이 곧 지공至公과 대동의 도라는 말이다. 곧 아무리 멀리 있는 사람들이라도 함께하지 못할 바가 없다. 그러므로 그 형통함을 알 수 있다. 천하와 더불어 대동할 수 있다면, 천하가 모두들 그와 함께하고자 할 것이다.[10]

'군주의 도'란 반드시 "천하와 더불어 대동하는 것"이지 "자기 한 사람만을 사사로이 여기는 것"이 아니라는 것은 유가 전통의 이상이었다. 그런데 정이는 특별히 성현의 "대공의 마음"과 보통 사람들의 '사사로운 뜻'을 대별한다. 이는 이학의 특수한 입장을 나타낸다. 정이는 한편으로 '어짊仁'이 곧 '공적인 것公'이라고 하고,[11] "조금이라도 사사로운 뜻이 있는 것은 비로 어질지 못한 것"[12]이라고 한다. 그는 "자신을 극복하여 예로 돌아간다克己復禮"에 대한 질문에 답할 때, "예가 아닌 행동에 곧 사사로운 뜻이 있다. 이미 사사로운 뜻이 있는데 어떻게 어질 수 있겠는가? 무릇 사람은 최대한 사적인 자신을 극복한 이후에 예가 있을 수 있고 그래야지 비로소 어질게 된다"[13]고 말한다. 종합해보면, 정이의 "군주의 도"는 수양 공부를 전제로 삼고 있고, "천하와 더불어 대동하는" '외왕'은 반드시 "대공大公의 마음"의 '내성'을 기초로 삼아야 한다. 더 나아가 군주의 실제 기능을 논할 때, 정이의 관점은 북송대에서 새롭게 일어난 정치문화를 분명하게 반영한다. 그는 "구姤의 시의時義는 크구나!"[14]를 풀이하면서 다음과 같이 말한다.

군주와 신하가 서로 만나지 않으면 정치가 흥성하지 못한다.[15]

위 구절의 역사적 배경은 당연히 신종과 왕안석의 의기투합이다. 이정은 '왕안석의 학문이 옳지 않고', 그것이 천 년에 한 번 있을까 말까 한 '군주와 신하의 의기투합'을 그르쳤다고 인식했지만,[16] 의기투합이라는 사건 자체에 대해서는 매우 긍정적이었다. 「이천 선생 어伊川先生語 4」에는 이런 기록이 실려 있다.

"형공[왕안석]은 군주를 얻었다고 할 수 있습니까?"라고 물었다. [선생이] 대답했다. "후세에서 그에 대해 '군주를 얻었다'고 할 수는 있다. 하지만 형공의 지식은 [우리가] 저절로 알 수 있는 것이다."[17]

주희는 매우 분명하게 말한다.

왕형공이 신종을 만났던 일을 이야기해보면 천 년에 한 번 있을까 말까千載一時 할 수 있지만, 애석하게도 그의 학문이 옳지 않아서 나중에는 곧바로 그렇게 무너져버렸다.[18]

우리는 이 배경을 확실히 파악해야지 비로소 다음 조목의 함의를 완전히 이해할 수 있다. 『주역정씨전周易程氏傳』은 "구이九二, 나타난 용이 땅 위에 있는 것이니 대인을 보는 것이 이롭다"[19]를 이렇게 풀이한다.

큰 덕을 지닌 군주를 만나 그 도를 실천하는 것이 이롭다. 군주 역시 큰 덕을 지닌 신하를 만나 함께 공로를 이루는 것이 이롭다. 천하는 큰 덕을 지닌 사람을 만나 그 은택을 입는 것이 이롭다.[20]

이 구절은 신종과 왕안석이 "서로 만났던 일"을 모델로 삼은 풀이로서 "군주와 신하가 만나면 정치가 흥성한다"는 말로 귀결된다. 마지막 구절은 천하의 민民을 지칭한 것으로, 민의 복리는 '정치'의 최후 목적이므로 '정치'가 흥성할지 '공로'가 이뤄질지의 여부는 결국 민이 은택을 입느냐에 따라 결정된다(상세한 내용은 본문에서 다룬다).

그런데 위 인용문에서 "함께 공로를 이룬다"는 구절은 특히 중요하다. "구오九五, 날아가는 용이 하늘에 있으니 대인을 보는 것이 이롭다"[21]는 조목에서는 이처럼 말한다.

천자의 자리에 오르는 것이다. 성인이 이미 천자의 자리를 얻었다면 아래에서 큰 덕을 지닌 사람을 만나 함께 천하의 사업을 이루는 것이 이롭다. 하늘은 원래 큰 덕을 지닌 군주를 만나는 것이 이롭다.[22]

정치구조적 측면에서 말한다면, 군주의 '천자의 자리'는 결코 없어서는 안 될 것이고, '큰 덕을 지닌 군주'가 '천자의 자리'에 거한다면 그는 '천하대동'이라는 필요조건을 더욱 잘 실현할 것이다. 천자의 자리에 오른 '큰 덕을 지닌 군주'라 할지라도 홀로 천하를 다스릴 수 없고, "아래에서 큰 덕을 지닌 사람을 만나 함께 천하의 사업을 이뤄야" 한다. 정이는 군주와 신하가 "함께 천하의 사업을 이뤄야 함"을 강조하는데, 그 의도는 절대적 군권에 대한 그의 일관된 반대와 관련 있다. 『상서尚書』「요전堯典」에 대한 정이의 해설이 그 증거가 된다. 정이는 '극명준덕克明俊德[준수한 덕을 밝힐 수 있다]'을 다음처럼 풀이한다.

제왕의 도는 현명하고 뛰어난 사람을 선택하여 임명하는 것을 근본으로 삼으며, 사람을 얻은 다음에는 그와 함께 천하를 다스리는 것이다.[23]

정이는 원문의 네 글자를 '제왕의 도'로 발전시켜나가고 있다. 이는 물론 원문을 빌려 자신의 생각을 개진한 것이다. 그런데 "함께 천하를 다스린다"는 말은 『역전』의 "공동으로 공로를 이룬다共成其功"나 "공동으로 천하의 사업을 이룬다共成天下之事"에 비해 그 의미가 훨씬 분명하고, 정치적 주체로서 자부하던 송대 사대부의 심리를 매우 잘 드러낸다.

희령 4년(1071), 문언박은 신종에게 이렇게 말한다. 황제는 "사대부와 더불어 천하를 다스려야 한다."[24] 이 구절은 일찍이 역사의 명언이 되었다. 남송 보경寶慶 원년(1225), 주희 문인인 조언약曹彦約(1157~1228)은 「봉사奉事」를 올려, 벼슬자리에 있는 사대부들은 "천하의 공동 통치자"[25]라고 분명히 칭한다. 나는 후대에 이 말을 인용한 사례를 아직 보지는 못했지만, 그 중요성은 문언박의 말과 비교할 때 절대 못하지 않다. 왜냐하면 그 말은 사대부와 황제가 "공동으로 통치한다共治"는 관념이 150여 년이라는 긴 세월 동안 끊임없이 지속되었다는 사실을 실증하기 때문이다. "군주와 신하가 함께 통치한다"와 '군위신강' 사이에는 뛰어넘을 수 없는 거대한 간극이 존재한다. 송대 이학자들은 바로 '군위신강'이라는 전통적인 유가의 정치사상에 중대한 수정을 가하여 "군주와 신하가 함께 통치한다"는 사상을 확립했던 것이다.(상세한 내용은 이 책 제3장을 보라.)

정이의 『역』 해석은 스스로의 정치적 경력에 바탕을 두고 이뤄진 것인 만큼 특히 중요한 가치를 지닌 사료다. 정이는 "몽蒙, 형통하다. 내가 동몽童蒙을 구하는 것이 아니라 동몽이 나를 구한다"[26]에 대해 다음처럼 주석한다.

아래에서 다섯번째 효는 존귀한 지위에 있으면서 유순한 덕을 지닌다. 그런데 그것은 현재 동몽으로서 아래에서 두번째 효와 바르게 감응하고, 그것의 중덕中德 또한 [두번째 효와] 동일하므로, 아래에서 두번째 효의 도를 채택함으로써 자신의 몽매함을 깨칠 수 있다. 아래에서 두번째 효는 강건하고 중정한 덕을 지니면서 아래에 있어, 군주로부터 신뢰를 받는다. 마땅히 도로써 스스로를 지키다가 군주가 지성으로 자신을 초빙하기를 기다려야 한다. 그렇게 한다면 자신의 도를 실행할 수 있다. 이것은 내가 동몽을 구하는 것이 아니라 동몽이 와서 내게 구하는 것이다.[27]

위 구절은 원우 원년~2년(1086~1087)에 정이가 숭정전崇政殿 설서說書[경연관]가 되었던 경험을 반영하고 있다. 당시 철종은 불과 11~12세여서 '동몽'이었다. 그에 관해서는 주희의 「이천 선생 연보」에 잘 기록되어 있다.[28] 위 구절은 그러한 정이의 경험을 종합한 것이다. 아래 조목은 그런 의미를 다시 서술한다. "'몽, 형통하다'는 것은 형통한 것으로써 행하여 때에 들어맞는다는 뜻이며, '내가 동몽을 구하는 것이 아니라 동몽이 나를 구한다'는 것은 뜻이 감응한다는 말이다"[29]에 대해 정이는 아래와 같이 주석한다.

아래에서 두번째 효는 강건하고 명철한 현인으로서 아래에 처하고, 아래에서 다섯번째 효는 동몽으로서 위에 거한다. 아래에서 두번째 효가 다섯번째 효를 구하는 것이 아님은 다섯번째 효의 뜻이 두번째 효에 응하기 때문이다. 현자는 아래에 있으니 어떻게 스스로 나아가 군주를 구할 수 있겠는가? 만약 스스로 구한다면, 신뢰할 수 있는 이치가 분명히 없을 것이다. 군주가 존경과 예를 다한 이후에야 옛사람들이 벼슬자리에 나갔던 까닭은, 스스로 존귀하고 중요하게 되기를 바라지 않았기 때문이다. 무릇 현자는 덕을 존중하고 도를 즐기는데, 만일 그렇지 않다면 그와 더불어 무슨 일을 하기에 부족할 것이다.[30]

이 두 조목 중 '다섯번째 효'는 군주를 상징하고 '두번째 효'는 신하를 상징한다. 『역』의 기호 체계에서 원래 아래에서 두번째 효는 신하를 가리키고 다섯번째 효는 군주를 가리키므로 그 점에 대해서는 상론하지 않겠다. 정이의 직접 경험에 입각해 말하자면, 그는 실로 '숭정전 설서' 신분으로서 '강건하고 중정한 덕'을 드러냈지만, 철종에게는 반드시 '유순한 덕이 있었던 것'은 아니었다. 「이천 선생 연보」를 보자.

> 하루는 강의가 파하고 나서 아직 물러나지 않았는데, 임금이 갑자기 일어나서 난간에 기대고는 장난삼아 버드나무 가지를 꺾었다. 선생이 나아가서 말하기를 "이제 막 봄이 되어 생명이 일어나고 있으므로 아무 이유 없이 꺾으면 안 됩니다"라고 했다. 주상이 좋아하지 않았다.[31]

철종에게는 "다섯번째 효의 뜻이 두번째 효에 응한다"는 일이 해당되지 않았을뿐더러 황태후 역시 흠 잡힐 일을 많이 했다.[32] 그래서 정이는 원우 2년(1087) 조정에서 쫓겨난 이후 다시는 벼슬길에 나아가려 하지 않았다. 그는 원우 7년(1092)과 9년(1094)에 올린 여러 상소문에서 유자儒者 진퇴의 도에 대해 거듭 진술하는데,[33] 그 내용은 『역전』에서 말했던 것과 정확히 일치한다. 유자 진퇴의 도는 맹자 이래 흥미를 갖는 사람이 극히 적었는데 송대에 이르러 다시 유학의 중요 논제로 부상했고, 『근사록』은 따로 '출처' 항목을 설정하기에 이르렀다. 그렇지만 그것은 이학자들의 독점물이 아니었다. 왕안석 역시 "평소에 항상 도로써 나아가고 물러섰고",[34] 사마광은 "신법이 폐지되지 않으니 원칙상 벼슬길에 나아가지 않았다"[35]고 한다. 이 두 사례로 미루어보건대 '진퇴의 도'에 대한 중요시는 송대 사대부 정치문화의 기본 구성요소로서 이해되어야 한다. 또한 정이는 "육오六五, 동몽이 길하다"[36]를 논한다.

> 아래에서 다섯번째 효는 유순하면서 군주의 자리에 있고, 아래로는 두번째 효에 응한다. 유순하고 중정한 덕으로써 강건하고 명철한 인재를 임명하니

천하의 몽매한 이들을 다스릴 수 있다. 그래서 길하다. '동童'이란 아직 깨치지 못하여 타인에게 도움을 받는다는 뜻이다. 군주가 지성으로써 현자를 임명하여 그를 통해 공로를 이룬다면, 〔그 공로가〕 자신을 통해 이뤄지는 것과 무슨 차이점이 있겠는가?[37]

이 조목은 '동몽'에 대해 설명하지만 강조점은 이미 다른 곳으로 옮아가 있다. 곧 철종만을 지칭하는 것은 아니다. 왜냐하면 북송대에는 진종 이후 즉위한 황제 대다수가 어렸기 때문이다. 즉위 시 인종은 열세 살, 철종은 열 살, 휘종은 열아홉 살이었고, 신종은 약관의 나이였다. 앞의 세 군주는 모두 짧건 길건 태후의 수렴청정 기간을 거쳤다. 여기서 가장 주목할 점은 군주가 유약하고 신하는 강건하다는 것이 이미 보편적 원칙처럼 되었다는 사실이다. 이는 단지 군주의 나이하고만 관계있었던 것은 아니다. "현자를 임명하여 그를 통해 공로를 이룬다면, 〔그 공로가〕 자신을 통해 이뤄지는 것과 무슨 차이점이 있겠는가?"라는 말은 '군주는 유약하고 신하는 강건하다'는 뜻을 한층 분명하게 나타낸다. 그 말은 군주는 무위無爲이고 신하는 유위有爲임을 주장한다. 정이는 또한 "군자는 배움으로써 모이니 (…) 군주의 덕이다"[38]를 풀이하면서 이렇게 말한다.

성인이 아래에 있으면서 이미 세상에 알려졌지만 아직 자리를 얻지 못했다면 덕을 진작하고 공로를 세울 뿐이다. (…) 군주의 덕이 이미 드러났으니 대인을 보는 것이 이롭다. 그러므로 벼슬길에 나아가서 〔도를〕 행할 뿐이다. 나아가서 군주의 자리에 오른 사람이 순 임금과 우 임금이다. 나아가서 그 도를 행한 사람이 이윤과 부열이다.[39]

마지막 두 구절은 군주가 다만 '그 자리에 있을' 뿐이고, '도를 행하는' 일은 재상과 대신에게 완전히 맡겨야 한다는 점을 분명히 한다. 위의 두 조목을 합해서 보면, 정이는 다음과 같은 공자의 말을 마음에 두고 있었음을 알 수 있다. 『논어』 「위령공魏靈公」에 나오는 말이다.

공자가 말했다. "아무 일도 하지 않으면서 다스렸던 사람은 순 임금인가? 〔순 임금은〕 무엇을 했던가? 자신을 공손히 하고 남쪽을 향했을 뿐이다."[40]

순 임금이 "아무 일도 하지 않으면서 다스렸다"는 것에 대한 후대의 해석은 대체로 순 임금이 그 자신은 아무 일도 하지 않았지만 여러 현인을 임명했기 때문에 천하가 다스려졌다는 것이다.[41] 여기까지 봤을 때 정이의 이상 속 군주는 덕으로서 재위에 있으면서 현인을 임명하기만 하는 상징적 원수에 불과했다고 하지 않을 수 없다. 그가 "아무 일도 하지 않으면서 다스린다"는 관념을 통해 지향한 바는 사실 일종의 '입헌 제도' 수립이었다. 곧 '도를 행하는' 일체의 일은 모두 현인과 사대부의 손에 맡겨진다. 이는 정이 개인의 구상이 아니라 이학자들의 상식을 대변하는 것이었다고 할 수 있다. 육구연의 의론을 읽어보자.

'성공에 대해 책임을 따진다'는 옛말의 뜻은 이렇습니다. 군주의 '위임의 도'란 한결같이 하면서 의심하지 않아야 한다는 것입니다. 그런 이후에야 신하가 사지를 한껏 펼쳐서 군주의 일을 떠맡게 되고, 자신의 마음과 힘을 다하고 재질과 지혜를 다하면서, 〔자신의 마음 힘, 재질 지혜에 대해〕 한탄하지 않음이 없게 됩니다. 군주는 높은 자리에서 다만 두 손을 맞잡고 있으면서 자신의 의도를 개입시키지 않고 소인들을 끼어들지 않게 하며, 자질구레한 법규로써 제약하지 않습니다. 그리하여 신하로 하여금 방해받을 걱정이 없게끔 한 다음에야 그〔군주의〕 성공 여부에 대해 책임을 물을 수 있습니다.[42]

육구연은 제자 양간楊簡에게 "쌍상투를 틀었던 어린 시절, 다른 사람들이 이천 선생의 말씀을 외는 것을 듣고서 마치 나를 비판하는 것 같았다"[43]고 말한 적이 있다. 육구연 형제는 모두 정이의 『역전』을 연구한 적이 있었기 때문에[44] 앞서 인용한 정이의 두 구절을 분명히 봤을 것이다. 입헌적 제도 문제에 육구연과 정이가 보이는 관점은 같다. "마치 나를 비판하는 것 같았다"는 말을 무한정으로 확장하여 육구연과 정이 사이에 아무런 일치점이 없었다는 식으로 이해하면 안 된다는 점을 여기서 알 수 있다. 어쨌든 장재와 정이에서 출발하여 육구연에 이르기까지, 이학자들은 다양한 방식을 통해 한편으로는 군권君權을 제한하고 다른 한편으로는 사권士權을 신장하려는 시도를 했음이 분명하다.

이제 우리는 한 걸음 나아가 정치 질서에 대한 정이의 전체적 견해를 밝혀야 한다. 정이는 "상象은 말한다. 위는 하늘이고 아래는 연못이니, 리履다. 군자는 그로써 위와 아래를 변별하고 민의 뜻民志을 일정하게 한다"[45]를 이렇게 풀이한다.

하늘은 위에 있고 연못은 아래에 있는 것이 위(어떤 곳에는 '天'으로 되어 있는데 '上'자가 되어야 한다—원주)와 아래의 바른 이치다. 사람이 밟아나가는 것이 마땅히 이래야 하기 때문에 그 상을 취하여 리履로 삼았다. 군자는 리의 상을 관찰하고서 위와 아래의 분한을 변별하고 그로써 민의 뜻을 일정하게 한다. 무릇 위와 아래가 분명한 이후에야 민의 뜻이 정해진다. 민의 뜻이 정해진 다음에야 통치를 말할 수 있다. 민의 뜻이 정해지지 않았다면 천하는 다스려질 수 없다. 옛날에 공경대부 이하는 그 지위가 각각의 덕에 상응했고, 평생토록 그 지위에 머물러 그 분한을 얻었다. 지위가 아직 그 덕에 상응하지 않는다면 [지위를] 올려서 승진하도록 했다. 사들이 자신들의 학문을 닦다가 배움이 지극해져서 군주가 그들을 구하는데, 그것은 스스로 [군주가 자신들을 구할 것을] 계획했던 것은 아니다. 농민·공인·상인들에게 그들의 일을 권면하되, [그들이] 누리는 것에는 한도가 있어서 모두들 일정한 뜻이 있고 천하의 마음이 하나일 수 있다. 후대에는 뭇 사들부터 공경에 이르기까지 날마다 존귀와 영광을 지향하고, 농민·공인·상인들은 날마다 부유와 사치를 지향하니 천하만민의 마음이 모두들 이익을 추구하여 천하가 혼란스러워졌다. 어떻게 하면 하나가 되게 할 수 있을까? 혼란하지 않도록 하기란 어렵다. 그것은 위와 아래에 정해진 뜻이 없기 때문이다. 군자는 리의 상을 관찰하면서 위와 아래를 분변하여, 각각 자신의 분한을 감당하도록 하고, 그럼으로써 민의 심지心志를 일정하게 했다.[46]

이 구절은 매우 중요해서 나는 전문을 인용했다. 왜 중요할까? 먼저 이 구절은 "리는 하나이되 나뉘어 서로 다른 것이 된다"는 원칙이 정치적·사회적 질서에서 구체적으로 적용된 사례다. 「서명」과 비교해본다면, 이 구절의 중점은 어떻게 하면 "나뉘어서 서로 달라짐"을 합리화함으로써 최종적으로 '하나인 리理一'로 귀결시킬 수 있는가에 찍혀 있다. 이것은 '하나인 리'로부터 "나뉘어 서로 다른 것이 됨"으로 나아가는 「서명」과 정반대가 되면서 동시에 서로 보완된다. 첫번째 구절에 있는 "위와 아래(천하)의 바른 이치"는 '인仁'을 가리킨다. 왜냐하면 『정씨수언』「논도편」은 이렇게 말하기 때문이다.

선생이 말했다. "인이란 천하의 바른 이치다. 바른 이치를 잃어버리면 질서도 없고 조화롭지도 않다."[47]

이 말은 위에서 인용한 구절의 핵심 강령이라 할 만하다. 그다음, 위 인용문은 사회 분업 측면에서 "리는 하나이되 나뉘어 서로 다른 것이 된다"를 말하기 때문에, 사농공상이라는 "나뉘어 서로 다른 것이 됨"의 네 가지 주요 범주가 된다. 이런 4대 부류에 "위와 아래의 분한"이 있을 뿐 아니라 각 부류 내 개별 구성원 사이에도 "위와 아래의 분한"이 있다. 정이는, 「서명」에 담긴 혈연적 비유와 달리, 사회적 현실의 일상 언어를 사용한다. 그래서 「서명」은 "나뉘어 서로 다른 것이 됨"을 논하면서 혈연적 '친소親疏'의 구별을 강조하고, 정이는 "위와 아래의 분한을 변별한다"는 점을 강조한다. 그렇지만 양자 모두 "리는 하나이되 나뉘어 서로 다른 것이 된다"는 질서를 이야기한다는 점에서는 일치한다. 다만 바라보는 시점이 다르고 층차가 있어서 표면적 차이가 나타났을 뿐이다. 주희는 「독대기讀大紀」에서 말한다.

우주 사이에는 하나의 리一理만 있을 뿐이다. 하늘이 그것을 얻어 하늘이되었고, 땅이 그것을 얻어서 땅이 되었으며, 천지 사이 모든 생명 또한 각각그것을 얻어서 본성으로 삼았다. 그것을 펼치면 삼강三綱이 되고 거기에 기율을 세우면 오상五常이 된다. 모두 이 리가 유행한 것으로서 어디에든 리가없는 곳은 없다.[48]

이 인용 구절 역시 "리는 하나이되 나뉘어 서로 다른 것이 된다"는 것이 인간적 질서에서 구현된 형태를 설명한다. 다만 그 중점이 인륜 관계에 놓여 있을 따름이다. 그러므로 '삼강'과 '오상'은 "나뉘어 서로 다른 것이 됨"의 기본 범주를 구성하고, "나뉘어 서로 다른 것이 됨"을 전달하는 것은 도덕 언어가된다. 요컨대 "리는 하나이되 나뉘어 서로 다른 것이 된다"는 말 자체에는 각기 다른 방식의 "나뉘어 서로 다른 것이 됨"이 있다. 여기서 상세한 논의는 하지 않겠다.

셋째, 정이가 구상하는 질서 속에서 "그 지위가 각각의 덕에 상응한다"는 것은 중요한 원칙이었다. 이는 사, 농, 공, 상 등 각 집단 구성원을 겨냥하는 말이었다. 집단의 고정성은 사회적 분업으로 말미암지만, 개별 구성원의 '지위'는 고정되어 있지 않고 '덕'의 높고 낮음에 따라 위아래로 움직일 수 있다. "지위가 아직 그 덕에 상응하지 않는다면 [지위를] 올려서 승진시킨다." 반대로 '덕'이 '지위'에 어울리지 않는다면 당연히 "억제하여 물러나게 해야 한다." 그는 앞 인용문에서 개인이 한 집단에서 다른 집단으로 신분 이동을 할 수 있다는 점은 언급하지 않았다. 그렇지만 북송대에 이미 '사'와 '민' 사이 신분 이동은 가능했다. 각 사회 구성원이 자신의 재능과 노력에 부합하는 위치를 찾는 것, 이것이야말로 이학자들이 세우려고 한 질서였다. 그런데 "위와 아래를 분변하여, 각각 자신의 분한을 감당하도록 하고, 그럼으로써 민의 심지를 일정하게 하는" 임무는 최종적으로 사대부들이 지고 있었다. 이러한 엘리트적 입장은 「서명」과 완전히 일치한다.

이참에 여기서 '군주'와 '민'에 관한 정이의 『역전』의 견해를 설명하려 한다. "구사九四, 꾸러미에 고기가 없으니 흉함이 일어나리라"[49]의 주석은 이렇다.

윗자리에 거하면서 아래를 잃어버리니, 아래가 떠난 까닭은 자기가 덕을 잃었기 때문이다. 구사가 〔초육初六을〕 잃어버리는 까닭은 가운데 자리에 있지도 않고 양효로서 양의 자리에 있지도 않기 때문이다. 가운데 자리에 있지도 않고 양의 자리에 있지도 않아, 민民을 잃어버리기 때문에 흉하다. (…) 그 아래를 보호할 수 없음은 도를 잃어버렸기 때문이다. 위가 도를 잃어버리지 않았는데 아래가 떠나는 경우가 어떻게 있겠는가? 만남의 도는 군주와 신하, 민과 군주, 남편과 아내, 친구와 친구 사이에 어디든 있다. 구사는 아래로써 보는 것이므로 민을 위주로 하여 말했다. 위 때문에 아래가 떠났으니 반드시 흉한 변화가 있다. "일어난다起"는 것은 장차 생겨난다는 말이다. 민심이 이미 떠났으니 장차 어려운 일이 일어날 것이다.[50]

이 조목은 오로지 군주와 민의 관계를 말한다. 민이 이반한 책임을 전적으로 군주의 '도를 잃어버림'이나 '덕을 잃어버림'에 돌릴 뿐, 민에 대한 비난은 단 한 글자도 없다. 이는 특히 주목할 점이다. 정이는 군주가 "그 아래를 보호할 수 없어서" "흉한 변화"를 초래한다는 것에 대해 다른 곳에서 더욱 상세하게 설명한다.

사람이 살아갈 때 [제 몸의] 안녕을 보호할 수 없다면 누군가에게 의탁하기를 추구한다. 민은 자신을 보호할 수 없기에 군주를 모시고서 안녕을 구한다. 군주는 홀로 설 수 없기에 민을 보호하는 것을 편안하게 여긴다. [민이] 안녕하지 않기에 와서 의탁하는 것은 위와 아래가 서로 감응하는 것이다. 성인의 공정함으로써 말한다면, [성인은] 참으로 지극한 성실함으로 자신에게 의탁하고자 하는 천하 사람들을 구하고 민을 편안하게 해준다. 후대 왕의 사사로움으로써 말한다면, 하민下民의 의탁을 구하지 않으니 위기와 쇠망에 이를 것이다. 그러므로 위와 아래의 뜻은 반드시 서로 감응한다.[51]

이 조목은 맹자의 "민을 보호하여 왕이 된다保民而王"(「양혜왕 상」)는 관념으로부터 군주 기원론을 추출해낸 것으로서 유가 정치사상의 새로운 발전 형태를 대표한다. 육구연의 「민을 보호하여 왕이 된다保民而王」는 글 역시 이렇게 말한다.

민은 살아나갈 때 무리를 짓지 않을 수 없고, 무리는 싸우지 않을 수 없으며, 싸움이 일어나면 혼란이 일어나고, 혼란이 일어나면 생명을 보호할 수 없다. 왕이 일어난 까닭은 하늘이 총명한 이를 낳아 그로 하여금 사람의 무리를 통솔하고 다스리게끔 하여 다툼을 멈추고 혼란을 중재하게 하고, 그럼으로써 생명 있는 자들을 보호하도록 했기 때문이다.[52]

이 구절 역시 "민을 보호하여 왕이 된다"는 관념으로부터 군주제의 기원을 추론한다. 구체적 추론 방식은 정이의 것과 다르지만, 육구언은 순자의 「예론禮論」('싸움'과 '혼란')과 「왕제王制」("군주는 무리를 잘 짓게 한다"[53])의 논점을 응용한다. 두 가지 설을 비교해보면 정이의 설이 더욱 주도면밀하고 서양의 계약론과 많은 부분에서 비슷하다. 1903년 류스페이劉師培(1884~1919)는 『중국민약정의中國民約精義』[54] 세 권을 지었다. 위로는 『역』 『시』 『서』에서 아래로는 위원魏源(1794

~1857) 대망戴望(1837~1873)에 이르기까지, 그가 생각하기에 루소의『민약론民約論』[『사회계약론』]과 상통하는 글 수백여 조목을 채록했고, 그 각각에 대한 자신의 의견을 적어놓았다. 나는 이 책을 읽어본 적이 있는데 견강부회에 지나지 않음을 알게 됐다. 하지만 이 책은 애초에 혁명을 선전하고 선도하기 위해 저술된 것이라 심하게 비판받을 이유는 없다고 생각한다.『중국민약정의』권3에는 정이의『역전』중 한 조목이 인용되어 있는데, 이는 사실 두서가 없다. 또한 위에서 언급한 '비比' 괘의 주석문이 빠져 있다.[55] 그 구절이 사회계약설에 가장 가깝다고 생각하는 까닭은 "위와 아래가 서로 감응한다"는 것을 끊임없이 강조하기 때문이다. 게다가 그 구절은 민이 군주에게 의탁하는 까닭은 보호를 받기 위해서라고 하며, 군주가 만약 '민을 보호하여 편안하게 하는' 책임을 다하지 못한다면 민은 그만 의탁하게 된다고 한다. 그것이 바로『역전』의 "민심이 이미 떠났으니 장차 어려운 일이 일어날 것이다"이다. 그래서 정이는 군주와 민 사이에 일종의 계약 관계가 있다고 가정한다. 각자에게 있는 것을 주는 대신 없는 것은 상대로부터 얻는다. 군주가 만약 민을 보호할 의무를 다하지 않는다면 계약은 무효가 된다는 것이다.

이런 유형의 계약론은 정부와 시민 사이에 직접적 계약 관계가 존재한다고 본 존 로크John Locke(1632~1704)의 계약론과 무척 비슷하지만 토머스 홉스 Thomas Hobbes(1588~1679)의 계약론과는 다르다. 홉스는 계약 관계가 시민 사이에만 존재한다고 여겼다. 곧 시민들은 복종하는 대신 군주로부터 보호를 받을 것이라고 똑같이 약속하지만, 군주는 시민들에 대한 계약상의 아무런 책임도 지지 않는다. 17세기 서양에서 계약론이 제기된 것은 군권신수설을 대체하기 위함이었다. 그래서 계약은 오로지 사람과 사람 사이의 상호 동의에 입각해 체결된다.

군주와 민의 관계에 대한 정이의 설명이 바로 그러하다. 그는 '천명'설을 아예 꺼내지도 않는다. 심지어 육구연의 "왕이 일어난 까닭은 하늘이 총명한 이를 낳아 (…) 보호하도록 했기 때문이다"는 식의 말조차 하지 않는다. 여기서 분명히 해야 할 점은 내가 정이를 계약론자로서 과대평가하려는 것이 결코 아니며, 또한 정이가 '하늘'에 대한 의식으로부터 벗어났다고 말하려는 것은 더더욱 아니다. 앞서 인용한 두 조목으로부터 내가 말하려는 바는 정이는 군주와 민의 관계가 서로의 실제적 필요에 의해 성립한다고 보았고, 바로 그 점에서 '하늘'을 잠시 논외로 두었다는 사실이다. 정이의 관점이 "민이 귀하다民爲貴"는 맹자의 사상을 이어받은 것은 물론이다. 그렇지만 맹자는 '하늘'을 극도로 중요하게 생각했다. 맹자에 따르면, 누가 천자가 되어야 할지는 전적으로 '하늘'에 의해 결정된다. 민이 어느 정도 영향을 끼칠 수는 있지만, 그렇다 하더라도 '하늘'이라는 매개를 반드시 거쳐야 한다. 그래서 맹자는 "하늘은 우리 민을 통해서 보고, 하늘은 우리 민을 통해서 듣는다天視自我民視, 天聽自我民聽"는 것을 궁극적인 근거로 들 수밖에 없었다(『맹자』 「만장萬章 상」). 정이는 '군주'의 기원을 이야기할 때 '하늘'의 단계를 생략해버린다. 그래서 맹자에 비해 한 걸음 더 나아갔다고 하지 않을 수 없다. 이는 비록 작은 걸음이기는 하나 극히 중요하다.

앞서 거듭 말했다시피 이학자들은 질서 재수립이라는 대임을 전적으로 사대부들의 어깨 위에 두었다. 그런데 이학자들이 그렇게 했던 까닭은 그들이 맹자가 일찍이 제시했던 가설 위에 서 있었기 때문이다.

그러므로 사士는 곤궁하더라도 의로움을 잃지 않고, 영달하더라도 도에서 벗어나지 않는다. 곤궁하더라도 의로움을 잃지 않기에 사는 자신을 잃지 않는다. 〔사는〕 영달하더라도 도에서 벗어나지 않기에 민이 〔그들에 대한〕 기대를 잃지 않는다. 옛사람들은 뜻을 얻어 민에게 은택을 베풀었다. 뜻을 잃지 않았으니 세상에서 그 수양이 드러났다. 곤궁하면 제 한 몸만을 선하게 하고, 영달하면 천하를 모두 선하게 한다.[56]

송대 이학자들은 위 구절에서 제시하는 '사'와 민의 관계에 대한 관점을 믿어 의심치 않는다. 그 점은 이 절의 관련 부분에서 충분히 증명했다. 여기에 바탕을 두면 '사'는 민의 복리를 위해 분투하는 지도자 계층이지, 민 위에 올라타 앉아 있는 특권 집단은 아니다. 어째서 '사'는 그렇게 특수한 기능을 발휘할 수 있을까? 왜냐하면 그들은 '도'를 장악하고 있을 뿐 아니라 '도'의 사회적 실천을 위해 때와 장소를 가리지 않고 노력하기 때문이다. 주희는 "민이 [그들에 대한] 기대를 잃지 않는다"에 대해 다음과 같이 풀이한다.

"민이 [그들에 대한] 기대를 잃지 않는다"는 것은 사람들이 평소 [사들이] 도를 일으키고 통치를 잘하기를 바랐는데, 지금 보니 과연 바라던 대로라는 말이다.[57]

말하자면 '사'가 '도'를 자임할뿐더러 '민'도 마찬가지로 도를 '사'에게 기대한다. 그러므로 이학자들의 인식 속에 '사'는 차라리 모든 '민'의 대변인이자 대리인이어야 했다. 이런 관점에는 특정한 사회적 근거가 있다. 맹자 시대의 '사'는 이미 농민·공인·상인과 함께 사민으로 칭해졌고, '사'는 사민 중 첫 자리를 차지한 데 불과했다. 이뿐 아니라 '농민의 자식' 가운데서 '수재로서 사가 될 수 있는 자'가 나오는 사회적 변동 상황이 이미 조성되어 있었다.[58] 북송대의 경우 농민·공인·상인의 자제들은 모두 과거시험을 통과해 '사'의 신분을 획득할 수 있었음은 앞에서 살펴본 대로다. '사'는 '민'에서 비롯했기 때문에 그들은 "군주를 보좌하여 도를 행한다致君行道"거나 "민에게 은택을 베푼다澤加於民"는 말을 할 자격을 자연스럽게 갖게 되었다.

'사'와 '민'의 관계에 대한 이학자들의 일반적 인식을 이렇게 정리한 후, 이제 더 나아가 '민'의 정치적 작용에 대한 이학자들의 견해를 살펴보자. 여러 문헌을 검토한 뒤 자료 세 조목을 발견했는데, 여기서 소개할 만하다. 장재는 『경학리굴』 「시서詩書」에서 이렇게 말한다.

민은 비록 지극히 우매하고 무지해 자신을 사사롭게 한 이후 혼몽하고 〔사리에〕 어두워진다 하더라도, 어떤 일에서 〔사적 이기심에 의해〕 방해받지 않는다면 저절로 공정하고 명철해진다. 대체로 대중이 향하는 것은 반드시 리다.[59]

정이는 말한다.

무릇 민이란 합해서 〔그들의 소리를〕 들으면 성스럽고, 〔하나하나〕 흩어서 들으면 우매하다.[60]

육구연도 말한다.

무릇 민이란 합해서 〔그들의 소리를〕 들으면 신묘神하고, 떼어놓고 들으면 우매하다.[61]

이 세 조목의 사상이 기본적으로 일치하며 양송 이학자들의 기본 상식을 대표한다는 점은 의심의 여지가 없다. 육구연의 말은 정이로부터 직접 취한 것으로 단 두 글자만 바꿨을 뿐이다. 이는 육구연의 정치적 관념이 정이와 매우 유사했음을 보여주는 또다른 증거다. 세 조목 가운데 장재의 말이 가장 자세하다. 그는 '민'이 어째서 "합해서 들으면 성인이고" "떼어놓고 들으면 우매한지" 매우 설득력 있는 해석을 제시한다. 개별적 '민'은 일신의 이해관계에 머물 때 종종 "혼몽하고 [사리에] 어두워지지만", 전체 '민'을 놓고 말한다면 그들은 공공사업의 시비와 득실을 매우 분명하게 간파한다. 이런 견해가 송대 이학자들 사이에서 유행하기는 했지만, 그들이 처음 만들어낸 것은 아니었고 유가의 정치적 전통은 일찍부터 이를 파악하고 있었다. 당대唐代 육지陸贄는 말한다.

이른바 서민庶民들은 지극히 우매하지만 신묘합니다. 어리석은 무리들은 때로는 혼몽하고 때로는 비루하여 우매한 듯 보입니다. 그러나 임금의 득실을 분변하지 못하는 것이 없고, 임금의 호오를 알지 못하는 것이 없으며, 임금의 비밀을 전하지 않는 것이 없고, 임금이 하는 일을 따라 하지 않는 것이 없습니다. 이러함은 신묘함과 종류가 같습니다.[62]

송대 이학자들은 육지의 위 상소문을 극도로 추존했다.[63] 장재, 정이에서 육구연에 이르기까지 모두가 이 상소문을 읽었을 가능성이 매우 크다. 육구연이 '성聖' 자를 '신神' 자로 바꿔 썼던 것은 아마도 육지의 상소문 때문이었을 것이다. 바로 '민'의 집단적 정치 지혜에 대해 이토록 큰 신념을 갖고 있었기에, 그들은 '군'과 '민'의 관계를 논할 때 "위 때문에 아래가 떠났으니 반드시 흉한 변화가 있다"거나 "하민의 의탁을 구하지 않으니 위기와 쇠망에 이른다"고 특히 강조했던 것이다. 여기서 '군'은 단순히 군주 개인이나 군주의 자리를 가리키는 것이 아니라 전체 정권을 상징한다. 정치 질서의 안위는 최종적으로 "민심"의 향배에 달렸다는 것이야말로 이학자들이 무엇보다 절실하게 인식하고 있던 유가 대대로 내려오는 옛 교훈이었다.

이 점을 분명히 할 때, 우리는 비로소 질서 재수립에 담긴 실제 의미를 읽어낼 수 있다. 이른바 질서 재수립이란 결코 형이상학이나 우주론의 '리'에 근거하여 도출된 유토피아적 설계물이 현실사회 위에 강제로 부과된 것이 아니다. 희령신법을 예로 들면, 당시 삼사조례사가 개혁 실행의 중심이었고, 희령 2년(1069)에 소속 관원인 유이劉彝·정호·소철 등 8명을 각 노路에 파견하여 "토지세, 정부 구매, 요역 등의 이해관계를 측정하도록 했다."[64] 신법 제정 이전, 왕안석을 으뜸으로 하는 집정 집단 역시 각 지방의 민간 상황을 자세하게 살폈음을 알 수 있다. 나중에 '청묘靑苗'와 '면역免役'으로 인해 개혁 집단의 내부에 큰 분열이 생긴 까닭은 왕안석이 여혜경呂惠卿만을 신뢰하고, 유이·정호·소철 등의 반대 의견은 받아들이려 하지 않았기 때문이다. 『송사』 권343 「육전전陸

佃傳」에는 이런 기록이 있다.

육전은 (…) 왕안석으로부터 경전을 배웠다. 희령 3년(1070) 천거에 응하여 서울에 왔다. 마침 왕안석이 정권을 맡았기에 처음부터 그에게 신정에 대해 물었다. 육전은 "신법이 좋지 않은 것은 아니지만 실행이 처음 의도대로 되지 않아 도리어 민을 힘들게 했는데, 청묘법이 그 예입니다"라고 대답했다. 왕안석이 놀라서 말했다. "어찌 결국 그렇겠는가? 내가 여혜경과 의논했고 밖의 의론도 참고했다." 육전이 말했다. "공께서 선한 이야기 듣는 것을 즐기심은 옛날에도 없었던 [훌륭한] 일이지만, 밖에서는 공께서 간언을 물리친다고들 생각합니다." 왕안석은 웃으면서 "내가 언제 간언을 물리쳤던가? 다만 사설邪說이 횡행하여 들을 만하지 않을 뿐이다"라고 말했다. 육전은 "이것이 바로 사람들의 말을 불러들이는 까닭입니다"라고 말했다. 이튿날 왕안석이 육전을 불러 말했다. "여혜경은 '사가私家가 채무를 진 것은 닭 한 마리나 돼지 반 마리일 뿐'이라고 말했다. 이미 이승지李承之를 파견하여 회남에서 조사하도록 시켰다." 이윽고 이승지가 돌아왔는데 민이 편리하게 여긴다고 거짓말을 했다. 그래서 육전의 주장이 실행되지 않았다.[65]

육전(1042~1102)은 평생토록 왕안석을 존경했다. 그의 『도산집陶山集』이 그 증거다. "민을 힘들게 한다憂民"는 그의 지적은 왕안석의 정적들이 공격하던 말과 같은 것이라고 일률적으로 취급되어서는 안 된다. 왕안석의 동기 역시 "민에게 은택을 베푸는 것"이었지만, 일단 측근에 의해 눈과 귀가 가려지자마자 민간의 진상을 볼 수 없었다. 송대 유학지 들은 이런 교훈을 받아들였기 때문에 질서의 재수립을 지향할수록 더욱더 시무時務를 연구하는 데 노력했다. 우리는 그들이 종일 '정좌'를 하면서 심, 성, 리, 기 속에 침잠했으리라고 상상해서는 결코 안 된다. 장재가 말했던 것처럼 정호는 "오늘날 천하의 일에 대해 모두 익숙히 기억하고 있었고," 남송대의 경우 주희와 육구연은 외임外任 기간에 지방의 이해관계와 민간의 고통을 파악하는 데 온 정신을 집중했다. 주필 대周必大(1126~1204)는 육구연을 칭하면서 "형문荊門[오늘날 후베이 성湖北省 당양 當陽]의 행정에서 마치 옛날의 충실한 관리와 같았다"⁶⁶고 했는데, 이는 절대로 과장이 아니다. 주희는 외임 기간이 상당히 길었고 그 성과도 탁월했다. 『어류』 권107 「잡기언행雜記言行」에 그 생생한 기록이 실려 있다.

> 선생[주희]을 모시고 당석唐石에 도착하니, [선생께서] 들판의 노인과 나무꾼을 대함이 마치 귀중한 손님을 접대하는 것 같아서 조금이라도 거리를 두는 모습이 없었다. 선생이 말했다. "이런 사람들을 대할 때 만약 지위에 지나치게 격차가 있다면, 어떻게 그들로 하여금 실정을 다 말하도록 할 수 있겠는가?" 당석에는 사창社倉이 있었는데 지급일이 때에 맞지 않는 일이 종종 있어서 사람들이 와서 보고했다. 선생은 "폐단을 없애는 길은 오늘날 극히 엄격해야 한다. 엄격하지 않다면 이런 민에게 어떻게 실제로 은혜를 베풀 수 있겠는가?"라고 말했다.⁶⁷

이 인용 조목은 유염劉炎이 기유년(순희 16년, 1189) 이후에 들은 말을 기록한 것이니, 주희가 장주漳州 지사를 지내던 때의 일임에 틀림없다. 위 기록은 구체적이면서도 생생하여, 이학자들이 '민'을 대우하는 태도가 어떠했는지를 잘 알 수 있다.⁶⁸

6) 주희의 '군주의 도'와 그 이학적 구조

이 마지막 소절小節에서 나는 특별히 '군주의 도君道'에 대한 주희의 관념을 논하고, 그럼으로써 이를 정이의 『역전』 속 견해와 비교해보려 한다. 주희는 「임황중의 『역』·「서명」 논변에 대한 기문」의 마지막 절에서 말한다.

> 내가 임안에서 돌아오니 저간의 사정을 묻는 손님이 있었다. (…) 그래서 아

이들에게 이것을 기록하여 보여주도록 명했다. 손님 가운데 그것을 갖고서 묻는 사람이 있었다. "태극의 논의는 들었습니다. 종자宗子 이야기는 아마도 '천자와 내가 모두 하늘의 자손임을 안다'는 장생莊生[장자]의 이야기 같습니다. 당신은 그것을 인용하여 [장재] 선생에게 도움이 되도록 하지 않았는데 왜 그랬습니까?" 나는 이렇게 응했다. "장생은 천자와 내가 모두 하늘의 자식이라는 점은 알았지만, 적서嫡庶와 소장少長의 차별이 있다는 점은 몰랐습니다. 또한 손을 드리우고 발은 꿇어앉으며 몸은 굽히고 머리는 숙이는 것이 신하의 예절임은 알았지만, [그런 예절이] 천리로부터 비롯됨은 몰랐습니다. 그러므로 항상 '속세에서 행하면 안 되는 것'을 '안을 곧게 하는 것'이라고 여기면서 '하늘과 한 무리'가 되고, 항상 '어쩔 수 없이 강제로 하는 것'을 '밖을 부드럽게 하는 것'이라고 여기면서 '사람들과 한 무리'가 되었습니다. 그의 말대로라면 신하가 군주를 바라볼 때, 속으로는 우리와 다를 바가 없다고 여기면서 겉으로는 그런 생각을 드러내지 않는 꼴이 되는 것으로서, 이는 거짓으로 존경하는 것입니다. 맹자는 '양주는 나만을 위하니 그에게는 군주가 없다'고 했는데 바로 이런 경우입니다. '리는 하나이되 나뉘어 서로 다른 것이 된다'는 장재의 말과 그의 말을 어떻게 동일하다고 간주할 수 있겠습니까?"[1]

주희는 위 구절에서 군주에 대한 자신의 견해를 가감 없이 드러낸다. 다만 내용이 다소 함축적이어서 해석이 필요하다. 위에서 인용된 장자의 말은 「인간세편人間世篇」에 나온다. 원문은 다음과 같다.

그렇다면 나는 안을 곧게 하되 밖을 부드럽게 하면서, 내 견해가 있어도 옛사람의 말을 인용하여 해야겠습니다. 안이 곧다면 하늘과 한 무리가 됩니다. 하늘과 한 무리가 된 사람은 천자가 자신과 마찬가지로 모두 하늘의 자식이라는 것을 압니다. (…) 밖을 부드럽게 하는 자는 다른 사람들과 한 무리가 됩니다. 손을 드리우고 발은 꿇어앉으며 몸은 굽히고 머리는 숙이는 것은 신하의 예절인데 사람들이 모두 그렇게 하니 제가 어떻게 하지 않겠습니까? 다른 사람들이 하는 것을 제가 한다면, 사람들이 흠을 잡지 못할 것입니다. 이것을 '사람들과 한 무리가 된다'고 합니다.[2]

이 인용문은 장자가 군주(천자)에 대해 갖고 있던 '안을 곧게 함內直'과 '밖을 부드럽게 함外曲'이라는 두 태도를 설명한다. 이 둘은 각각 '하늘'과 '사람'의 경지에 의거한다. '하늘'의 입장에서는 '천자와 나는 모두 하늘의 자식이어서 그 사이에 상하 구분이 없다. 그러나 '사람'의 입장에서 말한다면, 세속 사람들이 일찍부터 천자를 고귀하게 여겼기 때문에 내가 '인간세'에 발을 딛고 살아가려면 세속 사람들처럼 천자를 향해 무릎을 꿇으면서 신하의 예절을 행할 수밖에 없다.

「임황중의 『역』·「서명」 논변에 대한 기문」에서 주희는 손님이 물었다고 했지만 아마 실제로는 주희의 자문자답이었을 것이다. 여기서 주의할 점은 주희가 「임황중의 『역』·「서명」 논변에 대한 기문」에서 서로 다른 세 가지 군주관을 제시했다는 사실이다. 첫번째는 임률의 절대적 군주관이고, 두번째는 장자의 군신 평등설이며, 세번째는 장재의 '종자'설이다. 앞 두 가지는 양극단에 해당하는 사례이고, 세번째는 그 중간에 자리 잡는다. 바로 세번째가 주희 자신의 견해였다. 주희는 "군주는 존귀하고 신하는 비천하다"는 상황에 줄곧 불만을 갖고 있어서 군주의 권한을 대폭 강화하려 한 고종에 대해 깊이 걱정했음은 제2절에서 이미 살펴봤다. 그렇지만 주희는 한편으로 "리는 하나이되 나뉘어 서로 다른 것이 된다"는 질서관에 입각하여, 군주와 신하 사이에 '강령綱'이 있다는 생각을 결코 버리지 않았다. 그는 '군주를 섬길 때' 어째서 반드시 '충忠'을 말해야 하는지에 대해 이렇게 설명한다.

부자·형제·부부는 모두 천리의 원래 그러함天理自然으로, 사람들은 모두 원래부터 사랑하고 존경할 줄 안다. (반면) 군주와 신하 관계는 천리이기는 하지만 의로써 합해진 관계다. (그런데 그렇게 말하면) 세상 사람들이 (군주를) 구차하게 여기기 쉽기에, 반드시 여기서 '충'을 말해야 한다. 그것은 부족한 점 때문에 말한 것이다. 장자는 "명命이니 의義니 하는 것은 천하에서 매우 경계하는 것이다"라고 말했다. 그런 설을 보면, 군주와 신하 사이가 원래부터 어쩔 수 없는 관계라는 뜻이 있는 것 같다.[3]

이런 부류의 설명은 『주자어류』와 『주자문집』에 누차 나오고, 주희는 그때마다 장자의 「인간세편」을 인용하여 자신의 설과 대비를 이루도록 배치한다. 이로부터 「인간세편」의 관점이 주희를 매우 곤혹스럽게 했던 문제 중 하나였음을 알 수 있다. 그런데 장재의 '종자'설은 주희로 하여금 그런 곤경에서 벗어나게 해줄 최상의 설이었다. 「서명」은 군신 관계를 혈연화·종법화해, 비록 비유이기는 하지만 '삼강三綱이 모두 천리의 원래 그러함'이라는 주희의 이론과 부합했다.[4]

『어류』에는 또 이런 기록이 보인다.

"건을 아버지라 칭하고 곤을 어머니라 칭한다"를 읽으면서 (선생은 "칭했다"를 큰 소리로 말했다.) 또 말씀하기를 "주상을 (진짜로) 우리 집안의 형으로 생각하면 되겠는가?"라고 했다.[5]

이 구절은 세상 사람들이 비유를 아주 멀리까지 밀고 나아가 군주를 실제로 자기 집안의 형처럼 여길까봐 주희가 두려워했음을 보여준다. 이야말로 "(군주를) 구차하게 여기기 쉬운 것"이다. 앞서 인용한 구절에서 주희는 '충'을 말했는데, 이는 우리로 하여금 요한 고트프리트 헤르더Johann Gottfried Herder(1744~1803)의 견해를 떠올리게 한다. 헤르더에 따르면, 사람과 사람 사이의 진정한 관계는 부모와 자식, 남편과 아내, 형과 동생, 친구와 친구, 사람과 타인 사이에서만 성립하고, 그것이 '자연스러운 관계natural relationships'다. 그렇지만 어떤 사람들은 '국가state'라는 형식을 통해 모든 사람을 통치한다. 이는 '자연스럽지 않은unnatural' 것이다. 왜냐하면 그런 관계는 사람들을 '기계 속의 맹목적 부속품'으로 만들어버리기 때문이다. 헤르더가 논한 국가는 당시 프러시아 국왕 프리드리히 2세 치하의 국가를 가리키는 만큼, 주희와 마찬가 지로 그 역시 군주에 대해 그런 견해를 제시한 것이었다.[6] 헤르더는 군주와 신 하 사이의 관계에 대해 장자와 유사한 입장을 취했지만, 그 밖의 네 가지 관 계에 대해서는 유가와 생각이 비슷했다. 주희는 숱한 동시대 사람들이 헤르더 와 같은 심리를 가지고 있다는 사실을 깨달았다. 특히 그가 강조했던 "리는 하나이되 나뉘어 서로 다른 것이 된다"는 설은 바로 그런 심리 상태를 교정하 기 위한 것이었다.

여기까지 논했다면, 우리는 주희의 이학 체계를 정치적으로 독해하지 않을 수 없다. 주희는 이렇게 말한다.

만약 태극이 없다면 이미 하늘과 땅이 뒤집어졌을 것이다.[7]
태극은 다만 하나의 '리'일 뿐이다.[8]

'하늘과 땅이 뒤집어진다'면 질서가 사라진다. 우주 질서를 기본적으로 보 증하는 것은 '태극' 또는 '리'다. '태극' 또는 '리'가 어째서 질서의 문제를 일으 킬 수 있을까? 그것은 "리는 하나이되 나뉘어 서로 다른 것이 되기" 때문이 다. 만약 "나뉘어 다른 것이 된 리들"이 "하나인 리"의 통제를 벗어난다면 반 드시 대혼란 상태가 초래된다. 『어류』의 한 조목에는 이런 말이 있다.

리와 기에 대해 물었다. 대답하기를 "이천[정이]이 '리는 하나이되 나뉘어 서 로 다른 것이 된다'라고 아주 잘 설명했다. 천지만물을 합해서 말하자면 하 나의 리일 뿐이다. 사람들에게 미친다면 또한 각각 하나의 리를 갖는다"고

했다.[9]

여기서 특히 주의해야 할 점은 주희가 우주만물과 사람의 관점에서 각각 "리는 하나다"와 "나뉘어 서로 다른 것이 된다"의 뜻을 천명했다는 사실이다. "천지와 만물을 합한다"는 것은 "어진 사람은 천지만물을 한 몸으로 여긴다"[10]는 정호의 말과 상응한다. "각각 하나의 리를 갖는다"는 것은 "사람마다 태극이 있고, 사물마다 태극이 있다"[11]는 말과 상응한다. 이로부터 우리는 "리는 하나이되 나뉘어 서로 다른 것이 된다"는 말이 보편적 우주 질서를 가리키기는 하지만, 주희가 마음속으로 가장 관심을 기울인 것은 오히려 인간의 질서였음을 알 수 있다. 그래서 주희는 특별히 "사람에게 미친다면"이라는 말을 덧붙인 것이다. 개별적 사람이 갖는 "나뉘어 서로 다른 리들"은 매우 세세하다는 바로 그 이유 때문에 "하나인 리"의 통제를 받아야 한다. 이런 생각은 북송 도학자들을 계승한 것이었다. 장재는 『정몽』「동물편動物篇」에서 말한다.

태어남에는 선후가 있어서 하늘의 순서가 있다. 작고 큼, 높고 낮음이 서로 함께하고 서로 형체를 이뤄주는데, 그것은 하늘의 질서가 된다. 하늘이 만물을 낳을 때 순서가 있고, 만물이 형체를 이룰 때 질서가 있다. 차례를 안 다음에 법도가 바르게 되고, 질서를 안 다음에 예가 행해진다.[12]

이것은 「서명」의 우주론적 근거다. "하늘의 순서"와 "하늘의 질서"는 최후로 인간의 질서로 귀착한다. 장재가 말한 "법도가 바르게 된다" "예가 행해진다"는 것은 주희가 칭한 '삼강'과 '오상'이다. 만약 '형이하' 세계의 시선으로써 '형이상'의 세계 구조를 읽어낸다면, 주희가 가장 우려했던 일은 '강상綱常을 뒤집는 일'이었다고 할 수 있다. 때문에 주희는 전력을 다해 '태극' 또는 '리'가 존재有의 원인임을 강조했다. 그는 말한다.

"태극은 오행과 음양의 리가 모두 [모여] 있는 것으로서 비어 있는 것이 아니다. 만약 비어 있다면 불교에서 말하는 본성과 비슷해진다." 또 말했다. "불교는 그 껍데기만 보았고, 속에 있는 수많은 도리는 보지 못했다. 불교는 군주와 신하, 아비와 아들의 관계를 환상이자 허망한 것이라고 여긴다."[13]

주희는 '태극' 속에 수많은 도리가 있다고 설명하면서 가장 마지막에 "군주와 신하, 아비와 아들"을 실례로 든다. 이는 실로 그의 본심이 드러난 결과다.

지금 우리는 순조롭게 방향을 전환하여 정치 질서 쪽으로 나아가고 있다. 이제 주희가 어떻게 '형이상' 구조 속에 군주의 위치와 기능을 배치하는지 살펴보자. "리는 하나이되 나뉘어 서로 다른 것이 된다"는 원칙에 따르면, '군주의 도'는 만물('事'도 포함) 가운데 하나이므로 자연히 그 가운데 하나의 '태극'이 있다. 이러한 '군주의 도'의 '태극'이 바로 '황극皇極'이다. 효종과 광종 때 '황극'의 실제 작용에 관해서는 하편 제12장에서 상세하게 서술하므로 여기서는 '황극'을 '정치 질서의 리'라는 내용으로서 다루려 한다. 「홍범」의 '황극'에 대해 공안국孔安國은 '대중大中'이라고 풀이했고, 후대인들은 이런 풀이를 널리 받아들였다. 주희에 이르러서야 비로소 이의가 제기된다.

나는 '대중'이 아니라고 생각한다. '황'은 왕이다. '극'은 예컨대 집의 용마루〔지붕에서 가장 높은 곳〕다. 〔황극은〕왕의 몸으로서 하민의 표준이 될 수 있다는 것을 말한다.[14]

주희는 또 말한다.

'황극'은 "민의 극으로 여겨진다"는 것과 같다. 여기에 표준으로서 서면 사방이 모두들 안을 향하여 법도를 취한다. '황'은 군주를 말하고, '극'은 지붕의 용마루와 같다. 〔황극은〕음양의 법칙적 운동과 무한한 창생의 핵심이자

지도리다. 극의 뜻은 궁극이자 끝으로서 그 위에 더 갈 곳이 없는 것이다.[15]

주희가 '극'을 '태극'의 '극'으로 풀이하고 있음은 분명하다. 그러므로 '황극'은 '군주의 도'에 내재한 '태극'이었다고 할 수 있다. 그렇다면 군주는 어떻게 해야 지 "하민의 표준"이 될 수 있을까? 주희는 「황극변皇極辨」에서 이에 대해 매우 분명하게 말한다.

이미 천하의 지중至中에 자리를 잡았다면 반드시 천하의 순수한 덕純德을 가진 다음에 지극한 표준을 세울 수 있다.[16]

이 같은 "순수한 덕"을 양성하는 것이 수양으로부터 분리될 수 없음은 당연 하기 때문에, 주희는 또 말한다.

군주가 수신할 때, 외모는 공손하게 하고, 말은 조용하게 하며, 보는 것은 명철하게 하고, 듣는 것은 귀를 밝게 하며, 생각은 깊고 밝게 한다면, 몸이 저절로 바르게 될 것이다.[17]

이 조목은 「홍범」 본문의 '다섯 가지 일五事'에 입각하여 군주의 순수한 덕을 말한 것이고, 주희 자신의 견해는 다음 기록으로 대변된다.

문기를, "어떤 사람이 말하기를 '오늘날 군주에게 고하는 사람들은 모두들 수덕修德을 말한다'고 합니다. 군주로 하여금 무엇부터 닦도록 해야 할까요? 필시 요점이 있을 것입니다." 답하기를, "어찌 그렇게 말하는가? 본래 마음 은 사적인 것이 아니라는 점을 알면 곧바로 천하의 대공大公으로 변화된다. 모든 사사로운 뜻을 다 버리고서 등용한 사람이 현명하지 않다면 바른 사 람을 찾아 등용해야 한다." 문기를, "한 사람의 눈과 귀로써 어떻게 천하의 현자를 다 알아볼 수 있겠습니까?" 대답하기를, "좋은 사람 한 명을 재상으로 등용하면 〔현자들은〕 자연스럽게 줄지어 나온다. 좋은 대간臺諫 한 사람이 있다면, 그 외 좋지 않은 사람들이 자연스럽게 머물 수 없음을 알게 된다."[18]

주희의 말에 바탕을 둔다면, 군주의 '순수한 덕'은 주로 "사사로운 뜻을 제거하고 공정한 마음을 세우는 데去私意, 立公心"서 드러난다. 이것이 바로 그가 항상 강조하는 "천리를 보존하고 인욕을 소멸한다存天理, 滅人慾"는 것이다. "천리를 보존하고 인욕을 소멸한다"는 말은 보편 명제 형식을 띠고 제시되었지만, 사실 그것이 대상으로 삼는 것은 군주와 사대부였다. 왜냐하면 그들은 "함께 천하를 다스리는" 사람들이기 때문이다. 이학 체계에서 발생하는 수많은 난제가 종종 여기서부터 생겨난다. 또한 사실 군주는 최후의 권원權源, ultimate power을 장악하여 결국 어떤 행동이든 하기 마련이어서, 주희는 군주의 기능을 '좋은 재상 한 명을 등용하는 것'으로 한정하고자 했다. 종합하자면, 주희는 '황극'을 논하면서 군주는 '순수한 덕'으로서 천하의 표준이 되기만 하면 된다고 했고, '치도'를 논하면서는 군주는 권한을 축소하여 재상의 임용이라는 한 가지 일만 하면 된다고 말했던 것이다. 이런 주장은 정이의 『역전』에서 제시된 관점과 완벽히 일치한다. 바꿔 말하자면, 주희의 이상 속 군주는 아무 일도 하지 않으면서 다스리는 입헌군주인 허군虛君이었다. 주희는 "성인에게는 마음이 있지만 아무 일도 하지 않는다聖人有心而無爲"는 정자程子의 말을 이렇게 풀이한다.

성인의 경우 리에 따를 뿐이니 다시 어찌 무엇을 하겠는가?[19]

여기서 '성인'은 옛날에 천하를 다스렸던 성왕聖王을 가리킨다. 성왕은 '리'의 완전한 체현이기 때문에 모든 행위에서 "리에 따르기"만 할 뿐 어떤 작위를 할 필요가 없다. 이런 실마리에 따라 "리에는 도리어 감정·의지情意가 없고, 계산·헤아림計度이 없으며, 만듦·지어냄造作이 없다"[20]는 주희의 말을 독해할 때, 우리에게 또다른 깨우침이 없을 수 없다. 물론 주희의 이기설理氣說이 오로지 정치 질서를 위해서만 제공된 형이상학적 근거였다고 말하려는 것은 아니다. 다만 "성인은 무위다聖人無爲"라는 주희의 견해가 '리'에 대한 그의 구상과 특정한 관계를 맺는다는 것만은 충분히 추론할 수 있다. 그렇지 않다면 위에 인용한 두 구절이 『주자어류』「이기편理氣篇」에 함께 수록되었을 리가 없다.

첨예한 논쟁이 오갔던 "무극이면서 태극이다" 구절에 대해서도 마찬가지로 독해할 수 있다. '태극'이 이미 '리'라면, '리'에 위의 세 가지가 없다고 했던 주희의 묘사는 '태극'에도 적용되어야 한다. 그러나 '태극'은 "천하 공공의 리" "리의 지극" 또는 "천지 만물의 리의 총체"[21]라는 특별한 지위를 갖고 있고, 게다가 "모든 창생·변화의 근원"[22]이어서 주희는 태극을 일반적 '리'로 간주하면 안 된다고 생각했을 것이다. 주돈이의 '무극'은 형이상학 구축에 대한 주희의 필요에 잘 부합했다. 주희는 '무극'의 의미를 이렇게 풀이한다.

주자周子[주돈이]가 그것[태극]에 대해 무극이라고 말한 까닭은 바로 그것에 일정한 장소가 없고 형상이 없어서, 만물 이전에 있었으면서도 만물이 있게 된 후에도 편재하는 것으로 여겼고, 또한 음양 밖에 있으면서도 음양 속에서 운행하지 않은 적이 없다고 여겼으며, 전체를 관통하면서 무소부재하여 애초부터 형언할 만한 소리, 냄새, 이미지는 없다고 여겼기 때문입니다.[23]

주돈이의 원래 의도가 과연 그리했는지 어기서 논하지는 않겠다. 다만 주희의 상상 속에 '태극'은 "무소부재하여" 찾아볼 만한 흔적을 남기지 않고 반드시 '무극'이라는 두 글자에 의해서만 드러날 수 있다. '리'는 필연코 '있는 것有'이되 리에는 "감정·의지가 없고, 계산·헤아림이 없으며, 만듦·지어냄이 없다"는 앞의 언급은 바로 위 구절과 더불어 표현만 다를 뿐 같은 의미다. 그 세 가지가 없는 리는 "무극이면서 태극이다"를 구체화한 것임이 분명하다. 주희는 「육자정에게 보내는 여섯번째 답장答陸子靜六」에서 한 걸음 더 나아간다.

"무극이면서 태극이다"는 "어느 누구도 그것을 하지 않았는데도 저절로 그렇게 하고, 어느 누구도 그것을 부르지 않았는데도 저절로 온다"고 말하는 것과 같습니다. 또한 '무위의 행위'라고 말하는 것과 같습니다. 모두 어세語勢가 마땅히 그러한 것으로, 따로 무엇이 있다고 말하는 것은 아닙니다.[24]

위 구절은 "무극이면서 태극이다"를 '무위의 행위'에 비유하고, 또한 '성인의 무위'와 직접 연결시키고 있다. 어쨌든 감정·의지, 계산·헤아림, 만듦·지어냄이 없는 '리'와 "무극이면서 태극이다"를 바탕으로 삼아, 주희는 군주에게 "천하의 순수한 덕을 가지면서 (…) 지극한 표준을 세우고" "천하를 다스리는" 일을 재상에게 위임해야 한다고 당당하게 요구할 수 있었다. 바로 "군주가 지성으로써 현자를 임명하고 그를 통해 공로를 이룬다면, [그 공로가] 자신을 통해 이뤄지는 것과 무슨 차이점이 있겠는가?"라는 정이의 말과 같다. 주희는 「태극도설」에서 이렇게 말한다.

태극의 전체는 만물 각각에 갖춰지지 않음이 없다.[25]

'황극'의 '군주의 도'는 비록 실제 세계에 속하기는 하지만, 그것은 필경 인간 세계 내의 '한 가지 것一物'이고 더욱이 '만물' 중 가장 중요한 것이다. 주희는 「장경부에게 보내는 세번째 답장答張敬夫三」에서 말한다.

저는 항상 천하의 만사에는 큰 근본이 있고 각각의 일 가운데는 매우 중요한 것이 있다고 생각합니다. '큰 근본'은 원래 인주人主의 마음 운용에서 나오고, '매우 중요한 것'은 반드시 큰 근본이 정립된 이후에 미루어 볼 수 있는 것입니다. (…) 이는 옛날에 천하를 평정하려고 했던 사람이 마음을 바르게 하고 뜻을 성실하게 함으로써 근본을 세우려는 데 급급했던 까닭입니다.[26]

여기서 "근본을 세운다"는 것이 「황극변」의 "지극한 표준을 세운다"는 것을 가리킨다는 데는 의문의 여지가 없다. 만약 주희가 "무극이면서 태극이다"의 구상 속에 '황극'을 포함시키지 않았다면 '태극의 전체' 운운하는 말은 완전히 공허한 것이 되어버릴 것이다. 하지만 그것은 상상할 수 없는 일이다. 주희는, 주돈이가 '무극' 개념을 제시한 것은 "분명히 인지상정에서 나온 것이지, 가까운 사람들의 시비 판단을 염두에 두거나 자신의 득실을 계산한 것이 아니며, 용감하게 앞으로 나아가 타인이 감히 말하지 못한 도리를 말한 것"이었다고 이야기한다.[27] 언뜻 이 말은 엉뚱하게 보였기 때문에 육구연의 반박을 초래했다.[28] 그렇지만 그 정치적 함의를 잘 파악한다면 그런 진술 방식이 오히려 매우 자연스러운 것임을 알 수 있다.

주희가 '무극'으로 '태극'을 묘사하기를 고집한 것은 그가 "감정·의지가 없고, 계산·헤아림이 없으며, 만듦·지어냄이 없다"는 말로써 '리'를 형용했던 것과 사유의 형식상 일치한다. 만일 이런 사유 형식이 정치적 질서에 적용된다면, 군주는 "아무 일도 하지 않으면서 다스리는無爲而治" '허군'일 수밖에 없다. 이는 "군주는 존귀하고 신하는 비천하다"는 것을 주희가 줄곧 비판했던 것과 서로 잘 호응한다. 이러한 결론은 오직 나의 추론에서 나온 것이 아니라, 사실 주희 스스로 그런 원칙을 정치적 측면에 적용하고 있었다. 주희는 "기는 강하고 리는 약하여, 리가 기를 관할하거나 포섭할 수 없다"[29]를 풀이할 때 아래 예를 든다.

또한 만약 군주와 신하가 일심동체라면 신하는 곧 군주의 명령을 따른다. 그러나 위는 행하려고 하는데 아래가 가로막는다면, 위에 있는 사람이 아래 있는 사람을 일일이 감독하지 못한다.[30]

'형이상' 세계 속 이기理氣 관계가 형이하 정치 질서 속 군주-신하 관계로 치환될 수 있음을 보여준다. "위는 행하려고 하는데 아래가 가로막는다"는 것은 부정적 사례다. 뒤집어서 말하자면, 만약 '아래가 행하려고 한다면' 위는 당연히 아래의 말을 들을 수밖에 없을 것이다. 앞서 인용한 "성인의 경우 리에 따를 뿐이니 다시 어찌 무엇을 하겠는가?"라는 말은 바로 이런 의미를 분명하게 나타낸다. 주희의 형이상학 체계에 따를 경우, 만약 "리에 따르지 않는다"면 군주는 다시는 '리'의 완전한 체현자가 되지 못하고 기의 수준으로 떨어질 것이며, 이로 인해 그는 군주의 자격을 잃어버릴 것이다. 당시 드러내놓고 말하기 힘든 함축적 의미가 그런 설명 속에 숨어 있기 때문에 주희는 "무극이면서 태극이다"가 "타인이 감히 말하지 못한 도리를 말한 것"이라고 명언할 수 있었다. 육구연도 그 행간의 뜻을 알아서 답장에서 이렇게 말한다.

이 리理는 곧 우주에 원래 있는 것이니 어떻게 없다고 말할 수 있겠습니까? 만약 없다고 여긴다면 군주는 군주가 아니게 되고 신하는 신하가 아니게 되며, 아비는 아비가 아니게 되고 자식은 자식이 아니게 될 것입니다. 양주가 일거에 군주가 없다고 여긴 것은 아니었지만 맹자는 [양주에게] 군주가 없다고 생각했고, 묵적이 일거에 아비가 없다고 여긴 것은 아니었지만 맹자는 [묵적에게] 아비가 없다고 여겼는데, 이는 [맹자가] 그들의 이론을 잘 알았기 때문입니다. '극' 역시 이 '리'입니다. (…) 홍범의 아홉 범주 중 다섯번째를 '황극'이라고 하는데, 어떻게 '중中'으로써 명명하지 못하겠습니까?[31]

육구연은 '무극'이 장차 '군주가 없는' 결과를 낳을 수 있다고 분명히 지적할 뿐 아니라 '황극'의 설까지 끌어들이고 있다. 이처럼 반박이 날카롭기에 '무극'의 정치적 함의는 더욱더 밖으로 드러날 수밖에 없다. 지금까지 살펴본 바로써 주희가 어째서 '황극'을 '대중大中'으로 해석하는 데 한결같이 반대했는지를 이해할 수 있다. 만약 육구연이 견지했던 전통적 설명대로 '황극'을 '대중'으로 풀이한다면, 신하의 진퇴를 마음대로 통제할 수 있는 권한이 군주에게 있다는 것이 황극의 의의가 될 것이다. "왕의 몸으로서 하민의 표준이 되어야 한다"고 풀이해야지만 '황극'은 "몸을 닦아 정치를 확립해야 한다修身而立政"는 군주에 대한 요구 사항으로 바뀔 수 있다.[32] 그렇게 해야지 군주의 절대 권력은 어느 정도 정신적 구속을 받을 수 있다. 육구연은 평소 "군주는 위에서 두 손을 맞잡고 있으면서 자신의 의도를 개입시키면 안 된다"[33]고 주장했다. 그렇지만 그는 무극의 '무無' 자가 유가 정치 질서의 기초를 흔들까봐 몹시 두려워했기 때문에 주희의 '무극'설에 공감할 수 없었을 것이다. 육구연은 답장에서 또 말한다.

> 보내주신 편지는 (…) 또 말하기를, "주돈이 선생께서 말한 무극이란 바로 장소도 없고 형상도 없는 것"이라고 했습니다. 정말로 그렇다면 사람들은 감히 말할 만한 그 무엇도 가지지 못할 것입니다. 그런데 '무극'을 '태극' 앞에다 덧붙인다면, 우리 성문聖門은 결코 그렇게 말하려 하지 않을 것입니다.[34]

"그런데"의 앞부분은 좀 가볍게 말하려는 듯한 느낌을 주는 반면, 그 뒷부분은 유가 질서를 옹호하려는 의도를 분명하게 드러낸다. "무극이면서 태극이다"라는 구절을 놓고 주희와 육구연이 벌인 논쟁을 형이상학 수준에서만 이해한다면 그 내용을 완전히 파악할 수 없다는 점만은 분명하다.

마지막으로 진지하게 말하고 싶은 것은, 나는 다만 이학 체계 가운데서 정치적 독해를 거쳐야 분명해지는 부분만을 강조했을 뿐이지, 이학 전체를 정치 문제로 환원하려 한 것은 아니었다는 점이다. 과거 송대 이학의 특질과 관련하여 널리 유행하던 두 논점이 있었다. 첫째, '도통 대서사' 속에서 논자들은 이학자들의 주요 취지가 '위로 공맹 이래 전해지지 않은 학문을 잇는 것'에 있다고 봤다. 이런 가설 아래, 논자들은 공맹의 '본의'로써 이학의 각 학파 간 차이를 단정하고는 했다. 둘째, 현대 철학사가들은 이학자들이 논한 내용이 서양의 형이상학 또는 우주론적 문제에 해당된다고 가정한다. 철학사가들은 이런 가설을 바탕에 두고서 다양한 서양철학 체계를 이용하여 각기 다른 이학의 유파들을 설명한다.

두 연구 방법에는 각각 장점이 있을 터인데, 둘 사이에는 공통점이 하나 있다. 곧 송대의 역사적 맥락으로부터 이학을 떼어낸다는 점이다. 나는 서설에서 그와 다른 가설을 세웠다. 나는 이학자들이 위로 송대 초기 유학의 주류를 계승하여, 현실의 개혁을 요구하고 합리적 인간 질서를 재수립하고자 했다고 가정했다. 여기서 '치도'의 정립은 질서 재수립의 시발점에 해당된다. 이렇게 봐야 어째서 희령 초기 북송 이학자들이 변법운동에 참여했는지를 이해할 수 있고, 또한 어째서 남송 각 학파 이학자들이 그토록 앞다투어 효종 말년의 개혁 추진책에 호응했는지 알 수 있다.

송대 이학자들이 취했던 실제 행동을 보면 그들의 사상적 경향을 더 잘 설명할 수 있을 것이다. 이학자들이 초기 경전의 '본의'를 진지하게 탐구함으로써 '위로 공맹을 이으려' 했음을 나는 결코 부인하지 않는다. 또한 그들이 진지하게 형이상학의 체계를 세우려 했다는 것 역시 부인하지 않는다. 다만 여기까지 분석해오면서, '위로 공맹을 잇는 것' 혹은 형이상학 체계의 수립은 둘다 이학자들이 추구했던 최종 목표가 아니었고, 질서 재수립이라는 궁극의 목적을 위해 복무한 것임을 알게 되었다. '위로 공맹을 잇는 것'은 질서 재수립에 대해 경전적 근거를 제공해주었고, 형이상학 체계는 초월적이면서 영원한 보증을 제공해주었다. 요컨대, '위로 공맹을 잇는 것'과 형이상학의 수립이 중요하기는 했지만, 전체 이학 체계 가운데서 그것들은 두번째 순서에 머물 뿐이고 첫번째는 바로 질서의 재수립이었다는 것이다.

제1장

'삼대'로 돌아가자
─송대 정치문화의 시작

『송사宋史』 권3 「태조본기·찬太祖本紀·贊」에 이런 기록이 보인다.

삼대 이래, 문명·문물의 다스림과 도덕·인의의 기풍을 따져보면 송이 한·
당漢唐에 밀리지 않는다.[1]

이 구절은 겉보기에는 송을 한·당의 반열로 올리려는 사관의 과장된 언사
인 듯하지만, 자세히 살펴보면 그 속에 곡절이 있을 뿐만 아니라 송대의 역사
적 특색에 관한 일종의 논단을 담고 있기도 하다. 먼저 그 곡절을 지적한 다
음, 위 구절이 지닌 심층적 의미를 밝혀보자. 원 말기 조방趙汸(1319~1369)은
「우리 나라 지도를 본 감상觀輿圖有感」 다섯 수 중 마지막 수에 직접 주를 달아
말한다.

세상은 한, 당, 송을 후後 삼대라고 한다.[2]

이런 인식은 『송사』가 바탕으로 삼은 것으로, 「태조본기·찬」의 말이 사관 한 사람의 사견이 아니라 원대 유학자들의 공통적인 송대 평가를 대변한다고 할 수 있다. 그런데 후삼대설의 기원은 훨씬 이전으로 거슬러 올라가서, 몽골 이 송나라를 멸망시키기 전에 성립한 것이다. 학경郝經(1223~1275)은 「온공화 상溫公畫像」 첫 구절에서 이렇게 말한다.

후삼대는 한, 당, 송이다.[3]

이 시는 1259년에 지어졌다. 이듬해 학경은 몽골의 국신사國信使[4]가 되어 송 에 와서 화의를 협상했으나 가사도賈似道에 의해 16년간 구류되었고, 1275년 대도大都[오늘날의 베이징]로 돌아가서 오래지 않아 죽었다.[5] 학경이 최초로 후 삼대설을 제시했는지 여부는 아직 단정할 수 없다. 어쨌든 이 설이 남송 말기 에 이미 북방 유학자들 사이에서 유행했음은 부인할 수 없는 사실이다.

이제 우리는 한 걸음 나아가 이렇게 물어야 한다. 오직 송대의 역사적 특성 을 놓고 말할 때, '후삼대'가 나타내는 기본적 판단은 대체 무엇이었나? 글자 그대로 말하자면, 송은 한·당과 병칭됨으로써 대통일 왕조의 특징을 갖췄던 나라로 연상되기 쉽다. 예를 들어 국력의 강대함이라든가 영토의 개척 같은 면에서 말이다. 이런 기준으로 송대를 가늠하자면, 개의 꼬리를 담비 뒤꽁무 니에 매다는狗尾續貂 듯한 느낌을 면할 수 없다.[6]

한층 깊이 분석해보면 글자 그대로만 이해하는 것은 성립될 수 없다. '후삼 대'설은 송 말기, 몽골 통치 아래 유학자들에 그 기원을 둔다. 어쨌든 그들은 국력 및 영토 측면에서 송과 한·당 사이에 등호를 그릴 수 없었다. 그런 만큼 "세상은 한, 당, 송을 후삼대라고 한다"는 구절을 다른 방식으로 이해해야 한 다. 사실 관건은 '삼대'에 있지 '한·당'에 있지 않다. 송은 '삼대'의 '후'이지 결코 '한·당'의 연속은 아닌 것이다. 『송사』 「태조본기·찬」의 "문명·문물의 다스림 과 도덕·인의의 기풍" 구절이야말로 '후삼대' 개념이 성립할 수 있었던 최종적 근거였다. 학경의 「온공화상」에 있는 "예를 제작하고 음악 짓기를 주 성왕·강 왕처럼 하고, 어짊을 적셔들게 하고 의로움을 연마함은 요·순 임금을 기약한 다"[7]는 시구가 「태조본기·찬」의 말과 하나하나 대응하는 것은 결코 우연이 아 니다.

이 문제를 철저히 해결하기 위해서는 『송사』「태조본기·찬」의 저자와 그 사 상을 살펴봐야 한다. 위소危素(1303~1372)는 「규재 선생 구양공 행장圭齋先生歐 陽公行狀」에서 말한다.

> 〔원 순제〕 지정至正 3년(1343) 요나라, 금나라, 송나라의 역사를 편수하라는 조칙이 내려졌다. (…) 총재관總裁官이라고 명명하고 (…) 〔구양공은〕 세 나라 역사의 범례를 세웠고, 또한 편의便宜 수십 조목을 지어 편찬자들이 의거하 도록 했다. (…) 논論, 찬贊, 표表, 주奏는 모두 공이 썼다.[8]

이 구절에 따르면 규재 구양현歐陽玄(1273~1357)은 『송사』의 총재관이었거니 와 앞서 인용한 「태조본기·찬」의 저자였다. 원은 정程, 주朱 이학을 정학으로 삼아서 구양현도 이 입장에 따라 역사를 편수했다. 특히 『송사』에 「도학전道學 傳」이 마련된 것은 당연히 구양현이 세운 범례에서 비롯한다. 그래서 그는 「송 사를 바치는 표문進宋史表」에서 "선대 유학자들의 성명설을 뿌리로 삼고 성대聖 代 표장表章의 공로를 밑바탕으로 삼았습니다. 이치를 앞세우고 문장을 뒤로하 며, 도덕을 높이고 공리를 물리쳤습니다"[9]라고 말한다. 이런 지도 사상指導思想 에서 구양현이 '표장'하려 한 것은 당연히 '삼대'의 '도덕道德'이지 '한·당'의 '공 리功利'는 아니었다. 이제 우리는 아무 의심 없이 이렇게 말할 수 있다. 곧 "한, 당, 송이 후삼대다"에서 '후삼대'야말로 주요 개념이고, '한, 당, 송'은 똑같이 실례로 제시된 것일 뿐이다. 이뿐 아니라 '문명·문물' '도덕·인의'를 좌표로 삼 는다면, '후삼대' 중 송이 으뜸이고 한·당은 오히려 그다음이 된다. 주객이 전 도되어서는 안 된다.

구양현이 원 순제 원통元統 3년(1335) 칙령을 받들어 쓴 「허(형) 선생 신도비許(衡)許先生神道碑」는 이렇게 기록한다.

신臣이 삼대 이하를 관찰하니, 한·당의 군주와 신하들은 도통으로써 잇는 다는 것을 들어보지 못했습니다. 당시 유자들은 혹 지식에서는 안다고 할 수 있었으나, 어짊에 머물러 있지는 못했습니다. 송나라 염락[염계와 낙양]의 여러 인물이 노력하여 이 도를 이었지만, 군주를 얻은 자는 없었습니다.[10]

구양현은 이 몇 구절에서 삼대를 이야기할 때 한·당·송을 서로 성격이 달랐던 시대로 구별하고, 세 시대를 관통하는 유일한 원칙이 '도'라고 한다. 삼대와 삼대 이전이 모든 면에서 '도'가 드러났던 시대였다는 점은 더 말할 나위도 없다. 그러나 한·당은 역사상 성대한 시대이기는 했지만 '도'로부터 벗어나 있었다고 한다. 당시 대유학자들도 '도통'을 지키지는 못했다. 그후 시간이 흘러 송대 도학자들에 이르러서야 비로소 삼대의 도통을 새롭게 받아들였다. 비록 "군주를 얻어 도를 행한다"는 이상이 송대에 실현되지는 않았지만 말이다. 이런 가치 판단에 의하면, 송대는 분명히 한·당보다 역사적 위치가 높다. 그 성격이 삼대에 훨씬 가깝기 때문이다. 구양현의 「태조본기·찬」이 지닌 기본적 의미가 여기서 다시 확증된다. 따라서 '후삼대'설에서 송이 으뜸이고 한·당은 그다음이라고 단정할 수 있다.

「허 선생 신도비」가 밝히고자 했던 것은 철두철미한 송대 도학자의 역사관이었다. 정호가 "삼대의 통치는 리에 순응했고, 양한 이하는 모두 천하를 잡으려는 것이었다"[11]고 말한 이래, 후대 도학자들은 '삼대'와 '한·당'을 역사 발전의 대립적인 두 단계로 파악했다. 진량(1143~1194)은 그런 생각을 거부했고, 그로 인해 주희와 더불어 그 유명한 '왕패' 논쟁을 벌였다. 진량은 "삼대는 다 해낸 나라들이고 한·당은 다 해내지는 못한 나라들이다"[12]라고 말한다. 다시 말해, '삼대'와 '한·당' 사이에는 정도 차이만 있을 뿐, 전자는 '도'를 완전히 체현했고 후자는 '도'를 부분적으로 체현했다. 주희는 말한다. "요·순·삼대는 요·순·삼대이고, 한 고조·당 태종은 한 고조·당 태종이어서 결국 하나가 될 수 없다."[13] 말하자면, '삼대'와 '한·당'은 성격이 완전히 다른 두 가지 시대다. 그의 다른 표현을 빌리자면, "1500년간 (…) 요, 순, 삼왕, 주공, 공자가 전한 도가 하루라도 천지 사이에서 행해진 적이 없었다."[14]

이로부터 구양현은 서로 다른 두 경우에 송대 유학자들의 두 역사관을 각각 채택한다는 점을 알 수 있다. 「허 선생 신도비」는 칙령을 받들어 정·주의 정학을 표장하기 위해 지어진 글인 만큼 정·주의 관점을 엄격하게 고수한다. 그러나 『송사』를 편수하라는 칙령을 받고 그 직전 왕조들을 접하자, 구양현은 송과 한·당의 역사적 비교를 하지 않을 수 없었다. 때문에 진량의 견해를 그 출발점으로 삼고 원대 유학자들의 '후삼대'설을 이었던 것이다. 앞서 이미 진지하게 지적했다시피, '후삼대'설은 송대가 영토와 국력 측면에서 한·당을 능가했다는 것이 아니라 "문명·문물의 다스림, 도덕·인의의 기풍"의 '삼대'를 기준으로 한·당·송의 성취를 평가하고자 했던 것이다. 송대를 염두에 두고 이런 기준을 만들었음은 두말할 나위가 없다. 삼대를 드높이고 한·당을 경시하는 것은 본래 송대 유학자들의 공통된 의견이었다. 주희는 말한다.

국초(송 초)에 사람들은 이미 예의를 숭상하고 경전을 존숭함으로써 요·순 두 황제와 하·은·주 삼대三代로 돌아가려는 생각이 당나라 사람들보다 강했지만, 아직 그 이론이 철저하지 못했다. 이정이 나오고 나서야 비로소 그 이치가 철저해졌다.[15]

진량은 이런 핵심 문제에서 주희와 견해가 비슷하여 이렇게 말한다.

우리 왕조(송)는 유학으로써 나라를 세웠으니 유도儒道의 진작은 유독 전대前代보다 우월했다.[16]

구양현이 송대의 역사적 특성에 대해 내리는 논단은 대체로 송대 유학자들을 바탕에 두고 있다. 다른 점은 송대 유학자들은 자신들의 나라가 실제로 '삼대'의 반열에 든다고 말한 적이 없다는 것뿐이다.

현대의 관점에서 보자면, 구양현은 문화사 면에서 송대의 특별한 공헌을 추존했다. 그러나 정치사에서는 한·당이 가장 뛰어난 지위에 있었다. 그런데 '후삼대'설이 채택하는 것은 문화사의 관점이지 정치사의 관점은 아니다. 그러므로 당연히 한·당은 위축될 수밖에 없다. 고염무는 그런 두 관점의 차이를 매우 분명하게 밝힌 적이 있다. 그는 『일지록』 권15 「송조가법宋朝家法」 조목에서 말한다.

> 송은 일정한 규율이 서지 않고 정사가 번잡하여 한 왕조의 제도로서는 특별히 말할 것이 없다. 그러나 전대 사람들보다 뛰어났던 점이 몇 가지 있다. 인군人君이 궁중에서 스스로 3년상을 행한 것이 첫번째다. 정사政事에 관한 말이 [아녀자의] 문지방 안으로 들어가지 않은 것이 두번째다. [왕이] 유언을 하기 전에 왕족의 자손을 황제의 후사로 세운 것이 세번째다. 대신과 간관을 죽이지 않은 것이 네번째다. 이런 일은 모두 한·당이 미치지 못하는 것이었기 때문에 [송이] 세대를 이어 나라를 유지한 것이 300여 년이었다. 만약 관직, 군대, 경제의 제도로 말한다면 [송은] 잡박하여 기록할 것이 없다. 후대에 나라를 다스리는 사람은 마땅히 주의할 점으로 삼아야 한다.[17]

송대가 한·당보다 나았다고 열거한 네 가지 사례는 모두 예제禮制에 속한다. 그렇지만 고염무는 송대 정치제도에 대해서는 아주 기혹하게 비판한다. 이는 매우 공정한 평가다. 동시에 왕부지王夫之(1619~1692)가 지은 『송론宋論』은 송나라를 구실 삼아 명나라를 이야기하려 한 글로서 송대 정치를 여러 면에서 비판한다. 그는 심지어 『황서黃書』에서 "누추한 송나라陋宋"라는 표현까지 썼다.[18] 이 역시 정치사의 각도에서 착안한 것으로, "한 왕조의 제도로서는 특별히 말할 것이 없다"는 고염무의 판단과 일치한다. 그렇지만 왕부지 역시 송대의 문화사적 성취만큼은 높이 평가한다. 그는 "송나라는 후대에 가르침을 나누어주었고 도로써 크게 밝혔다"[19]고 말했고, 또한 "송나라가 망하자, 황제·요순 이래 도법이 전해졌던 천하도 망했다"[20]고 말한다. 왕부지의 두번째 말과 고염무의 "천하가 망했다"[21]는 말은 마치 한 사람에게서 나온 듯해서 역시 주목할 만하다.

지금까지 내용을 종합하자면, '후삼대' 개념 가운데 문화적 요소가 정치적 요소보다 더 중요했다고 할 수 있다. 송대는 정치사 면에서 한·당과 더불어 영광을 다툴 수는 없지만 문화사에서는 한·당의 성취를 뛰어넘는다. 이런 역사적 평가는 장기간의 논의를 거쳐 점차 형성된 것이다. 주희는 송나라 사람들이 "요·순 두 황제와 하·은·주 삼대로 돌아가려는 생각이 당나라 사람들보다 강했다"고 말했고, 진량도 송대 "유도의 진작은 유독 전대보다 우월했다"고 말했다. 이런 견해는 원대 초기 학경이 제시한 '후삼대'설의 먼 연원이 된다. 명청 교체기의 고염무와 왕부지는 한편으로 송대의 정치제도를 날카롭게 비판하는 동시에 문화적 업적을 찬양한다. 정치사와 문화사에서 각각 송대의 역사적 자리를 찾아주려는 것은 고염무와 왕부지로부터 시작한다고 할 수 있다. 상술한 역사적 판단은 20세기 사학계에도 여전히 유력한 영향을 미쳤다. "중국 문화의 진전은 송대에 극에 달했다"는 설은 전통적 판단 위에 서 있다.[22]

'후삼대' 개념을 정리한 다음, 송대 '삼대론'의 기원으로 거슬러 올라갈 필요가 있다. 왜냐하면 그것은 '후삼대' 개념의 궁극적 근거이기 때문이다. 앞서 인용한 『주자어류』의 "국초에 사람들은 이미 예의를 숭상하고 경학을 존숭함으로써 요·순 두 황제와 하·은·주 삼대로 돌아가려 했다"는 것은 개괄적 견해일 뿐, '국초'의 '초'가 대체 어느 시기였는지를 정확하게 헤아려 봐야 한다. 인종 경우 2년(1035) 5월 경자일, 태상太常[제사와 예악을 관장하는 관리]이 상주上奏했던 말 중에 아래 구절이 있다.

태종 황제께서는 또한 진신搢紳과 유자들諸儒을 이끌고 도를 강학하고 학문을 흥성하게 했으니 찬연히 삼대와 기풍이 같습니다.[23]

그런데 송 태종 시기 '도의 강학과 학문의 흥성'이라는 대大사업이 송대인들에게 칭송받았던 것은 주로 두 가지 이유에서였다. 첫째, 소문관昭文館, 사관史館, 집현원集賢院을 다시 세우고 확대함으로써 "천하의 현인과 준재에 의지했다"는 점, 둘째, 유학자들에게 명령을 내려 『태평어람太平御覽』 1000권, 『문원영화文苑英華』 1000권, 『태평광기太平廣記』 500권, 『신의보구神醫普救』 1000권 등 대규모 유서類書를 편찬케 했다는 점이다.[24] 하지만 이 두 사실만 가지고 "삼대와 기풍이 같다"라고 하는 것은 분명 과장된 말이다. 구양수는 말한다.

태종이 유학을 숭상하고 장려한 이래, 고과高科로 발탁되어 보필輔弼에 이른 사람이 많았다.[25]

이 역시 태종이 과거시험 출신 사대부를 중시했다는 사실을 보여줄 뿐이지 엄격한 의미에서 태종이 "유학을 숭상하고 장려한 것"은 아니다. 이런 사실로부터 출발하면 기껏해야 이렇게 말할 수 있다. 즉, 태종은 사대부 일반의 정치적 지위가 상승하는 데서 핵심적으로 작용했으나, '삼대론'은 아직 조야朝野를 추동할 사조를 형성하지 못했다는 것이다.

앞서 인용한 태상예원太常禮院 상주문의 저자는 사실 인종 시대의 관념으로써 태종의 행위를 설명한다. 현존하는 문헌으로 판단하건대 '요순, 삼대로 돌아가고자 하는' 의식 형태는 북송 인종 시기에 이르러서야 충분히 모습을 드러낸다. 남송의 사호史浩는 효종에게 이렇게 말한다.

여러 성인이 마음을 전해주다가 인종 때 이르러서야 덕에 의한 교화가 융성하게 젖어들었고, 조정의 위 사람들은 [타 왕조] 사람들이 더 낫다고 말하는 것을 부끄러워하여, 우리 왕조의 통치만이 삼대와 기풍이 같다고 말했습니다. 이것이 조종의 가법家法입니다.[26]

위의 말은 '삼대로 돌아가자'는 의식이 인종 때에 크게 성행했음을 증명한다. 그러므로 사대부들의 '삼대' 제창은 이 시기에 집중된다.

이제 몇몇 사람의 대표적 의론을 골라 앞에 인용한 주희의 개설을 풀이해보자. 먼저 석개(1005~1045)의 「한론漢論」 상중하 세 편을 소개하고자 한다.[27] 「한론 상」은 글 전편의 핵심을 이렇게 밝힌다.

아! 왕도는 한나라에서 잡박해졌구나! 탕왕은 하나라를 변혁하여 책력[역법]을 고치고 복색服色을 바꿈으로써 천명에 따랐을 뿐이니, 그 본질은 우임금의 도를 전적으로 따른 것이다. 주나라는 상나라를 변혁하여 책력을 고치고 복색을 바꿈으로써 천명에 따랐을 뿐이니, 그 나머지는 모두 탕왕의 도를 따랐을 뿐이다. 한나라가 진나라를 변혁했으나 주나라의 도에 다 따르지는 않았기 때문에 왕도가 여기에서 잡박해졌다.[28]

이것이 전체 글의 주제다. 곧 삼대의 도가 한대에 이르러 잡박하고 불순해졌는데, 한나라가 진나라의 체제를 많이 답습하여 주나라의 도를 온전히 따르지 않은 것이 그 이유라는 것이다. 「한론 하」는 다음 문제를 제시한다.

어떤 이는 말한다. "시대에는 경박할 때와 순후할 때가 있고, 도에는 올라감과 내려감이 있으니, 한대의 시대는 원래 삼대의 시대와 달라 삼왕의 도를 온전히 행하지 못했다. 그렇지 않은가?"[29]

석개의 대답은 긍정적이다. 글 전체를 자세히 읽어보면, 석개가 말한 '삼대의 도'는 사실 '탁고개제托古改制'의 이상을 설명하는 것이었지 구체적 조치 하나하나를 전부 고대의 제도대로 바꾸는 것은 아니었음을 알 수 있다. 이는 송대 '삼대론'의 일반적 특징이고 석개 한 사람만의 독창은 아니었다. 더욱 중요한 것은 「한론」이 멀리 있는 시대를 말하면서 실은 가까이 있는 시대를 이야기한다는 점이다. 그 의도는 당대의 개혁을 추동하는 데 있었다. 그래서 「한론 상」의 마지막 부분은 다음과 같이 말한다.

아! 한나라는 하늘에 순응하고 사람에 감응하여, 포악함을 어짊으로 바꾸고 혼란을 통치로 바꾸었으니, 삼왕의 행동대로였다. 처음에는 어찌하여 이토록 성대했는가? 그 마지막에는 어찌하여 그토록 비루했는가? 삼왕의 대중의 도大中之道를 방치하고서 그에 따라 행하지 않고, 진나라의 유폐를 구구하게 답습하여 한나라의 체제를 세웠으니 참으로 안타깝구나![30]

행간에서 이 구절의 속뜻을 엿볼 수 있다. 곧 한 구절 한 구절이 모두 송나라가 오대五代를 이어서 일어났다는 사실에 적용될 수 있다. 우리는 '한'을 '송'으로 바꾸고 '진'을 '오대'로 바꾸기만 한다면, 석개가 안타까워한 것은 송이 제도적으로 당 말과 오대의 폐단을 답습하는 반면 삼대의 '대중의 도'로 돌아가려고 노력하지 않았던 사태였음을 알게 된다.

그다음으로 윤수尹洙(1001~1047)의 「악주학기岳州學記」를 소개하려 한다. 글은 대략 아래와 같다.

삼대는 어디에서부터 다스렸는가? 사람을 가르치는 것은 한결같이 배움에 있을 뿐이다. (…) 등공滕公우 군郡을 다스릴 때마다 반드시 학교를 세우고 학생들을 대면했고, 그런 행동을 정무보다 우선시했다. 경력 4년 파릉巴陵의 수령이 되었을 때 (…) 마침 서울에서 학문을 제창하고, 여러 군에 학관을 세우고 생원의 수를 늘리도록 명령했다. 공은 조칙을 받자 기뻐하면서 말했다. "천자에게 삼대의 통치를 행하려는 의도가 있으니, 수신守臣으로써 황제의 덕을 저술하고 풍습의 교화를 넓히는 데서 이보다 중요한 일이 없을 것이다. 그러니 어떻게 감히 경건하지 않겠는가?" 그래서 학교 제도를 확대하여 운용했다.[31]

「악주학기」는 경력 6년(1046)에 지어졌다. "여러 군에 학관을 세우도록 명령한" 일은 경력변법 가운데 중요 정책으로서, "옛날로 돌아가고 배움을 권하며, 학교를 일으키자"[32]는 범중엄의 건의에서 비롯되었다. 조서는 경력 4년(1044) 3월 을해일에 반포되었다.[33] 윤수의 말은 그 자신이 '삼대의 통치'를 지향함을 나타낼 뿐만 아니라 당시 조정과 지방의 모든 사대부가 범중엄의 개혁이 '삼대'로 돌아갈 것이라는 기대를 품었음을 보여준다.

세번째로 중요한 대표적 인물은 구양수(1007~1072)다. 그는 그 유명한 「본론」에서 "요순, 삼대 때에 왕도 정치가 밝혀지고, 예의의 교화가 천하에 가득 찼다. 이때에 불교가 있었더라도 [중국에] 들어오지 못했을 것이다"라고 말한다.[34] 그는 불교를 효과적으로 배척하기 위한 방식은 삼대의 정치·교화를 다시 완비하는 것이지, "그 책을 불태우고 그 거처를 오두막으로 만들"[35] 필요는 없다고 말한다. 「본론」은 경력 2년(1042)에 지어졌는데, 그때는 범중엄의 변법이 있기 1년 전이다. 조금 이후에 구양수는 「진사에게 묻는 책문 3수問進士策三首」 두번째 수에서 이렇게 말한다.

무릇 예로써 민을 다스리고 음악으로써 민을 조화롭게 함, 덕과 의로움, 어짊과 은혜, 양육과 은택은 삼대가 민에게 깊이 있게 했던 것들이다. 정령으로써 민을 통일시키고, 형벌로써 [범법 행위를] 방지하기는 그중 얕은 것일 뿐이다. 요즘 중앙에서 지방에 이르기까지, 관리들은 문서대로 행하고 관리의 일을 하지 않음이 없다. 그리고 세금을 독촉하고 송사를 판결하기를 급선무로 여긴다. 이는 특히 얕은 일들이다. 관리들은 예악과 인의를 행하는 방법을 모르면서 그 가르침을 민에게 펴려고 하니, 그럴 수 있겠는가?[36]

구양수는 '깊음' '얕음'으로 각각 '예악·인의'와 '형벌·정령政令'을 구분하는데, 이런 사유 양식은 「본론」의 연장선에 있다. 이렇듯 '삼대'의 주요 특징은 '예악·인의'에 있지 '형벌·정령'에 있지 않음이 당시 사대부들의 상식이어서, '탁고개제'는 바로 "도를 강학하고 학문을 흥성하게 하는 것"일 수밖에 없었다. 범중엄에서 시작하여 왕안석에 이르기까지 모두들 그랬다. 이로부터 알 수 있는 사실은 문화가 정치보다 중요하다는 것이 송대인들의 '삼대' 개념이 지닌 기본 속성이었고, 원대 유학자들의 '후삼대'설은 그런 의미를 부여한 데 불과했다는 점이다.

마지막으로 들 인물은 이구李覯(1009~1059)다. 그의 이상 속 '삼대'는 아래 구절 속에 드러난다.

옛날 삼대 사람들은 완고하거나 둔하지 않아야 온전히 군자가 될 수 있었다. 왜 그런가? 인의예악의 가르침이 아래로 젖어들어, 향촌에서 국國에 이르기까지 모두 학교가 있었다. 스승은 반드시 현명했고 벗은 반드시 선해서, 이목구비 등 온 몸을 길러서 지극히 올바르지 않음이 없었다.[37]

동시대인들의 삼대 관념과 이 구절은 대체로 유사하다. 그런데 삼대로 돌아가자는 이구의 주장은 여타 주장과는 다른 두 가지 특색을 지닌다. 첫번째는 이구가 『주례』에 근거하여 「주례치태평론周禮致太平論」 51편[38]을 썼다는 점이다. 그는 아마도 "주나라는 그전 2대를 검토했다"와 "나는 주나라를 따른다"[39]는 공자의 말을 받아들여 『주례』를 '삼대' 문화의 최후 결정체로 본 듯하다. 때문에 이구는 『주례』를 꼼꼼히 연구하여 체계적 개혁안을 제시했던 것이다. 그런 진지한 태도는 동시대인 가운데서도 그가 가장 뚜렷했다. 두번째는 이구가 '탁고개제'의 구체적 계획을 가졌을뿐더러 당시 영향력 있는 사대부들을 향해 자신의 각종 논저를 적극적으로 소개함으로써 개혁안을 실행할 기회를 모색했다는 사실이다. 이구의 문집『우강집旴江集』에 수록된 서신집(권27~28) 중 절대다수가 이구가 자신의 논저를 기증하면서 쓴 것들이고, 수신 대상자 가운데는 경력변법을 주관한 범중엄과 부필도 들어 있었다. 『주례치태평론』 10권은 특히 이구가 "스스로 좋아했던" 저작이었다.[40] 때문에 그는 이 저서를 '여러 공公'에게 널리 기증하여, "천하국가를 염두에 두는 큰 군자들이 조금 틈을 내어 그 근본 의도를 알기를" 기대했다.[41] 이구는 "삼대의 도에 관해서라면 그 핵심과 구체적인 내용까지 모두 장악하고 있다"[42]고 자부했다. 그렇지만 그는 공언空言만 하는 데 그치려 하지 않아서 한시도 지체하지 않고 동지들을 찾아 그 개혁의 염원을 실현하려 했다. 이구의 이런 적극적인 사회참여 정신은 동시대 유학자 가운데서도 매우 특출했다.

이상과 같이 석개·윤수·구양수·이구 네 사람을 골라봤는데, 모두 11세기 초반에 태어난 사람들이다. 활동 시기는 모두 북송 인종 때다. 정치사상 측면에서 그들은 한·당을 넘어 '삼대'로 돌아가려는 분명한 경향을 지녔다. 더욱이 당시 네 사람은 모두 '고문古文'으로 세상에 유명했던 이들이다. 석개·윤수·구양수는 말할 것도 없고, 이구 역시 남방 '고문' 진영을 대표하는 인물이었다. 희령 8년(1075) 진순유가 지은 「심진 명교대사 행업기明教大師行業記」에 이런 말이 있다.

> 이때(경력 시기, 곧 1041~1048) 천하의 사士들은 고문을 배웠는데, 한퇴지를 사모하면서 불교를 배척하고 공자를 존숭했다. 동남쪽에서 장표민, 황오우, 이태백은 특히 걸출한 인물들로서 학자들이 그들을 으뜸으로 삼았다.[43]

내가 보았던 현대의 이구 연구 논저는 종종 이 자료가 빠져 있어 특별히 여기서 위 자료를 언급하고자 한다. 서설에서 이미 반복하여 논증했다시피, 고문운동은 송대 유학 부흥의 첫 단계다. 유개와 손하에서 시작하여 경력 시기에 무르익었다. '삼대'로 돌아가자는 것이 줄곧 고문운동의 주도적 관념이었다. 이제 위 네 사람이 고문운동의 주요 구성원이라고 단정할 수 있다면, 그들의 의론이 합치했던 것은 결코 우연이 아니라 당시 유학의 전체 동향을 대표하는 것이었다고 분명히 말할 수 있을 것이다. "국초 사람들은 (…) 요·순 두 황제와 하·은·주 삼대로 돌아가려 했다"는 주희의 말이 대체로 인종 시대를 가리킬 것임은 이로부터 더욱 확실해진다.

송대 사대부 계층의 발전 과정을 인식하려 할 때, 이처럼 시대를 규정하는 것은 더할 나위 없이 중요하다. 70~80년의 숙성을 거친 뒤, 송대의 적잖은 사대부들은 '삼대'의 이상이라는 기치 아래 문화·정치·사회를 대규모로 혁신해야 한다고 주장했다. 이런 현상을 목도할 때, 우리는 자연스럽게 "이제 천하를 차지하여 훌륭한 통치를 기원한 지 70여 년이 되었으니, 물러서서 변화하는 것이 낫습니다"[44]라는 동중서의 대책 한 구절을 연상하게 된다. 그렇지만 한대의 "옛것으로 돌아가 변화를 일으킨다"는 것은 한 무제가 발동한 것이었으나, 송 인종 시대의 '삼대'로 돌아가자는 대규모 운동은 사대부들이 일으킨 것이었다.

이상 네 사람을 예로 들자면, 정치적 지위에는 높고 낮음의 차이가 있었으나 평상시 그들은 깊건 얕건 간에 서로 교류하고 있었다. '삼대'로 돌아가자는 그들의 공통 의식은 바로 그런 소통의 분위기 속에서 점차 발전해나갔다. 어째서 송대 사대부들은 70~80년 세월 가운데 바로 인종 시대에 그렇듯 의연히 혁신자로서 자부하는 심리를 발전시킬 수 있었을까? 송대 사대부들의 독특한 정신은 어떤 역사적 조건을 통해 형성된 것일까? 이는 대답하기 매우 어려운 문제인데, 이후 각 장에서 우리는 그 실마리를 찾아보고자 한다.

'삼대'로 돌아가자는 개혁적 논의는 인종 중기 이래 끊임없이 이뤄졌고, 그 것이 신종의 희령변법에 대한 사상적 배경이 되었다. 왕안석의 「인종 황제에게 올려 시사를 논하는 글」[45]은 그런 사조의 최후 결정체라 할 만하다. 『송사』 본전에는 "이후 왕안석이 국정을 담당했을 때 그 조치는 대체로 이 글을 근본으로 삼았다"[46]는 말이 있다. 이런 평가는 사실과 잘 들어맞는다. 왕안석의 그글은 가우 3년(1058)에 바쳐졌고 그때는 바로 인종 말년이었다.[47] 그러므로 이 글은 이전 학자들의 관점을 잘 종합하여 하나로 녹여내고 있다. 예컨대 '삼대'로 돌아가는 문제에 대해 왕안석은 이렇게 말한다.

요순, 삼왕의 시대는 위아래로 1000여 년의 세월에 걸쳐 있습니다. 그중에는 잘 다스려졌던 때도 있고 혼란했던 때도 있으며 성대했을 때와 쇠퇴했을 때가 다 있었습니다. 마주쳤던 변화와 만났던 시세가 각각 다르고, 베풀었던 방법도 모두 다릅니다. 그러나 천하국가를 위하려는 의도는 그 본말과 선후에서 같지 않았던 적이 없습니다. 신은 그래서 "그 의도를 본받아야 할 뿐"이라고 말합니다.[48]

"그 의도를 본받는다"는 말은 '삼대'로 돌아가자는 운동의 참된 정신이 어디에 있는지를 잘 알려준다. 왕안석 이전의 사람들 역시 그런 생각을 했지만 명확하게 표현하지는 못했다. 채상상蔡上翔은 「인종 황제에게 올려 시사를 논하는 글」의 적잖은 의론이 그 이전 범중엄의 '십사十事'에 들어 있던 내용이라고 지적한다.[49] 당연히 이 지적은 정확하다. 그런데 앞서 든 석개·윤수·구양수·이구의 논의는 경력변법에 앞서거나 뒤서거나 해서 제시되었고, 그 기조도 범중엄의 「십사소十事疏」와 일치한다. '삼대'로 돌아가자는 그들의 분명한 의식이 왕안석의 앞길을 열어주었다는 점은 의심의 여지가 없다. 그 가운데 이구의 『주례치태평론』은 이후의 왕안석 '신법'에 직접적 영향을 끼쳤을 가능성이 매우 높다.[50]

'요순, 삼대로 돌아가려 했다'는 주희의 관찰은 도학(또는 이학)의 각도에서 나온 것이라 그 결론은 "이정이 나오고 나서야 비로소 그 이치가 철저해졌다"는 것이었다. 그렇지만 '삼대'로 돌아가자는 운동은 인종 때부터 시작된 변법과 제도개혁改制을 지향한 것이지, '삼대'의 '도리'를 투철하게 설명하는 것이 원래 취지는 아니었다. 경력 연간과 희령 연간의 두 번에 걸친 변법은 모두 이 운동의 직접적인 결과였다. 주희는 왕안석의 변법을 논할 때 또다른 날카로운 관찰 내용을 제시한다.

신법의 시행은 여러 공이 실제로 함께 도모했던 것이다. 명도 선생[정호]도 그것이 잘못되었다고 여기지는 않았다. 왜냐하면 그때는 변화되어야 할 시절이었기 때문이다. 그렇지만 나중에 인정人情이 흉흉해져서, 명도 선생은 비로소 인정에 거스르는 일을 해서는 안 된다고 권했다. 왕안석이 여러 의론을 배척하면서 신법을 극력으로 행하려고 하자, 여러 공이 비로소 물러나서 흩어졌다.[51]

사실 명도가 어찌 단순히 "잘못되었다고 여기지는 않았다"고만 했겠는가? 최초에 그는 신법의 적극 참여자 중 한 명이었다. 희령 2년(1069), 그가 감찰어사 재임 중에 올린 「열 가지 시사를 논하는 차자」에는 다음 같은 말이 있다.

성인이 법도를 창제함은 모두 인정에 바탕을 두면서 만물의 이치를 밝히는 것입니다. 요순과 삼왕이라 할지라도, 때에 맞춰 변혁하고 일에 따라 증감하는 제도가 없지 않았습니다. 그러니 통치의 핵심 근원과 목민牧民의 핵심 방도에 이르러, 앞의 성인과 뒤의 성인들이 어찌 사리가 상통하고 맥락이 일관되지 않겠습니까?[52]

왕안석의 「인종 황제에게 올려 시사를 논하는 글」의 "그 의도를 본받는다"와 위 글은 마치 한입에서 나온 것 같다. 그리고 정호의 「왕패 차자」에서 진술한 열 가지 일[53]과 범중엄의 「십사소」, 왕안석의 「인종 황제에게 올려 시사를 논하는 글」은 서로 상응하는 곳이 무척 많다. 따라서 '삼대'로 돌아가자는 운동은 변법과 제도개혁으로 귀착되기 마련이고, 정호 역시 예외는 아니었다.

마지막으로 특별히 지적하려는 것은 희령변법이 '삼대'로 돌아가자는 호소에서 진행된 것이었기 때문에, 후대의 채경蔡京(1047~1126)이 '신법' 기치를 들고 집정했을 때, 행동거지 하나하나에 '삼대'를 구실로 삼았고 그로 인해 사대부들의 탄핵을 받았다는 사실이다. 북송 휘종 대관大觀 원년(1107), 방진方軫은 상주문을 올려 채경을 탄핵하면서 말한다.

채경은 망령되이 행동할 때 반드시 위아래를 위협하면서 "이것은 선제先帝의 법도다" "이것은 삼대의 법도다"라고 말하거나 혹은 "희령, 원풍의 유지가 아직 실행되지 않았다"고 말합니다. (…) 천하의 일에는 언제나 옳은 것도 없고 언제나 그른 것도 없습니다. 올바르다면 따르고, 잘못되었다면 바꿔야 합니다. 오직 마땅한지 여부가 중요할 터, 어찌 반드시 삼대를 기준으로 삼겠습니까? 당唐 왕조의 300여 년간, 황위를 계승한 군주가 스물한 명 있었지만, 칭찬할 만한 군주는 오직 태종뿐입니다. 당시 방현령方玄齡, 두여회杜如晦, 왕통, 위징처럼 지려智慮와 재식才識 등 채경 못지않은 이들이 있었습니다. 정관 연간(627~649)을 가만히 살펴보건대 삼대를 언급하는 말은 한 마디도 없었습니다. 후세에 태종의 치적을 논하는 사람들은 '수나라의 혼란을 제거하여 치적이 탕왕·무왕과 비견되고 통치의 완미함이 주 성왕이나 강왕에 가깝다'고 합니다. 옛날부터 공로와 덕성이 모두 뛰어난 군주는 한나라 이래 없었습니다. 채경은 배우지도 않았고 방책도 없으면서, 망령되이 삼대의 설로 폐하를 속이고 있으니, 어찌 유식한 이들에 의해 비웃음을 사지 않겠습니까?[54]

위 상소문에서 언급된 실질적 문제를 여기서 다 논할 필요는 없겠다. 다만, '삼대의 설'이 송대 정치문화 가운데 특유한 것으로서 그전에는 거의 볼 수 없었다는 점을 방진의 격렬한 공격을 통해 분명히 확인할 수 있기 때문에 위 상소문을 인용하면서 이 장을 끝맺고자 한다.

제2장

송대 '사'의 정치적 위치

이 장에서 우리는 '사士'가 송대에서 어찌하여 높은 정치적 지위를 얻었는지에 대한 역사적 설명을 하려 한다. 이는 어쩌면 이 책 전체를 통해 다뤄야 할 커다란 문제지만, 이 장에서는 논지의 한 부분으로서 소략하게 요점만을 다루고 상세한 설명은 하지 않는다. 우리의 목적은 큰 배경을 제시하는 데 있다. 『송사』 권439 「문원전·서文苑傳·序」에는 이런 말이 있다.

예부터 왕조를 창업하여 통치권을 후세에 전해준 군주의 경우, 그 군주가 한때 좋아하고 높였던 것을 보면 그 왕조의 규모를 예측할 수 있다. 예조藝祖〔송 태조, 즉 조광윤〕는 혁명을 하자 먼저 문관을 등용하고 무신의 권한을 빼앗았으니, 송나라가 문文을 높인 것의 근원은 여기에 있다. 태종과 진종은 왕세자 때 이미 학문을 좋아한다는 명성을 얻었고, 제위에 오르자 문식文飾이 날로 늘었다. 그때 이후 자손들이 서로서로 그것을 이었다. 위에서 군주된 자가 학문을 하지 않음이 없으니, 아래에 있는 신하들도 재상에서 지방 현령에 이르기까지 과거 급제자가 아님이 없었고, 전국에서 문사文士들이 수

많이 배출되었다.[1]

위는 널리 알려진 설명 방식이다. 곧 송대가 '무를 누르고 문을 닦는 것'이 송 태조가 "한때 좋아하고 높였던 것"으로 귀결된다는 것이다. 현대의 눈으로 보자면, 이는 역사의 편면만을 이해하는 것이다. 다만 황제는 정치권력의 최종 근원이고 더욱이 개국 군주는 이른바 '조종입법祖宗立法'이라는 특별한 권위를 갖는 만큼, 엄격한 한정을 두기만 한다면 그러한 전통적 해석도 유효할 수 있다.

송 태조는 건륭建隆 2년(961)에 "술 한잔으로 병권을 해제하는杯酒釋兵權" 방식으로 베테랑 장군들을 파면하고 금위군禁衛軍을 장악했으며, 동시에 번진藩鎭의 행정적·재정적·군사적 권력을 줄이기 시작했다. 이런 두 조치가 바로 '무를 누르고 문을 닦는' 발단이었다. 사마광의 『속수기문涑水記聞』 권1("태조가 이미 천하를 얻었다太祖旣得天下" 조목) 및 이도의 『속자치통감장편』 권2(건륭 2년 7월 조목)에 따르면, 그 두 조치는 모두 조보趙普(922~992)의 계책에서 나왔다. 송 태조가 공개적으로 밝힌 이유는 "천하의 병사들을 쉬게 하여, 국가를 위한 장기 계책을 세우도록 한다"는 것이었지만, 조보의 진언이 송 태조의 마음을 움직일 수 있었던 까닭은 금위병이 다른 황제를 옹립할 일이 다시 일어나지 않으리라는 보장이 없었기 때문이다.[2] 바꿔 말하면 송 태조가 "문관을 등용하고 무신의 권한을 빼앗은" 주요 이유는 송 왕조가 다시는 당 말과 오대의 전철을 밟도록 하고 싶지 않았기 때문이지 결코 송 태조가 "한때 좋아하고 높였던 것" 때문은 아니었다.[3] 이렇게 보면 "국초에 사람들이 이미 예의를 숭상하고 경학을 존숭했다"는 주희의 발언이나 "우리 왕조는 유학으로써 나리를 세웠다"는 진량의 말은 송 태조와 조보에게 적용될 수 없다. 그들은 기껏해야 '문文으로써 나라를 세웠을' 뿐이다. 이후 송 태조는 신하들에게 이렇게 말한다. "오늘날 무신들로 하여금 전부 독서를 하여 치도를 아는 것을 귀히 여기도록 한다."[4] 이는 다만 '무를 누르고 문을 닦는 것'의 일반적 표시일 뿐이지 송 태조가 유학을 숭상한 증거는 아니다. 건덕乾德 4년(966), 하남의 진사 이애李藹는 "장형杖刑 판결을 받고 사문도로 유배되었다."[5] 『멸사집』을 지어 불교를 공격한 까닭이다. 알고 보면 태조의 모친과 부인이 모두 불교를 믿고 있었고, 진교병변陳橋兵變[6]이 일어났던 날에는 그 며느리가 "정력원定力院에서 재계했다"[7]고 한다. 태조 자신도 불교의 옹호자였다.[8] 그렇지 않다면 이애가 한유韓愈와 똑같은 대우[귀양]를 받지는 않았을 것이다. 조보는 비록 송 태종을 모시고 "요순의 도로써 세상을 다스렸다"[9]고 하지만, 그를 유가라 칭하기는 부족하다. 조보와 『논어』에 관한 여러 전술은 전혀 믿을 만한 것이 못 된다.[10]

송 태조의 문치 경향이 사 계층의 발전에 결정적 영향을 끼친 것은 확실하다. 대체로 송대 황제의 사 존중은 앞으로는 한당을 넘어서고 뒤로는 명청보다 낫다는 것이 사가들의 정론이었다. 아래에서는 이에 대한 구체적 사례를 들어 설명하고자 한다.

첫째, 송대 진사 시험이 당대 진사 시험에 비해 더 예우를 받았다. 송 태조·태종 이래, 여러 황제는 전시殿試 단계에서 친히 종종 시험장을 방문했고, 더 나아가 직접 답안지를 읽어봄으로써 사에게 정중한 태도를 보여주었다. 예부에서 진사시 제1차 시험을 치를 때도 사에 대한 대우는 당대보다 더 정중했다. 범진은 우리에게 이렇게 일러준다.

예부 시험장에서 진사 시험 보는 날, 향로를 놓은 탁자를 계단 앞에 설치하고 시험관과 응시자가 마주보고 절하던 것은 당나라의 옛 형식이다. 앉을 곳에 자리를 설치하고 장막을 드리운 것이 매우 성대했다. 관리는 찻잎과 끓인 물, 마실 물, 미음을 갖춰놓았다. 〔그러나〕 학구과 시험의 경우, 장막과 담요 같은 것들을 다 치우고 찻잎과 끓인 물도 없었다. 목이 마르면 벼루의 물을 마셔서 사람들의 입술이 다 검어졌다. 일부러 그들을 곤란하게 하려 함이 아니라, 담요·장막 및 사환들이 시험 보는 경전의 뜻을 사사롭게 전달하는 것을 방지하기 위해서였다. 이전에 부정행위가 있어서 일부러 방비한 것이다. 구문충歐文忠〔구양수〕은 "향을 태워 진사를 예우하고, 장막을 걷어 경생經生을 대우한다"는 시를 남겼다. 예법의 무겁고 가벼운 차이가 그와 같다고 여겼다. 사실 스스로 그렇게 했던 것이다.[11]

'학구과學究科'는 당나라 때의 명경과에 해당된다. 경전의 뜻을 알고 있는지 물어서 경전의 암기와 암송이 위주인 시험이다. 그래서 당나라 때는 경시되었다. 당시 "명경과에서 서른 살이면 늙은 축이고, 진사과에서 쉰 살이면 젊은 축이다"[12]라는 말이 있었다. 송나라 사람들이 학구과를 홀대한 까닭은 그런 풍습을 따른 것이지만, 진사는 당나라보다 훨씬 중시되었다. "자리를 설치하고 장막을 드리웠다"는 말 이하의 내용은 송대에 새롭게 실시된 것이었다. 구양수가 "향을 태워 진사를 예우한다"고 읊었던 것 이상으로 진사를 대우했다. 범진은 또 기록한다.

조이용曹利用(?~1029)은 먼저 과거 합격자의 신분을 하사받았고, 그후 복야僕射를 제수받았으니, 이처럼 진사가 귀하다는 것을 알겠다.[13]

『송사』 권8 「진종眞宗 3」에는 조이용이 천희 5년(1021) 3월 임인일에 우복야右僕射 벼슬을 받았다는 기록이 있다. 이를 통해 이미 당시 재상이 되기 위한 필수 조건이 진사시 합격이었음을 알 수 있다. 특히 이 점은 사 계층의 역사에서 일대 변화에 해당된다. 한나라 초기에는 늘 열후列侯를 승상으로 임명했다. 군사적 공로가 없으면 열후의 지위를 얻지 못했다. 그래서 한 무제가 공손홍公孫弘을 승상으로 임명하기 전에 그를 평진후平津侯로 봉하는 파격을 행할 수밖에 없었다.[14] 이제 송대 진사는 정식으로 한대 후작侯爵의 자격을 얻었는데, 이는 사의 정치적 지위 상승을 나타내는 뚜렷한 상징이다. 다음은 『송사』 권155 「선거選擧 1」에 나오는 말이다.

천성 연간(1023~1032) 초기는 송이 일어선 지 62년째 되는 해로서 천하는 잘 다스려지고 안정되었다. 당시의 인재 선발에서 여러 과 가운데 진사과에서 가장 많은 인재가 배출되었다. 명경거공名卿鉅公들은 모두 그러한 선발에 따라 벼슬을 얻었다. 인종 역시 그들을 등용하여, 급제한 사람들은 몇 년이 지나지 않아 찬연히 벼슬이 높아졌다.[15]

이 구절은 매우 신뢰할 만한 서술이다.

송대 진사 1등 합격자狀元 역시 당대보다 더욱 영예를 얻었다. 『송사』「선거지 1」에는 대중상부 8년(1015)의 조칙이 기록되어 있다.

진사 제1등의 경우 금오위金吾衛 관리로 하여금 일곱 명이 그를 호위하도록 시켜, 앞뒤 두 군데에서 인도하고 따르도록 한다. 이를 규정으로 정한다.[16]

『동재기사東齋記事』 권1을 보자.

문충공 채제蔡齊가 장원급제하자, 신종이 그 용모가 수려하고 아름다우며 행동거지가 안정되고 장중한 것을 보고서 구내공寇萊公〔구준寇準〕을 돌아보며 말했다. "인물을 얻었구나!" 이어 금오위에 명령을 내려, 〔채제를〕 호위하면서 소리쳐 알리도록 했다. 장원급제자에게 호위를 붙인 일은 여기서 비롯한다.[17]

증조曾慥는 『유설類說』 권22에서 이 조목을 인용하면서 서두에 '상부 8년'이라고 덧붙였다. 따라서 『동재기사』의 기록은 『송사』와 일치한다. 송대 장원급제자가 갖는 위엄이 이러했다. 그러나 당대 장원급제자는 '스스로 그만둬도 되었고自放' '청탁關節'을 통해 벼슬자리를 얻어도 됐다. 송대와 당대를 비교해보면 실로 하늘과 땅 차이라 할 수 있다.[18] 전황田況의 『유림공의儒林公議』에는 아래 기록이 있다.

장원급제를 하면 10년이 채 못 되어 핵심 직위를 바라볼 수 있다. 조정에서 1등 합격자를 큰 소리로 알릴 때마다, 공경 이하 관원 중 발꿈치를 들고 보지 않는 사람이 없다. 임금까지도 그를 주시한다. 숭정전에서 나와 동화문東華門으로 들어가면 외치는 소리가 매우 영예롭다. 구경꾼이 통로를 가득 메워서 어깨가 부딪혀 지나갈 수가 없고, 지붕 위로 올라가 내려다보는 사람까지도 있다. 낙양의 윤수는 의기가 쾌활하고 변론을 잘하는 사람이다. 그가 이런 말을 한 적이 있다. "장병 수십만 명이 유幽 땅과 계薊 땅을 되찾아 개가를 부르며 귀환해서 전리품을 태묘太廟에 바친다 해도, 그 영예는 장원급제자에게 미칠 수 없을 것이다."[19]

위 글 속에 인용된 윤수의 사적은 인종조에 보인다. 여기서 묘사된 장면은, "호위하면서 [장원급제자를] 소리쳐 알리는" 명령이 반포된 이후의 성황盛況이다. '무를 억누르고 문을 닦는다'는 송 태조의 정책이 일으킨 실제 효과가 윤수의 이야기 속에서 생동감 있게 되살아난다.

둘째, 앞 장에서 인용한 고염무의 「송조가법」에는 "대신과 언사관言事官을 죽이지 말라"는 항목이 있는데, 이는 북송 이래 끊임없이 인용되면서 송대 사대부 중시책을 나타내는 특별한 표현으로 간주되었다. 이 문제는 조금 정리할 필요가 있다. 송대인人의 기록인 『피서만초避暑漫抄』에 이런 말이 있다.

예조가 천명을 받은 지 3년째 되는 해, [예조는] 비밀리에 비석 하나를 갖고 와서 태묘의 침전寢殿 협실夾室에 세우고, 그것을 '서비誓碑'라고 불렀다. 녹인 황금을 쓴 누런 장막으로 그것을 덮고, 문에 자물쇠를 채워 굳게 닫아놓았다. 이어 담당 관리에게 칙령을 내려, 이후로 때에 맞춰 제사를 드릴 것이며, 새로운 천자가 즉위할 때는 [천자로 하여금] 태묘에 가서 예를 갖추도록 하고, 또한 천자에게 [비석의] 서약문을 공손히 읽도록 주청하라고 했다. 오직 글을 모르는 어린 내시만 천자를 따르도록 하고, 나머지는 모두 멀리 서 있도록 했다. 천자가 비석 앞에 이르면 두 번 절하고서 무릎을 꿇은 후 바라보고, 서약문을 속으로 다 읽으면 다시 두 번 절하고 나왔다. 여러 신하와 내시들은 모두 무슨 내용을 서약했는지 알지 못했다. 그후 여러 성왕이 대대로 그 의식을 이었고 모두 그대로 따랐다. 정강의 변靖康之變 때에 [비석을 세운 협실의] 문이 활짝 열려서 사람들이 마음대로 볼 수 있었다. 비석은 높이가 7~8척이고 폭은 4척쯤이었다. 서약문은 3행이었는데, 첫째 행은 "시씨柴氏[전 왕조인 오대 후주後周 태조의 성씨] 자손은 죄가 있더라도 형벌을 내리지 않고, 설사 모역죄를 범하더라도 옥 안에서 처형을 할 뿐 저잣거리에서 처형하지 않으며, 또한 후손이나 인척까지 죄를 얽어매지 않는다"는 것이었다. 둘째 행은 "상서를 올려 시사를 말하는 사람 및 사대부를 죽이면 안 된다"는 것이었다. 셋째 행은 "자손 중 이 서약을 어기는 자는 하늘이 반드시 그를 죽일 것이다"라는 것이었다. 이후 건염建炎 연간(1127~1130)에 조운曹勛이 금에서 돌아왔는데, '조종의 서약 비석이 아직도 태묘에 있는데 지금 천자가 그것을 모를까봐 두렵다'는 태상 황제[금나라에서 포로가 된 송 휘종]의 말을 전했다.[20]

위 구절은 송 남도南渡 이후 기록된 것이지만, 원문이 매우 세부적이고 상세하다는 점에서 분명 바탕으로 삼은 자료가 있었을 것이다. 『송사』 권379 「조운전曹勛傳」을 보면, "조운이 연산燕山[오늘날의 베이징, 당시 금나라 수도]에서 돌아와서 건염 원년(1127) 7월 남경에 도착했는데, [송 휘종의] 글이 쓰인 어의御衣를 갖고 왔다. 고종이 눈물을 흘리면서 신하들에게 보여줬다"[21]는 말이 있다. 휘종의 어의에 "예조가 서약문을 지어 태묘에 감춰두었으니, 대신 및 언사관을 죽이지 말고, [이를] 어기는 자는 상서롭지 못하다"는 말이 있는 것으로 보아, 『피서만초』 기록에는 근거 자료가 있었음이 틀림없다.[22]

"대신을 죽이지 말라"는 송 태조의 가법은 이미 북송대에 알려져 있었다. 정이는 말한다.

삼대 이후를 살펴보니, 본조本朝가 고금을 넘어서는 일 다섯 가지가 있다. 첫째, 100년 동안 내란이 없었다. 둘째, 성왕 네 명이 100년간 재위에 있었다. 셋째, 천명을 받는 날에 시장에서 가게를 열지 않았다. 넷째, 100년 동안 대신을 죽인 적이 없다. 다섯째, 지성으로써 오랑캐를 대했다. 이것들은 모두 충후와 염치로써 강령을 삼았기 때문에 그렇게 될 수 있었다. 예조 임금이 기틀을 놓아 규모가 저절로 분명해졌다.[23]

이 구절은 원대 유학자들의 '후삼대설' 기원 중 하나일뿐더러 후대인들에 의해 끊임없이 인용되어 "본조가 전대를 넘어선다"는 서술의 원형이 되었다.[24] 사실 그 원조는 소옹이었다. 정이는 낙양에 거주할 때 직접 그 설을 듣고서 내용을 약간 바꾸고 부연했음에 틀림없다. 소옹은 「성대한 교화를 보고 읊음 觀盛化吟」 둘째 수 마지막 구절인 "전대의 다섯 가지 일을 하나하나 열거하니, 요 임금 이래 없었던 일이다"[25]에 주를 달아 말한다.

첫번째 일은 혁명의 날에 시장에서 가게를 열거나 물건을 교환하지 않았다는 것이다. 두번째 일은 즉위한 다음에 천하를 장악했다는 것이다. 세번째 일은 무죄인 사람을 한 명도 죽인 적이 없다는 것이다. 네번째 일은 100년 동안 네 명의 왕이 있었다는 것이다. 다섯번째 일은 100년 동안 나라 안에 우환이 없었다는 것이다.[26]

소옹의 아들인 소백온은 두번째 일을 "즉위 후 천하를 거둬들였다"[27]라고 바꿔 써서 뜻을 더 분명히 했고 나머지는 동일하다.[28] 두 가지 설명을 비교해보면, 정이는 "지성으로써 오랑캐를 대했다"를 추가하고 "즉위 후 천하를 거뒤들었다"는 빼버렸다. 이것이 첫번째 차이다. 또한 정이는 "무죄인 사람을 한 명도 죽인 적이 없다"를 "100년 동안 대신을 죽인 적이 없다"고 바꾸었다. 이 것이 두번째 차이다. 그렇지만 이 두 가지 점에서는 정이의 글이 더 정확하다. 소옹이 말한 "무죄인 사람"은 대체로 대신을 가리키지 일반인을 가리키지는 않기 때문이다.

종합하자면, 소옹과 정이 두 사람이 모두 인정하는 것은 송나라에는 대신을 죽이지 않는다는 '가법'이 있다는 점과, 그런 '가법'은 태조가 개국할 때 기초를 놓았다는 점이다. "예조 임금이 기틀을 놓아 규모가 저절로 분명해졌다"는 정이의 말이 그 증거다. 이 문제와 관련하여 장돈章惇(1035~1105)이 원우의 여러 신하를 철저히 조사하는 것에 대해 철종이 허락하지 않았다는 것에서 또 하나의 증거를 얻을 수 있다. 철종은 이렇게 말한다.

짐이 조종祖宗의 전통적 제도에 따라 대신을 살육한 적이 없으니, 그들을 풀어주고 죄를 묻지 말라.[29]

동시대의 여대방呂大防(1027~1097)은 철종에게 '조종의 가법'을 설명하면서 말한다.

오직 본조는 법을 사용하는 것이 매우 가벼워서 신하에게 죄가 있어도 파면하거나 내쫓는 데에 그쳤으니, 이것이 관대하고 어진 법도입니다.[30]

이뿐 아니라 늦게는 이종理宗의 경정景定 원년(1260), 오잠吳潛의 재상직을 박탈하려 할 때 유응룡劉應龍이 오잠을 변호하면서 이종에게 다음처럼 말한다.

조종 이래 대신에게 죄가 있어도 가볍게 살육한 적이 없습니다. 바라건대 임시로 관대한 법도를 좇아서 체모體貌를 온전하게 하십시오.[31]

이로부터 "대신을 죽이지 않는다"는 것이 태조 이래 전통적 '가법'이었다는 점을 조정의 위아래가 모두 알고 있었음을 알 수 있다. 설령 북송대 사람들이 태조가 '서약 비문'을 세운 일을 몰랐다 할지라도, 정강의 변 이후에는 그 비밀이 세상에 공개되었다. 『피서만초』에 기록된 서약문은 "상서를 올려 시사를 논하는 사람 및 사대부를 죽이면 안 된다"는 것이었고, 휘종이 전한 말은 "대신과 언사관을 죽이지 말라"는 것이었다. 이 두 구절을 비교해보면, 뒤의 말이 좀더 사실에 부합하는 듯하다. '사대부'가 모두 '대신'일 수는 없다 하더라도 송대 '대신'은 '사대부' 출신이 아닌 경우가 별로 없었기 때문이다. 전해진 말에 차이가 있는 것이 그리 이상한 일은 아니다. 특히 주의할 점은 '대신'은 '집정대신執政大臣'의 약칭으로서 통상 승상, 참지정사, 추밀사樞密司를 가리킨다는 것이다.

위에서 인용한 두 구체적 사례는 송 태조의 문치 경향이 송대 사 계층이 발전하는 데 제공한 유리한 조건이 무엇이었는지를 잘 설명해준다.[32] 그렇지만 송대 사의 사회적 지위와 지도적 기능이 전적으로 제왕의 일방적 은혜로부터 나왔다고 말하려는 것은 결코 아니다. 사실 송대 황제가 진사 시험을 재정비하고 사대부를 우대했던 까닭은 그들이 사 계층의 도움을 절실히 필요로 했기 때문이다. 송 왕조가 창립할 때, 한편으로는 당처럼 관롱關隴[지금의 관중과 간쑤 성 일대] 집단이나 산동 문벌들을 사회적 기초로 삼을 수 없었고, 다른 한편으로는 당말오대 이래처럼 강력한 군대가 수시로 정권을 전복해버리는 일을 매우 두려워했다. 이런 상황에서 송 태조와 태종 형제는 무엇보다도 사인士人들이 새로운 왕조를 인정하는 것이 필요하다고 인식했다. 사 계층은 오랜 세월 핍박받기는 했으나, 여전히 가지에 널리 펴져 숨어서 살아가고 있었다. 전국적 신사회 질서를 세우든 지역적 신사회 질서를 세우든 간에, 송 왕조는 사 계층의 적극적 협력에 의지할 수밖에 없었다. 이는 당시의 역사적 조건에 의해 제한을 받은 것이었다. 어떤 사회든지 실제적 조직력을 갖춘 지도자 집단(오늘날의 '엘리트' 집단)이 없을 수 없다. 송대에는 그런 역할을 '사'에서 찾았다.

송대 초기 여러 황제는 바로 그런 점을 봤기 때문에 오대 통치 방식에 한결같이 반대할 수 있었다. 『송사』는 "한때의 좋아하고 높임"이라고 말하지만, 사실 그것은 결코 우연이 아니었다.

사인들의 협력을 얻는 첫번째 발걸음은 당 중엽 이래 이어져온 과거제도를 재정비하는 일이었다. 그런데 과거제도는 당 말과 오대를 거치면서 심각하게 파괴된 상태였다. 당대 말기 진사들이 경박하고 부박했다는 것은 후세의 정론이다. 황종희黃宗羲는 『행조록行朝錄』 「서序」에서 이렇게 말한다.

당 말에 황소黃巢가 동관潼關[지금의 산시陝西 성 동쪽 끝 현]에 아주 가까이 접근했을 때, 과거에 응시하려는 사인들은 곡중曲中에 머물면서 시험을 준비했다. 그들이 지은 시 가운데 "그대와 더불어 동굴 속 신선을 찾아갔더니, 눈썹 같은 새로 뜬 달이 집 앞에서 떨고 있네. 상아嫦娥를 얻어주려 계수나무를 올라가려 했으나, 언덕은 계곡이 되고 계곡은 언덕이 되는 일[국가 변란]이 갑자기 일어났네"가 있었다. 중원의 시문을 짓는 사들이 이처럼 생각이 없었던 것이다.[33]

황종희는 옛일을 통해 당시를 비유하려는 것이었다. 즉 그는 팔고문八股文을 익히는 명대 응시자들을 비판하고자 했다. 그런데 시 마지막 구절인 "언덕은 계곡이 되고 계곡은 언덕이 되는 일[국가 변란]이 갑자기 일어났네"는 다음의 내용을 분명히 드러낸다. 곧 당 말기 과거 응시자들은 당 왕조를 자신과 동일시하려는 의식을 전혀 갖지 않았다는 점이다. 당나라가 멸망할지 여부는 그들과 아무 상관이 없었다.

오대 때에도 과거시험이 실시되기는 했지만, 성격이 완전히 바뀌어 무인들의 자제가 출세하는 자격시험이 되어 있었다. 첫째, 당나라는 예부시랑禮部侍郎이 지공거[과거시험 담당관]를 맡도록 했지만, 오대는 병부상서 또는 병부시랑이 지공거가 되었다(호부戶部나 형부刑部가 맡는 경우도 간혹 있었다). 둘째, 무인

자제들이 과거시험을 농단했다. 양[후량後梁] 개평開平 4년(910), 병부상서로서 지공거를 맡았던 요계姚洎는 "요즘 조정에 있는 공경의 친속과 장상將相의 자손 중 글과 행실에서 취할 사람들이 있다면, 그들이 사는 주州와 부府가 그들을 천거해서 보내도록 허락해주십시오"라고 말한다. 그런 공경과 장상 중 절대다수가 무인이었음은 두말할 나위 없다. 진[후진後晉] 천복天福 3년(938) 3월, 병부시랑으로서 지공거를 맡았던 최절崔梲은 "과거 합격자 중 흉포한 이들이 매우 많다"고 말한다.[34] 셋째, 오대 때 진사과는 매해 몇 명을 선발하는 데 그친 반면, 명경과 등은 걸핏하면 100명 단위로 뽑았다. 왜냐하면 응시자들이 "경전의 의미를 암기해서 옮겨 적을 줄만 알 뿐, 붓을 들어 글을 지을 줄 아는 사람"이 적었기 때문이다.[35] 이 역시 무인의 자제들이 과거시험을 장악했다는 증거다. 이상 세 가지 점은 서로 연관되어 있고, 오대 과거시험이 철저히 '무인화'되었다는 점을 설명한다.

당 말과 오대의 배경을 꿰뚫어 보아야, 비로소 우리는 송대의 "향을 태워 진사를 예우한다"는 말이 지닌 역사적 의미를 깊이 파악할 수 있다. 앞서 인용한 관변 사료들로부터 송대 진사과의 융숭함과 장엄함이 오대의 누습을 교정했을 뿐 아니라 당 말 응시자들의 경박하고 부박한 기풍을 일변했다는 점 역시 알 수 있다. 필자의 이러한 주장은 결코 과거시험의 의미를 미화하려는 것이 아니다. 당 태종은 "천하의 영걸이 나의 올가미 안에 있다天下英雄入吾彀中矣"는 명언을 남겼다.[36] '진사'에 대해 황제가 갖고 있던 일종의 도구적 심리가 그 명언 속에 잘 드러난다. 송 태종과 진종 역시 유사하게 표현했지만 당 태종처럼 노골적이지는 않았다. 다른 한편, 절대다수의 '거업지사'들은 '관직과 지위' 혹은 '가문의 영광'이라는 사저 동기를 피힐 수 없었다. 그런데 개인의 심리와 객관적으로 존재하는 공공의 제도는 별개의 일이다. 송대의 과거시험 설계는 한층 더 엄밀해서, '봉미封彌[답안지의 이름 감추기]'와 '등록謄錄[응시자의 필적을 알지 못하도록 한 관원이 답안 내용을 옮겨 쓰기]' 등을 통해 시험의 공정성을 확고하게 보증했다. 과거시험 의례가 지닌 장엄성도 전대보다 훨씬 더했다. 황제가 직접 시험을 치르거나, 진사 합격자 발표 후 재상이 경문을 소리 내서 읽는 일 등은 송대의 중요한 특색으로 간주될 수 있다. 과거제도는 장기간 시행되면서 진사시 참여자들에게 거대한 심리적 압력을 행사했을 것이고, 따라서 그들의 책임감을 자극하거나 더욱 깊게 만들었을 것이다. 또한 이런 점은 어째서 송대 진사 출신의 사대부들이 국가와의 동일시라는 의식적 측면에서 당대보다 더 확고했는지를 설명해준다. 이뿐 아니라, 한 걸음 더 나아가 지적하고 싶은 것은 당시의 일반적 사회 심리다. 사 계층이 다시 나와서 사회 질서 재수립 기능을 다하기를 바라는 사회적 기대가 당시에 만연해 있었다. 송 초 문치 경향은 바로 그런 사회적 심리에 민감하게 반응한 결과다. 바꿔 말하자면, 송 왕조는 정권의 기반을 공고히 하기 위해 전국 각지에 퍼져 있는 사 계층의 협력을 얻지 않을 수 없었다.

당, 송 사 계층의 일반적 변화에 관해서는 다음 장에서 논하려 한다. 송대 초기 과거제도의 회복이 초래한 사회적 충격에 대해 마단림馬端臨(1254~1323)이 간명하면서도 핵심적으로 관찰했다. 그는 먼저 두 가지 중요 사료를 제시하고 나서 자신의 판단을 내린다.

구양공[구양수]의 「십방 진씨 영향정기什邡陳氏榮鄕亭記」에는 이런 말이 있다. "십방[쓰팡. 지금의 쓰촨 성 더양德陽에 있는 현급시]의 관리들은 유학자를 아주 좋아하지 않아서 반드시 욕을 보이고 중상모략을 일삼는다. 민民은 이미 향리에서 평소 넉넉하고 편안하게 살아가서 녹봉이나 벼슬살이에 급급하지 않고, 또한 관리의 일을 힘들게 생각한다. 그래서 유학을 업으로 삼거나 자기 옷을 유학자답게 입는 사람이 있었던 적이 없다. 학문을 매우 좋아하는 사람이라도 경전 하나만 전문으로 하거나 시가를 짓는 데서 머물고, 여유롭게 스스로를 양생하면서 향리의 어른이 되는 데 그칠 뿐이다. 진암부陳嵓夫에 이르러서야 처음으로 진사가 되었다. 그러나 [그는 원래 진사가 되기 전에는] 의관을 유학자답게 하려 하거나 현청縣廳에 인사하러 간 적이 없었다. 동네를 드나들면서 꼭 의복을 시골사람처럼 입었다. 이윽고 주州에서 천자의 조서가 내려와서 향촌의 거인과 수재를 찾았다. 진암부는 처음으로 의복을 바꿔 입고 현청을 방문하여 조서에 응했는데, 관리들이 마주보며 놀랐다. 이윽고 주에서 그를 시험 보고 예부로 보냈더니 병과丙科에 급제했다. 〔진암부가 서울에서〕 돌아와서 부친에게 인사하니, (부친이) '아! 나는 처음에는 진사가 스스로를 병들게 한다고 생각하여 싫어했고, 그것이 영예가 될 수 있는 줄은 몰랐다. 정亭을 지어 이 일을 기념하자'고 말했다."

조귀래자晁歸來子〔조보지晁補之, 1053~1110〕는 장목지張穆之의 『촉린집觸鱗集』에 서문을 써서 이렇게 말했다. "오대 때 분열하고 크게 무너졌으며 문물이 다 탕진했지만, 노魯 지방 유학자들은 오히려 경전을 품고 농촌에 숨어 있었으며 죽음을 각오하고 선한 도를 지켰다. 그러기를 50여 년이 되었으나 태도를 바꾸지 않았다. 태조 황제께서 환난을 평정하자 (…) 제생과 유학자들을 얻어서 그들과 더불어 태평을 의론하고자 했다. 그래서 노 지방 학자들은 비로소 차차 발분하여, 흰 두루마기를 입던 거자擧子들이 옷소매를 크게 하고 허리띠를 길게 하면서, 무기를 든 군인들 사이 여기저기에서 나왔다. 마을 장로들이 보고 그들을 가리켜 기뻐하면서 "이들이 나왔으니 천하가 태평하게 될 것이다"라고 말했다. 바로 그때 사람들은 혼란에 염증을 냈고 정상 생활로 되돌아가기를 염원했기 때문에 사士들이 존귀해졌다. 명예와 봉록이 그들에게 베풀어지지 않았음에도 불구하고 아래에서 다양한 사들이 출현했으니, 뜻만으로 이미 그들을 기뻐하고 편안하게 여겼던 것이다. 이것은 유학자의 모범이다." 나는 일찍이 이 두 편을 읽어보고 나서야, 오대 때 과거가 폐지되지 않기는 했지만 사들이 혼란 속에서 어려움을 당하여 학업을 마칠 수 없었다는 것을 알았고, 또한 장기長技가 있으면서도 스스로 드러내지 못하고 향촌에서 늙어 죽어간 사람이 적지 않았다는 것을 알았다.[37]

마단림이 기록한 글 두 편은 사 계층이 오대부터 송 초기에 이르기까지 변천해간 상황을 알려주는 중요한 사회사적 사료다. 첫번째 글의 원문은 현존하는『구양문충공집歐陽文忠公集』권63에 보인다. 나는 다만 빠져 있는 '부父' 자를 원문 속에 적어넣었다. 왜냐하면 "아! 나는 처음에는 진사가 자신을 병들게 한다고 생각하여 싫어했다……"는 진암부 부친의 말이기 때문이다. 그래서 원문을 참조하여 괄호 안에 넣었다. 두번째 편은 조귀래자가 장목지의『촉린집』에 써준 서문인데,『촉린집』은 현재 전해지지 않고 그 서문은 조보지의『계륵집鷄肋集』권34에 남아 있다. 이들 자료의 사료적 가치가 높음은 더 말할 나위가 없다.[38] 현대적 관점에서 보자면, 이 두 사료는 지역적 성격을 갖추고 있다. 첫번째 편이 말하는 것은 사천 지방의 상황이고, 두번째 편은 산동을 말한다. 이 두 편의 송대 초기 실증 자료로부터 한편으로는 사 계층이 오대 시기에 널리 탄압받았다는 것과, 다른 한편으로는 중국사의 암흑 시기에도 사의 전통은 끊어지지 않고 이어지다가 때와 기회를 만나면 약동한다는 것을 파악할 수 있다. 특히 두번째 사료는 중요하다. 왜냐하면 이는 송 왕조가 민심에 순응하기 위해 문치 질서를 세우려 했고, 그러기 위해 사 계층에 도움을 청하지 않으면 안 되었다는 사실을 보여주기 때문이다. 마단림은 오대 시기 사들이 "스스로 드러내지 못하고 향촌에서 늙어 죽었다"고 말하는데, 이는 당시의 정치적·사회적 질서와 사 계층이 서로 분리되어 있었음을 보여주는 극히 사실적인 묘사다. 그런데 "흰 두루마기를 입던 거자들이 옷소매를 크게 하고 허리띠를 길게 하면서, 무기를 든 군인들 사이 여기저기에서 나왔다"는 말은 사 계층이 국가에 대한 이질시에서 동일시로 나아간 역사적 과정을 생동감 있게 묘사한다. 이것이야말로 송대 사대부와 황제가 "함께 천하를 다스린다"는 국면에 대한 제도적 기초를 놓았던 것이다.

제3장

"함께 천하를 다스린다"
—정치적 주체의식의 현현

주희는 「범문정공 가문 소장 서간에 대한 발跋范文正公家書」에서 "천하가 걱정하기에 앞서 걱정하고, 천하가 즐거워하고 나서 즐거워한다先天下之憂而憂, 後天下之樂而樂"는 범중엄의 명언이 사대부의 좌우명이 되었음을 특별히 지적한다.[1] 그는 또한 『주자어류』에서 "범문정공의 경우 수재 때부터 곧바로 천하를 자신의 임무로 삼았고 일 하나라도 이해하지 않음이 없었다"[2]고 말한다. 범중엄을 송대 사대부의 모범으로 여기는 것은 결코 주희 개인의 사견이 아니라 북송 이래 사대부 계층의 상식이었다. 이 점과 관련하여 『범문정공집』 말미에 있는 「제현찬송 논소諸賢贊頌論疏」는 매우 풍부한 자료를 제공해준다. 그렇지만 우리가 현재 관심을 갖는 문제는 범중엄 개인의 도덕적 품성이 얼마나 드높았는지 여부도 아니고, 송대 사대부의 풍모가 고금을 뛰어넘었는지 여부도 아니다. 역사적 측면에서 보자면, 우리는 오히려 "사들이 천하를 나의 임무로 삼았다"는 보편 의식의 출현을 더욱 중시해야 한다. 이는 획기적 의미를 갖는 새로운 발전이기 때문이다.[3]

우리는 송대 이후 관점에서 출발하는 만큼, "천하를 나의 임무로 삼는다以

天下爲己任"는 정신이 선진 이래 '사'의 특징 중 하나라고 인식하기 쉽다. 그러나 세밀히 분석해보면 그 가운데 단계적 발전을 분명히 구분해낼 수 있다. 증삼은 말한다.

사는 마음을 넓게 하고 뜻을 굳건히 해야만 한다. 임무는 무겁고 길은 멀다. 어짊을 나의 임무로 삼으니 참으로 무겁지 않은가? 죽은 이후에야 그치니 참으로 멀지 않은가?[4]

선진의 '사'들은 주로 '어짊(곧 '도道')'을 '자기의 임무로 삼았음을 알 수 있다. 바꿔 말하면, 그들은 가치 세계의 담당자였을 뿐 '천하'는 그들의 어깨 위에 있지 않았다. 그래서 공자는 "천하에 도가 있으면 드러내고 [도가] 없으면 숨는다"[5]고 말한다. 후한은 사 계층사에서 특히 찬란했던 시대로, 고염무는 "삼대 이래 풍속의 아름다움은 동경東京[지금의 뤄양으로 후한의 수도]보다 더할 때가 없었다"[6]고까지 말한다. 그러나 당시 사대부의 지도자인 이응李膺 같은 이는 "천하의 풍속을 교화하고 시비를 판단하는 것을 자기 임무로 삼았다."[7] 이는 '어짊을 나의 임무로 삼는다'는 것이 실천 속에서 구체화한 것인데, 그 임무는 여전히 정신 영역에 제한되어 있었다. 그들 가운데는 '천하를 깨끗이 하려는 뜻'을 품은 사람들도 꽤 있었는데, '천하'가 환관 세력의 절대적 통제 아래 있어 사회 질서가 이미 해체 상태에 빠져 있었기 때문이다. 그렇지만 '천하의 풍속을 교화하는 것을 자신의 임무로 삼았든지' '천하를 깨끗이 하려는 뜻'이든지 간에, 모두 "천하를 나의 임무로 삼는다"는 것과는 미묘한 차이가 있었다. 현대적 관념으로 비교해본다면, "천하를 나의 임무로 삼는나"는 다음의 뜻을 포함할 것이다. 곧 '사'가 국가와 사회의 공무를 처리하는 데 직접 참여할 자격을 갖는다는 의미다. 그래서 일종의 '시민' 의식에 해당된다. 이런 의식은 송대 이전에도 존재하기는 했지만 분명히 드러나지는 않았고 "천하를 나의 임무로 삼는다"는 말이 출현하자 비로소 매우 명확하게 나타난다. 따라서 우리는 아래에서 이런 의식이 출현한 역사적 과정을 논하면서 그 기원으로 거슬러 올라가려는 노력을 하려 한다.

왕안석은 「양주와 묵적」에서 아래와 같은 말을 남겼다.

묵자는 (…) 바야흐로 천하를 자신의 임무로 삼았다.[8]

내가 본 북송대의 글 중, "천하를 나의[자신의] 임무로 삼았다"는 표현이 여기서 가장 먼저 나온다. 그런데 그 구절은 당시 유행어이거나 또는 그 기원이 훨씬 이전으로 거슬러 올라가는 것 같다. 어쨌든 왕안석이 이곳에서 '사'에 대한 북송대의 규범적 정의를 빌려 묵자를 묘사했음은 대체로 단언할 수 있다. 사실 이 표현이 "천하가 걱정하기에 앞서 걱정하고, 천하가 즐거워하고 나서 즐거워한다"는 구절을 요약한 것임은 다시 논구할 필요도 없다. 오히려 정말로 따져 물어야 할 것은 이런 의식이 어째서 빠르지도 않고 늦지도 않게 딱 11세기 상반기에 출현했나 하는 점이다.

앞 장에서 지적한 대로 과거제도와 민간의 기대는 그 가운데 중요한 두 원인이었다. 송대 진사의 수는 태종이 즉위한 해(976)부터 급증해, 진종의 천희 3년(1019)에 이르기까지 43년간 벌써 9323명에 달한다. 그리고 천희 4년(1020)에서 인종의 가우 2년(1057)에 이르는 37년간 다시 8509명이 증가한다.[10] 이렇듯 엄청나게 많은 진사의 끊임없는 배출은 그들의 집단적 책임의식 강화에 도움이 되기 마련이었다. 범중엄은 진종의 대중상부 8년(1015)의 진사였으므로 바로 위에서 서술한 첫째 시기 중 마지막 시기에 진사가 된 것이다. 송대 진사들은 기본적으로 민간 출신이었고, 그 가운데 적잖은 사람들이 매우 고통스러운 시절을 보낸 경험이 있었다. 범중엄이야말로 그중 가장 유명한 사례다. 그리고 그런 경험은 '세상을 구원하고' '민에게 은택을 베푼다'는 이상理想의 중요 근원이었다.

그렇지만 이렇듯 두 근인近因 말고도, 더욱 근본이 되는 원인遠因 역시 대략으로나마 설명되어야 한다. 전체적으로 봤을 때, 근본적 원인은 당 말에서 송대 중기에 이르는 장기적 사회변동을 통해 '사'의 사회적 성격에 중요한 변화가 일어났다는 점이다. 천인커는 당대唐代 진사에 대해 이렇게 논한 적이 있다.

당대에 새롭게 일어난 진사와 사과詞科 계급이 산동 지방의 예법 옛 문파들과 달랐던 점은 특히 어디에도 얽매이지 않고 방랑하는 그들의 풍습이었다. 그러므로 당나라의 진사과와 기생문학娼妓文學 사이에는 밀접한 관련이 있다. 손계孫棨의 『북리지北里志』에 실려 있는 글들이 하나의 증거다. 또한, 예를 들어 한악韓偓은 충절로 유명했고 평생의 저술 중 『향렴집香奩集』이 있는데, 그 음란하고 농염한 문장은 대체로 진사 시험을 공부할 때 지은 것들이다. 그러하니 진사 부류 가운데는 본래 부박한 사들이 많으므로 이덕유李德裕나 정담鄭覃의 글에 대해서만 심하게 비난할 일은 아니다. 그런 풍조는 수백 년에 걸친 사회계급의 배경과 실로 관련이 있음을 알 수 있을 것이다.[11]

송대 진사와 그들 당대 선배 사이의 다른 점이 대체 무엇인지 인식하기 위한 가장 효과적인 방법은 몇몇 구체적인 대표 사례를 들어 천인커 선생의 설명과 대조해보는 것이다. 오증吳曾의 『능개재만록能改齋漫錄』에 아래와 같은 기록이 있다.

인종은 유학에 뜻을 두어 근본에 힘쓰고 도에 따라 다스렸으며, 부박하고 화려하거나 헛되고 천박한 문장을 매우 배척했다. 진사 유삼변柳三變은 처음에는 매우 화려한 시가의 곡을 지어 시빙으로 진파하기를 좋아했다. 당시 지은 가사 「텅 빈 하늘의 학鶴沖天」에는 "차마 헛된 명성을 움켜쥐느라, 차나 술 마시며 조용히 노래 부르는 것을 대가로 치르겠는가"라는 구절이 있다. 과거 합격자 발표가 났는데 홀로 낙방하자 "이제 차나 술 마시며 조용히 노래나 부르지 어찌 헛된 명성을 바라겠는가!"라고 말했다. 경우 원년

(1034) 급제하자 이름을 영永으로 바꾸었고, 성적 심사를 받고 나서 관직에 올랐다.[12]

유영柳永[유삼변]이 만약 당 말에 살았다면 마치 물 만난 고기와 같았을 테지만, 그는 11세기 전반기라는 시간 속에서 시절을 타고 나지 못한 사람이었을 뿐이다. 게다가 송 인종은 유학 부흥이라는 대조류 속에 있어서 당 선종宣宗(846~859 재위)의 처지와 전혀 달랐고, 이미 진사들의 화려한 글을 즐기지 않았던 것 같다.[13] 유영의 이야기는 당 진사의 기풍과 송의 그것이 얼마나 달랐는지를 역으로 잘 보여준다. 그런데 양자의 차이를 적극적으로 보여주는 사례도 있어 여기서 소개할 만하다. 역시 『능재개만록』의 기록이다.

가암賈黯이 병술년(경력 6년, 1046)년에 정시廷試에서 1등을 했다. 두공杜公(두연杜衍)에게 사례하러 갔는데, 공은 다른 이야기는 안 하고 오직 생계의 유무만을 물었다. 가암은 물러나서 공의 문객들에게 말하기를, "제가 비천한 글로 천하에서 으뜸을 차지하여 공에게 사례를 했지만, 공은 〔다른 것은〕 묻지 않고 오로지 생계에만 관심을 두었습니다. 어찌 제가 생계를 못 꾸리겠습니까?"라고 했다. 공이 전해 듣고 말하기를, "무릇 사람에게 생계가 없다면 현달한 관료일지라도 원칙을 지키지 못하게 되어, 그 때문에 벼슬길에 나아가고 물러서는 일을 매우 경시하게 된다. 이제 가암이 1등을 차지했으니 그의 학문은 불문가지이고, 현달한 관료가 되리라는 것도 불문가지의 사실이다. 내가 오직 걱정하는 것은 그의 생계가 충분치 않아 진퇴의 일을 경시하게 되고 그 뜻을 행하지 못하는 것이다. 그러니 어찌 이상한 일이겠는가?"라고 했다. 가암이 듣고 탄복했다.[14]

두연이 관심을 둔 것은 때에 맞지 않으면 벼슬자리를 그만두고 쥐꼬리만 한 녹봉을 위해 허리를 굽히지 않을 만큼, 가암의 경제적 상황이 충분한가 하는 것이었다. 당시 대신들이 장원급제자에게 기대한 것은 국가를 위해 진지하고 열심히 일해주는 것이었고, 장원급제자 스스로도 그렇게 하려고 노력했다는 사실을 위 이야기는 잘 보여준다. 당 말기의 극단적 사례 하나를 들어 이 이야기와 비교해보자. 『당척언唐摭言』 권3 「자은사에서 '유상'을 제목으로 하여 시문을 짓고 읊었던 일에 대한 기록慈恩寺題名游賞賦咏雜記」에는 이런 이야기가 있다.

배사겸裵思謙이 장원급제한 후, 붉은색 종이로 명함 십여 장을 만들어 평강리平康里에 가서 그곳에서 숙박했다. 아침이 되자 시를 지었다. "은색 촛대를 누이고 구슬 귀고리를 풀자, 속삭이는 소리로 나를 축하해주네. 이제부터 난과 사향 향기 진귀한 것인 줄 모르니, 밤 동안 계수나무 가지 향내 새롭게 풍겼기 때문이네."[15]

송대에서는 이런 장원급제자를 상상할 수 없었다. 마지막으로 구양수 초년의 야사 하나는 특히 흥미롭다. 『삼조 명신 언행록三朝名臣言行錄』 권2에 나오는 기록이다.

장순민張舜民이 경사京師[서울]에 여행 와서 선배들을 만나 뵈러 다녔다. (…) 오직 구양공[구양수]만이 관리의 사무에 대해 많이 이야기했다. 시간이 오래 지나자 이렇게 청할 수밖에 없었다. "대체로 배우는 이들이 선생을 만나 뵐 때는, 도덕과 문장의 이야기를 듣고자 하지 않는 경우가 없습니다. 그런데 지금 선생께서는 사람들에게 관리의 사무를 가르치는 일이 많으니, 그 이유를 아직 잘 모르겠습니다." 공이 말했다. "그렇지 않습니다. 그대들은 모두 시대의 인재로서 언젠가는 사무에 임할 테니 마땅히 스스로 [사무를] 알아야 합니다. 무릇 문학은 제 한 몸을 윤택하게 하는 데서 그치지만 정치적 업무는 만물에 미칠 수 있습니다. 나는 예전에 이릉夷陵으로 좌천되었는데 그곳은 사람 살 곳이 아니었습니다. 그때 [내가] 막 장년이었던 터라 아직 배움을 싫어하지는 않아서, 『사기』와 『한서』를 구해서 한번 보려 했지만, 관청이나 민가에 그 책들이 없었습니다. 허송세월할 수 없어서, 가각架閣〔문서보관서〕에 있던 오래 묵은 공문서를 얻어 반복해서 꼼꼼히 봤습니다. 왜곡되고 잘못된 것이 이루 헤아릴 수 없었습니다. 없는 것을 있다고 하고, 굽은 것을 곧다고 하며, 법을 위반하고 인정에 따르고, 친족을 멸하고 정의를 해치는 일 등 없는 것이 없었습니다. 이릉처럼 궁벽지고 협소한 곳도 그럴진대 천하의 사정도 참으로 알 만했습니다. 당시 하늘을 쳐다보며 마음으로 '이때부터 사무를 접하면 감히 소홀히 하지 않겠다'고 서약했습니다."[16]

구양수가 이릉〔지금의 후베이 성 이창宜昌〕 현령으로 좌천된 때는 인종 경우 3년(1036)으로 그의 나이 서른이었다.[17] 이 기록은 장순민의 문집에서 채록한 것이라 절대적으로 믿을 만하다.[18] "하늘을 쳐다보며 마음으로 서약했다"는 말은 사람 마음을 참으로 감동시키는데, "천하가 걱정하기에 앞서 걱정한다"는 정서를 아주 잘 체현한다.

위 세 이야기 속 주인공들은 범중엄과 같은 시대에 활약했다. 긍정적으로 보든 부정적으로 보든 간에, 당송 양대 유형 진사들 사이의 가치 경향에서 큰 차이가 있었음은 숨길 수 없는 사실이다. 더욱이 뒤의 두 사례는 "천하를 나의 임무로 삼는다"는 의식이 구체적으로 어떤 것인지를 잘 설명해준다. 사료가 기록하는 두연, 가암, 구양수, 장순민의 언행은 모두 '사'의 공적 책임을 분명히 강조한다. 그런데 다음과 같은 부연을 바로 덧붙여야겠다. 위의 대비는 사학 연구 속의 '이상형ideal type'을 세우기 위해 행해진 것이었다는 사실이다. 천인커가 당대 진사들을 "방랑하여 구속되지 않는다放浪不羈"고 요약했던 것도 '이상형'을 세우기 위한 입론이었다. 송대 사대부들도 음풍농월의 시가를 읊조리지 않았던 것은 결코 아니었다. 범중엄, 구양수 또한 예외는 아니다. 그렇지만 전체를 보자면 '천하의 일을 담당한다'는 의식이 그들의 가치 경향 내에서 주도적 위치를 차지했다는 점은 의심의 여지가 없다. 그렇다면 당대 진사들은 어째서 부박했고 또 어째서 방랑했으며, 국가에 대한 일체감이 결여되어 있었을까? 또 송대 사대부들은 어째서 "천하를 나의 임무로 삼는" 의식을 발전시켰을까? 이 두 문제는 사실 동전의 양면이다. 그 답은 문벌제도의 유무에서 찾아야 한다. 당나라는 남북조 시대의 구습을 따라 문벌로써 신분을 정했고, 문벌 내 사람들은 '천하'가 자신들에게 속한다고 여겼다. 회창會昌 4년(844) 이덕유李德裕는 무종武宗에게 말한다.

> 제 조부(이서균李栖筠)는 천보天寶 연간 말기 벼슬길에 나아갈 때 다른 재능이 없어 열심히 과거 공부를 하여 일거에 급제했습니다. 그후 제 집에 『문선文選』을 두지 않은 까닭은 조부가 부화浮華를 높였던 것과 착실한 데 뿌리를 내리지 않은 것을 제가 싫어한 때문입니다. 그런데 조정의 현관顯官들은 공경의 자제들이기 마련입니다. 왜입니까? 어려서부터 과거 공부에 익숙하여 자연스럽게 조정의 여러 일을 잘 알았고, 대각臺閣의 의례 규범과 관리들의 준칙을 따로 가르치지 않아도 스스로 알았기 때문입니다. 한미한 사들이 설령 뛰어난 재능이 있더라도, 급제 후 처음으로 반班에 들거나 직급을 얻는지라 본래 익숙할 수 없습니다. 그러니 [공경의] 자제들이 명성을 얻는 일을 가벼이 할 수 없을 것입니다.[19]

이덕유의 의론은 당대 문벌 귀족들이 오랫동안 지녔던 편견을 대변한다. 곧 '[공경의] 자제들'만이 국가의 중임을 담당할 수 있고, '한미한 사寒士들'은 그런 자격이 없다는 편견이다. 당시 조정의 공문에서도 '의관衣冠'과 '강호의 사江湖之士'라는 두 명칭은 각각 '자제'와 '한미한 사'를 가리키는데,[20] 그 함의는 분명하다. 그런데 당 말기 '한미한 사'들은 진사 급제 이전의 생활이 실로 가련하기 그지없었다. 마단림은 대종代宗(762~779 재위) 시기의 거자擧子에 대해 논하면서 강릉江陵 항씨項氏의 말을 인용한다.

풍속의 폐단은 당나라에 이르러 극심했다. 왕공, 대인들은 우뚝하니 위에 서서 선달先達로서 자부하고 다시는 사들을 구하지 않았다. 천하의 사들은 삼삼오오 모여서, 다 헤진 모자를 쓰고 비쩍 마른 당나귀를 타고서, 문 앞에 이르기 전 100보 정도 거리에서 말에서 내려 선물과 명함을 받들어 올렸다. 다시 절을 하고 집사를 배알한다. 자신이 지은 글을 바치는데, 그 글을 '나를 알아주기를 구함求知己'이라고 불렀다. 이렇게 했는데도 물어오지 않으면 앞서 한 행위를 다시 하는데, 그 행위를 온권溫卷이라고 불렀다. 이렇게 했는데도 또다시 물어오지 않으면 말 앞에서 선물을 받들고서 "모인某 人이 만나 뵈러 왔습니다"라고 스스로 말한다. 아! 풍속의 폐단이 이처럼 극심했구나! 비단 사만이 비천했을 뿐만 아니라 당시의 치란治亂 여부를 그로부터 알 수 있을 것이다.[21]

'강릉 항씨'는 항안세項安世로서 자는 평보平父이고 주희의 동료였다.[22] 항안세는 당나라 사람들의 기록에 바탕을 두고 이렇게 말했으므로 그의 위 기록은 신빙성이 높다. 보응寶應 2년(763), 양관楊綰은 상소문을 올려 공거의 폐해를 아뢴다.

학습 숭상이 이미 깊고 경쟁이 일이 되었습니다. (…) 명함을 돌려 높은 사람을 만나려 하고, 요직에 있는 사람에게 몰려갑니다. 재능을 남에게 보여 자기를 높이면서 이 시대에 소란을 피우고 있습니다.[23]

이 같은 지적은 전혀 허구는 아니었다. 그런데 이런 '강호의 사'들은 급제하고 나서는 자기 자랑으로 정신이 없었던 동시에 새로 얻은 과거시험 합격자 자격으로 '왕공, 대인'들에게 벼슬자리를 구걸하느라 여념이 없었다. 가장 극단적 사례는 왕냉연王冷然이었다. 그는 개원開元 5년(717) 진사에 급제한 후, 한편으로는 재상에게 편지를 올려 '습유拾遺'나 '보궐補闕'의 혜택을 달라고 부탁했고, 다른 한편으로는 어사御使에게 편지를 보내 "올해는 저를 위해 신붓감을 하나 찾아주시고 내년에는 관직 하나를 생각해주십시오"[24]라고 공공연하게 말한다.

그런데 출신이 한미했던 당대 진사들이 이렇게 '부박'한 표현을 썼던 것은 위에서 문벌 귀족들이 그들을 압도했던 상황과 매우 밀접한 관계가 있다. 그들은 평소 문벌 귀족들로부터 경시되어 종종 벼슬길도 막히곤 했기 때문에 오랜 기간에 걸쳐 심각한 자괴감이 생겨났다. 아직 급제하기 전 '윗사람을 찾아뵈면서' 구걸하는 것과 급제 이후 경박하게 자기 자랑을 하는 것은 동일한 심리의 극단적인 표현이다. 사실 배사겸이 장원급제 후 보여준 행위는 잠재적 반항의식이 표출된 것이라 보지 않을 수 없다. 이런 심리 상태에 처하여, 그들은 '천하를 담당한다'는 송대 사대부들의 책임감을 갖지 못했거니와 심지어 당 왕조에 대해 진지한 일체감도 형성할 수 없었다. 송대 계유공計有功은 바로 그 점을 날카롭게 파악한다.

정원貞元(785~805) 이후 당나라의 문장은 크게 진작되어, 문학文學으로써 과거에 합격하는 것은 당시의 영예였다. 그 폐단에 이르면 사자士子들이 호기롭게 악담을 퍼부으면서 제후諸侯(즉 번진藩鎭)들에게 유세하면, 제후들이 그들을 바라보며 경외한다는 것이었다. 예컨대 유노풍劉魯風, 요암걸姚巖杰, 유숭柳崇, 평증平曾 등으로 말하자면, 그들의 문장은 취할 만한 것이 없다. 내가 일부러 그들의 글을 싣는 까닭은 당시 제후들이 앞다투어 문사文士들을 영예롭게 했던 것이 '겉을 중시하고 안은 경시하는' 맹아가 되었음을 보여주기 위해서다. 이익李益은 당시 문힉의 종사였으면서노 "땅을 갖게 되었음을 알게 되니 은혜에 감사드리네. 그러니 위로 서울을 바라보지 않네"라고 말했다. 그후 이산보李山甫 등은 과거시험에 실패했으면서도 지방의 번진을 끼고서 재상들을 위협하기에 이르렀으니 특히 심한 자였다.[25]

천인커가 인용한 두목杜牧(803~852)의 「수재 범양려 묘지范陽盧秀才墓誌」, 한유韓愈의 「하북으로 여행을 떠나는 동소남을 송별하는 서送董召南游河北序」, 그리고 『전당시全唐詩』의 「이익 전기李益傳」를 더 참고해야 위 논단이 성립할 수 있겠지만, 감춰진 사실을 처음으로 밝힌 공로는 계유공에게 돌려야 할 것이다.[26] "땅을 갖게 되었음을 알게 되니 은혜에 감사드리네. 그러니 위로 서울을 바라보지 않네"라는 시구는 대체로 당 말기 '강호의 사'들이 보인 일반적 심리를 반영한다. 그들은 정치적으로 '문벌門第'의 자제들과 공정하게 경쟁할 수 없어 분노한 나머지 방향을 돌려 번진에 투신했는데, 이는 놀랄 만한 일이 아니었다. 사실 그것 역시 반항의 한 표현이었다.

종합해서 말하자면, 당대 문벌은 기본적으로 정치세계의 중심을 점했고 '한미한 사'들은 시종일관 변두리에 처했다. 진사과 급제자의 수도 그 점으로부터 설명할 수 있다. 근대 연구자들은 『등과기고登科記考』에 나오는 진사 수를 통계 냈는데, 당나라 290년 동안 총 6442명이었고 매년 평균 20~30명의 진사가 배출되었을 뿐이다.[27] 이런 수치는 당나라 내외 관직의 수요에 결코 대응될 수 없는 것이었다.[28] 그러니 문벌 사람들이 그 외 경로를 통해 벼슬길에 나아갈 가능성이 매우 높았다. 하물며 진사과만 한정하더라도 '자제'들 비율이 '한미한 사'들에 비해 낮지 않았다. 9세기 초, 화양부華良夫는 시험관을 비난하는 편지를 쓴다.

성스러운 당나라가 천하를 차지한 지 200년, 진사과에 등제한 사람이 3000여 명입니다. 제 종족 중에는 진사과에 등제한 사람이 아직 없기에 개탄하고 분노합니다.[29]

『등과기고』를 조사해보면, 화華씨 성을 가진 진사는 화경華京 한 사람인데 그것도 '화' 자는 '엽葉' 자의 오자일 가능성이 있다.[30] 그렇다면 화양부가 '한미한 사'였음은 의문의 여지가 없다. 반대로 송대 진사과는 주로 '한미한 사'들을 위해 실시되었다. 옹희雍熙 2년(985) 3월, 재상, 참지정사 등 대신의 자제 4명이 급제했는데, 태종은 세력 있는 가문勢家은 '한미한 사들과 진사과에서 경쟁하면' 안 된다는 것을 이유로 삼아 '모두를 떨어뜨렸다.'[31]

송대 '사'들의 성격이, 당대와 비교해보면, 다르다는 점은 매우 분명하다. 당대 진사의 전체 수는 송대 태종~진종 43년간(976~1019) 진사 수의 3분의 1밖에 안 된다. 그래서 송대 사람들은 진사과에 합격하여 집안을 일으키지 않는다면 입신양명할 길이 없었다. 문벌 제도가 이제 더이상 존재하지 않았다는 데 그 핵심이 있었다. 송대에서 '사'는 '사민 중 으뜸'이었지만 내부에서는 법률상 신분 차이가 없었다. 반면, 당대에는 '자제'와 '한미한 사'들 사이에 그리고 '의관'과 '강호의 사들' 사이에 그런 차이가 있었다. 그런 만큼 송대의 '사'들은 특별히 진사 신분을 취득하여 '사대부'가 된 이후에는, 국가와 사회에 대해 지는 책임과 향유하는 권리에서 서로 차이가 없었다. 11세기 중엽 이후, 누적된 진사의 수가 이미 방대해졌으며 시험에 참가하는 '사'들의 대열도 끊임없이 확대되었다.[32] "천하를 나의 임무로 삼는" 의식은 이런 객관적 조건 위에서 점차 발효된 것이다.

"천하를 나의 임무로 삼는 것"은 송대 '사'들의 집단적 의식이었을 뿐 특별히 이상이 높은 극소수 사대부만 갖고 있었던 것은 아니다. 그 의식은 서로 다른 층위와 방식으로 표현되었고, 전면적으로 질서를 재수립해야 한다는 식으로만 나타나지도 않았다. 장재는 비록 '삼대의 통치를 의도'했지만, 그는 자기 마을에서 '예'로 '풍속'을 교화하는 것에서부터 시작했다. 곧 "설사 천하에서 시행할 수는 없을지라도 한 마을에서 시험해볼 수는 있었다."[33] 장재는 이정에게 "관중關中의 학자들은 예로써 점차 풍속을 이루고 있다"[34]라고 직접 말한다. 이는 그 문인 여대균呂大鈞, 여대림 등이 관중의 본향에서 여러 가지를 실시했던 일을 가리킨다. 여씨 형제는 장재가 서거한 해(1077), 그 유명한 '향약鄕約'을 정식으로 세웠는데, 이는 '한 마을에서 시험해본다'라는 스승의 유지를 받든 것이었다. 범중엄이 '의장義莊'을 처음으로 세웠다는 사실은 질서 재수립이라는 사대부들의 이상이 '한 일족에서 시험해본다'는 식으로 실현되었다는 점을 잘 설명해준다. '의장'과 '향약'은 지방적 제도였고 모두 '예'로써 '풍속'을 교화하는 기능이 있었다. 두 제도는 11세기 중엽 동시에 출현했는데, 그 점은 사대부들이 다음 내용을 명확하게 인식했음을 보여준다. 곧 '천하를 다스리는 일'은 반드시 안정된 지방 제도를 세우는 데서부터 시작해야 한다는 것이다.[35] 이는 원래 유가의 옛 전통으로, "유자는 조정에 있을 때는 정치를 아름답게 하고 아랫자리에 있을 때는 풍속을 아름답게 한다"[36]는 의미다.

그렇지만 북송 사대부들이 직면했던 것은 변화된 사회구조였기 때문에 그들은 새로운 제도를 설계하여 유가적 질서를 세워야 했다. 왕안석의 '신법'이든 여씨의 '향약'이든 아니면 범중엄의 '의장'이든, 전국적이냐 지방적이냐의 차이와 상관없이 그러한 것으로서 간주되어야 한다. 그러므로 심층까지 분석해보면, 송대의 수많은 혁신 활동의 배후에는 중앙에서 지방에 이르기까지 공통의 정신적 힘이 있었다. 이것이 바로 당시의 "천하를 나의 임무로 삼는다"는 것이었다. 주희는 장재 「서명」의 "나의 몸이고 나의 본성이다吾其體, 吾其性" 부분을 풀이하면서, "내가 책임을 지려는 의도가 있다"[37]고 말하는데, 이는 바로 그런 정신적 힘에 대한 또다른 묘사다. 요컨대, 송대 '사'들이 정치적·사회적 주체로 자부함으로써 고도의 책임의식을 보여줬다는 점은 부인할 수 없는 사실이다. 유학의 부흥은 그러한 의식이 발전하는 데 중요한 사상적 자원을 제공했지만, 사회참여로 방향을 전환한 불교 또한 적잖은 역할을 했다. 이 점과 관련하여 「서설」에서 이미 상세하게 설명했는데, 이에 대해 방증이 될 수 있을 것이다.

이상으로 "천하를 나의 임무로 삼는" 의식에 대해 간략하게 그 기원을 거슬러 올라갔다. 나는 당·송의 사회적 변천에서 시작해 유가적 이상의 재출발에서 끝남으로써, 현실과 이상 사이에서 적절한 균형을 잡으려 했다. 순전히 현실적 관점에서 고찰하더라도 송대 '사'들은 어떻게 해야 (개인, 가족에서 '사' 전체에 이르기까지) 이익이 되는지 면밀하게 계산할 줄 알았던 듯한데, 그것은 현대 사회사가 취하는 기본 경로다. 그러나 제 한 몸의 실제 이해관계를 초월하는 이상적 면모가 '사'들에게 있었다는 점을 파악하지 못한다면, 어째서 송대에 개혁과 당쟁이 출현했는지 또 어째서 사대부들이 귀양·유배·강등 및 자손의 '금고禁錮(벼슬하지 못함)'라는 위험을 무릅쓰고까지 자신이 신봉하는 정치적 원칙을 포기하지 않았는지에 대해 이해할 수 없게 된다. 이 장에서 논한 "천하를 나의 임무로 삼는다"는 의식 및 그 정치적 발현은 역사의 진상을 재구성하기 위해서였다. 사대부의 모습을 미화하려는 어떤 시도도 여기서는 하지 않았다. "천하를 나의 임무로 삼는다"는 것은 송대 사대부의 내면세계로 나아갈 수 있는 열쇠다.

  "천하를 나의 임무로 삼는" 의식은 송대 정치문화에서 어떤 독특한 형태로 나타났을까? 이것이 바로 뒤이어 탐구되어야 할 과제다. 희령 4년(1071), 신종, 문언박, 그리고 왕안석 사이에서 벌어진 논쟁은 구체적 실례를 제공해준다. 『속자치통감장편』에는 이렇게 기록되어 있다.

  문언박이 또 말했다. "조종의 법제가 갖춰져 있으므로 개혁을 하여 인심을 잃을 필요가 없습니다." 임금은 "법제 개혁은 사대부士大夫들에게 정말로 불쾌하겠지만 백성百姓에게 무슨 불편이 있겠는가?"라고 말했다. 문언박이 말한다. "사대부와 더불어 천하를 다스리지 백성과 더불어 천하를 다스리지는 않기 때문입니다." 임금이 말한다. "어찌 사대부들이 전부 개혁을 그르다고 여기겠는가? 개혁해야 한다고 여기는 자도 있을 것이다." 왕안석이 말한다. "법제가 갖춰져 있다면 재정은 풍족해야 하고 중국은 강해야 합니다. 지금은 둘 다 그렇지 않아서 아직 법제가 갖춰 있다고 말할 수 없습니다." 문언박이 말한다. "사람으로 하여금 추진하도록 해야 할 뿐입니다."[38]

  이는 신종이 2부二府(재상宰相과 추밀樞密)를 불러 자정전資政殿에서 변법에 대해 토론하는 장면이다. 쌍방 중 누가 옳고 그른지는 여기서 논하지 않기로 한다. 주목할 부분은 "사대부와 더불어 천하를 다스리기 때문이다"라는 문언박의 말은 신종과 왕안석 역시 공통으로 인정하는 전제였다는 사실이다. 이 구절에서 '사대부'의 함의는 매우 협소하여 조정으로부터 각급 지방정부를 포함해 전국적 정무를 책임지는 관원만을 가리킨다. 그런 만큼 신종의 입에서 나온 '사대부'와 '백성'을 각각의 대립적 사회계급으로 오해해서는 안 된다. 현대에 유행하는 개념으로 말하자면, 그런 특수한 용법의 '사대부'는 관료체계 bureaucracy의 구성원 또는 '통치 엘리트governing elite'에 해당된다. 모든 조직적 사회는 그 부분을 결여할 수 없다. 그렇지만 민주 체제에서는 반드시 시민의 직접적 혹은 간접적 동의를 거쳐야 그들이 형성될 수 있을 뿐이다. 송대 '사대부'들은 과거시험을 통해 천하를 통치할 자격을 얻었지만, 사회적 출신성분으로 말하자면 '백성'의 각 계층에서 나온 사람들이었다. 이로부터 위 인용문 속 '사대부'에는 사회계급적 내용이 없을 뿐 아니라 더욱이 '백성'이 계급을 지칭하는 것으로서 모호하게 이해되어서는 안 된다는 점을 알 수 있다.[39]

인용문 속 '사대부'와 '백성'에 대해 확실히 이해한 뒤, 우리는 비로소 한 걸음 더 나아가 "사대부와 더불어 천하를 다스리기 때문이다"라는 말의 역사적 의미를 설명할 수 있다. 문언박은 입에서 나오는 대로 그 말을 했는데, 일견 매우 당연한 말인 것처럼 보인다. 하지만 사실 그것이야말로 송대의 일대 특색이자, 송대가 '후삼대'라는 찬사를 얻게 된 주요 근거다. 사대부와 황제가 함께 천하를 다스린다는 말을 황제의 면전에서 공공연하게 하고 황제도 그 말을 당연시한다는 것, 이는 중국 역사상 거의 볼 수 없는 장면이다. 어째서 신종이 그런 원칙을 인정했는지에 대해서는 제5장 「국시 고찰」에서 상세히 설명할 예정이므로 여기서는 논하지 않겠다. 다만 "사대부와 더불어 천하를 다스린다"는 말은 분명 다음과 같은 관념을 함축한다. 곧 "천하를 다스리는" 책임은 동시에 사대부의 어깨 위에도 짊어져 있고, 결코 황제 한 사람이 단독으로 감당할 수는 없다는 것이다. 이것이 바로 "사士는 천하를 자신의 임무로 삼는다"는 말의 정치적 의미다. 정이는 『서경』 「요전堯典」에 나오는 '극명준덕克明俊德'

을 풀이하면서 아래와 같이 말한다.

제왕의 도는 현명하고 뛰어난 사람을 선택하여 임명하는 것을 근본으로 삼으며, 사람을 얻은 다음에는 그와 함께 천하를 다스리는 것이다.[40]

이것은 동시대의 의론으로, "함께 천하를 다스린다同治天下"는 앞서 인용한 문언박의 말을 더 구체적으로 설명할뿐더러 이에 비해 더 눈에 띈다.[41] 나중에 황종희는 『명이대방록明夷待訪錄』「치상置相」에서 이렇게 말한다. "원래 군주를 세운 의도는 천하를 다스리도록 하기 위해서다. 천하는 한 사람으로 다스릴 수 없으니 관리들을 세워 다스리도록 한다. 이 관리들은 군주의 분신이다."[42] 이는 정이의 논점을 발휘한 말이었지만, 청나라 초기에 이미 황종희의 군신동치론君臣同治論은 실행될 기회가 없어졌다.

사대부와 황제가 천하를 함께 다스린다는 것이 송대 정치문화의 큰 특색이라는 점을 설명하기 위해, 송대 이전과 이후의 의론을 들어서 비교해보아야 한다. 한나라 초기의 가의賈誼는 민본民本과 존사尊士를 강조한 정치사상가였지만 군주, 신하, 민의 관계를 논할 때는 다음과 같이 말한다.

신하의 도는 선한 것을 생각하면 주상에게 바치고, 선한 것을 들으면 주상에게 바치며, 선한 것을 알면 주상에게 바치는 것이다. 오직 군주만이 민을 갖는다. 신하 된 자는 군주를 도와 그들을 다스릴 뿐이다.[43]

또 말한다.

그러므로 군주 된 자가 명령을 발하는 것은 마치 목소리와 같고, 사와 민이 그것을 배우는 것은 마치 메아리와 같다. 하나하나의 일에서 군주를 따르는 것은 마치 그림자와 같다.[44]

'민은 군주가 소유한다民爲君有'면 천하를 다스리는 권한은 자연스럽게 '군주'에게만 귀속된다. 신하는 군주의 조수에 불과하다. 명령이 군주로부터 나오면 사와 민은 마치 메아리가 목소리에 응하는 것처럼 따르고, 그림자가 몸에 붙어 다니는 것처럼 해야 하며 하나하나의 일에서 군주를 따라야 한다. 이러한 '사'들은 당연히 "천하를 나의 임무로 삼는다"는 말을 할 수조차 없다. 당대唐代의 한유는 비록 송대 도학의 선구자이기는 했지만 그의 존군尊君 사상은 매우 유명하다. "천왕은 성스럽고 명철합니다만, 신의 죄는 주살에 해당됩니다"[45]라는 그의 명언은 후대에 늘 인용되곤 한다. 다만 이 말은 문학적 풍자였을 가능성이 높아 신빙성 있는 근거로 삼을 수는 없다. 그런데 아래 구절은 존왕 사상을 나타내는 대표적 구절이다.

때문에 군주는 명령을 발하는 자고, 신하는 군주의 명령을 행하여 민에게 미치도록 하는 자다.[46]

이는 여전히 가의가 제시한 의론을 답습하는 것으로서 송대 왕안석, 주희 등의 견해와 상당히 거리가 있다. 한·당의 설이 이러했는데, 송대 이후의 상황은 황종희의 『명이대방록』을 인용해 요약해보자.

천하는 커서 한 사람이 다스릴 수 없고 여러 신하와 함께 나눠서 다스린다. 그러므로 내가 벼슬하는 것은 천하를 위함이지 군주를 위함이 아니고, 만민을 위함이지 한 성씨를 위함은 아니다. (…) 세상의 신하들은 이런 이치에 어두워서 "신하는 군주를 위해 두어진 존재다. 군주가 나에게 천하를 나눠준 이후에 〔내가〕 그것을 다스리고, 군주가 나에게 민人民을 준 이후에 〔내가〕 그들을 이끈다"고 말하는데, 〔이런 견해는〕 천하와 민을 군주 주머니 속의 개인적 물건으로 보는 것이다.[47]

황종희가 강조하려는 것은 "사는 천하를 자신의 임무로 삼는다"는 의식과 군주와 신하가 함께 천하를 다스린다는 의식이다. 그는 "세상의 신하들"이 이미 "이런 이치에 어두워서" 이런 사자후를 한 것이다. 따라서 송대는 객관적 기능으로부터 보든 주관적 포부로부터 보든 사 계층이 가장 고양되었던 시대라 할 수 있다.

송대 사대부의 정치적 지위가 상승한 것은 신종이 왕안석의 변법을 채택한 것과 극히 밀접한 관계를 맺는다. 왕안석은 도에 따라 자중했기 때문에 신종이 그를 완전하게 신임한다는 뜻을 나타내기 전에는 결코 가볍게 출사하려고 하지 않았다. 『석림연어石林燕語』 권7에는 이런 기록이 있다.

신종이 처음 즉위하여 아직 여러 신하를 만나지 않았을 때, 왕낙도王樂道와 한유(韓維, 한지국) 등이 태자의 속관屬官으로서 먼저 [알현하러] 들어가 전殿의 서쪽 회랑에서 위문했다. [왕낙도와 한유 등이] 물러나려 하자 [신종이] 유독 한유만 남게 하고서 "왕안석이 지금 어디에 있는가?"라고 물었다. 한유는 [왕안석이] 금릉에 있다고 대답했다. 주상이 "짐이 그를 부르려 하는데 오려 할까?"라고 물었다. 한유는 "안석은 세상을 경영함에 뜻이 있어서 산림에서 늙으려 하지는 않을 것입니다. 만약 폐하께서 예로써 그를 부른다면 어찌 오지 않겠습니까?"라고 말했다. 주상은 "경이 먼저 편지를 안석에게 보내서 나의 이런 뜻을 말하라. 그렇게 하면 나도 부를 것이다"라고 말했다. 한유는 말한다. "그렇게 하면 안석은 반드시 오지 않을 것입니다." 주상이 그 이유를 물었다. 한유는 말했다. "안석은 평소에 항상 도로써 나아가고 물러서려 합니다. 만약 폐하에서 처음으로 그들 능용하려는데도, 먼저 다른 사람으로 하여금 개인적 편지를 써서 폐하의 뜻을 말하도록 한다면 [그가] 어찌 갑자기 오려 하겠습니까? 그러나 안석의 아들 방雱이 지금 경사京師에 있고 신의 집에도 몇 번 왔습니다. 신이 폐하의 뜻을 방에게 말하면 안석도 반드시 깨달을 것입니다." 주상이 "좋다"고 말했다. 그래서

형공〔왕안석〕은 비로소 주상이 자신을 권속으로 대우하려는 뜻을 알았다.[48]

다른 한편, 사마광은 신법에 반대해서 신종의 부름에 응하지 않으려고 꿋꿋이 버텼다. 『소씨문견록邵氏聞見錄』 권11을 보자.

황제가 반드시 공〔사마광〕을 등용하고자 하여, 허주 지사로 발령한 다음 부임하러 가는 길에 전殿에 오르도록 명했다. 막 조칙을 내린 후 황제가 감찰어사 이행裏行인 정호에게 "짐이 사마광을 불렀는데 경은 사마광이 올 것이라고 생각하는가?"라고 묻자, 정호는 "폐하께서 사마광의 말을 받아들인다면 그는 반드시 올 것이요, 그의 말을 받아들이지 않는다면 〔그는〕 반드시오지 않을 것입니다"라고 대답했다. (…) 공은 과연 임명을 거절했다. (…) 황제는 좌승左丞 포종맹蒲宗孟과 함께 인재를 논하다가 온공溫公〔사마광〕에 이르자 "사마광은 다른 일은 아직 논하지도 않고서 오로지 추밀(추밀부사)직을 거절했는데, 내가 즉위한 이래 이런 사람은 오직 하나였다"고 말했다. 공에 대한 황제의 예우가 이렇듯 약해지지 않았다. 특히 공은 신법이 폐지되지 않으니 원칙상 벼슬길에 나아가지 않았다.[49]

신법에 관한 쟁변은 정치적 원칙과 관련되어 있어서, 왕안석은 "도로써 나아가고 물러섰고" 사마광도 "원칙상 벼슬길에 나아가지 않았다." 그들은 모두 "천하를 나의 임무로 삼았기" 때문에, 만약 황제가 그들의 원칙을 받아들여 자신들과 공동으로 "천하를 다스리지" 않는다면, 황제가 부른다고 해서 곧바로 달려가려 하지는 않을 터였다. 송대 사대부의 풍모는 바로 이런 원칙성을 띤 정쟁 속에서 점차 배양되었다. 사대부들이 '도' 또는 '의'를 출처의 최고 원칙으로 견지하는 것은 일종의 유행을 형성했는데, 이 역시 송대 특유의 정치적 현상이다.

왕안석의 집정은 "사대부와 황제가 천하를 함께 다스린다"는 관념을 더욱 확고하게 만들었다. 그는 치평 원년(1064)에 매우 영향력 있는 글 한 편을 써서 사의 기능, 황제와 사의 관계를 논했다. 왕안석은 「건주학기」에서 이렇게 말한다.

무릇 사는 민을 기르는 목민자牧民者다. 목민자는 땅의 소재를 알고 있고 저 무지한 자들은 그리로 몰려갈 뿐이다. 그런데 사들이 배웠으면서도 모르거나, 알면서도 행하지 않거나, 행했으면서도 목표에 이르지 못했다면 어찌하나? 그래서 선왕은 정치조직을 두었다. 무릇 정치는 고무하거나 금지하도록 하기 위한 것만은 아니지만 고무하고 금지하도록 하는 수단이기는 하다. 그러므로 배움이 완성된 자를 발탁하여 경대부로 삼는다. 그다음, 아직 완성되지는 않았더라도 목표에 이를 수 있는 자들을 사로 삼는다. 이것이 순 임금이 말한 "채용한다庸"는 것이다. 도가 높고 덕이 뛰어난 자들은 여기서 그치지 않는다. 비록 천자라 할지라도 그를 북쪽에 두고 물어야 하며 그와 더불어 주인과 손님의 자리를 바꿔야 한다. 이것이 순 임금(우 임금이 되어야 한다)이 말하는 "받든다承"는 것이다.[50]

이 글은 일종의 가상적假想的 정부 기원론을 빌려 학설을 세우고 있다. 가장 주의할 점은 "선왕이 정치조직을 두기(이른바 "관직을 설치하고 직분을 나누다設官分職")" 이전에 이미 '사'들은 "민을 기르는" 기능을 하고 있었다는 것이다. 그러나 '사'의 '목민'에는 "목표에 이르렀느냐至" "이르지 못했느냐不至"의 차이가 있기 때문에, 정식으로 정치조직을 수립할 필요가 있었다. '경대부'와 '사'의 상하 분화는 바로 이렇게 생겨났다. 왕안석의 역사적 상상은 『상서』 『주례』 등 경전에 바탕을 두고 있지만, 여기서 그 상세한 내용을 설명하지는 않겠다. 그렇지만 왕안석의 설명이 "사는 천하를 자신의 임무로 삼는다"와 "사대부와 더불어 천하를 다스린다"는 의식에 대해 이론적 근거를 제공해주었으리라는 것은 어렵지 않게 알 수 있다. 황종희의 말을 빌리자면, '사대부'는 그 시초부터 직접 "천하를 위하고" "만민을 위하려고" 존재했지, "군주가 나에게 천하를 나눠준 이후에 그것을 다스리고, 군주가 나에게 민을 준 이후에 그들을 이끈" 것은 아니다. 바꿔 말하자면, "천하를 다스리는 것"은 '군주'와 '사대부'의 공통된 출발점이었다.

위 인용 구절의 마지막 부분은 사 가운데서 "도가 높고 덕이 뛰어난 자는 천자라 할지라도 그를 북쪽에 두고 묻고, 그와 더불어 주인과 손님의 자리를 바꾼다"고 말하는데, 이는 경천동지할 의론이다. 이 말에 따르면, '도를 체득한 사'와 '천자'는 완전히 평등한 지위에 있기 때문에 "주인과 손님의 자리를 바꿀" 수 있다. 사실 이는 왕안석이 '자기 이야기를 한 것夫子自道'이다. 그와 신종의 관계가 바로 그랬다. 육전陸佃은 「신종황제실록서神宗皇帝實錄敍」에서 말한다.

희령 초기 〔신종은〕 훌륭한 통치를 추구하려 굳은 결심을 하고 왕안석과 정치에 대해 의논했는데 뜻이 맞았다. 그러자 왕안석에게 의지하여 그를 보필로 삼았고 자신을 굽히면서 일체를 그에게 따랐다. (…) 왕안석은 성격이 강직하여 주상 앞에서 정사를 논하다가 논쟁이 일어날 때는 양측의 말하는 기색이 모두 매서웠다. 주상은 그때마다 표정을 바꾸고 〔왕안석의 견해를〕 흔쾌히 받아들였다. 아마도 삼대 이후, 군주와 재상이 서로를 알아주면서 의로써 〔군주와 재상이〕 사우師友 관계를 겸하고, 말하면 들어주고 계획을 세우면 따라주되, 전혀 겉으로 드러나지 않도록 했던 것은 이때처럼 잘된 때가 없었다.[51]

육전은 왕안석의 충실한 문인이었지만 결코 맹목적으로 스승을 따르지는 않아서 신법 시행의 폐단에 대해 수시로 의문을 제기한 인물이었다. 철종 때, 그는 사관史官 범조우范祖禹, 황정견과 함께 『신종실록神宗實』을 편수하면서 그들과 맹렬한 논쟁을 벌였다.[52] 따라서 "군주와 재상이 서로를 알아주면서 의로써 사우 관계를 겸했다"는 육전의 말은 전적으로 믿을 만하다. 왕안석(1021~1086)은 신종(1048~1085)보다 스물일곱 살이 많았으므로, 그는 이 소년 황제 면전에서 언제나 스승으로 자부했을 것이다. 왕안석이 송대 사대부 자존 의식의 발전에 끼친 공헌은 정말로 범중엄 못지않다. 원우 원년(1086), 정이는 경연 제3차자劄子의 두번째 「첩황貼黃」에서 "신은 천하의 중임이 오직 재상과 경연 위에 놓여 있다고 생각합니다. 천하의 치란은 재상에게 달려 있고, 군주의 덕의 성취 여부는 경연에 책임이 있습니다"[53]라고 말한다. 이 유명한 주장은 범중엄, 왕안석 시대의 사상적 결정체다. 한편으로 천하 치란의 대임이 재상에게 귀속되고, 다른 한편으로는 황제에게 경연의 강관講官을 윗자리에 모시고 그를 스승으로 삼으라고 요구한다. 정이의 구상 속에서 이것들은 군주와 신하 간 정치적 거리를 줄이는 두 가지 주요 궤도였다. 그래서 정이는 위의 차자에서 특히 다음과 같이 지적한다.

신은 이렇게 생각합니다. 인주人主는 숭고한 지위에 있으면서 상벌의 권한을 갖고 있어 모든 관원들이 두려워하며 감히 위로 쳐다보지도 못합니다. 만방이 받들어주니 바라는 대로 다 얻습니다. 만약 도를 알지 못하고 의를 두려워하지 않으면서 이렇게 봉양을 받는다면, 미혹될 수 있음을 알 것입니다. 평범한 군주는 교만하지 않음이 없습니다. 영명한 군주는 자연스럽게 위엄이 가득합니다. 이는 옛날부터 똑같이 걱정했던 것으로 치란이 달려 있는 곳입니다.[54]

이 두 궤도가 정이가 기대한 효력을 발휘할 수 있었는지 여부는 또다른 문제다. 다만 이 시기에 그런 구상이 공개적으로 제기될 수 있었던 것은 왕안석과 신종이 시범을 보여준 군신 관계가 그 계기를 촉발했기 때문이다. "함께 천하를 다스린다"는 정이의 말이 바로 이런 구상 위에 기초해 있음은 의문의 여지가 없다. 청대 건륭제乾隆帝는 "천하의 치란이 재상에게 달려 있다"는 정이의 말에 이렇게 논박한다.

재상을 등용하는 것은 인군人君이 아니면 누가 하겠는가? 만약 인군 된 사람이 단지 높은 데 깊이 거하며 혼자 덕을 닦으면서, 천하의 치란을 재상에게 맡겨버리고 자신은 아무것도 물어보지 않는다면 (…) 안 된다. 또한 재상된 사람이 천하의 치란을 자신의 임무로 여기면서 마치 군주가 없는 듯이 행동하는 것은 더더욱 안 된다.[55]

건륭제의 정치적 감각은 매우 예리해서, 군권君權을 억압하려는 송대 유학자들의 의향을 잘 꿰뚫어보고 있다. 건륭제와 송 신종을 비교해보면, 송·청 양대에서 '사'의 정치적 지위가 어떠했는지를 잘 알 수 있다.

그렇지만 왕안석과 신종의 만남은 실로 주희가 말했던 것처럼 "천재일우千載一時"였다.[56] "[도가 높고 덕이 뛰어난 사들을] 북쪽에 두고 물어야 한다" "주인과 손님의 자리를 바꿔야 한다"는 왕안석의 주장에 대해 신종은 개의치 않은 듯하지만, 벌써 남송의 고종에 이르면 신종과 같은 태도가 보이지 않는다. 아래 기록은 특별히 음미해볼 만하다.

소흥 26년(1156) 고종이 보필하는 신하에게 말했다. "진관陳瓘은 예전에 간관이었을 때 당파에 관한 의론을 매우 많이 했다. 근래 그가 지은 『존요집尊堯集』을 보니 군주와 신하의 분한을 밝혀놓아, 『역』의 천존지비天尊地卑[하늘은 존귀하고 땅은 비천하다]와 『춘추』의 존왕尊王의 법도와 합치한다. 왕안석은 경전에 통달했다고 일컬어지는데, '도가 높고 덕이 뛰어난 사람이면 천자가 그를 북쪽에 두고서 물어야 한다'는 왕안석의 말은 경전에 배치되고 이치에 어긋남이 심하다. 진관에게 특별히 시호를 내려서 그 점을 표장해야 한다."[57]

진관(1059~1123)은 『존요집』을 지어 신종을 변호하면서, "소성 연간(1094~1098)의 사관들은 오로지 왕안석의 『일록日錄』에 근거해서 『신종사神宗史』를 고쳐 썼다"[58]라고 말하며, 『일록』은 또 채경이 고쳐 썼다고 말한다. 당시 채경과 채변蔡卞 형제가 집권하고 있어서, 진관은 『존요집』을 썼다는 이유로 유배당했다. 주희는 진관의 글이 "단지 시끄럽기만 하고 도리는 이해하지 못했다"[59]라고 하여 싫어했다. 그런데 송 고종은 또다른 시각에서 그 글을 읽고서, 그 취지가 "군주는 존귀하고 신하는 비천하다"는 원칙에 부합한다며 상찬했고, 또한 그 글이 왕안석의 「건주학기」를 비판했다며 지지했다. 앞서 지적했다시피, 왕안석은 황제와 "함께 천하를 다스려야 한다"는 정신을 적극 발양했고, 아울러 신종 면전에서는 스승으로 자처했다. 그래서 그가 신종과 더불어 논쟁을 시작하면 "말하는 기색이 매서워지는" 지경까지 갈 수 있었다. "모든 관원이 두려워하며 감히 위로 쳐다보지도 못하는" 것을 추구하는 군주로서는 양측의 "말하는 기색이 매서워지는" 지경을 받아들이기 쉽지 않았을 것이다. 왕안석의 풍모는 사대부들의 배짱을 키워놓았던 것 같다. 그 결과 왕안석의 '전법사문傳法沙門'이었던 장돈, 증포曾布는 각각 흠성황태후欽聖皇太后[신종의 항후]와 휘종徽宗의 면전에서 '매서운 목소리'로 논쟁을 벌였다.[60] 이런 측면에서 말하자면, 왕안석은 확실히 "군주는 존귀하고 신하는 비천하다"는 전통적 원칙을 약화시켰다. 송 고종의 말은 매우 중요한 증거 하나를 제시한다. 곧 "천하를 나의 임무로 삼는다" 혹은 "함께 천하를 다스린다"는 사대부들의 새로운 취향에 대해 황제가 얼마나 깊은 반감을 갖고 있었는지 알 수 있다. 더욱이 눈여겨볼 점은 송 고종이 이런 말을 했던 때가 소흥 26년 그러니까 진회가 죽은 바로 그 이듬해(1156)였다는 사실이다. 고종은 시혜를 구한다는 이유로 부득불 진회를 재상으로 등용했지만, 전후前後 18년 동안 진회의 '재상권력相權'은 다소간 고종의 '군주권력君權'을 제한하지 않을 수 없었다. 역사에는 이렇게 기록되어 있다. 소흥 25년(1155) 12월 갑오일, 참지정사 심해沈該는 고종의 의도에 영합하고자 아래와 같이 상주한다.

"조정의 기구와 업무가 지극히 번잡하여, 힘을 합해 협력할 만한 의존 대상은 오직 집정 2~3명뿐입니다. 근래 대신(진회)이 전권을 행사하여, 참지정사와 추밀사는 모두 자리만 채울 뿐이고 정사 하나하나의 결정에 참여하지 않았습니다. 특별히 3성省에 조칙을 내려 업무를 각각 최대한 성실하게 함으로써 국사를 돕도록 해야 합니다." (이심전의 평—당시 주상은 다시 정사 전반을 직접 챙기면서 몸소 조정의 대권을 쥐고 있었다.)[61]

송 고종은 진회 사후 한 달여 만에 곧바로 "다시 정사 전반을 직접 챙기면서 몸소 조정의 대권을 쥐었다." 그가 "군주는 존귀하고 신하는 비천하다"는 질서를 회복하려 결심했다는 사실을 이로부터 알 수 있다.

종합하자면, 황제와 더불어 천하를 "함께 다스리거나同治" "공동으로 다스리는 것共治"은 송대의 유가 사대부들이 시종일관 견지한 원칙이었다. 희령 3년(1070), 신종은 "공동으로 국시를 정한다共定國是"는 관념을 정식으로 받아들인다. 이는 황권皇權 측이 그 기본 원칙을 인가했음을 상징한다. 남송의 고종은 극력으로 군권을 높이려 했으나 표면상으로는 '국시'의 법도를 존중하지 않을 수 없었다.[62] 주희는 송이 남쪽으로 옮겨온 이후 "군주와 신하 사이 세력 차이가 줄곧 커지는" 데에 불만을 표시하면서, 금金 초기 여진의 "추장이 각 부족[수령]과 더불어 아무런 차이가 없었던 것"에 대해 공공연히 찬동한다.[63] 주희는 여전히 "함께 다스림" 또는 "공동으로 다스림"을 주장했다는 것을 알 수 있다. 장식과 여조겸의 견해도 대체로 동일하다. 그래서 그다음 대의 이학자인 조언약 같은 사람은 관직에 있는 모든 사대부는 "천하의 공동 통치자天下之共治者"라고 직설적으로 말한다.[64]

현대의 용어로 말하자면, "함께 다스린다" 혹은 "공동으로 다스린다"가 나타내는 것은 사대부의 정치 주체적 의식이다. 그들은 "권력의 근원이 군주에게 있다"는 사실을 받아들이기는 하지만, 전혀 주저하지 않고 "천하를 다스리는" 대임이 자신들의 어깨 위에 놓여 있다고 여긴다. 이런 의미에서 "함께 다스림" 또는 "공동으로 다스림"은 "천하를 나의 임무로 삼는다"는 정신이 '치도'라는 측면에서 구체화한 것이라 할 수 있다. 이 장의 제목을 "함께 천하를 다스린다同治天下"로 잡은 까닭은 송대의 정치문화 속에서 그 원칙이 갖는 특수한 함의를 부각시키기 위해서였다. 그렇지만 바로 뒤이어 반드시 지적해야 할 것은 "함께 다스림" 또는 "공동으로 다스림"을 적극 제창했던 것은 송대 사대부였지 황권은 아니었다는 사실이다. 질서 재수립에 대한 송대 유학의 요구와 그러한 발전은 밀접하게 상응한다. 그래서 "공동으로 국시를 정한다"는 주장과 "함께 천하를 다스린다"는 주장은 모두 희령변법 시기에 출현한다. 언어의 층위만 본다면, 희령 이전에 황권 측에서 "공동으로 다스린다"는 표현을 썼던 가장 분명한 사례는 순화 3년(992) 3월 태종이 과거시험 제도를 논하면서 이렇게 말했던 일이다. "천하는 지극히 넓으므로 여러 인재의 힘을 빌려 공동으로 통치한다."65 그러나 태종은 즉위 초기에 이렇게 말한 적도 있다. 곧 "짐은 과거시험장에서 뛰어난 인재를 널리 구하고자 한다. (…) 다만 한둘만을 얻더라도 통치의 도구가 될 수 있을 것이다."66 이 두 말을 비교해보면, 태종은 여전히 진사 급제자를 황권 통치의 도구로 봤다는 사실을 알 수 있다. 따라서 "공동으로 다스린다"는 말은 서로 다른 해석이 가능하므로 절대로 단장취의해서는 안 될 것이다. 하지만 대체로 말하자면, 정치적 주체를 자처하는 송대 사대부들에 대한 황권 측의 목소리를 들어볼 때, 황권 측은 결국 용인하는 듯한 아량을 보여준다. 오직 이 점만 놓고 말하더라도 [송대는] '후삼대'라는 칭호에 부끄럽지 않은 것이다. 원나라 이후, 그런 목소리는 점차 소멸한다.67

제4장

군주권력과 재상권력의 사이
─이상과 권력의 상호작용

황제와 더불어 함께 천하를 다스린다는 송대 사대부의 이념이 정작 현실 정치 속에 놓이면, 군주권력과 재상권력 관계에 미묘한 변화가 일어난다. 전체 중국의 정치적 전통 중에 군주권력과 재상권력 관계의 긴장과 성쇠는 시대에 따라 다르기는 했지만 대체로 "군주는 존귀하고 신하는 비천하다"는 원칙에서 벗어나지 못한 것이 사실이다.[1] 송대도 예외는 아니다. 『주자어류』 권134를 보자.

> 황인경黃仁卿이 물었다. "진시황이 법제를 바꾼 이후, 후세 인군들은 모두 그것을 바꿀 수 없었는데, 왜 그렇습니까?" 〔주자가〕 말씀하기를 "진나라 법제는 모두 '군주는 존귀하게 하고 신하는 비천하게 한다'는 것이어서 후세 대들이 바꾸려 하지 않았다"고 했다.[2]

황인경과 주희가 나눈 문답에서 등장하는 '후세대'에 그들의 '본조本朝[송]'도 포함됨은 물론이다. 그러므로 권력관계에 착안했을 때, 황제와 사대부가 "공동으로 통치한다共治"는 것은 쌍방이 완전히 평등하다는 기초 위에 서 있던 것이 결코 아니다. 여기서 송대의 군주권력과 재상권력 사이 관계를 아주 깊이 연구할 수는 없다. 아래에서 논하려는 바는 단지 하나의 구체적 문제에 집중할 뿐이다. "공동으로 통치한다"는 이념 아래, 송대 군주와 재상 사이 권력 구조와 그 운용은 대체 어떤 새로운 변화를 일으켰는가?

송대에서 군주권력과 재상권력 관계는 희령변법 시기에 새로운 단계로 들어섰다. 앞 장에서 이미 지적한 대로 변법의 원동력은 신종에게 있었지 왕안석에게 있지 않았다. 만약 신종이 부강을 추구하려는 마음을 굳게 먹지 않았다면, 왕안석도 재상권력을 획득할 기회를 얻지 못했을 것이다. 왕안석은 인종 시대에 이미 변법을 주장하는 「만언서」를 올렸지만,[3] 황제가 거기에 아무런 반응을 하지 않아서 그대로 있을 수밖에 없었다. 이러한 사실은 황제야말로 최후 권력의 원천을 소유하고 있었음을 충분히 설명해준다. 근본적 성격을 지닌 변법變法이나 제도개혁改制이라면 그 어느 것이나 바로 그런 권력의 원천에 의해 시작되어야 했다. 그러므로 황제 개인의 의지는 실로 결정적 힘을 발휘한다. 『송사』 권355 말미에 있는 '논論'에는 이런 말이 보인다.

신종은 규모가 큰 것을 좋아하고 실제 결과를 좋아하는 자질이 있었는데, 왕안석과 여혜경이 등장하자 그들과 뜻이 맞았다. 그래서 그 해독이 멈추지 않았다. (…) 세상의 도에는 쇠할 때와 융성할 때가 있고, 사들에게는 올라설 때와 내려설 때가 있는데, 이것들은 모두 인주人主 생각의 취향에 달려 있으니 경계할 만하지 않은가! 두려워할 만하지 않은가![4]

이 구절은 변법에 극단적으로 반대했던 사관史官의 관점을 나타낸다. 그러나 만약 가치 경향의 문제를 피하고 오로지 권력 구조에 입각한다면, 위의 단언은 신종이 능동적으로 희령의 변법을 행한 역사적 사실을 매우 적절하게 반영한다. 신종이 갖고 있었던 것은 진秦 이래 지켜진 "군주는 존귀하고 신하는 비천하다"는 원칙상의 군주권력이었음을 알 수 있다.

다른 한편으로, 재상권력은 왕안석 시대에 확대되는 경향을 보인다. 그러나 먼저 우리는 송대 군주권력과 재상권력 사이의 일반적 관계에 대해 대략으로나마 인식을 하고, 그 인식에 기초해서 비교해야 한다. 함순咸淳 3년(1267), 감찰어사 유불劉黻은 남송 도종度宗의 '내비內批[명령체계를 거치지 않은 황제의 직접 명령]'에 대해 이렇게 논한다.

천하를 다스리는 핵심으로 명령을 신중하게 하는 것보다 앞서는 것이 없고, 명령을 신중하게 하는 핵심으로 내비를 막는 것보다 앞서는 것이 없습니다. 명령이란 제왕의 핵심으로서, 반드시 중서中書의 참시參試[검토]와 문하門下의 봉박封駁[논의]을 거친 다음에야 상서성尚書省으로 이관되어 실행으로 옮겨집니다. 무릇 이 세 성三省을 거치지 않고 시행되는 것을 '사봉묵칙斜封墨勅'이라고 부르는데, 그런 것을 본받아서는 안 됩니다. 제가 보니 폐하께서 교사에서 제례郊祀를 마친 이후 작호를 내릴 때 지나치게 감정에 치우치고 지시가 번다했습니다. 오늘은 이런 내비를 내리고 내일은 저런 내비를 내리니, 관보를 보면 내비로 시행된 것이 반수를 차지합니다. 신은 폐하를 위해 그 점을 안타깝게 생각합니다.[5]

유불이 '내비'를 비판하는 근거는 당·송의 군주권력과 재상권력 관계를 규율했던 일반적 규범이었다. 그것은 당시 황제와 사대부들이 공통으로 승인한 운용 방식이었다. 그 가운데 '사봉묵칙'이라는 말은 당 중종中宗 시대의 유명한 고사에 바탕을 둔다.[6] 도종은 남송의 마지막 황제였는데, 그는 일정한 법도를 지키지 않고 늘 '내비'를 통해 상을 내리기도 하고 측근에게 신뢰를 나타내기도 했다. 이는 군주권력이 재상권력을 심각하게 침범하는 비정상적 상태였다. 우리는 이런 비정상적 상태로부터 정상적 상태로 거슬러 올라갈 경우 다음과 같이 이해할 수 있다. 곧 군주권력의 '핵심樞機'은 명령을 발하는 것이지만, 그런 '명령'은 '참시' '봉박'을 거쳐 '시행'에 이르러야 하고, 그 과정에서 모든 절차가 3성으로 귀속된다. 반드시 그런 층층의 절차를 밟아야만 황제의 '명령'이 비로소 합법성을 얻는다. 그런데 3성을 총감독하는 직권이 재상에게 속해 있다. 이제 도종은 직접 '내비'를 내려 재상권력을 넘어서고 있다. 이는 당대唐代 '사봉묵칙'과 똑같은 비정상적 상태다.

남송 광종 소희 5년(1194), 주희의 「경연에서 물러나며 네 가지 일에 관해 직접 아뢰는 차자經筵留身面陳四事箚子」에는 군주권력과 재상권력에 관한 논의가 하나 들어 있다. 그것은 유불의 설과 잘 조응한다.

조정의 기강에 대해 말씀드리자면, 그것은 특히 더 엄격해야 합니다. 위로는 인주로부터 아래로는 온갖 하급 관원에 이르기까지 각각 직분을 갖고서 서로 침범해서는 안 됩니다. 군주가 비록 명령 제정을 직무로 갖고 있더라도 [군주는] 반드시 대신들에게 상의해보고, 급사給舍들에게 참고해보도록 하며 그들로 하여금 숙의하도록 해야 합니다. 그럼으로써 공적 의론의 소재를 구하고, 그런 다음에야 조정에 선포하여 분명하게 명령으로 내리며 공적으로 행합니다. 그러므로 조정은 존엄해지고 명령은 상세하고 신중해집니다. 비록 부당한 점이 있더라도 천하 사람들은 그 오류가 어떤 사람에게서 비롯됐는지 분명히 알기 때문에, 인주 혼자 그 책임을 다 지지 않습니다. 신하 중 그에 대해 의론하고 싶은 자는 역시 자기 말을 다 할 수 있으며 [군주는] 그에 대해 거리끼지 않습니다. 이것이 고금의 영원한 이치이며 조종의 가법입니다. 지금 폐하께서 즉위한 지 얼마 되지 않아, 재집宰執[재상]들을 나아오고 물러나게 하고 대간들을 바꿔버렸으며, 심하게는 이제 막 임명된 사람을 갑자기 물러나게 했는데, 모두 폐하의 단독 판단에서 나온 것으로 대신들은 폐하와 더불어 도모하지 않았고 급사들은 그에 대해 논의한 적이 없습니다. 설사 폐하의 단독 판단에서 나온 것이 모두 이치에 합당하다 하더라도, 그것은 통치의 근본이 아닌 것으로서 장래 일어날 폐단의 선례가 될 것입니다. 하물며 안팎으로 소문이 돌아 의혹을 하지 않음이 없게 되어, 모두들 '[군주의] 주위 신하들이 그 권한을 훔쳤을 것이다'라고들 말합니다. 그러니 그렇게 행하는 바는 미처 공적 의론에 충실하지 못한 것입니다!⁷

왕무굉王懋竑의 『주자연보』에 따르면, 이해(1194) 영종寧宗이 즉위했고, 주희는 영종의 부름을 받아 서울로 출발했다. 그해 9월 정해일에 "상요上饒 지방까지 이르렀을 때, [영종이] 내비로써 수상首相(유정留正)을 내쫓았다는 소식을 듣고 주희는 걱정하는 기색을 띠었다. 제자들이 그 이유를 묻자 주희는 '대신들의 진퇴는 당연히 그 형식을 지켜야 하는데, 어찌 그렇게 하는가?'라고 대답했다."⁸ 그러므로 위 인용구 역시 황제의 '내비'를 겨냥한 말이었다. 주희의 비판은 유불에 비해 훨씬 더 심각하고 세밀하지만, 둘은 군주권력과 재상권력 구분에 관해서는 대체로 일치한다. "군주는 명령 제정을 직무로 갖는다"는 주희의 말은 "명령이란 제왕의 핵심이다"라는 유불의 말과 일치한다. "대신들에게 상의하고, 급사들에게 참고한다"는 주희의 말은 "중서의 참시와 문하의 봉박을 거친다"는 유불의 말과 일치한다. "분명하게 명령으로 내리고 공적으로 행한다"는 주희의 말은 "상서성이 시행한다"는 유불의 말과 일치한다. 이렇게 세 부분에서 일치한다. 송대에서 군주권력과 재상권력 사이의 분한과 운용 절차에는 이미 확고한 객관적 표준이 있었던 것이다. 그렇지 않다면 두 사람이 황제에게 그런 말을 한 시기가 73년이나 떨어져 있는데도 그처럼 꼭 들어맞을 리가 없다. 또한 그런 표준이 있었기에 영종과 도종도 유불과 주희의 말에 이렇다 할 반박을 하지 않았을 것이다. 첫째, 주희는 군주와 백관百官이 "각각 직분을 갖고서 서로 침범해서는 안 된다"고 말하고, 둘째, 황제의 '독단적 판단'이 설사 "이치에 합당하더라도, 그것은 통치의 근본은 아니라"고 말한다. 이 두 구절은 특히 두드러진 것으로, 전통적 체제하에서 최대한도로 황제의 전제('독단')를 비판한 것이다. 그 뉘앙스를 자세히 음미하면, 주희는 한편으로 천하 통치의 권력 원천('명령')이 황제에게 귀속됨을 인정하면서도, 다른 한편으로는 '온갖 관리百執事들의 직권('재상권력'으로 통칭될 수 있다)이 상대적 자주성을 갖고 있으며 '임금'이라 할지라도 이를 "침범해서는 안 된다"는 점을 강조한다. 이뿐 아니라, 설사 권력 원천으로부터 비롯한 '명령 제정'이라 할지라도, 결국 '대신(승상, 참지정사, 지추밀원知樞密院)'과 '급사(문하급사중門下給事中, 중서사인中書舍人)'들의 반복적 토론을 거침으로써 "공적 의론의 소재를 구해야 한다"고 말한다. 따라서 위 인용문은 주희가 제도적 용어를 사용해 '황제와 사대부가 함께 천하를 다스린다'는 체제를 묘사한 것으로 간주될 수 있다. 이런 묘사에 따르면, "군주는 존귀하고 신하는 비천하다"는 원칙에서 드러나는 양자 사이의 거리는 매우 단축되어버린다. 그런데 다음 사항은 반드시 지적되어야 한다. 즉 제도는 현행의 것으로서 당시 운용에서 제도적 언어와 이상적 언어가 달랐을 것이지만, 제도에 위배되는 일은 결국 예외에 속한다는 사실이다. 그러므로 우리는 주희의 말이 실제로부터 완전히 유리된 공허한 말이라고 오독해서는 안 된다.

왕안석은 희령 2년(1069) 참지정사로 임명되었는데, 그가 갖고 있던 재상권력은 성격이 매우 특별했다. 이 점은 '삼사조례사' 설립을 통해 엿볼 수 있다. 『송사』「직관지職官志 1」을 보자.

제치삼사조례사制置三司條例司는 나라 계획을 설계하는 일을 관장하고, 옛 법제의 변화를 통해 천하의 이익을 도모하는 일을 의논한다. 희령 2년에 설치되었고 지추밀원 진승지陳升之와 참지정사 왕안석이 그 일을 했으며, 소철과 정호 등 역시 소속 관원이 되었다. 얼마 지나지 않아 진승지가 상황을 관찰하고서 말했다. "조례에는 단당 관리가 있을 뿐 새상의 직무는 아니니 그만두고자 합니다." 황제가 〔삼사조례사의 업무를〕 중서성에 귀속시키려 하니, 왕안석이 추밀부사로서 진승지를 대신하게 해달라고 요청했다. 희령 3년 판대명부判大名府 한기가 말했다. "조례사는 비록 대신이 이끌고 있지만 최종 결정이 내려지는 곳입니다. 지금 중서성을 거치지 않고 직접 아래에서 행해진

다면, 중서성 밖에 또 하나의 중서성이 있게 되는 셈입니다." 5월에 〔삼사조
례사를〕 해체하고 중서성으로 귀속시켰다.9

삼사조례사는 변법을 위해 특별히 증설된 기구였다. 바꿔 말하면, 변법의
명령을 내고 시행하는 총지휘부 격으로, 격렬한 논쟁을 펼쳤던 청묘법과 면역
법이 모두 여기서 나왔다. 삼사조례사는 왕안석이 신종의 전폭적 지지 아래
독자적으로 결정하고 행동하는 곳이었고, 인사 조치도 왕안석 혼자 전권을
가지고 있었다. 『속자치통감장편』의 희령 3년(1070) 5월 무술일 조목을 보면,
신종이 왕안석에게 "조례사를 중서성으로 병합시킬 수 있는가?"라고 묻고 있
으며, 갑진일에는 "〔삼사조례사를〕 해체하고 중서성으로 귀속하라"는 두 기록이
있는데,10 이는 위 인용문에 대한 분명한 증거다. "중서성 밖에 또 하나의 중서
성이 있게 되는 셈"이라는 한기의 말은 조례사가 갖고 있던 것이 특수한 재상
권력이었다는 점을 더욱 분명하게 밝혀준다. 소식은 희령 4년(1071) 2월 「신종
황제에게 올리는 만언서上神宗皇帝萬言書」에서 말한다.

송 창건 이래 재무를 관할하는 자들은 삼사三司의 사使, 부副, 판관判官에 불
과했습니다. 지금까지 100년이 흐르는 동안 그 일에 결함이 있었던 적이 없
습니다. 지금 아무 이유 없이 또다시 사司를 하나 창립하여 '제치삼사조례
사'라 부르고, 6~7명 젊은이들로 하여금 밤낮으로 그 안에서 일을 강구하
도록 하고 있으며, 사자使者 40여 명이 각지로 파견되어 일을 처리하고 있습
니다. 〔제치삼사조례사의〕 일의 규모가 방대하여 민民이 실로 놀라며 의심하
고 있습니다. 특이한 법을 만들고 있으니 관리들이 모두 놀라며 당혹스러워
합니다.11

이 구절은 조례사가 전국적 범위에서 지시를 하고 명령을 발하는 실제 상
황을 매우 생동감 있게 묘사한다. 이런 특수한 재상권력은 실제 운용 과정에

서야말로 그 위력을 충분히 드러낸다. 따라서 제도 측면에서 정태적으로 관찰한다면 그 내포를 다 이해할 수 없을 것이다. 소백온의 기록 역시 소식의 묘사를 뒷받침한다.

중서성이 삼사조례사를 설치했는데, 서로 함께 의론하는 자들은 천하의 경륜을 자신들의 임무로 삼고서 처음으로 조종의 옛 법제를 변혁했고, 오로지 세금을 거두는 데 힘을 쏟았으며, 사적으로 조목條目을 세워 사방으로 반포했다. 망령되이 『주관周官』 『주례』를 인용함으로써 상벌을 뒷받침했다. 보필들이 이의를 제기해도 회답받지 못했고, 대간들은 관직의 힘에 의거해 다퉜지만 〔권한을〕 빼앗지 못했으며, 주州와 군郡의 감사들이 명령대로 행하다가 조금이라도 그 의도를 거스르면 견책이 뒤따랐다. 채용된 사람들이 모두 경박한 젊은이들이었으니 천하가 시끄러웠다.[12]

소식은 촉당蜀黨을 대표하고 소백온은 낙당洛黨을 대표하므로 두 사람 모두 신법을 공격하던 사람들이다. 그런데 "서로 함께 의론하는 자들은 천하의 경륜을 자신들의 임무로 삼았다"는 소백온의 말은 왕안석이 신법을 추진했던 그 배후의 정신적 동력을 무의식중에 드러낸다. 그 말은 왕안석 정적政敵의 입에서 나온 것인 만큼 더욱 중시할 만하다. 적어도 변법 초기에 왕안석과 그의 '젊은 속료屬僚'들은 모두 "천하를 나의 임무로 삼는다"는 자각과 "함께 천하를 다스린다"는 자각이 있었기 때문에 비로소 그처럼 용왕매진할 수 있었다. 그런 '젊은이'들 가운데는 여혜경과 증포도 있었다. 이 둘은 『송사』의 「간신전奸臣傳」에 들어가 있다. 설사 그들이 나중에는 권력에 의해 부패되었음이 분명하다 하더라도, 초년에는 '천하 경륜'의 이상과 열정이 있었다는 사실까지 말살해서는 안 될 것이다. 앞서 인용한 『송사』「직관지」는 소철과 정호 모두 조례사 초기의 '소속 관원屬官'이었다는 사실을 말해준다. 『송사』 본전에 따르면, 조례사가 처음 설립되었을 때 소철도 "그 소속이 되었으나爲之屬", 오래지 않아 청묘법 문제로 왕안석 여혜경과 의견이 합치하지 않았고, 이로 인해 '하남추관河南推官'으로 발령 받았다고 한다.[13] 정호의 사적은 본전[14]과 「명도 선생 행장」[15]에 보이지는 않지만, 제1장에서 이미 설명했다시피 그가 조례사 관원이었다는 점은 의문의 여지가 없다. 이로부터 알 수 있는 사실은 희령 2년(1069) 신종의 변법에 대한 호소가 처음에는 사대부들로부터 광범위한 반응을 얻었다는 점이다. 심지어 나중에 촉당과 낙당으로 분화되는 주요 인사들 역시 왕안석과 더불어 공동으로 "천하를 경륜한다經綸天下"는 포부를 한 번쯤은 갖고 있었다. 비록 그 기간이 극히 짧기는 했지만 말이다.

다른 한편으로 다음을 반드시 인식해야 한다. 곧 신종은 그때 겨우 스무 살을 갓 넘긴 '젊은' 황제로서, 가슴 속 가득 열정을 지니고 왕안석의 '신법' 후원자가 되었다. 희령 5년(1072), 자신에 대한 신종의 신뢰가 흔들리고 있음을 느낀 왕안석은 사직을 거듭 고집한다. 신종이 그를 만류하면서 한 말은 매우 간절하며 또 감동적이다. 그 세 가지 예를 인용해본다.

경이 짐을 위해 관직에 오른 것은 벼슬이나 봉록 때문이 아니라, 오직 도술道術을 품어 민에게 은택을 베풀 수 있어서였다. 그러니 스스로 은둔함으로써 사람들이 그 은택을 입지 못하게 하면 안 된다. 짐이 경을 등용한 이유가 어찌 다른 데 있겠는가? 하늘이 총명한 이를 낳아주셔서 민을 다스릴 수 있으니, 서로 함께 그 도를 다함으로써 민을 다스리려 했을 뿐이지 공명을 위함은 아니었다. 예부터 있었던 군주와 신하 가운데 경과 나처럼 서로를 알아주었던 사례는 극히 적다. 어찌 근세의 군주와 신하 관계에 비기겠는가? (…) 짐이 완고하고 비루하여 처음에는 잘 모르다가, 경이 한림翰林에 있고 나서 비로소 [경의] 도덕道德의 설을 듣고 마음에서 작은 깨달음이 있었다. 경은 짐의 스승이자 신하이니 [짐은] 경이 사직하는 것을 결단코 허락하지 않는다.[16]

경은 성명性命의 이치를 알고 있으니 공명과 작록에 마음을 두지 않았다. 군주와 신하의 의義를 경은 폐하려 해서는 안 된다. 짐이 경에 대해 아직 실망한 적이 없는데, 경은 또다시 실제로는 아무 병도 없으면서 어찌 그것을 이유로 거취를 정하려 하는가?[17]

짐과 경이 서로를 알아주는 것은 근세 이래 비슷한 사례가 없었다. 그러므로 [짐과 경 사이의] 군주-신하 관계는 외형에 불과할 뿐이다. 그런 외형이 진실로 경을 얽맬 수는 없다. 그런데 군주와 신하의 의義는 원래 친구들[사이의 의]보다 중요하다. 만약 친구들이 경과 더불어 약속을 했다면, [경은] 그렇게 신중에 신중을 거듭해야 하고, 경은 또한 그를 위해 조금은 굽힐 줄도 알아야 한다. 짐이 이미 경과 더불어 군주와 신하가 되었는데, [경은] 어찌해서 짐을 위해 조금도 굽혀주지를 않는가?[18]

위 세 이야기는 왕안석의 『일록』에 나오기에 당시 왕안석 혹은 채변이 지어낸 이야기라고 의심하는 사람들도 있었다.[19] 그러나 『일록』이외 사료들을 통해 세 이야기를 실증할 수 있다. 예를 들어 "스승이자 신하師臣"라는 칭호는 "의로써 사우 관계를 겸했다"는 육전의 말과 부합하고, "형공[왕안석]이 처음 재상이 되었을 때 스승이자 신하로서 자처했고, 그에 대한 신종의 예우는 매우 두터웠다"[20]는 소백온의 기록도 그 방증이 된다. 이뿐 아니라, 남송 말기 도종은 가사도를 존중하여 그를 "스승이자 신하"라고 부르고 그의 이름을 부르지 않았는데, 이는 신종의 사례를 모범으로 삼은 것이다.[21] "군주와 신하가 서로를 알아준다" "군주와 신하 관계는 외형에 불과하다" 등은 대체로 사실과 그리 차이가 나지 않는다. 증공량曾公亮은 왕안석이 크게 쓰일 만하다고 최초로 천거한 자였고, 또한 왕안석과 함께 집정이 된 사람이다. 그는 소식을 만나서 "주상과 안석과 마치 한사람인 듯한데, 이는 하늘이 허락한 일이다"[22]라고 말했다. 그러므로 위에서 인용한 신종의 말은 그 어세에서 약간 과장된 수식이 가해진 감이 있기는 하지만 전적으로 꾸며낸 말이라고 할 수는 없다.

위에 인용된 여러 말은 대체로 믿을 만하다. 우리는 그런 말들로부터 세계를 새롭게 만들어내는 위대한 구상을 절실하게 추구했던 한 젊은 황제를 볼 수 있다. 신종은 아무런 주저 없이 자신이 마음속으로 그리던 이상적 재상에게 최대한의 지원을 보냄으로써, "서로 더불어 함께 그 도를 다하여 민을 다스린다相與盡其道以乂民"는 최종 목적을 이루고자 했다. 이는 신종이 "사대부와 더불어 함께 천하를 다스린다"는 원칙에 동의했다는 점을 충분히 설명해준다. 따라서 신종이 변법에 보인 열정과 최초 왕안석에게 주었던 무한한 신임이야말로 왕안석이 특별한 재상권력을 얻게 된 근거가 됐다. 왕안석은 참지정사로 임명되었을 때에는 삼사조례사 운용을 통해 자신의 특수한 재상권력을 발휘하려 했고, 재상으로 정식 임명 되었을 때는 실제 행위 속에서 재상권력을 종종 확장하고는 했다. 여기서 사례를 하나 들어 이에 대한 설명을 뒷받침하고자 한다. 『속자치통감장편』의 희령 4년(1071) 2월 갑자일 조목이다.

증포가 검정오방공사檢正五房公事가 되었다. 증포는 무슨 일에서든지 매번 왕안석에게만 보고하고 곧바로 실행에 옮겼다. 어떤 사람이 증포에게 말하기를 "두 참정에게 보고해야 한다"라고 했다. 두 참정이란 풍경과 왕규王珪다. 증포는 "승상께서 이미 의론을 정했는데, 무엇을 묻겠습니까? 그들은 명령이 나오기를 기다렸다가 서명만 하면 될 뿐입니다"라고 말했다.[23]
어사중승御使中丞 양회楊繪가 말했다. "(…) 제가 또한 듣건대, 여러 방房 검정관檢正官들이 문서를 결정할 때마다, 아직 주상께 상신해서 지시를 듣기 전 오직 재신 왕안석에게만 나아가서 의논하고 회답을 얻으며, 그런 다음 곧바로 문서를 지어서 주상께 상신한다고 합니다. 풍경 등은 단지 이미 작성된 상신자 문서에 서명만 하고 그대로 시행할 뿐입니다. 제가 생각하기에 국가가 보필들을 세운 까닭은 모든 일에 장점을 모음으로써 합당하게 처리되도록 상세히 처리하고, 또한 권한이 한쪽으로 쏠리는 일을 방지하기 위함입니다. 지금 검정관들은 모두 조정에서 발탁한 사람들인데 이처럼 본질을 모르기에 바깥 의론이 들끓는 상황을 초래했습니다. 밖의 모든 사람은 공문의 내용 수정도 오직 재신 왕안석과 도검정관 증포가 상의해서 할 뿐, 참지정사 풍경과 왕규는 미리 듣지 못하는 경우가 있다고들 합니다.[24]

이 일은 "바깥 의론이 들끓는" 큰 사건이어서, 『소씨문견록』(권12)에도 동일한 기록이 있고, 또 그 기록은 배경을 보충해서 이렇게 말한다. "여혜경이 부친상을 당하여 벼슬을 사직하자, 왕형공[왕안석]은 마음으로 의지하고 함께 일을 도모할 사람이 누구일지 알지 못했다. 증포는 (…) 교활하여 왕형공의 의도에 영합했기에 공이 그를 좋아했다. (…) 증포는 도검정이 된지라 일을 형공에게 보고하고서 곧바로 실행했다."[25] 왕안석이 동중서문하평장사同中書門下平章事에 임명된 때는 그 이전해(1070) 12월 정묘일이었고, 증포를 등용한 것은 그로부터 두 달이 채 걸리지 않았다. 증포는 일체를 독자적으로 판단하고 실행했으며 참지정사는 아예 무시했다. 이로부터 알 수 있는 사실은 희령 2년(1069) '신법' 시행 이래, 권력의 중심이 전적으로 왕안석 개인의 직위에 따라 움직여갔다는 점이다. 곧 왕안석이 참지정사에 임명되었을 때, 증공량과 진승지도 함께 참지정사였지만 둘은 자리나 채우는 수준이었다. 진승지가 삼사조례사를 중서성으로 귀속시키자고 건의하여 왕안석의 뜻을 거스르자, 진승지는 결국 황급히 면직되고 말았다.[26] 왕안석이 독주하기에 이르자 대권이 재상의 손에 떨어졌고, 참지정사 풍경과 왕규 두 사람은 그와 반대로 '서명'만 하는 역할을 했다. 이런 특수한 권력의 동태에 대해서는 난 한 가지 해석만 가능하다. 곧 신종이 왕안석을 절대적으로 지지했다는 것이다. 그러므로 신종과 왕안석은 '마치 한사람'인 것 같았을뿐더러 어떤 의미에서는 군주권력과 재상권력이 잠시나마 합일했다고 할 수 있다.

신종과 왕안석은 변법이라는 공통의 이상 위에서 한데 결합했다. 그렇지만 일단 이상이 권력세계에 놓이게 되면 예측하기 어려운 다양한 변화가 신속히 일어나기 마련이다. 그 가운데서 단정할 수 있는 유일한 것은 권력의 비중이 필연적으로 이상을 압도해버린다는 사실이다. 희령 7년(1074) 4월 왕안석이 사직의 뜻을 굽히지 않자 신종도 결국 그의 청을 들어준다. 그렇지만 그 사건을 전후로 하여, 군주권력과 재상권력 사이의 긴장이 그 흔적을 이미 드러냈다. 『송사』 권471 「채확전蔡確傳」 기록을 보자.

> 채확은 인주人主의 의도를 잘 관찰하여 추이에 따라 처신을 바꿨는데, 신종이 이미 왕안석을 싫어함을 알았다. 왕안석이 말을 타고 선덕문宣德門에 들어가다가 위사衛士[대궐이나 능, 관아, 군영 등을 지키던 장교]와 더불어 다투자, 〔채확은〕 곧바로 왕안석의 과실에 대해 상소함으로써 자신의 정직과 무사를 증명하고자 했다. 〔채확은 그 이후〕 직집현원直集賢院이 되었다가 어사지잡사御史知雜事로 옮겨갔다.[27]

『속자치통감장편』을 살펴보면, 왕안석이 선덕문 안에 들어가다가 말에서 내린 사건은 희령 6년(1073) 정월 14일에 일어났다. 당시 그 일은 대사건으로 커졌다. 왕질王銍은 「원우보록 채확전元祐補錄蔡確傳」에서 이 일을 다르게 기록한다. 곧 왕의 종자從者가 왕안석의 말을 상하게 했다는 것이다. 또 채확과 신종 사이에 오간 문답을 아래와 같이 인용한다.

> 채확이 성난 기색으로 말했다. "폐하께서는 방정, 돈후, 우애, 공손으로써 천하를 교화하기 위해, 음력 정월 15일에 궁중에서 연회를 열어 어머니를 위로하셨습니다. 왕안석은 대신으로서 마땅히 폐하의 효도와 우애의 뜻을 체득해야 했습니다. 만약 종자가 실수한 것이라면, 폐하와 더불어 시비곡직을 가려야 합니다. 신은 폐하의 대권이 한번 가버리면 다시 환수되지 못할까 두렵습니다." 주상이 놀라서 "그대는 어찌 왕안석에 대해 감히 그렇게

말하는가?"라고 말했다. [주상이] 그때 이후 채확을 크게 쓰려는 뜻이 있었다.[28]

『속자치통감장편』 편찬자는 「원우보록 채확전」이 사실과 부합하지 않는다고 여기고서, 그것이 왕질의 "내용 첨가나 꾸밈增飾"에서 나왔을 것이라고 의심한다. 그렇지만 채확의 말 가운데 "폐하의 대권이 한번 가버리면 다시 환수되지 못할까 두렵다"는 말은 당시 왕안석 정적들이 절대 포기하고 싶지 않던 날카로운 무기였다. 임희林希의 『야사野史』는 당시 고위 환관 장무칙張茂則이 왕안석에 대해 논박한 일을 기록하고 있다. 그에 따르면 장무칙은 "상공相公[왕안석] 역시 신하인데 어찌 그렇게 할 수 있습니까? 왕망王莽[자신이 옹립한 평제를 독살하고 전한前漢의 제위를 빼앗아 신新나라를 세운 인물]이 되지 않겠습니까?"[29]라고 말했다. 이도의 『속자치통감장편』에 인용된 신종과 왕안석의 대화 전체를 통람해보면 우리는 매우 분명한 인상을 얻을 수 있다. 곧 일체의 크고 작은 논쟁에서 결국 마지막에는 언제나 신종이 왕안석을 인정하곤 했다는 사실이다. 앞 장에서 인용한 육전의 「신종황제실록서」에 따르면, 신종은 왕안석에 대해 "자신을 굽히면서 일체를 그에게 따랐"고 하며, 또한 "그때마다 표정을 바꾸고 [왕안석의 견해를] 흔쾌히 받아들였다"고 한다. 이런 이야기들은 조금도 과장이 아니었다. 그래서 군주권력과 재상권력이 잠시 동안 합일했다는 나의 말은 사실 신종이 능동적으로 자신의 군주권력을 왕안석 재상권력의 운행 궤도 속으로 들여넣었음을 가리킨다. 하나의 공통적 이상이 양자를 관통하고 있어서 군주와 신하 관계가 그처럼 형식에서 벗어날 수 있었던 것이다. 그렇지만 신종의 좌우에는 왕안서 및 그 신법을 비난하는 사람이 무척 많았다. 태황태후 광헌光獻, 황태후 선인宣仁, 환관 장무칙, 총신 이평李評 등이 있었고, 그 밖에도 변법을 지지하기는 하지만 수시로 권력 쟁탈의 기회를 노리던 채확, 여혜경 같은 직업관료들이 많았다. 오랫동안 그들로부터 영향을 받자 왕안석에 대한 신종의 믿음에도 동요가 생길 수밖에 없었다. 결국 권력에 대한 계책이 이상에 대한 집념을 넘어섰다. 때문에 "대권이 한번 가버리면 다시 환수되지 못한다"는 식의 이야기가 정말로 채확의 입에서 나왔다 해도 그리 놀라운 일이 아니다.

왕안석이 재상권력을 확장했던 실례를 하나 더 들어보자. 위태魏泰는『동헌필록東軒筆錄』에서 말한다.

장악張諤이 검정중서오방공사檢正中書五房公事이자 판사농시判司農寺로서 주상에게 말했다. "천하의 사묘祠廟에 때마다 제사를 지내고 보시를 드리고 있으니, 바라건대 나루터와 시장에 의지하여 사람들로 하여금 그것을 싸게 사들이도록 하십시오." 왕형공이 정권을 잡고 있었을 때 대부분 장악의 말을 위주로 한 터라, 사농이 요청을 하자 종종 중서성에서 곧바로 시행했고 조정의 지시를 거치지 않았다. (…) 남경에 고신묘高辛廟가 있었는데 평소에는 기제祈祭를 전혀 지내지 않았다. 현의 관리가 강제로 그것을 빼앗았고 [고신묘의] 축사祝史[제사를 맡은 관리]는 겨우 1만을 받았다. 당시 장방평이 남경 유수留守였는데 항의하는 상소문을 올려 말하기를 "조정의 재정 증식에는 마땅히 이치가 있겠지만, 어찌 옛 제왕의 사묘를 백성에게 팔아넘김으로써 겨우 1만의 이익을 꾀합니까?" 주상이 상소문을 보고 매우 놀라 마침내 그 이유를 묻고서, 장악의 건의가 중서성에서 검토된 적이 없음을 알았다. 이때부터 명령을 내려 신료들이 요청을 하면 반드시 상주한 이후에 [신료들 요청이] 시행되어야 한다고 규정했다. 이에 사묘를 파는 일은 중지되었다.[30]

『속자치통감장편』을 살펴보면, 장악이 '검정중서오방공사'로 임명된 때는 희령 7년(1074) 3월 갑자일이다.[31] '판사농시'로 임명된 때는 같은 해 7월 계묘일이다.[32] 장방평이 '응천부(곧 남경) 지사知應天府'로 있다가 선휘북원사宣徽北院使로 임명된 때는 같은 해 12월 정묘일이었는데,[33] 그가 "남경으로 가다가 서울의 대궐을 지난" 때는 그해 10월이었다.[34] 이로부터 추산해보면, 남경이 고신묘를

팔았던 일은 희령 7년 10월에서 12월 사이에 일어났을 것이다. 장악의 관직명에 대한 위태의 기록에는 약간의 착오가 있는 듯하다. 내가 『속자치통감장편』의 관련 부분을 검토하기로는 그 기간에 '검정중서오방공사, 판사농시'로 임명된 사람은 이승지이기 때문이다. 어쨌든 이는 왕안석이 재상직을 사임(희령 7년 4월 병술일)한 이후의 일이다. 그러나 "사농이 요청을 하자 종종 중서성에서 곧바로 시행했고 조정의 지시를 거치지 않았다"는 선례는 왕안석 집정 시기에 시작되었음이 분명하다. 큰일이건 작은 일이건 상관없이, 왕안석이 결정하면 일이 중간 절차를 거치지 않고 곧바로 중서성으로 이관되어 시행되어, 다시 상주를 올리지 않곤 했다. 이때 신종은 이에 대해 재상권력이 군주권력을 침범하는 것이라고 인식했던 것이 분명하다. 때문에 "반드시 상주를 한 이후에 시행하라"는 명령을 내렸을 것이다.[35]

이 장은 송대 군주권력과 재상권력 사이의 관계를 다루면서 희령변법을 획기적 변화로 간주하지만, 주요 논지는 여전히 사대부 세계의 내부구조를 보여주는 것이다. "사대부는 천하를 자신의 임무로 삼는다"는 일반적 의식이 비록 범중엄에 의해 제시되기는 했지만, 황제가 "사대부들과 함께 천하를 다스린다"는 관념이 정치적 실천 속에서 구체화한 것은 희령 시대의 새로운 발전이었다. 신종이 아무런 유보 조건 없이 자신의 군주권력을 왕안석의 재상권력의 작동에 맞춘 것은 일종의 숭고한 공동 이상 위에 바탕을 둔 것으로, 이는 앞서 설명한 바와 같다. 그런데 그것은 왕안석 개인에 대한 신종의 신임에서 비롯했을 뿐만 아니라 사대부 집단에 대한 신종의 존중에서 비롯한 것이었다. 왜냐하면 신종이 이해하기로 왕안석의 변법 구상은 사대부의 공통 인식을 대변하는 것이었기 때문이다. 시미광은 왕안석 초년의 행적에 대해 다음과 같이 말한다.

〔안석은〕 의론이 높고 특이하며 광범위한 지식으로써 자신의 이론을 구성할 수 있었으니, 다른 사람들이 그를 굴복시킬 수 없었다. 처음에 직위 낮은

관료가 되었지만 벼슬길에 급급하지 않았다. (…) 젊었을 때 지방직으로 가기를 간구하여 상주常州 지사가 되었고, 이때부터 이름이 천하에 알려졌으며 사대부들은 그와 사귀지 못함을 한스럽게 생각했다. 조정은 그에게 좋은 관직을 주려 한 적이 있는데, 오직 그가 임명을 받아들이려 하지 않을까 걱정했다.[36]

소백온의 말에 따르면, 사마광은 "이 당시 이미 왕개보[왕안석]와 절교하여, 개보에 대해 기록할 때는 그의 선악을 숨김없이 곧바로 썼다."[37] 따라서 위 묘사는 절교한 정적이 작성한 것이기에, 왕안석은 집정하기 전에 이미 많은 사대부로부터 신망을 받던 정신적 지도자였음을 알 수 있다. 신종은 왕안석에게 재상권력을 위임하고 아울러 군주권력으로 그것을 후원함으로써 "사대부와 더불어 천하를 다스린다"는 원칙을 실현하려 했다. 이 점과 관련해서는 다음 장에서 '국시' 문제에 대해 더욱 상세히 논증할 것인 만큼 여기서는 더 언급하지 않기로 한다.

왕안석의 특별한 재상권력이 획기적 의미가 있기는 하지만, 우리는 긍정과 부정 양 측면에서 그것을 이해해야 한다. 긍정적 의미에서 그것은 천하를 다스리려는 사대부의 권력이 황제로부터 정식 승인을 받았음을 의미한다. 당시 정치적 이상에 비추어보면, 황제와 사대부 사이에는 비록 정치적 지위상 높고 낮음의 차별이 있었지만, 그들은 천하를 다스린다는 책임을 공동으로 지고 있었다. 분업 협력의 원칙에 따라, 황제와 사대부는 각각 자신의 직무를 다하면서 민을 위한 합리적 생활 질서를 세워야 했다. 이런 이상 아래에서 변법으로 왕안석이 얻은 특별한 재상권력은 비록 신종이 부여해준 것이지만, 이를 신종이 왕안석에게 베푼 특별한 은택으로 보면 절대 안 된다. 왜냐하면 신종이 왕안석에게 권력을 부여해준 것은 황제 본인의 공적 직무에 해당될 뿐 개인의 일이 아니었기 때문이다. 마찬가지로 왕안석의 재상권력 역시 그 개인에게 속한 것이 아니었다. 왕안석이 특별한 재상권력을 얻은 까닭은 그가 사대부를 대표하여 변법이라는 특수한 임무를 받아들였기 때문이다. 군주와 신하 관계에 대한 신종과 왕안석의 인식은 동시에 새로운 수준에 이르렀거니와, 둘은 매우 진지하게 그 인식을 실천으로 옮겼다. 바로 이 점에서 둘은 이전 시대를 초월했다. 이런 역사적 판단은 필자 개인의 주관적 추측이 아니라 육구연의 「형국 왕문공 사당기荊國王文公祠堂記」에 기초를 두고 있다. 「사당기」 중 다음 단락은 특히 일독할 만하다.

유릉裕陵(신종의 묘호廟號)이 공[왕안석]을 등용하고서 당 태종이 어떤 군주였는지 물었다. 공이 대답했다. "폐하께서는 모든 일에서 요순 임금을 모범으로 삼아야 합니다. 태종은 아는 범위가 좁았고, 행동은 법도에 다 합치하지 않았습니다." 유릉이 말했다. "경은 군주를 비판하는 사람이라 할 수 있겠구나. 그러나 나는 아는 것이 막연하여 아마도 그런 뜻에 부합할 수 없을 것 같다. 그대가 마음을 다하여 나를 보필하면 아마도 함께 이 도를 이룰 수 있을 것 같다." 그때부터 군주와 신하의 의론은 요순을 기약하지 않은 적이 없었다. 공에게 정사를 맡기면서 말하기를 "나를 도울 수 있다면 기탄없이 다 말하라"고 했다. 또 "나를 독려하고 비판하여 큰일을 하도록 해야 한다"고 했다. 또 "하늘이 준수하고 명철한 인재를 낳으셔서 민을 보호할 수 있게 되었으니 원칙상 마땅히 그와 함께 협력해야 한다. 만약 허송세월하면 이는 스스로 포기하는 것이다"라고 말했다. 진한 이래, 천하를 다스린 군주 중 이런 의義를 알았던 군주가 있었던가? (…) 공은 말한다. "군주와 신하가 함께하면서 각각 그 의를 다하고자 할 뿐입니다. 군주라면 군주의 도를 다하려 해야 하고 신하라면 신하의 도를 다하려 해야 할 뿐, 서로 베풀기 위함은 아닙니다." 진한 이래, 벼슬길에 나아간 사 중 이런 의를 알았던 사람이 있었던가?[38]

육구연은 자신이 본 『신종실록』과 왕안석의 『일록』에 근거해 위 두 사람의 문답을 인용했을 것이므로 그 신빙성은 매우 높다. 주희는 송나라의 역사적 문건을 숙독한 다음, 육구연의 「형국 왕문공 사당기」가 믿을 만하다고 인정했다.[39] 신종은 먼저 "함께 이 도를 이루자"고 말하고, 그다음 "민을 보호할 수 있게 되었으니 원칙상 마땅히 그와 협력해야 한다"고 말한다. 이 말은 천하를 다스리려면 반드시 사대부와 공동으로 일을 해야 한다는 것을 신종이 승인했다는 사실을 증명한다. 왕안석은 군주와 신하가 각각 그 도를 다해야 함을 강조하고, "서로 베풀기 위함은 아니다"라고 말한다. 곧 왕안석은 자신이 가진 특별한 재상권력은 결코 신종이 사적으로 수여한 것이 아니라는 점을 마음속으로 생각했다. 진한 이래 "이런 의를 알았던 사람이 있었던가?"는 육구연의 지적 역시 부인할 수 없는 사실이다. 왕안석의 재상권력은 획기적 의미를 지녔고, 육구연의 위 말은 그에 대한 가장 강력한 주석이라 할 수 있다.

그렇지만 이런 긍정적 의의는 아주 빨리 그 반면反面으로 변화해나간다. 앞서 지적했듯이 최초에 신종과 왕안석은 이상에 바탕을 두고 서로 결합하여 피차간의 권력 득실 문제는 주요 고려 대상이 아니어서, 군주와 신하 사이에는 겉치레가 없었고 군주권력과 재상권력 역시 합일의 형세를 이루었다. 이렇듯 이상이 주도를 한 시기는 합작의 최초 5~6년에 국한될 뿐이다. 희령 6년(1073) 1월 이후, 신종은 "폐하의 대권이 한번 가버리면 다시 환수되지 못한다"는 식의 말을 듣기 시작한다. 이 점은 앞에서 이미 언급했기에 여기서 중복하지 않겠다. 그러나 왕안석에 대한 신종의 존중은 뿌리부터 흔들린 것이 아닌 만큼 왕안석은 두번째로 재상직에 나아갔다(희령 8년 2월에서 9년 10월 사이). 그런데 이때 왕안석은 '신법'의 이상이 철저하게 실현될 수 있도록 보증하기 위해, 권력의 시각에서 문제를 고려하지 않을 수 없게 됐다. 『속자치통감장편』의 희령 8년(1075) 11월 조목에 신종과 왕안석 사이의 논쟁이 기록되어 있다.

때로 신법에 부합하지 않는 자들이 있자 왕안석은 그들을 엄중히 처벌하려 했다. 임금은 허락하지 않았다. 안석은 쟁변하면서 "그렇게 하지 않으면 법이 시행되지 않습니다"라고 말했다. 임금은 "듣자 하니 민간에서도 신법을 매우 힘겨워한다"고 말했다. 안석은 "민은 겨울에 춥거나 여름에 비가 내려도 그것을 구실로 원망을 하는데, 어찌 그런 것을 마음에 둘 필요가 있습니까?"라고 했다. 임금은 "겨울에 춥거나 여름에 비가 온다고 하는 원망을 물리치는 것도 나쁜 것이 아닌가?"라고 했다. 안석은 불쾌했고, 물러나서는 병에 걸렸다고 핑계를 댔다. 임금이 사자를 보내 그를 위로하고 격려하자, [안석은] 다시 곧 조정에 나왔다. 왕안석의 당인들이 왕안석을 위해 도모하여 말하기를 "지금 임금께서 평소 좋아하지 않던 문하의 사들을 [우리가] 한꺼번에 등용하지 않는다면, [우리의] 권력이 약해져서 장차 틈을 노리는 자들이 있게 될 것입니다"라고 했다. 왕안석은 그 말에 따랐다. 임금은 역시 왕안석이 다시 나온 것을 기뻐했고, [안석이] 제출하는 의안은 다 들어주었다. 이때부터 안석의 권력이 더욱 강해졌다.[40]

신종과 왕안석의 합작이 후기에 들어서자 쌍방에서 권력 의식이 수면 위로 떠올랐다는 점을 위로부터 알 수 있다. 그들 군주와 신하 둘은 비록 지향이 같고 추구하는 도 역시 합치했지만, 그들은 권력의 세계 속에서 각각 군주권력과 재상권력의 중심이었고, 그들 주위에는 서로 다른 권력 집단이 형성되어 있었다. 신하 집단을 강화함으로써 "틈을 노리는 자"들을 미연에 방지해야 한다고 일깨우는 사람들이 왕안석 주변에 있었는데, 이는 군주권력을 잃어서는 안 된다고 주의를 주는 사람들이 신종 주변에 있었던 것과 같다. 권력이 이상을 능가하자 긍정적 면모는 부정적 면모로 바뀌어버린다. 바로 여기서 그런 싹을 찾을 수 있다. 정이는 송대 재상권력에 대해 이렇게 논한다.

추밀원은 자리만 있는 셈이었고, 큰 사업은 3성의 동의를 구해야 했다. 그 외의 것은 담당 관리나 병부상서의 직무였다. 그런데 예조[송 태조, 즉 조광윤]는 이 점을 이용하여 재상의 권한을 나누었다. 신종이 관제를 개혁했던

것 역시 그런 의도를 따랐다.[41]

마지막 말은 매우 중요하다. 신종이 원풍元豊의 관제를 직접 정했던 데는 재상권력을 약화시키려는 의도가 있었다는 사실을 알 수 있기 때문이다. 과연 신종은 이런 대사업에서 독단적으로 일을 했고 왕안석과는 상의하지 않았다.[42] 이는 왕안석이 재상권력을 확장했던 것에 대한 자연스러운 반응이었다. 마침내 이상과 권력 사이에 파열이 생긴 것이다.

왕안석은 '신법'을 추진하기 위해 신종의 지원으로 점점 더 커지는 재상권력을 얻었다. 그렇지만 그에게 권력이란 단지 "천하를 다스리는" 이상을 실현하는 수단이었을 뿐 개인의 야심이나 사적 이익을 만족시키는 도구는 아니었다. 따라서 그는 확고한 대권을 장악했음에도 두번째로 재상직을 사임해버린다. 이런 점에서 왕안석에게는 '권상權相[권력을 독점한 재상]'의 혐의가 전혀 없다. 송대에 그를 비판했던 사람 중에도 왕안석이 권력을 농단했다고 주장하는 사람은 없었다. 그렇지만 왕안석이 재상권력을 확장하기 위해 사용한 각종 책략(대부분 속료들의 건의에서 나왔을 가능성이 높다)은 이후의 권상들에게 편리한 방법을 제시해주게 된다. 그래서 신종부터 남송 멸망 시기에 이르기까지, 권상(또는 권신權臣)들이 정치 무대로 연이어 등장한다. 철종 때의 장돈, 휘종 때의 채경, 고종 때의 진회, 영종 때의 한탁주韓侂胄, 이종과 도종 때의 가사도가 특히 유명한 사례다. 권상은 송대의 가장 특출한 정치 현상 중 하나였다고 주저 없이 말할 수 있다. 한층 더 깊이 들어가 관찰해보면, 그것은 '사대부와 황제가 함께 천하를 다스린다'는 새로운 현실 위에 기생하고 있었음을 알게 된다. 이 점과 관련해서는 앞서 이미 그 단서를 대략 인용한 터라, 다음 장에서 '국시' 문제를 다룰 때 보충하기로 하고 여기서는 더이상 언급하지 않겠다.

이제 세 가지 구체적 사례를 통해 왕안석의 재상권력 확장이 어찌하여 후대 권상들에게 편리한 문을 열어주었는지 살펴보자. 『주자어류』 권131은 진회의 권력 장악에 대해 논한다.

고종은 처음에 진회가 화의和議를 감당할 수 있으리라 보고, 마침내 모든 나라 권한을 그에게 맡겼다. [권한이] 진회의 손에 들어간 다음에 고종은 더이상 그것을 회수하지 못했다. 진회는 고종이 싫어하는 사람을 끌어당겨서 등용했지만, 고종은 어찌할 수 없었다.[43]

앞서 인용한 『속자치통감장편』 희령 8년(1075) 11월 조목에서 왕안석은 "임금께서 평소 좋아하지 않던 문하의 사들을 취하여 한꺼번에 등용했다"고 했는데, 이는 진회가 취한 행동과 같다. 이것이 첫번째 사례다.

『송사』 권391 「주필대전周必大傳」은 이렇게 말한다.

[주필대가] 참지정사로 임명되자, 임금이 물었다. "집정은 재상과의 관계에서 원래 '조화를 이루되 똑같이 하지는 않아야' 한다. 이전에 재상이 사업을 논의하면 집정은 더이상 아무 말도 하지 않았는데 왜 그런가?" 주필대는 대답했다. "대신들은 자기들끼리 서로 가부 판단을 해야 합니다. 진회가 국정을 담당하자 집정들은 감히 한마디도 하지 못했고, 나중에는 그것이 당연시되었습니다."[44]

주필대周必大(1126~1204)가 참지정사가 된 것은 순희 7년(1180)이므로[45] 진회가 죽은 지(1155) 불과 25년 후의 일이다. 위 이야기는 그가 직접 겪은 일인 만큼 신빙성이 높다. 그런데 앞서 인용한바, 희령 4년(1071) 왕안석이 재상이 되어 있을 내 참시성사 풍경과 왕규 두 사람은 이미 권력을 완전히 상실하여 사후에 서명하는 역할만을 하고 있었다. 따라서 재상 독단獨斷의 시발은 왕안석이지 진회가 아니었음을 알 수 있다. 이것이 두번째 사례다.

송대 전통 법제에 따르면, 대관臺官은 반드시 황제에 의해 임명된다. 그래서 인종은 "재상이 스스로 대관을 등용하면, 재상의 과실에 대해 감히 말할 사람이 없게 된다"[46]는 말을 했다. 경력 4년(1044) 8월 무오일에는 조칙을 내려 "금후로 대관직, 간관직을 제수할 때, 현임 보신輔臣[재상]이 추천한 사람을 임 용하지 말라"[47]고 했다. 이 조칙이 보여주는 것은 인종이 대관과 간관의 임용 에서 현임 재상과 참지정사 등의 추천을 허용하지 않는 방향으로 법을 엄격히 만들었다는 것이다. 이뿐 아니라 『속자치통감장편』 경력 3년(1043) 9월 무진 조목에는 다음 같은 기록이 실려 있다.

> 지간원知諫院 왕소王素에게 3품복服을 하사하고, 여정余靖, 구양수, 채양蔡襄 에게 5품복을 하사할 때, 그들을 직접 대면하여 훈시하기를 "그대들은 모 두 내가 직접 선택했으니, 일을 헤아려 논할 때마다 거리끼지 말라. 그래서 벼슬을 내린다"고 했다.[48]

이는 인종이 간관을 직접 선택했다는 증거다. 그러나 신종이 즉위하자, 조 종의 기성 법제와 인종의 새로운 법제 중 그 어떤 것도 채택하지 않았다. 신 종은 조정에서 신법에 반대하는 의론이 일어나는 것을 방지하기 위해 방향을 전환하여 대관과 간관의 추천 권한을 왕안석에게 부여했다. 앞서 인용한 대 로 소식은 희령 4년(1071) 인종에게 올린 「만언서」에서 이렇게 지적한 바 있다. 곧 신법이 일으킨 '여론의 비등物論沸騰'에 대해 대관과 간관들이 한마디도 하 지 않았고, 이로 인해 그는 "지금 이후로 습관이 되고 풍조가 되어 모두들 집 정의 사인私人이 될 것"[49]이라고 주장했다. 그런데 그 핵심을 실로 정확하게 파 악한 사람은 사마광이었다. 그가 희령 3년(1070) 4월 16일에 올린 「대관과 간 관을 황제가 직접 선택하실 것을 청하는 차자請自擇臺諫箚子」를 보자.

> 지금 폐하께서는 대신들로 하여금 대관과 간관을 직접 선택하도록 하시니, 대신들은 자기와 생각이 같은 사람을 취하여 남기고 자기와 (생각이) 다른 사람들은 내보냅니다. 그렇다면 폐하께서는 오직 대신하고만 천하를 다스

려도 족할 테니, 어쩌 반드시 대관과 간관을 둘 필요가 있겠습니까?[50]

희령 7년(1074) 4월 18일, 사마광은 또다시 「조칙에 응해 조정의 잘못에 대해 말하는 장계應詔言朝廷闕狀」에서 그 점을 거듭 강조한다.

대간과 간관은 천자의 눈과 귀이므로 조정의 과실을 규찰하고 대신의 전횡을 규제합니다. 이들은 폐하께서 직접 선택해야 하지만, [지금은] 집정들로 하여금 선택하도록 하고 있습니다. 그들은 자기가 친히 여기고 좋아하는 사람들만 등용하고 조금이라도 자기 뜻을 거스르면 곧바로 쫓아냄으로써 나중에 임명될 사람들을 겁주고 있습니다. 그러니 반드시 아첨 잘하는 사람을 얻은 다음에야 그들에게 그 일을 하게 합니다.[51]

사마광은 재상이 대간을 택하는 변칙적 제도가 신종의 의도에서 비롯됐다고 보는데, 이는 사실과 부합한다. 신종이 군주권력을 왕안석의 재상권력이 운용되는 방향으로 부합시켰음은 여기서 또다시 증명된다. 사마광의 「차자」와 「장계」 사이에는 4년의 세월이 있으므로 대간과 간관들은 이 4년 동안 점차 재상의 명령을 듣는 속료屬僚로 변해갔던 것이다. 위 두 글의 뉘앙스를 비교해 보면 그 점을 알 수 있다. 소식은 "인종 때에는 재상들이 오직 대간의 의도만을 받들었다는 이유로 비판을 받았다"[52]고 말한다. 그것은 부필 임기 동안(지화 2년~가우 6년, 1055~1061)의 일이다. 전후 불과 10년이 흘렀는데도, 재상과 대간의 관계는 완전히 전도되어버린다. 이는 왕안석의 특별한 재상권력이 송대 정치사에서 획기적 의미를 지닌다는 사실에 대한 가장 분명한 상징이다.

후대의 권상들은 바로 이런 변화로 인해 정국을 마음대로 조종할 수 있었다. 정강 원년(1126) 4월 임술일에는 "황제가 직접 대관과 간관을 발탁할 것이니 재집들은 천거하지 말라. 이것을 규정으로 한다"[53]는 조칙이 내려진다. 그러나 고종 이후 이 조칙은 실행되지 않은 듯하다. 『송사』 「진회전秦檜傳」에는 호전胡銓이 진회 등을 참수하여 천하에 사죄할 것을 탄원했다고 하는데, 중서사 구룡여연勾龍如淵(1093~1154)은 진회에게 "어째서 간관을 택하여 그를 제거하지 않습니까?"[54]라고 말했다. 진회는 "마침내 구룡여연이 어사중승이 되게 해 달라고 상주한 다음 가장 먼저 호전을 탄핵했다."[55] 이로부터 재상이 대간을 천거하는 권한을 여전히 갖고 있었음이 증명된다. 또한 「진회전」에는 진회가 대간관臺諫官을 참지정사로 등용한 일이 나온다.

> 또한 대부분의 경우 언관言官[대간관]은 진회의 말에 따라 탄핵했고 조정은 그때마다 탄핵대로 실행했다. 중승과 간의諫議에서 진급한 사람들이 모두 열두 명이었다.[56]

즉, 남송의 대간관은 이미 재상의 수족이 되어버렸다. 『주자어류』에도 이런 말이 나온다.

> 진회는 하고 싶은 일이 있을 때마다 에둘러 명령하여 대간이 늦게 알도록 했고 오직 임일비林一飛 등으로 하여금 와서 논하도록 했다. 어떤 사람을 제 거하려고 할 때 '어떤 사람을 탄핵하라'고만 말하면, 대간이 곧바로 조사에 착수하여 보고했다. 대간은 또한 좌우 사람들로 하여금 진회의 의도를 탐 지하도록 한 이후에야 그 의도를 알고서 문서를 올렸다. 태상(고종)은 오로 지 오랑캐金人만 걱정한 터라서 그렇게 맡겨두었다.[57]

포부와 동기로 말하자면, 고종과 진회는 당연히 신종과 왕안석과 더불어 어깨를 나란히 할 수 없다. 그렇지만 권력관계와 운용 방식만 놓고 말하자면, 양자 사이에 일맥상통하는 점이 있음을 부인할 수 없다.

한탁주가 조여우趙汝愚를 배제할 때도 대간을 이용했다. 『송사』 본전은 말한다.

유필劉弼이 (…) 한탁주에게 "조 재상이 큰 공로를 독차지하려고 하는데 그대는 어째서 지휘를 하지 않는가? 〔그대는〕 장차 귀양 신세를 면치 못할 것이다"라고 말했다. 탁주가 놀라서 계책을 물으니, 유필은 "대간을 이용하는 방법만이 있을 뿐이다"라고 대답했다. 탁주가 물었다. "어떻게 하면 되겠는가?" 유필이 대답했다. "임금이 직접 작성한 내비를 내는 것이다." 탁주가 깨닫고서, 곧바로 내비를 이용해 자신이 잘 아는 유덕수劉德秀를 감찰어사로 등용했고, 양대법楊大法을 전중시어사殿中侍御史로 등용했으며, 감찰어사 오엽吳獵을 파면하고 유삼걸劉三杰로 대체했다. 그래서 언로言路가 모두 한탁주의 당인들로 채워졌고 조여우의 행적은 처음으로 위기에 처했다.[58]

왕안석의 특수한 재상권력은 후대 권신들에게 선례를 제공해주었는데, 대간을 이용하는 방법이 그중 하나였다. 이것이 세번째 사례다.

내가 진회와 한탁주를 계속 사례로 드는 까닭은 본문의 논의를 한 걸음씩 주희의 시대로 접근시키기 위해서다. 여혜경, 증포, 장돈, 채경 같은 사람들이 곧바로 왕안석에 이어 일어난 이들임은 논증할 필요도 없다. 그런데 왕안석의 특수한 재상권력이 점차 형태를 바꾸어 남송 권상들이 출현하게 되었다는 점은 송대 정치사 연구자들이 줄곧 경시해온 부분이다. 우리는 위 세 사례를 통해 그 변천 과정을 조금이나마 엿볼 수 있었다. 이런 과정을 충분히 보여주는 것이 다음 장이다. 주희가 살았던 역사적 세계에서 권상세력은 사대부의 운명을 좌우했다. 주희가 11세 때(소흥 10년, 1140), 부친 주송은 진회 수하의 대간들에 의해 외지로 쫓겨났다. 주희는 「주공 행장朱公行狀」에서 이렇게 말한다. "그러나 국시가 이미 정해져서 주장이 받아들여지지 않았다. 그래서 공[주송]이 사직하려 할수록 공에 대한 진회의 분노는 더욱 심해졌고, [소흥] 10년 봄에 마침내 [진회는] 언관들로 하여금 공에 대해 논하도록 하여, '다른 생각을 품었으면서 스스로를 현명하다 여기고, 겉으로는 겸손한 척한다'는 죄목을 씌워 [공을] 외군外郡으로 좌천시켰다"[59] 그런데 주희 자신도 67세 때(경원 2년,

1196) 한탁주의 대간들에 의해 '위학僞學'으로 몰려 "사록관직에서 파면당했고" "거쳐간 관직은 많았지만 봉록은 적은"[60] 기구한 벼슬길을 마감했다.

그렇지만 주희의 역사세계는 남송에서 시작된 것이 아니라 그 창세기는 희령 변법 시기로 거슬러 올라가야 한다. 변법으로 송대의 군주권력과 재상권력 사이에 근본적인 변화가 일어났고, 사대부의 정치문화political culture는 그때부터 전혀 새로운 단계로 접어들기 때문이다. 희령 5년(1072) 8월, 왕안석이 천거했던 간관 당경唐坰이 갑자기 방향을 바꿔 왕안석을 공격해서 왕안석은 한때 아무 일도 할 수 없었다.[61] 신종이 분노하여 당경을 귀양 보낸 후에도 왕안석은 거듭 사직하기를 청원했다. 다음 같은 군주와 신하 사이에 오간 대화는 인용할 만하다.

임금이 말했다. "이것은 모두 내가 천하를 잘 조절하지 못하고 소인을 변별하지 못하여 생긴 일이니, 그대는 어찌 그런 일에 마음을 쓰는가! 나는 그대에게 욕심이 없다고 생각하며 오로지 민民만을 마음에 담고 있다고 여겼기 때문에 그대에게 위임했다. 당경이라는 소인이 어째서 그런 행동을 했는지 필시 이유가 있을 것이다." 안석은 〔저 같은〕 국조대신은 교체되어야 합니다. 그렇게 하지 않으면 구설수를 억제할 수 없습니다"라고 말했다. 임금은 "내가 그대를 등용한 것이 어찌 선조와 같겠는가? 그대는 그렇게 할 필요가 없다!"라고 말했다.[62]

왕안석이 말하는 것은 신종 이전 다섯 황제 시절의 재상 임면任免에 관한 일반적인 상황이었다. 그런데 신종의 위로는 전통적 법제를 따르지 않고 새로운 국면을 열겠다는 자신의 결심을 분명히 드러낸다. 그러므로 "내가 그대를 등용한 것이 어찌 선조들과 같겠는가?"라는 말은 신종의 획기적 선언이었고, 바로 이때부터 주희의 역사세계는 그 서막을 열게 된다.

【 제5장 】

'국시' 고찰

송대 정치사에서 출현한 공전절후空前絶後의 새로운 요소는 조정의 추이에 지배적인 힘을 발휘했거니와 사대부 세계의 변동에도 결정적인 영향을 끼친다. 이 새로운 요소가 바로 '국시國是'다. 관념으로서의 '국시'는 옛날에 기원을 둘 뿐 아니라 송대 이후에도 계속 존재했으며 오늘날까지도 유행하고 있다. 그러나 송대에서 '국시'는 법제화된 관념이어서 그것은 권력 구조를 이루는 구성요소가 되었다. 이런 관점에서 국시는 확실히 송대 정치문화의 독특한 현상이었고 그 이전이나 이후에는 볼 수 없었다.

　'국시'의 법제화는 희령변법 시기에 최초로 이뤄졌다. '국시'는 그 이후 남송 말기에 이르기까지 시종일관 당쟁, 당금黨禁, 위학僞學 등 주요 정치적 사건과 얽혀 있었고, 게다가 그 논쟁은 시간이 갈수록 더욱더 격렬해졌다. 주희와 그의 부친 주송은 모두 '국시'에 의해 화를 입었기에, 주희는 '국시'와 송대 정치 간 복잡한 관계에 대해 깊이 있게 분석한 적이 있다.

　'국시'를 고찰하지 않으면 주희의 역사세계를 철저히 인식할 방도가 없다고 할지라도 전혀 과장이 아니다. 그럼에도 이렇듯 중요한 정치 현상을 체계적으로 연구한 사람은 내가 아는 한 아직 없다. 그래서 이 장은 오로지 '국시'의 문제만을 중심으로 삼으려 하고 1차 자료에 바탕을 두고서 대체적인 윤곽을 그려나가고자 한다. 나는 송대사를 전공한 사람은 아니어서 견문의 한계로 인해 현대 연구 문헌을 하나하나 전부 검토해보지는 못했다. 독자 중 필자의 한계를 지적해주는 분이 있다면 그것은 내가 가장 바라는 일이다.

1. 북송 편

그 기원에서 시작하자면, 사대부와 황제가 함께 천하를 다스린다는 의식과 '국시' 관념의 출현은 서로 분리되지 않는다. 희령 3년(1070), 신종과 사마광은 신법 문제를 놓고 매우 긴 변론을 벌이는데, 그 최후의 문답은 아래와 같다.

임금이 말했다. "지금 천하의 흉흉한 상황은 '나라가 올바르다고 여기는 것 國之有是을 백성衆은 싫어한다'는 손숙오孫叔敖[초楚 재상]의 말에 해당된다." 사마광이 말했다. "그렇습니다. 폐하께서 그 시비를 관찰한 다음에 옳은 것을 지켜야 합니다. 지금 조례사가 하는 일은 왕안석, 한강, 여혜경만이 옳다고 여기고 천하는 모두 그르다고 여깁니다. 폐하께서는 어찌 이 세 사람하고만 공동으로 천하를 다스리려 하십니까?"[1]

이 문답에서 송대 조정의 논쟁 중 처음으로 '국시' 관념이 등장한다. 한 걸음 나아가 그 함의를 밝히기 전에, 우리는 먼저 위 문답의 줄처와 역사적 배경을 알아야 한다. 『속자치통감장편』은 출처를 밝히지는 않았지만, 이 문답은 주희가 편집한 『삼조 명신 언행록』 권7에도 인용되어 있고, 주희는 문답의 출처가 사마광의 『일록』이라 밝히고 있다. 이뿐 아니라 『삼조 명신 언행록』이 인용한 문답 말미에는 "마침내 물러났다遂退"는 구절이 덧붙어 있는데, 이는 사마광이 위 발언을 한 다음 곧바로 물러난 상황을 가리킨다. 아마도 사마광과 신종이 서로 뜻이 맞지 않아 좋지 않게 헤어진 정황을 나타내고자 했던 것 같다. 어쨌든 사료의 출처가 밝혀진 만큼 문답은 실제 역사 기록으로서 신빙성을 갖는다. 그런데 어째서 신종이 갑자기 손숙오의 '국시'설을 인용했는지 여부는 더 밝혀볼 필요가 있다. 이 설은 유향劉向의 『신서新序』 권2 「잡사雜事 2」에 보인다.

초나라 장왕莊王이 손숙오에게 묻기를 "과인은 아직 국시가 될 만한 것을 얻지 못했다"라고 했다. 손숙오가 말했다. "나라가 올바르다고 여기는 것을 백성百姓은 비난하며 싫어하는 것입니다. 신은 왕께서 정할 수 없을까봐 걱정입니다." 왕은 "정하지 못하는 것은 군주만의 책임인가 아니면 신하의 책임이기도 한가?"라고 물었다. 손숙오는 말한다. "군주는 사에게 교만하게 굴면서 '사들은 내가 없다면 부귀할 수 없었을 것이다'라고 말하고, 사들은 군주에게 교만하게 굴면서 '우리 나라는 사가 없다면 부강할 수 없었을 것이다'라고 말합니다. 어떤 경우, 군주는 나라를 잃어버리는 지경에 이르고서도 깨닫지 못하고, 사들은 굶주리고 추위에 떠는 지경에 이르고서도 벼슬길에 나아가지 않습니다. 군주와 신하가 합일하지 않으면 국시는 정해질 길이 없습니다. 하나라 걸 임금, 은나라 주 임금이 국시를 정하지 못하여 자신의 취사선택과 합치함을 옳다고 여기고, 합치하지 않음을 그르다고 여겨서 망하면서도 알지 못했습니다." 장왕이 말했다. "훌륭하구나! 바라건대 상국相國〔재상〕과 제후, 그리고 사대부들이 공동으로 국시를 정하라. 과인이 어찌 감히 이 좁은 나라에서 사와 민들에게 교만하게 굴겠는가?"[2]

신종이 인용한 "나라가 올바르다고 여기는 것을 백성은 싫어한다"는 구절은 '백성은' 다음에 '비난한다'는 말이 빠져 있다. 이런 오류가 신종의 기억에서 비롯했는지 아니면 그 말이 베껴 쓰는 과정에서 사라졌는지 지금으로서는 단정할 수 없다. 하지만 신종이 『신서』로부터 인용했다는 점만은 의문의 여지가 없다. 사마광은 박식한 사가史家로서 이 이야기를 잘 알고 있었을 것이다. 젊은 신종이 어째서 손숙오의 이야기를 입에서 나오는 대로 할 수 있었을까? 그것은 사마광이 나중에 덧붙인 말이었을까? 신종이 『신서』를 읽었으리라는 것을 우리는 어떻게 확신할 수 있을까? 따라서 우리는 『신서』가 송대에 유포된 경위를 자세히 고찰해야 한다. 증공曾鞏(1019~1083)은 자신의 『원풍유고元豐類稿』권10 「신서목록서新書目錄序」에서 말한다.

유향은 『신서』 삼십 편을 차례대로 모아 한 편으로 수록했는데, 수나라와 당나라 때에는 전서全書가 아직 남아 있었습니다. 지금 볼 수 있는 것은 열 편 뿐입니다. 저는 그 문자를 이미 교정했기에 서문을 지어 논하는 바입니다.[3]

『원풍유고』「부록」에 있는 「신도비」를 보면 이런 말이 나온다.

〔증공은〕가우 2년(1057) 진사과에 급제하고 태평주太平州 사법참군司法參軍으로 임명되었다. 1년여 만에 편교사관서編校史館書, 역관각교감曆館閣校勘, 집현교리集賢校理로 부름을 받았다.[4]

이로부터 추산해보면, 증공이 관각館閣으로서 『신서』를 교정한 때는 신종이 즉위하기(치평 4년 정월, 1067) 얼마 전이었다. 신종은 학문을 좋아하는 것으로 유명해서 그가 새로 출간된 『신서』를 읽었으리라는 것은 자연스럽게 추론할 수 있다. 하물며 증공은 증포의 형으로서 왕안석과 더불어 학문을 논한 친구였고,[5] 왕안석과 증포는 신종에게 손숙오의 '국시'설을 말했을 가능성이 있다. 이렇게 보면, 사마광의 『일록』에 기록된 내용은 응당 믿을 만하다.

역사적 배경이 밝혀졌으니, 이제 신종과 왕안석 사이의 대화에 담긴 의미를 분석해야 한다. 군주와 신하 사이에 벌어진 논쟁에서 쌍방은 모두 손숙오의 '국시' 관념을 공통의 출발점으로 삼고 있다. 따라서 먼저 우리는 이렇게 물어야 한다. 어째서 손숙오의 고사가 이 시기에 갑자기 황제와 사대부에게 중시를 받았을까?『신서』의 이 고사는 전국시대 말기 사 계층이 점차 세력을 얻어갈 때의 산물로서 춘추시대의 역사적 사실은 결코 아니다. 이는 주지의 사실이다. 그런데 초 장왕이 상국, 사대부와 함께 "공동으로 국시를 정하고자" 했다는 고사의 주장은 희령변법의 필요에 잘 들어맞는 것이었다. 앞서 우리는 이미 다음 사실을 확인했다. 곧 '삼대'로 돌아가자는 사대부들의 혁신 요구와 "천하를 나의 임무로 삼는" 그들의 참여의식이 모두 인종 시대부터 점차 발전하기 시작했다는 사실이다. 경력변법이 아주 짧은 시간 내에 좌절했다는 사실은 사대부들이 변법에 보이는 열정을 결코 약화시키지 못했다. 그런데 혁신의 이상을 품었던 사대부들은 다만 사상적 영역의 원동력으로서 변법 사상을 고취할 수 있었을 뿐, 실제로 변법을 발동하지는 못했다. 황제만이 변법을 시행할 수 있었던 까닭은 황제가 정치 영역의 원동력이었기 때문이다. 이런 중요한 시기에 젊은 데다 이상으로 충만한 신종이 마침 사대부들의 의론에 고무되어 변법을 시행하기로 결심하고, 천재일우의 상황 속에서 두 원동력이 합류한다. 만약 신종이 일체를 '옛 법제에 따르면서奉由舊章' 현 상태를 개혁할 의도가 없었다면, '국시를 정하는' 문제는 아예 생기지 않았을 테고 또 그는 손숙오 고사에 어떤 반응도 하지 않았을 것이다. 신종이 이미 변법을 결정했지만 사대부 사이에 혁신과 수구 간 논쟁이 있었을뿐더러 같이 변법을 주장하는 자들 사이에서도 어떻게 변화시켜야 하는지에 대한 이론이 있었기 때문에, '국시'를 정하는 것은 반드시 먼저 해결해야 할 문제가 되었다. 그렇게 하지 않는다면 '천하가 흉흉한' 분란이 결국 끝나지 않을 것이었다. 신종이『신서』의 손숙오 고사에 특별히 공명했던 기본 원인은 바로 그 점에 있었다.

신종은『신서』의 기본 원칙을 받아들인다. 곧 황제가 "자신의 취사선택에 부합하는 것"을 표준으로 삼아 '국시'를 단독으로 결정하면 안 되고, 그와 반대로 반드시 "사대부들과 더불어 공동으로 국시를 정해야 한다"는 것이다. 제3장에서 우리는 "사대부와 더불어 천하를 다스린다"는 문언박의 명언을 이미 인용했고, 황제와 사대부가 "공동으로 통치했던" 송대의 국면을 연구하는 현대 연구자들도 그 말을 인용해 근거로 삼곤 한다. 천하를 "공동으로 다스린다共治"는 "공동으로 국시를 정한다共定國是"의 논리적 파생물임이 분명하다. 게다가 내용상으로 신종과 문언박 사이의 변론은 신종과 왕안석 사이 논쟁의 연속이었다. 핵심은 바로 '사대부 사이에 심각한 의견 대립이 나타났을 때, 대체 어떤 파가 진정한 '국시'를 대변하는가?'에 있었다. 사마광은 신종이 "세 사람하고(왕안석, 한강, 여혜경)만 공동으로 천하를 다스린다"고 말하는데, 이 말은 당시에 '정해진' 것이 '국비國非'이지 '국시'가 아니라고 지적했음을 보여준다. 이런 지적은 신종이 인용한 "나라가 올바르다고 여기는 것을 백성은 싫어한다"는 말과 정확히 반대된다. 그렇지만 여기서 주의할 점은 사마광의 대답 역시 "공동으로 국시를 정한다"는 전제 위에 서 있었다는 사실이다. 이렇듯 날카로운 군신 간의 문답은 "공동으로 다스린다"는 정신의 한 표현이었다.

신종의 '국시'설은 논쟁 중에 우연히 원용된 공허한 관념이 결코 아니었다. 사실이 증명하다시피 그때 이후 '국시'는 송대 정치체계 속에서 불가결한 부분으로 자리 잡게 된다. 따라서 모든 정쟁은 반드시 '국시'를 다투는 데서 시작하고, '국시'가 확정된 이후에야 정쟁도 중단된다. 『송사』 권336 「사마광전司馬光傳」에는 이런 기록이 있다.

원풍 5년(1082) (…) 관제가 시행되자, 황제는 어사대부에게 지시하기를 "사마광이 아니면 안 된다"고 했다. 또한 그를 농궁사부東宮師傅로 삼으려 했다. 채확은 "국시가 이제 막 정해졌으니 바라건대 조금만 늦추십시오"라고 말했다.[6]

『송사』 권312 「왕규전王珪傳」도 이 일을 기록하고 있어 위 인용문과 서로 보완된다.

원풍 관제가 시행되었다. (…) 5년, 3성의 관명官名을 바로잡았고, [왕규를] 상
서좌복야尚書左僕射 겸 문하시랑門下侍郎로 임명했으며, 채확을 우복야로 삼
았다. 이에 앞서 신종은 집정에게 "앞으로 관제가 시행되면 새로운 사람과
옛사람을 병용하고 싶다"고 말했다. 또 "어사대부는 사마광이 아니면 안 된
다"고 말했다. 왕규와 채확은 서로 바라보며 실색했다. 왕규는 매우 걱정하
면서 어떤 의견을 낼지 몰랐다. 채확은 "폐하께서 오랫동안 영무靈武 땅을
수복하고자 하셨으니 그대가 책임을 맡는다면 재상 자리도 보전할 수 있을
것입니다"라고 말했다. 왕규는 기뻐하면서 채확에게 감사를 표했다. (…) 왕
규는 전쟁에 깊숙이 들어가면 [신종이] 사마광을 부르지 않을 것이며, 설사
부른다 해도 [사마광이] 오지 않을 것이라고 생각했다. 이윽고 사마광은 결
국 불리지 않았다.[7]

이제 위 두 기록을 분석해 '국시'의 제도화 및 그 정치적 기능을 설명해
보자.

우리는 먼저 이렇게 물어야 한다. 어째서 채확은 "국시가 이제 막 정해졌다"
는 말을 해서 신종의 사마광 기용을 저지해야 했을까? 여기서 '국시'란 대체
무엇을 가리키는가? 앞서 인용한 신종과 사마광의 논쟁에서 우리는 다음 내
용을 파악할 수 있다. 희령 3년(1070) 4월, 이미 신종은 왕안석의 '신법'을 '국시'
로 정하여 끝없는 논쟁을 종식할 의도를 갖고 있었다. 그해 7월 임진일, 신종
은 추밀사 여공필의 후임을 뽑는 문제에 대해 집정대신 증공량, 한강, 왕안석
세 사람과 더불어 변론을 벌인다. 이 변론은 '신법'이 정식으로 '국시'가 되는
발단이었다고 할 수 있다.

여공필이 사임하려 하자 임금은 그를 대신할 사람에 대해 의논했다. 증공

량과 한강은 사마광을 매우 칭찬했으나 임금은 주저하면서 결정하지 않았다. 안석이 말했다. "사마광은 참으로 훌륭하지만 지금 풍속이 아직 정해지지 않아 이론異論이 분분하니, 사마광을 등용하면 이론에 우두머리가 있게 되어 (…) 일을 할 수 없게 될 것입니다." 한강은 왕안석의 말을 옳다고 여겼다. (그러나) 증공량은 "그런 이유로 사마광을 내버려둬서는 안 됩니다"라며 그를 등용할 것을 간절히 청했지만, 임금이 허락하지 않아 결국 풍경만을 등용했다. 다음 날, (임금이) 또 집정에게 "풍경은 약하니 사마광을 같이 등용하는 것이 어떻겠는가?"라고 말했다. 증공량은 타당하다고 여겼으나, 왕안석은 "(사마광은) 풍경에 비해 강하지만, 유속流俗이 그를 종주宗主로 여기면 더욱더 감당할 수 없습니다"라고 말했다. 그러자 증공량이 "(…) 진종眞宗(북송 제3대 황제)께서는 '이론들도 다 취해야지 서로들 상대방이 잘못이라고 감히 여기지 않을 것이다'라고 말했습니다"라고 응수했다. 왕안석이 말했다. "만약 조정에서 사람마다 이론이 있어 그것들을 다 취한다면 치도治道가 무슨 방법으로 이뤄지겠습니까? 제 생각에는 조정에서 일을 맡는 신하들이 마음과 덕을 같이하고 하나로 하는 데 협력하지 않는다면, 천하의 일을 할 수가 없을 것입니다." 임금은 "이론들을 다 취하도록 하는 것은 옳지 않다"고 말했다. (…) 임금은 결국 사마광을 등용하지 않았다.[8]

왕안석이 사마광 기용을 반대했던 까닭은 사마광이 조정 내 '이론' 또는 '유속'의 '종주'가 되는 것을 그가 두려워했기 때문이다. 증공량은 "이론들도 다 취해야 한다"는 진종의 유훈을 꺼내들었지만, '이론'을 제압하려는 왕안석의 결심을 막을 수 없었다. 신종의 가장 마지막 말은 위 논쟁의 결론이다. 이때부터 '신법'은 더이상 왕안석 개인이 마련한 개혁의 청사진이 아니라 황제와 사대부가 공동으로 정한 '국시'가 되었다. '국시'는 당대 전제주의 체제의 '최고 국책' 또는 '정확한 노선'에 해당되는 만큼, 당연히 '이론들도 다 취하는' 행동을 용납할 수 없었다. 이야말로 신종이 정치체계 속에 '국시'라는 새로운 범주를 첨입한 근본 원인이었다.

왕안석이 두번째로 재상직에서 사임한 이후, 그에 대한 신종의 신임은 다소
간 흔들렸다. 그렇지만 '신법'은 신종이 직접 인정한 '국시'여서, 그는 여전히 신
법을 매우 굳건하게 지지했다. 원풍 5년(1082)의 새로운 관제는 신종이 홀로
계획해낸 작품이었다. 주희는 우리에게 이렇게 알려준다.

신종이 『당육전唐六典』을 이용하여 관제를 개혁하고 반포·실행했다. 당시 왕
개보〔왕안석〕는 금릉에 살고 있었는데, 그 조치를 보고 매우 놀라서 말했다.
"임금은 평소 수많은 일에서 〔나에게〕 상의하지 않은 적이 없었다. 오직 이
큰일만은 상의한 적이 없다." 신종은 『당육전』을 보고서 마침내 자기 생각
대로 하리라고 판단했고 과거의 제도를 개혁하리라 굳게 다짐했다. 그래서
〔개혁은〕 하루도 안 되어 정해졌지만, 신하들과 상의한 적은 없었다.[9]

이 기록은 매우 중요하다. 이 기록으로 우리는 '국시'에 대한 신종의 집착을
한층 깊이 이해할 수 있다. 신종은 어째서 『당육전』을 이용해 관제를 개혁해
야 했을까? 그것은 당연하게도 『당육전』이 『주관』『주례』에 바탕을 두고서 그
'남겨진 뜻遺意'을 담고 있는 정치적 고전으로 불렸기 때문이다. 왕안석의 신법
은 특히 이재理財를 중시했고 그 경전적 근거는 『주례』였다는 내용이 「증공립
에게 답하는 편지答曾公立書」에 보인다.[10] 이제 신종이 스스로 궁리하여 『주례』
의 교훈에 바탕을 두고 관제를 새롭게 제정함은 이미 정해져 있던 '국시'를 확
대하고 심화하는 것이었음이 분명하다. 이때 신종은 나이가 서른대여섯이었
고 사상 역시 완전히 성숙해서 평생 유일의 대사업이었던 변법개제變法改制에
자기만의 독특한 공헌을 하기를 희망했다. 그가 왕안석과 '상의'하지 않은 까
닭은 아마 제도적으로 재상권력을 분산시키려 의도했기 때문일 것이다. 이 점
은 앞 장에서 설명했다. 신종의 전체 정치생명이 이미 '국시'와 한 몸이 되어
있었다는 사실을 여기서 알 수 있다. 채확이 "국시가 이제 막 정해졌다"는 말

로써 사마광의 등용을 저지한 까닭은 신종의 마음속에서 '국시'가 비할 바 없는 중요성을 지니고 있음을 알고 있었기 때문이다.

신종은 시종일관 '국시'를 견지하기는 했지만, 왕안석이 벼슬에서 물러난 후에는 과거 '이론異論'을 지녔다 하여 배척된 인물들을 부분적으로나마 기용하고자 했다. 원풍 원년(1078) 9월 을유일, 여공저는 말한다.

"희령 이래, 조정에서 의론이 다르다 하여 정직한 사람과 양심적 사들이 소인으로 분류되어 배격되었고 법도를 훼손하는 사람들로 지목당했으며 다시는 등용될 수 없었으니, 이는 국가에 이롭지 않습니다. 바라건대 폐하께서는 주의를 기울여 성찰해주십시오." 임금이 "그렇다. 마땅히 차례차례 그들을 거둬들여 등용해야 할 것이다"라고 말했다.[11]

원풍 4년(1081) 이후 새로운 관제가 시행되자 신종은 사마광을 어사대부로 기용해야 한다고 주장했는데, 이는 바로 위의 약속을 실천하기 위해서였다. 이때 그는 희령변법의 정국이 이미 안정되어서, 설령 사마광이 '이론'을 갖고 있다 하더라도 '국시'를 저촉하는 수준까지는 가지 않으리라 생각했던 듯하다. 그런데 채확의 이야기가 신종을 일깨웠다. 곧 사마광은 신념이 확고해서 장래에 '이론'의 '우두머리'가 될지도 모르며, 그리되면 "이제 막 정해진" '국시'가 다시 흔들리게 되리라는 것이다. 그래서 신종의 치세가 끝날 때까지 사마광은 『자치통감』을 편수하는 데 시간을 다 보낸다. 『자치통감』이 완성되어 신종에게 바쳐진 때가 원풍 7년(1084) 12월 무진일이었는데, 신종은 이듬해 3월 무술일에 서거하고 만다.

'국시'의 위력은 "새로운 사람과 옛사람"을 병용하려던 신종의 계획을 저지했거니와 재상들을 경황 중에 어찌할 바를 모르는 지경으로까지 떨어뜨렸다. 어째서 새로 임명된 좌복야와 우복야였던 왕규와 채확은 신종이 사마광을 기용할 것이라는 이야기를 듣고서 "서로 바라보며 실색"했을까? 어째서 채확은 전쟁을 무릅쓰고서라도 재상 자리를 보전하라고 왕규에게 충고했을까? 만일 사마광의 '이론異論'이 신종을 움직여서 '국시'가 변경된다면, 재상도 결국 교체되리라는 점을 두 사람이 두려워했기 때문이다. 이때부터 주희의 시대에 이르기까지 재상은 적어도 이론理論상으로는 '국시'에 대해 책임을 져야 했다. 말하자면 '국시'와 더불어 진퇴를 같이해야 했다. 사대부 사이에 당쟁이 날로 격화되었던 것에 그것이 중요한 역할을 했다.

아래에서는 그 가운데 몇 가지 현저한 사례를 시대별로 들어 설명해보자. 『송사』권471 「장돈전」에 이런 기록이 있다.

철종이 친정親政을 하자 희령과 원풍으로 돌아가려는 뜻이 있어서, 가장 먼저 장돈을 상서좌복야 겸 문하시랑으로 기용했다. 그래서 오로지 '소술紹述〔계승〕'을 국시로 정했는데, 이는 실로 원우 연간에 바뀌었던 것 일체를 다시 회복하려는 것이었다.[12]

이 간단한 서술은 역사적 배경이 매우 복잡해서 조금 더 분석하지 않으면 '국시'의 의미가 분명히 드러나지 않는다. 철종은 원풍 8년(1085) 3월 즉위할 당시 겨우 열두 살이어서 조모인 태황태후[선인황후宣仁皇后 고씨高氏]가 수렴청정을 했다. 원우 8년(1093) 9월 선인태후가 죽자 철종이 친정을 시작했다. 원우 시기 사마광이 정권을 잡아 왕안석의 신법을 모조리 철폐했다는 것은 주지의 사실이므로 여기서 다시 설명할 필요는 없다. 지금 우리가 논하려는 것은 단지 '국시'와 관련된 부분이다. 『송사』권242 「선인황후전宣仁皇后傳」은 말한다.

철종이 황위를 잇자 〔선인황후는〕 태황태후로 높여졌다. 〔선인태후는〕 역마를 보내 사마광과 여공저를 불러들였는데, 〔그 두 사람이〕 아직 수도에 도착하지 않았는데도 〔사람을 파견해〕 미리 마중을 나가 '오늘 시행할 것 중 무엇을 먼저 해야 하는가?'라고 그들에게 물었다. 미처 공문으로 만들기도 전에 이미 경성京城을 수리하던 일꾼들을 해산했고, 황성皇城의 감시병을 감축했으며, 궁정 공사를 그만두게 했고, 도락사導洛司를 폐지했으며, 총애받던 신하들 중 위법한 일을 저지른 자들을 내보냈다. 수도에서든 지방에서든 가렴주구를 하지 말 것과, 민간에 관대할 것, 민간에서 기르는 군사용 말을 보호할 것 등을 훈계했다. 중서와 문하를 거치지 않고 명령이 직접 내려져서 왕규 등은 미리 알지 못했다. 또한 문언박을 기로耆老로 기용했는데 사자를 보내 〔수도로 오는〕 도상에서 그를 위문하면서, 조종의 법도를 회복하는 일을 급선무로 삼으라고 일렀고, 또한 등용할 만한 사람을 보고하도록 했다.[13]

또 말한다.

〔선인태후는〕 사마광과 여공저가 도착하자 둘 다 재상이 될 것을 명령했고, 한마음으로 정사를 도우라고 했다. 당시 유명한 사들이 조정에 다 모여들었다. 희령 이래의 정사 중 불편했던 것이 차례로 혁파되었다.[14]

위 두 기록으로부터 번개같이 진행된 대정변이 있었다는 것과 희령 이래 신법의 숱한 조치가 하나하나 뒤집혔다는 사실을 알 수 있다. 『송사』 「철종기哲宗紀 1」과 비교해보면, 첫번째 기록에 나타난 일련의 변동은 모두 신종 사후 3개월 이내(원풍 8년 1085년 3월에서 5월 사이)에 일어났고, 두번째 기록 상황은 이듬해(원우 원년 1086) 정월에서 3월 사이에 일어났던 일이라고 단정할 수 있다. 가장 흥미로운 점은 선인태후가 이미 "역마를 보내 사마광과 여공저를 불러들여" 놓고, 그 세를 침지 못하고 사람을 파견해 "오늘 시행할 것 중 무엇을 먼저 해야 하는가?"라고 물었다는 사실이다. 그런데 선인태후는 그것도 기다리지 못해 직접 명령을 내려 경성에서 일대 행동을 시작했고, 심지어 재상 왕규와 채확조차 그에 대해 한마디도 듣지 못했다. 그래서 채 1년도 못 되어, 신종이 18년간 통치하면서 정해놓았던 '국시'가 철저하게 뒤집힌다. 3년 전 왕규와 채확이 가장 걱정하고 두려워했던 상황이 실제로 일어난 것이다. '국시'가 변해버리면 바로 뒤이어 재상도 바뀔 수밖에 없다. 왕규는 원풍 8년(1085) 5월 경술일에 죽었으니 파면의 곤란한 상황은 비켜갔다고 할 수 있다. 그런데 원우 원년(1086) 윤2월 경인일, "채확이 파면됐다. 대신 사마광이 상서좌복야 겸 문하시랑이 됐다."[15] 채확은 관료사회의 처세술에 통달하여 평생 "옥사를 일으켜 타인의 자리를 빼앗고서 자기가 그 자리를 차지했던"[16] 사람이었다. 그래서 어찌해야 재상 자리를 유지할 수 있을지 매우 면밀하게 생각해두었을 것이다. 2년 전, "국시가 이제 막 정해졌으니 바라건대 조금만 늦추십시오"라고 말했던 그는 정말로 선견지명이 있었다. 그렇지만 선인태후는 신종의 '국시'를 싹 바꾸기는 했지만, '국시'라는 명목을 원우신정元祐新政에 덧씌우려 하지 않고, 차라리 "조종의 법도를 회복한다復祖宗法度"고 스스로 칭했다. 왜냐하면 '국시'라는 말은 처음부터 희령변법과 떼려야 뗄 수 없는 관계에 있었고 진작부터 왕안석 일파의 전용물이 되어 있었기 때문이다.

하지만 '국시'를 중립적 용어로 사용한다면, 원우 시대는 "조종의 법도를 회복한다"는 것을 '국시'로 삼고 있었다고 해도 무방하며, 게다가 그 전체 과정은 신종의 희령변법 진행 과정과 동일했다. 앞서 지적했다시피, 사마광이 '이론異論'의 '종주'였고 또 반反'신법'의 사상적 원동력은 수구파 사대부에게서 나왔다는 점은 부인할 수 없는 사실이다. 수구파 사상이 다종다양한 통로(예컨대 외척이나 환관)를 통해 궁중으로 들어가서 신종의 조모와 모친[선인태후]에게 중대한 영향을 끼쳤다. 두 황후는 희령 초기 때부터 벌써 신종을 향해 "눈물을 흘리면서 '왕안석이 천하를 어지럽힌다'고 말했다."[17] 선인태후가 '국시'를 바꾼 속도를 놓고 보자면, 그녀가 '수렴청정'하는 신분으로서 직접 그 일을 발동했으리라는 것은 의문의 여지가 없다. 여기서 우리는 군주권력이야말로 변법의 정치적 원동력이라는 사실을 거듭 확인할 수 있다. 사마광에 대한 선인태후의 신임은 왕안석에 대한 신종의 신임 못지않았다. 게다가 '이론'을 지닌 다수의 사대부가 선인태후의 '국시' 개변改變을 기다린다는 것을 확실히 알지 못했다면, 그녀는 결코 "조종의 법도를 회복한다"라는 대규모 정변을 감히 일으키지 않았을 것이다. 이런 의미에서 원우 연간의 '국시' 역시 선인태후와 사대부들이 "공동으로 정한 것"이었다. 때문에 황제와 사대부가 "공동으로 통치한다"는 원칙은 결코 동요되지 않았다. 유일한 차이점은 다음과 같다. 신종은 변법 초기에 절대 다수의 사대부가 '신법'을 지지하리라는 환상을 갖고 있었던 반면, 선인태후 '수렴청정' 시기에는 사대부들이 공개적으로 신파와 구파로 분열되었을 뿐만 아니라 구파도 낙洛, 삭朔, 촉蜀의 세 가지로 분화되기 시작했다.

신종의 '국시'는 원우 시기에 철저하게 뒤집혔고 이로 인해 격렬한 반항이 일어났다. 그래서 선인태후가 죽자마자 곧바로 '소술紹述' 운동이 폭발한다.[18] 이 사건 역시 신법 지지자와 황제 두 측면에서 이해되어야 한다. 원우 시기에는 아직 직위에 있던 왕안석파가 꽤 많았고 그 가운데는 '국시'를 다시 뒤집을 기회를 엿보는 사람도 상당히 있었다. '소술'의 관념을 가장 일찍 제시한 사람은 등윤보鄧潤甫(1027~1094)였다. 『송사』 기록을 보자.

원우 말기 [등윤보는] 병부상서로 부름을 받았다. 소성 연간(1094~1098) 초기에 철종이 친정을 시작하자 등윤보는 처음으로 [주나라] 무왕이 문왕의 가르침을 넓혔던 일과, 성왕이 문왕과 무왕의 도를 이었던 이야기를 진술함으로써 소술을 열었다.[19]

등윤보는 최초에 증포의 추천을 거쳐 왕안석과 신종에 의해 등용되었다.[20] 그와 증포는 원우 시기에도 신법에 대한 믿음을 포기하지 않았다. 사마광이 증포에게 '역법役法'을 수정하리고 명령했지만, 증포는 "의리상 할 수 없다義不可爲"며 거절했다.[21] 뿐만 아니라 증포, 등윤보 같은 사람들은 당연히 철종의 친정에 희망을 걸고 있었다.

철종 입장에서 말하자면, 철종은 신종의 '국시'를 '소술'하려는 더 절박한 욕구가 있었다. 채조蔡絛는 『철위산총담鐵圍山叢談』 권1에서 이렇게 말한다.

철종은 즉위했을 때 겨우 열 살이어서 선인고후宣仁高后[철종의 조모, 신종의 모친]가 수렴청정을 했다. [철종은] 나이가 들어갔지만 한마디도 하지 않았다. 선인은 궁중에서 매번 임금에게 "저 대신들이 일을 상주하면 마음속에 무슨 생각이라도 있을 텐데 어째서 한마디도 하지 않습니까?"라고 물었다. 임금은 다만 "황후께서 이미 처리하셨는데 이 비천한 신臣이 무슨 말을 하겠습니까?"라고만 말했다. 이처럼 [철종이] 매우 공손하게 침묵한 것이 9년이었다. (…) 선인고후가 죽자 임금이 비로소 친히 정사를 돌봤다. 그동안 임금이 여러 대신에게 침묵했던 까닭은 어좌御座가 바뀌지 않았기 때문이다. 이후 여러 차례 신료들과 예전의 수렴청정에 대해 논하면서 "나는 [대신들의] 엉덩이와 등만 봤다"고 말했다.[22]

위 구절은 매우 생동감 넘치는 묘사인데, 철종의 대답은 아마 당시 구어口語였을 것이다. 채조는 부친 채경으로부터 직접 들은 것을 기록했으므로 위 기록은 실록으로서 믿을 만하다. 또한 위 기록은 『주자어류』, 『송사』 「소송전蘇頌傳」과 더불어 서로 증명이 된다. 주희는 말한다.

철종은 항상 오래된 탁자 하나를 사용했는데 그 탁자는 좋지 않은 것이었다. 선인태후가 그것을 바꾸라고 명령했으나 [철종은] 계속해서 그것을 사용했다. 그 이유를 물으니, "이 탁자는 아버지께서 사용하시던 것입니다"라고 대답했다. 선인태후는 매우 놀랐고 그에게 소술[계승]의 의도가 있음을 알았다. 또한 유지劉摯가 군자와 소인의 명단을 제출하여 선인태후로 하여금 항상 철종에게 그 명단을 숙지하도록 시키려고 했다. 선인태후는 "늘 손자에게 설명해주지만 아직도 이해를 못하고 있다"라고 이야기했다. 선인태후는 또한 상황이 그러함을 알았기에 철종을 조금도 놔두려 하지 않았고, 철종은 그럴수록 입을 굳게 다물었다. '소술'은 철종의 본의였지만 그런 요인에 의해 자극된 점도 있다.[23]

조모가 수렴청정하던 9년 동안 철종이 받았을 굴욕을 마치 눈앞에서 보는 듯하다. 철종의 어좌는 선인태후가 드리운 발簾의 건너편에 있었기 때문에, 철종은 상주하는 대신들의 엉덩이와 등밖에 보지 못했을 것이다. 또한 대신들은 이 어린아이를 결코 시야에 두지 않아서 방향을 틀어 그에게 보고할 생각도 전혀 하지 않았다. 『송사』 권340 「소송전」에는 이런 말이 있다.

소송蘇頌이 막 집정이 되었을 때, 철종이 어리다는 이유로 대신들이 몹시 시끄럽게 구는 것을 보고서 "임금이 나이가 들면 누가 이 허물을 뒤집어쓸 것입니까?"라고 말했다. 대신들이 상주할 때마다 선인태후에게만 결재를 받았고, 그후 철종이 말을 해도 대답하는 자가 없었다. 오직 소송만이 선인태후에게 상주한 후 반드시 철종에게도 보고했다. 〔철종의〕 칙유가 있으면 〔소송은〕 반드시 여러 신하에게 알려 임금의 말씀을 들으라고 했다. 〔소송이〕 원우의 옛 신하로 폄척되기에 이르자 어사 주질周秩이 소송을 탄핵했다. 철종은 "소송은 군신의 의를 아는 사람이니 이 원로〔소송〕를 가벼이 이야기하지 말라"고 했다.[24]

"나는 엉덩이와 등만 봤다"라는 철종의 말이 여기서 완전히 실증된다. 원우 7년(1092), 소송은 우복야 겸 중서시랑이 되었고 철종은 이미 열일곱 살이었다. 하지만 대신들은 아직도 이전과 같은 태도로 철종을 대하고 있었으니, 이듬해 친정이 시작되었을 때 어찌 큰 변화가 생기지 않을 수 있겠는가? 선인태후와 유지(소송의 전임자)도 머지않아 위기가 닥쳐오리라는 것을 예감해서, 한편으로는 "군자와 소인의 명단"을 철종에게 바쳤고, 다른 한편으로는 "늘 손자에게 설명함"으로써 '소술'이라는 생각의 싹을 자르려고 했다. 그렇지만 반항의 정서로 가득 찬 소년의 처지에서 그런 조치는 불난 데 기름 붓는 격이었다. 선인은 전형적인 수렴청정자여서 마음을 놓지 못할수록 더욱더 손을 놓고 있지 않으려 했다. 주희는 "철종이 굳게 입을 다물었다. 소술이 비록 그 본의이기는 하지만, 그런 요인에 의해 자극된 점도 있다"고 말한다. 실로 정확한 판단이다. 철종이 원우 연간의 정치에 보인 증오로 말하자면 다음의 사건에서 더욱 분명하게 나타난다. 원부元符 2년(1099), 장돈 등은 「새로 정비한 칙령의 형식新修勅令式」을 바쳤는데 그 가운데는 원우 연간의 칙령을 이용하여 만들어진 것도 있었다. 철종은 매우 이상하게 여기면서 물었다. "원우에도 취할 만한 것이 있는가?"[25] 그의 마음속에서 '원우'란 취할 만한 것이 아니었다.

철종이 친정을 시작한 뒤 방향을 바꾸어 희령과 원풍의 옛 정치로 완전히 돌아간 것은 이치상 어쩔 수 없는 것이었음을 위 분석으로부터 알 수 있다. 그런데 문제는 어째서 그와 재상 장돈이 그토록 큰 힘을 들여 '소술'이라는 '국시'를 만들어낸 이후에야 비로소 "원우 때 바꾼 것 일체를 다시 되돌릴"[26] 수 있었느냐는 것이다. 한편으로 등윤보는 주나라 무왕과 성왕을 '삼대'의 선례로 인용했고, 다른 한편으로 철종도 연호를 '소성紹聖'으로 바꾸어 신종의 '성스러움聖'을 '소술紹'한다는 것을 정식으로 공표했다. 이런 행위가 설마 언어유희에 그칠 리가 있겠는가? 어째서 신종 이래 송대에는 그런 언어유희가 특별히 필요했을까? 마지막까지 추궁해 들어갈 때, 이 시기 '국시' 관념이 송대 정치체계 중 불가결한 요소가 되었고, 군주권력이든 재상권력이든 그 합법성은 '국시'에 의해 보증되어야 하며, 그렇지 않으면 "이름이 바르지 않으니 말이 순리에 맞지 않는"[27] 상황이 도래했음을 알 수 있다.

이제 북송대에 최후로 일어난 '국시'의 풍파를 고찰해보자. 『송사』 제472권 「채경전」은 말한다.

휘종은 희령의 정치를 정비할 의도가 있었다. 채경의 당黨에 속했던 기거사인起居舍人 등순무鄧洵武가 「도울 수 없으니 안타깝다」는 고사에 대한 그림愛莫助之圖」을 지어 바치자, 마침내 휘종은 채경을 등용하기로 결심하여 (…) 증포 대신 우복야로 삼았다. [휘종이] 벼슬을 제수하는 날 연화전에서

〔채경에게〕 자리를 내어주고서 이렇게 말했다. "신종이 법제를 창제하고 신제〔철종〕가 그것을 이었으나 두 차례에 걸쳐 변경되어 국시가 아직 정해지지 않았다. 나는 부형父兄〔휘종은 신종의 아들이자 철종의 동생이다〕의 뜻을 잇고자 하는데 그대는 무엇을 가르쳐주려고 하나?" 채경이 머리를 조아리며 사례를 표하면서 목숨을 다할 것을 약속했다. (숭녕) 2년(1103) 정월, 〔채경은〕 좌복야가 되었다. 채경이 축출된 신하 가운데서 기용되어 하루아침에 뜻을 얻자 천하가 그의 행위를 주시했는데, 채경은 뒤로 '소술'의 권한을 장악하고서 천자를 통제했다. (…) 당시 원우의 여러 신하가 좌천되거나 귀양 가고 죽어나가면서 거의 다 없어졌지만, 채경은 아직도 만족하지 못하고 그들의 죄상에 등급을 매길 것을 명령하여, 우두머리로 사마광을 놓고 '간악한 당奸黨'이라고 지목하여 덕전문德殿門에 글을 새겨넣었고, 스스로 기록하여 큰 비석으로 만든 다음 전국에 반포했다. (…) 그 자손들에게 모두 금고 처분을 내려 〔그들이〕 수도 및 그 주위에서 관리가 되지 못하도록 했다.[28]

위 인용문은 좀더 분석해봐야 한다. 먼저 "두 차례에 걸쳐 변경되어 국시가 아직 정해지지 않았다"는 말이 핵심이다. 첫번째로 '국시'를 변경했던 시기가 원우 연간이었음은 앞에서 이미 분석했다. 두번째 변경은 철종 사후 흠성태후〔철종의 선대 왕 신종의 황후〕가 휘종과 함께 정사를 돌보던 6개월(원부 3년 1100년 정월부터 7월까지)에 이뤄졌다. 『송사』 권243 「신종흠성황후전神宗欽聖皇后傳」은 말한다.

휘종은 즉위(1100)하자 군사와 국사를 같이 돌보자고 〔흠성황후에게〕 청했으나, 황후는 주상의 나이가 많다는 이유(당시 휘종은 열아홉 살이었다)로 거절했다. 황제가 울면서 절하자, 〔흠성황후가〕 얼마간 시간이 흐른 뒤 정사를 맡아보았다. 소성, 원부 연간 이래 장돈에 의해 내쫓겼던 사대부들이 점점 기

제5장 '국시' 고찰 **379**

용되었다. (…) 6개월 만에 원우 때의 정치로 되돌아갔다. 〔흠성황후는〕 이듬해(건중정국建中靖國 원년, 1101) 정월에 돌아가셨으니 그녀의 나이 56세였다.[29]

휘종이 즉위할 수 있었던 것은 흠성황후가 적극적으로 주장했기 때문이다. 당시 반대자는 장돈이었고 찬성자는 증포, 채변, 허장許將 등이었다.[30] 그래서 원부 3년(1100) 조정의 배치는 기본적으로 흠성황후의 의향에 의해 결정되었다. 흥미로운 점은 인종, 영종, 신종에 이르는 3대의 황후는 정치적으로 구당舊黨에 동정을 표했다는 사실이다. 흠성황후는 광헌황후나 선인황후처럼 격렬하게 '신법'에 반대하지는 않았지만, 그녀는 원우의 옛 신하들을 더 신임했다. 원부 3년(1100) 한기의 맏아들 한충언韓忠彦이 갑자기 중용되었고, 2월에는 이부상서로서 문하시랑에 임명되었으며, 4월에는 상서우복야로 승진했고, 10월에는 다시 좌복야로 승진했으니, 8개월간 연이어 세 등급이나 올라선 것이다. 그를 기용한 이는 분명 흠성황후이지 휘종은 아니었을 것이다. 흠성이 원우의 옛 신하들을 거둬들여 등용한 것은 한충언의 건의 때문이었다.[31] 『송사』 권471 「증포전」은 말한다.

당시 원우·소성 연간에 똑같이 실정이 있었다고 의론하여, 대공지정大公至正으로써 붕당을 해소하려 했다. 이듬해(1101) 곧 건중정국으로 연호를 바꾸고 사악한 자들과 바른 자들을 섞어서 등용했으니, 마침내 한충언도 재상직에서 파면되었다. 증포 홀로 국정을 담당하면서 점차 '소술'설을 전면에 내세웠다.[32]

이는 흠성과 휘종이 '함께 정사를 돌보던' 시기에 성립된 일종의 절충·조화책으로서 '건중建中'을 '국시'로 삼음은 신구 양당을 겸용한다는 의미였다. '건중'은 흠성의 생각에서 나온 것이 틀림없다. 이것이 바로 휘종이 말했던 제2차 '변경'이었다. 그러나 흠성이 건중정국 원년(1101) 정월에 죽자, 한충언이 곧바로 재상직에서 파면되었고(숭녕 원년 5월, 1102), '소술'설이 다시 머리를 들기 시작했다.

다음으로 "채경은 뒤로 '소술'의 권한을 장악하고 천자를 통제했다"는 「채경전」의 구절은 '국시'의 기능을 매우 잘 설명해준다. 그런데 '소술'로써 천자를 통제했던 것은 채경의 동생 채변에게서 시작되었다. 그 일은 철종의 소성 연간에 일어났다. 『송사』 권472 「채변전蔡卞傳」을 보자.

(소성 4년 1097), 〔채변은〕 상서좌승에 임명되어 오로지 '소술'설을 장악하여 위로는 천자를 속이고 아래로는 동료들을 위협했다.[33]

어째서 채변은 그처럼 큰 권위를 지닐 수 있었을까? 이는 그에게 독특한 이점이 있었기 때문이다. 채변은 왕안석의 사위로 오랜 기간 그에게서 배웠고 왕안석 『일록』의 유일본을 소장했다. 그래서 '신법' 배경에 대한 그의 해석은 신법당 인사들에게 널리 받아들여졌다. 당시 채변은 희령변법의 역사에 바탕을 두고 '소술'을 설명했다는 점에서 가장 권위 있는 전문가였음이 틀림없다. 바로 그 때문에 반대파들은 채변을 제1공격 목표로 골랐다. 아래에서는 진관의 반박을 인용하려고 한다. 이는 바로 '국시'에 관한 제1차 자료를 제공해주기 때문이다. 진관은 말한다.

왕안석이 지은 「사사팔성의上師八成義」는 "올바른 것을 지키면서도 국가로부터 독립적인 사士는 사악하고 거짓되다는 이유로 당시에는 받아들여지지 않는다"고 말하는데, 이것은 화근이 생겨나는 곳이고 큰 도둑들이 일어나는 근거가 된다. 채변의 '계술繼述〔계승하고 이음〕'설은 바로 이에 근본을 둔다. 이 뜻을 지키는 사람에 대해 "올바른 것을 지킨다"고 말하면서 그렇지 않은 사람에 대해서는 '사악한 붕당邪朋'이라고 손가락질한다. 이 설을 지키는 사람에 대해서는 '독립적'이라고 이야기하면서 그렇지 않은 사람에 대해서는 유속流俗이라고 손가락질한다. 나와 같은 부류가 아니면 모두가 사악한 붕당이고, 나와 다른 설을 내세우는 자는 모두가 사악하고 거짓이다. 이런 때 "올바른 것을 지키고 독립적인 사"들을 등용하고, "사악한 붕당과 사악하고 거짓된" 사람들을 쫓아내면서 기뻐하며 말하기를 "화禍의 뿌리가 사라지고 큰 도둑이 그쳤다"고 한다. 이것이 바로 채변이 말하는 국시다. 임금도 거스를 수가 없고 동료들은 감히 항의하지 못한다. 장돈과 증포는 그런 술책 안에 있으면서도 자각하지 못한다.[34]

위 인용문의 '계술'은 '소술'과 같은 말이다. 현대 용어로 소술은 "신종(왕안석)의 정치적 유산을 전적으로 계승하는 것"이다. 진관의 논박은 그 일면만을 겨냥했을 뿐이지만 당시 채경의 정치적 행적을 잘 설명해준다. 우리는 이미 앞서 다음 내용을 확인했다. 즉 희령 3년(1070)에 신종과 왕안석은 조정 내에서 '신법'에 반대하는 의론이 다시는 존재하지 않도록 할 것을 결정했다. 심지어 그들은 "이론異論들도 다 취하라"는 진종의 전통적 원칙을 공개적으로 부정했다. 그들이 그렇게 했던 까닭은 자신들의 새로운 구상 속에서 '신법'은 황제와 사대부가 공동으로 정한 '국시'이자 유일하게 정확한 '치도'였기 때문이다. 이에 반해, '이론'은 모두 '유속'의 잘못된 의견을 나타낼 뿐이다. 과거 진종이 "이론들도 다 취하라"고 했던 것은 '국시' 관념이 아직 성립하지 않았던 데서 기인한다. 황제는 정확한 것과 잘못된 것을 포함하여 모든 의론 위에 홀로 서서 '자기 마음의 독자적 판단'에 의거하여 임의로 택할 수 있었고, 이뿐 아니라 판단을 수시로 바꿀 수 있었다. '국시'가 이미 정해졌음은 황제와 사대부가 공통으로 준수해야 할 '계약'이 양자 사이에 성립되었다는 뜻이다. 황제는 일방적으로 계약을 파기할 방법을 다시는 갖지 못했다. 철종과 휘종 모두 '소술'이 '국시'라고 공식으로 승인했기 때문에 그들은 자연스레 그것에 구속될 수밖에 없었다. 그래서 채변은 "오로지 '소술'설을 장악하고서 위로는 천자를 속이고 아래로는 동료들을 위협할" 수 있었고, 채경 역시 "뒤로 '소술'의 권한을 장악하고서 천자를 통제할" 수 있었다. 『송사』의 말은 뚜렷한 정치적 편향을 드러내기는 하지만 그 배후의 핵심 사실을 가려내기는 어렵지 않다. 곧 '국시'의 법제화 이후, 황제든 집정대신이든 '이미 정해진 국시'를 공공연히 위배하는 행동을 할 수 없었다. '국시'가 군주권력과 재상권력에 합법성을 제공했음이 여기서 분명하게 드러난다.

왕안석은 충돌이 날로 격화되는 과정에서 점점 더 정적을 용인하지 못했다. 『사사팔성의』에서 "올바른 것을 지키는 자守正"를 자기로 간주하면서 '이론異論'을 견지하는 자를 "사악하고 거짓되다邪誣"고 비난했던 것은 바로 그런 사정에서 유래한다. 이 "사악하고 거짓되다"는 용어를 희령 3년의 '유속流俗'이라는 말과 대조해보면, 지적 의미의 잘못이 이미 도덕적 의미의 사악함으로 여겨지고 있었음을 알 수 있다. 이것이 바로 '독선self-righteousness'이다. 왕안석 일파는 '올바름과 사악함'을 기준으로 아군과 적군을 구분했고 사마광 일파는 '군자와 소인'의 구분을 원용했으므로, 논변상으로만 본다면 양측 간에 세력 균형이 이뤄진 것처럼 보인다. 그렇지만 '국시' 관념이 개입하면서 문제가 발생한다. 채변은 철종 소성 연간(1094~1098)에 벌써 '소술'을 '국시'의 수준으로 높였는데, 이런 조치는 집정파가 정치권력으로써 반대파를 탄압하는 데 합법적 기초를 제공했다. 채경은 휘종 숭녕 연간(1102~1106)에 한 걸음 더 나아가 정식으로 '올바름과 사악함'을 기준으로 삼아 사대부들의 정치적 성분을 규정했다. 『송사』 권119 「휘종 1」을 보자.

(숭녕 원년 1102년) 9월 을미일, 중서中書에 조칙을 내려서 원부 3년(1100) 장소章疏를 올린 신료들의 성냉을 성상正上, 정중正中, 정하正下의 3등급, 사상邪上, 사중邪中, 사하邪下의 3등급으로 분류하여 기록하도록 했다. (…) 경자일, 원부 말년에 상소한 사람인 종세미鍾世美 이하 41인이 정正 등급을 받아 모두 표장되었고, 범유중范柔中 이하 500여 인은 사邪 등급을 받았는데, [그들에 대한] 강등과 문책에는 차이가 있었다.35

이는 중국의 전통 정치사에서 참으로 경악할 만한 공전절후의 조치였지만, 중국의 현대 정치를 겪은 독자 입장에서는 아무런 놀라움도 느끼지 못할 것이다. 어쨌든 채경이 '올바름과 사악함'을 기준으로 정치적 성분을 구분하여 등급에 따라 상벌을 내릴 수 있었던 합법적 근거는 전적으로 '소술'이 '국시'로 상향된 데 있었다. '국시'의 부정적 기능은 채경이 집정했을 때 극에 달한다. 반대파는 '이론'을 제시할 자유를 잃고 모든 정치적 권리를 빼앗겼을뿐더러 '사악한 등급'의 딱지가 달렸다. 「원우간당비元祐奸黨碑」를 세우고 '원우학술元祐學術'을 금지하는 데 이르기까지의 일은 주지의 사실이다. 이 모든 것이 주희의 역사세계를 이루는 유기적 성분이 되고, 주희는 [원우간당으로 분류되어] 경원 연간(1195~1200)이 시작되자마자 탄압당하지 않을 수 없었다.

신종이 창립한 '국시' 관념은 철종 소성 연간과 휘종 숭녕 연간 두 차례의 '소술' 시기를 거치면서 마침내 송대의 정치체계를 대표하는 중요한 특징이 되었다. '소술'은 '신종(왕안석)의 정치적 유산을 전적으로 계승하는 것'을 뜻했고, '국시'는 전체 유산을 상징하는 주요 표식이라고 할 수 있었다. 그래서 자연스레 국시는 가장 먼저 계승되어야 할 유산으로 여겨졌다. 휘종이 새로 정한 연호인 숭녕崇寧은 '희령을 숭상한다'는 뜻이다. 휘종이 연호를 숭녕으로 정한 의도는 철종이 연호를 소성으로 바꾸었던 것과 같다. 두 연호 모두 '소술을 국시로 삼는다'는 것을 사전에 예고한다는 신호다. 국시는 분명히 소술의 궁극적 근거였다. 철종과 휘종 모두 그 점을 인정한 이후에야 비로소 원우와 건중정국의 조정을 당당하게 뒤엎을 수 있었다.

앞서 살펴봤듯이 신종·왕안석 및 후대의 소술파들은 줄곧 국시 관념을 가지고 '이론異論'을 지닌 사람들을 억압했지만, 사마광 및 원우당元祐黨인들은 "조종의 옛 제도를 회복한다復祖宗舊制"는 자신들의 원칙을 '국시'로 부르지는 않은 것 같다. 만약 한 분파만이 국시 관념을 채택했다면, 그것을 송대 정치체계의 기본 요소로 간주해야 할 이유가 없다. 이런 난점을 해결하기 위해 우리는 한 걸음 더 나아가서 국시 관념이 남송대에 어떻게 발전했는지를 살펴보아야 한다.

2. 남송 편

남송 말, 여중呂中[1]이 편찬한 『황조대사기皇朝大事紀』에는 이런 기록이 있다.

정강 원년(1126) 2월, 적이 물러난 이후 사대부들이 신법과 구법을 다투었고 사악한 당과 올바른 당을 나누려 했는데, 식자들은 그들이 급하지도 않은 일을 한다고 인식했다. 이제 고종이 즉위하여 선인태후의 죄과를 적은 사서史書를 수정하라는 조칙을 내렸다. 이는 그런 전철을 다시 밟는 것이 아닌가? 그렇지 않다. 장경부張敬夫는 "이는 혼란을 뿌리 뽑아 올바른 것으로 돌아가는 핵심 강령으로서, 고금 인심의 천리다"라고 말했다. 우리 왕조의 통치에서 원우 연간이 가장 훌륭했다. 현명한 황후 가운데서도 선인태후가 가장 현명했다. 희령·원풍 연간의 소인들이 서로 이어받아 일을 한 뒤, [그들은] 원우를 잇지 못하도록 했으니, 중원의 재앙은 정강 원년에 이르러서야 비로소 생겨난 것이 아니다. 수도를 잃어버릴 당시, 만약 원우의 정치가 없었더라면 어떻게 건염 연간과 소흥 연간의 명운을 열 수 있었겠는가? 이것이 선인태후의 공로다.[2]

위 서술과 논평은 두 가지 사실을 언급한다. 첫째, 흠종이 제위에 오른 (1126) 후 '국시' 논쟁이 나시 일어났다. 둘째, 원우 연간에 이루어진 선인태후의 통치가 고종대에 재평가되었다. 여기서 그 배경을 간략히 알아보자.

금나라의 제1차 대규모 침입 속에서 흠종이 즉위하자 채경은 수많은 사람에게 비판 대상이 되었고, 이에 따라 그와 휘종이 공동으로 정한 '국시(소술)' 역시 흔들렸다. "사대부들이 신법과 구법을 다투었고, 사악한 당과 올바른 당을 나누었다"는 서술은 당시 큰 위기가 임박했는데도 조정에서는 여전히 격렬한 당쟁이 진행되고 있었음을 의미한다.[3] 『송사』「흠종본기」에는 세 가지 기록이 보인다.

정강 원년(1126) 2월 임인일, 범중엄을 위국공魏國公으로 추봉追封했고, 사마광에게 태사太師 시호를 내렸으며, 장상영張商英에게 태보太保 시호를 내렸고, 원우 당적을 없애고 학술 금지령을 해제했다.[4](범중엄의 추봉은 사관의 오류에서 비롯된 기록이다. 원래는 그 아들 범순인范純仁을 추봉한 것이다. 범순인은 원우 시기의 재상[원우 3년 4월~원우 4년 6월]이었다.—왕명청王明淸, 『휘진록揮塵錄』,「전록前錄」권3 참조)

7월 을축 삭일朔日, 원부 연간 상소한 자들 중 '사악' 등급을 받은 사람들에 대한 금지 조치를 해제했다.[5]

8월 갑오 삭일, 진관의 후손에게 봉록을 내렸다.[6]

위 세 기록은 원우 일파가 숭녕 이래의 '소술' 정국을 뿌리부터 뒤집었음을 이야기한다.

고종이 선인태후와 원우의 정치를 특별히 존숭했던 것은 특수한 동기에서 기인한다. 정강 2년(1127) 금나라가 송의 두 황제, 후비, 왕손들을 포로로 잡아 북쪽으로 갔고, 다행히 남은 이는 겨우 둘로 한 사람은 강왕康王 조구趙構로서 당시 병력을 이끌고 외지에 있었고, 다른 한 사람은 철종의 황후 맹황후孟皇后였다. 당시 강왕이 제위를 이었는데, 그가 제위에 오르기 위한 모든 합법적 절차는 맹황후에 의해 조칙으로 내려져 천하에 공표된다. 맹황후는 아래와 같이 조서를 내렸다.

〔나는〕 쇠약하고 병이 많아 폐위되었다가 다시 궁궐 안에 받아들여졌고, 한 걸음 더 나아가 위호位號('원우황후元祐皇后'의 칭호)를 받았다. (…) 현명한 왕손〔강왕〕을 권속으로 두고 있는데 〔그는〕 수도와 가까운 곳으로 건너가 머물고 있다. 여러 신하의 청에 따라 〔그로 하여금〕 제위를 받아들이도록 하고, 그의 옛 번藩에 의거하여 송조의 대통大統을 잇도록 한다.[7]

이것이 바로 강왕 조구가 고종이 된 내력이다. 그런데 맹황후는 철종의 '소술' 정치의 희생자였다. 그녀는 선인태후가 특별히 선발한 사람이었지만 소성 3년(1096)에 폐위되었는데, 이 일에 장돈이 적극 관여했다. 철종이 죽은 후 흠종태후가 수렴청정할 때 다시 맹황후를 불러 환궁시켰고, '원우황후'라는 칭호도 부여했다. 그러나 원우황후는 채경이 휘종을 위해 '소술'을 추진하자 또 다시 존호를 빼앗겼다.[8] 그래서 원우황후가 정치적으로 원우 쪽으로 기울었으리라는 것은 충분히 예상할 수 있는 일이다.

고종이 황제로서 갖게 된 정통성은 '원우황후'에 의해 확보된 것이라서, 고종은 정권의 합법적 기초를 보호하려면 선인과 원우의 정치를 추존하지 않을 수 없었다. 그래서 건염 원년(1127) 5월에 고종이 즉위했을 때, '청묘전 폐지'가 신정新政의 최우선 조치 중 하나가 되었다.[9] 소흥 4년(1134) 8월 무인일, 고종은 범충范沖과 더불어 두 차례에 걸쳐 '소술'에 대해 토론했는데, 고종은 범충의 분석에 깊이 동의하면서 모든 과오를 채변과 채경에게 돌린다. 아울러 그는 "짐은 원우를 가장 좋아한다"[10]고 긍정한다. 고종 본인이 이렇게 표명했거니와 초기의 두 재상(이강李綱과 조정趙鼎)도 드러내놓고 원우를 비호하면서 왕안석에 반대했다.[11] 앞서 인용한 여중呂中의 『황조대사기』에는 장식의 말이 나오는데, 이는 고종 초년의 정치적 분위기를 뚜렷이 드러낸다. 그런데 그중 "원우의 통치가 건염·소흥의 명운을 열었다"는 구절은 원우태후〔맹황후〕가 조칙을 내려 고종에게 제위를 넘긴 사실에 입각한 것임에 틀림없다. 그렇지 않다면 그 말은 과장된 언사에 머물고 말 뿐이다.

위의 간략한 서술로부터 '소술'이라는 '국시'가 흠종의 정강 1년(1126)에 점차 해체되었고 원우파 사람들도 다시 정치 무대로 돌아오기 시작했음을 알 수 있다. 그러나 당시 태상황 휘종의 영향력이 아직 남아 있었기 때문에 '소술파'도 완전히 세력을 잃었던 것은 아니었다. 심지어 남송 초년에도 '소술'을 옹호하는 사람이 많이 남아 있었다. 그래서 소흥 4년(1134) 8월, 고종은 이렇게 한탄한다. "지금도 왕안석이 옳다고 말하는 사람들이 있다. 근래 왕안석의 법도를 행하려는 자가 있는데, 어째서 인정이 이 지경까지 이르렀는지 모르겠다."[12] 하지만 이때, 두 정파의 다툼은 더이상 '소술'이냐 '조종의 옛 제도를 회복하느냐'가 아니라 '국시'라는 합법적 권력과 지위에 관한 것이었다. 남송에는 또다른 '국시'가 있어 북송과 전혀 달랐는데, 그것이 우리가 계속해서 논하려는 대상이다.

남송대에서 '국시' 문제를 가장 먼저 꺼낸 사람은 이강이다. 건염 원년(1127) 6월 1일, 이강은 상서우복야 겸 중서시랑에 제수되었고 그 이튿날 차자를 올려 열 가지 일을 논했다. 첫번째 차자는 '국시를 의론하는 것議國是'이다. 그 자신의 「건염진퇴지 총서建炎進退志總敍 상」에 따르면 내용은 이렇다.

그중 하나로 국시를 의론하자면 대략 이렇습니다. 곧 중국이 오랑캐를 방어할 때, 수비할 수 있는 다음에야 전투할 수 있고, 전투할 수 있는 다음에야 강화를 맺을 수 있는데, 정강 연간 말기에는 그 모든 것에서 잘못이 있었습니다. 이제 전투를 벌이고자 하면 [능력이] 부족하고, 강화를 하려면 그래서는 안 되니, 자치自治하면서 오로지 수비만을 방책으로 삼는 것이 낫습니다. 우리의 정치가 완비되고 병사들의 사기가 진작되기를 기다린 다음에야, 대규모 행동에 대해 이야기할 수 있을 것입니다.[13]

'국시'에 대해 의론한 것 중 최후 단락은 여기서 특별히 인용할 만하다.

예전에 이런 말이 있었습니다. "여러분과 공동으로 국시를 정하고 싶다." 무릇 국시가 정해진 이후에야 조치를 취함으로써 추진해나갈 수 있습니다. 위로 평소 정해진 계획이 있다면 아래로는 한쪽으로 쏠리는 의혹이 없을 것이므로 천하의 일을 하기가 어렵지 않습니다. 정강 연간 오직 국시가 정해지지 않아서 '주전이다' '주화다' 의론이 분분하여 오늘의 화가 있기에 이르렀습니다. 그러니 오늘날 반성 대상으로 삼아야 할 것은 정강 연간이 아니겠습니까? 저는 그래서 강화和, 수비守, 전투戰의 세 가지 설을 감히 진술하여 바치는 것입니다. 원컨대 폐하께서 깊은 마음으로부터 결단하실 때, 천하를 기준으로 국시를 정하신다면 중흥의 공을 기대할 수 있을 것입니다.[14]

마찬가지로 중요한 것은 이 주차에 대한 고종의 반응과 조치다.

주상이 크게 기뻐하면서 중서성에 부쳐 준수하도록 했다.[15]

이것은 '국시' 문제에 관한 획기적인 문헌으로서 다음의 몇 가지 측면에서 그 역사적 의미를 관찰할 수 있다. 첫째, 이강이 인용한 '옛말'은 『신서』의 "바라건대 상국[재상]과 제후, 그리고 사대부들이 공동으로 국시를 정하라"[16]를 줄인 말이다. 이 관념이 신종을 직접 계승했음이 여기서 증명된다. "위로 평소 정해진 계획이 있다면 아래로는 한쪽으로 쏠리는 의혹이 없을 것이다"는 구절은 '국시'의 기능에 대한 묘사로, '국시'는 한번 정해진 다음에는 국가의 최고 정치강령이 되어 제도적 구속력을 발휘함을 말한다. 때문에 위에 있는 조정은 국시를 임의로 비꿀 수 없고, 아래에 있는 사대부들 또한 "이론異論도 다 취하는 것"이 다시는 허용되지 않는다. 그렇지만 '국시'의 최종 결정권은 시종일관 황제가 장악하고 있었다. 이강이 '국시'에 관해 명확하게 건의하여 사대부들에게 지지를 얻기는 했지만, 최후에는 여전히 고종으로 하여금 "깊은 마음으로부터 결단하기"를 요구하고 있다. 이강의 마음속에 있던 '국시'는 바로 신종과 왕안석이 세운 전통을 계승한 것이었음을 이로부터 알 수 있다.

둘째, 이강의 제의는 '국시' 관념의 초당파적 성질을 처음으로 드러낸 것이다. 북송 시기에는 왕안석의 신법파 인사들만이 '국시'를 빈번히 인용하여 '이론異論'을 제압했고, 소성과 숭녕 연간의 두 차례 '소술' 역시 그러했다. 이에 반해, 사마광의 수구파는 '황제와 사대부가 함께 천하를 다스린다'는 원칙을 받아들이기는 했지만, 그들은 정쟁 도중 '국시'에 호소하지는 않았다. 원우 연간(1086~1094), 구파가 정권을 잡아 사실상 신종이 정한 '국시'를 뒤집었지만, 그들은 "조종의 옛 제도를 회복한다"고만 했을 뿐 '국시'를 새로 정하지는 않았다. 이로 인해 '국시'는 왕안석 및 그후 '소술'파들의 전리품이 되었고, 반대파는 그 관념을 전혀 인정하지 않았다는 인상을 받지 않을 수 없다. 그런데 이제 '소술' 세력이 와해되고 원우파가 대두하는 새로운 형세에서 '국시' 문제가 다시 제기되고 있다. 이는 '소술파' 이외의 사대부들 역시 국시의 유효성을 인정했다는 뜻이다.

이뿐만 아니라 이강은 정화 5년(1115)부터 채경을 극력으로 반대했던 진관과 더불어 "나이를 잊은 의기투합"을 했으므로[17] 그가 정치적으로 원우 구당에 기울었음이 분명하다. 이강은 소흥 5년(1135) 「사풍의 변혁變革士風」이라는 조목으로 글을 올린다.

> 원우 대신 중 사마광과 같은 부류는 모두 정론을 견지했지만, 무리들이 그들을 왜곡하고 질시하면서 '간사한 당'이라고 지목했습니다. 서로 모방하는 사풍士風이 형성되어 옳고 그름을 뒤바꿔버리고 흑과 백을 혼란스럽게 했으니, 정사가 심하게 망가져서 결국 정강의 변靖康之變을 초래했습니다. 지금에 이르기까지 수십 년 동안 안타까운 감정도 다 소진된 이후, 조정은 비로소 원우 여러 신하의 충성심을 알아주어 〔원우 신하에게〕 관직을 내려주고, 그 자손들에게 봉록을 주거나 그들을 등용하고 있습니다. 그러니 무엇을 보완해야 하겠습니까?[18]

이강은 북송 말기에 '소술'파를 반대한 주도적 인물이었지만 남송 초기에는 가장 앞서 '국시'를 세워야 한다는 의론을 제시한다. 이 점이 유력하게 설명하는 바는 다음과 같다. 곧 '국시' 관념이 이미 사대부들의 마음속에 깊이 들어가 보편적 호소력을 갖게 되어, 그것은 더이상 '소술' 일파의 전리품으로만 남지 않았다는 것이다. 또한 『계년요록繫年要錄』권6에는 다음 내용이 실려 있다.

이강으로 하여금 새로운 반班에서 상주하도록 조칙을 내렸다. 집정이 물러나자 이강은 남아서 열 가지 의론을 개진했다. 또한 "폐하께서는 시행할 수 있는 것들을 헤아리시고, 원컨대 시행해주시면 신이 감히 명을 받들겠습니다"라고 말했다.[19]

이 기록은 『삼조북맹회편三朝北盟會編』에 빠진 내용을 보충해준다.[여기서 '삼조'는 휘종, 흠종, 고종을 말한다.] 앞서 지적했다시피 신종 이래 재상들의 진퇴는 종종 '국시'와 관련이 있었다. 이강의 이야기는 그런 관찰 내용의 사실성을 더욱 강화해준다. 그래서 우리는 '국시'가 송대 정치 체계 내의 기본 부분을 구성한다고 긍정적으로 말할 수 있다.

셋째, 이강의 주차는 남송의 '국시'가 완전히 새로운 역사의 단계로 접어들었다는 것과 희령 이래 신법과 구법 사이의 투쟁은 여기에서 일단락을 고한다는 것을 공식으로 선포한다. 원우와 '소술'의 정치적 쟁론은 정강 연간 이래 남송 초년에 이르기까지 여전히 여파가 남아 있었다. 소흥 4년(1134)과 7년(1137)에 조정趙鼎이 두 차례에 걸쳐 재상이 되었는데, 그는 당시 '소원우小元祐'라는 소리까지 있었나.[20] 그러나 원우파의 정치적 복귀는 이미 '국시'와 아무런 관련이 없었다. 이강이 제시한 강화·전투·수비라는 세 방책이야말로 남송의 '국시' 문제를 관통했고, 이후의 쟁론은 이 세 가지를 둘러싸고 펼쳐졌다. 그래서 이강의 주차는 남송대 정국에 대해 방향을 정립하는 역할을 했다.

마지막으로, 고종이 이강의 상주문을 "중서성에 부쳐 준수하도록 하라"고 지시했던 것도 중시할 만한 조치다. 이강 마음속의 '국시'는 '수비'였는데, 이때 고종이 결국 어떻게 생각했는지는 지금도 알 수 없다. 그런데 '국시를 정하는 것'은 필히 정해진 절차를 거쳐야 했지만, 고종이 처음 즉위했을 때 한동안은 아직 거기까지 언급하지는 않았다. 그래서 "준수하도록 하라"는 말은 고종이 '국시' 문제를 최우선 위치에 놓음으로써 진일보한 논의를 기다린다는 뜻을 드러냈음에 불과하다. 남송이 정식으로 '국시'를 정할 기회는 12년을 더(소흥 8년 1138) 기다려야 했다. 고종이 선택했던 것은 '강화'였지 '수비'는 아니었다. 이강은 당시 조정을 떠난 상태였지만 화의和議에 극력으로 반대하는 상소를 올렸다. 사서에는 "상소해서 아뢴 내용이 중론과 합치하지 않았지만 주상은 꺼려하지 않았다"[21]고 한다. 어쨌든 이강은 가장 앞서 강화, 전투, 수비를 '국시'로 제시한 첫번째 남송 재상이었다. 그의 '국시' 주차는 중서성에 남아서 반드시 '준행'되어야 할 공식문서가 되었다. 따라서 소흥 8년(1138), 제1차 '국시 제정' 때 이 문서가 다소간 법제적 근거를 제공했다고 믿을 만한 충분한 이유가 있다.

소흥 8년(1138), 화의 조건이 전국에 정식으로 제기되었다. 하남·섬서 땅을 송나라에 귀속시키고 아울러 고종의 생모와 휘종 그리고 휘종 황후의 관을 송환하는 대신, 고종이 '무릎을 꿇고 신하로 자칭하는 것屈膝稱臣'이었다. 동시에 금나라는 흠종을 복위시키라고 비밀리에 위협했다. 고종은 '굴욕적으로 강화를 구걸하는 것屈己求和'을 결심했고 진회는 화의를 담당하기 위해 재상에 임명되었지만, 조야 상하의 반대 목소리는 매우 컸다. 소흥 8년 12월 기묘일, 이부시랑 안돈복晏敦復 등 8인은 동반입대同班入對하여 이렇게 상주한다.

삼가 최근의 굴욕적 사태를 보건대 폐하께서는 괜찮다고 여기시나, 사대부들은 불가하다고 여기고 민도 불가하다고 여기며 군사軍士들도 불가하다고 여깁니다. 그런데도 [폐하께서는] 화의의 성립을 추구하시니 신들은 의혹을

갖고 있습니다.[22]

이 일례를 보면, 당시 상황이 문언박과 사마광이 신법에 반대했던 상황보다 훨씬 심각했음을 알 수 있다. 고종 자신도 화의를 반대하는 사대부들이 매우 많다는 것을 잘 알고 있었지만, 그의 해석은 위 여덟 명과 정반대였다. 그는 말한다.

"사대부들은 다만 제 몸을 도모할 뿐이다. 만일 명주明州〔저장 성 닝보寧波의 옛이름〕에 있었을 때〔처럼 패망의 시기에 처했다면〕, 짐이 오랑캐들에게 수백 번 절하더라도 〔사대부들은〕 그것을 문제 삼지 않을 것이다." 주상의 말하는 기색이 단호했다.[23]

"명주에 있었을 때"는 건염 4년(1130) 정월 금나라 군대가 명주를 함락하여 해상에서 고종을 습격했을 때를 가리킨다. 이때 남송은 패망 위기에 처해 있었다. "말하는 기색이 단호했다"는 것은 고종이 '화의'가 아니면 안 된다고 결심했음을 나타낸다. 고종의 말 이면에는 '굴욕적으로 강화를 구걸하는 것'은 '나라를 위한 도모'라는 뜻이 담겨 있다. 그러나 고종과 진회는 일반적인 재상 권력, 심지어 군주권력으로는 당시의 반대 목소리를 억누를 수 없다는 것도 잘 알았다. 군주와 재상 두 사람은 "나라를 위해 도모한다"는 구실 아래, 이강의 건의를 바탕으로 화의를 '국시'로 정했다. 진회는 한편으로 '국시'를 빌려 재상권력을 확대하고 공고히 하기를 진실로 바랐지만, 다른 한편으로는 어려운 일이 겹겹이 쌓여 있다는 것을 잘 알았다. 만약 '화의'가 '국시'로 정해지지 않는다면 그는 자리를 잃을 것이다. 그래서 그는 첫걸음으로 왕안석의 선례를 본받아 먼저 고종의 절대적 신임을 얻었다. 『삼조북맹회편』 권184 소흥 8년 (1138) 10월 조목 기록을 보자.

화의를 허락하려는 논의가 금나라 사람들에게 있자, 임금과 재상이 그에 대해 의논했는데 조정趙鼎 홀로 강화講和해서는 안 된다고 고집했다. 진회는 강화하려는 생각이 있었다. 하루는 조정에서 재집들이 상주를 하고 물러났는데, 진회 혼자 남아서 강화의 설을 아뢰면서, "신은 강화가 방편이라고 생각합니다"라고 말했다. 임금은 "그렇다"고 대답했다. 진회는 말했다. "강화 논의에서 신료들의 설이 모두 달라 각자 양극단을 견지하지만, 그들은 담력이 작아서 같이 큰일을 판단하기에 부족합니다. 만약 폐하께서 강화하시기로 결단하셨다면 영단을 내리셔서 신하고만 그 일에 대해 의논하고, 뭇 신하들이 관여하지 않도록 해주십시오. 그렇게 한다면 일이 잘 마무리될 것입니다. 그렇게 하지 않으면 아무 이익이 없습니다." 임금은 "짐은 경하고만 의논하겠다"고 대답했다. 진회는 "신은 아직 좀 편하지 않으니, 폐하께서 3일간 정밀하게 사려하신 이후에 따로 아뢰겠습니다"라고 말했다. 임금은 "그러자"고 대답했다. 3일이 지나자 진회가 남아서 처음과 같이 아뢰었는데, 임금의 강화 의도가 매우 굳건하지만 아직 미진함을 알았다. 그래서 "신은 또 달리 편치 못한 점이 있을까 두려우니, 폐하께서 다시 3일간 사려하신 후 신이 품의 올리는 것을 허용해주시기 바랍니다"라고 말했다. 임금은 "알겠다"고 말했다. 또다시 3일이 흐르자, 진회는 다시 남아서 처음처럼 상주했는데, 임금의 생각이 확고하여 바뀌지 않았음을 알고는 비로소 글을 올려 화의를 결단하기를 간구했으며, 뭇 신하들이 관여하는 것을 허락하지 말도록 했다. 임금이 흔쾌히 받아들였다. 정[조정趙鼎]은 의론이 그에 부합하지 않았기 때문에 마침내 재상직에서 파면되었다.[24]

이 구절은 진회와 고종이 공동으로 '국시 정하기'를 상의하는 경과를 보여준다는 점에서 매우 중요하다. 진회는 연이어 세 차례에 걸쳐 고종을 '독대留身'했고, 두 차례에 걸쳐 고종에게 "3일간 사려할 것"을 요구했으며, 또한 두 차례에 걸쳐 "뭇 신하들이 관여하는 것을 허락하지 말아야 한다"고 강조했는데,

이 모든 것은 '화의'를 '국시'로 끌어올리기 위한 절차였다. 위 대화는 희령 3년 (1070) 7월 신종과 증공량·한강·왕안석 사이에 벌어진 '신법' 논의와 비교해볼 수 있다. 둘 다 '국시'에 대한 최고 수준의 논의였던 데다가 결론도 일치하기 때문이다. 곧 신종과 왕안석은 "이론異論들도 다 취하는 것"을 용인하지 않았고, 고종과 진회도 "뭇 신하들이 관여하는 것을 허락하지 않기" 때문이다. 고종은 소흥 4년(1134) 범충에게 명령하여 신종과 철종 양 조朝의 『정사正史』와 『실록實錄』을 다시 편수하라고 한 만큼 그는 그 시대의 역사를 잘 알고 있었다.[25] 그래서 두 회의 시기가 70년이나 떨어져 있는데도 서로 똑같은 궤적을 보여주는 것은 결코 우연이 아니다. 사실 동시대인 가운데 범여규范如圭는 곧 바로 그 점을 간파했다.

조정에 분분한 의론이 가득하지만 결국 진회 한 명의 논의를 논파하지 못했던 까닭은 [진회가] 두 가지 설을 폈기 때문이다. 첫째, [진회는] 효제孝悌의 설을 제창하여 임금의 마음을 움직일 수 있었다. 둘째, "3일간 사려하라"라는 말을 해서 임금의 마음을 확고하게 했다. 아! 진회가 화의를 주창하면서도 효제를 구실로 삼았던 것은 채경이 '소술'을 행하고자 하면서 '선인의 뜻과 사업을 잇는다'는 것을 구실로 삼았던 것과 다르지 않다. 진회가 의론이 흔들리지 않도록 하려고 임금으로 하여금 "3일간 사려하도록" 했던 것은 왕안석이 신법을 행하려고 임금으로 하여금 '학술學術'의 설을 공부하도록 한 것과 다르지 않다.[26]

범여규기 제시한 두 가지 비교는 급소를 찔렀지만, 그는 감히 고종의 시시비비를 가리는 데까지 나아가지는 않고 다만 모든 잘못을 진회에게 뒤집어씌운다. 그런데 우리는 여기서 남송의 제1차 '국시' 제정이 북송의 제1차 '국시 제정'의 선례를 따랐다고만 이야기할 수 있을 뿐, 고종과 진회의 인격이 신종과 왕안석의 인격과 같은 수준이었다고까지는 말할 수 없다. 어쨌든 '화의'가 국시가 된 이후에도 조정朝廷은 사대부들의 항의를 막을 수 없었지만, 이의를 지닌 자들에 대해서는 나름대로 명분과 논리를 갖고 폄척하거나 귀양의 징벌을 내릴 수 있었다.

하지만 이론상으로는 황제와 사대부가 공동으로 '국시'를 정하는 것임에도 불구하고, 고종과 진회가 사적으로 그에 대해 상의했던 일은 결국 명분도 서지 않고 논리도 통하지 않는 것이었다. 그래서 진회는 두번째 수를 놓는다. 곧 화의에 영합하는 사람을 많이 끌어들여서 대간직에 임명함으로써 여론을 조성한 것이다. 구룡여연, 시정신施庭臣, 막장莫將 3인이 그중 특히 유명하다. 그래서 소흥 8년(1138) 12월 정축일에 장도張燾와 안돈복은 이렇게 상주한다.

시정신은 영합하는 데 힘쓰면서 (⋯) 일신의 벼슬길에 도움이 될 것을 행하고, 군부君父가 당하는 굴욕의 수치는 안타깝게 여기지 않습니다. (⋯) 그래서 찰관察官이었다가 어사로 특진했습니다. 원래 어사부御使府는 조정의 기강이 있는 곳이자 폐하의 눈과 귀가 되는 기구입니다. 얼마 전 구룡여연은 화의에 부합함으로써 중승이 되었지만, 여론은 실로 그를 비웃고 비천하게 여깁니다. 이제 조정의 신하들이 그런 방법을 써서 어사대에 올랐고, 어사대의 장차관이 다 그렇습니다. (⋯) 여론이 들끓고 사람들은 분노로 이를 악물고 있는데, 막장이라는 자가 또다시 그런 방법을 통해 시승侍丞이었다가 우사右史로 선발되었습니다. (⋯) 폐하께서는 어찌하여 갑자기 이들과 공동으로 국론國論을 결정하십니까?[27]

이 상주문에 등장하는 '국론'은 '국시'와 동의어다. 특히 이 인용문의 마지막 구절을 보면, 사마광이 신종에게 했던 말이 금방 떠오른다. "지금 조례사가 하는 일은 왕안석 한강 여혜경만이 옳다고 여기고 천하는 모두 그르다고 여깁니다. 폐하께서는, 어찌 이 세 사람하고만 더불어 천하를 다스리려 하십니까?" 주희도 「무오당론 서戊午黨論序」에서 이렇게 말한다.

재상 진회가 오랑캐의 조정으로부터 돌아와서 힘써 그 일(화의)을 주관했다. 이때는 인륜이 아직 밝았고 인심이 아직 올바라서, 천하 사람들은 현명하든 어리석든 고귀하든 비천하든 한목소리로 그래서는 안 된다고 주장했다. 오직 사대부 중 고집스럽고, 이익을 탐하며, 수치를 모르는 몇몇만이 일어나서 진회에게 부화뇌동했다.[28]

『무오당론』은 주희의 친구 위섬지(자字는 원리)가 편찬한 책으로, 화의에 반대하는 소흥 8년(1138)의 글들을 수록하고 있다. 현재 이 책은 실전失傳되었고, 『건염 이래 계년요록建炎以來繫年要錄』에서 그중 몇 편을 볼 수 있을 뿐이다. 주희의 서문에 따르면, 당시 반대파는 주화파보다 수가 훨씬 많았다. 또한 상산湘山 초부樵夫의 『소흥정론紹興正論』이라는 책이 있는데, "화의에 부합하지 않는다"고 하여 폄척을 당한 사대부가 매우 많았다고 하며, 『삼조북맹회편』(권225)에 수록된 인원은 30명 이상이다. 그러나 진회는 화의를 위한 권위를 내세우기 위해, "사대부 중 고집스럽고, 이익을 탐하며, 수치를 모르는 몇몇"을 모아서 '국시'라는 형식적 요구 조건을 충족시키려 했다. 그래서 소흥 8년(1138)부터 '화의'는 이미 남송의 정식 국시가 되었고, 고종대에는 더이상 그것을 변경시킬 수 없게 되었다.

앞서 보았듯 소흥 8년(1138) 3월, 진회는 3차에 걸쳐 고종을 '독대'하면서 고종과 더불어 화의에 대해 상의했고 "국시를 정하는" 회의를 했다. 그렇지만 이일을 기록한 원문에는 '국시'라는 글자가 쓰이지 않았다. 그렇다면 우리는 무엇을 근거로 진회와 고종의 상의가 '국시'에 대한 것이었다고 판단할 수 있을까? 나는 사료 세 조목을 인용하여 그런 판단을 뒷받침하고자 한다. 첫번째는 주희가 자신의 아버지를 위해서 쓴 「주공 행장」이다. 소흥 9년(1139) 1월, 금나라가 하남 지구를 송나라에 되돌려주자,[29] 주송은 상주문을 올려 무력 준비의 중요성을 깊이 강조했다. 하지만 황제는 주송의 의견을 채택하지 않았다. 이에 「행장」은 다음처럼 말한다.

그러나 국시가 이미 정해져서 주장이 받아들여지지 않았다. 그래서 공[주송]이 사직하려 할수록 공에 대한 진회의 분노는 더욱 심해졌고, [소흥] 10년(1140) 봄에 마침내 [진회는] 언관들로 하여금 공에 대해 논하도록 하여, "다른 생각을 품었으면서 스스로를 현명하다 여기고, 겉으로는 겸손한 척한다"는 죄목을 씌워 [공을] 외군外郡으로 좌천시켰다.[30]

여기서 "국시가 이미 정해졌다"는 것은 소흥 8년(1138)의 화의를 가리킴이 분명하다. 주송은 '수비守'를 주장했기 때문에, "다른 생각을 품었으면서 스스로를 현명하게 여긴다"는 죄명을 받은 것이다. "국시가 이미 정해졌다면" 곧바로 '이론異論'이 허락되지 않으므로, '이론'을 견지함은 죄를 저지르는 것이었다는 사실이 여기에서 실증된다.

두번째 사료는 소흥 10년(1140) 5월 금나라가 맹약을 깨고 다시 하남 지구를 차지하여 전쟁이 일어났을 때의 기록이다. 금이 침입했음에도 진회 계열의 주화파는 여전히 자신들의 국시를 포기하지 않았다. 『건염 이래 계년요록』의 5월 무술일 조목을 보자.

어사중승 왕차옹王次翁이 상주하여 말했다. "폐하께서 이미 화의를 주된 견해로 삼으셨고, 여러 장수는 더욱 삼엄하게 방비하며 병사들은 용기가 있습니다. 적들이 맹약을 파기했지만 우리에게 잘못이 있지 않으니 [그들이] 어찌할 수는 없을 것입니다. 과거, 처음에는 국시에 주된 의론이 없어 상황이 조금만 변하면 다른 재상으로 교체했습니다. 교체된 사람이 이전 사람보다 반드시 현명한 것은 아니었음에도, 교체된 재상은 자신과 의견이 다른 당인들을 내쫓고 동지들을 불러 모아서, 의론만 분분하고 몇 달이 되어

도 국시를 정할 수 없어 애초부터 국사에 도움이 되지 않았습니다. 폐하께서는 이 점을 경계하시어, 소인들이 이의를 들고서 틈을 타 들어오지 않도록 해야 합니다." 임금이 이 말에 깊이 동의했다.[31]

이 사료는 특히 중요하다. "과거, 처음에는 국시에 주된 의론이 없었다"는 말은 진회가 소흥 8년(1138)에 두번째로 재상이 되기 전 상황을 가리킨다. 그 몇 년간 '국시'가 강화, 전투, 수비 사이에서 정해지지 않아 작은 변동이 있을 때마다 재상이 바뀌는 일이 일어났다. 위 구절은 재상과 '국시'가 함께 진퇴하는 현상을 분명히 드러내준다. 바로 그렇기 때문에 왕차옹이 깊이 두려워했던 것은 고종이 동요하여 2년 전 정해진 '국시'를 바꿔버리는 것이었다. 고종의 마음이 바뀌면 진회는 재상직에서 물러나지 않으면 안 될 터였다. 『송사』 권473 「진회전」은 이 일을 이렇게 논한다.

진회는 힘써 여론을 배척하면서 시종일관 화의를 자임했으니, 왕차옹이 "주된 의론이 없다"고 말했던 것은 오로지 진회를 위해 자리를 깔아준 것이었다. 그래서 진회의 자리는 다시 편안해져 〔진회는〕 18년간 그 자리에 있었으니, 공론이 〔그 자리를〕 흔들 수는 없었다.[32]

진회가 두번째로 재상이 된 때는 소흥 8년(1138)이고 그는 소흥 25년(1155)에 죽었는데, 그사이 17년간의 재상 자리는 모두 '화의'를 '국시'로 삼는 자들에 의해 채워졌다. 그래서 이 사료는 소흥 8년 10월에 진회가 고종을 독대하여 상의했던 것이 비단 화의뿐만 아니라 국시이기도 했음을 잘 보여준다.

세번째 사료는 진회의 「유표遺表」다. 그 속에 다음 같은 말이 있다.

바라보건대 황제 폐하께서는 (…) 영원히 북극北極의 존귀한 자리에 계시면서 이웃 나라와 맺은 동맹을 더욱 견고하게 하셨고, 사직을 위한 큰 계획을

깊이 생각하시며, 국시가 동요할 것을 근심하시고, 사악한 붕당의 틈입을 막으셨습니다.[33]

진회는 죽기 직전까지도 "국시가 동요할 것에 대해 근심하여", 그가 재상직에 있던 기간에는 '국시'가 바뀐 적이 없었다. 그렇다면 국시는 대체 어느 해에 세워졌을까? 주희는 앞서 인용한 「무오당론 서」에서 이렇게 말한다.

진회는 홀로 '황제의 관梓宮'과 왕실을 구실 삼아 여러 의론을 물리치고 임금의 귀를 미혹에 빠뜨렸다. 그런 후에 화의라는 것이 갑자기 정해져서 더이상 깨질 수 없었다. 그때 이래 20여 년간, 국가는 원수의 포로가 된 것을 잊고 안락 속 쾌락에 빠져 있다.[34]

여기서 "정해져서 더이상 깨질 수 없었던" '화의'는 바로 진회가 말했던 '국시'였다. 다만 주희는 그것을 국시라고 칭하기를 꺼렸을 뿐이다. 이 서문은 건도 원년(1165)에 쓰였으므로 소흥 8년 무오년(1138)으로부터 27년 후다. 따라서 남송에서 처음으로 '국시'를 정한 것은 소흥 8년임이 틀림없다.

마지막으로, 주희 시대의 '국시' 논쟁을 대략 고찰하면서 이 장을 끝맺고자 한다. 『주자어류』 권127은 효종에 대해 논한다.

효종은 처음에 [금나라에] 복수를 하려는恢復 뜻이 매우 강했지만 부리符離 [지금의 안후이 성 쑤저우宿州] 땅에서 패하자(융흥隆興 원년 1163년 5월), 깊이 비통해하면서 "향후 전사자를 교환하자고 번인蕃人[금나라인]들에게 말하라"고 했다. 마침내 탕사퇴湯思退를 등용했다. 이렇게 강화한 후, 또다시 맹약이 깨졌다.[35]

이 개략적 설명은 효종 초년 '국시' 논쟁의 배경을 밝혀준다. 더 상세하고 핵심을 담은 역사적 서술은 이심전의 「계미갑신 화전 본말癸未甲申和戰本末」에 보인다.[36] 여기서 반드시 보충되어야 할 내용은 고종 재위(1127~1162) 최후의 1~2년 사이에 일어났던 일이다. 당시 금나라 임금 완안량完顏亮이 남침하여(소흥 31년, 1161) 화의 국면이 끝나자, 원래의 '국시'가 계속해서 지속될 수 없는 절대적 위기에 봉착했다. 소흥 32년(1162) 정월, 고종이 순시를 할 겸 건강建康[지금의 장쑤 성 난징]에 이르렀을 때, 주전파라는 이유로 쫓겨난 지 20년이 된 장준張浚이 나와서 영접하자, "호위 무사들은 장준이 다시 등용될 것을 알고 두 손을 이마 앞에 올려 경의를 표했다."[37] 이 사건은 고종 자신이 직접 정한 '국시'를 더이상 고집할 수 없었음을 보여준다. 재상은 '국시'와 더불어 자신의 진퇴를 정해야 했을 뿐만 아니라 황제 역시 '국시'에 책임이 있었다. 그해(1162) 6월, 고종이 효종에게 자리를 물려준 것은 당시 '국시'의 위기와 밀접한 관련이 있다. 고종이 형세에 쫓겨 '국시'를 다시 정해야 할 길을 만들어놓아서, 비로소 효종은 '복수하려는 뜻을 매우 강하게' 지닐 수 있었던 것이다.[38] 효종이 화의로 재빨리 돌아섰던 이유는 장준이 부리 땅에서 패한 데 있지만, 뿌리 깊은 원인은 고종, 대다수 집정대신, 사대부들 모두가 '화의'라는 국시로 기울었기 때문이다. 이 점은 효종이 융흥 2년(1164) 11월 병술일에 '변경의 장병들'에게 반포한 조서에 의해 증명될 수 있다. 조서의 대략은 이러하다.

짐은 태상[고종]의 성의聖意를 감히 거듭 어기지 못하겠고 재상 및 여러 신하도 여러 번 청했으니, 이미 최초의 법식에 따라 다시 국서國書를 바꾸었고 세금 액수도 그 논의대로 했다. 만약 저들[금나라]이 상商과 진秦의 땅과 포로로 잡힌 사람들을 고십한다면, 짐은 나라를 지고 엎어져 죽을지언정 따를 수 없다.[39]

이것은 군사들의 양해를 구한 조서인데, 금나라와 화약을 다시 정할 수밖에 없었던 효종의 고충을 말해준다. 고종과 '재상 및 여러 신하'가 끼친 영향이 결정적이었음이 분명하다. 또한 주희는 「무오당론 서」에서 "계미년(융흥 원년 1163)의 의론이 궁중에 가득 찼다"[40]고 하는데, 이는 당시 절대다수의 사대부들이 화의에 찬성했음을 실증한다.

한편으로 효종 자신은 "복수하려는 뜻이 매우 강했지만", 다른 한편으로 태상황과 사대부들은 '화의'를 '국시'로 삼아야 한다고 강력하게 압박을 가하고 있었기 때문에, 효종은 즉위 이후 1~2년간은 이러지도 저러지도 못하고 방황을 거듭했다. 당시 왕질王質은 효종을 향해 그런 상황의 문제 핵심을 분명하게 지적한다. 『송사』 권395 「왕질전王質傳」의 기록이다.

당시 효종이 누차 재상을 바꾸어 국론이 정해지지 않자 왕질이 상소를 올렸다. "폐하께서는 즉위 이래, 때를 타 큰일을 하려는 뜻을 분연히 일으키셨는데, 당시 조정에 진강백, 엽의문葉義問, 왕철汪澈이 있었지만 폐하께서는 그들이 재목감이 아니라고 여기셔서 먼저 엽의문을 내쫓고 그다음 왕철을 내쫓았습니다. 유독 진강백만을 남겨 [그를] 나아가지도 물러서지도 못하는 어려움에 빠지게 했습니다만, 폐하께서는 결국 그를 높이 평가하지 않으셔서 마침내 사호史浩를 등용하기로 마음먹었습니다. 하지만 사호 역시 폐하의 의도에 부응하지 못했습니다. 그래서 장준을 등용하기로 결정했지만 장준 역시 성과를 내지 못했고, 그리하여 탕사퇴를 등용하기로 결심했습니다. 이제 탕사퇴가 국정을 담당한 지 몇 개월이 되지만 신은 그 역시 폐하께 도움이 되지 않으리라 생각합니다. 무릇 재상의 임명에서 한번 제대로 되지 못하면 폐하의 뜻도 그만큼 막혀버립니다. 전날 진강백이 강화和로써 폐하를 모셨지만 강화는 이루어지지 못했습니다. 장준은 전투戰로써 폐하를 모셨지만 전투 역시 성공을 거두지 못했습니다. 장준은 또다시 수비守로써 폐하를 모셨지만 수비 역시 곤궁에 빠졌습니다. 탕사퇴가 다시 화의和議로써 폐하를 모시고 있습니다. 폐하께서는 진정 강화, 전투, 수비의 일에 대해 깊이 살펴보신 적이 있습니까?[41]

이 절의 핵심 논지는 법제화된 '국시'가 송대 정치체계 속에서 발휘한 핵심 기능을 설명하는 것이다. 위에서 인용된 사료들을 보면, 희령의 신법이든 소성과 숭녕의 '소술'이든 아니면 소흥의 '화의'든 간에 모두 그 기능을 잘 나타내고 있다. 이런 점에서 위 인용문은 그런 기본 논점에 대한 매우 유력한 증거가 된다. "당시 효종이 누차 재상을 바꾸어 국론이 정해지지 않자"는 구절에서 '국론'은 '국시'와 동의어다. 탕사퇴가 상서우복야가 된 것은 융흥 원년(1163) 7월 계사일[42]이므로, 왕질의 위 상소는 그해 연말 이전에 바쳐졌을 것이다. 바로 효종이 '국시'에 대해 우유부단한 태도를 취하던 시기였다. 희령 이래 재상들은 종종 '국시'와 더불어 진퇴를 같이했음을 앞서 살펴봤는데, 위 사료는 그에 대해 매우 생동감 있는 실례를 제공해준다. 이상이 첫번째로 유념할 점이다. 앞서 말했다시피 남송의 '국시' 논쟁은 이강이 제시한 강화, 전투, 수비라는 세 가지 주제를 둘러싸고 전개되었다. 그런데 왕질의 상주문은 바로 그 점을 적확하게 반영하고 있다. 다만 위 인용문이 다룬 시기는 "국시가 아직 정해지지 않은" 짧은 기간이서 특히 빠르게 전개되었을 뿐이다. 이상이 두번째로 유념할 점이다.

왕질의 위 상소문이 제시된 역사적 배경은 『송사』 권385 「전단례전錢端禮傳」에서 확인할 수 있다.

효종이 복수恢復에 대해 확고한 마음을 갖고서 장준에게 출병을 명했다. 부리 땅에서 패배를 당하고 탕사퇴가 마침내 화의를 제창하자, 전단례가 이렇게 상주했다. "용병의 명분은 있으나 용병의 실질은 없으니, 원한을 갚기 위해 일을 일으키는 것은 나라에 도움이 되지 않습니다." 그러자 탕사퇴가 매우 좋아하여 [전단례에게] 호부시랑직을 제수해줄 것을 청했다.

탕사퇴는 장준과 더불어 주전과 주화에 대해 논쟁했지만 결론이 나지 않았다. 장준이 바야흐로 전쟁을 주장하자 임금의 마음이 그쪽으로 기울었다. 탕사퇴가 거짓으로 사직을 청하자 전단례는 [탕사퇴가 재상직에] 그대로 남도록 〔임금에게〕 청했다. 그러면서 아뢰기를 "무기〔전쟁〕는 흉기이니, 바라건 대 부리의 패전을 교훈으로 삼아 국시를 일찍이 정하여 사직을 위한 지극 한 계책으로 삼으십시오"라고 했다. 그래서 탕사퇴는 다시 재상직에 남았 고, 〔임금은〕 장준에게 변경으로 가도록 명하면서 그로부터 무기와 병사를 거둬들였으며, 그를 초납招納직에서 파면했다. (…) 우정언 윤색尹穡이 장준 을 탄핵하자 〔장준은〕 도독都督직에서도 파면되었다. 이때부터 의론이 하나 로 귀일했다.[43]

"국시를 일찍이 정해야 한다"는 전단례의 말은 "국론이 아직 정해지지 않았 다"는 「왕질전」의 말과 상응한다. 전자의 '국시'는 후자의 '국론'과 동의어임이 틀림없다. 탕사퇴는 진회 문하 출신으로서 '화의'를 '국시'로 삼아 재상 자리를 보전하는 것이 그의 일관된 입장이었다.[44] 그래서 전단례는 '국시'를 제시하기 를 특히 중시한다. 앞서 보았다시피, 신종 이래 재상권력을 쟁취하고 유지하 려면 '국시 정하기'를 최후의 보장으로 삼아야 했다. 「왕질전」은 이런 불문율 을 생생하게 보여주는 실례다. 이상이 세번째 증거다.

더욱 흥미로운 점은 전단례 자신이 2년 후(건도 원년 1165) '국시'를 원용해 재상 자리를 얻고자 했다는 사실이다. 주희의 「진공 행장陳公行狀」은 이렇게 말 한다.

전단례가 외척 출신으로서 정권을 잡고 점차 재상 자리로 나아갔다. 전 부 서의 사士들이 함께 상소하여 그를 배척하다가 모두들 전단례에 의해 쫓겨 났다. 공부시랑 왕불王弗[45]은 전단례에게 몰래 아첨할 목적으로 국시의 설 을 세움으로써 그의 세력을 도왔다. 진공(진준경)은 항의하는 상소를 올려 그 잘못을 힘껏 비판했고, 또한 임금에게 "본조에는 외척으로서 재상이 된 자가 없습니다. 이제 그렇게 된다면 자손들의 모범이 될 수 없을까 두렵습니 다"라고 말했다. 주상이 옳게 여겼다.[46]

이 사건은 재상권력과 '국시'가 분리될 수 없었던 송대의 특색을 잘 보여준다. 하지만 이것은 그래도 부차적이다. 가장 중시할 점은 주희가 이 사건으로 송대 '국시' 문제에 대해 체계적으로 회고하고 논평했다는 사실이다. 주희는 건도 원년(1165)에 쓴 「진 시랑[진중경]에게 보내는 편지」에서 당시의 '큰 우환의 근본'에 대해 논한다.

강화講和의 계획이 결정되었으나, 삼강은 쇠락했고 모든 일이 어그러졌습니다. 독단적 언사가 제시되자 위로 주상의 뜻이 교만해졌습니다. 국시의 설이 횡행하자 아래로 공론이 무성해졌습니다. 이 세 가지가 큰 우환의 근본입니다.[47]

아래는 '국시'에 대한 주희의 의견이다.

10여 일 사이 또다시 국시설을 만들어 응하는 사람이 나왔는데, 하늘과 사람을 속이고 음험하고 사특함이 이전보다 더 심합니다. 주상께서 그 상주문을 이미 인가하셨는데, 여러 공公 중에서 그것에 대해 옳지 않다고 말한 사람이 있음을 들어보지 못했습니다. 저는 국시설에 대해 따져보고자 합니다. 이른바 국시라는 것이 어찌 천리에 순응하고 인심에 합치하며 천하가 똑같이 옳게 여기는 것이 아니겠습니까? 진실로 천하가 똑같이 옳게 여긴다면, 땅 한 척 없고 민民 한 명 없는 권력이 있다고 할지라도 천하가 그에 대해 잘못이라고 여길 수 없을 터인데, 하물며 천하의 부와 세력을 삿고 있다면 어떻겠습니까? 오직 천하가 똑같이 옳게 여기는 것에 합치하지 못하면서, 천하가 그것을 옳게 여겼으면 하고 억지로 바라기 때문에, 필연적으로 상을 내걸어 유혹하고 엄형으로써 채찍질한 이후에야 사대부들의 서로 다른 의론을 겨우 통제할 수 있을 뿐입니다. 그러나 천하의 참된 시비是非라면 끝내 그에 대해 헐뜯는 사람이 없을 것입니다. 최근의 일은 잘 모르겠지만, 화의 같은 것이 과연 천리에 순응하는 것입니까, 아닙니까? 인심에 합치하는 것입니까, 아닙니까? 참으로 천리에 순응하고 인심에 합치한다면 실로 천하가 똑같이 옳게 여길 터이니, 이론異論이 어디에서 생겨나겠습니까? 만약 〔천하가〕 아직 똑같이 여기지 않았는데도, 편견을 위주로 하고 사심을 도모하면서 그것을 억지로 명분으로 삼아 '국시'라고 부르고, 인주人主의 위세로써 천하 모든 사람이 한입으로 말하는 공론과 맞서 싸우려 하니, 옛사람들이 말한 '덕이 순일한 자德惟一'는 그와 같지 않을 것입니다. (…) 옛날 희령 초년에 왕안석의 도당이 그것을 위해 논한 적이 있습니다. 그후 장돈, 채경의 무리가 또다시 그것을 따라서 계승했습니다. 전후前後 50여 년간 사대부들은 출사하면 조정에서 논의했고 물러나면 집안에서 말했는데, 한마디라도 〔국시에〕 합치하지 않으면 사악한 붕당이나 사악한 무리로 지목되었고, 사흉四凶의 죄가 따랐습니다. 근래에 국시의 엄격함을 주장하면서 그것을 어겨서는 안 된다고 하는 것이 요즘처럼 심한 적이 없습니다. 그러니 결국 공론이 행해지지 않아 큰 화를 초래했고, 그 해독은 매우 심하여 지금껏 사라지지 않고 있습니다. 어찌 국시가 정해지지 않아서 그런 것이겠습니까? 그들이 옳다고 여기는 것은 천하가 진정 옳다고 여기는 것이 아닙니다. 그런데도 너무 심하게 고수하여서, 위아래가 서로 붙어먹어 직언을 해도 듣지 않으니, 끝내 위기와 쇠망의 지경에 이르러도 깨닫지 못하고 있습니다.[48]

이 편지는 전단례 및 그 당파가 '국시'로써 사대부들을 위협하던 때 쓰였다. 주희는 진준경의 분투를 강력하게 지지했기에 글 속에서 격렬한 어세가 묻어나온다. 하지만 그의 분석은 매우 객관적이고 냉정하다. 남송 '국시'의 기원을 희령신법에서 찾고 있고 '소술'의 영향을 특히 강조한다는 점에서 그의 역사적 투시는 매우 깊이 있다. 주희는 '국시'가 나중에는 "사대부들의 서론 다른 의론을 통제하는" 무기가 되었다고 말하고 있으며, 더욱이 법제화된 '국시'의 기능에 대해 정곡을 찌르는 비판을 가하고 있다. 원풍 원년(1078) 9월 을유일, 여공저는 신종에게 이렇게 말한 바 있다.

> 희령 이래, 조정의 의론이 다르다 하여 정직한 사람과 양심적 사들이 소인으로 분류되어 배격되었고, 법도를 훼손하는 사람들로 지목당했으며 다시는 등용될 수 없었습니다.[49]

"법도를 훼손한다"는 말은 바로 '국시'에 대해 공개적으로 이의를 제기함을 가리키고, 그런 역사적 사례는 희령에서 남송에 이르기까지 이루 다 헤아릴 수 없을 정도다. 주희에 따르면, 사대부들이 "한마디라도 [국시에] 합치하지 않으면" "죄가 따른다"고 하는데, 이런 언급은 여공저의 말과 잘 들어맞는다.

마지막으로 하나 검토해야 할 것은 "편견을 위주로 하고 사심을 도모하면서 그것을 억지로 명분으로 삼아 '국시'라고 부른다"는 구절이다. 이는 '국시'라는 이상이 권력의 세계 속에 떨어진 이후 초래된 필연적 결말을 주희가 이미 간파하고 있었음을 보여준다. 사실 장돈이든 채경이든 진회든 혹은 탕사퇴나 전단례든 심지어 철종·휘종·고종·효종이든 간에, '국시'는 이들이 권력을 쟁취하고 보전하는 데 이용되어왔다. 주희는 이에 대해 "사심을 도모한다"는 표현을 쓴 것이다. 개인 권력의 관점에서 송대 '국시'의 기능을 관찰할 때, 아래 인용문은 주희의 논단과 더불어 서로 합치한다.

> 왕안석은 이미 죽었지만 왕규, 채확이 여전히 신법을 행했다. 장자후章子厚가 이미 죽었지만 증포, 이청신李淸臣이 여전히 계승[소술]했다. 주화론으로 나라를 오도한 것이 실로 진회의 죄인데, 진회는 이제 죽었으니 계획을 변경함이 옳다. 그러나 당국자들은 여전히 처음대로 정치를 하고 있으니, 이는 이미 진회가 죽었으나 다른 진회가 살아 돌아온 꼴이다. 소흥 말년, [금나라 왕인] 완안량이 새로 즉위하여 변汴 땅을 오래도록 경영했는데, 탕사퇴

나 심해沈該 같은 무리는 어찌하여 금나라의 맹약 파기 속셈을 알지 못했던가? 오직 화의가 깨질까만 두려워했으니, 장준의 무리가 나아오자 자신들은 다시 [자리에서] 물러났다. 이는 바로 진회의 속셈과 같았다.[50]

누가 이 글을 썼는지 알 수 없지만 그 논지는 여중의 『대사기大事記』에 인용된 글과 동일하다.[51] 위 글 가운데 '소흥 말년'은 효종 초년에 해당하는 듯하며, 아마도 주희의 「진 시랑에게 보내는 편지」와 같은 시기에 쓰였을 것이다. 위글은 '국시'라는 단어를 사용하지는 않았지만, '신법' '소술' '화의' 같은 단어는 모두 '국시'를 가리킨다. 저자는 "탕사퇴나 심해 같은 무리는 (…) 오직 화의가 깨질까만 두려워했으니, 장준의 무리가 나아오자 자신들은 다시 물러났다"고 분명히 말하고 있는데, 이는 재상이 '국시'와 더불어 진퇴하는 것이 희령 이래의 불변하는 정치 원칙임을 그 저자가 이미 발견했다는 의미다. 이런 법칙 아래에서, 자리에 욕심을 내던 재집들은 자연스럽게 모든 수단을 써서 '국시'가 변하지 않도록 신경을 썼다. 그러므로 이 사료는 "사심을 도모했다"는 주희의 말에 대한 가장 합당한 주석이 된다.

주희의 「진 시랑에게 보내는 편지」는 송대의 '국시' 문제를 이해하는 데서 가장 권위 있는 글이다. 이 장의 고찰이 조금 번다하지만, 실은 이 주희의 편지를 설명한 글 한 편에 불과하다. 주희 입장에서 '국시'는 결코 역사 문제가 아니라 현실 문제였다. 그의 부친은 '국시'를 비판했다는 '죄'로 '외군으로 좌천'되었기 때문이다. 그런데 건도 원년(1165) 주희가 비분강개하여 '국시'를 논했을 때 그 자신도 30년 후에 '국시'의 희생자가 되리라고 전혀 예상하지 못했을 것이다. 소희 5년(1194) 7월, 광종이 황위를 물려주어 영종이 즉위하자, 주희는 조여우의 추천을 받아 조정으로 나아갔다. 8월에는 환장각대제煥章閣待制 겸 시강侍講이 되었다. 그러나 당시 한탁주가 조여우를 배척하는 데 전력을 경주했기 때문에, 그해 10월 그는 영종으로부터 '내비'를 받는 방식을 통해 주희를 축출했다. 이듬해(경원 원년 1195), 조여우도 마침내 우승상직에서 파면되었다. 이것이 바로 그 유명한 '경원당금慶元黨禁'의 서막인데, 이 사건은 잘 알려져 있으므로 여기서 더 설명하지는 않겠다.[52] 그런데 이 사건과 '국시'의 관계는 아직 밝힐 점이 더 남아 있다. 그래서 초천초수의 『경원당금』에 수록된 '국시' 관련 1차 문헌을 줄여서 인용함으로써 이 편을 끝맺고자 한다.

경원 원년(1195) 2월, 조여우가 우승상직을 그만두자 당시 조정 신료 가운데 는 그를 만류해야 한다고 상소한 자들이 꽤 많았으나, 그들은 모두 예외 없이 쫓겨났다. 그래서 4월 5일 태학생 양굉중楊宏中 등 6인이 궁궐 앞에 엎드려 상 소하여 조여우를 위해 탄원했다. 그런데 이튿날 조칙이 내려졌다.

> 양굉중 등이 망령되이 상소하여 국시 흔들기를 선동하였으니扇搖國是, 각각 500리 밖으로 귀양을 보내라.[53]

『경원당금』에서 '국시'라는 글자가 여기서 처음 나온다. 『경원당금』은 다시 이렇게 기록한다.

> 당시 저명한 사들이 연이어 파면되거나 배척당하여 인심이 흉흉해지자 한 탁주가 걱정했다. 시어사侍御史 양대법, 우정언右正言 유덕수가 조칙을 내려주 기를 임금에게 청하여, 국시國是, 존군尊君, 중도中道 등으로 조정 내에서 훈 계해야 한다고 주장했다. 그리고 조칙대로 하지 않는 자가 있으면 법대로 처리해야 한다고 했다. 5월 13일 직학사원直學士院 부백수傅伯壽에게 명하여 요청대로 조칙을 내리라고 했다.[54]

이처럼 한탁주는 자신이 뽑은 대간관을 이용해 '국시'로써 모든 반대 의론 을 제압했다. 영종의 조서가 있고 나서 '국시'는 합법화·보편화되어, 한 달 전 태학생 여섯 명에게만 적용되었던 상황과 크게 달라졌다. 『경원당금』은 계속 해서 말한다.

경원 4년(1198) 무오 여름 4월, 우간의대부右諫議大夫 요유姚俞가 상주했다. "근래 위험한 일을 행하고 요행을 바라는 무리들이 도학道學이라는 명칭을 제창했는데, 권신들이 그 설에 주력하여 사당私黨을 결성했으니, 바라건대 분명한 조칙을 내려서 천하에 반포하십시오." 5월 기유일, 마침내 직학사원 겸 중서사인 고문호高文虎에게 조칙을 기초하게 했는데 내용은 이러했다. "하늘의 영험함과 종묘가 내리신 복으로 인해, 짐이 인자한 가르침을 받고 황위를 물려받았으니 음모가 무너지고 나라의 형세가 다시 편안해졌다. 사대부들을 장려하고 도왔으니 그들의 정신적 분투가 다시 시작되었다. 대체로 '사악한 결당과 사익 추구는 거의 다 혁신되었다'고들 한다. 그러나 몇 해가 흘러 요즘에 이르자 그런 변화에 따르지 않고 있다. 이웃 나라와 맹약을 체결하는 정국에서 그 틈을 엿보아 〔짐의〕 판단을 흐리게 했고, 유언비어가 그사이에 다시 일어났으니, 장차 국시를 흔들어 백성의 마음衆心을 미혹할 것이다. 심지어 원우의 현자들에게 가탁하고 있지만, 실제로는 소성의 간악한 당파와 비슷한 줄은 스스로 생각 못하고 있다. (…) 짐은 이미 여러 대신에게 깊이 알려주었고, 시종, 언의言議의 관리들과 함께 정론을 더욱 굳게 지킴으로써 천하에 분명히 보여주었다. 이 가르침을 듣는 대로 각각 인식을 바꾸어, 다시는 사이비설을 빌려 세속을 어지럽히지 말라. 만약 한편으로 후회하는 척하면서 여전히 악을 행하거나 회개하지 않는다면, 나라에 일정한 형벌이 있으니 반드시 벌을 내리고 용서하지 않을 것이다. 천하에 포고하니 홀시하지 말라."[55]

"기유일에 위학僞學을 금하는 조칙을 내렸다"는 『송사』 권37 「영종기寧宗紀 1」의 조서가 바로 이것이다. 이 「위학을 금하는 조칙禁僞學詔」의 대상은 '권신' 조여우뿐만 아니라 동시에 '도학을 제창한' 주희이기도 했다. 이 조칙은 주희의 만년 생활에 엄청난 영향을 끼쳤다. 『어류』 권107 「내임·병진후內任·丙辰後」 후반부 조목을 보자.

당시 '위학' 금지령이 엄해서 (…) 재직하는 여러 권신이 흘겨보면서 멸시해 마지않았다. 선생[주희]이 말했다. "나는 요즘 머리가 [간신히] 목에 붙어 있는 것 같다." 또 말했다. "옛날부터 성인이 타인에 의해 살해된 적은 없었다."[56]

'위학의 당'에 대한 대간의 공격은 일찍이 경원 2년(1196)[57]에 시작되었는데, 위 기록은 '위학을 금지한' 후에 쓰였을 가능성이 매우 높다. 왜냐하면 조칙 가운데 "나라에 일정한 형벌이 있으니 반드시 벌을 내리고 용서하지 않을 것이다"는 말은 실로 엄중한 것이기 때문이다. 이 조서에서 조여우와 주희의 죄상은 주로 "국시를 흔들어 백성의 마음을 미혹한다"는 것이었다. 주희는 경원 6년(1200) 3월에 타계했으니 '국시'의 영향 아래에서 그의 생명이 끝난 것이다.

위에서 인용한 영종의 조칙 세 조목 가운데 '국시'가 대체 무엇을 가리키는지 논구해봐야겠지만, 그것은 매우 복잡한 역사적 배경과 관련되어 있기에 여기서는 논하지 않기로 하고 상세한 고찰은 이 책 하편 제12장 7절에서 하기로 한다. 어쨌든 주희의 역사세계 속에서 '국시'가 핵심적 지위를 차지한다는 점은 부인할 수 없는 사실이다.

제6장

질서의 재수립
―송 초 유학의 특징 및 그 계승

지금까지 각 장에서 우리는 주희의 역사세계가 형성된 과정으로 거슬러 올라가면서, "삼대로 돌아가자"는 이상에서 시작하여 "천하를 나의 임무로 삼는다"는 사대부 의식의 새로운 발전을 거쳐, 마지막으로 이상이 권력세계로 내려옴에 따라 조성된 복잡한 현실을 살펴보았다. 역사적 세계는 언제까지나 이상과 현실이 서로 짜여 이루어진다. 그런데 부인할 수 없는 사실은 어떤 시기에나 현실이 차지하는 비중이 이상이 차지하는 비중보다 크다는 사실이다. 그래서 서술 과정에서 주희의 생활세계로 점점 더 가까이 갈수록 우리의 시선은 그만큼 더 냉혹한 현실로 이끌리고, 마침내 현실의 배후에 있는 고원한 이상은 마치 화가가 그린 먼 산마냥 있는 듯 없는 듯 숨어버리는 지경에 이른다. 이제 우리는 그런 시선을 조정해야 할 필요가 있다. 현실이라는 두터운 안개를 걷어버리고 이상으로 하여금 새롭게 빛을 발하도록 해야 한다. 이는 매우 필요하다. 왜냐하면 주희가 현실에 대해 깊이 있게 인식하기는 했지만 그는 시종일관 이상주의자였기 때문이다.

　송대는 '사'가 가장 자유롭게 뜻을 펼친 시대였거니와 유가의 이상과 가치가 역사적 영향력을 실제로 발휘한 시대이기도 했다. 다만 현실 속 겹겹의 제한으로 그 영향의 실제 효과가 충분히 드러나지 않은 듯하다. 그러나 우리가 적절한 출입문을 찾는다면 다음 같은 사실을 어렵지 않게 발견할 것이다. 곧 송대 유학자들이 창도한 새로운 이상과 가치는 분명 각 영역에서 새로운 문화를 주조했다는 사실이다. 이와 관련하여 천인커는 만년에 유명한 견해를 제시했다.

> 구양영숙歐陽永叔〔구양수〕은 어려서 한창려韓昌黎〔한유, 퇴지〕의 글을 배웠고, 만년에 오대의 역사를 편찬하여 「의아전義兒傳」[1] 「풍도전馮道傳」 등을 기록했는데, 권세와 이익을 배척하고 기개와 절의를 숭상하여 마침내 오대의 경박함을 일거에 바로잡아 순정한 것으로 돌아가게 했다. 그래서 천수天水 왕조〔송〕의 문화는 결국 우리 민족을 위해 남겨진 보배가 되었다. 대체 누가 '통치와 학술에서 공리공담은 도움이 되지 않는다'라고 말하는가?[2]

천인커의 말은 구양수 한 사람을 예로 들어 유가적 가치 의식의 영향을 설명하는 데 그치지 않고 읽는 이로 하여금 늠름한 기상을 느끼도록 한다. 이 글은 천인커와 다른 각도에서 출발하여, 유가의 이상이 어떻게 송대 역사를 추동해나갔는지 그 과정을 검토하고자 한다. 나는 제1절에서 "삼대로 돌아가자"는 인종 조의 일대 운동이 결국 경력과 희령의 두 차례에 걸친 변법으로 귀결했음을 밝혔다. 이상이 역사를 추동한다는 명제는 여기서 일차적 인증을 얻는다. 그런데 이런 운동 자체는 어떻게 배양되었을까? 그것이 체현하는 유학은 대체 어떤 특색이 있을까? 그것의 구체적인 역사 배경은 무엇일까? 제1장에서는 이런 문제들을 제기했을 뿐이었는데, 이제 한 걸음 더 깊이 들어가 그 해답을 찾아보려고 한다.

송대 유학의 부흥이 어디서 기원하는지에 대해서는 주희의 관찰이 가장 정확하다.

이정이 아직 나오지 않았을 때 호안정[호원], 손태산[손복], 석조래[석개]가 있었는데, 그들의 경전 해설說經에는 매우 소략한 점이 있었으나 치도를 미루어 밝힌 점을 보면 실로 늠름하여 경외할 만하다.[3]

이 짧은 구절은 북송 유학 발전사의 두 단계를 분명히 구분할 뿐만 아니라 송 초 유학의 주요 특징을 잘 파악하고 있다. 주희는 이정이 도학의 창시자라고 여긴다. 『송사』 「도학전」 이래, 도학과 이학은 유학의 동의어가 되었다. 현대의 철학사 연구자들은 종종 도학이 한유의 「원도」 「원성」과 이고의 「복성서復性書」를 직접 계승했다고 여긴다. 송대 유학은 처음부터 한유와 이고를 계승했고, 성명이기性命理氣류의 문제에서 불교와 확연히 구분된다고 생각하는 듯하다. 도학사 또는 철학사 관점에서 보면 그런 견해에는 당연히 근거가 있을 것이다. 그렇지만 주희는 이정 이전에 호원, 손복, 석개 등 여러 유학자가 이미 북송 유학의 '선하先河[시작, 효시]'를 열었다는 점을 분명히 인정한다.[4] 만약 주희의 논단을 받아들인다면, 도학 또는 이학은 북송 유학의 제2단계를 대표할 뿐이고, 호원과 손복 등을 우두머리로 삼는 제1단계의 유학은 도학 또는 이학의 범위에 들어가지 않고 그와 다른 특색을 지닐 것이다.

주희의 요약에 따르면, 유학 부흥의 초창기에는 두 가지 특색이 있었다. 첫째는 '경전 해설'이고, 둘째는 그 '경전 해설'의 중점이 "치도를 미루어 밝히는 데 있었다는 점"이 그것이다. 이 요약은 사실과 부합한다. 위에서 인용한 주희의 말은 원래 『춘추』를 논하면서 나온 것이어서, '경전 해설'이 가리키는 것은 손복의 『춘추존왕발미春秋尊王發微』, 호원의 『춘추설春秋說』, 석개의 『춘추설』이었다. 따라서 이 책들이 "치도를 미루어 밝혔다"는 점은 더이상 설명이 필요 없을 것이다. 사실 제1단계 유학은 육경에 대한 해석에서 시작했거니와 기본적으로 '치도'를 지향하고 있었다. 바꿔 말하면, 송대 초기 대다수 유학자는 육경이 영원한 지혜를 담고 있어서 합리적 정치 질서 및 사회 질서의 재수립을 가능케 할 것이라고 깊이 믿었다. 때문에 '존왕양이尊王攘夷'의 『춘추』가 '치도'와 연계되었을 뿐만 아니라 그 외 경전들도 모두 '치도'와 관련을 맺게 된다. 한두 가지 예를 들어 이런 관찰에 대한 증거로 삼고자 한다. 손복은 「공급사에게 올리는 편지上孔給事書」에서 이렇게 말한다.

제가 이름과 자취를 감추고 공자의 도를 배운 지 30년. 비록 세상이 알아주지는 않지만 그 때문에 마음이 동요한 적이 없었고 감히 하루라도 그것〔공자의 도〕을 배반하려 하지 않았습니다. 공자의 도는 천하를 다스리고 국가를 경영하는 대중의 도大中之道입니다. 그 도는 복희에서 발원하여 신농에게 흘러들었으며, 황제 요순에게서 드러났고, 우왕·탕왕·문왕·무왕·주공에게서 뚜렷이 나타났습니다. 그런데 복희 이래 제도 창립에서 때로는 소략하고 때로는 번다했습니다. 우리의 성스러운 스승인 공자는 그에 따르면서도 보태거나 빼서 중도에 맞게끔 했고 육경으로 저술했으니, 이로부터 천하를 다스리고 국가를 경영하는 대중의 도가 찬연하게 갖추어졌습니다.[5]

위는 육경의 성격에 대해 손복이 갖고 있던 분명한 생각이었다. 곧 육경은 복희에서 주공 및 역대 성왕의 "제도 창립創制立度"에 대한 기록이고 또한 공자가 거기에 보태거나 빼는 과정을 거쳐 정본으로 확립된 것이다. 손복은 육경의 주요 내용을 "제도 창립"으로 보기 때문에 '공자의 도'는 "천하를 다스리고 국가를 경영하는 대중의 도"라고 거듭 칭한다. 손복은 고대의 성왕이 복희에서 시작한다고 말하는데, 이는 그가 『역경』을 매우 중시했기 때문이다. 이 점과 관련하여 손복의 수제자인 석개는 강정 원년(1040)에 지은 「태산서원기泰山書院記」에서 말한다.

선생〔손복〕은 일찍이 "공자의 마음을 온전히 담은 것은 위대한 『역』이고, 공자의 실제 판단을 온전히 담은 것은 『춘추』로서, 이 두 위대한 경전은 성인의 역작이자 치세의 대법이다"라고 말했다. 그래서 『역설易說』 64편과 『춘추 존왕발미』 12권을 지었다.[6]

손복의 이해 속에서 『역』은 어디까지나 치세의 경전이었음을 알 수 있다.

두번째 사례는 구양수의 「이후에게 답하는 두번째 편지答李詡第二書」다. 이 편 지는 특히 '본성性'을 논하는 것에 대한 반대로 유명한데, 아래에서 인용하는 글은 구양수가 육경의 성격을 어떻게 판단하는지 잘 드러내준다.

저는 세상의 배우는 이들이 본성에 대해 많이 말하는 것을 걱정하여 항상 말했습니다. "무릇 본성이란 배우는 이들이 급선무로 여겨야 할 것이 아니 며, 성인도 잘 말하지 않았던 것이다. 『역』의 64괘는 본성을 말하지 않았고 그것이 말한 것은 동정動靜과 득실과 길흉의 항상적 이치였다. 『춘추』 242 년은 본성을 말하지 않았고 그것이 말한 것은 선악과 시비의 실제 기록이었 다. 『시』 305편은 본성을 말하지 않았고 그것이 말한 것은 정교政教와 흥망 성쇠에 대한 찬양과 풍자였다. 『서』 59편은 본성을 말하지 않았고 그것이 말한 것은 요, 순, 삼대의 안정과 혼란이었다. 예악의 서적이 비록 완비되지 않았고 여러 유학자의 기록에서 잡다하게 나왔다 하더라도, 그 핵심은 나 라를 다스리고 몸을 닦는 방법이다. 육경에 실린 내용은 모두 현세에 절실 한 인간사라서 그 말들이 매우 상세하다. 본성에 이르면 100마디 중 한두 마디가 채 안 된다. 혹 말하다가 그에 미치는 경우가 있지만 본성 그 자체 때문에 한 말은 아니었다. 그러므로 비록 [본성을] 말하기는 하지만 궁구하 지 않았다."[7]

육경에 대한 구양수의 논단은 손복의 설보다 뒤에 나온 만큼 더 상세한데, 이는 송대 경학 연구가 신속히 발전했음을 보여주는 하나의 증거다. 그런데 "육경에 실린 내용은 모두 현세에 절실한 인간사다"라는 말은 구양수가 육경을 '치도'와 관련된 책으로 보았다는 뜻이다. 때문에 그는 각 경전에 대해 말할 때 '선악시비' '흥망성쇠' '잘 다스려짐과 혼란' 등의 술어를 사용한다. 만약 『대학』의 8조목으로 북송 유학의 단계를 표현한다면, 다음처럼 말해도 무방할 것이다. 곧 제1단계의 유학은 경학으로서 그 중점은 수신·제가·치국·평천하에 놓여 있고, 제2단계의 유학은 도학 또는 이학으로 나아가며 그 중점은 정심正心·성의誠意·격물格物·치지致知에 놓여 있다. 구양수는 정확히 과도기에 처해 있지만, 그의 유학적 관심은 여전히 제1단계에 머물러 있으면서 제2단계로 나아가기를 거부하고 있다.

이상의 두 사례는 주희의 관찰을 충분히 실증한다. 곧 이정 이전, 북송 유학의 주요 경향은 육경 해석을 통하여 "치도를 미루어 밝히는 것"이었다. 주희 스스로 제2단계 도학 또는 이학의 집대성자여서 그의 말은 객관적인 역사적 사실을 반영하지, 의식적으로 제1단계 유학을 높이 평가하지는 않았다. 그러나 이제 우리는 더 나아가, 어째서 호원·손복·석개 세 사람이 제1단계 유학의 지도자가 되었는지를 물어야 한다. 남송의 주희가 그렇게 말했을 뿐만 아니라 세 사람과 동시대를 산 구양수도 「호 선생 묘표胡先生墓表」에서 이렇게 지적한다.

경우(1034~1037), 명도明道 연간(1032~1033) 이래, 배우는 자들의 스승으로는 오직 선생[호원]과 태산 손명복[손복], 석수도[석개] 세 사람이 있었을 뿐이다.[8]

이것이 송대 유학사의 공론이었음을 알 수 있다. 그래서 우리는 그들의 공통 배경을 검토해야 한다. 『송원학안』 권1 「안정학안安定學案」의 기록을 보자.

호원은 자가 익지翼之이고 태주泰州[지금의 장쑤 성 타이저우] 여고인如皐人이다. 일곱 살 때 문장을 잘 지었고, 열세 살 때는 오경에 통달하여 곧 성현이 되기로 결심했다. (…) 집이 가난하여 먹고살기 힘들어 태산泰山으로 가서 손명복, 석수도와 함께 공부했는데, 먹을 것도 제대로 안 먹고 열심히 하면서 때로는 밤새도록 공부했다. 한번 공부를 시작하자 10년 동안 집에 돌아가지 않았다. 집에서 온 편지를 받으면 앞머리에 '평안하다'는 글자만 보고 곧바로 시냇물에 던져버리고 다시는 펼쳐보지 않았다. 마음을 어지럽힐까 두려워서였다.[9]

구양수의 「손명복 선생 묘지명孫明復先生墓誌銘」은 이렇게 말한다.

선생의 이름은 복復이고 자는 명복明復이며 성은 손씨다. 진주晉州 평양平陽〔지금의 산시 성 린펀臨汾〕 사람이다. 어려서 진사에 응시했으나 합격하지 못하자, 태산 남쪽으로 물러나 은거하면서 『춘추』를 배우고 『존왕발미』를 지었다. 노魯 지방에 배우는 자들이 많았지만, 그 가운데서 가장 현명하고 도가 있는 사람이 석개였다. 석개 이하는 모두 제자로서 선생을 모셨다.[10]

구양수는 또한 「조래 석 선생 묘지명徂徠石先生墓誌銘」에서 말한다.

조래 선생의 성은 석씨이고 이름은 개介이며 자는 수도守道로서 곤주袞州 봉부奉符〔지금의 산둥 성 타이안泰安〕 사람이다. 조래는 노나라 동쪽의 산이지만, 선생은 은자가 아니었다. 출사하여 조정에서 직위에 오른 적이 있기 때문이다. 노 지방 사람들이 그의 관직명을 부르지 않고 그의 덕을 칭한 까닭은 조래산이 노 지방에서 우러러 보이는 산이었기 때문이다. 선생은 노 지방에서 존경을 받아 선생이 머문 산의 이름으로 그 덕에 짝을 지어 그렇게 부른 것이다. 그러므로 '조래 선생'이라고 부른 것은 노 지방 사람들의 뜻이었다. 선생의 외모는 중후하고 기상은 완미하며, 배움이 독실하고 뜻이 커서, 비록 밭도랑에 있더라도 천하에 대해 근심하는 것을 잊지 않았다. 그러면서

'이 시대에 해서는 안 될 일은 없으니, 한다면 지극하게 해야 한다. 만일 직위에 있지 않다면, 주장을 행동으로 옮긴다. 나의 주장이 받아들여진다면, 공리가 천하에 베풀어질 테지만 그렇다고 해서 그것이 반드시 나에게서 나올 필요는 없다. 나의 주장이 받아들여지지 않는다면, 비록 재앙이 닥쳐서 죽더라도 후회하지 않는다'라고 말했다.[11]

이런 기본적 전기 자료와 그 외 관련 기록을 종합해보면, 우리는 두 가지 분명한 인상을 받게 된다. 첫째, 호원·손복·석개 세 사람 모두 성인의 도를 독실하게 믿으면서 유가의 이상에 부합하는 질서를 다시 세우기 위해 노력했다. 그들이 경학을 연구한 주요 동기는 일종의 문화적 이상을 추구하기 위함이었지 제 한 몸의 공명과 이익을 위해서가 아니었다. 이는 그들 일생의 실천을 통해 증명된다. 손복과 호원은 진사시에 여러 번 응시했으나 합격하지 못했다. 하지만 실패했다고 하여, 계속해서 경전을 깊이 연구하려는 그들의 열정은 조금도 줄어들지 않았다. 그와 반대로, 석개는 스물여섯 살 때(1030) 진사시에 합격한 후 비로소 손복을 스승으로 모시고 학문적 생애를 시작했다. 제2장에서 나는 다음과 같이 지적한 바 있다. "향을 태워 진사를 예우하는" 송대 정책은 당 말 이래 형성된 사 계층과 국가 사이의 상호 소외를 해소했다고 말이다. 그러나 이런 논단은 사회계층으로서 사 전체를 겨냥했을 뿐, 경전 연구를 하던 사들이 과거시험에 참여한 목적이 개인의 이익 추구였다는 의미는 아니다. 그런 것은 유가의 이상과 아무 인연이 없다. 사실 과거제도 자체는 가치상 중립적이다. 과거는 일반 학생들의 이익과 명예를 위한 계단인 동시에 걸출한 사들이 자신의 이상을 실현하는 도약대일 수도 있었다. 송대를 예로 들어 범중엄과 왕안석이 만약 진사의 자격을 얻지 못했다면, 그들은 변법의 지도권을 획득할 수 없었을 것이다. 나는 이를 밝힘으로써 상술한 논단에 독자들이 품는 의혹을 피하려 한다.

둘째로 또다른 공통점은 태산에서 학문을 완성했다는 것이다. 석개는 노 지방 출신이니 말할 것 없고, 손복은 산서山西 출신이며 호원은 강소江蘇 출신인데 어째서 이 두 사람은 굳이 태산[산둥 성 소재]으로 가서 고학苦學했던 것일까? 그 지리적 배경은 특히 주목할 만하다. "노 지방에는 학자가 많다"는 구양수의 말을 들으면, 우리는 노 지방은 공자의 고향이어서 유학의 유풍이 1000여 년이 흘렀어도 아직 쇠퇴하지 않았다는 인상을 받기 쉽다. 그렇지만 이런 추론에는 반드시 문헌적 근거가 따라야 한다. 조보지가 쓴 「장목지의 『촉린집』에 대한 서張穆之觸鱗集序」는 마침 핵심적 증거를 제공해준다. 원문은 아래와 같다.

노 지방의 풍속은 주나라 전성기와 공자 때에 이르러, 그 문장과 배움이 타국의 모범이 되었다. 주나라가 쇠락하자 제후들이 서로 다투었는데 노나라는 약소국이어서 문장과 배움 역시 쇠미해졌다. 그러나 그 옛 풍속은 진나라와 한나라를 거쳐 오늘날까지 이르렀고 아직도 경전을 공부하는 유학자들과 충신忠信의 사들이 많이 있다. 오대 때 분열하고 크게 무너졌으며 문물이 다 탕진되었지만, 노 지방 유학자들은 오히려 경전을 품고 농촌에 숨어 있었으며 죽음을 각오하고 선한 도를 지켰다. 그러기를 50여 년이 되었으나 태도를 바꾸지 않았다. 태조 황제께서 환난을 평정하자 (…) 제생과 유학자들을 얻어서 그들과 더불어 태평을 의론하고자 했다. 그래서 노 지방 학자들은 비로소 차차 발분하여, 흰 두루마기를 입던 거자擧子들이 옷소매를 크게 하고 허리띠를 길게 하면서, 무기를 든 군인들 사이 여기저기에서 나왔다. 마을 장로들이 보고 그들을 가리켜 기뻐하면서 "이들이 나왔으니 천하가 태평하게 될 것이다"라고 말했다. 바로 그때 사람들은 혼란에 염증을 냈고 정상 생활로 되돌아가기를 염원했기 때문에 사들이 존귀해졌다. 명예와 봉록이 그들에게 베풀지 않았음에도 불구하고 아래에서 다양한 사들이 출현했으니, 뜻만으로 이미 그들을 기뻐하고 편안하게 여겼던 것이다. 이것은 유학자의 모범이다. 금향金鄕이 옛날에는 연兗에 속했다. 연 땅은 노 지방 중 우리 고향이고, 고故 장 공張公〔장목지〕은 금향인이다. 공은 태평흥국太平興國 3년(978)에 진사 갑과甲科에 급제했고, 대리평사大理評事, 통판보주通判 普州가 되었는데, 태조 황제가 처음으로 뽑은 노나라 사 중 한 명이었다.[12]

조보지는 장가張家〔장목지〕와 더불어 고향에서 사귀었으므로[13] 그가 보고 들은 것은 정확할 것이다. 바로 이 때문에 조보지는 「장목지의『촉린집』에 대한 서」에서 오대에서 송 초에 이르는 노 지방 유학의 흐름에 대해 극히 생생하게 말할 수 있었다. 이 글은 중요한 정보 두 가지를 드러낸다. 첫째, 해당 지역 풍속의 오랜 영향으로, 오대 시기 전체를 통틀어 노 지방의 유학은 "경전을 품고 농촌에 숨는" 전통을 유지할 수 있었다. 송대 초기 노 지방에 유교 경전을 연구하는 학자가 많았던 것은 이런 지방 전통과 관련 있었다. 둘째, 노 지방 민간 원로들이 유학과 유생에게 경의를 품었던 까닭은, 그들이 오대 때 겪은 혼란으로 몹시 고생해서 '천하가 태평해질 것'과 사회질서가 하루 빨리 '정상으로 돌아갈 것'을 절박하게 기대했기 때문이다. 이 점이 특히 중요하다. 인종 때 나타난 "삼대로 돌아가자"는 이상과, 호원·손복·석개 등의 새로운 경전 해석이 '치도'로 귀결한 것은 모두 이런 보편적 사회 심리로 거슬러 올라가기 마련이다. 이것이야말로 송대 초기 유학 부흥의 원동력이다.

이제 구체적 사례史例를 들어 조보지의 개략적 서술에 대한 증거로 삼아야겠다. 『송사』 권431 「유림 1」을 보자.

손석孫奭은 자가 종고宗古이고 박주博州 박평博平〔지금의 산둥 성 랴오청聊城〕 사람이다. 어려서 여러 학생과 더불어 미울의 왕철王徹을 스승으로 모셨다. 왕철이 죽자 손석에게 경전 구절의 의미를 묻는 사람들이 있었는데, 손석이 숨어 있는 의미를 해석해내자 사람들이 놀라 심복했다. 그래서 문인 수백 명이 모두 손석을 따랐다.[14]

손석은 명도 2년(1033) 5월 25일에 죽었고[15] 향년 일흔넷이었다.[16] 따라서 그는 건륭 원년(960)에 태어났고, 그해는 바로 북송이 시작된 해다. 그런데 손석이 어렸을 때 한 마을의 왕철을 스승으로 삼은 때는 열 살 이전이었을 것이다. 이로부터 왕철은 오대 때 "경전을 품고" 숨었던 노 지방 유학자 중 한 사람이었고, 그의 문인은 필경 수백 명에 달했음을 알 수 있다. 이 사례는 조보지의 말에 과장이 없음을 증명한다. 송대 초기 손석은 산동에서 가장 존경받던 경학자여서, 석개는 손석이 곤주에 있을 때 「손 소부께 올리는 편지上孫少傅書」[17]를 보내 손석에게 최대한의 예를 갖춰 그의 문하에서 배우고 싶다는 뜻을 표했다. 『속수기문涑水紀聞』 권4는 이렇게 기록한다.

> 손석은 임금 앞에서 경전을 해설할 때, 난폭한 군주가 나라를 망하게 한 일을 언급할 때마다 반복해서 의미를 풀이했고 그것을 꺼린 적이 없었으며, 그것을 바탕으로 권면하고 풍자했다. 또한 오경 가운데서 치도 관련 부분을 발췌하여 50편으로 만들고 『경전미언經典微言』이라 제목을 붙인 다음 임금에게 바쳤다.[18]

이것 역시, 손석의 경학이 '치도'를 중심으로 삼고 호원·손복·석개의 취향과 기본적으로 일치한다는 점을 증명하다.

이제까지 우리는, 호원과 손복이 태산에서 고학하면서 경전의 새로운 의미를 밝혔다는 사실에서 출발하여 그 지리적·문화적 배경으로 좀 거슬러 올라가보았다. 그래서 "경전을 품은" 노 지방 유생의 전통과, 사 계층에게 '태평'을 기대하는 민간 원로들의 기대가 이미 오대 때부터 시작되었다는 점을 발견했다. 그렇지만 그런 현상이 노 지방 특유의 것이었는지 단정할 수는 없다. 송초 유학 부흥의 문화적·사회적 기원은 아직 연구가 필요한 역사적 영역이므로, 여기서 우리가 아주 멀리까지 추론해나갈 수 없음은 당연하다. 아래에서는 한두 가지 실마리를 지적함으로써 논의의 첫걸음을 내딛고자 한다.

"경전을 품었던" 유생의 기풍은 당연하게도 경전의 전파와 밀접한 관련을 맺는다. 때문에 오대에 9경九經이 판각·인쇄되어 유포된 상황은 결코 홀시할 수 없는 사실이다. 『자치통감』권291 주[후주後周] 태조太祖 광순廣順 3년(953) 조목은 말한다.

당 말 이래 각지의 학교가 폐지되자, 촉의 무소예毋昭裔가 개인 재산 백 만을 출연하여 학관學館을 경영했고, 아울러 9경을 판각해서 인쇄할 것을 청했다. 촉의 임금이 들어주었다. 이때부터 촉 땅에서는 학문이 다시 성행했다.[19] 처음에 당 명종明宗 때, 재상 풍도馮道와 이우李愚가 청하여 판국자감判國子監 전민田敏으로 하여금 9경을 교정하고 판각한 다음 인쇄해서 판매하도록 했다. 조정이 그 청대로 했다. 정사년 판각이 완성되어 [그것을] 헌납했다. 이때부터 비록 난세이기는 했지만 구경이 매우 널리 유포되었다.[20]

호삼성胡三省은 이렇게 주석한다.

사서史書에서는, 성인의 도가 땅에 떨어지지 않았던 까닭은 [그것이] 전해질 방책이 있었기 때문이라고 한다.[21]

풍도가 국자감본 9경의 간행을 주관한 것은 후당後唐 명종 장흥長興 3년(932)에 시작되었다. 그것은 유학사에서 파천황의 대사건이다. 왕국유王國維의 고증에 따르면 촉본蜀本 9경이 바로 국자감본 체제에 의거한다고 하는데, 믿을 만한 설이다.[22] 사마광과 호삼성 모두 이 사건을 내서특필하고 있다. 이는 그들의 시선이 일찍이 정치사에서 문화사로 옮아갔음을 드러낸다. 구경이 판각되고 인쇄되어 아주 넓은 범위에 걸쳐 유포되었다는 것으로부터, 이 판본을 소장한 각지 유생이 매우 많았으리라 예상할 수 있다. 이는 "경전을 품던" 풍조의 한 측면이다. 사실, 증공이 말했다시피, "오대 때 이미 유학이 방기되어, 어린 학생들은 마을에서 학업을 했으니 문장의 수준이 대부분 낮았다."[23] 그러므로 구경의 판본을 갖고 있는 사람 가운데에는 아마도 진지한 독자가 상당히 큰 비율을 차지하고 있었을 것이다. 이때 "배워서 뛰어나면 벼슬길에 나아간다學而優則仕"는 것은 그들 경전 공부의 주요 동기일 수 없었다. 그런데 이런 독자들은 북송 유학 부흥의 기본적 지원 역량을 구성했다. 15세기 말 이탈리아의 '문예부흥'도 인쇄술의 발달에 힘입었다. 그때 그리스, 라틴, 헤브루 문헌이 대량으로 간행되어 유포됨으로써 옛 고전이 광범위하게 전파될 수 있었다. 문예부흥 시대의 휴머니즘 사조도 바로 이런 조건에서 발전했다. 이와 비교해 보건대, 9경 판각이 유학이 부흥하는 데 끼친 작용은 중시되어야 한다. 무소예가 촉본 9경을 판각한 일은 구양수의 「십방 진씨 영향정기」에 의해 인증된다. 이 부분은 제2장을 보라.

오대 시기 유학에 대한 민간의 태도에 관해서는 풍도의 고사를 인용할 만하다. 『오대사보五代史補』에는 이런 구절이 보인다.

풍도가 동주同州를 관할할 때 어떤 주류 담당관酒務吏이 자신의 사재를 출연하여 공자의 사당을 수리하게 해달라고 청원했다. 풍도는 판관判官에게 이 사안을 이첩하여 상세히 조사하도록 했다. 평소 그 판관은 골계滑稽가 있어서 판결문 뒤에 시 한 구절을 덧붙였다. "가시덤불이 행단杏壇[24]을 빽빽하게 뒤덮었으나, 신분 높은 유학자 관료들은 매우 게으르구나. 저 주류 담당관으로 하여금 공자의 사당을 수리하도록 한다면, 내 부끄러움과 황공함을 깨닫는 것조차 매우 어려울 것이다." 풍도가 이 시를 보고 부끄러워하는 마음이 있어, 자금을 내어 공자의 사당을 중창했다.[25]

동주는 섬서성陝西省[지금의 산시 성 다리大荔]에 있다. 주류酒類 담당관은 직급이 낮아서 절대 사 계층에 속하지 않는다. 그렇지만 그는 자기 돈을 내서 그곳의 공자 사당을 중수하려 했다. 이 사건은 당시 민간인들이 공자 사당에 대해 매우 깊은 경의를 품고 있었음을 보여준다. "가시덤불이 행단을 빽빽하게 뒤 덮었다"는 시 구절은 공자 사당이 황폐해진 모습을 잘 그려낸다. 유학을 대하 는 정부의 심리와 민간의 심리가 여기서 선명하게 대비를 이룬다.

마지막으로, 송대 초기 불교도의 말을 인용하여 이 절의 기본 논점을 실증 하려 한다. 지원의 『한거편』 권19 「중용자전」의 기록이다.

유교는 몸을 꾸미는 가르침이어서 외전外典이라고 한다. 불교는 마음을 닦 는 가르침이어서 내전內典이라고 한다. 어리석은 생민蚩蚩生民이 어찌 몸과 마음에서 벗어나겠는가? 우리의 두 가르침이 없다면 무엇으로써 그들을 교 화하겠는가? 아! 유교와 불교는 함께 표리가 되는구나! 이 세계 안에만 국 한되어 있기 때문에 우리의 가르침을 헐뜯으면서 폐기해야 한다고 말하는 사람들이 세상에는 있다. 또한 불교에 정체되어 왕왕 유교를 희롱하는 사 람들이 세상에는 있다. 중니[공자]의 가르침이 없다면 나라를 다스릴 수 없 고 집안을 안녕히 할 수 없으며 몸을 편안히 할 수 없음을 어찌 알겠는가? 불교의 도는 무엇을 통해 행해지겠는가?[26]

'몸'과 '마음'으로써 유교와 불교를 구별하는 것은 불교도의 전통적 관점이었 다. 여기서 특히 주목할 점은, 지원이 불교도를 겨냥하여 위 말을 했다는 사 실이다. 지원은 유교를 진지하게 간주하라고 불교도들에게 호소한다. 왜냐하 면 속세가 공자의 가르침에 의거해서 건전한 정치적·사회적·문화적 질서를 세우지 못한다면, '불교의 도'가 펼쳐질 곳도 사라질 것이기 때문이다. 지원이 참고했던 것은 『대학』임이 분명하다. 그래서 그는 '나라가 다스려짐國治' '집안이 안녕함家寧' '몸이 편안함身安'의 순서에 따른다.

바로 이 측면에서 지원의 견해는 유학 부흥 제1단계의 경향과 일치한다. 그 는 곧 수신, 제가, 치국, 평천하 네 조목을 급선무로 여긴다. 흥미로운 점은, 제1단계 유학자들인 손복, 석개, 구양수 같은 사람들은 정반대로 판단한다는 사실이다. 그들은, 유학자들이 "두 황제와 세 왕二帝三王의 도[요순, 하 우왕, 은 탕왕, 주 문왕·무왕]"에 의거해서 생활의 질서를 다시 세우기만 한다면, 불교는 자연스럽게 그 존재의 사회적 근거를 잃어버리게 되리라고 여겼다. 이 두 전혀 상반된 판단을 대체 어떻게 처리할지에 대해 여기서 논할 필요는 없다. 앞서 인용한 지원의 말에서 다만 알 수 있는 사실은, 송대 초기에는 탈속한 이들조차 '치도'에 관심을 가졌고, 수신·제가·치국·평천하라는 유가 이상이 조속히 실현되기를 절박하게 기대했다는 것이다. 하지만 불교 입장에서 말하자면, '마음을 닦는 가르침이 불교에 의거해야 한다'는 지원의 입론만은 반드시 지켜져야 했다. 그래서 『대학』의 '마음을 바르게 함正心'과 '뜻을 성실하게 함誠意'에 해당하는 영역은 여전히 불교가 장악하고 있었다. 지원은 자신을 '중용자中庸子'라고 불렀지만, 사실 그는 『중용』의 설을 용수龍樹의 '중도中道'로 재해석하고 있었다. 그가 보기에 '유교는 겉이 되고 불교는 속이 되는 것'은 영구불변의 배합이었다. 제2단계의 유학이 마음과 본성 문제의 분석으로 나아간 까닭은, 바로 유교와 불교가 "함께 표리가 된다共爲表裏"는 관점이 사대부 사이에서 널리 유행했기 때문이다. 이정이 등장한 이후에도 상황은 거의 변하지 않았다.(상세한 내용은 이 책의 「서설」 제4절을 보라.)

이상에서 우리는 송 초 유학 부흥의 기원으로 거슬러 올라갔는데, 대체로 주희의 관찰이 옳았음을 알 수 있다. 곧 제1단계의 특색은 '경전 해설'이었고 그 중점은 "치도를 미루어 밝히는" 데 있었다. 호원·손복·석개·구양수 등이 경전의 새로운 의미를 밝힘으로써 수신·제가·치국·평천하라는 이상을 다시 진작하려고 했지만, 그들이 무슨 별다른 생각으로 그랬던 것은 아니다. 그들이 '치도'를 특별히 중시했던 것은 '혼란에 염증을 느끼고 통치를 대망한' 사회의 심리와 밀접한 관련을 맺고 있었음이 틀림없다. 마단림은 이렇게 말한다.

오대 때의 관리 임용에서, 비루하고 무능한 자들이 처음으로 흘러 들어와 현령이 되었다. 그래서 천하의 읍이 모두 다스려지지 않았다. 심한 경우 가

렴주구와 착취가 있어서 바람직하지 못한 상황이 갖가지였다.[27]

이런 상황은 송대 초기에도 바뀌지 않고 계속되었다. 아래 이야기는 그 실증이 된다.

왕명王明은 언릉현鄢陵縣(지금의 허난河南에 있음) 현령이 되었는데 공평무사하고 청렴했으며 민民을 사랑했다. 이때 천하가 새롭게 안정되고 법금法禁이 아직 느슨해서 민으로부터 뇌물을 받는 관리가 많았고, 〔민에게는〕 절기마다 모두 일정한 액수가 있어 민도 그것을 관습으로 여겼으며 그런 일이 잘못인지 몰랐다. 왕명이 언릉 현령이 되자 민은 관행에 따라 뇌물을 바쳤다. 왕명이 말했다. "현령은 돈을 쓰지 않는다. 사람들로 하여금 땔나무 몇 묶음씩을 물가에 갖다 놓도록 하라. 내가 그것을 취하고자 한다." 민은 그 의도를 깨닫지 못했다. 며칠 후 땔나무를 쌓았는데 수십 만 개에 달했다. 왕명은 그것들을 갖고서 제방 길을 축조하여 민에게 물난리 걱정이 없어졌다. 태조가 듣고서 곧바로 왕명을 발탁하여 광주廣州 지사로 삼았다.[28]

이런 역사적 배경을 염두에 둔다면, 조보지의 「장목지의 『촉린집』에 대한 서」가 지닌 사료적 가치는 더욱 주목할 만하다. "바로 그때 사람들은 혼란에 염증을 냈고 정상 생활로 되돌아가기를 염원했기 때문에 사들이 존귀해졌다"는 말은, 관료 통치의 장기간 붕괴에 민간이 보인 보편적 반응을 말해준다. 게다가 그런 민간의 염원은 노 지역에만 국한된 것도 아니었고 오대에만 머물지도 않았다. 왕안석은 「인종 황제에게 올려 시사를 논하는 글」에서 "주현州縣의 관리들은 유외流外[서리] 출신이다"라고 말했는데, 이는 당시 정치의 잠재적 우환이었다. 왕안석은 말한다.

또 그다음은 유외에 대해 말씀드리겠습니다. 조정은 진작부터 그들을 염치

廉恥의 영역 밖으로 밀어내고서 더 높이 승진할 길을 제한했습니다. 하지만 그들을 주현의 사무에 배속시켜 그들로 하여금 사와 민의 위에 군림하도록 했으니, 어찌 '현명한 이로서 불초한 자들을 다스리게 한다'는 말에 해당되겠습니까? 제가 관리로서 다스렸던 범위인 일개 노路의 사방 수천 리 내에, 주현의 관리 중 유외 출신이 왕왕 있었습니다. 임명하여 일을 맡길 만한 사람은 두세 명도 없습니다. 그러니 그중 간교한 자들을 막는 것이 옳습니다.[29]

왕안석은 자신이 직접 겪은 경험을 통해 송나라가 세워진 지 이미 100년이 흘렀음에도 당시 지방의 통치가 아직 궤도에 오르지 않았음을 설명한다. 호원, 손복 등의 '치도'라는 이상은 바로 이런 정치적 현실과 사회적 심리의 기초 위에서 발전해나갔다.

호원과 손복은 모두 교육가이자 경전 연구자였다. 그들은 유가 질서의 재수립이라는 이상을 제창했지만 정치적으로 그것을 실현할 기회는 갖지 못했다. 그러나 그들의 이상이 왕안석과 신종의 마음을 움직여서, 북송 정치사는 마침내 전혀 새로운 단계로 들어선다. 제1장에서 인종 시기 "삼대로 돌아가자"는 운동에 대해 논했는데 그것은 아직 개설에 불과할 뿐이고, 여기서 우리는 한걸음 나아가 그런 역사적 변화의 관건이 어디에 있는지 파악해야 한다.

'경전 해설'을 통해 "치도를 미루어 밝히는" 호원과 손복의 방식이 어찌하여 '경전에 근거해 법제를 개혁하는' 왕안석의 방식으로 나아갔는지를 밝히는 데에 그 관건이 있다. 이 두 방식 사이에는 내적 관련이 있다. 먼저 호원의 수제자 유이를 보자. 『오조 명신 언행록五朝名臣言行錄』 권10 「안정 호 선생安定胡先生」 조목에는 이런 기록이 있다.

안정 선생이 호주湖州 주학州學에 있을 때 복당福唐의 집중執中 유이가 그곳으로 가서 따랐다. 수백 명 학생 중 유이가 고제高弟여서, 학생들에게 규율을 부과하는 데서 유이의 힘이 컸다. 희령 2년(1069), 불려 올라가 주상을 알현할 때, 주상이 "누구에게서 배웠는가?"라고 물었다. 유이는 "저는 어려서부터 안정 선생 호원에게서 배웠습니다"라고 대답했다. 주상이 "그 사람의 문장과 왕안석의 문장 중 누구의 문장이 뛰어난가?"라고 물었다. 유이는 말했다. "호원이 도덕과 인의로써 동남東南의 여러 학생을 가르칠 때, 왕안석은 이제 막 과거시험장에서 진사시를 치르고 있었습니다. 신이 듣건대 성인의 도에는 본체體, 작용用, 문장文이 있다고 합니다. 군신, 부자, 인의, 예악 등 대대로 변할 수 없는 것이 본체입니다. 『시』『서』, 사史, 전傳, 자子, 집集 등 법도를 후세에 전하는 것이 문장입니다. 천하에 실제로 적용하여 민을 윤택하게 하고 〔그 공을〕 황극皇極으로 돌리는 것이 작용입니다. 국가가 대대로 사를 간택함에 본체와 작용을 근본으로 삼지 않고, 화려한 성률聲律의 문장을 높인지라 풍속이 게을러지고 부박해졌습니다. 제 스승 호원은 보원(1038~1039) 명도(1032~1033) 연간에 특히 그 폐해를 걱정하여, 드디어 본체와 작용의 학문으로써 학생들을 가르쳤습니다. 새벽부터 밤늦게까지 매우 고생하면서 20여 년간 오로지 학교 일에 전념하여, 소주蘇州와 호주湖州의 학교에서 시작하여 태학太學에서 마쳤는데, 그 문하에서 배출된 자가 무려 2000여 인입니다. 따라서 오늘날 배우는 이들은 저 성인의 본체와 작용을 밝혀서 그것으로써 정치와 교화의 근본으로 삼고 있으니, 이 모두가 제 스승의 공로입니다.[30]

어째서 유이는 희령 2년(1069)에 신종과 더불어 이런 문답을 했던 것일까? 대화의 역사적 맥락을 이해해야만 비로소 유이가 한 대답의 함축을 파악할 수 있다. 『송사』 본전 기록을 보자.

희령 초, 〔유이는〕 제치삼사조례사 관속이 되었는데, 신법이 잘못이라고 말해서 곧바로 파면되었다.[31]

『송회요집고』에는 이런 기록이 있다.

신종 희령 2년 (…) 4월 21일, 권형호북로權荊湖北路[32] 전운판관轉運判官 유이 등 8인을 제치삼사조례사로 배속시킨 다음, 각각 여러 노路로 파견시켜 농전農田, 수리水利, 토지세稅賦, 정부 구매科率, 요역의 이해관계를 관찰하도록 명령했다. 이는 삼사조례사 지추밀원사知樞密院事인 진승지陳升之 등의 청에 따른 조치였다.[33]

이 조목으로부터, 유이는 정호나 소철과 마찬가지로 희령 2년(1069)에 삼사 조례사로 배속되었다는 사실을 알 수 있다. 삼사조례사는 왕안석 변법의 총사 령부였다. 비록 나중에 그들은 신법에 반대해서 왕안석과 결렬하고 말았지만, 초기에는 변법의 적극적 지지자들이었다. 위에서 인용한 군주와 신하 간 문답 은 첫번째 회견에서 이루어진 것임에 틀림없다. 왜냐하면 신종은 유이의 사승 관계 및 호원과 왕안석 중 "누구의 문장이 뛰어난가" 하고 묻고 있기 때문이 다. 유이가 8명 중 으뜸으로 선발된 데에는 아마도 왕안석의 적극 추천이 있 었을 것이다. 그 점은 아래 글을 보면 분명해진다.

변법이 문답의 주제인 만큼, 마지막 구절의 "오늘날 배우는 이들은 저 성인 의 본체와 작용을 밝혀서 그것으로써 정치와 교화의 근본으로 삼는다"는 말 은, 변법을 주관하던 왕안석을 암암리에 가리키고 있음에 틀림없다. 이것은 "누구의 문장이 뛰어난가"라는 신종의 질문에 완곡한 방식으로 답한 것이다. 『송원학안』 권1 「호원전胡瑗傳」은 이 구절을 인용한 후, 특별히 "[호원은] 안석이 비할 바가 아니다非安石非"라는 말을 덧붙였는데, 편저자(황종희 또는 전조망)가 유이의 의도를 깊이 헤아리고 있었음을 증명한다.

그렇지만 호원을 추천한 유이의 말은 결코 사제지간의 사적 관계에서만 비 롯한 것은 아니었다. 그 근거 중 하나는 「호 선생에게 바치며壽贈胡先生」라는 왕 안석의 시 한 수다. 이 시는 1차 사료이므로 여기서 인용할 만하다.

공자와 맹자가 세상을 떠난 지 오래되었다. 성인과 현인을 믿으려면 서책에 물어봐야 할 뿐이다. 익지翼之 선생[호원]은 나와 더불어 동시대를 살아가니 공자와 맹자처럼 [나와 시간상] 멀리 떨어져 있지 않다. 천신薦紳[고대 고급 관리의 의복과 장구류로, 관리를 가리키거나 관직을 지낸 사람을 지칭] 선생이 칭술한 것을 듣건대 서책보다 더 상세하다고 하니 꼭 만나 뵙지 않아도 그분에 대해 잘 알겠다. [선생을] 감탄하고 사모하는 것만으로는 부족하여 이 시를 짓는다.

선생은 천하의 호걸로서, 가슴이 넓어 마치 하늘이 열린 것 같구나.

문장과 사업은 공자와 맹자를 대망하고, 채와 최[채옹蔡邕과 최인崔駰]의 문장에 다시는 한눈팔지 않았네.

10년간 동남주東南州에 머물면서, 거친 밥에 만족하고 조야에서 안분자족했네.

홀로 도덕을 울려 이 민民을 깨우치시니, 민 가운데 깨달은 자들이 끊임없이 나오는구나.

고관과 지체 높은 사람들이 문하를 가득 채운 것이, 마치 게 수백 마리가 봄 우레에 놀라 맹렬히 움직이는 것 같구나.

악한 사람은 숨고 선한 자는 일어나니, 옛날에는 교척蹻跖[대도大盜인 초나라 장교莊蹻와 노나라 도척盜跖]이었던 사람이 이제는 건회騫回[공문십철孔門十哲의 민자건閔子騫과 안회]가 되었네.

선생이 이처럼 등용되지 않았으니, 참으로 선생으로 하여금 뜻을 얻도록 함이 어떠한가?

성스러운 황제께서 태평하게 세상을 운영하시고 낭묘廊廟[조정]가 쇠락해 허물어지지 않도록 수리하시기를 바라네.

예복에 드리워진 장식품을 걷고서 눈과 귀를 넓혀, 산골짜기를 두루 비추면 남겨진 인재가 많구나.

먼저 선생을 등용하여 동량과 기둥으로 삼고, 그다음 서까래를 거기에 걸쳐야 하겠네.

여러 신하가 바라봄에 황제께서 깊이 공수하여〔예를 갖추고〕, 〔신하들이〕 조
정을 우러러보고 깊이 감사를 드리니 황제께서 우뚝 솟아 있구나.[34]

이 시는 대략 가우 원년(1056) 12월 호원이 태자중윤太子中允 겸 천장각시강
天章閣侍講이 된 이후에 지어졌을 것이다. 당시 왕안석은 군목판관群牧判官 겸
태상박사太上博士였다.[35] 왕안석은 눈이 높아 선배인 범중엄과 구양수 등에 대
해서도 불만을 표한 적이 있으나, 유독 호원에 대해서만 '당대의 공맹'이라 인
정했고, 그가 "등용되지 않았"던 것을 안타까워했다. 그래서 인종이 그를 등
용하여 '낭묘' 속의 '동량과 기둥'으로 삼기를 희망했다. 이는 왕안석의 시문
가운데에서 보기 드문 사례다. 당연히 유이는 이 시를 읽어봤을 것이다. 때문
에 유이가 인종의 질문에 한 답과 왕안석이 쓴 이 시는 대체로 그 의미가 부
합한다. 그 가운데에서도 가장 눈에 띄는 점은 이렇다. 곧 유이는 호원이 "도
덕과 인의로써 동남의 여러 학생을 가르쳤다"고 지적했는데, 왕안석의 시 역
시 "10년간 동남주에 머물면서" "홀로 도덕을 울려 이 민을 깨우쳤다"고 특필
한다. 이뿐 아니라, '도덕道德' 두 글자는 당시 이미 호원의 독자적 표식이 되어
있었다. 구양수의 「동쪽으로 귀향하는 장생章生을 송별하며送章生東歸」 후반부
는 이렇게 되어 있다.

오흥吳興[36] 선생은 도덕으로 가득 찼고 수많은 제자는 모두 현명한 인재.
그 지방에서 예양禮讓은 이미 풍속이 되었고, 영향은 점차 강회江淮〔양쯔 강
揚子江과 화이허淮河 강〕까지 미쳤네.
그대는 나이가 많지만 조금 힘이 있어 노력할 만하니, 가거든 부자夫子〔공자〕
와 더불어 안회가 되기를.[37]

이 구양수의 시는 왕안석의 시보다 훨씬 이른 시기에 지어졌는데, 당시 호

원은 아직 호주 주학의 교수여서, 구양수는 호원을 칭하여 "오흥 선생은 도덕으로 가득 찼다"고 했다. 구양수의 시 역시 호원을 공자에 비기면서 그 교화의 영향이 깊고 넓다고 상찬한다. 아울러 장생에게 호주에 가서 안회가 되라고 격려한다. 이는 "옛날에는 교척이었던 사람이 이제는 건회"라는 왕안석의 시 구절과 잘 들어맞는다. 왕안석의 시 「서문」에는 "천신 선생이 칭술한 것을 들었다"는 구절이 있는데, 왕안석은 구양수의 이 시를 읽었음에 틀림없다.

이상의 실마리를 보면, 호원은 왕안석 변법의 중요한 정신적 원천이었음을 알 수 있다. 왕안석은 인종이 호원을 등용하여 '동량과 기둥'으로 삼아 정치를 혁신하기를 꿈꿨으나, 그 꿈은 이루어지지 않았다. 그러나 십몇 년 후, 왕안석 자신이 천재일우의 기회를 얻어 신종을 위해 '세상이 태평하게끔 운영'했다. 희령신법의 구체적 내용과 시행 방식은 다수 개혁파 사대부들의 인정을 받지 못해 매우 이른 시기에 유이, 정호, 소철 등의 불만을 야기했다. 그렇지만 원초적 계획과 추상적 원칙 측면에서 말하자면, 왕안석의 개혁 방안은 호원 및 손복의 '치도' 이상理想과 비교해봤을 때 다른 점보다 같은 점이 많다. 그렇지 않다면 유이는 처음부터 신법 사업에 참여하지 않았을 것이다. 이 점을 분명히 하기 위해, "성인의 도에는 본체, 작용, 문장이 있다"는 유이의 언사를 대략이나마 풀이해야 한다. 먼저 우리가 강조해야 할 점은 이렇다. 곧 유이의 이 언사는 변법을 겨냥한 것으로, 신종과 왕안석의 개혁 구상이 호원 일생의 교육 목표와 일치함을 강조하는 데에 그 의도가 있었다. 호원의 가르침은 '명체달용明體達用[본체를 밝히고 작용에 통달하는 것]'으로 유명한지라, 유이도 '본체' '작용'이라는 짝 개념을 사용한 것이다.

이 짝 개념은 당나라 이래 유행했다. 당대 과거제에는 "재질과 식견이 모두 뛰어나고 본체와 작용을 밝히 안다才識兼茂, 明於體用"는 과목이 있었다. 원진元稹과 백거이白居易가 동시에 이 과목에 응시한 적이 있다.[38] 송 진종 경덕 3년(1005)에 다시 이 과목을 설치했고, 인종 초기에는 그것을 특별히 중시했다.[39]

소식이 가우 6년(1061) 이 과목에 합격했을 때, 왕안석은 마침 지제고知制誥여서 그 조서를 기초했다.[40] 여기서 '본체'와 '작용'은 당연히 '성인의 도'를 가리킨다. 유이는 "군신, 부자, 인의, 예악 등 대대로 변할 수 없는 것이 본체다"라고 말했다. 이는 유가의 상식이었지만, 송대 유학자들은 종종 이 "변할 수 없는 것"을 '근본本'이라고 불렀다. 손복은 말한다.

인의와 예악은 세상을 다스리는 근본이다. 그것은 왕도가 흥성하는 경로이자 인륜이 바르게 되는 경로이니, 이 근본을 버린다면 무엇을 하겠는가?[41]

호원, 손복 두 사람의 견해는 완전히 일치한다. 다만 호원은 '본체體'라는 말을 쓰고 손복은 '근본本'이라는 말을 쓸 뿐이다. 왕안석 역시 이 문제에 대해서는 이의를 달 수 없다. 그는 「책문策問 3」에서 이렇게 말한다.

성인의 치세에는 근본과 말단이 있고 그 시행에도 선후가 있다.[42]

여기서 왕안석은 '근본과 말단本末'으로 '본체와 작용體用'을 대체한다. 그러나 왕안석의 제자 육전은 자신의 스승 역시 "군자의 학문에는 본체體와 작용用이 있다"고 말했으며, "군자의 도라는 것은 본체에서 한쪽으로 미혹되지 않고자 하고, 작용에서 하나의 뿌리에만 머물고자 하지 않는 것이다"라는 말을 인용한다.[43] 따라서 '본체와 작용'은 왕안석이 평소 '도' 또는 '학문'을 논할 때 상용한 중심 개념이었다. 왕안석은 '예악'을 다음처럼 논한다.

선왕들은 그러한 것을 알기에 천하의 본성을 본체로 삼아 예를 만들었고, 천하의 본성을 조화롭게 하여 음악을 만들었다. 예라는 것은 천하의 중심 법칙이고, 음악이라는 것은 천하의 중심 조화다. 예악은 선왕이 사람의 정신을 배양하고 사람의 기를 바르게 하여 바른 본성으로 귀결하게 하는 수

단이다.[44]

왕안석은 '도덕'에 대해 설명한다.

> 선왕들이 말한 도덕이란 타고난 본성의 이치일 따름이다. 그 제도는 제기, 종, 북, 관악기, 현악기 등에 구현되어 있다. 다만 알기 어렵다는 것을 항상 걱정할 뿐이다.[45]

'예악' '도덕'은 유이가 말한바 "대대로 변할 수 없는" 본체'에 속한다. 왕안석도 마찬가지로 그것을 "선왕이 세상을 통치하는" 근본'으로 보고 있다. 그 궁극적 근거는 "천하의 본성" 또는 "타고난 본성의 이치"다. 따라서 그것 역시 "대대로 변할 수 없는 것"이다. "제기, 종, 북, 관악기, 현악기"는 '예악'을 묘사한다. 왕안석은 성인이 제정한 예악은 바로 영원한 '도덕'을 체현하는 것이라고 보았음을 여기서 알 수 있다. 채상상은 왕안석의 '도덕성명'과 후대 도학자들의 '도덕성명'이 의미가 다르므로 양자를 혼동하면 안 된다고 지적하는데,[46] 기본적으로 정확한 견해다. 이 점은 「서설」 제4절에서 보았으므로 여기서 다시 논하지 않겠다.

유이는 "천하에 실제로 적용하여 민을 윤택하게 한다"는 말로써 '도'의 '작용'을 정의한다. 이는 바로 왕안석이 전력을 기울여 변법을 추진했던 동기다. 그는 이미 인종 때 맹자의 말을 거듭 인용하여 "어진 마음과 어진 소문이 있는데도 백성에게 은택이 미치지 못하는 까닭은 정치가 선왕들의 도를 모범으로 삼지 않기 때문"[47]이라고 말했다. 희령 원년(1068), 왕안석은 신종의 질문을 받고 「본조가 백여 년간 무사했던 것에 대한 차자本朝百年無事箚子」[48]를 올렸는데, 이것은 개혁을 정식으로 발동하는 데서 핵심이 된 문건이다. 비록 왕안석은 이전의 몇몇 황제 특히 인종에 대해 치켜세우는 말을 했지만, 대담하게도 다음과 같이 지적한다.

그러나 본조[송]는 세대를 거듭하면서 말속의 폐단을 따랐고, [임금이] 여러 신하를 친히 여기면서 벗으로 삼아야 한다는 의론도 없어졌습니다. 임금이 아침저녁으로 함께 있었던 사람들은 환관과 여자에 불과합니다. 정무를 볼 때에도 관리들의 세세한 일만을 보는 데 그쳤습니다. 그러니 옛날에 크게 일했던 임금들과 같지 않습니다. [그 임금들은] 학사·대부들과 함께 선왕의 법도에 대해 논하고 그것을 천하에 적용시켰습니다.[49]

왕안석은 이 글의 말미에서 이상주의적 언사로써 청년 황제[신종]를 격동한다. "크게 일할 때는 바로 오늘입니다!"[50]라고. 이런 책략은 주효하여 변법의 거대한 계획이 여기서 결정되었다. 그러므로 '작용'의 관점에서 말하자면, 왕안석은 심지어 언어의 층위에서도("백성百姓에게 은택이 미친다" "천하에 적용한다") 유이와 완전히 일치했다.

마지막으로 '문文'의 문제를 다시 설명해보자. 왕안석은 「책문 6」에서 아래처럼 말한다.

『시』 『서』 전기傳記 백가百家의 문文을 보건대, 두 황제와 세 왕이 태평의 기초를 놓고 후대에 은택을 미칠 수 있었던 대목을 서술할 때는 반드시 예악을 말한다. 행정과 형벌 같은 것은 그 보조 도구일 뿐이었다. 예는 절제하고 음악은 조화롭게 한다. 사람들이 이미 잘 다스려진 다음에는, 이른바 '보조 도구'였던 것은 거의 사용되지 않을 것이다. 세 왕 이후 왕이 된 자 중 예악의 실정에 대해 의론했던 이들이 있는가? [그렇다면] 예악이란 어떤 것인가? (…) 송이 이미 제 모습을 갖춘 지 오래되었는데, 민이 아직 예악을 보거나 그에 대해 듣지 못한 것은 어째서인가? 아니면 아직도 예악을 제정하지 못한 것인가? 동중서와 왕길王吉은, 왕이 아직 [예악을] 제정하지 못했다면 선왕들의 예악을 사용하여 당시에 적합하게 하면 된다고 했다. 그렇다면 선왕의 예악을 사용하려 할 때, 무엇이 당대에 적합한 것이겠는가?[51]

우리는 먼저 이 점을 지적해야겠다. 곧 "『시』『서』 전기 백가의 문"은 유이의 "『시』『서』, 사, 전, 자, 집 등 법도를 후세에 전하는 것이 문장이다"라는 표현과 똑같다는 점이다. 이런 표현은 고대 성왕의 도를 서술한 문자 기록을 가리킨다. 그러므로 여기의 '문文'은 보통 말하는 '문장' '문학'과 확연히 다르다. 위 책문의 종지는 이렇다. 요순, 삼대의 치도는 주로 '예악' 가운데에 체현되어 있고, 이런 '예악'은 고대부터 전해 내려오는 '문' 속에서만 찾을 수 있다는 것이다. 송대 황제를 포함하여 "세 왕 이후에 왕이 된 자"가 만약 새로운 예악을 제정할 만한 자격을 갖추지 못했다면, "선왕들의 예악을 사용하여 당시에 적합하게" 할 수밖에 없다. 왕안석이 가장 마지막에 물었던 문제는, 대체 어떠한 '선왕의 예악'이라야 송대의 필요에 합치하느냐 하는 것이었다. 여기에 숨어 있는 또 하나의 문제는, '선왕의 예악'과 관련된 '문'이란 대체 어떤 것이냐 하는 것이다.

사실 이 책문은 변법의 경전적 근거와 밀접한 관련을 맺는다. 희령 3년 (1070), 신종이 친히 진사들을 시험 볼 때, 처음으로 책대策對 방식만을 이용했다.[52] 왕안석의 「책문」 11개 조목은 아마도 이때 지어졌을 것이다. 그가 이 「책문」을 쓸 당시, 마음속에서 먼저 떠올린 것은 당연히 『주례』였다. 왕안석은 「주례의서周禮義序」에서 이렇게 말한다.

오직 도가 정사政事에 편재하여 (…) 사람은 그로써 관리를 임용하기에 충분하고, 관리는 그로써 법령을 시행하기에 충분했던 때 가운데에서, 수나라 성왕 때보다 성대한 적은 없었다. 당시의 법령이 후대에 베풀어질 수 있도록 한 것과, 당시의 문장이 전적으로 남아 있는 것 가운데에서, 『주관』 [『주례』]만큼 완비된 것은 없다.[53]

이것은 아마도 앞의 「책문」에 대해 왕안석 자신이 답했던 구절일 것이다. 『주례』는 '주공이 태평을 이룩했던 자취'로서 사실적 기록이고, "당시의 법령이 후대에 베풀어질 수 있다"고 왕안석은 정말로 믿었던 것 같다. 하지만 그는 교조적으로 '선왕의 정치'를 따르는 것에 반대 의사를 표명했고, 대신 "그 의도를 본받아야 한다法其意"고 주장했다.[54] 바로 "의도를 본받기" 위해 그는 분연히 『주관의周官義』 22권을 편찬했던 것이다. 나중에 왕안석은 타인의 협조하에 더 범위를 넓혀서 『시의詩義』 20권과 『서의書義』 13권을 짓기도 했다. 이것이 저 유명한 『삼경신의』다. 이로부터 희령변법에서 '문'이 차지했던 핵심적 위치를 알 수 있다. 유이의 술어를 사용하자면 이렇게 말할 수 있겠다. 곧 '문장'은 역사의 핵심 실마리로서 '본체'와 '작용'을 하나로 합치는 것이다.

우리는 『삼경신의』를 정치의식 형태의 산물로 간단하게 해석해버리는 현대적 관점을 피해야 한다. 실제로 변법에는 경전적 의거가 필요했다. 하지만 당시 경전을 연구하는 학자들은 경전 해석 면에서 극도로 엄숙했고 왕안석도 예외는 아니었다. 그래서 왕안석은 몇 차례에 걸쳐 『삼경신의』를 수정한다. 현존하는 『주관신의』와 『시의구침詩義鉤沉』[55]을 보건대, 확실히 왕안석은 진지하게 경전 해석 작업을 하고 있었다. 주희는 매우 공정하게 말한다.

"왕안석의 『신경新經』에는 정말로 좋은 점이 있다. 평생의 정신력을 다했으니 어찌 깨달은 곳이 없겠는가?" 이어서 『신경』 가운데에 옛 주석의 표점을 고친 곳 여러 군데를 들면서, "모두 이처럼 잘 읽었다. 이 책을 한번 읽어보고서 좋은 부분을 발췌하려고 한 적이 있으나 채 그럴 겨를이 없었다"고 말했다.[56]

주희는 신법을 몹시 비판했지만 『삼경신의』만큼은 이처럼 중시했으니, 정치와 무관한 학문적 가치마저 말살할 수 없었던 것이다.

이상의 서술로부터, 왕안석이 '문'을 중시하게 된 출발점은 유이의 그것과 극히 유사했음을 알 수 있다. 곧 한편으로는 '전적' 속에서 "천하국가를 위한 두 황제와 세 왕의 뜻"을 취했고,[57] 다른 한편으로는 "본조[송]는 세대를 거듭하면서 말속의 폐단을 따랐다"는 것을 겨냥하여 "선왕의 법도에 대해 논하고 그것을 천하에 적용시켰다"[58]고 말했다. "선왕들의 예악을 사용하여 당시에 적합하게 하면 된다"는 「책문」의 말은 이 두 측면을 동시에 고려한다. 이것이 바로 제1단계 유학 부흥의 기본 정신이 놓여 있는 곳이다. 바로 이 점에서 왕안석은, '경전 해설'을 통해 "치도를 미루어 밝히려" 했던 호원과 손복의 전통을 분명히 계승하고 있다. 호원은 호주 교학으로 있을 때, '경의經義'와 '시무時務'를 똑같이 중시했는데, 그런 기본 정신이 여기서 구체화했음을 알 수 있다.[59] 왕안석은 이런 정신적 분위기 속에서 비록 엄숙한 태도로 고대의 전적을 대하기는 했지만, 아카데미즘에 빠진 경전 연구자들과는 사뭇 달랐다. 그는 「요벽에게 답하는 편지答姚闢書」에서 말한다.

> 무릇 성인의 방법에서, 제 몸을 닦고 천하국가를 다스리는 것은 〔국가의〕 안위·치란과 관계있지, 장구章句와 명목 속에 있지 않습니다.[60]

제1단계 유학의 특징은 바로 이 구절 속에 충분히 드러나 있다. 경전이 그 시대에서 계시적 작용을 하도록 하기 위해, 왕안석이 취한 경전 연구의 길은 생생하고 광범위했다. 그래서 왕안석은 「증자고에게 답하는 편지答曾子固書」에서 이렇게 말했다.

> 경전만 읽는다면 경전을 알 수 없습니다. 그래서 나는 백사百家와 제자諸子의 책에서부터 『난경難經』『소문素問』『본초本草』 및 여러 소설에 이르기까지 읽지 않은 것이 없고, 농부와 여공女工에게도 묻지 않은 것이 없습니다. 그런 후에 경전의 핵심을 의심 없이 알 수 있었습니다. 후대의 학문은 선왕의 때와 달라서, 그렇게 하지 않으면 성인을 다 알 수 없기 때문입니다.[61]

왕안석이 어째서 「책문」에서 '문'을 『시』 『서』 전기 백가로 확대했는지를 이 구절은 설명한다. "농부와 여공에게도 묻지 않은 것이 없다"는 것은 특히 새로운 경전 독해법이었다. 왕안석은 단지 말만 한 것이 아니었다. 현존하는 『시의詩義』의 일문佚文을 보면, 왕안석 또는 그의 조수(이를테면 육전)는 종종 '오늘날의 풍속'을 인용하여 시의 의미를 풀이하는데, 아마도 "농부와 여공"에게 물어보았을 것이다.[62] 이 역시 『삼경신의』가 취한 기본 방향의 한 반영이다.

주지하다시피, 모든 '문' 가운데서 왕안석의 신법과 가장 밀접하게 관련되는 것은 『주례』다. 인종 시기에 『주례』를 제창한 가장 유명한 인물이 이구였음을 우리는 제1장에서 이미 살펴보았다. 그의 『주례치태평론』이 왕안석에게 중요한 영향을 끼쳤다는 점은 이미 오래전부터 여러 학자가 인정한 사실이다. 하지만 이 장에서 논하는 중심 문제는 사상의 전승 관계가 아니라, 송대 제1단계 유학이 어떤 방식으로 이상에서 실천으로 나아갔고, 그로 인해 새 세대 사대부 정치문화를 어떻게 빚어냈느냐 하는 점이다. 이런 방향 전환 과정의 면에서 말하자면, 이구는 분명 『주례』를 근거로 삼아 생활 질서를 재수립해야 한다고 지적했다는 점에서 새로운 이정표를 세웠고, "경전 해설說經로써 치도를 미루어 밝혔던" 호원 및 손복 등과 비교해보면 그의 초점은 더욱 집중되어 있었다. 이구의 『경력민언經曆民言』과 『주례치태평론』 초고는 모두 경력 3년(1043)에 완성되었는데, 이해는 바로 범중엄이 변법을 시작한 때다. 이구는 『주례치태평론』 서문에서 다음과 같이 말한다.

아! 어찌 경전을 해석解經만 하고 말 뿐인가? 오직 성인과 군자는 경전의 실천적 면모를 알아 그에 대해 말했다.[63]

이 구절은 특히 중시할 만하다. 왜냐하면 이구는 '경전 해석'은 "경전의 실천적 면모를 알아 그에 대해 말하는 것"이라는 점을 적극 밝힘으로써, 경전이 정치 개혁에 직접 적용되어야 한다고 요구했기 때문이다. 그전 사람들도 이런 생각을 하고 있기는 했지만 그것을 숨기고서 입 밖으로 내지 않았다. 왕안석의『주관신의』에 이르러서야 비로소 그 생각이 완전히 드러난다. 하지만 이는 이미 희령변법이 시작된 이후의 일이었다. 그러므로 이구는 호원에서 왕안석으로 나아가는 중간 단계에 해당된다. 사상 면뿐 아니라 행동 면에서도 그러하다. 경력변법의 단명도 이구의 의지를 꺾지 못했다.「여러 공에게 주례치태평론을 바치며 아룀寄周禮致太平論上諸公啓」[64]을 보면, 이구는 계속해서 개혁을 선양하기 위해『주례치태평론』을 조정의 사대부들에게 두루 보내서 지지를 얻고자 했다. 이런 정신적 동력은 웅변적 의론에 비해 사람을 훨씬 더 감동시킨다.[65] 아마도 왕안석은 그런 정신으로부터 영향을 받은 사람 중 한 명이었을 것이다. 앞서 인용한「책문」에서 왕안석은 "『시』『서』전기 백가의 문을 보건대, 두 황제와 세 왕이 태평의 기초를 놓고 후대에 은택을 미칠 수 있었던 대목을 서술할 때는 반드시 예악을 말한다"고 말했다. 여기서 "태평의 기초를 놓는다"는 표현의 이면에는『주례치태평론』의 영향이 있을 것이다. 왕안석이 이구와 서로 알았는지 여부는 논쟁의 여지가 있지만, 이구가『주례치태평론』을 널리 배포한 일을 왕안석이 몰랐을 리 없다. 그래서 우리는, 왕안석이 가우 3년 (1058), 인종에게「만언서」를 올렸던 것도 이구의 개혁적 열정으로부터 영향을 받았기 때문이라고 추측한다. 이 추측이 정확히 들어맞지는 않겠지만 아마도 사실과 큰 차이는 없을 것이다. 신종이 즉위하기 10여 년 전, 질서를 재수립해야 한다는 유가의 요구가 이미 '앞아서 말하는' 단계에서 '일어나서 행하는' 단계로 들어서고 있었다는 점은 대체로 인정될 수 있다.

"경전 해설로써 치도를 미루어 밝혔던" 호원과 손복에서 더 나아가, '경전 해석'의 실천적 성격을 말하는 이구에 이르기까지, 유학의 내부에서는 계속해서 '세계 개혁改變世界'의 동력이 축적되었고 또 발표되고 있었다. 이 동력은 인종(1022~1063 재위) 중엽에 이미 현실화하려 한 적이 있었고, 신종 즉위(1067) 때에 이르면 제방을 터뜨리고 흘러나가는 형세를 보여주었다. 여기서 제1장에 인용했던 주희의 말을 다시 인용해보자.

신법의 시행은 여러 공이 실제로 함께 도모했던 것이다. 명도 선생〔정호〕도
그것이 잘못되었다고 여기지 않았다. 왜냐하면 그때는 변화되어야 할 시절
이었기 때문이다.[66]

"여러 공이 실제로 함께 도모했다"는 말은, 서로 다른 사상 유파의 사대부
들 예컨대 유이·정호·소철 등이 변법 기획에 적극 참여했다는 말이다. "변화
되어야 할 시절合變時節"이라는 표현은, 그들 모두가 변법을 더이상 늦출 수 없
다는 데 공감했다는 사실을 가리킨다. 인종 이래 사대부 집단 내에서 이런 급
박감이 점차 축적되고 있었는데, 이는 앞에서 말한 바대로 '세계를 개혁하기'
위한 유학의 내부 동력이었다. 이정 형제를 보자면, 형인 명도는 처음에 신법
을 지지했고, 동생인 이천〔정이〕은 나중에 신법의 실패에 안타까워하면서 "우
리 당의 싸움에는 지나치게 심한 점이 있었다"고 자책했다.[67] 이정의 형이상학
적 취향은 이미 일찍부터 있었고 그들 최후의 성과도 바로 거기에 있었지만,
그들도 왕안석과 결별하기 전에는 제1단계 유학의 분위기 속에서 정치·사회
질서 재수립을 주요 관심사로 삼았다. 정명도의 「열 가지 시사를 논하는 차
자」는 앞에서 언급했으므로 다시 언급하지 않겠다. 여기서는 정이천이 18세
때(황우 2년, 1050) 쓴 「인종 황제에게 올리는 글」[68]의 몇 구절을 들려고 한다.

폐하께서는 천하가 평안하다고 생각하십니까, 위험하다고 생각하십니까?
잘 다스려진다고 생각하십니까, 혼란하다고 생각하십니까?[69]

이는 제1단계 유학의 공통 문제였다. 곧 왕안석이 말한 "천하국가를 다스리
는 것은 〔국가의〕 안위·치란에 관계있다"는 것이다. 이천은 또 말한다.

제가 배운 것은 천하 대중의 도大中之道입니다. (…) 〔하. 은. 주〕 삼대 이래로 모두 그에 따랐습니다.[70]

'대중의 도'가 손복 특유의 용어임은 앞서 인용한 그의 「공급사에게 올리는 편지」에서 보았다. 손복의 제자 석개도 「한론漢論 하」에서 "세 왕三王의 대중의 도를 따른다"[71]고 말했다. 그는 또 말한다.

그러나 천하가 아직 다스려지지 않은 까닭은 실로 어진 마음은 있으되 어진 정치는 없기 때문입니다. 그래서 맹자는 말합니다. "오늘날 어진 마음과 어진 소문은 있는데도 민이 은택을 입지 못하는 까닭은 선왕의 길을 가지 않기 때문이다."[72]

이 역시 당시 정치를 논하는 사람들의 공통 언어였다. 왕안석이 맹자의 이 말을 거듭 인용했음은 앞부분에서 이미 확인했다. 요컨대, 우리가 이천의 「인종 황제에게 올리는 글」을 제1단계 유학의 맥락 속에 놓는다면, 그가 청년 시기에 익히 접했을 사상적 분위기를 즉각 파악할 수 있다. 이천은 이 글 말미에서 등용되고 싶은 마음에 쫓겨, "한번 폐하를 직접 뵙고 제가 배운 바를 다 진술할 수 있기를 바랍니다. (…) 실제로 등용할 만하다면 폐하께서는 〔신을〕 크게 써주십시오"라고 말한다. 정이천은 급박하게 변화를 추구하던 사대부 집단으로부터 영향을 받아 그렇게 말했음이 분명하다.

당시 사대부들은 이미 '변혁해야 할 시기'에 도달했지만, 만사가 다 갖춰지려면 여전히 '봄날의 바람東風'이 필요했다. '봄날의 바람'이란 당연히 정치권력의 중심을 차지하던 황제였다. 그것이야말로 이상이 행동으로 옮겨가기 위한 최후의 고리였다. 일찍이 황우 5년(1053) 서주통판舒州通判으로 있을 때, 왕안석은 언젠가는 황제를 감동시키고 깨우쳐 '삼대의 도'에 부합하는 개혁을 실현시킨다는 꿈을 꾸었다. 그는 「창고를 열며發廩」라는 시 마지막 부분에서 이렇게 읊는다.

빈시豳詩[73]가 주공에게서 나왔으니 근본이 어찌 가볍겠는가? 바라건대 칠월
七月 편을 써서 임금의 총명함을 한번 일깨우고 싶구나.[74]

이 꿈은 인종 때에는 실현되지 않는다. 왕안석의 「만언서」는 마치 대양 속
에 가라앉은 돌과 같았다. 그러나 그것은 기적처럼 신종의 호응을 얻는다. 이
측면에 관하여 우리는 이미 제4장에서 설명했다. 여기서 나는 신종이 왕안석
의 사직을 만류하면서 한 말을 다시 인용해보고자 한다.

짐이 완고하고 비루하여 처음에는 잘 모르다가, 경이 한림에 있고 나서 비
로소 [경의] 도덕의 설을 듣고 마음에서 작은 깨달음이 있었다. 경은 짐의
스승이자 신하이니 [짐은] 경이 사직하는 것을 결단코 허락하지 않는다[75]

희령 원년(1068) 4월, 신종은 한림학사 왕안석에게 조칙을 내려, 순서를 건
너뛰고 입대入對하라고 명했다.[76] 희령 원년은 왕안석이 변법의 이상을 갖고서
신종을 격동시킨 해였는데, 그가 "임금의 총명함을 한번 일깨우고 싶구나"라
는 시구를 썼던 때(1053)로부터 벌써 15년이 흐른 뒤였다. 그리고 희령 2년
(1069), '신법'이 추진되기 시작한다.

이상에서 우리는 유가적 질서의 재수립이라는 이상이 송대 초기 100여 년
간 발전해나간 대체적 추세를 서술했다. 종합하자면, 그런 이상의 사회적 기
원은 오대 시기까지 거슬러 올라갈 수 있고, 송대 유학 부흥의 제1단계는 주
로 "경전 해설로써 치도를 미루어 밝히는" 방식에 속한다. 그렇지만 '말'이 오
래되면 '행동'을 요구하기 마련이기에, 경력변법이 실패한 지 20여 년이 되자
마침내 희령변법이 이어서 일어났다. 이러한 발전은, 송대 사대부 집단 속에
서 새롭게 출현한 정치적·사회적 의식과 긴밀한 관련을 맺는다. 이것이 바로

제3장에서 설명한 "천하를 나의 임무로 삼는다"는 것과 "함께 천하를 다스린다"는 관념이었다. 이 장의 중점은, 유가의 새로운 이상과 가치가 송대 사대부의 정치문화를 어떻게 주조했는지를 보여주는 데 있었다. 그렇지만 이상과 가치가 역사에서 발휘하는 실제 작용은 여러 객관적 조건으로부터 분리될 수 없는 만큼, 이 장은 다른 장들과 더불어 서로 참조가 되어야 비로소 합당하고 균형 잡힌 이해가 가능할 것이다. 따라서 "관념이 편면적으로 역사를 창조한다"는 의미가 여기에 포함되어 있는 것은 아니다.

남송 이래, 유학도 질서 재수립이라는 핵심 노선을 결코 바꾸지 않았다. 시대적 추이가 다르고 직면한 실제 문제가 북송대와 달랐기 때문에 혁신의 추동력이 상대적으로 약화되었을 뿐이다. 그렇지만 왕안석이 신종을 만나고 그로부터 전권을 부여받은 사건은 남송의 이학자들에게 엄청난 정신적 격려가되었다. 주희와 육구연을 사례로 들자면, 설사 그들이 왕안석 변법의 내용과 수단에 제기한 비판은 상이했지만, 그들은 "군주를 얻어 도를 행한" 왕안석의 보기 드문 행운에 대해서는 사모하는 마음을 금치 못했다. 사실, 그것은 남송 이학자들의 뚜렷한 정치적 특색을 구성한다. 이 특색을 파악해야만, 그들이 어째서 그토록 열심히 효종 말년의 개혁적 조치에 참여했는지를 이해할 수 있다. 그러므로 정치문화 관점에서 보자면, 주희의 시대는 후後 왕안석 시대라고 불려도 무방하다. 남송의 이학자들은 한편으로는 왕안석의 '신법'과 '신학'을 버렸지만, 다른 한편으로는 시종일관 왕안석이라는 유령의 부름으로부터 벗어나지 못하고, 시대 및 기회를 기다려 행동하면서 질서 재수립을 위해 목숨을 마치고자 했다. 이런 복잡한 역사적 과정에 대해서, 하편에서 깊이 있게 논하므로 여기서는 다루지 않겠다.

【제7장】

당쟁과 사대부의 분화

1. 이끄는 글

　이상의 측면에서 말하자면, 사 계층이 송대에서 차지한 위치는 한·당 대의 그것을 넘어설 뿐만 아니라 후대의 원·명·청 대도 도저히 따라잡을 수 없을 정도다. 우리는 제3장에서 "천하를 자신의 임무로 삼는" 사대부 의식의 출현과, 사대부와 황제가 "함께 천하를 다스린다"는 원칙의 수립을 살펴보았다. 제6장에서는 질서 재수립의 유가적 이상이 어떻게 해서 '앉아서 말하는' 단계에서 '일어서서 행동하는' 단계로 나아갔는지를 추적했다. 전체적으로 말하자면, 송대 사대부의 기능은 중국 전통의 정치적·사회적 체제 아래 최대한도로 발휘되었다. 천인커는 "육조와 천수天水(송)대의 사상이 가장 자유로워서 문장 역시 최고 수준에 도달했다"1고 말한다. 그가 육조와 송대를 동등하게 놓는 데는 충분한 근거가 있었다. 왜냐하면 육조는 "사대부 신분이 천자에 의해 규정되지 않던"2 시대였기 때문이다. 특히, 육조에서는 사의 정치적 지위가 문벌 사회의 기초 위에서 성립했던 반면, 송대의 사는 '사민四民의 으뜸'으로서 주로 과거제도에 의지했고 이는 공정한 경쟁의 특성을 갖추었다는 차이점이 있었다.

하지만 여기서 회피할 수 없는 한 가지 문제와 마주친다. 곧 송대에는 당쟁이 격렬했고 문자옥文字獄도 번갈아 일어나서, 그 피해를 입은 사대부들은 처지가 상당히 비참했을 것이다. 주희가 만년에 당금黨禁을 당했을 때 품었던 의구심과 분개만 놓고 보더라도 그 심정을 대략 이해할 수 있다. 그렇다면 송대는 한, 당, 명, 청 대와 더불어 어떤 차이가 있을까? "사상이 가장 자유로웠다"는 판단은 어떤 설에서 비롯하는가? 지금부터 이 문제에 대한 답하고자 한다.

먼저 송대의 당쟁과 문자옥 사이에는 공통된 특징이 하나 있었고, 그 점에서 한, 당, 명, 청 대와 달랐다. 이는 송대의 당쟁과 문자옥 모두 사 계층 내부의 분화와 충돌에서 말미암았다는 점이다. 후한 시기의 당고黨錮[3]는 태학생太學生들이 집단으로 시위를 일으킨 결과였고, 그들이 항의·공격하는 대상은 황권을 행사하던 환관 집단이었다. 명 말의 당쟁은 복잡하기는 했지만, 동림당東林黨 인사들은 대체로 사대부 집단을 대표하여 환관 세력과 투쟁을 벌였다고 할 수 있다. 당나라의 우승유牛僧孺와 이덕유李德裕는 각각 문벌과 과거라는 사회적 배경을 갖추었고, 이들이 지도자로 있던 각 당은 권력 영역에서 정면으로 충돌하기도 했다. 하지만 천인커의 『당대정치사술론고唐代政治史述論考』에 따르면, 그들 각 당은 내각과 환관 양파의 '반영'이었다고 한다. 이 설이 따를 만한지의 여부와는 관계없이 환관이 당쟁을 조종하는 주축이었다는 점은 부인할 수 없는 사실이다.

송대 당쟁은 처음부터 서로 다른 그룹을 형성한 사대부들의 내적 분기에서 일어난 만큼, 환관 집단과 아무런 관계가 없었고 황권에 대항한다는 의미도 지니지 않았다. 북송대 당쟁은 희령변법 시기에 이르러 획기적 변화를 일으키지만, 그 기원의 측면에서 당쟁의 성격을 분명히 하기 위해 우리는 아무리 늦어도 인종 시기의 붕당 문제부터 설명해야 한다.[4] 경우 3년(1036), 범중엄은 재상 여이간을 몹시 심하게 비난했고, 이에 쌍방이 정면으로 충돌하는 사건이 발생했다. 『속자치통감장편』은 이렇게 말한다.

여이간이 매우 화를 내고 황제 앞에서 범중엄의 말에 대해 반박했으며, 아울러 범중엄이 직분을 벗어나 이야기를 하고 붕당을 천거했으며 군주와 신하 사이를 이간질한다고 황제에게 고소했다. 범중엄도 상소문을 올려서 맞고소를 했는데 언사가 더욱 심해 그로 인해 강등을 당했다. 시어사侍御史 한독韓瀆이 여이간의 의도를 따라서, 범중엄의 붕당을 조당朝堂에 방榜으로 붙여놓고, 뭇 관원들로 하여금 제 직분을 넘어 이야기를 하는 것을 경계하도록 해야 한다고 청하자, 황제는 그에 따랐다.[5]

당시 범중엄은 천하의 기대를 모으고 있어서 사대부 가운데는 그를 지지하기 위해 의분을 품은 사람이 매우 많았다. 그중 가장 유명한 이들이 여정, 윤수, 구양수 등이었다. 그렇지만 이들 모두 '붕당'의 죄명을 받고 연이어 폄척당했다. 여이간 쪽을 보면, 대간 대부분이 여이간에 의해 추천된 사람들이어서 위에서 인용한 시어사 한독과 우사간右司諫 고약눌高若訥은 재상을 위해서 정적을 공격하는 데 진력했다. 그래서 범중엄과 여이간 사이에 벌어진 투쟁은 사실 조정 내 두 사대부 집단 사이 충돌이라고 볼 수 있었다. 만약 "붕당을 천거했다"는 측면에 대해 논한다면, 양측 모두 그 혐의를 피해갈 수 없다. 그렇지만 여이간은 정권을 담당한 재상으로서 대간의 언로를 직접 통제했기 때문에 '붕당'이라는 악명을 범중엄 일파 인사들에게만 뒤집어씌울 수 있었다. 『송사』 권314 「범중엄전范仲淹傳」 기록을 보자.

이듬해(경우 4년 1037) 여이간 역시 파면되었고, 그때부터 붕당의 논쟁이 일어났다.[6]

이로부터 알 수 있는 사실은 인종이 비록 재상 여이간의 의견을 존중하여 범중엄을 처리하기는 했지만, 최후로는 두 당파로부터 초연히 물러서서 어느 한쪽 편도 들지 않았다는 점이다. 이야말로 여이간과 범중엄 양 당파 간 당쟁이 기본적으로 사대부들의 자발적 활동이라는 점과 그 원동력은 사대부 밖이 아니라 사대부 내부에 있었다는 점을 증명한다. 때문에 당대의 우승유·이덕유의 당쟁과 송대의 여이간·범중엄의 당쟁 사이에는 같은 점보다 다른 점이 많았다. 이뿐만 아니라, '붕당'은 송대에 이미 사대부 정치문화의 중요 구성 부분이 되었다. 비록 당시에는 그 명칭에 폄하된 의미가 부여되었지만 말이다. 『속자치통감장편』 3년(1036) 5월 병술 조목에는 이런 기록이 있다.

당시 붕당을 다스리는 일이 급했다. 사대부들은 재상을 두려워하여 범중엄에게 무엇을 보내는 사람이 적었다. 천장각시제侍制 이광李絖과 집현교리集賢校理 왕질은 둘 다 술과 돈을 보냈다. 왕질은 또한 며칠 저녁 떠나지 못하고 이야기를 나누었다. 어떤 사람이 왕질을 질책하자, 왕질은 "문장력 있고 현명한 이를 희구했는데, 더불어 붕당이 될 수 있으니 다행입니다"라고 대답했다.[7]

왕질은 범중엄과 더불어 붕당이 된 것을 일종의 영광으로 알았다. 이는 무의식 중 '붕당'의 가치관이 부정적인 것에서 긍정적인 것으로 바뀌었음을 의미한다. 구양수는 「붕당론朋黨論」[8]에서 '붕'은 오직 '군자'에게만 적용되고, '소인'에게 잘못 적용되어서는 안 된다고 주장한다. 구양수 역시 붕당 관념에 대해 자각적 변화를 일으켰다고 볼 수 있다. 왕질이 범중엄에게 돈을 보내고 남아서 이야기했던 일에 관해 중시할 만한 동시대 사료가 또 하나 있다. 문영文瑩은 『상산야록 속록續錄』에서 말한다.

오직 자야子野[왕질의 자字] 왕질만이 병든 몸을 애써 지탱하면서 홀로 며칠 저녁을 남아 이야기를 나누었는데, 흥분하여 천하의 이해와 병통을 극론했고 머뭇거리면서 이별을 아쉬워했다. 일찍이 범중엄이 어떤 사람에게 말하기를 "자야는 지병에 걸려서 몸이 옷을 이기지 못할 정도로 말랐지만,

충의忠義에 대해 논할 때는 마치 용이 뛰어오르고 호랑이가 뛰는 기운이 생기는 듯하다"고 했다. 이튿날 자야가 돌아오자, 객 중에 대신大臣의 마음을 헤아려 그 점을 두려워하는 자가 있었다. 객은 말했다. "그대와 범중엄이 국문國門 앞에서 이별할 때 한편으로는 웃으며 이야기하고 한편으로는 연회를 가졌으니, 조사해보면 사실이 다 드러날 것입니다. 향후 당고 사건이 있게 되면 그대가 첫번째로 걸려들 것입니다." 자야는 대답했다. "과연 나와 범공范公이 여러 날 저녁 역관에서 나눈 논의를 어떤 사람이 엿봐서 기록한 다음 그것을 위에 바친다면, 이는 창생蒼生을 위해 행운이 될 것이니 어찌 저 혼자만의 행운이 되겠습니까?" 사들의 여론은 그 말을 장하게 여겼다.[9]

이 조목은 바로 "군자는 같은 도를 지닌 다른 군자와 더불어 붕당을 맺는다"[10]는 구양수의 설을 뒷받침하는 증거가 된다. 왕질과 범중엄이 "여러 날 저녁 역관에서 나눈 논의"는 "천하의 이해와 병통"이라는 중대사와 관련된 것이었다. 바꿔 말하면, 정치적 관점이 이미 '붕당' 분화의 중요 요소가 된 것이다. 곧 관점이 동일하거나 비슷한 사대부 사이에서 자연스럽게 '도를 함께한다同道'는 의식이 생겨났을 터다. 여이간의 정치적 기풍이 범중엄에 비해 한참 못 미치기는 하지만, 그렇다고 해서 그를 '소인'의 부류에 넣을 수는 없다. 소철은 『용천별지龍川別志』 권상에서 이렇게 말했다.

범문정공[범중엄]은 (…) 일찍이 여허공呂許公[여이간]을 배척했는데 (…) 월주越州에서 조정으로 돌아와서 다시 서부의 사태를 진압하러 나아가려 했지만, 여허공이 자신을 그곳에 배치해주지 않아 공적을 이루지 못할까 걱정이 되었다. 그래서 자신의 잘못을 써 바쳐서 [서로] 원한의 감정을 푼 다음에 [서부로] 떠났다. 그후 범문정공이 참지정사로서 섬서 지방을 다스렸는데, 여허공이 이미 늙어 정鄭 땅에 머물러, 가다가 길에서 서로 마주쳤다.

문정공은 몸소 중서성 일을 겪어보아서 이제 그 일이 어렵다는 것을 알아, 지난날의 잘못을 후회한다는 말을 했다. 그래서 허공〔여이간〕은 흔쾌히 그와 더불어 하루 종일 이야기했다. (…) 따라서 구양공〔구양수〕은 「문정 신도비文正神道碑」를 지어, 허공과 범공이 만년에 서로 기뻐하며 의기투합했다고 했는데 바로 이 일에서 말미암는다. 후대인들은 잘 알지도 못하면서 모두들 구양공을 헐뜯는다. 내가 장공(장방평)을 만나 그에 대해 이야기했더니 믿어주었다.[11]

사마광의 『속수기문涑水記聞』(권8)도 여이간이 다시 재상이 되자 인종에게 범중엄을 '현자賢者'라고 추천했고 아울러 그를 중용했으며, "허공이 옛 악을 염두에 두지 않는다고 천하는 여겼다"[12]고 기록한다. 북송대 사대부들은 여이간이 '군자'다움을 잃지 않았다고 여겼던 것이다. 여이간과 범중엄 사이의 당쟁은 송대의 핵심 사건 중 하나로서 그 기록과 논의가 상당히 많지만 여기서 상세히 다루지는 않겠다. 이후 남송대에 주희는 주필대와 더불어, 과연 여이간과 범중엄이 만년에 원한을 풀고 즐겁게 교제했는지 그렇지 않았는지에 대해 논한다. 대략 말하자면, 주희는 "범공의 마음이 광명정대하다"[13]고 칭찬한다. 반면 주필대는 "여공의 도량이 매우 크고 마음 씀씀이는 정밀하고 은미하다"[14]고 말한다.

필자는 여기서 이 핵심 사건에 대한 평가를 뒤집으려는 것이 아니라, 다만 이 사안을 통해 송대 당쟁의 특색을 설명하고자 한다. "사대부가 천하를 자신의 임무로 삼는" 이 시대에 사 계층은 정치적으로 이미 고도의 자주성을 지니고 있었기 때문에 당쟁은 기본적으로 내부 분화로부터 일어났다. 곧 외부의 힘이 당쟁을 조종했다는 명시적 증거가 없을뿐더러 황권을 대표하는 특수 세력(예컨대 환관과 외척)과 싸운 것도 아니었다. 사대부들이 붕당을 형성하는 요소는 복잡하여 어느 하나로 꼬집어서 말할 수 없다. 그렇지만 사상과 관점의 차이가 당쟁에서 매우 중요한 비중을 차지했다. 이번 경우景祐 당쟁을 놓고 말하자면, 범중엄과 그의 '붕당'은 실로 공통의 정견과 상호 신뢰라는 기초 위에서 결합한 것이었고, 여이간과 그의 대간들은 집권이라는 입장에서 출발하여 마찬가지로 자신들의 정치적 공통 상식을 형성하고 있었다. 소철에 따르면, 범중엄이 "몸소 중서성 일을 겪어보아서 이제 그 일이 어렵다는 것을 알아, 지난날의 잘못을 후회한다는 말을 했다"고 한다. 이 말은 범중엄이 참지정사로서 경력변법을 주관했던 경력을 가리킨다. 이때 범중엄 자신이 여러 곳으로부터 공격을 받는 쓴맛을 본다. 소철의 설이 믿을 만하다면, 범중엄 역시 자신의 실패 경험을 바탕으로 여이간에 대한 과거의 공격적 태도를 바꾸었다는 말이 된다. 여이간과 범중엄이 만년에 잘 사귀었다는 설은 적어도 전혀 근거 없지는 않다고 할 수 있다.

위에서 여이간과 범중엄 간 투쟁은 송대 당쟁사의 전주곡에 불과하다고 했는데, 그렇게 말한 목적은 아래에서 논할 당쟁의 두 가지 발전 단계에 대한 연구로 나아가기 위해서였다. 첫번째 단계는 희령변법에서 시작하여 진회의 집정에서 끝나는데, 채경의 시대에 당쟁이 극에 달한다. 이는 '국시' 법제화 아래 형성된 당쟁의 새로운 형태로서 이전 시대와는 칼로 자른 듯 분명하게 구분된다. 북송 부분과 관련하여 이미 제5장 「'국시' 고찰」에서 상세히 설명한 터라 여기서 다시 설명하지 않았다. 이 장은 다만 일반 원칙을 따지면서 진회 시기의 역사적 사건을 인용하여 그에 대해 설명하고자 했을 뿐이다. 두번째 단계는 주희 시대의 당쟁으로 효종 말기에 시작되어 경원당금으로 끝났다. 이 장은 곧 제2단계 당쟁의 특색과 발전을 주제로 삼기에 그에 대해 상론할 것이다.

2. '국시' 법제화하에서 형성된 당쟁의 새로운 형태

당쟁은 희령변법에 이르러 매우 격화되었다. 왕안석을 우두머리로 삼는 신당과 사마광을 중심으로 삼는 구당은 처음부터 그 진영이 분명했거니와 쌍방 사이의 충돌은 시간이 갈수록 격렬해졌다. 그래서 송대 당쟁은 희령 시기를 시대적 전환점으로 삼아야 한다. 어째서 그런 전환이 일어났을까? 내가 생각하기에는 다음 두 원인이 가장 주목할 만하다. 첫째, 학술사상과 정치적 관점의 차이로 인해 만들어진 사대부 간 내부 분화가 그 시기에 최고 단계로 전개되었다. 서로가 똑같이 질서 재수립이라는 이상을 품고 있기는 했지만, 각 파 사대부 사이에는 질서의 구체적 구상이나 재수립 과정의 완급 면에서 심각한 차이가 있었다. 희령변법은 기본 체제의 전면적 개혁을 주장했기 때문에, 신당과 구당 사이의 대치를 첨예화했고 그 대치는 공전절후 수준으로까지 심각해졌다. 희령 시기(1068~1077)뿐만 아니라 원우 시기(1086~1094)에도 구당이 정권을 잡자 마찬가지로 한층 심한 내적 분화가 일어났다. 이런 전개에 대해 소백온은 아래와 같이 관찰한 바 있다.

철종이 즉위(1085)하자 선인황후는 수렴청정을 실시했다. 여러 현인이 조정에 모여들어, 오로지 흔들리지 않는 충후함으로써 오랑캐와 화의를 맺어 그들의 무력을 억누르고, 민을 사랑하여 그들을 잘 길렀으니 가우 연간 (1056~1063)의 기풍과 비슷했다. 그렇지만 현자라 할지라도 같은 부류끼리 모이는 행동을 한 터라, 당시에 낙당洛黨, 천당川黨, 삭당朔黨이라는 말이 있었다. 낙당은 정정숙程正叔[정이] 시강을 영수로 삼고, 주광정, 가이賈易 등이 보좌했다. 천당은 소자첨[소식]이 영수였고 여도呂陶 등이 보좌했다. 삭당은 유지, 양도梁燾, 왕암수王巖叟, 유안세劉安世가 영수였고, 보좌하는 사람이 매우 많았다. 이들 당은 끊임없이 서로를 공격했는데, 정정숙이 옛 예제古禮를 많이 인용하자, 소자첨은 그깃이 인시상성에 가깝지 않아 마치 왕개보[왕안석]와 같다고 하면서 매우 싫어했고 때로는 [정정숙에게] 모욕을 가하기도 했다. 그래서 주광정과 가이가 불평을 품어 소자첨을 헐뜯자 집정이 양쪽을 진정시켰다. 이때 원풍元豐의 대신들을 각 지방으로 물러나도록 했는데 그들의 원한은 뼈에 사무쳐 있었다. 이들은 몰래 틈을 살펴보고 있었지만,

여러 현인은 깨닫지 못하고 당을 나누어 서로를 비난하기만 했다. 소성 초년에 이르러 장돈이 재상이 되자 모든 당을 똑같이 원우당元祐黨이라고 간주하고 〔현인들을〕 궁벽한 지역으로 다 쫓아 보냈으니 참으로 슬프다.[1]

소백온은 자신의 부친[소옹] 때문에 한결같이 사마광과 이정을 존숭했지만, 낙당, 촉당, 삭당의 분화에 대한 위 서술에서는 공정함을 유지했다. 이와 같은 간단한 서술에 원우 시기 당쟁 활동의 밀도와 강도가 충분히 드러나 있다. 한편으로, 정권을 잡은 구당은 전력을 기울여 신당의 지도자들을 권력의 중심으로부터 배제해서 채확, 장돈, 여혜경, 증포는 모두 예외 없이 폄척을 당했다. 위 인용문 가운데 "원풍의 대신들을 각 지방으로 물러나도록 했다"는 말이 바로 이런 사정을 가리킨다. 그렇지만 다른 한편으로, 구당의 내부에서는 동시에 "당을 나누어 서로 비난하는" 투쟁이 진행되고 있었다. 사실 낙당, 촉당, 삭당은 애초에 서로 독립된 사대부 집단이었다. 희령 원풍 시대에 세 당은 모두 반대파 신분으로, 정권을 장악한 신당과 투쟁을 벌였기 때문에 이 당시 피차간의 차이점은 잘 드러나지 않고 숨어 있었다. 이제는 재야에서 나와 정권을 잡은 터라 세 분파의 내적 차이점이 철저히 겉으로 드러나기 시작했다. 당쟁은 안팎에서 동시에 진행되었다. 이는 희령 이래 사대부 정치문화에서 발생한 전혀 새로운 발전이었다.

둘째, 희령변법에서 당쟁의 성격이 근본적으로 변화했다는 데는 더욱 중요한 원인이 하나 있다. 바로 '국시' 관념의 법제화다. 우리는 제5장 「'국시' 고찰」에서 이미 다음 내용을 살펴보았다. 희령 이래 당쟁은 기본적으로 '국시'를 둘러싸고 이루어졌다. 예컨대, 희령 시기에 '신법'이 '국시'의 지위를 차지하자, 사마광·문언박 등이 '신법'에 반대해 "이론들도 다 취해지는異論相攪" 국면이 형성되었다. 철종과 휘종 때는 '소술紹述'을 '국시'로 정했기 때문에 원우의 여러 신하는 "원우의 간악한 당元祐奸黨"으로 몰렸다. 남송 고종은 '화의和'를 '국시'로 받아들였다. 이후, 화의에 반대하던 모든 사람은 '국시를 흔들었다'는 죄명을 받고 '사악한 당邪黨'[2]으로 배척되었다. 그래서 '국시' 관념을 떠난다면 희령 이 래 당쟁의 특색을 아예 파악할 수 없게 된다. '국시' 관념은 본래 황제와 사대 부가 "함께 천하를 다스린다"는 요구에 따라 나온 것이어서 '국시'는 반드시 황 제와 사대부가 "공동으로 정하는 것"이었다. 이런 의미에서 '국시' 관념이 황권 쪽의 공개적 승인을 획득했다는 것은 대사건이었다. 그것은 곧 사 계층의 정 치적 지위가 송대에서 전인미답의 수준으로 올라섰음을 뜻했다. 그렇지만 '국 시'의 법제화는 당쟁이 격화하는 근원이 되기도 했다. 사대부들의 사상과 관 점이 날이 갈수록 차이를 보인 송대에서 "공동으로 국시를 정한다"는 것이 매 우 매력적인 이상이기는 했지만, 실제 실천 과정에서는 매우 첨예한 대립을 낳는 경우가 빈번했다. 그 결과, 황제는 자신과 정치적 경향이 똑같은 분파의 의론을 선택하여 '국시'로 정하고서, 모든 반대파의 '이론異論'을 탄압했다. 그래 서 신종은 왕안석 일파와 더불어 공동으로 신법新法을 국시로 정했고, 사마광 은 "왕안석, 한강, 여혜경만이 옳다고 여기고 천하는 모두 그르다고 여긴다"[3] 며 날카롭게 비판했다. 더욱 심각한 것은 황제가 이미 "공동으로 국시를 정하 는" 정치적 절차에 참여한 터라 이미 정해진 '국시'에 대해 일체감을 느끼지 않 을 수 없었다는 사실이었다. 그래서 신종은 왕안석이 재상에서 물러났다고 해서 '신법'을 바꾸지 않았고, 고종도 진회가 죽었다고 해서 '화의'를 동요시키 지 않았다.

신종과 관련해서는 앞에서 자세히 설명했으므로, 여기서는 고종의 사례만 을 추가하여 증거로 삼고자 한다. 소흥 26년(1156) 3월 병인 조목 기록이다.

짐은 군대兵와 민을 쉬게 하는 깃이 세왕의 성대한 덕이고, 신뢰를 이야기 하고 화목하게 하는 것이 고금의 큰 이익이라고 생각한다. 그래서 짐의 뜻 으로부터 결단하여 강화講和의 방책을 결정했다. 그러므로 진회를 재상으로 삼아 다만 짐을 도울 수 있도록 했을 뿐인데, 어찌 진회가 죽었다고(1155) 정해진 의론을 바꾸는 일이 있겠는가? 근래 무지한 자들은 모든 것이 다 진회에게서 나왔다고 여기면서, 실은 모든 일이 짐의 마음으로부터 말미암 았음을 모른다. 그러니 근거 없는 말을 퍼뜨려 군중을 미혹시킨다. 심지어 조명詔命〔조서詔書〕을 위조하여 옛 신하를 등용하려 하거나, 과거시험생들에 게 문건을 돌려 망령되이 변방의 일을 의론하는 일도 있었다. 짐은 실로 경 악했다. (…) 내외 대소 신하들은 모두 짐의 뜻을 체화하여 성실하게 따르 고 업적을 이룸으로써 평안한 통치를 영원토록 해야 한다. 만약 감히 망령 된 의론을 한다면 중형에 처해져야 한다.[4]

화의가 고종 본인의 의지에서 나왔음은 분명한 사실이지만, 그것이 소흥 8 년(1138)에 '국시(곧 조칙에서 말한 '정해진 의론')로 정해지는 데 진회 및 그 당인 들이 핵심 역할을 했다는 점은 이미 제5장 「'국시' 고찰」에서 설명했다. 그래서 당시 고종은 진회가 "나라의 사명司命[5]"이라고 말했다.[6] 그렇다면 조서 속의 "다만 짐을 도울 수 있도록 했을 뿐"이라는 말은 일부러 약하게 말한 것이 분 명하다. 사실 이 조서는 진회의 영향 아래 작성되었다. 곧 조서는 진회의 「유 표」에 있는 "국시가 동요할 것에 대해 근심하고, 사악한 붕당의 틈입을 막아 야 한다"[7]는 말을 실행한 것에 불과하다. 그래서 고종의 사례는 황제가 '국시' 에 보인 일체감이 상당히 강했음을 증명한다. 이유는 아주 분명하다. 황제가 이미 '국시'의 결정 절차에 참여했고, '국시'의 동요는 장차 황권의 무상한 존엄 성을 해칠 수 있기 때문이다.

사실상 '국시'는 결국 황제와 어느 일파의 사대부들이 "공동으로 정한 것"이 므로, "망령된 의론"을 용납하지 않는 최고 수준의 '법도法度'가 되었다. 따라서 희령 이래, 황제는 이제 다시는 당쟁의 밖에 머물거나 당쟁의 위에 있을 수 없 었다. 이 점 역시 송대 정치사의 중요한 변화다. 이 점을 설명하기 위해 먼저 희령 이전의 상황을 인용하여 대조점으로 삼아야 한다. 희령 3년(1070) 7월, 증공량은 신종에게 이렇게 말한다.

진종께서 구준寇準을 등용하자 어떤 사람이 진종에게 물었습니다. 진종께서는 "이론異論들도 다 취하도록 한다면, 각각은 감히 〔상대방이〕 잘못이라고 하지 못할 것이다"라고 말했습니다.[8]

이 말은 당쟁에 대한 진종의 태도를 대변한다. 곧 황제는 위에서 침묵을 유지하고 정사는 재상에게서 나오지만, 동시에 신하들로 하여금 "이론들도 다 취하도록" 함으로써 서로를 견제하는 효과를 거두는 것이다. 전통적 '군도君道' 또는 '군주의 통치술主術'에 이런 이야기가 종종 나온다는 점에 대해서는 더 상론할 필요가 없을 것이다. 진량이 기록한 인종의 말은 진종이 보인 태도와 서로 보완된다.

제가 옛사람들로부터 듣건대 인종 때 권력의 자루를 거두어들이고 모든 일이 궁중에서 나가도록 하며, 신하들이 상벌의 권한을 행사하지 말도록 해야 한다고 권한 신하가 있었습니다. 인종께서 말했습니다. "그대의 말이 참 좋다. 그러나 천하의 일을 시행함에 오로지 짐으로부터 나오도록 하고 싶지는 않다. 만약 짐으로부터 나와서 모든 것이 바르다면 괜찮다. 만약 하나라도 그렇지 않다면 갑자기 바꾸기가 어려울 것이다. 그러므로 공론에 부치고 재상으로 하여금 시행토록 하는 것만 못하다. 시행했으되 천하가 편리하지 않다고 여긴다면, 대간들이 그 실정을 공개리에 말할 테니 바꾸기가 쉽다."[9]

군주권력, 재상권력, 간관諫官권력에 관한 당송 이래의 일반 규정을 따르고자 한다는 것이 인종의 말이므로, 인종이 위에서 새로운 실을 편 것은 아니다. 그런데 조정 내 사대부들이 "공론에 부치는 것"과 "대간들이 그 실정을 공개리에 말하는 것"이야말로 당쟁이 폭발하는 계기를 마련했다. 인종은 옛 관습을 따랐기 때문에 그의 군주권력은 당쟁의 층위로 떨어지지 않았고, 한층 높은 층위에서 최후 중재자 역할을 했다. 앞서 논한 경우 3년(1036)의 당쟁에 대해 말하자면, 당시 인종이 범중엄과 그 지지자들을 폄척하기는 했지만, 그 이듬해(1037)에는 여이간의 재상 직위도 박탈했다. 이는 인종이 군주권력을 이용하여 양당 간 세력 균형을 맞춘 것이다. 강정 원년(1040) 5월, 여이간이 다시 재상이 되자 범중엄도 직위가 천장각대제에서 용도각직학사龍圖閣直學士로 바뀌었다. 사서에는 이렇게 기록되어 있다.

초기에 범중엄과 여이간 사이에는 틈이 있었지만, 직위를 내리는 의론을 하게 되자 여이간은 범중엄을 승진시켜줄 것을 청했다. 황제가 기뻐하면서 여이간이 뛰어난 사람이라고 여겼다. 이윽고 범중엄이 입대하여 감사의 뜻을 표명하자, 황제는 중엄에게 과거의 유감을 풀라고 교유했고, 범중엄은 머리를 조아리면서 "신이 이전에 논했던 것은 국사에 대한 것이었으니, 여이간에 대해 무슨 유감이 있겠습니까?"라고 말했다.[10]

이 사례 역시 인종이 군주권력을 활용하여 양당 영수 사이의 개인적 충돌을 조정한 것이다. 이상의 두 사례는 인종이 군주권력을 당파 위에 두었고 스스로 당쟁 속에 빠져들지 않았음을 설명한다. 그러므로 앞서 인용한, 진량이 인종의 말이라고 전해 들은 것 역시 근거가 있음이 분명하다.

진종과 인종을 대조해보면, 희령 이후 당쟁의 성격 변화가 더욱 분명히 두드러진다. '국시'의 법제화로 황권은 이미 사대부 집권파의 정치적 주장과 한데 묶여버렸다. 그래서 황제든 혹은 수렴청정했던 태후(예컨대 선인태후)든 간에, 이제 다시는 당쟁으로부터 초연히 있을 여지가 없었다. 이때부터 당쟁의 기본 방식은 재상을 우두머리로 삼는 집권당이 '국시'의 명분을 이용해 일체의 반대파를 타격하는 것이 되었다. 제5장에서 보았다시피, 신종 이래 재상들은 대체로 '국시'를 기준으로 삼아 재상직에 오르거나 거기서 물러났다. 이런 현상은 북송 철종 소성 연간부터 남송 고종 소흥 연간까지(1094~1162) 70년 사이에 특히 뚜렷했다. 다른 한편, 우리는 제4장에서 군주권력과 재상권력의 관계를 논하면서 왕안석의 특수한 재상권력이 어떻게 점차 권상權相의 출현을 초래했는지 추적했다. 장돈, 채경, 진회는 가장 대표적인 권상이었다고 할 수 있다. 이 같은 두 현상은 역사 연구에서 각각 다루어져야 할 테지만, 실제 역사 진행 과정에서 이는 사실 한 사건의 두 양상이어서 근본적으로 분리될 수는 없었다. 바꿔 말하자면, '국시' 법제화 아래 재상권력은 이미 행정원칙상 군주권력으로부터 기본적 인가를 취득했고 그로 인해 충분한 운용의 자유를 얻은 것이다. 재상은 집권당 영수로서 자신의 당인들을 조정의 요직에 배치할 뿐만 아니라 대간을 선택할 권력까지 가지고 있었다. 이런 실정은 제4장에서 이미 서술했다. 여기서 당시 사람들이 했던 말을 인용하여 그 증거로 삼고자 한다. 증포는 장돈이 집권할 때 철종에게 이렇게 말했다.

인주는 [권력의] 자루를 틀어쥐어야 하지, 그것을 누군가에게 쥐어주어서는 안 됩니다. 지금 보좌하는 대신들로부터 간관들에 이르기까지 재상 무서운 줄은 알면서도 폐하를 두려워할 줄은 모릅니다. 신이 만약 말씀드리지 않는다면 누가 감히 말하겠습니까?[11]

증포가 아뢴 말이 장돈을 타도하려는 동기에서 나왔는지 여부와는 상관없이, 『송사』 본전이 추측한 바대로 증포의 말은 '국시' 법제화 아래 재상권력의 실상을 객관적으로 반영하는 것임에 틀림없다. 위로는 왕안석부터 아래로는 진회에 이르기까지 그렇지 않은 경우가 없었다. 그런 상황을 초래하게 된 이유는 재상이 자신의 당인들을 임용하여 정국을 주도하는 데 '국시'가 합법적 기초를 제공해준 때문이다. 희령변법 이전에는 이 같은 상황이 출현할 수 없었다.

아래에서는 남송 초년의 1차 사료 두 조목을 인용하여, 재상권력과 붕당 사이 관계를 설명하려 한다. 소흥 원년(1131) 10월 을축일에 고종은 조칙을 내린다.

〔짐은〕예전부터 당고黨錮에 관한 의론을 잘못으로 여겼다. 본조는 장돈과 채경 때부터 처음으로 원우의 당을 세웠다. 〔북송 휘종〕 숭녕(1102~1106) 선화宣和(1119~1125) 연간에 재상 한 명에게 〔권한을 다〕 위임하자, 천하의 인재들이 채경에게 귀의하지 않으면 왕보王黼의 문하로 귀의했다. 듣건대, 태상(휘종)께서 황위를 선양하는 날, 간신들에 의해 눈과 귀가 가려졌던 것을 후회하여 대신들에게 부탁하기를 이제부터는 연성淵聖(흠종)을 보좌하되 사마광을 등용하여 그에게 정사를 다 맡기라고 했다. 짐은 황위를 계승한 이래 태상의 말씀을 따라 원우 신료들의 관직을 되찾아주었다. 또한 짐은 그들의 자손에게 봉록을 주거나 등용하여 붕당의 논의를 혁파하려고 했다. 이제 나라가 반으로 잘려 급박한 상황에 처해 있고, 함께 통치를 도모할 능숙하고 재능 있는 사들이 특히 부족하다. 그런데도 선발하고 임명할 때, 여전히 채경의 문인이냐 왕보의 문인이냐 여부를 혐의에 둔다면 이런 변화된 상황에 통하지 않을 것이다. 이제부터 채경의 문인이든 왕보의 문인이든 실로 재능이 있다면 공정하게 천거하고 기량에 따라 일을 시켜야 한다. 그렇게 하면 각자가 자신의 능력을 다하여 이 어려운 시기를 극복할 수 있을 것이다.[12]

이 조칙과 거의 동시에 시어사 심여구沈與求도 다음과 같이 말한다.

근래 인재들은 재상의 출처出處를 기준으로 삼아 벼슬길에 나아가거나 그로부터 물러나는데, 그것이 관습으로서 기풍이 되어버렸습니다. 당연히 사람이 사악한지 바른지, 능력이 있는지 그렇지 못한지 여부를 판별하여 그에 대해 공정하게 해야 하는데, 어찌하여 일시에 등용된 사람들은 모두 현명하지 못하다고 할 수 있겠으며, 또 재상의 진퇴를 기준으로 삼습니까?[13]

이 두 자료는 한편으로는 소성 이래의 당쟁 정치에 대해 반성하고 있고, 다른 한편으로는 당쟁을 넘어서야 한다고 제의하고 있다는 점에서 그 의견이 일치한다. 조서가 기본적으로 인정한 '국시' 법제화야말로 재앙의 근원이었다. 여기서 '당고'란 장돈과 채경이 '원우당인'들을 엄격히 다스리기 위해 시행한 일련의 조치를 가리키는데, 당인들을 폄적하거나 그 자손들의 벼슬길을 막거나 혹은 간당비를 세우거나 '원우학술'을 금지하는 등의 조치가 그에 포함된다. 이처럼 장돈·채경의 집권당은 반대당을 철저히 진압했고, 그들이 그렇게 할 수 있었던 까닭은 재상이 속한 당이 정국을 완전히 조종할 수 있었기 때문이다. 앞서 인용한 증포의 말("지금 보좌하는 대신들로부터 간관들에 이르기까지 재상 무서운 줄은 알면서도 폐하를 두려워할 줄은 모릅니다")을 이해하는 실마리는 바로 조서와 심여구의 의론 가운데서 찾아볼 수 있다. 곧 "재상 한 명에게 [권한을 다] 위임하자, 천하의 인재들이 채경에게 귀의하지 않으면 왕보의 문하로 귀의했다"는 조서의 말과, "근래 인재들은 재상의 출처를 기준으로 삼아 벼슬길에 나아가거나 그로부터 물러난다"는 심여구의 말은 모두 핵심을 찌른다. '보좌하는 대신들'부터 '간관'에 이르기까지 모두들 재상이 직접 발탁한 자들인데, 그들이 어떻게 감히 재상의 뜻을 거스를 수 있었겠는가? 재상은 '국시'를 기준으로 삼아 벼슬길에 나아가거나 그로부터 물러서고, 관직에 있던 사대부들은 "재상을 진퇴의 기준으로 삼는다." 이것이 바로 희령변법 이후 펼쳐진 송대 '붕당' 정치의 기본 형태였다.

고종의 조서와 심여구의 건의는 모두 재능만을 기준으로 인재를 등용해야 하고 당파에 얽매이면 안 된다는 원칙을 담고 있다. 그런데 고종 자신은 물론 그 신하들은 어째서 이때 갑자기 '붕당을 깨야 한다'는 논의를 발했던 것일까? 우리는 이 문제를 탐구해야 한다. 소흥 원년(1131) 9월, 여이호呂頤浩와 진회는 각각 좌상과 우상에 임명되었지만 서로가 서로를 배척했다. 물론 여이호 세력은 진회 세력에 한참 못 미쳤다. 당시는 소성 연간(1094~1098) 이래의 옛 '국시'가 이미 해체되었고, 남송의 새로운 '국시'는 아직 성립하지 않았을 때로 송나라라는 신구가 교제되는 정치적 공백기에 있었다. 그래서 고종은 당쟁을 조정하는 경향을 보였던 것이다. 소흥 8년(1138) 진회가 '국시'라는 부적을 획득하여 다시 재상이 된 이후, 고종의 견해는 철종과 휘종의 시대로 퇴보해버린다. 소흥 9년(1139) 6월 갑자일, 고종은 마침내 진회에게 이렇게 말한다.

> 짐이 어찌 천하의 인재를 알아볼 수 있겠는가? 다만 재상에게 위임하니, 재상이 현명하다면 현인들이 모두 조정에 모여들 것이다.[14]

하지만 이것은 바로 원년의 조서가 힘써 혁파하려 했던 당파적 견해였다. 심여구의 논리를 확장한다면 이렇게 반문하지 않을 수 없다. "어찌 재상 한 명이 천거한 사람들을 모두 현명하다고 할 수 있겠는가?" 그러나 이때 고종은 진회에게 전적으로 의지하여 그로 하여금 화의和議를 집행하도록 한 터라, 고종으로서는 입장을 바꾸어 '국시' 법제화 아래의 특수한 재상권력을 인정하지 않을 수 없었다. 이때부터 진회는 아무 거리낌 없이 언제나 '국시'라는 명목으로 자신의 정적을 쓸어버린다. 아래는 대표적인 두 사례다. 『계년요록』 권152, 소흥 14년(1144) 11월 계유 조목이다.

어사중승 양원楊愿이 말했다. "위령군違寧軍 절도부사節度副使이자 등주藤州〔지금의 광시좡족 자치구 텅藤 현〕에 귀양 가 있던 이광李光이 험악한 자질을 갖고 종횡으로 변론하면서, 채경이 황제 시종관省郎의 자리를 훔쳤다고 모함했습니다. 인륜이 무너졌고 염치가 들리지 않습니다. 바야흐로 군대를 써야 할 때는 진격해야 한다는 의견에 영합하다가, 이웃 나라와 우호 관계를 맺어야 하는 시점에 이르면 겉으로는 화의에 응하면서, 그 기회를 이용하여 정권을 장악하려 합니다. (…) 〔이광은〕 수도를 떠나던 날, 귀에 솔깃한 말을 하여 무신들의 분노를 자극했고, 군대가 일어난다는 이야기를 듣고 어리석은 이들을 선동하여 비정상적 변란을 요행으로 바랐습니다. 신하가 이와 같다면 나라는 누구에게 의지하겠습니까? 근래에는 오히려 자제와 인척들을 오월吳越 지방에 왕래하도록 하여, 타인으로 하여금 상소문을 올리도록 해서 반드시 국론15을 동요시킨 후에만 그와 같은 행동을 그치려 합니다. 만약 그의 죄를 분명하게 바로잡지 않는다면 나라 전체의 걱정거리가 이루 말할 수 없는 지경에 이르지 않을까 두렵습니다." 이보다 앞서 등주 지사인 주周 모라는 자가 이광을 유혹하여 호응하도록 했는데, 진회의 화의를 언급하면서 그에 대해 풍자를 했다. [주모의 글] 여러 편을 모아서 비밀리에 진회에게 바쳤다. 진회가 노하여 간관들로 하여금 그의 죄상을 따지도록 했고, 이에 이광은 경주瓊州[지금의 하이난海南 성 하이커우海口]로 귀양을 갔다.16

이광은 화의에 대해 매우 강하게 반대했기 때문에, 일찍이 소흥 11년(1141) 11월 5일 등주로 귀양을 갔다.17 4년 후 진회는 또다시 문자옥의 함정을 파서 이광을 더 먼 경주로 귀양 보냈다. 그런데 그의 정식 죄명은 "국시를 동요시켰다"는 것이다.

두번째 사례는 무급巫伋(1099~1173)이다. 『계년요록』 권163, 소흥 22년(1152) 4월 병자 조목에 이렇게 기록되어 있다.

단명전학사端明殿學士이자 첨서추밀원사簽書樞密院事 무급이 파직되었다. 무급은 진회와 동향이었다. 하루는 진회가 집무실에 있다가 우연히 무급에게 물었다. "마을에는 무슨 새로운 일이 있는가?" 무급은 감히 대답하지 못하다가 이윽고 대답했다. "근래 술사術士 한 명이 고향에서 왔는데 명命을 잘 헤아릴 줄 압니다." 진회가 정색하면서 무급에게 물었다. "그대가 언제 재상에 임명될 것이라고 그 사람이 이야기하던가?" 무급은 황공해하며 물러났다. 장하章厦(당시 어사중승)가 이 이야기를 듣고, 곧바로 무급이 몰래 다른 뜻을 품고서 국시를 동요시키려 한다고 탄핵했다. 임대내林大鼐(당시 우간의대부)도 무급이 재물을 탐하고 사익을 추구한다고 황제에게 아뢰었다.18

무급은 원래 동향이라는 이유로 진회를 따랐던 사람이었지만, 재상의 지위를 취하려 도모했다는 혐의가 있어 곧바로 직위 해제라는 벌을 받았다. 그런데 그의 주요 죄상 역시 "국시를 동요시키려 한다"였다. 심지어 진회의 당인들이 내부에서 서로 싸울 때에도 '국시'를 명분으로 내세웠던 것이다. 소흥 23년(1153) 2월 을사일에는 이런 일이 일어났다.

이부상서吏部尚書 임대내가 파면되었다. 우정언사右正言史는 임대내가 "광포하고 조급하며 남을 잘 속이니, 아버지가 계신데도 모셔와 봉양하지 않습니다. 폐하께서 송박宋朴을 추밀로 발탁하시자, 임대내는 그가 자기보다 출세했다고 여기면서 화를 내고 불평을 품었습니다. 만약 당장 파면하지 않으면 필시 국시를 동요시킬 것입니다"라고 말했다. 그래서 임대내는 마침내 파면되었다.[19]

앞서 봤다시피, 임대내는 1년 전 진회를 도와 무급을 제거했는데, 이제는 자신이 "국시를 동요시키려 한다"는 추측성 언사로 인해 파면되었다. 임대내를 파면시키는 데 진회가 동의했으리라는 데는 의문의 여지가 없다. 하지만 최초로 파면을 발의한 사람이 누구인가에 대한 사료는 부족해 더이상 고증할 수 없다.

위에서 인용한 사례들로부터 우리는 다음과 같이 단정할 수 있다. 곧, 비록 '국시'의 내용이 전적으로 바뀌었지만 소흥 8년(1138) 이후 재상권력과 그 운용 방식은 기본적으로 '국시' 법제화의 궤도에 맞춰졌다. 당쟁이라는 각도에서 보면, '국시' 법제화는 송대 정국의 근본 변화를 초래했다. 희령 이전, 사대부들은 서로 다른 붕당에 속하여 아래에서 다툼을 벌였고, 황제는 최후 중재자로서 위에서 그들을 조정했다. 때문에 각 당파가 정쟁 가운데서 정권을 놓고 싸우다가 어느 한쪽이 정권을 잡으면 어느 한쪽이 정권을 놓치는 과정이 계속해서 반복되기는 했지만, 대체로 당파가 장기간 공존하는 분위기가 조성되었다.

설사 정쟁에서 진 사대부들이라 할지라도, 개인이든 집단이든 간에 여전히 나름대로의 활동 공간을 확보했고 다시 일어설 가능성도 있었다. 그러나 희령 이후에는 전혀 새로운 단계로 들어선다. 이때부터 '국시'를 획득한 일파가 당쟁에서 전면적이고 철저한 승리자가 되었고, 이의를 갖고 있던 일체의 반대파는 진입과 공격의 대상으로 전락했다. '국시'는 최고의 장기적 정치 강령이었던 만큼 일단 확립된 다음에는 바뀌기 힘들었다. 그래서 '국시'에 의거해 정권을 잡은 당파는 권력의 중심을 장기간 점거할 수 있었다.

3. 주희 시대의 당쟁

이상은 대체로 희령에서 소흥 시대에 이르는 당쟁의 기본 형태였다. 아래에서는 한 걸음 나아가 주희 시대 당쟁의 새로운 발전을 논하려 한다. 이 당쟁은 효종·광종·영종의 3대에 걸쳐 있고, 시종일관 주희 및 '도학'이 태풍의 중심에 있다. 때문에 당쟁은 주희의 역사세계를 구성하는 주요 부분이다. 이 단계 당쟁의 특수성을 깊이 있게 이해하기 위해서는 효종 때의 '국시' 문제부터 이야기해야 한다. 이미 제5장에서 효종이 초년에는 '회복恢復'을 굳게 결심했지만, 부리에서 패배하고부터 주전과 주화 사이에서 동요하는 곤경에 처했음을 이야기했다. 사실 효종은 재위 27년간(1162~1189) 줄곧 그러한 곤경 속에 있었다. 효종은 마음속으로는 '국시'를 '화의'에서 '회복'으로 바꾸기를 갈망했지만, 현실의 어려움으로 인해 고종의 '국시'를 계속해서 유지하지 않을 수 없었다. 다른 한편, '회복'에 대한 효종의 충동이 때때로 일어나기도 했다. 건도 5년(1169)에 우윤문虞允文을 재상으로 삼았던 것과 순희 5년(1178)에 조웅趙雄을 재상으로 삼았던 것이 그 명확한 증거다. 왜냐하면 두 사람은 효종을 향해 '회복'을 주장하여 집정의 지위를 얻었기 때문이다.[1]

효종은 어째서 진퇴유곡의 곤경에 빠졌을까? '국시'를 바꾸려던 그를 저지한 가장 큰 힘은 바로 퇴위한 태상황 고종에게서 나왔다. 엽소옹葉紹翁의 『사조문견록四朝聞見錄』기록을 보자.

> 상上(효종)은 광요光堯(고종)를 모실 때마다 회복이라는 대계를 역설함으로써 동의를 얻으려 했다. 광요는 "애야, 내가 100살이 된 다음에 그것을 논의하거라"라고 말했다. 효종은 이때부터 감히 다시 말하지 못했다.[2]

고종은 순희 14년(1187) 10월에 죽었고, 효종은 1년 남짓 후(1189) 광종에게 황위를 물려주었다. 바꿔 말하면, 효종이 통치한 시기 내내 태상황[고종]이 살아 있어서 효종은 '회복'을 진지하게 실행할 기회를 아예 갖지 못했다. 고종이 죽은 후, 엽적은 「상전 차자上殿箚子」라는 긴 글을 지어 '네 가지 어려움', 곧 '국시의 어려움' '의론의 어려움' '인재의 어려움' '법도의 어려움'에 대해 논한다. 이 글의 종지는 효종이 현 상황을 개혁하려 할 때 '국시'에서부터 시작해야 한다는 것이었다. 이는 바로 고종 생존에는 '국시' 문제를 감히 공개적으로 토론하려는 사람이 없었음을 말해준다. 엽적은 '국시의 어려움'에 대해 다음과 같이 논한다.

> 건염 연간 아직 화의가 맺어지지 않았을 때는 [금나라 쪽에서] 간청이 끊이지 않더니, 소흥 연간 이미 화의가 맺어지자 [금나라는] 겸손한 태도를 보이지 않았습니다. 지존께는 [금나라로부터 내려온] 책봉의 명령이 행해졌고, 재상들에게는 '배신한 신하'라는 칭호가 주어졌습니다. 폐하의 위엄과 영명함, 고원함과 활달함에 의해 비로소 적들과 대등하게 왕래할 수 있었습니다. [그러나] 불구대천의 원수를 방치하고서 겸애의 원칙을 확대하다 보니, 저절로 허약하게 된 지 이미 오래입니다. 폐하께서는 [화의를] 비호하려 하시면서도 속으로는 다른 틈을 기다리고 계시니, 그렇게 한다면 분노가 밝히 드러나지 않아서 명령을 받드는 군사들을 격분시키기에 부족합니다. 설사 토

벌하여 결별하려는 의지를 눈물을 흘리면서 보여준다 하더라도, 외교문서가 소장되어 있고 전고典故가 갖추어져 있어, 담당 관리들有司이 고수하는 바가 천하의 대의에 의해 바뀔 수 없을 것입니다. 이것이 국시의 어려움으로서 〔네 가지 어려움 중〕 하나입니다.[3]

엽적의 분석은 중요한 사실 한 가지를 알려준다. 바로 '국시'를 바꾸는 데서 또 하나의 중대한 장애는 관료 체계 내부에서 비롯한다는 사실이다. 조정에서 정책을 집행하던 각급 관리들은 60년에 걸친 '화의'로 인해 일종의 깊은 타성에 젖어 있었다. 하루아침에 '화의'를 '회복'으로 바꾼다면 그들은 거기에 적응할 수 없을 터였다. 이것이 바로 "담당 관리들이 고수하는 바가 천하의 대의에 의해 바뀔 수 없다"는 말의 분명한 의미다. 엽적은 '인재의 어려움'을 논하는데, 그곳에도 역시 당시 관료 체계의 특질을 드러내는 중요한 구절이 하나 있다.

이익을 생각하여 시류에 파묻히고, 도덕적인 사람들을 비방하며, 몰래 바른 길을 막아버리고, 음모를 꾸며 핵심 지위를 차지하려 애쓰는 자들이 안팎으로 가득 차 있습니다.[4]

이 구절은 당시 관료 집단이 당을 결성하여 권력을 공고히 하던 상황을 묘사하고 있다. 그런데 이는 일반적 논의가 결코 아니고, 구체적으로 순희 10년 (1183) 집정파가 일으킨 반反주희와 반反도학 운동을 가리킨다. 그래서 위 구절을 실마리로 효종, 광종, 영종 3대에 걸친 당쟁을 분석해보고자 한다.
『송사』 권35 「효종孝宗 3」 순희 10년 조에는 이런 기록이 있다.

6월 무술일, 감찰어사 진가陳賈가 위학僞學을 금지해야 한다고 청했다.[5]

여기서 금한 것은 '도학'이었다. 아래 두 조목에서 그 배경을 대략 알 수 있다. 『송사』 권396 「왕회전王淮傳」은 말한다.

초기에 주희가 절동제거浙東提擧가 되어 태주台州 지사 당중우唐仲友를 탄핵했다.(이 사건은 순희 9년에 일어났다.) 왕회는 평소 당중우를 좋게 여겼고 주희를 좋아하지 않아서, 진가를 감찰어사로 발탁하여 그로 하여금 상소를 올려 다음과 같이 말하도록 했다. "근래 도학이 명분을 빌려 거짓을 도모하는 폐단을 일으키고 있으니, 바라건대 그것을 제거해야 한다는 명령을 내려주십시오." 정병鄭丙은 이부상서가 되자 서로 협력하여 도학을 공격했고, 주희는 이로 인해 〔절동제거에서 물러나〕 사록祠祿[6]을 얻었다. 그후의 경원 위학 금지령이 여기에 발단을 두고 있다.[7]

『송사』 권394 「정병전鄭丙傳」 내용은 위 구절과 더불어 보완이 된다.

정병이 평소 당중우와 깊이 사귀었고, 또 재상의 의도에 영합하고자 상주했다. "근래 사대부 가운데 이른바 '도학자'라는 자들이 있어 세상을 속이고 명목을 훔치고 있으니 그들을 신용하면 안 됩니다." 〔이는〕 주희를 가리킨 말이었다. 이에 감찰어사 진가가 상주했다. "도학의 무리가 명칭을 빌려 거짓을 도모하고 있으니, 바라건대 그들을 물리치시고 등용하지 마십시오." 도학이라는 명목은 정병이 외치면 진가가 화답했는데, 그후로 경원의 위학 금지령이 내려져 선한 사람들이 곤란을 겪은 데에는 정병의 죄가 가장 크다.[8]

『송사』 편찬자가 주희를 편든다는 것은 주지의 사실이다. 그러므로 우리는 위 구절 속 포폄의 언사를 중시할 필요가 없다. 다만 언어의 층위를 투과해보면, 그 가운데서 사실의 층위를 대체로 변별해낼 수 있다. 앞서 인용한 엽적의 '인재의 어려움'이라는 말(역시 주희를 편든다)과 지금 인용한 두 기록을 비교해보면, 엽적의 말 하나하나에 모두 근거가 있음이 분명하다. 여기서 주목해야 할 점은 왕회(1126~1189)와 그 동당同黨이 주희를 공격하는 방식은 채경이 원우당을 금고禁錮했던 방식을 따르고 있다는 사실이다. 그들은 '국시' 법제화 아래 특수한 재상권력을 이용하여 이론異論을 억눌렀다. 『송사』는 그것이 이후 경원당금의 시발이 되었다고 하는데, 근거 있는 판단이다. 왕회 집정 집단의 정치적 성격에 관해서는 뒤에서 자세히 다룰 것이다. 여기서는 바로 이어 효종 만년에 발생한 제2차 반'도학' 사건을 고찰하려 한다. 왜냐하면 엽적이 「상전 차자」를 쓴 이듬해(순희 15년 1188), 그 자신도 '도학' 관련 당쟁에 직접 참여했기 때문이다.

엽적은 「병부낭관 주원회를 변호하는 상소辯兵部郞官朱元晦狀」에서 사건의 내막을 진술한다.

신이 보건대 근래 주희가 병부낭관郞官에 임명되었으나 아직 직위에 나아가지 않은 사이에, 시랑 임률이 갑자기 그를 탄핵하여 제거한 터라, 사론士論이 그 일에 대해 해괴하게 여기고 그 이유를 추측하지 못하고 있습니다. 주희는 평소 문장과 학문에서 뛰어나고 행실이 마땅했으며 담당한 관직마다 업적이 있었지만, 왕회가 그를 매우 싫어한지라 〔주희는〕 마침내 벼슬길에 감히 나아가려 하지 않았습니다. 폐하께서 주희를 강서제형江西提刑으로 파견하여 그로 하여금 상주하도록 하셨지만, 그는 나아가고자 하더라도 그러지 못하고 사퇴를 했으니, 결국 주상 앞으로 감히 나오지 못했습니다. 왕회가 파면되자 폐하께서는 주희를 입대시키려는 뜻이 있어서 그를 낭관으로 등용했으니, 사람들은 폐하께서 주희를 단계적으로 승진하려는 줄 알고 모두들 경사라고 칭송했으나, 갑자기 〔주희가〕 임률에 의해 무고를 당하여 결국 벼슬길에서 물러나자 여론이 흉흉하고 평온하지 않습니다. 신은 처음에 임률이 무슨 이유로 그런 일까지 벌였는지 의심했습니다. 주희에게 과연 죄가 있어, 다른 사람들은 알지 못하는데 유독 임률만이 실정을 알아 폐하께 보고했다는 말입니까? 임률이 주희를 탄핵한 상주문이 안팎으로 전해져서 신도 처음으로 사건의 시말을 조사해보고는, 주희의 죄로 거명된 것 중 하나도 사실에 부합하지 않는다는 것을 알게 되었습니다. 〔임률은〕 특히 사의私意에 의해 말하다 보니 자기가 남을 기만한다는 것도 잊어버렸던 것입니다.[9]

이어서 엽적은 각 조목에 따라 반박한 다음, 가장 마지막 부분에서 특별히 지적한다.

임률의 말을 처음부터 끝까지 조사해보았지만 사실과 부합하는 것이 하나도 없었습니다. 특히 그 가운데 "그에 대해 도학이라고 한다"는 말은 사실과 가장 거리가 멉니다. 이해관계에 얽혀 있는 것은 주희만이 아니어서, 저는 힘써 사실을 바로잡지 않을 수 없습니다. 대저 옛날부터 소인들은 충성스럽고 선량한 사람들을 해칠 때마다 명목을 지어냈습니다. 어떤 경우는 그들이 명예를 좋아했다고 여기고, 어떤 경우는 이론異論을 세웠다고 여기며, 어떤 경우는 자기 당인을 심었다고 여깁니다. 근래에는 '도학'이라는 명목을 지어내어 정병이 창도하자 진가가 화답하여, 요로에 있는 사람들이 은밀히 서로 주고받으면서 사대부 가운데 조금이라도 깨끗하게 수양을 하거나 절조를 지키는 사람이 있다면, 그때마다 '도학'이라는 명목을 그들에게 붙입니다. 〔'도학' 명목을 이용하는 사람들은〕 선한 것을 흠이라 여기고, 배움을 좋아하는 것을 허물이라 여기면서, 서로들 모의하여 〔충성스럽고 선량한 사람들로 하여금〕 벼슬길에 나아가지 못하도록 하고, 〔흠을 잡으려고〕 옆에서 틈을 엿보면서 〔충성스럽고 선량한 사람들로 하여금〕 편안히 있지 못하게끔 합니다. 그래서 현명한 사들은 공포에 떨고 각 직무에 적합한 인재들은 흩어져버립니다. 〔그런 인재들은〕 이름을 숨기고 자취를 없애며, 〔일부러〕 덕을 더럽히고 행동을 못나게 함으로써 그런 명칭을 피해가려 합니다. 그래서 마치 채식을 하고 마귀를 섬기거나[명교明敎 인사들이나] 범죄를 저지르는 사람 취급을 받습니다. 지난날 왕회는 대간과 표리가 되어 뒤에서 바른 사람들을 내쫓아낼 때 이 방법을 썼습니다. (⋯) 임률은 시종이 되자 (⋯) 정병과 진가가 서로 모의했던 설을 더욱 이용하여, 도학을 대죄라고 간주하는 문서를 작성하여 주희 한 명을 내쫓았지만 [그것은 오히려 심한 해악이 아닙니다] 이후로 사실과 부합하지 않는 글을 멋대로 지어 모함하는 말이 횡행하게 될 터이니, 선량한 사람들이 화를 입는 일이 도처에서 일어나지 않겠습니까? (⋯) 진실로 미리 방비해야 하고 미리 변별해야 할 것입니다.[10]

엽적은 여기서 순희 15년(1188)에 임률이 가한 '도학' 공격 사건과 5~6년 전 왕회가 주관한 반도학' 운동을 연결하면서, 공격 대상이 주희 한 사람에게 국한되지 않고 주희와 유형이 비슷한 일체의 사대부에게까지 확대되었다는 점을 분명히 밝힌다. 위 인용문 중 원래 "주희 한 명을 내쫓았다" 다음에 "그것은 오히려 심한 해악이 아닙니다固未甚害"라는 구절이 있었다. 『수심문집水心文集』에는 그 구절이 빠져 있어서, 『송사』 권394 「임률전林栗傳」과 이심전의 『건염이래 조야잡기建炎以來朝野雜記』(을집乙集 권7 「엽정칙논임황중葉正則論林黃中」)를 참고하여 보충했다. 이 구절은 엽적이 주희 한 사람만을 위해 변호하는 것이 아님을 보여준다는 점에서 매우 중요하므로 위처럼 보충했다. 그런데 이는 엽적 한 사람만의 견해에 머물지 않았다. 『송사』 권389 「우무전尤袤傳」의 기록이다.

건도와 순희 연간, 정씨程氏의 학문이 조금씩 명성을 떨치자, 그것을 싫어하는 사람들이 도학이라는 명목을 만들어내서 점차 공격하려고 했다. 우무는 중서성에 있다가 가장 먼저 이렇게 말했다. "무릇 학문이라는 함은 요 임금과 순 임금이 그로써 황제가 되고, 우 임금과 탕임금이 그로써 왕이 되며, 주공·공자·맹자가 그로써 가르침을 펴는 것입니다. 이 명칭을 세워서 사군자士君子를 비방하는지라, 재물을 대함에 구차하게 취하지 않는 이른바 '염개廉介, 가난을 편히 여기고 분한을 지키는 이른바 '염퇴恬退', 말을 가려서 하고 행동을 반성해서 하는 이른바 '천리踐履', 행동함에 스스로 염치가 있는 이른바 '명절名節'에 대해 이 모두를 도학이라고 지목합니다. 이 명칭이 일단 성립하자 세상에 나오려는 현인과 군자들은 어떤 행동만 하면 그 명목에 걸려들어 그로부터 벗어날 수 없으니, 이것이 어떻게 성대한 세상에 있을 법한 일이겠습니까? 어떤 명칭이 있다면 반드시 그 실질을 조사해야 하고, 말을 들었다면 반드시 그 행적을 관찰해야만 인재들이 사이비들에 의해 나쁜 일을 당하지 않을 것입니다." 효종이 말했다. "도학이 어찌 아름답지 않은 명칭이겠는가? 다만 〔그 명칭에〕 가탁하여 간사한 일을 하거나, 참과 거짓을 혼란스럽게 하는 것만을 걱정할 뿐이다. 이에 대해 경계하는 칙령을 내린다." 우무가 죽고 몇 년이 지난 후, 한탁주가 국정을 농단하며 도학을 금지시켰고 현명한 사대부들은 모두 그 화를 입었다. 식자들은 우무가 식견이 있었다고 여겼다.[11]

우무의 본전本傳을 살펴보면, 그가 중서사인이 된 것은 순희 14년(1187) 예부시랑을 맡았던 이후의 일이다. 그러므로 우무가 효종에게 진언했던 때는 순희 15년(1188)이 분명하다. 이때는 엽적이 「병부낭관 주원회[주희]를 변호하는 상소」를 올렸던 시기와 거의 일치한다. 여기서 가장 주목할 점은 우무 역시 반'도학' 운동의 그물망이 몹시 넓어서, 정결하게 수양을 하거나 '세상에서 일을 하려는' 사군자 대부분이 그 포위망을 벗어나지 못한다고 인식한다는 사실이다. 엽적은 주희와 비슷한 유형이지만, 『송사』 「도학전」에 포함되지 않은 인물이다. 우무는 사건을 목격한 증인으로서 발언을 했기 때문에 그 발언의 진실성은 매우 높다. 우무의 증언에 따르면, 반'도학' 운동은 결코 사상적 충돌로만 볼 수 없다. 그것은 동시에 장기간의 광범위한 당쟁을 포함하고 있다.

순희 10년(1183)부터 왕회의 집정 그룹이 당쟁을 일으켰고, 순희 15년(1188) 임률의 연이은 공격을 거쳐, 아래로는 경원 2년(1196)의 '위학僞學'에 대한 정식 금지에 이르기까지, '반도학' 운동은 십몇 년 동안이나 이어졌다. 3차에 걸친 '반도학' 운동은 결코 고립하여 일어난 돌발 사건이 아니라 서로 사슬처럼 연결된 것이었다. 임률이 '정병·진가가 은밀히 서로 주고받은 설을 따랐다'는 것에 대해서는 엽적이 이미 분명히 밝혔다. 그런데 앞서 일어난 두 차례의 '반도학' 사건은 동시에 경원 연간의 '위학' 금지령에도 결정적 영향을 미쳤다. 정병과 진가의 영향에 대해서는 앞에 『송사』 「왕회전」과 「정병전」을 인용하여 두 차례에 걸쳐 말한 터라 다시 논할 필요는 없을 것이다. 임률의 영향에 대해서는 이심전이 「임황중[임률]이 도학이라는 명목을 이어받아 바른 사람들을 내쫓았던 일에 대해 엽정칙[엽적]이 논하다葉正則論林黃中襲僞道學之目以廢正人」 조목에서 이렇게 말한다.

그후 위학 금지령은 실로 여기에서 시작된다.[12]

이것은 상당히 신뢰성 높은 판단이자 앞서 인용한 「우무전」의 마지막 부분과 정확히 호응한다. 종합하자면, 이 일련의 순환적 발전은 전체 '반도학' 운동을 구성했다. 그렇지만 우리는 어째서 그런 운동의 배후에 광범위한 '당쟁'이 숨어 있다고 말할 수 있는 걸까? 이는 계속해서 한층 더 깊이 탐구해봐야 할 문제다.

효종, 광종, 영종의 시대를 통해서 보면, 조정의 사대부 가운데에는 '도학' 반대와 '도학' 지지라는 양대 보루가 은연중에 존재하고 있었다. 후자는 특히 주희를 핵심 인물로 한다. 초천초수는 『경원당금』 제1편에서 명단 두 가지를 열거한다. 첫번째 명단은 "처음부터 끝까지 위당僞黨으로서 모두 59인이다"[13](주희가 포함되어 있다)라고 말한다. 두번째 명단은 "수암秀巖 이심전이 『조야잡기』에서 작성한 것으로, 위학을 공격한 사람들"[14]이며, 모두 36인의 이름을 든다. '위당' 59인의 성명 분류 순서는 『조야잡기』 갑집甲集 권6의 「학당 59인 성명學黨五十九人姓名」과 대체로 일치하고, 간혹 한두 글자 차이만 있을 뿐이다.[15] 두번째 명단은 『조야잡기』갑집과 을집 어디에도 보이지 않는다. 장단의張端義의 『귀이집貴耳集』권상, 순우淳祐 원년(1241) 서문을 보면 이렇다.

수암 이심전 선생은 (…) "내게 『조야잡록』이 있는데 무집戊集과 기집己集까지 있다. 이것을 참고삼아 참조와 교정이 빠진 부분을 보충했다"라고 말했다.[16]

그렇다면 『조야잡기』는 갑집과 을집이 간행된 후에도 계속해서 병집·정집·무집·기집까지 완성되었고 이심전 생전에 이미 유포되었으나 다만 간행만 되지 않은 것으로 볼 수 있다. 초천초수의 『경원당금』은 순우 연간 을사년(5년, 1245)에 저술되었으므로, 『조야잡록』병집에서 기집까지를 참고로 삼았음에 틀림없다. 이 두 명단은 이처럼 신뢰할 만한 근거가 있기 때문에 양대 보루를 설명하는 데 구체적인 인적 증거를 제공해줄 수 있다. 효종 이래 주희의 정치적 관계는 대체로 이 두 명단에서 전부 드러난다. 주희를 편들었던 사람들 그리고 그를 공격했던 사람들 이름이 위로는 재상으로부터 아래는 일반 사인들에게 이르기까지 두 장짜리 명단에 모두 수록되어 있다. 그러므로 그것은 명실상부한 당쟁이었을 뿐만 아니라 규모의 크기와 시간의 지속이라는 점에서 남송대에 보기 드문 것이었다.

물론 그 두 장짜리 명단을 완전하다고 보기에는 한참 부족하고, 게다가 그 가운데 어떤 사람에 대해서는 더 깊이 분석해볼 필요가 있다. 예를 들어 '위당' 명단은 경원당금 시기의 생존자만 적어놓고 있어서, 일찍이 주희를 지지했거나 천거했던 재상들은 그 안에 들어 있지 않다. 그중 유명한 인물을 들어보면, 건도 5년(1169) 좌상에 임명되었던 진준경,[17] 순희 2년(1175) 수위首位의 참지정사로서 재상의 직무를 행했던 공무량龔茂良,[18] 순희 5년(1178) 우승상에 임명되었던 사호[19] 등은 당시 이미 타계한 터라 경원당금을 겪지 않았다. 경원 초년 주희를 위해 변호했던 참지정사 사심보謝深甫도 다른 배경으로 인해 '위당' 명단에 들어가지 않았다.[20] '위학 공격'의 명단을 보면, 허급지許及之는 순희 시대에 주희를 지지했던 사람이었지만(뒤 논의를 보라), 만년에 "한탁주에게 영합하여"[21] 정치적 입장을 완전히 바꿔버렸다. 또한 부백수는 일찍이 무이武夷에서 주희에게 배웠지만, 경원 원년(1195) 12월에 발생한 주희의 축출은 그가 조서를 기초하여 주희를 비난한 데서 일어난 일이었다. 아마 부백수는 중서사인 직위를 보전하기 위해 그러했을 뿐, 주희를 반대하거나 '도학'을 반대하려는 동기에서 그랬다고는 할 수 없을 것이다. 『사조문견록』 정집丁集 「경원당」 조목을 보자.

경원 6년(1200), 공(주희)이 마침내 타계했다. 군수 부백수가 당금을 의식하여, 소문이 조정에 나지 않도록 하기 위해 사람을 시켜 부조금을 보냈으나 상가喪家는 그것을 거절했다.[22]

또한 이 조목 말미에는 진덕수의 말을 기록해놓았는데, 그가 부백수로부터 자신이 "공(주희)의 유업을 온전히 전했다"[23]는 말을 들었다고 한다. 이렇게 보면, 부백수를 어느 명단에 넣어야 할지는 쉽게 단정할 수 있는 문제가 아니다. 위 두 명단은 이렇듯 미묘한 문제를 안고 있지만, 주희와 '도학'을 둘러싼 당쟁에 대해 문제를 해결하는 데 한 줄기 실마리를 제공해준다.

하지만 명단은 다만 당쟁의 정태적 측면만 설명할 뿐이고, 그 동태적 측면은 당쟁 쌍방의 상호작용에서 찾아야 한다. 진덕수는 「유 각학[유광조] 묘지명劉閣學墓誌銘」에서 영종이 즉위할 때 유광조劉光祖가 전중시어사殿中侍御使에 임명된 정황을 이야기한다.

그때 도학 붕당의 논의가 점차 일어났다. 선한 부류의 사람들을 질투하고 증오하는 자들은 대체로 이 명칭을 붙였다. 전후로 파면되거나 쫓겨나는 사람들이 줄을 이었다. 공[유광조]은 그 폐단을 극언했다.[24]

유광조의 상주문은 무척 길어 전부 인용할 수는 없고, 그중 가장 관련 있는 부분만 인용하면 다음과 같다.

신이 지방으로부터 와서 어쩌다 잘못하여 반열班列을 더럽혔고, 왔다갔다하는 사이에 벌써 12년이 되었습니다. (…) 신이 처음에 왔을 때, 비록 도학을 폄하하는 의론이 간간이 있었지만 실제로는 붕당의 분화를 목도하지는 못했습니다. [신이] 중도에 부친상을 당하여 국도國都를 떠난 지 6년이 되자, 이미 양쪽 당의 의론이 심해지는 것을 걱정하게 되었고, 매일 일어나는 상호 공격을 두려워하게 되었습니다. 신이 다시 돌아오자 과연 그런 일이 나타났습니다. 도학을 싫어한다는 이유로 붕당을 만들고, 붕당을 싫어한다는 이유로 충직한 간관에게 벌을 내립니다. 아! 충직한 간관에게 죄를 돌린다면, [지금이] 소성 연간과 얼마나 차이가 나겠습니까?[25]

『송사』 본전을 보면, 유광조가 처음으로 소대召對했던 때는 효종 순희 5년 (1178)이므로, 순희 16년 2월 효종이 광종에게 선양했던 해(1189)와 정확히 11년 차이가 난다. 위 인용문으로부터 "도학을 폄하하는" 사람들이 이미 순희 5년(1178) 이전부터 존재해왔다는 사실을 알 수 있다. 그런데 유광조가 소희 원년(1190)에 다시 조정에 돌아왔을 때는, 왕회 그룹과 임률이 일으켰던 두 차례의 '반도학' 운동이 일어난 다음이었다. 하지만 조정에서 두 붕당 사이의 투쟁은 아직 멈추지 않고 있었다. 그렇지 않다면 유광조는 '도학 붕당'의 문제를 먼저 언급하지도 않았을 것이다.

당시 사료 몇 가지를 인용하여 유광조의 견해를 검증해보려 한다. 순희 15년(1188) 11월, 주희는 「무신 봉사戊申封事」에서 임률의 '도학' 공격 사건을 들어, '도학'에 반대하는 사대부들에 대해 분석했다.

강직하고 정직하며 도를 지키고 이치에 따르는 사가 한 명 그 사이에서 나오기만 하면, 여러 사람이 비난하고 배척하면서 〔그에 대해〕 '도학' 인사라 지목하고 '괴이하다'는 죄목을 덧붙입니다. 위로는 임금을 미혹하고 아래로는 시류를 선동합니다. 조정에서부터 아래로 마을에 이르기까지, 십몇 년 동안 이 두 글자로써 천하의 현인과 군자를 금고형에 처했던 것은 숭녕과 선화 연간에 이른바 '원우학술'에 대해 그랬던 것과 같습니다. 비방하고 배제하며 욕하고 모욕함으로써 반드시 그들로 하여금 운신할 여지가 없게끔 하고야 그칩니다.[26]

이 짧은 구절은 여러 중요한 내용을 담고 있다. 첫째, 주희는 반'도학' 운동이 "십몇 년 동안" 진행되었다고 하는데, 이는 유조광의 말과 일치한다. 곧 반'도학' 운동이 순희 초년부터 이미 시작되었다는 말이다. 둘째, '도학'이라는 명목은 정주학파에만 적용된 것이 아니라, 주희와 기질이 유사한 모든 사대부에게 확대되어 적용되었다고 한다. 이는 우무와 엽적이 했던 말을 증명해준다. 셋째, 주희는 당시 '도학'이라는 명칭을 빌려 "천하의 현인과 군자들을 금고형에 처했던" 사건과 채경이 '원우학술'을 진압했던 사건을 비교하는데, 이 것은 순희 10년(1183)의 '위학 금지' 사건을 겨냥해서 한 말이다. 필자는 앞에서 왕회 집정 그룹이 채경의 수법을 모방했다고 했는데, 그렇게 말한 근거가 바로 여기에 있다. 주희 당시의 '위학' 금지령은 비록 채경 시대만큼 심하지는 않았지만 정치적으로는 실제 효과를 낳았다. 이에 대한 증거는 뒤에서 보기로 한다. 넷째, 당시 반'도학'의 기운이 가득하여 위로는 '조정'에서 아래로는 '마을'에 이르렀다고 하는데 이는 매우 주목할 만한 현상이다. 주희의 말은 결코 과장이 아니었다. 누약樓鑰이 올린 상주문 「도학 붕당에 대해 논함論道學朋黨」은 주희의 말을 증명해준다. 이 상주문의 제목 아래에는 "종정승으로 복무하던 때 올림"이라는 주석이 붙어 있다. 『송사』 권394 본전을 살펴보면, 누약이 종정시승宗正寺丞[27]에서 물러나 온주溫州 지사로 발령을 받은 것은 주필대가 재상으로 있던 때이므로, 이 상주문은 대략 순희 15년(1188) 6월 임률이 주희와 '도학'을 공격한 이후에 작성되었을 것이다. 누약은 이렇게 말한다.

> 근년 이래 "중도를 잡아라" "자신을 극복하라" "홀로 있을 때 삼가라" "마음을 바르게 하고 뜻을 진실하게 하라"는 말을 종종 꺼리면서 감히 하지 않습니다. 주상께서는 위에서 이 도를 몸소 행하시지만, 사대부들은 반대로 아래에서 말하기를 꺼립니다. 시험 삼아 십수 년간의 상주문을 살펴보면 무려 1000만에 달하지만, 그런 말들을 언급하는 것 한 마디 들어보지 못했고, 또한 서로 그런 말 하지 말라고 주의를 줍니다. (…) 성스러운 시대에 이런 기풍이 있음은 어째서입니까? 그러므로 단정하고 엄숙하게 수양하기를 좋아하거나 경전과 예절에 대해 논하는 사가 있으면, 모두들 그를 지목하여 '도학'이라고 여깁니다. 작게는 놀리고 비웃으며, 크게는 모욕을 가하며, 더욱 심하게는 원수처럼 미워합니다. 이런 일을 당한 사 가운데에는 자초한 경우도 있을 터이나, 모두 사대부로서 배움을 통해 앞으로 나아가려고 한 사람들입니다. (…) 그런데 어째서 그다지도 미워합니까?[28]

이 상주문이 드러내는 반'도학'의 구체적 표현은 우리가 이전에는 모르던 것이었다. 순희 시기(1174~1189), 조신朝臣들은 상주문에서 도학자들이 상용하던 경전 어구 예컨대 "자신을 극복하라" "마음을 바르게 하고 뜻을 진실하게 하라" 등의 어구를 감히 사용하지 않았고, 게다가 "그런 말 하지 말라고 주의를 주었다." 이렇게 조성된 상황에 대해서는 한 가지 해석만이 가능하다. 곧, 사대부 중 조금이라도 '도학' 혐의에 연루되면 그의 정치적 전도前途는 매우 심각한 타격을 입는다는 것이다. 위 인용문이 설사 과장되었다 하더라도, 적어도 순희 시기 당권파 중 '도학'을 극단적으로 적대시한 사람들이 있었다는 사실만큼은 밝히고 있다. '도학'이라는 명사가 가리키는 대상이 이미 무한히 확대되었다는 점과 관련해, 누약의 말은 엽적·우무·유광조·주희 등과 완전히 일치하므로, 그런 사실은 확정성은 더이상 동요될 수 없다. 그런데

"이런 일을 당한 사 가운데에는 자초한 경우도 있다"는 말은 누약의 논의가 객관적임을 매우 잘 보여주어, 당시 '군자' '소인'의 도덕적 이분법을 넘어서는 것이다. 이 점과 관련해서는 아래에서 다시 설명하기로 하고 여기서는 논하지 않겠다.

광종 소희 원년(1190), 주남周南은 진사 대책문에서 '도학 붕당'을 언급하는데 누약의 논의와 서로 보완이 된다.

옛사람들은 천하를 동일시하고 선을 행하였기에 '도학'이라고 불렸으니 명칭이 매우 아름다운 것이다. 소인과 참람한 자들은 선을 행할 수 없으면서 자신과 다른 이들을 싫어하여, 반대로 공격하면서 "이것은 천하의 악명이다"라고 말했다. 폐하께서 이 설을 받아들이시니 재능과 학식을 지닌 사들이 '도학'을 포기하였다. 악명이 이미 정립되자 너도나도 두려워 피하고 시세에 영합하며 과거 행적을 지워버리는 일이 이루 말할 수 없이 많았다. 소인과 참람한 자들은 그래도 멈추지 않고, 또한 자신들에게 호응하지 않고 도학자들을 조금이라도 비난하지 않는 자들을 파악하여 열거하면서 "나는 저 사람을 비난했는데 너는 어째서 침묵하느냐? 이는 '도학'과 서로 당을 맺은 것이다"라고 의심하였다. 폐하께서 또다시 이 설을 받아들였으니, 어느 한 쪽으로 치우치지 않고 중립을 지키던 사들이 '붕당'이라는 말을 사용하지 않게 되었다. 온 나라 사들이 '도학'이라는 명칭으로 모함받지 않으면 '붕당'으로 곤욕을 치렀다.[29]

이 글은 임률이 '도학'을 공격한 지 2년 후에 작성된 것이지만, 반反노학의 쟁투가 여전히 격화하고 있어서 사대부들이 이미 '중립'을 지키지 못하는 결과를 초래한 것으로 보인다. 곧, 누구라도 '비난'하는 행렬에 참여하지 않는다면 곧바로 '도학'의 '붕당'으로 지목될 터였다. 이는 또한 누약이 묘사한 상황보다 훨씬 심각하다. 이러한 양극적 발전을 보면, 4~5년 후에 일어난 '경원당금'이 결코 우연하게 또는 돌발적으로 일어난 정치적 사건이 아니었음을 알 수 있다. 누약과 주남은 학술사상에서 정주 계열 도학과 아무런 연관이 없었지만, 결국은 '경원당' 59인에 끼게 되었다. 이런 사실 자체가 바로 당쟁 양극화에 대한 가장 좋은 설명이다. 그래서 우리는 앞서 제기한 사대부 양대 보루 분화의 문제를 바로 이어서 논해야 한다.

대체를 말하자면, 이 두 보루는 순희 시대에 이미 갈수록 표면화했고 주희의 정치적 진퇴는 쌍방이 쟁취하려는 주요 신호가 되었다. 조정 내 어떤 사대부 일파는 있는 힘을 다해 주희를 권력의 중심으로 끌어들이려 했고, 다른 일파는 모든 수단을 강구하여 그를 권력 밖으로 내치려 했다. 순희 초년(1174)의 다음 두 사례는 이런 상황을 설명해준다. 『송사』 권385 「공무량전龔茂良傳」 기록이다.

벼슬에서 물러난 자들을 등용하려는 조칙이 내려져서 무량茂良이 "주희는 품행이 뚜렷하고 꿋꿋하여 여러 번 부름을 받았어도 응하지 않았으니, 마땅히 등용되어야 합니다"라고 아뢰자, 〔주희가〕 비서랑으로 제수되었다. 소인 무리들이 틈을 타서 비방하자 얼마 안 있어 무량에게 친필 조서가 내려졌는데 "허명의 사虛名之士가 조정을 무너뜨릴까 두렵다"고 했다. 주희는 줄곧 오지 못했다.[30]

왕무굉의 『주자연보』(권2 상) 순희 3년(1176) 6월 '비서성 비서랑을 제수받다' 조목에는 옛 연보가 인용되어 있다.

당시 아첨꾼과 소인들이 틈을 타서 비방하여 '허명의 사는 등용될 수 없다'고 말하는 사람이 있어서, 〔주희는 비서랑 제수를〕 거듭 사양하였고 곧바로 청이 받아들여졌다.[31]

"아첨꾼과 소인들"이란 효종이 신뢰하던 증적曾覿, 왕변王抃, 환관 감변甘昪 등을 가리키는데『송사』각 본전을 보기 바란다.[32] 주희가 효종의 '근습近習[근신近臣]' 신뢰를 반대했던 일은 그의「봉사」와「주차」에 자주 보이므로, 주희가 황제에게 접근하는 것을 "아첨꾼들"이 반대하는 것은 필연적이었다. 하지만 "'허명의 사는 등용될 수 없다'고 말하는 사람"이라는 옛 연보 문구는 더욱 주의를 요한다. 왜냐하면 이렇게 "말하는 사람"은 필시 사대부임이 틀림없기 때문이다. 효종의 친필 조서는 그의 설을 채택했던 것이다. 당시 주희의 입조를 반대한 사대부들과 "아첨꾼" 그룹 사이에 상호 묵계가 있었다고 믿을 상당한 근거가 있다.『송사』(권 469)「감변 본전」에는 이런 말이 있다.

당시 증적은 사필使弼[33]로서 경사京祠를 이끌었고, 왕변은 지합문知閤門[34] 겸 추밀도승지樞密都承旨였으며, 감변은 입내압반入內押班[35]이 되어서 서로서로 결당하였는데, 사대부 중 부끄러움을 모르는 자들이 다투어 그들에게 부화하였다.[36]

이것은 바로 공무량이 참지정사로서 재상 직무를 담당할 때(순희 2~4년)의 일이었고, 게다가 공무량은 결국 증적에 의해 쫓겨나게 된다. 두번째 사례는 2년 뒤에 일어난 일이다. 순희 5년(1178) 8월, 주희가 남강군南康軍[지금의 장시 성 난캉南康] 지사로 제수된 일에 대해 왕무굉은 옛 연보를 인용해 말한다.

재상 사호가 그[주희]를 꼭 등용하려고 했는데 어떤 이가 [주희를] 외군으로 발령 내야 한다고 말했다. 그래서 권발權發을 남강군사南康軍事 겸 관내권농사管內勸農使로 파견했다.[37]

여기서 "어떤 이"의 말은 바로 반대파 사대부들의 세심한 계획에서 비롯한 것이다. 송대 권력은 조정에 집중되어 있었기 때문에 당쟁에서 실패한 자들이

외지로 파견되거나 심지어 쫓겨나기도 했다. 이때 반대파 사대부들은 사호의 주희 기용을 저지할 수 없었지만, "외군으로 발령 내야 한다"는 것을 이유로 삼아 주희를 권력의 중심 바깥에 머물게 할 수 있었다. 이러한 두 사례와 조금 뒤에 얘기할 '반도학' 운동을 연결해서 보면, 반대파 사대부들이 주희의 권력 핵심 진입을 막기 위해 얼마나 고심했는지를 어렵지 않게 알 수 있다. 종합하자면, 최후까지 분석해봤을 때 주희의 진퇴는 양대 보루의 권력 중 어느 쪽이 신장하고 어느 쪽이 소진되는지를 상징한다. 하지만 이는 주희 한 사람의 진퇴가 정치적으로 얼마나 중대한 관계에 있는지를 보여주는 것은 결코 아니다. 하지만 주희는 이미 호소력을 지닌 대표적 인물이 되어 있어서, 개인의 출처는 뜻을 같이하는 사대부들의 공동 행동을 이끌어내곤 했다. 『사조문견록』에는 다음 같은 기록이 실려 있다.

순희 5년 3월 사문혜 호史文惠浩가 다시 재상이 되자, 초기처럼 현인을 등용하는 것을 서둘렀다. 주문공 희朱文公熹, 여공 조겸呂公祖謙, 장공 식張公栻, 증씨 봉曾氏逢 등이 모두 추천되어 불러 올려졌다. 주공 희는 출사하지 않은 지 거의 30년이어서 누차 불러도 오지 않았기 때문에, 문혜가 군신의 의리로써 면려하자 곧 조칙을 받아들였다.[38]

하지만 왕무굉은 『주자연보』 순희 6년 정월 조목에서 이 사건을 논하면서 옛 연보를 인용하는데 그 내용은 이렇다.

동래(여조겸)가 여러 차례 편지를 써서 가기를 권했고, 남헌(장식)도 한 번 출사해서 좋은 일을 하라고 말했다. 비록 거취와 출처에 대해 평소 정해진 논의가 있었지만, 더욱더 정보를 헤아리느라고 관직 등용을 거부하는 것이 너무 심했다. 만약 줄곧 거부한다면 위에 있는 사람들이 '현자는 등용되기를 꺼려한다'고 말할 것이므로 전체적으로 오히려 해가 될 것이었다. 선생은

이에 이르자 비로소 가려는 마음을 먹었다.[39]

주희가 이번에 남강 발령 명령을 받아들이기로 한 것은 사호가 "군신의 의리로써 면려"했을 뿐 아니라 뜻을 같이했던 동료들이 독촉했기 때문이었음을 위에서 알 수 있다. 이들 그룹이 정부에 진입하는 것은 당연히 반대파에게 위협이 되었고, 기존 권력세계는 필연적으로 평지풍파가 일어날 형세가 되었다. 그래서 효종이 순희 3년(1176) 조서에서 "허명의 사가 조정을 무너뜨릴까 두렵다"고 말한 것은, 반대 진영의 의구심을 상당히 정확하게 드러내는 것이었다.

앞서 지적했다시피 순희 10년(1183)에서 경원 초년(1195)에 이르는 전후 3차에 걸친 반'도학' 운동은 결코 고립된 돌발적 사건이 아니라 하나하나 연결된 일련의 발전이었다. 충돌한 쌍방은 비록 고정된 구성원과 유형의 조직을 갖지 않았지만, 상호 투쟁하는 사대부의 두 보루를 은연중 형성했다. 지금 순희 3년과 5년의 두 사례를 보면, 우리는 한 걸음 나아가 이 양대 보루의 대립은 일찍이 순희 10년에 이미 시작했다는 것을 추론해낼 수 있다. 이런 추론은 세 가지 근거에 입각한다. 첫째, 앞서 인용한 주희와 유광조의 견해에 따르면, 정치적 반'도학' 분위기는 순희 초년(1174)에 기원을 둔다. 이는 당사자 두 사람의 증언이므로 꼭 중시되어야 한다. 둘째, 효종 친필 조서에 있던 "허명의 사"는 주희의 정적이 했던 말에서 비롯했다. 이 표현과 아울러 순희 10년 진가가 했던 "명성을 빌려 거짓을 이룬다假名濟僞"는 말과 정병이 했던 "세상을 속이고 명성을 훔친다欺世盜名"는 말은 그 의미에서 상통되는 것으로, 다만 분명히 드러냈느냐 아니면 숨겼느냐의 차이만 있을 뿐이었다. 하물며 앞서 인용한 『송사』 「우무전」에서 효종도 그와 유사한 말을 했다.

도학이 어찌 아름답지 않은 명칭이랴마는, 선을 가장하여 간사한 짓을 함으로써 진위를 어지럽힐까 두렵다.[40]

효종의 이 말은 "허명의 사"의 함의를 한층 더 분명히 드러내준다.

하지만 가장 중요한 것은 아래에서 논의할 세 가지 근거다. 순희 10년 이래 3차에 걸친 반'도학' 운동은 비록 겉보기에는 '위학 금지禁僞學'를 슬로건으로 삼았지만, 실제로는 학술사상적 논쟁과는 관련이 매우 적었다. 한층 더 깊이 들어가 관찰해보면, 매번 '위학 금지'의 진짜 목적은 주희 및 그 동류 사대부들이 권력 핵심에 들어오는 일을 막는 데 있었다. 이 점에 입각하자면, 3차에 걸친 '공개 투쟁明爭'과 앞선 두 차례 '암투'는 전적으로 일맥상통하는 것으로 본질상 아무런 차이가 없다. 이에 역사적 사실을 인용해 설명해보자. 순희 10년 왕회의 집정 그룹이 주희를 타격했던 사건에 관해, 이심전의 「도학의 흥폐道學興廢」 조목에는 진가의 상소 내용이 수록되어 있다.

근래 진신縉紳 가운데에는 이른바 도학자라는 이들이 있는데 대체로 명목을 빌려 거짓을 도모하고 있습니다. 바라건대 안팎으로 분명하게 조칙을 내려서 이 악습을 철저히 제거해야 하고, 벼슬을 제수하고 간언을 받아들일 때마다 도학 인사인지 조사해보고 배척해야 합니다.[41]

이 상소문이 노리는 목표는 매우 분명하다. 곧, 중앙에서 지방에 이르기까지 이른바 '도학' 사대부들의 벼슬길을 철저히 봉쇄해야 한다는 것이다. 이번 '위학 금지'는 주희 한 사람에게만 대응하거나 정주 계열 학술사상의 전파에만 집중하는 것이 아니라, 모든 '도학'형 인사들을 권력세계 밖으로 배제해버리는 것임을 알 수 있다. 만약 '위학 금지'가 다만 한 장 형식적 문서로서 실시되지 않았다면 우리는 그것을 중시하지 않아도 된다. 하지만 '위학 금지'가 전국적 범위에서 실제 효과를 일으켰다는 증거를 우리는 찾을 수 있다. 엽적은 「조공(선실) 묘지명趙公(善悉)墓誌銘」에서 조선실에 대해 이렇게 기록한다.

강서에서 허중응許中應, 이숙李肅을 추천했으니 모두 좋은 사士들이었으나,

당시 이른바 위학이라고 하니 두려워서 감히 추천하지 못했다.[42]

또 「조공 묘지명」을 살펴보면, 조선실이 강주江州 지사가 된 것은 승상 왕회의 임명에 따른 것이었으므로, 이 사건은 순희 10년 6월 진가의 '위학 금지 청원'이 있은 후 얼마 되지 않아 일어난 일이었다. 천거된 허중응과 이숙의 사적은 더 조사해봐야 하지만, 당시 보통 지방관들이 조금이라도 "위학" 혐의를 받는 사람들을 "두려워서 감히 천거하지 못했다"는 것만큼은 위 사료가 충분히 증명하고 있다. 이런 사건은 매우 예외적인 것이었기 때문에 엽적은 여기서 특필했던 것이다.

그 이후 두 차례의 '반도학' 조치와 관련하여 이심전의 「도학흥폐」 조목은 중요한 역사적 배경을 제공해주는데, 관련된 곳은 다음과 같다.

주홍도周洪道(주필대)가 집현상集賢相이 되자 사방四方의 학자들이 조금씩 조정에 자리를 잡게 되었다. 그때 회옹晦翁[주희]이 비서랑으로 제수되었지만 병을 핑계로 받아들이지 않았는데, 시랑 임률이 기만적이고 불손하다고 탄핵하였고, 게다가 도학의 사는 바로 난신亂臣의 수괴이니 마땅히 금지되어야 한다고 비난했다. 임률은 면직되었지만, 사대부 중 도학의 설을 비난하는 이들이 이후에도 사라지지 않았고 심지어 붕당이라고 하여 헐뜯었으니, 사악함과 올바름이 거의 구분될 수 없다. 소희 말년 조자직趙子直(조여우)이 국정을 담당하자 마침내 회옹을 경연 시강으로 등용하였고, 그 학자들이 더욱더 벼슬길에 많이 나왔다. 회옹은 경연 시강이 된 지 수십 일 만에 사직하였고 조자직은 폄척당했다. 영주永州 침징參政인 하담何澹이 중집법中執法[43]이 되자 다시 도학을 공격하는 상소를 올렸다. 추밀 유덕수劉德秀가 간관으로서 또다시 그것을 부연설명하자, 비로소 위학의 금령이 있게 되었다.[44]

이 기록 중 가장 주목할 사항이 둘 있다. 첫째, 주필대가 재상이 되었을 때

(순희 14년에서 16년까지, 1187~1189) "사방의 학자들이 조금씩 조정에 자리를 잡게 되었다"는 것이다. 둘째, 조여우가 국정을 담당했을 때(소희 5년에서 경원 원년까지, 1194~1195), 주희가 조정에 들어와 환장각[45]대제 겸 시강이 되었을 뿐 아니라 "그 학자들이 더욱더 벼슬길에 많이 나왔다"는 점이다. 반대 진영 인사들이 보기에, 주필대와 조여우가 주희 및 다수 "학자들"을 권력 중심권으로 끌어들이는 것은 당연히 절대의 위기였고 자기네 현재 지위와 미래 전도를 직접 위협하는 것이었다. 반'도학' 운동이 차츰차츰 격렬해지고 심화된 것은 필연적 결과였다.

엽적은 아울러 이 방면에서 우리에게 또다시 1차 자료를 제공해주는데 이심전의 기록과 상호 증명이 될 수 있다. 그는 「이공[이상]李公[祥] 묘지명」에서 이렇게 말한다.

슬프구나! 화禍의 기원이 오래되었구나. 세상이 바야흐로 도학을 배척하고 벼슬길을 틀어쥐었으니 등용되기 어려웠다. 주 승상(주필대)이 정국을 잡은 지 오래되었는데, 사 대다수는 겉으로는 즐거워하는 것 같았으나 마음으로는 인정하지 않았다. 질시하는 자들이 이미 원한을 품고서 서로 더불어 공격하여 축출하고는, "도학이 흩어졌구나!"라고 기뻐하며 말하였다. 조 승상 (조여우)이 특별히 인재 선발에서 과감하여, 청관淸官과 중직重職들은 도학이라고 지목되는 경우가 종종 있었다. 질시하는 자들이 더욱더 원한을 품었다. 행여라도 그들이 공로를 세우면 이의를 제기하면서 서로들 엮였으니 마치 하나의 조직과 같았다. 비방이 성공하여 조 공[조여우] 역시 쫓겨나자 또다시 기뻐하면서 "도학은 끝났다!"고 말했다.[46]

이상李祥과 엽적은 모두 '경원당적'에 올랐고, 엽적은 20여 년 후[47]에 당시 직접 겪었던 두 차례 당쟁의 비극을 기억한 것인데, 마치 트라우마가 아직도 남아 있는 것 같다. 글 가운데 서술된바, 주필대와 조여우를 "질시하고" "원한을 품은" "사들"은 모두 '반도학' 진영이었다. 그들이 바로 주필대 및 조여우 두 재상을 내쫓았던 원동력이었다. "도학이 흩어졌다!" "도학은 끝났다!"는 두 말은 그들의 동기를 드러낼 뿐 아니라, 합동 모의가 성공한 뒤의 열렬한 기쁨을 나타낸다. '반도학' 운동이 서로 대치하던 두 사대부 보루 사이의 장기적 충돌 중에 일어났다는 추론에 대해, 위에서 인용한 엽적과 이심전의 두 인용문은 굳건한 근거를 제공해준다.

순희에서 경원에 이르는 기간, 주희의 출처를 도화선으로 삼은 '암투'와 '명쟁明爭'이 양대 정치 진영 사이에서 끊임없이 일어났다. 그 가운데 다섯 차례 충돌을 깊이 분석한 지금, 우리는 그 양대 정치 진영의 성격에 대해 초보적 추측을 할 수 있게 되었다. 우리가 접한 모든 사료에 대해 전체적 고찰을 한 결과, '반도학' 진영은 기본적으로 직업관료형 사대부로 구성되었으리라 판단된다. 그들은 대체로 현상에 안주했으니, 바로 엽적이 "국시의 어려움國是之難" 속에서 말한바 "관료들은 항상 지키려고만 했다有司之常守"는 말과 부합한다. 주희는 그런 유형의 사대부들에 대해 객관적이고 생동감 있는 묘사를 한다.

요즘 사대부들은 근시안적으로 질질 끌기를 일삼다가 시기를 지나쳐버리고 만다. 위아래로 일을 만들지 말라고 떠들면서, 일을 충분히 명확하게 이해하려 들지 않고 그렇게 모호하게 처리한다. 분명하게 이해하자마자 곧바로 관료가 될 수 없다.[48]

이 조목은 심한沈僩이 기록한 것으로 주희 만년의 말에 해당되므로, "요즘"은 대략 순희에서 경원에 이르는 시기를 포함한다. 주희는 순희 15년(1188)의 「무신 봉사」에서도 사대부 풍속에 대해 언급했다.

대체로 온순한 태도와 순종하는 말을 익히면서, 시비를 가리지 않고 곡직을 분변하지 않는 것을 계책으로 삼습니다. 아래가 위를 섬길 때는 감히 조금이라도 윗사람의 의도를 거스르려 하지 않고, 위가 아래를 부릴 때는 역시 조금이라도 감히 그 정서를 어기지 않으려고 합니다. 오로지 사사로운 뜻私意이 있는 곳이라면 온갖 수단을 다 동원하여 일을 꾸미고 계산하여, 반드시 얻은 다음에야 그칩니다.[49]

위 두 조목을 비교해보면 핵심 논지가 정확히 들어맞는다. 하나는 단순 묘사이고 다른 하나는 도덕적 견책에 빗댔다는 점만 다를 뿐이다.

다른 한편, 주희와 '도학'형 사대부들은 북송 신유학의 직접적 계승자로서, 그들은 '치도'에 대해 끊임없이 관심을 가졌을뿐더러 이상적 질서 재수립을 여전히 한 시도 잊지 않고 있었다. 하지만 왕안석 이후 시대에 처하여, 중원을 다 빼앗기고 한구석에 안주하는 국면 속에 있었기에, 그들이 다투었던 '국시'는 이미 변법개제를 통하여 '삼대로 돌아가는回向三代'는 것은 더이상 아니었고, 어찌하면 먼저 내부를 정돈한 후 다시 더 나아가서 '회복恢復'을 시도할까 하는 것이 되었다. 그들은 끝내 현상태에 안주하려 하지 않았고, 비록 극단적 곤란 가운데 있다 하더라도 여전히 적극적 실천을 추구함으로써 "스스로 세상에 드러나려고自現於世"[50] 했다. 순희 5년 8월, 주희가 영종의 부름에 응하여 서울로 가던 중, 문인 유불이 찾아와 물었다. "선생님께서 이번에 가시면 주상께서 마음을 비우고 맞아주실 터인데, 감히 묻습니다만 그 도는 무엇을 우선일까요?" 주희는 답한다.

오늘날의 일은 대개혁이 아니라면 하늘의 뜻을 기쁘게 할 수도 없고 인심에 부응할 수도 없다. 반드시 의복을 싫어하고 음식을 보잘것없게 여기며 궁실宮室을 검소하게 하려는 뜻이 있어야 하고, 천자의 자리를 감히 즐길 만한 것으로 여기지 않은 이후에야, 정성과 효를 다하여 묵묵히 감통함으로써 하늘과 사람이 조화롭게 되어 비로소 무슨 일을 할 수 있을 것이다. 그런 일은 매우 중요하기에, 보좌의 공로에 대해 말하자면 내가 떠맡을 바가 아니고, 주상을 계도하는 도에 대해 말하자면 내가 감당할 바가 아니다. 하지만 천하에는 하지 않으면 안 될 때가 있고, 인주人主에게는 그리로 나아가지 않으면 안 되는 선善이 있다. 천자의 명령으로써 번신藩臣을 소환했으니 당연히 수레에 말 매기를 기다리지 않고 (곧바로) 가야 한다. 나는 내 정성을 다하고 내 힘을 다하는 것만 알 뿐이다. 그 밖의 일은 내가 예상할 수 없다.[51]

위 글에서 우리는 비록 흐릿하기는 하지만 또다시 왕안석의 그림자를 보는 듯하다. 이와 같은 "대개혁"의 포부는 직업관료들의 '그날그날 살아가고' '일을 만들지 않으려는' 심리 상태와 병립할 수 없다. 게다가 실로 주희가 말한 것처럼, 직업관료형 사대부들은 일신의 득실을 너무나 중시해서 "온갖 수단을 다 동원하여 일을 꾸미고 계산하여, 반드시 얻은 다음에야 그치곤" 했다. 그들은 도덕적 언어를 관용하는 '도학'형 사대부들에 대해 심각한 저항적 심리를 자연스레 갖게 되었고, 이른바 '도학의 무리'가 권력 핵심에 진입하는 것은 더욱더 바라지 않았다. 이 양대 진영 사이의 최후 충돌은 피할 수 없는 것이라 할 수 있다.

하지만 우리의 논점에 대해 세 가지 지점에서 분명히 할 것이 있다. 첫째, 순희 이래 사대부 양대 진영을 각각 '도학'형 사대부와 직업관료형 사대부로 명명한 것은 다만 대체적 구분에 따른 것으로, 권력세계 속에서 쌍방이 충돌하게 된 주요 근원을 찾는 데서 착안점을 얻은 것이다. 직업관료형의 의미는 비교적 명확하므로 다시 설명할 필요는 없다. 그러나 '도학'형은 당시 유행하던 매우 광범위한 의미로부터 취했기 때문에, 유학사儒學史의 '노학' 용법과 혼동되면 안 된다. 둘째, 이런 구분과 당시 '군자' '소인'의 이분법은 결코 상응하지 않는다. 원문을 인용하였기에 가치 평가의 색채를 완전히 지울 길은 없기는 하지만, 우리가 진지하게 지적해야 할 것은 여기서 '도학형'과 '직업관료형'은 모두 현상의 묘사어이지 어떠한 가치판단도 함축하지 않는다는 점이다. 양대 진영 내 개별 구성원을 말하자면, 우리는 특히 전통적 편견을 피해야 한다. 곧, '도학'형 사대부의 인성이 관료형보다 반드시 뛰어날 것이라고 여기면 안 된다. 개인의 덕행을 언급하려면, 신뢰할 전기 자료가 있어야만 판단 근거를 얻을 수 있고, 자료가 부족하다면 판단을 유보해야 한다. 셋째, 두 유형 사대부의 분야와 관련하여, 역사 연구 속 거시적 시야는 반드시 미시적 시야로부터 구분되어야 한다. 앞의 '도학'형과 직업관료형을 양대 진영으로 나눈 것은 거시적 시야에 의거한 역사적 재구성에 해당된다. 하지만 이러한 거시적 재구성은 결코 반'도학' 진영 내 각 구성원이 모두 직업관료의 이상형에 부합한다는 말이 아니고, 또한 (넓은 의미의) '도학' 진영 내 각 구성원이 모두 '도학의 무리'의 이상형에 부합한다는 것도 아니다. 그것은 양대 진영 내 개별 구성원이 자신의 입장을 영원히 바꾸지 않았다는 것을 가정하지 않는다. 미시적 검토를 해보면, 순'도학'형 또는 순직업관료형의 개인이 주희의 역사적 세계에서는 아예 존재하지 않았음을 전적으로 인정할 수 있다. '치도'에 관심을 갖는 것과 '벼슬仕宦'을 추구하는 것은 당시 사대부 정치문화 내 두 기본 요소였으니, 하나는 이상에 속하고 하나는 현실에 속했다. 때문에 그 둘을 아울러 갖지 않는 자는 거의 없었다. 다만 그 비중이 각각 달랐을 뿐이다. 오로지 그 둘을 절대 동시에 겸비할 수 없는 상황하에서, 정쟁에 직접 말려든 개별 사대부들은 양자택일을 해야만 했다. 게다가 그 선택도 일회적이지 않아서, 각각 다른 고려와 형세 추이에 따라 길을 바꾸는 경우도 드물지 않게 보였다. 엽소옹은, 영종 당시의 당금黨禁 전후 양대 진영 내 인사들이 서로 자리를 바꾸었던 일을 기록하고 있다.

문공文公(주희)이 이전에 등용되자 그를 따르는 문인들이 많아졌다. 당쟁이 일어나자 청결히 수양했던 사들은 산림 속으로 깊이 들어가 화를 피하려고 했다. 그러나 영예를 탐하고 죄를 두려워하는 사람들은 옷과 두건을 바꾸거나, 지방과 도시에서 기녀를 데리고 삶으로써 스스로를 [도학파로부터] 구별했다. 비록 문공의 문인으로서 오랫동안 교류했다 할지라도, 문공의 문 앞을 지나갈 때는 두려워하면서 감히 〔문 안으로〕 들어가지 못했다. (…) 가태嘉泰 연간(1201~1204), 공과 같은 부류의 사람들이 급격히 흥기했다. 가정 연간(1208~1224)에는 〔공에게서〕 한때 배웠던 사람들로부터 한 무리가 배출되었는데, 그 가운데는 문공이 〔평생〕 몰랐던 사람인데도 조정에서는 〔문공에게서 배웠다는〕 영예를 얻은 사람도 있었다. 그래서 세속에서는 "정권을 잡으려니 약면藥綿을 판다"는 말이 있었다. 〔수도인〕 임안에서 팔리는 면은 대체로 진짜가 아니어서, 〔면을 파는 상인들은〕 약 가루를 써 그것을 두껍게 만들었다. 그래서 그렇게 말한 것이다.[52]

이는 영원한 보편적 인간성을 설명한 것이라 할 수 있고, 그런 사정은 예나 지금이나 마찬가지다. 앞서 양대 진영 인사들이 서로를 비판할 때 발했던 여러 언사를 인용했는데, 위 인용문을 통해 각각의 언사가 나름대로 현실을 반영하고 있음을 확인할 수 있다. 그렇지만 미시적 연구가 아무리 역사적 현상의 복잡성에 대한 우리의 인식을 심화시켜준다고 할지라도, 결국 거시적 관찰의 효용을 대체할 수는 없다. 왜냐하면 순희 연간 이래 사대부들의 양대 진영이 벌인 지속적 투쟁은 부인할 수 없는 역사적 사실이기 때문이다. 다만 개인 관계에 대한 미시적 분석만으로는 그런 역사적 사실을 충분히 이해할 수 없다. 하물며 '군자' '소인' 같은 전통적 범주만을 염두에 둔다면 그것을 더더욱 이해할 수 없을 것이다. 만약 사학적 견지에서 받아들일 만한 해석을 찾아야 한다면, 우리의 시선은 당시 정치문화 속 비개인적인 힘으로 옮아갈 수밖에 없다. 거시적 측면에서 투시를 하는 것은 비로 그렇게 할 때 결여되어서는 안 되는 것이다.

4. 왕회의 집정과 당쟁의 관계

한 걸음 더 나아가 도학형과 직업관료형 양대 진영의 각 영역과 성격에 대한 판단을 실증하려면, 최후로 미시적 측면의 분석으로 돌아가야 한다. 한편으로 직업관료들의 지도자 집단이 오직 '그날그날 보내는' 현상 유지를 추구한 반면, 만약 다른 한편으로 '도학'형 사대부들이 '구차한 안일'을 타파하고 '대개혁'을 주장했던 것에 충돌의 주요 원인이 있었다면 우리는 다음 같은 핵심 문제에 대답해야 한다. 곧 사대부 가운데 '무위無爲'와 '유위有爲' 두 가지 분파가 효종 즉위(1162) 때부터 이미 있었다면(그 이전 상황은 잠시 논하지 않겠다), 어찌해서 그런 충돌이 효종 말기에 이르러서야 비로소 격화되어 광범위한 당쟁이되었을까? 아래에서는 이 문제에 대해 간략하게 설명하고자 한다. 『주자어류』권127 「본조 1·효종조」에는 다음 기록이 있다.

이어서 수황壽皇(효종 퇴위 이후 존호)이 최후로 등용했던 재상들이 대부분 평범한 사람이었다고 [선생은] 논했다. 예를 들어 어떤 인사는 임금 앞에서 무슨 일을 말해야 할지 몰랐다고 했다. 가학이 말했다. "어떤 사람은 중요한 직명에 임명되었지만 [그에게] 작은 군郡을 주었습니다. [그가] 비답을 받아 직명을 받은 것 외에는 오히려 그에게서 취할 점이 없었음을 알 수 있습니다." 선생[주희]이 말했다. "수황은 원래 영민하여 그런 사람들에 대해 잘 알고 있었다. 다만 이전에 다른 사람들에 의해 잘못된 길로 가본 적이 있어서, 나중에는 안정安靜하고 싶어하여, 사람들이 사단을 일으키는 것을 싫어했다. 그래서 그처럼 내버려두었던 것이다. [하지만] 지나치게 심한 경우에는 또한 싫어했다. 마치 준마가 길길이 뛰는 것을 싫어하다가도, 또다시 좋은 말 한 필을 구하여 거기에 타려고 하는 것과 같고, [말이] 노둔하여 앞으로 나아가지 못하면 또다시 채찍을 멈치 못하는 것과 같다. 설 보궐薛補闕이 어떤 사람에 대해 언급한 적이 있다. 그러자 수황은 '내 생각으로 그를 이끌려고 했으나 가지 않았다'고 말했다."[1]

인용문 속 "어떤 사람"이 누구인지 고증한 이후에야 우리는 논의에 임할 수 있다. 『송사』 권296 「왕회전」 기록이다.

상소를 올려 힘써 사직을 구하자, 관문전대학사觀文殿大學로서 구주衢州[지금 의 저장 성 서부에 있음]를 담당하도록 했다.[2]

이것이 바로 "중요한 직명에 임명되었지만 [그에게] 작은 군을 주었다"는 말의 의미. 그렇다면 "어떤 사람"이란 왕회임을 알 수 있다. 『송사』 권397 「설숙사전薛叔似傳」은 이렇게 말한다.

당시(순희 15년 정월) 당나라 관제를 모방하여 보궐과 습유를 설치하자, 재신 이 아뢰기를 "시종과 대간에게 명령하여 사람을 추천하도록 하겠습니다"라 고 했다. 주상은 스스로 설숙사를 좌보궐로 제수했다. 설숙사는 시사에 대 해 논하다가, 마침내 수상 왕회를 탄핵하여 자리에서 물러서도록 했다.[3]

『주자어류』 속 설 보궐이 바로 설숙사임을 알 수 있다. 그렇다면 "어떤 사람" 이 왕회임은 더이상 의심할 여지가 없다. '도학'을 제목으로 삼아 전개된 당쟁 은 바로 왕회 집권 시기에 일어난 중대 사건이었다. 그와 관련된 『주자어류』 구절들을 고증해보면 앞서 제기한 문제에 대한 해답을 얻을 수 있다.

이심전은 영종 가태嘉泰 2년(1202)에 쓴 「중흥 재상 중 오랫동안 임직한 자中 興宰相久任者」에서 다음과 같이 지적한다.

중흥의 재상 29인 중 진신왕秦申王(진회)를 제외하고, 재위 기간이 3년을 넘 는 사람은 8인뿐이다. 왕노공王魯公(왕회)은 순희 8년(1181)에 재상이 돼서 15

년(1188)에 그만두었으니 7년 재직했다.[5]

이 구절 다음에는 효종 때 재상으로 오래 재직한 사람을 거명하는데, 우윤문(건도 5년~8년, 1169~1172)과 조웅(순희 5년~8년, 1178~1181) 두 사람이 3년간 재직했다. 이는 대단히 주목할 만한 현상이다. 효종은 처음 즉위했을 때부터 '자주 재상을 바꾸는 것'으로 유명했다. 그 기본 원인은 '국시'의 잦은 변동이었다.[6] 나중에는 재상의 임기는 대략 1년 정도가 보통이었다.[7] 앞에서 말했다시피, 효종은 재위 27년(1162~1189) 전체를 광요(태상황 고종)의 영향 아래에서 생활했다. 그는 표면상으로는 고종이 정한 '국시'를 계속해서 따랐지만, 마음속으로는 어떻게 하면 '국시'를 '회복'으로 바꿀지 계획하고 있었다. 융흥 원년(1163) 왕질은 이렇게 말한다. "재상의 임명에서 한번 제대로 되지 못하면 폐하의 뜻도 그만큼 막힙니다."[8] 이 구절은 사실 효종 시기 전체를 요약하고 있다. 우윤문과 조웅 두 사람이 각각 3년 동안 재상 자리를 지킬 수 있었던 까닭은 그들이 효종으로부터 허락을 받아 '회복'의 계획을 준비하는 데 전력을 기울였기 때문이다. 이 점은 비교적 이해하기 쉬운 대목이다. 그렇지만 어째서 왕회만은 재상 자리에 7년이라는 긴 시간 동안 있어서 효종대에 가장 재위 기간이 긴 재상이 되었을까? 우리는 두 방향에서 논의를 시작할 수밖에 없다. 먼저 이 시기 효종의 심리적 변화를 살펴보아야 하고, 왕회가 당시 직업 관료들의 지도자라는 특성을 지녔다는 점을 보아야 한다.

주희는 앞서 인용한 『주자어류』에서 다음과 같이 말했다. 당시 효종은 "안정하고 싶어하여 사람들이 사단을 일으키는 것을 싫어했다. 그래서 그처럼 내버려두었던 것이다." 이제 우리는 여타 자료를 인용하여 주희의 관찰에 설명을 덧붙이고, 아울러 그런 변화가 언제 시작되었는지 추론해보려 한다. 나대경羅大經은 「중흥 시기의 강화中興講和」에서 이렇게 말한다.

효종 초, 회복을 계획하려는 뜻이 매우 강했지만 결국 달성하지 못한 까닭은 비단 (…) 재력과 병력이 약하여 [효종이 뜻을] 펼칠 수 없었을 뿐만 아니라 덕수德壽(태상황 고종)의 성스러운 뜻이 안정을 위주로 하여 [효종이 그것을] 거스를 생각을 못했기 때문이다. 그후 [재력과 병력이] 축적되어 조금 여유가 생기자 [효종은] 또다시 전쟁을 벌일 생각을 했다. (…) 나중에 계산을 해보니, 다만 13개 번藩에만 포상금을 지급할 수 있을 뿐이어서 전쟁을 하려는 생각이 점차 약해졌다.⁹

효종의 '회복'의 지향이 실현되지 못한 까닭은 태상황의 방해 때문이었다. 이 점은 앞에서 인용한 엽소옹의 설과 부합하고 아래에서 더 깊게 분석할 예정이다. 그런데 나대경이 지적한바 "재력과 병력이 약하다"는 객관적 요소 역시 매우 중요하다. 우윤문은 집정 기간 여러 차례에 걸쳐 장식을 동지로 끌어들여서 '회복'을 함께 도모하려 했지만, 장식은 응하지 않고 오히려 효종에게 다음과 같이 말했다.

"신이 보건대 근래 여러 지방에 수해와 가뭄이 많아 민民의 빈곤이 날로 심해지고 있습니다. 국가는 병력이 약하고 재정이 허물어졌으며, 관리들은 거짓을 일삼고 오만하게 굴고 있어 믿을 만하지 못합니다. 설사 그들이 실로 도모할 대상이라 할지라도, 우리가 그들을 도모하기에 아직 충분하지 못할까 신은 두렵습니다." 임금은 오랫동안 침묵했다.¹⁰

'재력과 병력의 약함'이 효종의 '회복' 계획에 중대한 장애가 되었음을 여기서 알 수 있다. 『송회요집고』를 살펴보면 이렇다.

건도 원년(1165) 5월 6일 신료가 말했다. "신이 듣건대 근래 각 군軍의 급료 지급일宣限之日에 국고가 비어 호부가 [급료를] 지불할 수가 없어서, 마침내 지급일을 연기하여 여러 군데 신청하고서야 겨우 목전의 급박함을 해소할 수 있었다고 합니다. 참으로 다급하다 할 수 있습니다."[11]

또한 건도 7년(1171) 3월 7일 조목에는 이런 기록이 있다.

임금께서 재상에게 말씀하시다가 호부의 재정과 세금을 언급하셨다. "남고南庫에서 빌린 400만 민緡[동전 1000닢을 꿴 꾸러미]에 대해 짐이 여러 차례 증회曾懷에게 말했는데, 잘 모르겠지만 회淮에서 빌린 돈을 갚도록 지시할 수 있는가?" 우윤문이 아뢰었다. "호부는 회에 비단과 돈으로 갚도록 지시할 뿐입니다. 최근 강상江上이 조달하는 것을 제외하고 대략 400만 민이 걸렸는데, 향후 한 달치 지급에만 대처할 수 있을 뿐이니 어찌 여유분이 있어 옛 부족분을 메우겠습니까?" 양극가梁克家가 아뢰었다. "옛 부족분에 대해 감히 말하지 못하는 것은 물론이고, 현재 좌탕左帑에는 6일치 저축분도 없어서 부족분을 메우는 것이 매우 급하므로 지탱할 수가 없습니다."[12]

여기서 말하는 "남고"는 이렇게 해석되어야 한다. 남고는 남송 태부시太府寺에 있던 '좌장남고左藏南庫'이고 그 전신은 '춘관어전격상고椿管御前激賞庫'로서 시종관이 예금이나 보관된 물품을 찾던 곳이었다.[13] 황제가 직접 통제하던 금고라서 호부가 운영하던 국가 재정 기구와는 달랐다.[14] 그래서 효종은 호부가 남고로부터 빌린 400만 민을 언제 갚을 수 있냐고 관심을 보인 것이다. 위의 두 가지 사료는 "재정이 허물어졌다"는 장식의 언사가 당시의 실제 상황을 반영한다는 점을 증명한다.[15] 주희가 지은 「신도비」를 살펴보면 장식이 효종을 알현한 때는 건도 7년(1171)이었는데, 이때 효종 자신은 재정 상황을 마치 자기 손금 보듯 환히 알고 있었으므로 그가 "오랫동안 침묵했던 것"도 당연하다. 이로부터 추론하건대 "축적되어 조금 여유가 생기자 [효종은] 또다시 전쟁을 벌일 생각을 했다"는 나대경의 말은 순희 초년의 일을 가리키거나 조웅이 집정하던 시기를 가리킬 수밖에 없다. 하지만 자세하게 계산해보니 재고에 축적되어 있는 것이 '포상금'을 지급하기에도 부족함을 알고 난 후, 효종은 '회복'의 생각을 잠시 접어야 했다. 장식·주희·엽적은 모두 '국시'를 바꾸기 위해 노력했던 사람들이었지만, 부리의 패배를 생각해보았을 때 신중한 태도를 취하는 쪽으로 변하지 않을 수 없었다. 군사와 경비가 충분히 준비되지 않은 상황에서 그들은 모험에 굳건히 반대했다. 우윤문과 조웅에게는 다른 생각이 있었다. 곧 그들은 분명히 공을 세우려는 야심이 있었다. 만약 '회복'에서 성과가 있다면, 그들은 왕안석·채경·진회와 마찬가지로 황제와 더불어 "공동으로 국시를 정하는" 재상이 되고 장기간 집정의 대권을 장악하게 될 터였다. 이것이 바로 나중에 한탁주가 행한 모험이었다. 『송사』 본전은 말한다.

> 어떤 이가 한탁주에게 세상을 뒤엎는 공명을 세워 자신의 지위를 공고히 하라고 권하자, 이때부터 회복의 의론이 일어났다.[16]

이 말은 당시 진상을 잘 설명한다. 개희開禧 연간(1205~1207)의 전쟁은 오래전부터 비판을 받아온 것으로, 그것이 잘못된 전쟁임은 이미 정론定論이 되어 있었다. 그렇지만 우리가 지적해야 할 점은 효종대에 거듭 일어났던 '회복'에 대한 충동에 그 화근이 숨어 있었다는 사실이다. 만약 전통 사가史家들이 그러는 것처럼 오직 한탁주 한 사람에게만 그 죄를 돌리고, 또한 잠재적 '국시'였던 '회복'이 효종대부터 영종대까지 이어졌다는 사실을 파악하지 못한다면 미시적 편견에 빠지는 데서 벗어날 수 없을 것이다.

조웅은 효종을 도와 '회복'을 도모했던 재상 가운데 최후의 인물이었다. 순희 8년(1181)에는 그의 뒤를 이어 왕회가 재상이 된다. 그래서 효종이 '회복'을 이야기하지 않고 안정安靜을 추구하는 쪽으로 입장을 바꿨던 일은 조웅과 왕회의 교체기에 일어났음에 틀림없다. 여러 차례 좌절한 황제가 "공을 바라지 않고 다만 허물이 없기만을 바라는" 재상을 임용한 것이다. 효종의 통치 스타일 역시 '국정에 직접 임하는 것'에서 '무위無爲의 통치'로 바뀌게 된다. 엽적은 이런 변화에 대해 극히 상세한 설명을 해놓았다.

[효종이] 일찍이 공(조선실趙善悊)에게 말했다. "천하의 모든 일이 매일 짐의
마음을 한 번은 지나쳐간다. 그래서 경들을 남겨 서로 모여 있게 하고, 그
일들을 함께하고자 하니 [경들은] 멀리 떠나 있으면 안 된다." 무릇 효종은
이처럼 통치에 대해 뜻이 있었다. 사람을 등용할 때는 반드시 대간을 친히
여겨 근습을 재상으로 임명하지 않았고, 재상은 종종 부끄러운 일을 당했
다. (…) 그후 천자가 모든 일에서 자신을 낮추고 일을 신하에게 위임했으
며, [신하들을] 나란히 줄 세워 놓고 차례로 [그들의 보고를] 들었다.[17]

「묘지명」을 살펴보면, 종실宗室이었던 조선실이 "시종으로서 숙직을 하고"
"태부소경太府少卿에 임명되었던" 때는 순희 10년(1183) 황흡黃洽이 참지정사로
임명된 이후다.[18] 그래서 효종이 직접 정사에 관여하지 않고 재상으로 하여금
황제의 일을 대신케 한 것은 왕회 집정 시기에 일어났던 일이라고 단정할 수
있다. 당연히 황제의 이런 변화는 직업관료형 사대부들이 스스로 발전할 수
있는 기회가 되었다.

마지막으로 우리는 왕회가 일으킨 역사적 작용에 대해 논해보아야 한다. 앞
서 인용한 『주자어류』에서 주희는 왕회를 상당히 날카롭게 비판했지만, 주희
는 왕회의 숙적이었기 때문에 그의 비판을 가벼이 신용할 수는 없다. 아래에
서는 현재 볼 수 있는 제한적인 사료들에 근거해 조금이나마 추측을 해보고
자 한다. 나대경은 「재상이 파면되다宰相罷」 조목에서 말한다.

진응구陳應求(진준경)가 일찍이 효종에게 말했다. "근래 재상이 파면되면, [그
재상이] 등용했던 사람들이 현인인지 아닌지를 묻지도 않고 그 모두를 함께
파면해버립니다. 이는 붕당의 논리에 입각한 것일 뿐 국가의 복은 아닙니
다." 조온숙趙溫叔(조웅)이 재상이 되자 촉 지방 사들을 많이 등용했으나, 그

가 재상직에서 파면되자 유언비어를 퍼뜨려 촉의 사들을 흔들려는 사람이 있었다. 그러자 왕계해王季海(왕회)가 말했다. "재상 한 명이 파면되면, (그가) 등용했던 사람들이 모두 파면되니, 이는 당나라 말기 당화黨禍가 그 시초입니다. 어찌 성대한 세상에 있어야 할 일입니까?" 촉 지방 사들은 이내 편안해졌다.[19]

이 기록은 왕회의 초당파적 견해와 재상으로서의 기백을 표창表彰하려는 의도가 있다. 하지만 깊이 살펴보면 그 이면에는 다른 사정이 있었다. 『송사』 권384 「엽형전葉衡傳」 기록이다.

하루는 임금께서 응벽凝碧 연못에서 재상을 위해 개인적으로 연회를 베풀어주었다 (…) 또 말했다. "조정이 등용하는 사람의 경우 그 사람이 어떠한지 바로 논해야지 붕당이 있으면 안 된다. 예컨대 당나라의 우牛〔우승유〕와 이李〔이덕유〕의 당이 서로 40년 동안 공격했는데, 그 임금이 명민하지 못했기에 그 지경까지 간 것이다. 문종은 '하북河北의 도적들을 제거하기는 쉽지만, 조정의 붕당을 제거하기는 어렵구나'라고 말했다. 짐은 일찍이 그 말을 비웃었다.[20]

효종이 인용한 당 문종文宗의 말은 『자치통감』에 나오는데,[21] 『구당서』 및 『신당서』의 「이종민전李宗閔傳」 구절과 차이가 없다. 고종은 "『자치통감』을 읽으니 사마광에게 재상의 도량이 있음을 알게 되었다"[22]는 명언을 남긴 적이 있다. 효종은 어려서부터 왕신의 가르침을 신중하게 받들었으므로 틀림없이 『자치통감』을 숙독했을 것이다. 엽형葉衡이 우상으로 기용된 것은 순희 원년(1174) 11월이고, 이듬해 9월에 그는 우상직을 그만두었다. 응벽 연못에서 연회가 벌어진 때는 아마도 그사이 10개월 이내였을 것이다. 당시 왕회는 이미 한림학사이자 지제고知制誥였고 조금 이후에는 다시 첨서추밀원사簽書樞密院事가 되었던 터라, 설사 이 연회에 참석하지 않았더라도 효종의 그 말을 들었음에 틀림 없다. 이뿐 아니라 양만리楊萬里는 「왕공[왕회] 신도비王公神道碑」에서 이렇게 말한다.

[왕공이] 한림학사와 지제고로 임명되었다. [공이] 지공거가 되자, 임금께서 공[왕회]과 더불어 붕당에 대해 논하여 이때부터 명예와 절개를 숭상하고 붕당을 싫어하는 책문을 [시험 문제로] 내서, 사풍士風이 크게 변화했고 좋은 사들도 가장 많이 얻었다.[23]

왕회는 효종의 붕당 혐오 심리를 일찍부터 확고히 파악했기 때문에, 순희 8년(1181) 조웅에 이어 재상이 된 후 했던 첫번째 일이 바로 "촉 지방 사들"을 파면하지 않은 것이었다. 그는 그런 조치를 통해, 오직 능력을 기준으로 인재를 선발하고 아무런 당파적 견해를 갖지 않음을 보여주었다. 촉 지방 사들을 옹호했던 왕회의 발언은 효종의 생각을 대신한 것이었다. 또한 『송사』 권433 「유림 3·양만리전楊萬里傳」에는 다음 기록이 보인다.

왕회가 재상이 되어 하루는 [양만리에게] "재상이 급선무로 삼아야 할 일은 무엇입니까?"라고 물었다. [양만리는] "인재입니다"라고 말했다. 또 "누가 인재입니까?"라고 물었다. 그러자 주희와 원추袁樞 이하 60인의 명단을 바쳤다. 왕회는 차례로 그들을 발탁했다.[24]

이 역시 왕회가 재상에 임명된 초기에 행한 일이었다. 그 점은 "재상이 급선무로 삼아야 할 일은 무엇입니까?"란 그의 말을 통해 알 수 있다. 이 일은 '촉 지방 사들을 제거하지 않았던 것'과 긴밀한 관련을 맺고 있고, 이는 왕회의 전체 전략에서 한 부분을 구성하는 것으로서, 그의 권위를 밑받침하는 기초가 되었다. 왕회가 이렇게 행동한 것은 한편으로는 효종을 향하여 자신이 결코 결당結黨을 짓지 않고 널리 인재를 등용한다는 점을 보여주기 위함이었고, 다른 한편으로는 각 세력을 향하여 자신의 개방성을 보여줌으로써 광범위한 지지를 획득하기 위함이었다. 종합하자면, 왕회는 처음부터 전력을 기울여 편안하고 고요하면서 균형을 이루며 큰 사건이 일어나지 않는 정국을 조성하려 애썼다. 이것이 바로 당시 효종이 왕회에게 기대했던 것이고, 왕회는 언제 어디서나 효종의 심리를 상당히 정확하게 파악했다. 엽소옹은 「낙학洛學」 조목에서 이렇게 말한다.

> 순희 연간, 고정考亭(주희)이 행부行府[25] 소속으로서 태주 태수 당중우를 탄핵하자 임금은 법대로 처리하려 했다. 왕회는 당중우와 혼인 관계에 있었기 때문에 당중우가 스스로를 변호한 상소문과 고정의 보고서를 둘 다 취함으로써 누가 옳은지를 모르도록 했다. 왕회가 다만 미소를 짓자 임금이 그에게 물었다. 그러자 "주희는 정이의 학문을 배웠고 당중우는 소식의 학문을 배웠습니다"라고 대답했다. 임금이 웃으면서 당중우의 죄를 가볍게 해주었다. 당시 임금은 바야흐로 소식의 학문을 숭상하고 배워서 정이의 학문을 표장表章할 겨를이 없었기 때문에, 왕회는 임금의 의도를 파악하여 [당중우의 죄를] 없앤 것이다.[26]

이 인용문의 마지막 구절은 왕회가 지녔던 직업관료의 전형적 특색을 잘 설명해준다. 그는 효종을 위해 소식을 태사太師로 추중하는 글을 지어 전국에 반포한 적이 있었기 때문에,[27] "주희는 정이의 학문을 배웠고 당중우는 소식의 학문을 배웠다"고 가볍게 밀함으로써 낭중우의 죄를 없앨 수 있었다. 주희가 정이의 학맥을 계승한 것은 사실이지만, 당중우가 소식의 문학을 계승했는지 여부는 매우 모호하다. 그렇지만 왕회는 법률문제를 학술사상의 논쟁으로 뒤바꿔버리는 절묘한 언사를 생각해내고 있었다. 엽소옹은 엽적을 사사했고, 영종 경진년(가정 13년, 1220)에 이미 「사업에 대해 논함論事」이라는 상소문을 올릴 자격이 있었던 만큼[28] 그가 기록한 왕회의 말은 필시 근거가 있었음이 분명하다. 전조망은 따로 「열재학안悅齋學案」[29]을 두어 그 속에서 당중우와 왕회에 대해 불만을 표했지만, 왕회의 위 말을 "수재들은 사소한 일에 다툴 뿐이다"[30]로 바꾸어버렸으니 그 점은 심각한 오류다.

주희와 당중우 사이의 악연은 대대로 학자들이 즐겨 말하는 소재이나, 이 절의 본지와는 그다지 관련이 없는 만큼 그 부분은 논하지 않기로 한다. 다만 왕회와 주희의 관계만큼은 명백히 밝히지 않을 수 없다. 전조망은 이에 대해 다음과 같이 말한다.

> 또한 노공魯公(왕회)은 현명한 자로서 이전에는 회옹[주희]을 힘써 천거했던 사람이었지만, 이 사건에 이르자 혼인 관계[혼인 관계로 당중우와 얽혀 있었기] 때문에 [양자 사이의 문제를] 조금 조정했다. 그런데 이런 일을 갖고서 그가 정병과 진가를 부추겨서 도학을 훼손했다고 말하는데, 어찌 그렇겠는가? 설사 정병과 진가가 도학 훼손으로써 [왕회에게] 영합했다 하더라도 노공이 어찌 그 말을 들었겠는가? 그의 평생을 담담하게 살펴본다면 그렇게 하지 않았을 것임을 분명히 알 수 있다.[31]

전조망은 순전히 개인 관계에 착안하여 논하고 있고, 게다가 그의 논변에는 아무 근거가 없다. 그는 은연중 같은 고향 절동浙東[지금의 저장 성에 있음] 출신인 왕회를 편들고 있다. 순희 10년(1183)에 일어난 '위학 금지'가 아주 확실한 사실이라는 점은 이미 살펴보았다. 설사 정병과 진가의 영합에 의해 '위학 금지'가 일어났다 하더라도, 왕회의 동의가 없었다면 위학 금지령이 지방정부에까지 하달되었을 리가 없다. "노공이 어찌 그 말을 들었겠는가?"라는 전조망의 말은 강변强辯의 혐의에서 벗어날 수 없다.

왕회와 주희의 관계를 더 깊이 이해하려면 우리는 다음 두 가지 문제에 답을 제시해야 한다. 첫째, 왕회는 처음에 어째서 주희를 천거하여 절동으로 가게 했는가? 전조망이 말한 바대로, 그는 정말로 "회옹[주희]을 힘써 천거"했을까? 둘째, 나중에 왕회와 주희는 사이가 나빠지는데 그 원인은 대체 무엇일까? 당중우 사건은 둘 관계에 어떻게 작용했을까? 만약 개인의 원한 관계에만 초점을 맞춘다면, 이 두 문제에 만족할 만한 답을 찾을 수 없을 것이다. 반드시 광범위한 역사적 배경을 고려해서 이해해야 한다. 또한 이는 방법론 면에서 미시적 방법과 거시적 방법을 혼용해야 풀릴 수 있는 문제다.

우리는 먼저 왕회가 재상이 된 수수께끼를 풀어야 한다. 그는 어째서 순희 8년(1181)에 조웅을 대신하여 재상이 되었고, 게다가 7년 동안 재직하여 효종 대에서 집정 기간이 가장 긴 재상이 되었을까? 양만리는 효종 후기의 재상 임용 방식이 전기와 매우 달랐다고 하는데, 그의 관찰은 매우 정확하다. 그는 말한다.

〔효종이〕 재상을 임명하려 계획함에 처음 등극했을 때는 위국공魏國公 장준 같은 이가 있었고, 중간에는 옹국공雍國公 우윤문 같은 이가 있었는데, 모두들 신속하고 용감하게 매진하여 중원을 회복하기를 맹세했다. 사람들은 모두들 군주와 신하가 의기투합하니 얼마나 뜻이 잘 맞느냐고 말했다. 하지만 말년에 이르면 그렇지 않아서, 무리 가운데서 노국공魯國公 왕회를 〔재상으로〕 뽑았다. 왕회는 됨됨이가 외모는 딱딱해 보이지 않고, 행동거지는 모나지 않았으며, 말이 어눌하고 공손한 모습을 띠었고, 말은 느렸으며 낯빛은 평온하여 늦봄과 따뜻한 겨울의 기상을 지녔으나, 바람이 불고 우레가 치는 위엄도 있었다. 사람들은 또다시 군주와 신하가 취향을 달리하니 어떻게 서로 뜻이 맞겠느냐고 말했다 [32]

이 몇 구절은 생동감이 뛰어나고 함축하는 내용 또한 많다. 양만리는 논쟁의 여지가 없는 사실 하나를 지적한다. 곧 효종은 초년과 중년에 재상을 임용할 때 대체로 '회복'의 경향을 원칙으로 삼았기 때문에 장준이나 우윤문 같은 사람을 재상으로 뽑았다. 이들은 대체로 "신속하고 용감하게 매진하는" 진취적인 유형이었다. 그렇지만 효종 말기에는 달라져서 효종은 "늦봄과 따뜻한 겨울"과 같은 보수 유형에 속하는 왕회를 선발했다. 여기서 이상한 점은 이러하다. 효종은 장준·우윤문 등과 더불어 "군주와 신하가 의기투합하는" 양상을 보였지만, 왕회와는 "군주와 신하가 취향을 달리하는" 양상이었다는 것이다. 그렇다면 효종은 어째서 자신과 '취향'이 다른 사람에게 그토록 오랜 기간 재상의 권한을 맡겼을까? 양만리는 이 문제에 직접 해답을 주지는 않지만 행간의 뜻은 매우 분명하다. 당시 효종이 이미 '회복'의 충동을 눌러버리고, '안정'의 국면으로 들어갈 준비를 했다는 것이다. 이는 앞서 인용한 "이전에 다른 사람들에 의해 잘못된 길로 가본 적이 있어서, 나중에는 안정하고 싶어하여 사람들이 사단을 일으키는 것을 싫어했다"는 주희의 말을 증명한다. "다른 사람들에 의해 잘못된 방향으로 나아갔다"는 것은 우윤문과 조웅이 재상으로 있을 때 '회복'을 추진하기 위해 행했던 여러 조치를 가리킨다. 당시 장식이나 주희 같은 이학자들은 원칙상 '회복'을 지지했지만 모험을 하거나 요행을 바라는데에는 반대했음을 앞서 지적했다. 그런데 조정에 있던 직업관료들은 또다른 태도를 갖고 있었다. 『송사』권384 「양극가전梁克家傳」에는 이런 기록이 있다.

> 우윤문이 회복을 주장하자 조신 대부분이 그에 영합했다. 양극가는 은밀히 간언했으나 여러 차례 부합하지 않자, 힘써 사직하려 했다.[33]

엽적도 이렇게 말한다.

> 승상 우윤문이 임금께서 굳게 회복을 도모하시는 것에 찬양을 하자, 벼슬길에 나아가려는 사람들이 좇아서 영합했다.[34]

이들은 개인의 정치적 앞날을 위하여 겉으로만 '회복'을 지지했음을 알 수 있다. 이것이 건도와 순희 연간, 조정에서 붕당 활동이 전성기를 맞게 된 주요 원인이다.

여기에서 우리는 '국시' 관념을 빌려야만 당시의 역사적 배경을 설명할 수 있다. 남송은 소흥 8년(1138) 이래 정식으로 '화의'를 '국시'로 정했고, 고종은 시종일관 '화의'를 자신의 정체성으로 삼았다. 그런 태도는 그의 퇴위 이후에도 바뀌지 않았다. 그렇지만 소흥 말기와 효종 초년, 금나라가 여러 차례 약속을 어기고서 침입을 감행한 터라 고종도 '전쟁을 하지 말고 화의만 유지하자'는 태도를 더이상 지탱할 수 없었다. 그래서 효종 초기와 중기에는 어떻게 하면 '화의'를 '회복'으로 대체할 수 있을지 여부가 조정에서 끊임없이 이야기된 심각한 문제였다. 우윤문과 조웅의 집정 기간이 되자 이제 그 문제에 대한 대답을 해야 했다. 그렇지만 '화의'는 고종 이래의 '국시'였기에 '회복'으로써 그것을 대체한다는 것은 점진적 방식을 취하든 급진적 방식을 취하든 간에 '국시'의 변화 가능성을 뜻했다. 이런 측면에서 보자면, 효종 시기 최초 십몇 년간은 실로 옛 '국시'는 흔들리고 새 '국시'는 아직 정해지지 않은 단계라 할 수 있다. 순희 8년(1181), 왕회가 재상이 되자 그런 장기간의 불안정한 국면이 끝을 맺었다. 따라서 그 시기는 남송 정치사에서 중요한 전환점임에 틀림없다.

이미 지적했다시피, 효종은 즉위한 날부터 '화의'를 '회복'으로 바꾸려는 의지가 있었지만 고종에 가로막혀 그 일을 진행하지 못했다. 앞서 인용한『사조문견록』에는 "내가 100살이 된 다음에 그것[회복]을 논의하거라"는 고종의 이야기가 실려 있다. 『학림옥로鶴林玉露』역시 효종이 '회복'의 뜻을 드러낼 수 없었던 까닭은, 고종이 "안정을 위주로 하여 [효종이 그것을] 거스를 생각을 못했기" 때문임을 밝힌다. 이 두 사료는 모두 그 시기를 밝히지 않고 있지만, 위아래 문장들로 추론하건대 앞 조목은 효종 즉위 초에 해당되고,[35] 뒤 조목은 우윤문 집정 시기에 해당되는 듯하다. 그런데 명대 전여성田汝成이 쓴『서호유람지여西湖遊覽志餘』에는 극도로 중요한 남송 사료가 한 조목 실려 있다. 이 기록은 왕회가 재상이 된 수수께끼를 풀 실마리를 제시해준다. 권2「제왕도회帝王

都會」의 기록이다.

> 광요[고종]가 이미 [효종을] 양자로 들인지라, 효종은 경애하는 마음이 날로
> 높아만 가서 매일 북궁北宮에서 문안을 올렸고, [문안을 올리는] 사이에 치도
> 를 언급했다. 당시 효종은 큰 공적을 세우려고 굳게 결심하여, 신진 인사들
> 이 [효종의 뜻에] 영합했고 [효종이] 좋아할 일을 하려고 노력했다. 순희 연
> 간, 효종이 더욱더 국사國事를 명료하게 익혔고 노련한 신하들이 등용되었
> 다. 하루는 덕수德壽[덕수궁]36에 아침 인사를 올리는데, [고종이 말하기를]
> "천하의 일은 자의로 해서는 안 되고 핵심은 꿋꿋하게 참는 데 있으니, 그
> 래야만 마침내 성공을 거둔다"라고 했다. 효종은 다시 절을 올리고 [이 말
> 을] 크게 써서 선덕전選德殿에 내걸었다.37

『서호유람지여』 권2는 당시 유실되었던 남송대 이야기를 많이 채록하고 있
는데, 그 대부분은 현존하는 남송의 필기筆記류 가운데서 찾아볼 수 있는 것
들이다. 위 조목의 역사적 근거가 무엇인지는 더 고증해봐야 할 테지만, 옛 기
록에 바탕을 두고 있는 것으로 봐서 결코 허구가 아니라는 점은 단언할 수 있
다. 위 인용문에 기록된 고종의 훈계는 '순희 연간'에 나온 것이었을 테니, 순
희 8년(1181) 왕회가 우상으로 임명되었을 시기와 일치한다. 또한 위 조목을
『학림옥로』의 "안정을 위주로 했다"는 구절과 비교해보면, 주희가 말했던 대로
효종이 "나중에는 안정하고 싶어한" 까닭은 사실상 효종이 고종의 뜻을 존중
하지 않을 수 없었기 때문이었다. 고종이 막후에서 정국을 조종했던 상황에
입각해 말하자면,38 그가 왕회의 집정에 대해 미리 알지 못할 수는 없는 일이
었다. 소흥 30년(1160), 왕회는 감찰어사이자 우정언 지위에 있으면서 간절하
고 솔직하게 상소를 올려, 이미 고종으로부터 "군주와 신하 사이의 좀처럼 보
기 드문 만남不世之遇"이라는 이야기를 들은 적이 있었다. 누약은 「왕공 행장王
公行狀」에서 이렇게 말한다.

고종은 개혁을 하던 초기[39]에 가라앉아 있던 것을 일으키고 헤진 곳을 덧대어 붙였다. 공〔왕회〕이 말했던 내용은 모두 경륜과 중요 사무에 관한 것이었다. 공은 이렇게 말했다. "위에서 도가 바로 잡히면 아래에서 법이 분명히 지켜집니다. (…) 바라건대 대신들에게 분명하게 명령을 내려 각각 기존 법률로써 오래된 폐단을 전부 제거하도록 해야 합니다. 혹시라도 주저하거나 시류에 영합한다면 '제도 위반違制'이라는 명목으로 그들을 좌천시켜야 합니다." 〔고종은〕 직접 붓으로 써서 3성 6조로 하여금 준수하도록 명령했다. 이것은 실로 공이 재상으로서 세운 업적相業이었다. 제왕의 신임이 날로 두터워져서 〔제왕은〕 장차 그를 크게 쓰려고 했다.[40]

이는 제1차 사료로서 고종이 일찍부터 왕회의 재능을 발견했다는 점을 실증한다. "이것은 실로 공이 재상으로서 세운 업적이었다"는 것과 "장차 그를 크게 쓰려고 했다"는 말은 왕회의 재상 임명이 고종의 지원에 힘입었음을 암시한다.

이상 여러 측면의 논증을 거쳐, 이제 우리는 다음과 같이 추론할 수 있다. 곧 왕회의 집정이 상징하는 바는 '국시'가 다시금 '화의'의 궤도로 되돌아간 동시에 새롭게 구체적인 내용을 띠게 되었다는 것이다. '국시'가 아직 정해지기 전에는 조정에서 붕당의 분쟁이 오래도록 끊이지 않았다. 그래서 '화의'의 유지를 주장하는 사람들이 있었고, '회복'에 영합하여 타인의 공을 가로채서 벼슬길에 나아가려는 사람들도 있었으며, 먼저 내정을 잘 정비하여 민심을 얻은 이후에 천천히 '회복'을 도모할 수 있다고 주장하는 사람들(주로 장식이나 주희 같은 이학자들)도 있었다. 이런 분쟁으로 정국은 당연히 동요되었다. 이에 고종은 '안정'으로 돌아가야 한다고 주장했고, 효종은 그것을 받아들일 수밖에 없었다. 그렇지만 '안정'은 원칙상 '화의'의 '국시'로 되돌아감을 나타내는 것에 불과했다. 이미 격화된 당쟁을 어떻게 해야 효과 있게 해소할 수 있을까? 또한 정치질서는 어떻게 해야 안정될 수 있을까? 이 두 물음은 당시 가장 절박하게 여겨진 것으로 반드시 먼저 해결되어야 했다. 왕회는 이런 양대 임무를 걸머지고서 재상직에 올랐다. 그가 부임 초기에 '오직 현명한 사람만을 등용한다'를 슬로건으로 내건 점은 앞서 지적했다. 양만리는「왕공 신도비」에서 왕회가 "현명한 이를 등용하여 임금에게 보답하는 것을 1차 임무로 삼았다"[41]고 말했다. 누약의「왕공 행장」도 "사람을 등용하는 것을 1차 임무로 삼았다"[42]고 기술한다. 이는 왕회가 붕당을 깨기 위해 정립한 방안이었다. 앞서「왕공 행장」에서 '기성 법률'을 분명히 준수하도록 한 것이 왕회가 "재상으로서 세운 업적"이었다고 강조했는데, '기성 법률'의 준수는 정치질서를 안정시키고자 제시했던 기본 조치였다.

　위 분석으로, 왕회가 재상이 된 역사적 배경이 대략 밝혀졌다. 확실한 점은 그가 받들었던 것이 남송 중기의 수정판 '국시'였다는 사실이다. 배후에서 그 수정을 주관한 사람은 효종이 아니라 고종이었다. '수정修正'이란 '화의和議'의 기초 위에서 내부의 차이를 조정해 '안정安靜'의 국면을 조성하는 것이었다. 우리는 앞에서 "천하의 일은 자의로 해서는 안 되고 핵심은 꿋꿋하게 참는 데 있으니, 그래야만 마침내 성공을 거둔다"는 고종의 훈계를 인용했다. 이 말은 한편으로 효종으로 하여금 '회복恢復'의 기한을 늦추도록 요구하는 동시에, 다른 한편으로는 '회복'에 대해 일말의 희망을 품게 한다. 그러므로 우리는 이 수정판 '국시'가 주로 고종의 노회한 마음에서 나왔다고 단정할 수 있다. 여기서 우리가 '국시'를 임의로 사용한 것은 아니다. 일찍이 왕회는 '황극皇極' 개념으로써 시정施政의 핵심을 요약한 적이 있는데, 이는 증포가 휘종 즉위 초에 제시했던 '건중建中'의 의미와 매우 유사하다. 증포는 '붕당'을 '대중大中'의 질서 속으로 해소시키고자 했다. '건중'과 '소술'이 모두 '국시'의 한 종류라는 점은 이미 제5장에서 살펴보았다. 왕회가 '황극'으로써 명명했던 것은 당연히 그것들을 모방한 것이다. 이 부분은 매우 번쇄한 논증이 필요하한 터라 하편 제12장 7절에서 상세히 다루겠다. 이뿐 아니라 왕회는 고종이 아주 일찍부터 알아주던 정치적 인재였기 때문에, 그가 수정판 '국시'를 받들고서 정사를 돌본 것은 고종의 은밀한 지원과 긴밀한 관련을 맺었을 것이다. 효종이 '회복'을 보류한 이후 어째서 자기와 "취향을 달리하는" 왕회를 재상으로 삼았고, 또한 왕회의 집정 기간이 7년이나 지속되었는지에 대한 의문은 이로부터 쉽게 풀릴 것이다. 더불어 주목할 사실은 고종이 순희 14년(1187) 10월에 죽자마자 왕회는 재상 자리가 위태로워질 것을 느끼고 이듬해 5월에 재상직에서 물러났다는 것이다.[43] 고종의 죽음과 왕회의 사임에는 우연의 일치가 아닌 모종의 인과관계가 있었다고 보는 것이 사리에 맞을 듯하다.

이제 우리는 더 나아가 주희와 왕회의 관계를 논해야 한다. 전조망은 왕회가 재상이 된 역사적 배경을 깊이 연구하지 않고 왕회가 "회옹[주희]을 힘써 천거했다"고 단정했지만 사실 전조망의 단정은 성립되기 어렵다. 『송사』 권396 「왕회전」을 보자.

당시 기근 구제책이 급선무여서 왕회가 말했다. "이춘李椿은 노련하고 통달하니 장사長沙 태수로 임명하고 주희는 배움과 실천이 독실하니 절동제거로 임명하여 군郡과 국國을 앞장서서 이끌도록 하려합니다." 그후 상을 내리려 할 때 임금이 "주희의 직무에 유의하라"고 말했다. 왕회는 〔주희가〕 기근 구제책을 알맞게 시행한 까닭은 그가 배운 바를 행하여 민이 진실한 은혜를 입은 때문이니, 그를 승진시키려 합니다"라고 말했다. 임금은 "〔주희를〕 직휘유각直徽猷閣[44]으로 승진시키라"고 말했다.[45]

왕회가 주희를 "힘써 천거했다"는 전조망의 설은 바로 이 구절에 근거를 둔다. 하지만 조금 더 생각해보면 여러 의문이 생긴다. 첫째, 이미 지적했다시피, 오직 재능에 따라 인재를 등용하고 붕당을 해체한다는 것은 왕회가 약속했던 양대 강령 가운데 하나였다. 때문에 집정 후 그것을 열심히 시행하여 전후로 천거했던 저명한 사대부가 수십 명이 넘었고, 게다가 각 파 인물을 두루 망라했다.[46] 순희 8년(1181) 8월, 왕회가 재상으로 임명되었을 때 장식과 여조겸은 이미 세상을 떠난 뒤여서, 주희는 이학파 사대부 중 가장 성망 있는 지도자가 되었다. 그래서 양만리가 왕회에게 천거했던 60인 중 주희가 제일 첫머리에 있었다. 이런 상황 속에서 만약 왕회가 주희를 정부로 끌어들이지 않는다면 "현명한 이를 등용하여 임금에게 보답한다"는 자신의 약속을 지킬 방법이 아예 없어진다. 그래서 왕회가 주희를 절동제거로 임명했던 것은 자신의 첫번째 정치 강령을 이행하기 위한 것이었을 뿐, "힘써 천거했다"고 운운함은 사실을 벗어난 억측이다. 둘째, 이전의 재상들 예컨대 진준경·공무량·사호 등은 모두 주희를 천거하여 중앙으로 이끌어들이기를 희망했고, 왕회가 재상이었을 당시 참지정사였던 주필대 역시 주희의 유력한 지지자였다. 그렇지만 왕회에게는 그런 생각이 없었고, 오히려 '기근 구제책'을 구실로 삼아 주희를 절동이라는 '지방'으로 배치했다. 건도 4년(1168) 왕회가 건녕지부建寧知府로 임명되었을 때, 건녕의 기근 일로 주희와 잠깐 접촉한 적이 있었다.[47] 이제 그는 그때의 일을 근거로 삼아 "기근 구제책을 알맞게 시행한 까닭은 그[주희]가 배운 바를 행한 때문"이라고 강조한다. 이것은 실로 교묘한 관료적 언사였다. 겉으로는 이치에 맞는 말을 하면서, 실제로는 주희를 권력의 중심 밖에 두려는 의도가 들어 있기 때문이다. 셋째, 주희가 절동제거로 임명된 것은 순희 8년(1181) 8월이었고 같은 해 10월에 임지에 부임하는데, 이듬해 6월 8일에 주희는 무척 비판적인 편지를 한 통 써서 왕회를 비난한다.

임명을 받아들인 이래 새벽부터 밤까지 걱정하고 탄식하면서, 성스러운 천자의 명철한 명령을 우러러 받들지 못하고, 명공明公[왕회]께서 이런 때에 [저를] 알아주신 것을 욕되게 할까봐 두려웠습니다. 그래서 분주히 돌아다니는 노고를 마다하지 않았고 주청奏請의 번거로움을 싫어하지 않음으로써, 직분상 해야 할 일을 다하여 1만분의 1이나마 보답하려고 했습니다. 그러나 여러 일에 대해 주청했지만 받아들여지지 않는 경우가 많았습니다. 다행히 주청에 따르는 조치가 있더라도, 대체로 지연되거나 적절한 시기를 넘어버려 사업에 도움이 되지 않았습니다. 심한 경우에는 허락한 것인지 아닌지가 막연하여 마치 깊은 우물에 빠진 듯 느꼈습니다. 더욱 심한 경우, 마침내 사실 조사에 따른 탄핵이 시행되지 않고, 반대로 [제가] 피해를 입게 되었습니다. 명공께서는 사건을 통제하려는 의도가 있을 것이니 [이 사안을] 잘 아실 것입니다. 이 사람으로 하여금 분노하게 하여 여기 온 것을 후회하고 있습니다만, 사직을 원해도 받아들여지지 않아 결국 그대로 일을 하면서 여기까지 오게 된 것입니다.[48]

위 편지는 1차 사료로서 주희가 임명된 지 7~8개월 동안 왕회의 지원을 조금도 받지 못했을뿐더러 곳곳에서 그의 견제를 받아 구황 사업을 전혀 유효하게 전개하지 못했다는 사실을 실증한다. 편지에 제기된 "사실 조사에 따른 탄핵이 시행되지 않고 반대로 [제가] 피해를 입게 되었다"는 것은 당중우 사건을 가리키는 것이 아니다. 주희가 당중우를 탄핵한 것은 이로부터 한 달 후였다. 위 인용문 속 "사실 조사에 따른 탄핵이 시행되지 않는다"는 말은 그해 1월에 주희가 구주衢州 태수 이역李嶧을 탄핵한 사건을 말한다. 이역은 당시의 집정대신인 사확연謝廓然의 친척이라서 왕회는 관리끼리 서로 눈감아 주는 관행을 따랐고, 마침내 이 사안을 확실히 처리하지 않았다.[49] 그래서 주희는 「재상에게 올리는 편지上宰相書」에서 이렇게 말했다.

명공[왕회]께서는 나라를 걱정하는 생각이 제 몸을 아끼는 절실함만 못하기에, 다만 아첨하고 영합하는 계책만 만들기에 노력하십니다. 자신을 도모한다는 점에서는 최선을 다했다고 할 수 있겠습니다. 하지만 곁에서 보는 사람의 관점에서 말하자면, [명공은] 사려하지 않음이 심하다고 할 수 있습니다.[50]

「재상에게 올리는 편지」로부터 우리는 다음과 같은 사실을 알 수 있다. 주희와 왕회의 관계는 처음부터 긴장으로 가득 차 있었고, 순희 9년(1182) 6월에는 이미 완전한 파열 단계에 와 있었으며, 7월에 이르러 당중우 사건이 일어나자 더는 수습할 수 없는 지경에 이르렀다는 것이다.

주희와 왕회의 관계가 처음부터 빙탄지간氷炭之間이었음은 부인할 수 없는 사실이다. 그렇지만 양자 간 충돌을 오직 개인 간 원한 관계로 해석할 수는 없다. 그래서 우리는 거시적 시각으로 충돌의 근원이 어디에 있는지를 검토해야 한다. 이 장은 송대 당쟁이 주로 사대부 내부의 분화에서 기인함을 밝히는 데 있다. 앞 절에서 우리는 주희 시대의 당쟁은 기본적으로 이학형 사대부와 직업관료형 사대부 양대 진영 사이에서 일어났고, 이 양대 진영의 대치는 왕회의 장기 집권으로 더욱더 격화되었다는 점을 지적했다. 아래에서는 이런 관점에서 주희와 왕회의 충돌을 설명하고자 한다.

각종 전기 자료를 종합하여 판단하건대 왕회가 직업관료 집단에서 군계일학의 인물이었다는 점은 의문의 여지가 없다. 왕회는 겉으로는 원만하고 유순하며 순박하고 성실한 듯 보였지만, 속은 생각이 깊고 주도면밀했다. 언사는 비록 유창하지 않았지만, 인사人事 문제 대응에서는 뛰어났다. 특히 행정사무에서는 한편으로 '법도'를 조심스럽게 지키면서 다른 한편으로 상당히 명쾌하게 처리했다. 재상에 임명되기 전, 효종이 그를 면전에서 칭찬하며 이렇게 말한 적이 있다.

진강백이 비록 인망人望이 있다지만, 일을 처리하는 데는 경[왕회]에게 미치지 못한다.[51]

진강백은 고종과 효종 양대의 명재상으로, 사서는 그에 대해 "일에 임하여 분명하게 판단했다"[52]고 했다. 그렇다면 왕회는 정무관의 본령을 갖고 있었음이 틀림없다. 왕회는 송대의 유명한 관료 수칙인 "근면, 신중, 조화, 여유"를 철저히 행했다.[53] 만약 효종이 '회복'을 적극 진행시켰다면 재상 자리가 그에게 돌아오지 않았을 테지만, 효종이 수정판 '국시' 곧 '안정'을 시행한다면 틀림없이 왕회야말로 가장 적합한 사람이었을 것이다. 그래서 주희의 다종다양한 주청에 대해 왕회가 '받아들이지 않거나' '지연시켰던 것'은 사실 그가 관료 집단의 공통 입장과 기풍을 대표했기 때문이다. 이 점은 아래에서 더 구체적으로 해설될 필요가 있다.

여기서 우리는 중요한 사실을 하나 먼저 지적하고자 한다. 곧 주희가 절동에서 행한 조치가 비록 그의 강직하고 의로운 성격과 깊은 관련이 있지만, 실제로 그것은 이학형 사대부들의 이상적 경향을 체현한다는 점이다. 정치 실천 측면에서 말하자면, 개별 유학자들에게는 주로 두 가지 길이 있다. 첫번째는 조정 권력 핵심부에 들어가서 "군주를 보좌하여 도를 행하는 것"으로, 왕안석이 신종을 만난 것이 바로 이 경우에 해당된다. 그렇게 된다면 전면적 질서의 재수립을 추진할 수 있다. 두번째는 지방관이 되어 지방 질서를 재수립하여 직접 "민에게 은택을 베푸는 것澤民"이다. 예컨대 희령 10년(1077), 여공저가 하양 지사로 임명되었을 때, 정호가 시를 지어 그를 송별하는데 그 시에 "그대가 다시 기용되어 창생蒼生을 위할 줄 알았다"[54]는 구절이 있다. 질서 재수립의 이상 및 그 실천과 관련하여 북송대 유학자들은 두 가지 방식을 제시했고, 남송대 이학자들은 그것을 그대로 계승했다. "군주를 보좌하여 도를 행한다"는 것에 대해서는 하편에서 더 자세히 논할 것이다. 주희가 절동제거로 취임했던 것은 두번째에 해당된다. 황간은 「주 선생 행장朱先生行狀」에서 이렇게 말했다.

절동에서 대기근이 일어나자 제거절동 상평차염사提擧浙東常平茶鹽事를 바꾸었다. 당시 민이 이미 기근에 시달려서 [선생은] 그날로 수레 한 대를 타고 길을 떠났다.[55]

주희는 평생 거듭해서 관직을 사양했고 바로 그 점 때문에 세상에서 유명해졌지만, 이번에는 "그날로 수레 한 대를 타고 길을 떠났다"고 한다. "그대가 다시 기용되어 창생을 위할 줄 알았다"는 정호의 시 구절은 바로 이런 상황에 쓰일 수 있다. 왕무굉은 『주자연보』에서 옛 연보를 인용하여 이렇게 말했다.

선생은 남강南康의 군수 일을 하고 절동에서 사역하면서, 처음으로 나라를 위해 몸을 바치겠다는 생각을 가졌다.[56]

이 조목은 주희의 문인 이방자李方子(과재果齋)의 기록에 바탕을 두고 있어 표현이 매우 생동감이 있으며 당시 상황과 잘 부합한다. 앞 절에서 이미 지적했다시피 순희 5년(1178)에 주희가 남강 군수의 벼슬을 받아들였던 데에는 장식과 여조겸의 거듭된 독촉이 있었다. 그런데 이번에 절동으로 임명되었을 때는 여조겸이 막 병으로 죽었고(순희 8년 7월 말), 장식도 바로 1년 전(순희 7년) 세상을 떠난 상태였다. 그가 결연하게 명령을 받아들였던 까닭은 옛 친구 둘이 3년 전에 해준 권면의 말이 아직도 귀에 남아서 차마 그것을 거역할 수 없었기 때문일 것이다. 이 점은 상상하기 어렵지 않다. 그래서 주희가 절동으로 부임한 것은 단순한 개인의 결정이 아니라 이학파 사대부들의 집단적 의지가 상당히 반영되어 있다고 볼 수 있다.

황간의 「주 선생 행장」은 주희가 절동에서 취했던 조치를 종합하면서 다음과 같이 말한다.

부서 배치가 이미 정해지자 관할 지역을 순시했다. 깊은 산과 긴 골짜기까지 가지 않은 곳이 없었다. 위문을 하고 구휼을 하여 살린 자가 이루 셀 수 없이 많았다. 매번 출장 때에는 수레 한 대를 탔고 시종들은 따라오지 못하게 했다. 순시 지역이 넓더라도 사람들은 그 사실을 몰랐다. 군현의 관리들은 선생의 풍채를 꺼려하여 당황하고 두려워했다. 마치 [금나라] 사신이 변

경에 육박해 들어오자 스스로 병력을 이끌고 물러서는 것과 같았다.[57]

주희가 절동에서 1년여에 걸쳐 올린 '주장奏狀'[58]과 나중에 추억한 글[59]을 검토해보면, 그의 업무량이 무척 많아서 놀랍다. 「주 선생 행장」의 말은 결코 과장이 아니었다. 순희 9년(1182)에 시행한 두 차례 순시만 놓고 보더라도, 그는 1월에 구주 태수 이역을 포함하여 관리와 토호 다섯 명을 고발했고, 7월에는 태주 지사 당중우를 포함하여 세 사람을 탄핵했다.[60] 이역의 사건은 집정대신 사확연의 죄를 묻는 것이 되었고, 당중우 사건은 왕회에게 직접 타격을 가하는 것이었다. 당중우는 왕회와 동향 출신이자 왕회와 혼인 관계로 맺어져 있었다. 이로 인해 주희는 매우 위험한 상황에 빠지게 되었다. 그래서 그는 순희 9년(1182) 11월에 「강동제형의 면직을 청하는 세번째 상소문辭免江東提刑奏狀三」에서 이렇게 말한다.

생각건대 제가 탄핵한 탐관오리는 그 당인들이 많아서 마치 바둑돌과 별들이 늘어서 있는 것 같으며, 아울러 요직을 장악하고 있습니다. 사건이 알려진 이래 크게는 재상들이 위에서 조정을 하고 작게는 아래에서 분주히 왕래를 합니다. (…) 제게 해를 가하여 [이제는] 남은 힘이 없습니다.[61]

주희는 그 일이 자신에게 백해무익함을 분명히 알았지만 여전히 용왕매진했고, 자신이 전체 관료 체제의 적이 되는 것을 마다하지 않았다. 이런 정신은 그의 유가적 배경 속에서 찾아서 해석되어야 할 것이다. 주희는 나중에 절동에서 관리 생활을 하던 상황을 아래와 같이 떠올렸다.

과거 절동의 일을 보건대 주현州縣은 실로 민을 금수처럼 보아서 풍년에도 굶어 죽는 사람이 많았다.[62]

이런 상황은 주희의 주장奏狀에 상세하게 묘사되어 있다. 맹자의 "사람에게 모질게 대하지 못하는 마음"과 "민에게 은택을 베푼다"는 관념으로부터 영향을 받은 송대 유학자들은 그런 잔혹한 현실을 목도하고서 마음이 움직이지 않을 수 없었다.[63] 주희는 "군주를 보좌하여 도를 행하는" 기회를 얻을 수 없게 되자, "남강의 군수 일을 하고 절동에서 사역하기"를 바랐다. 이는 앞서 서술한 두번째 방식의 유학적 실천을 정치적으로 선택한 것이었다. 만년에 주희는 일생 겪었던 외임外任의 경험을 이렇게 요약한다.

> 큰 지역을 다스리려 할수록 일하기가 더욱 어렵다. 감사가 되는 것은 군수가 되는 것만 못하고, 군수가 되는 것은 현관縣官이 되는 것만 못하다. 내가 인애의 마음을 갖고 있다 하더라도 한 겹만큼 떨어져 있게 되기 때문이다. 어떤 일을 해야 하는데 그 일을 하지 않는다면, 민에게 은택을 미칠 수 없다.[64]

한시도 잊지 못하는 '인애의 마음'이 어떻게 해야 "민에게 미칠 수 있는가?" 하는 문제는 송대 유학의 진정한 혈맥이 놓여 있는 곳이라 할 수 있다. '내성'이 최후로 '외왕'으로써 발휘되어야 한다는 것은 남송 이학이 질서 재수립이라는 유학의 큰 방향을 그대로 계승했음을 말한다. 물론 약간의 변화는 가했지만 말이다. 곧 지방행정은 국부局部적 질서를 정돈하기 위한 시작점이었고, 주희는 지방행정을 매우 깊이 체험한 사람이었다. 그가 어째서 "남강의 군수 일을 하고 절동에서 사역한" 이후에도, 만년에 장주漳州[지금의 푸젠福建 성에 있음]와 담주潭州[지금의 후난湖南 성에 있음]의 지방관으로 임명되는 것을 받아들였는가 하는 의문에 대해 앞서 인용한 어록은 매우 중요한 이해의 실마리를 제공해준다.[65]

마지막으로, 우리는 당중우 사건을 분명히 이해해야 한다. 주희가 당중우를 탄핵한 사건은 당시 엄청난 풍파를 일으켰고 후대의 전하는 바도 분분한

데, 전하는 바들은 대체로 주희의 동기에 초점을 맞추고 있다. 현대의 학자들 역시 주희와 당중우 두 사람의 학문적 차이를 근거로 설명을 하지만, 사실은 "주희는 정이의 학문을 배웠고 당중우는 소식의 학문을 배웠다"라는 왕회의 오도誤導를 받아들인 결과다. 주희가 당중우를 탄핵하기 전후 여섯 차례 상소문에 입각해보면, 사실의 나열이 극히 상세하다. 전조망은 비록 당중우를 극력으로 변호하지만, 이렇게 말할 수밖에 없었다.

> 태주台州의 사건을 상세히 고찰하건대 당중우가 주희에 의해 규탄당했던 것은 온전히 주희의 왜곡 때문이라고는 할 수 없다.[66]

그러므로 이 사건은 전적으로 학문의 차이 때문에 일어났다고 할 수도 없고, 개인 사이 원한 관계로 설명될 수도 없다.[67] 주희와 당중우 사이 악연 관계의 전모를 밝히는 것은 이 절의 논지와 관련이 없으므로 깊이 설명하지는 않겠다. 여기서 검토하려는 것은 당중우 사건이 주희와 왕회 간 충돌에서 어떤 작용을 했는지의 문제다.

주희가 순희 9년(1182) 6월 8일에 쓴 「재상에게 올리는 편지」를 보면 주희와 왕회의 관계 악화는 당중우 사건 전부터 시작되었음을 알 수 있다. 따라서 당중우 사건은 주희와 왕회 관계를 파열하게 만든 결정적 요인은 아니다. 다만 우리는 두 가지 이유에서 당중우 사건이 주희-왕회 관계에서 특수한 위치를 차지한다고 믿는다. 첫째, 주희가 행한 일련의 탄핵 중에 당중우 사건은 최후이자 최대의 사건이었다. 이 일련의 탄핵 상주문을 하나하나 살펴보면, 모두 개별 관리를 겨냥하고 있다. 하지만 전체를 놓고 보면, 상주문들은 당시 관료체제에 대한 도전이었음에 분명하다. 물론 관료 체제는 당연히 왕회의 창작물이 아니다. 그러나 왕회는 정권을 잡은 재상으로서 자신이 임한 체제의 운용 방식과 그 기풍에 대해 책임을 져야 했다. 그의 권력적 기초는 본래 '안정'이라는 약속 위에 놓여 있다. 그는 다소 작은 탄핵 사건들은 무마해버릴 수 있었을 것이다. 하지만 당중우 사건은 몹시 큰 사건이어서 효종도 알고 있었기 때문에 그 사건은 왕회에게 매우 심각한 타격을 입혔음에 틀림없다. 둘째, 당중우는 왕회의 동향 사람이자 왕회와 혼인 관계로 맺어져 있었는데, 왕회는 이런 이중적 관계로 더욱더 난감한 상황에 빠지게 되었다. 장단의張端義는 『귀이집貴耳集』 권하에서 이렇게 말한다.

> 효종 황제는 재상이 동향 출신을 등용하는 것을 허락하지 않았다. 왕 승상〔왕회〕이 재상에 있은 지 8년 동안 임자중林子中이 동향 사람이었지만, 그는 그동안 벼슬을 받을 수 없었다.[68]

장단의는 당중우와 사귄 적이 있어 그의 말에는 분명 근거가 있을 것이다.[69] 이런 불문율은 조웅이 재상으로 있었을 때부터 생겨났다. 왜냐하면 그에게는 촉 지방 사들을 많이 끌어들인다는 소문이 있었기 때문이다.[70] 그래서 왕회도 신중히 행동하면서 '붕당'의 혐의를 피하려고 했다. 주희가 당중우를 탄핵한 것은 왕회가 가장 민감하게 여기는 부분을 정확히 타격했고, 게다가 주희는 거기서 공격을 멈추려 하지 않았다. 앞서 인용한 주장은 바로 이렇게 말했다. "제가 탄핵한 탐관오리는 그 당인들이 많아서 마치 바둑돌과 별들이 늘어서 있는 것 같으며, 아울러 요직을 장악하고 있습니다." 주희는 조정의 집정 그룹을 향해 창끝을 직접 겨누었던 것이다.

당중우 사건이 왕회와 그 집정 그룹에 가한 정치적 충격이 그처럼 컸기 때문에, 그들은 계획적으로 반격하려 생각하게 되었다. 정병·진가의 '위학 금지' 움직임은 이런 배경에서 인식되어야 한다. 사실 '위학 금지'의 유일한 근거는 바로 '도학' 일파 인사들이 '붕당'을 결성하여 '안정'이라는 새로운 '국시'를 파괴한다는 것이었다. 이런 논점은 진가가 순희 10년(1183) 6월 5일에 올린 「도학은 세상을 속이고 명성을 훔치니 배척하기를 바랍니다道學欺世盜名, 乞擯斥」라는 상소문에서 노골적으로 진술된다.

제가 근래 진신 사대부들을 보니 이른바 도학자라는 사람들이 있는데 (…) 서로 말을 지어내고 서로를 추어올립니다. (…) 당을 심는 것이 분명하니 차차 [그 세력이] 성장하지 못하도록 해야 합니다. 무릇 붕당의 시작은 끼리끼리 무리를 짓다가 저쪽과 이쪽이 창과 방패가 되는 것일 따름입니다. 만일 그런 사람을 등용한다면, 그는 반드시 상대를 이기려고 하여 군주와 윗사람을 속일 것이고, 마침내 그의 술책이 행해질 것입니다. 그 이해利害는 개인이 아니라 천하와 관계된 것입니다.[71]

상소문 속 "그런 사람"이 주희를 가리킴은 한눈에 알 수 있다. 왕회 집단은 당중우 사건으로 자신들이 '붕당'의 혐의를 받을까봐 매우 두려워했기 때문에, 아예 '도학'이라는 명목을 만들어내서 오히려 그 죄를 주희와 그 지지자들에게 전가하려고 했음이 분명하다. 상소문은 '도학'의 사대부들이 "서로를 추어올리고" "당을 심는 것이 분명하다"고 비난했는데, 그런 비난에 전혀 근거가 없었던 것은 아니다. 사료가 부족하므로 여기서 상세한 사정을 재구성하기는 어렵다. 하지만 육구연이 쓴 「진졸에게與陳倅」라는 편지는 중요한 사실 하나를 말해준다. 이는 진가의 비난이 사실에 근거함을 증명해준다. 육구연의 편지는 이렇게 말한다.

주원회[주희]가 절동에 있을 때 큰 절개와 위대함으로써 당여정唐與政[당중우]을 탄핵한 일은 모든 이의 마음을 상쾌하게 만들었습니다. 백성은 [주희의] 사직을 매우 아쉬워했습니다. 사대부들이라 할지라도 의론을 하다가 분분함을 면치 못했습니다. 이제 그 시비는 점차 분명해지고 있습니다.[72]

이 편지는 육구연이 순희 9년(1182) 가을에 처음으로 임안에 가서 국자정國子正으로 임명되었을 때, 곧 당중우 사건이 일어났을 때 작성된 것이다. 따라서 조정 내 사대부들이 분화하던 상황을 여실하게 반영하고 있다. 육구연이 교류하던 사대부들은 당연히 이학파가 많았고, 그들은 주희를 동정하여 편들고 있었다. 그래서 편지에는 "모든 이의 마음을 상쾌하게 만들었다"는 표현이 나온다. "의론을 하다가 분분함을 면치 못했던" 사대부들은 대체로 왕회 집정 집단 출신들이었을 것이다. 주희가 당중우를 탄핵한 사건은 그들이 극력 옹호했던 '안정'이라는 표상을 타격했다. 여기까지 분석하면, '주희와 왕회 사이의 충돌이 어째서 두 사대부 집단의 정치적 상호 대치를 집중적으로 표현한 것으로 여겨져야 하는가?' 하는 의문이 저절로 해결될 것이다.

앞서 지적했다시피 '안정'을 주조로 하는 수정판 '국시'를 행하기 위해, 왕회는 시정施政 강령 2개 항을 세웠다. 첫째, 현인만을 등용함으로써 '붕당' 분쟁을 혁파한다는 것, 둘째, '기성 법률'을 준수함으로써 정치적 질서를 안정시킨다는 것이었다. 누약은 「왕공 행장」에서 이런 일을 기록하고 있다.

조사朝士들이 붕당을 논하는데 처음으로 오귀五鬼,[73] 칠상七殤[74]이라는 항목이 들렸다. 임금이 그에 대해 물었다. 공[왕회]은 "그것은 뜻을 얻지 못한 자들이 하는 말이니, 조용한 태도를 그들에게 보여준다면 아무 일 없을 것입니다"라고 말했다.

이 사건은 '붕당' 문제에 대한 왕회의 긴장감을 잘 보여준다. "조용한 태도를 보여준다"는 것은 그의 기본적 집정 원칙을 대변한다. 첫번째 강령으로 인해 왕회는 부득불 주희를 초빙하여 정부에 들일 수밖에 없었으나 주희의 거듭된 탄핵 상주문으로 엄청난 곤란을 겪게 되었다. "조용한 태도를 보여준다"는 원칙은 주희 사건의 경우 전적으로 효력을 잃었거니와, 더 나아가 「재상에게 올리는 글」이라는 한층 날카로운 비판을 받게 되었고 게다가 당중우 사건이라는 수습할 수 없는 일을 초래했다. 왕회는 처음에는 이런 상황을 예측할 수 없었을 것이다. 두번째 강령 역시 그가 주희와 더불어 의견 충돌을 일으키게 된 한 가지 근원이다. 송대 각 노路의 제거提擧는 관제상 통칭 '감사監司'로 불렸다. 이론상으로 원래 '감사'는 주군州郡을 감독하는 직책이었지만, 실제 운용 과정에서 조정으로부터 여러 제한을 받았다. 엽적은 우리에게 이렇게 알려준다.

법도를 받들어 행하는 주체는 주군이다. 법도를 받들어 행하지 않는 주군을 다스리는 주체는 감사다. 그러므로 감사라 함은 주군을 조정하고 통제하는 직책이다. 감사로 하여금 주군을 조정하고 통제하도록 한다면, 또다시 조정하고 통제할 일은 없어질 것이다. 이것이 바로 당대當代에 감사 체제를 그처럼 설치한 까닭이다. 하지만 최근 중앙정부에서 감사를 조정하고 통제하는 것이 감사가 주군을 조절하고 통제하는 것보다 심하다. 중앙정부는 감사가 권력을 마음대로 행사할까봐 노심초사하여, 혹은 정해진 시기가 아니면 [감사들로 하여금 주군을] 순시하지 못하도록 하고, 혹은 순시하되 3일을 넘지 않도록 한다. 또한 따라다니는 하급관리들, 출장 시 지급받는 식량, 받는 예물에 대해 명확히 금지한다. 이처럼 조정은 감사가 바쁘게 일하는 것을 막아서니, 감사가 어떻게 주군을 막을 수 있겠는가? 게다가 감사들의 핵심 직무에 대해서는 책하지 않고 세부 사항을 임시변통으로 금지하는 것은 왜인가? (…) 그러므로 감사들은 해이해지고 사람들은 그들이 관대해졌다고 여긴다. 중앙정부도 [감사들이 그래야] 사리를 아는 것이라고 여긴다. 반대로, 감사들이 직무를 다하면 사람들은 [감사가] 권한을 침범한다고 여기고, 중앙정부도 [감사가] 괜히 일을 만든다고 여긴다. 이것은 큰 잘못이다.[75]

위 구절이 묘사하는 것은 바로 주희 시대의 현행 제도로서, 주희와 왕회가 충돌하게 된 초개인적 배경에 대해 상당히 구체적인 증거를 제시한다. "여러 일에 대해 주청했지만 받아들여지지 않는 경우가 많았다. 다행히 주청에 따르는 조치가 있더라도, 대체로 지연되거나 적절한 시기를 넘어버렸다"고 주희는 왕회를 비판했다. 주희는 오매불망 "민에게 은택이 미치게" 하려고 했기 때문에, 관료 체제의 구속과 번쇄함, 그리고 그로 인한 처리의 지연을 도저히 참을 수 없었다. 『주자어류』에는 이런 기록이 보인다.

> 나는 절동상평사浙東常平事로서 입궐하여 [임금을] 알현하면서 기근 구제에 대해 아뢴 적이 있다. 임금께서는 "그 폐단은 '때를 놓치고 실질을 잃어버리는' 데 있을 뿐"이라고 말했다. 그 말씀은 기근 구제책의 병통을 매우 적절히 표현했다.[76]

이 기록은 매우 중요하다. 왜냐하면 효종이 사실은 주희 쪽에 섰다는 것을 보여주기 때문이다. 그렇지만 '기성 법률'을 엄수하는 것이 왕회의 핵심 원칙이어서 왕회는 당연히 모든 현행 법령에 의거하여 일을 처리했다. 그래서 왕회의 눈으로 보았을 때, 주희가 절동에서 취한 여러 조치는 다만 그가 "권한을 침범하고" "괜히 일을 만들며" "사리를 모르는" 감사라는 것을 증명하는 데 불과했다. 당시 왕회는 그런 핵심 원칙으로 '안정'에 대한 고종의 욕구에 부합했고, 그것은 효종이 동의하는 수정판 '국시'이기도 했다. 효종은 속으로는 주희를 동정했지만 드러내놓고 주희를 지원하지는 않았다.

지금까지 논의를 종합하자면, 남송 당쟁사에서 왕회의 집권은 새로운 단계의 시작을 알리는 표지 같은 것이었다. 곧 '도학'이 '붕당'의 주요 축으로 변화되는 것은 바로 그때부터였다. 순희 10년(1183) '위학' 금지령이 내려진 후, 지방관들은 감히 '도학' 사대부들을 천거하지 못했고, 상서성의 시권관試券官들은 '도학을 주장했다'는 이유로 '죄를 얻었으며',[77] 심지어 지주知州들은 '도학으로써 자부했다'는 이유로 파면당했다.[78] 이학형과 관료형 두 가지 사대부 집단이 이미 분명하게 갈린 것이다. 대략하여 말하자면, 질서 재수립이라는 유학의 대조류에서 전자의 정치적 지향은 현상 개혁이었고, 후자는 '안정'의 임무를 담당하는 것이어서 그 지향은 현상 유지였다. "조용한 태도를 보여준다"는 왕회의 집정 원칙으로 관료적 분위기가 신속하게 발전했으리라는 것은 의문의 여지가 없다.

앞 절에서 "근시안적으로 질질 끌기를 일삼다가 시기를 지나쳐버리고 만다. 위아래로 일을 만들지 말라고 떠들면서, 일을 충분히 명확하게 이해하려 들지 않고 그렇게 모호하게 처리한다"[79]라는 『주자어류』의 한 구절을 인용했다. 왕회의 집정 7년 동안 이런 작풍은 장족의 발전을 이루었다. 순희 15년(1188), 허급지가 왕회를 탄핵할 때 이 점을 특히 강조했다. 『송사』 권394 「허급지전許及之傳」에 이런 기록이 실려 있다.

> 왕회가 국정을 담당한 지 오래되자 허급지가 상주했다. "폐하[효종]께서 즉위한 지 27년, 여러 신하는 아직도 성스러운 뜻에 부합하지 못하여, 구차한 것을 안락과 영광으로 여기고, 무원칙한 관용을 인仁과 서恕로 여기며, 일을 떠맡지 않음을 간소함이라고 여기고, 원망을 기꺼이 받아들이지 않음을 노련함이라고 여깁니다. 과감하게 말하는 사람에게는 경솔하다고 손가락질하고, 염치를 모르는 사람에게는 순박하고 착실하다고 말합니다. 폐하께서 이런 사람들을 얻어 재상으로 삼으시니 어찌 통치에 도움이 되겠습니까?" 왕회는 마침내 파면되어 사록祠祿[퇴직급여]을 받게 되었다.[80]

허급지의 말과 주희의 관찰은 서로가 서로에게 증거가 된다. 왕회의 파직과 이학파 사대부들의 공격 사이에는 긴밀한 관계가 있다. 하지만 그 배경과 과정은 매우 복잡하므로 제9장 4절에서 다시 논해야 한다. 마지막으로 내가 지적해야 할 점은 이렇다. 왕회이 장기 집권으로 깅력한 관료 십단이 이루어졌고, 그들은 대대로 이어나가면서 요직을 차지하게 되었다는 사실이다. 그래서 그들은 광종과 영종 양대에 걸쳐 계속하여 영향력을 행사했고, 경원당금도 주로 그들의 작품이었다. 상세한 내용은 하편을 보길 바란다.

5. 남은 논의

당쟁은 송대 사대부 정치문화의 중요 구성 부분이다. 이 장은 주희 시대를 자세히 다루기는 했지만, 그 중점은 여전히 양송 당쟁의 특색을 밝히는 데 있었다. 마지막 절에서는 전체적 관점에 입각하여 몇 가지 나머지 논의를 서술함으로써 결말을 맺고자 한다.

광종 소희 2년(1191) 4월 24일, 주희는 「유 승상에게 보내는 편지與留丞相書」에서 말한다.

보내주신 편지를 읽어보니 사대부의 붕당을 깊이 걱정하고 있었습니다. 이는 고금에 걸친 병통이고, 실로 위에 있는 사람들이 싫어하는 것입니다. 그러나 저는 이렇게 생각합니다. 붕당의 화禍는 사대부들에 그칠 뿐입니다. 그런데 옛날에 붕당을 싫어하여 그것을 없애려고 했던 사람들은 나라를 망하게 하는 지경에 이르는 경우가 종종 있었습니다. 그 당이 현인의 당인지 아닌지, 충성하는 사람들의 당인지 사악한 사람들의 당인지를 살피지 않고 오직 당을 없애는 데에만 힘을 쓴다면, 모략을 꾸미는 데 교묘한 저 소인들이 장차 자신들의 행적을 감출 수 있을 것이고, 반대로 공적인 마음에 근거하여 에두르지 않고 직언하는 군자들은 오히려 배척당하여 당黨으로 지목되기 때문입니다. 한, 당, 그리고 소성 연간의 일과 현재의 사태는 그리 차이가 없습니다. (…) 문을 걸어 잠그고 스스로를 지키는 것, 홀로 있으면서 붕당에 속하지 않음은 절개 있는 행동 중 하나입니다. 현명하고 능력 있는 사람을 초빙하고, 간악하고 음험한 인물을 쫓아내고 물러나게 하며, 천하 사람들을 하나로 합하여 천하의 일을 이루는 것은 재상의 직무입니다. 어째서 당이 없는 사람을 옳다고 여기고 당이 있는 사람을 그르다고 여기십니까? 무릇 승상께서 오늘날 처하신 곳에서 당이 없으면 당을 없게 할 것이지, 소인의 도는 날로 자라나게 하고 군자의 도는 날로 줄어들게 하고 있어 천하의 걱정을 이루 다 말할 수가 없으니, 승상께서 어찌 그 책임에서 자유롭겠습니까? 저는 어리석은 사람으로서 그런 걱정을 이길 수가 없습니다. 바라건대 승상께서 먼저 현인과 그렇지 않은 사람을 분별하고, 충직한 사람과 사악한 사람을 분별함을 임무로 삼으십시오. 어떤 사람이 과연 현명하고 충직하다면 분명히 그를 진급시키고, 오직 '그 당인의 수가 많지 않아서 공동으로 천하의 일을 도모하지 못할지'를 걱정해야 합니다. 어떤 사람이 과연 간사하고 사악하다면 분명히 그를 파면시키고, 오직 '(그 당인들을) 다 제거하지 못하여 현인을 등용하려는 노력에 방해될 수 있다'는 것을 걱정해야 합니다. 군자가 당을 만드는 것을 싫어하지 않을 뿐만 아니라 몸소 당인이 되는 것을 꺼리지 말아야 합니다. 몸소 당인이 되는 것을 싫어하지 않을 뿐만 아니라 군주를 끌어들여 당인으로 만드는 것도 꺼리지 말아야 합니다. 이렇게 한다면 천하의 일이 거의 완성될 것입니다!¹

이것은 구양수의 「붕당론」 이후 가장 획기적인 글이다. 북송 사대부들의 내부가 날로 분화되자 "군자는 당을 짓지 않는다君子不黨"는 전통 관념은 현실에 적용되기 어려워졌다. 그래서 구양수는 왕우칭²에 이어서 "군자는 도를 함께하는 사람들과 더불어 당을 이룬다"³는 설을 발양했는데 그 영향력이 막대했다.⁴ 이후 양송 교체기에 이르자, 이강은 먼저 「붕당론」을 지었고⁵ 소흥 6년 (1136)에는 「붕당을 논하는 차자論朋黨箚子」⁶를 올렸다. 그는 대체로 구양수의 설에 의거하면서 거기에 부연을 하고 있다. 곧 군자는 소인과 더불어 붕당의 모습에서 완전히 벗어날 수 없으므로, 황제가 양자를 분명히 변별할 수 있느냐 여부가 관건이라는 것이다. 주희는 이 문제에서 세 가지 돌파구를 연다. 첫째, 구양수는 '붕朋' 자를 상용했지만 주희는 곧바로 '당黨' 자로 대체했다. 둘째, 구양수는 "군자도 당이 있다君子之黨"는 것을 소극적으로 변호하는 데 그쳤지만, 주희는 군자가 자신의 당을 부단히 확대함으로써 "공동으로 천하의 일을 도모한다"는 정치적 목적에 도달해야 한다고 적극 주장했다. 따라서 재상은 "군자가 당을 만드는 것"을 싫어하면 안 될 뿐더러 '군자의 당'을 이끌어 발전시켜야 할 책임이 있다. 셋째, "군주를 끌어들여 당인으로 만드는 것도 꺼리지 않는다"는 것은 구양수로서는 상상도 할 수 없는 생각이었다. 그 이유는 뒤에서 다룬다. 주희의 견해는 실로 전통 정치사상사에서 공전절후한 것이었다. 그것은 주희가 효종과 광종 양대에 걸쳐 겪은 당쟁 경험을 반영한다. 어떤 시기에서든 직업관료는 사대부 가운데 절대다수를 차지하고, 그것은 필연적이며 정상적인 상황이다. 앞에서 말했다시피 왕회가 집정하던 7년간 직업관료들은 특히 인순因循적, 고식적 작풍을 키웠다. 바로 이런 시기에 주희는 관료체계에 도전을 가하여 '그날그날 살아가는得過且過' 그들의 작태를 타파하려 결심했기 때문에 직업관료형 사대부들의 강력한 반발을 초래했다. 주희가 '당'에 대한 새로운 관념을 발전시켰던 것은 그 구체적인 역사 배경과 더불어 분리될 수 없다.

"군주를 끌어들여 당인으로 만든다"는 말은 '국시' 법제화 이후에나 나올 수 있는 말이다. 왜 그럴까? 우리가 이미 보았듯, 희령변법 이전에 황제는 당쟁을 초월하여 있었다. 그러나 신종과 왕안석이 "공동으로 국시를 정한" 이후, 황제는 사실상 재상을 수반으로 하는 집정파와 더불어 하나의 당을 구성하여 다시는 초월적 지위에 오르지 못했다. 앞 절에서 설명했듯이, 효종은 태도를 바꾸어 '안정'을 위주로 삼았고 이것은 고종의 수정판 국시를 받들어 행하는 것이었다. 이는 소극적 성격의 국시였지만, 일단 군주권력의 정식 인가를 받자 바로 주희와 도학형 사대부들을 숨 쉴 틈도 없이 압박했다. 순희 1년 (1174) 이래 시행된 일련의 '학금學禁' 또는 '당금黨禁' 조치는 그 위력을 충분히 증명한다. 희령 이후 황제는 더이상 당파를 초월하지 못하여, 어떤 일파의 사대부라도 정치적으로 무슨 일을 하려면 반드시 "군주를 끌어들여 당인으로 만들어야" 했다. 그러므로 주희의 그 말은 국시 법제화 이후의 산물로 이해되어야 한다.

이제 나는 한 걸음 더 나아가 다음과 같은 사실을 지적하려 한다. 주희가

'당'의 정치적 기능을 그렇듯 적극적으로 인정할 수 있었던 것은 일찍이 정이가 관념적 금기를 깼기 때문이다. 여본중呂本中의 「잡설雜說」은 이렇게 말한다.

> 정숙[정이]은 '신법이 시행되자 우리 당 인사들이 몹시 심하게 공격한지라, 마침내 각 당파를 만들기에 이르렀는데, 매우 굳건하여 깰 수 없었다'고 말한 적이 있다.[7]

이런 내용은 정이의 어록에도 들어 있다. 대략 다음과 같다.

> 신정新政 개혁에서 우리 당의 싸움에는 지나치게 심한 점이 있었다. 오늘날의 일을 이루고 천하를 도탄에 빠뜨린 것은 그 죄를 양분해야 한다. 당시 (⋯) 개보(왕안석)는 여러 차례 사직하려고 했다. (⋯) 그러나 천기(장전으로 장재의 동생)가 그날 중서성에서 매우 사리에 어긋나는 일을 한지라, 개보는 크게 화내면서 결국 임금 앞에서 사력을 다해 논쟁을 벌였고 임금은 한결같이 [개보의 말을] 들어주었다. 이때부터 당이 나뉘게 됐다.[8]

정이가 여기서 사용한 "우리 당"이라는 말은 신법에 반대하는 구당舊黨을 가리키는데, 그가 '당'을 폄사貶辭로 간주하지 않고 스스로 당인으로 자부했음을 알 수 있다. 또한 주희는 「이천 선생 연보」에서 「왕공 계년록王公系年錄」을 인용하여 이렇게 말한다.

> 처음에 정이가 경연에 있을 때 그 문하에 들어가는 사람들이 매우 많았다. 그런데 소식이 한림에 있자 역시 많은 사람이 그에게 붙어서, 마침내 낙당과 촉당의 논의가 있게 되었다. 두 당은 도道가 달라서 서로를 비난했는데, 정이의 당은 촉당에 의해 배척당했다.[9]

희령 이래 '당' 자는 사대부 사이에서 이미 가치중립적 용어로 자리 잡았다는 사실을 위 인용문으로부터 알 수 있다. 주희는 이 구절을 인용하고서 그에 대해 시비를 가리지 않고 있으므로, 적어도 그가 '낙당'과 '촉당'의 대립을 인정했음은 틀림없는 사실이다. 이 단락은 또한 제7장 2절에서 인용한바, 낙洛, 천川, 삭朔의 세 당으로 구분했던 소백온의 견해와 부합한다. 주희는 역사적 안목이 있어서, 정이 및 그와 관련된 서술들로부터 '당'이 사대부 내부 분화의 필연적 추세를 대변한다는 것을 파악할 수 있었다. 그래서 당시 정치·문화의 새로운 발전에 대해 소극적 회피의 태도가 아니라 적극적 호응의 태도를 취한 것이다.

마지막으로 이 장의 서두에서 제시했던 문제로 돌아가보자. 송대는 중국 역사상 사士 계층이 그 정치적·문화적 기능을 가장 자유롭게 발휘한 시대다. 이런 논단은 대량의 사료에 바탕을 두는 것으로서 결코 흔들릴 수 없다. 그러나 어째서 이 시대에 사대부들은 여전히 정치적·사상적 박해를 끊임없이 받았을까? 이 의문에 철저하게 답하기 위해, 우리는 송대 당쟁 방식의 변화를 세밀하게 추적해야 한다. 송대 당쟁 방식이 비록 세 차례에 걸친 단계적 변화를 겪기는 했지만, 매 단계의 당쟁은 모두 사대부 내부의 사상적 분화 및 권력 경쟁에서 말미암은 것으로 그 동력이 밖에 있지 않고 안에 있음을 우리는 분명히 알고 있다. 그것이 송대 당쟁의 가장 뚜렷한 특색이다. 이제 자료를 인용하여, 송대 사대부들이 그런 특색에 대해 일찍부터 자각하고 있었다는 점을 설명하려 한다. 원우 4년(1089) 5월, 범순인은 「당인을 구분해서 어짊의 교화를 해치면 안 됨'을 논하는 상소論不宜分辨黨人有傷仁化」를 올린다.

붕당이 일어난 까닭은 취향이 달랐기 때문이라고 생각합니다. 나와 같은 사람에 대해서는 '바른 사람'이라고 말하고, 나와 다른 사람에 대해서는 '사악한 당'이라고 말합니다. 이미 나와 다른 사람을 싫어하니 귀에 거슬리는 말이 들어오기가 어렵습니다. 이미 나와 같은 사람을 좋아하니, 내게 영합하는 사람하고만 날로 친하게 지냅니다. 그리하여 진짜와 거짓을 구분하지 못하고, 현인과 우인愚人이 거꾸로 서는 지경까지 이릅니다. 국가의 걱정거리가 어찌 여기에서 비롯하지 않겠습니까? 왕안석은 학술로써 자부했으니 그에게 지식이 전혀 없었던 것은 아닙니다. 다만 나와 같은 사람만 좋아하고 다른 사람은 싫어하여, 마침내 흑백이 나뉘지 않는 지경에 이르러 여혜경을 대유大儒라 하여 등용하고, 사마광을 '다른 당異黨'이라고 하여 내쫓았습니다. 오늘날의 풍속은 오히려 관망하는 것을 유능하다고 여깁니다. 이후에 정권을 담당할 신하들은 〔그 점을〕 영원히 반면교사로 삼아야 합니다.[10]

당시 범순인은 지추밀원으로, 좌상 여대방이 채확의 당옥黨獄을 철저히 조사하려는 것에 찬성하지 않아 이 같은 공정한 의론을 제시했던 것이다.[11] 그는 붕당이 "취향이 다른" 데서 일어났다고 하며 아울러 왕안석의 '학술'을 예로 들고 있는데, 사대부의 사상적 분기로부터 당쟁이 일어났고 그 근원은 학술적 취향의 차이임을 인정하고 있었음을 알 수 있다. 소백온의 『문견록聞見錄』은 낙, 천, 촉의 세 당이 각각 "같은 부류끼리 서로 모여서以類相從" 일어났다고 말하고, 「왕공 계년록」은 낙과 촉 "두 당은 도가 달랐다"고 말하는데, 모두 학술 사상의 측면에서 말하는 것이다.

순희 말년(1189) 누약이 올린 「도학 붕당에 대해 논함論道學朋黨」 상소에도 당쟁의 기원을 언급하는 곳이 있어 범순인의 설과 상호 보충된다. 누약은 이렇게 말한다.

사대부들이 서로 배척함은 성대한 시대라 하여도 아예 없는 일은 아닙니다. 한나라의 당고黨錮는 권력이 환관들에게 있어 〔그들이〕 사리에 어두운 임금을 올라타고 멋대로 행하여 일어난 일이므로 괴이한 일은 아닙니다. 당나라의 붕당과 원우 연간의 당적黨籍은 사대부들이 서로 마찰을 일으켜, 임금으로 하여금 어디에 따를지를 알지 못하도록 한 것이니 더욱 해롭습니다.[12]

누약의 상소문에 담긴 논지는 당시 관료형 사대부들이 도학형 사대부들에게 가하는 끊임없는 공격을 저지하는 것이었다. 그 점은 앞에서 살펴보았다. 이곳에서 그는 당송唐宋 당쟁이 지닌 특색은 "사대부들이 서로 마찰을 일으키는 것"으로 보고, 동한의 환관 집단이 일으킨 '당고'와 다르다는 점을 특히 강조한다. 누약은 앞선 시대와의 비교를 통해 당쟁의 유형을 변별해내고 있는데, 그 역사적 안목은 칭찬할 만하다. 하지만 당과 송을 하나라 묶어 논한 점에는 재고할 여지가 있다는 것이 송대의 상식이었다. 그 점은 앞 절에서 인용한바, 우승유와 이덕유 사이 당쟁에 대한 효종과 엽형의 논의가 증거가 될 것이다. 거의 동시에 양만리도 붕당을 논하는 차자를 올리는데 이 차자는 남송 당쟁사에서 매우 중요한 문건이다. 순희 16년(1189) 2월, 효종이 황위를 물려주어 광종이 즉위한다. 이해 10월 3일, 양만리는 「임금에게 올리는 첫번째 차자上典第一劄子」에서 다음처럼 말한다.

근래의 붕당에 관한 논의를 보건대 얼마나 분분하지 모르겠습니다. 이른바 갑甲 재상의 당이 있고, 을乙 재상의 당이 있으며, 갑 주州의 당이 있고, 을 주의 당이 있으며, 이른바 도학의 당이 있고, 비非도학의 당이 있습니다. 그러니 붕당이 얼마나 많습니까? 천하의 사대부 중 누가 재상의 천거를 거치지 않고 벼슬길에 나아갑니까? 갑 재상에 의해 벼슬길에 나아갔다가, 하루아침에 갑 재상이 파면되면 갑의 사람들을 갑의 당이라고 여겨 다 쫓아냅니다. 을 재상에 의해 벼슬길에 나아갔다가, 하루아침에 을 재상이 파면되면 을의 사람들을 가리켜 을의 당이라고 여겨 다 쫓아냅니다. 갑 주의 선비, 을 주의 사, 도학의 사, 비도학의 사들은 호오好惡가 달라 향배가 달라졌으니, 서로 공격하고 서로 배척하면서 그렇게 하지 않는 자들이 없습니다. 당론이 일어났을 때, 저는 그 발단이 사대부들에게 있었지만 그 화는 천하국가에 미칠 것이라고 두려워했습니다. 앞선 사건을 보면 이미 그러하니 두려워하지 않을 수 있겠습니까?[13]

이 상소문의 최대 공헌은 당시 사대부들이 '붕당'으로 분화되는 것에 세 가지 주요 방식이 있다는 점을 분명히 열거했다는 데 있다. 첫째, 권력관계−재상의 진퇴에 따라 지위가 변한다는 것. 둘째, 지역관계−동향 출신들의 결합. 셋째, 학술사상의 관계−도학의 사와 비도학의 사 사이의 대립. 우리는 앞에서 이미 이 3중 관계의 분화와 결합에 대해 상세하게 혹은 소략하게 언급했는데, 양만리는 역사의 직접적 목격자로서 우리를 위해 종합적 결론을 내려 주고 있다. 다만 보충해야 할 점은 이 3중 관계는 각각 고립되어 있는 것이 아니라 서로 중첩하고 교착하는 경우가 많았다는 것이다. 예를 들어, 조웅은 재상 임기 동안 촉 지방 사들을 많이 등용하여 결국 효종이 '재상이 동향인을 등용하는 것을 불허한다'는 금지령을 내기에 이르렀는데, 이는 권력관계와 지역관계의 얽힘을 보여준다. 주필대와 조여우는 집정 기간 '도학의 사들'을 많이 등용하여 입조入朝시켰고 마침내 경원당금을 촉발했는데, 이는 권력관계와 학술사상 관계의 중첩이다. 그 밖에 학술사상 관계와 지역관계의 중첩도 피할 수 없는 것이었다. 『송원학안』을 조금만 검토하면 알 수 있듯이, 만약 학술사상 관계가 권력관계와 더불어 직접적 관련이 없다면, 보통 그것에 대해 '학學'이라고 부르지 '당黨'이라고 부르지는 않는다. 원우 시대 낙, 촉, 삭 세 당의 3중 관계가 한데 얽혀 있는 현상은 남송 당쟁사에서는 출현하지 않았다. 이로부터 당쟁에서 권력관계가 가장 핵심적인 위치를 차지한다는 것을 알 수 있다.[14]

양만리 상소문이 중요한 가치가 있는 이유 또 하나는 그것이 범순인과 누약의 상주문이 지닌 타당성을 입증한다는 데 있다. "호오가 달라 향배가 달라진다"는 것은 범순인의 "취향이 다르다"는 말과 상응한다. "당론의 발단이 사대부에게 있다"는 것은 누약의 "사대부들이 서로 마찰을 일으킨다"는 말과 정확히 상응한다. 그러므로 범순인, 누약, 양만리 세 사람은 당쟁의 기원과 성격 분석에서 송대 사대부들의 상식을 대표한다고 할 수 있다.

당쟁은 기본적으로 사대부들의 '상호 마찰'에서 일어났기 때문에, 승리한

쪽은 갖가지 가혹한 수단으로써 패배한 쪽을 탄압하고는 했다. 더욱이 그것은 희령 이래 당쟁의 일상적 행태였다. 그러므로 당쟁에서 패배한 사대부들에게 정치적 박해를 가하는 것은 황제가 아니라 재상이었다. 이런 송대 특유의 정치적 현상에 대해 엽적은 이렇게 말한다.

한나라의 삼공三公[15] 가운데 재상직을 잘 떠난 사람이 없어서 자살하지 않으면 죽임을 당했다. 아주 가벼운 경우라도 심한 비난의 언사로써 채찍질당했다. 진종과 인종 이래, 집정대신이 자리에서 물러나려 할 때는 반드시 그들로 하여금 연이어 상소를 올려 [자신의 사직을] 간구하도록 했고, 마치 부득이하게 [그들의 청에] 따르는 것처럼 했다. 또한 그들의 직위를 옮겨 하사품을 내려주었고, 아울러 중요한 지방을 떼어주었다. 전대의 신하들은 간쟁하다가 임금의 뜻에 저촉되어 죽는 경우가 있었다. [송] 조종祖宗은 노여워하지 않았거니와 그들을 발탁하여 공경에까지 이르도록 했다. 신종은 신하가 파직되면 게을러져서 다시는 임직하지 않을까 의심했다. [파직된 신하는] 마땅히 도태시켜야 했지만 [신종은] 차마 그러지 못하여, 비로소 [파직된 신하에게] 궁관宮官직을 보태어주어 곡식을 하사하고 [궁관의] 일에 대해 책임을 묻지 않았는데, 훗날 마침내 고정적인 법도가 되었다. 그후 장돈이 권력을 농단하여 유지의 옥사를 일으켜 그 당인들을 죽이려고 했으나 철종이 따르지 않았다. 채경이 국정을 장악하여 또다시 천하의 사들을 죽이려고 했으나 휘종이 따르지 않았다. 소흥 초기, [황제가] 재상에게서 이야기를 잘못 듣고서 간관 2명을 주살했으나, 이후 후회하면서 '짐의 잘못을 책함으로써 천하에 사죄를 한다'는 조서를 내렸다. 그러므로 권신이 권력을 농단하여 20여 년간 임금의 뜻을 좌지우지하기는 했지만, 사대부를 죽이는 재앙은 없었다.[16]

엽적은 여기서 황제와 재상을 대비하는데, 대체로 사실에 바탕을 둘 뿐 아니라 송대 정치문화의 일반적 면모를 상당히 생동감 있게 그려내고 있다. 집정대신과 간관에 대한 황제의 예우와 관용은 사실 "대신과 언사관을 죽이지 말라"는 송조의 가법家法을 적극 계승한 것이었다. 이 점은 제2장에서 살펴본 대로다. 집정대신과 사대부를 예우한다는 측면에서 말하자면, 엽적이 말한 것처럼 송대는 한·당대를 넘어서고, 전제주의가 최고조에 달했던 시대인 명·청대는 송대의 발끝조차 좇아가지 못할 정도다. 어째서 중국 역사상 송대 황제만이 그런 특색을 지니게 되었을까? 그것은 송대 황제들이 특별히 '어질고 후덕한' 까닭이 아니라 여러 역사적 요소가 공동으로 조성한 때문이다. 앞의 각 절에서 논한 바를 종합해보면, 세 가지 이유를 들 수 있다. 첫째, 무인들이 정국을 주도한 당 말과 오대의 곤경에서 탈피하여 송 왕조가 장기간 안정으로 나아가려면, 사 계층의 적극적 지지에 의거해야 한다는 것을 개국 군주인 태조와 태종은 잘 알고 있다. 그래서 '문의 숭상尚文'이 송대의 기본 정치 경향이 되었다. 둘째, 오대 이래 민간은 '사'들이 세상에 다시 나오기를 간절히 기대하고 있었다. 이렇듯 널리 퍼진 사회적 요구는 바로 새로운 왕조의 정치적 요구와 정확히 호응했다. 셋째, '문의 숭상'에서 '유학의 숭상崇儒'으로 나아감은 일보의 전진에 불과하지만, 송 초 유학 부흥의 계기는 바로 거기에서 열렸다. 인종의 시기가 되자, '삼대'로 돌아가자는 사대부들의 우렁찬 함성 소리가 터져나왔다. 황제는 날로 농후해지는 유가 문화의 분위기에 파묻혔기 때문에 심리적으로 그 영향을 받지 않을 수 없었다. 그래서 "사대부는 천하를 자신의 임무로 삼는다"(범중엄), "사대부들과 더불어 천하를 다스린다"(문언박), "천하의 안위는 재상에게 달려 있다"(정이) 등의 새로운 관념이 그들로부터 하나씩 인정받게 되었다. 송대 황제는 유가의 정치 원칙을 기본으로 받아들이면서, 한편으로는 사대부들을 '공동 통치共治'의 동반자로 간주했고, 다른 한편으로는 "도를 기준으로 나아가고 물러선다"는 그들의 정신을 존중했다. 그래서 신종은 사마광이 집정대신직을 거듭하여 거절했을 때, 그가 자신의 뜻을 거스른다고 여기지 않고 오히려 그를 존경했다. 효종은 주희의 여러 차례에 걸친 소명召命 거절에 대해서도 그렇게 대했다. 황제는 어쩌다가 대신들이 사직을 강력하게 원할 경우 계속해서 만류하지 않고, 기껏해야 "어찌해서 짐은 재덕이 모자라서 함께 다스리기에 족하지 않을까?"라고 한마디 하거나,[17] "어찌 짐이 무슨 일을 같이 하기에 부족하겠는가?"라고 말하는 데 불과했다.[18] 어투에 약간 불쾌감이 엿보이지만, 신하가 그로 인해 견책당하는 일은 없었다. 명 태조는 "천하의 사대부들이 군주를 위해 복무하지 않는다면[이는 황제의 교지를 도외시하는 것으로 그를 주살하고 가산을 몰수한다][19]"이라는 법령을 설치했는데, 송대 황제들은 꿈도 꿀 수 없는 것이었다. 『명사明史』 권94 「형법刑法 2」 기록을 보자.

> 귀계貴溪의 유사儒士 하백계夏伯啓는 그 조카와 더불어 손가락을 자르며 출사하지 않기로 맹세했고, 소주의 인재 요윤姚潤과 왕모王謨는 부름을 받아도 응하지 않았기 때문에 모두 참수를 당했고 그 가산은 몰수되었다. "천하의 사대부들이 군주를 위해 복무하지 않으면[이는 황제의 교지를 도외시하는 것으로 그를 주살하고 그의 가산을 몰살해도 허물이 되지 않는다]"이라는 법령이 이 일로 인해 설치되었다.[20]

송나라와 명나라의 차이점은 매우 뚜렷하고 큰데, 그 핵심은 명 태조가 개인 출신과 역사적 배경에서 송 태조나 태종과 달랐다는 데 있다. 명 태조는 사대부 계층에 대해 시종일관 뿌리 깊은 적의를 품고 있었다.

엽적의 위 인용문은 후반부에서 특별히 장돈과 채경을 사례로 들어, '당인을 주살하거나' '천하의 사를 죽이는 것'은 재상이었고 사대부를 보호하는 것은 오히려 황제였다는 점을 의식적으로 설명한다. 이것이 바로 '국시'가 법제화 된 이후 나타난 당쟁 정치의 특색이었다. 철종 때 진관陳瓘은 상소를 올려 채경을 비판하면서 "인주에게 잘못을 하더라도 반드시 화를 당하지는 않지만 권신을 한 번이라도 저촉하면 반드시 산산조각이 날 것입니다"[21]라고 지적했다. 이를 송대만의 현상이라고 할 수는 없지만, 진관의 감각은 그의 직접적 경험에서 비롯한 것으로서 엽적의 말과 잘 부합한다. 엽적은 가장 마지막 부분에서 "소흥 초기, [황제가] 재상에게서 이야기를 잘못 듣고서 간관 2명을 주살했다"고 말했는데, 이는 진동陳東·구양철歐陽澈 사건을 가리킴이 분명하다. 그렇지만 엽적은 이 짧은 말 속에서 사실상 두 가지의 착오를 일으키고 있다. 진동과 구양철은 상소문을 올려 좌상 이강을 파직하면 안 된다고 주장했는데 언사가 매우 격렬했고, 우상 황잠선黃潛善이 그들의 주장을 알려 고종을 격노케 해서, 마침내 고종은 그 두 둘을 저잣거리에서 참수했던 것이다. 그런데 이 사건은 건염 원년(1127) 8월 임오일에 일어났지[22] '소흥 초년'에 일어난 것이 아니다. 이것이 첫번째 오류다. 진동은 태학생이었고 구양철은 포의布衣였지,[23] 둘 다 '간관'은 아니었다. 이것이 두번째 오류다. 송 왕조의 가법은 "대신과 언사관을 죽이지 말라"는 것이었는데, 고종이 어떻게 즉위하자마자 그런 가법을 공공연하게 위반할 수 있었겠는가? 당시 조정 관원 중 이강의 유임을 극언한 사람을 검토해보면 마침 두 사람이 있는데, 한 사람은 우정언 등숙鄧肅으로서 엽적이 말한 대로 '간관'이었다. 하지만 그에게 내린 벌은 "이부로 강등시켜 고향으로 돌아가게 한 것"[24]에 불과했다. 또 다른 한 명은 상서우승尙書右丞 허한許翰으로, 그는 진언한 후에 사직을 청했지만 고종이 받아들여주지 않았다. 『송사』 권363 「허한전許翰傳」은 이렇게 전한다.

당시 황잠선이 진동을 주살해야 한다고 아뢰자, 허한이 친한 사람들에게 말하기를 "나와 진동은 모두 이강을 위해 싸운 사람들이다. 진동이 동쪽 시장에서 참수되었으니, 내가 묘당廟堂에 있는 것이 가하겠는가?"라고 했다. 이윽고 힘써 사직을 청하여 상소문을 여덟 차례나 올렸다. 그로 인해 [허한은 한직인] 자정전대학사資政殿大學士로서 [도교 사원인] 동소궁洞霄宮을 관장하게 되었다.[25]

송 왕실의 '가법'이 확고한 구속력이 있어서, 동일한 사건을 처리하는 방식에 경중의 차이가 있었음을 위로부터 알 수 있다. 엽적은 기억에만 의존해서 이런 오류를 범한 것 같다. 때문에 '가법'과 관련된 일에 대해 다룬 내용이 상세하지 않다. 나는 그래서 이상의 내용을 덧붙여 시비를 가리고자 한 것이다.

이제 두 이야기를 인용하여 엽적의 인용문에 나타난 논점 두 가지를 증명해보려고 한다. 첫번째는 당쟁의 박해에 대한 것이고, 두번째는 문자옥에 대한 것이다. 육유는 『가세구문家世舊聞』에서 말한다.

부친께서는 다음과 같이 말씀한 적이 있다. 초공(육전)이 파면된 것은 오재吳材의 상소 때문이었다. 그에 앞서 오재와 왕능보王能甫는 상소를 올려 여희순呂希純과 유안세가 복직하면 안 된다고 주장하여, 조정은 그 두 사람에 대한 임명을 중지시켰다. 그리고 오재는 원우 인사들을 하나하나 비난해 마지않았다. 이에 초공은 일체를 불문에 붙이는 조칙을 내려달라고 청했다. 조칙이 내려가자 시어사 등여鄧余가 '조서를 굳건히 지켜야 한다'고 말했다. 초공은 또다시 조당朝堂에 그 조서를 써서 벽에 붙여줄 것을 청하면서 말했다. "저는 감히 이 조서를 죽음으로써 지키고자 합니다." 오재는 매우 불쾌히 여기면서 다시 임금 앞으로 나아가 원우 인사들을 징치하지 않으면 안 된다고 힘써 논했다. 휘종은 "이미 조서가 내려갔고 대신들은 그렇게 하지 말아야 한다고 하여 잠시 멈췄는데 어떤가?"라고 말했다. 오재는 "그렇게 하지 말아야 한다고 청한 사람은 육 모陸某(육전)입니다. 그는 당인이므로 바로 연좌될 것을 두려워했을 뿐입니다"라고 말했다. 이튿날, (오재는) 상소문을 올려 초공을 비판하면서 "자리가 비록 상서좌승尙書左丞에 해당되지만 그의 실상은 당의 수괴일 뿐입니다"라고 말했다. 그때가 임오년 6월이었다. 그러나 상소문의 내용은 밖으로 나오지 않았다. 다만 황제는 '그의 이름이 당적에 있다'고 말했다. 이날 저녁 마침내 채경을 그 대신 좌승으로 임명했다.[26]

위는 육유의 기록인데, 조부(육전)가 오재의 공격으로 파면된 내막에 대해 부친(육재陸宰)이 이야기한 것을 적은 것이라 믿을 만한 기록이라 할 수 있다. 임오년은 숭녕 원년(1102)으로, 이해 윤6월에 증포가 재상에서 물러났고, 7월에는 채경이 정권을 장악한다.[27] 그러므로 이때는 바로 정국 대변화의 전야였다. 당시 오재는 언로言路에 있었고 원우의 구신舊臣들을 가장 많이 공격했다.[28] 위 기록에서 우리는 다음 사실을 알 수 있다. 곧 휘종은 흠성태후가 수렴청정할 때 채택했던 신구 양당을 두루 등용하는 '건중建中' 정책을 뒤집기로 이미 결정했지만, 원우의 구신들을 징벌하려는 생각은 없었다. 그래서 그는 "일체를 불문에 부친다"는 조서를 내렸고, 또한 상의하는 어투로 오재에게 "잠시 멈췄는데 어떤가?"라고 말한 것이다. 이 이야기로부터 다음 내용이 충분히 증명될 수 있다. 즉, 원우 연간의 사대부들이 받았던 정치적 박해는 전적으로 '소술'파들의 집요한 추궁과 공격에 의해 일어난 것이었다. 휘종은 육전을 비판하는 오재의 상소문을 내지 않고 다만 "이름이 당적에 있다"고만 말했는데, 이 말에는 육전을 보호하려는 뜻이 담겨 있다.

당쟁 와중에 일어난 문자옥 역시 복잡다단하다. 지면에 제한이 있어 여기서는 다만 소식의 '오대시烏臺詩 사건'과 관련된 것만을 사례로 들어도 충분할 것이다. 호자胡仔는 엽몽득의 『석림시화石林詩話』를 인용하면서 말한다.

원풍 연간, 소자첨[소식]이 어사옥御使獄에 연루되었을 때, 신종은 원래 소자첨을 깊이 벌주려는 생각이 없었으나, 당시의 재상이 황제 앞에 나아가 갑자기 "소식이 폐하에 대해 신하가 되지 않겠다는 뜻을 갖고 있습니다"라고 말했다. 신종이 안색을 바로잡으면서 "소식에게는 원래 죄가 있지만, 짐에 대해 그 정도까지 이르지는 않았을 터인데, 경이 어떻게 그렇게 알고 있는가?"라고 물었다. 그때 재상이, 소식이 지은 「노송나무를 읊은 시檜詩」의 "뿌리가 구천에 이르도록 굽은 곳이 없으니, 세간에서는 오직 숨어 있는 용蟄龍[때를 만나지 못해 숨어 있는 영웅]만이 안다네根到九泉無曲處, 世間惟有蟄龍知"

라는 구절을 제시하면서, "폐하께서는 하늘에 있는 비룡이신데, 소식은 〔폐하께서〕 자기를 알아주지 않는다고 여기고 지하의 칩룡과 사귀고자 하니, 신하가 되지 않으려 함이 아니고 무엇이겠습니까?"라고 말했다. 신종이 말했다. "시인의 시구에 어찌하여 그렇게 논하는가? 그가 혼자서 노송나무에 대해 읊은 것이 어떻게 짐의 일에 관여되겠는가?" 그러자 재상의 말문이 막혔다. 자후子厚(장돈) 역시 재상 앞에서 소식을 변호하여 그 죄를 가볍게 했다. 자후는 일찍이 내게 그 일에 대해 말해준 적이 있었다. 또한 당시의 재상을 욕하면서 "사람이 타인을 해침에 아무 거리낌이 없음이 그와 같다"고 말했다.[29]

원풍 2년(1079)의 오대시옥烏臺詩獄은 어사인 이정李定, 서단舒亶, 하정신何正臣 세 사람이 일을 확대하여 일어난 것이었으나,[30] 그 일을 주관한 사람은 왕규로서 이른바 '당시의 재상'이었다. 소식이 시문에서 신법을 풍자했던 것은 명약관화하며 당시 스스로 그 점을 거리낌 없이 인정했다.[31] 그것은 당연하게도 집정 그룹이 옥사를 일으키는 이유가 되었다. 하지만 소식이 신법을 헐뜯었다는 것만 입증할 뿐이었고, 기껏해야 그가 "법도(국시)를 훼손한沮壞法度" 죄가 있다고 판정하는 데 불과했으며, 그에 대한 징벌도 폄축貶逐에 지나지 않았다. 왕규는 "신하가 되지 않으려 한다不臣"라는 죄목으로 소식을 사지로 내몰려 했다. 만약 신종이 "그가 혼자서 노송나무에 대해 읊은 것이 어떻게 짐의 일에 관여되겠는가?"라고 말하지 않았다면 어떻게 될 뻔했을까? 그래서 『석림시화』의 이 조목은 엽적의 관찰에 대해 유력한 증거가 된다.

종합하자면, 송대 사대부들은 당쟁에서 패배한 이후 재상을 우두머리로 삼는 집정파로부터 다양한 박해를 받았지만, 유가 문화에 젖어 있던 황제는 종종 완화, 더 나아가서는 보호의 역할을 했기 때문에 사대부들이 마주쳤던 상황은 중국 역사상 가장 행운이랄 수 있는 것이었다. 엽적은 송대에 "사대부를 주살한 화는 없었다"고 말했는데, 대체적으로 말하자면 그런 판단은 근거가 있는 것이고, 특히 명청 양대와 비교해보았을 때 그러하다. 경원당금 시기에 주희는 이렇게 말한 적이 있다.

〔나는〕시를 지어서 비방한 적이 없고, 다만 벗들과 더불어 옛 책들을 풀이하고 익히며 이치를 설명했을 뿐이다. 더욱이 그렇게 하도록 시키지도 않았으니 무슨 일을 했겠는가?[32]

"其黙足以容〔기묵족이용〕"은 '북을 울려 신원하지 않을 바에는 바로 침묵해야 한다'는 것이지만, 집에서 할 만한 말도 감히 말하지 못한다는 말인가?[33]

격렬한 당쟁에서 패배해 낙향했어도 "벗들과 더불어 옛 책을 풀이하고 익히며 이치를 설명하거나" "집안에서 할 만한 이야기"를 할 수 있었던 것, 이것이야말로 송대 사대부만이 향유할 수 있는 자유였다.

서문

1   간장贛江 강 상류의 험난한 여울 중 하나. 현재 장시 성江西省 완안萬安에 위치한다.―옮긴이

2   梁漱溟, 『東西文化及其哲學』(국역본, 강중기 옮김, 『동서 문화와 철학』, 솔, 2005)

3   『樊川文集』卷10 「注孫子序」, "丸之走盤, 橫斜圓直, 計於臨時, 不可盡知. 其必可知者, 是知丸之不能出於盤也."

자서 2

1   "頌其詩, 讀其書, 不知其人可乎, 是以論其世也."

2   『語類』제129권 제3조, "國初人便已崇禮義, 尊經術, 欲復二帝三代, 已自勝如唐人, 但說未透在. 直至二程出, 此理始說得透."

3   李心傳, 『建炎以來朝野雜記』 乙集 卷三, "本朝之治, 與三代同風 (…) 祖宗之家法."

4   "道隆而德駿者, 雖天子北面而問焉, 而與之迭爲賓主."

5   "爲與士大夫治天下."

6   "天下治亂系宰相."

7   邵伯溫, 『邵氏聞見錄』卷十一, "朕召司馬光, 卿度光來否. 顥對曰, 陛下能用其言, 光必來, 不能用其言, 光必不來."

8   『南軒集』卷16, 「張子房平生出處」, "嗟乎, 秦漢以來, 士賤君肆, 正以在下者急於爵祿, 而上之人持此以爲眞足以驕天下之士故也."

9   "傾國是而惑衆心."

10   『文集·續集』卷5, 「與章侍郞」(茂獻), "國論大變" "國是之論, 初甚駭聽."

11   『文集』卷24.

12   『南軒集』卷19, 「寄周子充尙書」제2절, "熙寧以來人才頓衰於前, 正以王介甫作壞之故. 介甫之學, 乃是祖虛無而害實用者. 伊洛諸君子, 蓋欲深救玆弊也."

13   上同, 「與顔主簿」, "高談性命, 特竊取釋氏之近似者而已."

14　『語類』卷127,「神宗朝」,"學術不正當, 遂誤天下."

15　『象山先生全集』卷13,「與薛象先」,"荊公之學, 未得其正."

16　李燾, 『續資治通鑑長編』卷233.

17　上同, 卷234.

18　上同, 卷275,"道必有法, 有妙道斯有妙法. 如釋氏所談, 妙道也, 則禪者, 其妙法也."

19　李心傳,『建炎以來朝野雜記』乙集 卷三,"以佛治心, 以道養生, 以儒治世."

20　上同.

21　『象山全集』卷35,「語錄下」,"自秦漢而下, 無人主知道."

22　上同,"甚有自負之意, 其說多說禪."

23　『文集』卷83,"獨愛其紙尾三行, 語氣凌厲, 筆勢低昂, 尚有以見其跨越古今, 斡旋宇宙之意 (…) 甚矣. 神宗之有志, 而公之得君也."

24　『文集』卷38의「與周益公」제1서에도 이 구절이 나오는데 '斡旋'이 '開闔(열고 닫다)'로 바 꾸어 있다.

25　葉夢得,『石林燕語』卷7,"安石蓋有志經世, 非甘老於山林者."

26　『文集』卷4,"經濟夙所尙, 隱淪非素期. 幾年霜露感, 白髮忽已垂."

27　『朝野雜記』乙集 卷8,"得君行道" "未得其方."

28　모든 관원이 차례로 시정時政의 득실을 임금에게 아뢰던 일.—옮긴이

29　『象山全集』卷18.

30　『全集』卷36「象山先生年譜」,"不知輪對班在何時. 果得一見明主, 就緊要處下得數句爲佳."

31　上同,"某對班或尙在冬間, 未知能得此對否. 亦當居易以俟命耳."

32　『文集』卷36,「寄陸子靜」

33　『象山全集』卷7,「與詹子南」,"去臘面對, 頗得盡所懷, 天語甚詳, 反復之間, 不敢不自盡. 至於 遇合, 所不敢必, 是有天命, 非人所能與也."

34　『象山全集』卷7,「與朱子淵」,"某浮食周行, 侵尋五六載, 不能爲有無, 日負媿惕. 疇昔所聞, 頗 有本末, 向來面對, 粗陳大畧, 明主不以爲狂. 而條貫靡竟, 統紀未終. 所以低回之久者, 思欲再望清 光, 少自竭盡, 以致君子之義耳. 往年之冬, 去對班, 纔數日, 忽有匠丞之除, 遂爲東省所逐. (…) 然 吾人之遇不遇, 道之行不行, 固有天命, 是區區者, 安能使子不遇哉."

35　上同, 卷25,「和楊廷秀送行」,"義難阿世非忘世, 志不謀身豈誤身."

서설

1. '정치문화' 해석

1　『荀子』,「天論」,"形具而神生."

2　『史記』,「太史公自序」,"所生者神, 所托者形."

3　『文集』卷25,「答韓尙書書」,"士大夫之辭受出處 (…) 乃關風俗之盛衰, 故尤不可以不審."

4　上同,"依托欺謾以取爵位."

5 『南澗甲乙稿』卷13,「答朱元晦」,"不應如此忿激""至謂無用於世, 非復士大夫類, 不知元晦平日所學何事."

6 송대 유학을 논할 때 '사대부' 계층의 출현을 경시해서는 안 된다는 것은 이미 작고한 시마다 겐지島田虔次가 핵심적으로 설명한 바 있다.「송학의 전개宋學の展開」를 보라. 이 글은 그의 유저『중국사상사의 연구中國思想史の研究』(京都大學 學術出版社, 2002), 370~381쪽에 수록되어 있다.

7 『朱子語類』卷129,「本朝三」.

8 『象山先生全集』卷22,"雜說""宇宙內事, 是己分內事, 己分內事, 是宇宙內事."

9 이 책 제7장 '남은 논의' 절 참조.

2. 도학, 도통, 그리고 '정치문화'

1 본서는 '도학'과 '이학'을 동의어로 보기 때문에 상하 문맥의 필요에 따라 둘을 대체해서 사용한다. 대략 말하자면, '도학'은 이정과 주희 일파에 적용되는 경우가 많고, '이학'은 이정과 주희 이외의 일체 유파를 포함한다. 하편에서 이 점에 대해 설명하기로 한다.

2 그가 펑유란馬友蘭의『중국철학사中國哲學史』를 위해 쓴「심사보고審査報告」를 보라.

3 『莊子』,「天下」.

4 정호는 젊은 시절 이 구절로써 소옹邵雍을 칭양했다.『宋史』卷427,「道學·邵雍傳」을 보라.

5 『근사록』에 관한 논의는 첸무錢穆의『주자신학안朱子新學案』제3책(臺北, 聯經『전집』본, 1998),"근사록에 대한 추가적 서술附述近思錄"조목, 172~182쪽; 천룽제陳榮捷,「주자의 근사록朱子之近思錄」,『주학논집朱學論集』(臺北: 學生書局, 1982, 123~180쪽) 및『주자신탐색朱子新探索』(臺北: 學生書局, 1988)의「論近思錄」절, 389~395쪽을 참조하라.

6 『語類』卷105,「論自注書」,"近思錄" 참조.

7 "修身以上, 明明德之事也."

8 "齊家以下, 新民之事也."

9 『語類』卷105, 제29조,"近思錄首卷難看. 某所以與伯恭商量, 教他做數語以載於後, 正謂此也. 若只讀此, 則道理孤單, 如頓兵堅城之下."

10 『語類』卷105, 제30조,"看近思錄, 若於第一卷未曉得, 且從第二第三卷看起. 久久後看第一卷, 則漸曉得."

11 『勉齋集』卷8,「復李公晦書」,"至於首卷, 則嘗見先生說, 其初本不欲立此一卷. 後來覺得無頭, 只得存之. 今近思反成遠思也."

12 "中庸何爲而作也. 子思子憂道學之失其傳而作也. 蓋自上古聖神繼天立極, 而道統之傳有自來矣. 其見於經, 則允執厥中者, 堯之所以授舜也. 人心惟危, 道心惟微, 惟精惟一, 允執厥中者, 舜之所以授禹也. 堯之一言, 至矣, 盡矣. 而舜復益之以三言者, 則所以明夫堯之一言, 必如是而後可庶幾也."

13 "中也者, 天下大本也."

14 "大本者, 天命之性, 天下之理皆由此出, 道之體也."

15 상세한 내용은 첸무錢穆,『주자신학안朱子新學案』제2책,「주자의 미발과 이발에 대한

이론朱子論未發與已發」장을 참조하라.

16 『中庸章句』卷首, "其書始言一理, 中散爲萬事, 末復合爲一理, 放之則彌六合, 卷之則退藏於密."

17 "雖有其位, 苟無其德, 不敢作禮樂焉; 雖有其德, 苟無其位, 亦不敢作禮樂焉." 나는 이 구절이 공자의 "조술하되 창작하지는 않는다述而不作"로부터 나왔을 것이라고 생각한다.

18 "言作禮樂者, 必聖人在天子之位."

19 「大學章句序」.

20 『孟子』, 「梁惠王下」.

21 "自是以來, 聖聖相承, 若成湯文, 武之爲君, 皐陶伊傅周召之爲臣, 既皆以此而接夫道統之傳, 若吾夫子, 則雖不得其位, 而所以繼往聖, 開來學, 其功反有賢於堯舜者."

22 『文集』卷84, "惟先生承天畀, 系道統, 所以建端垂, 緖啓佑於我後之人者." 타이완 원천출판사의 표점본은 제79권에 들어가 있다.

23 『文集』卷86, "恭惟道統, 遠自羲軒, 集厥大成, 允屬元聖. 述古垂訓, 萬世作程. (…) 維顔曾氏, 傳得其宗, 逮思及興, 益以光大. (…) 千有餘年, 乃日有繼. 周程授受, 萬理一原."

24 『昌黎先生全集』卷20, 「送王塤秀才書」, "自孔子沒 (…) 獨孟軻之傳得其宗."

25 『文集』卷79, "秦漢以來, 道不明於天下, 而士不知所以爲學. (…) 是以天理不明而人欲熾, 道學不傳而異端起. (…) 宋興, (…) 有濂溪先生者作, 然後天理明而道學之傳復續."

26 장학성章學誠의 『文史通義·內篇二』에 수록된 「原道」 3편은 주희의 이런 구분에 바탕을 둔 글이다.

27 『十駕齋養新錄』卷18, 「道統」조목, "道統二字, 始見李元綱聖門事業圖. 其第一圖曰, 傳道正統, 以明道伊川承孟子. 其書成於乾道壬辰, 與朱文公同時."

28 『北溪大全集』卷15, 「雜著·道學體統」조목.

29 『勉齋集』卷19, "道原於天, 其於人心, 著於事物, 載於方策. 明而行之, 存乎其人.… 堯舜禹湯文武周公, 生而道始行, 孔子孟子生而道始明. 孔孟之道, 周程張子繼之, 周程張子之道, 文公朱先生又繼之. 此道統之傳, 歷萬世而可考也."

30 陶宗儀, 『輟耕錄』卷3, 「正統辨」, "道統者, 治統之所在也. 堯以是傳之舜, 舜以是傳之禹湯文武周公孔子. 孔子沒幾, 不得其傳百有餘年, 而孟子傳焉. 孟子沒又幾不得其傳千有餘年, 而濂洛周程諸子傳焉. 及乎中立楊氏而吾道南矣, 既而宋亦南渡矣. 楊氏之傳於豫章羅氏延平李氏, 及於新安朱子. 朱子沒而其傳及於我朝許文正公. 此歷代道統之源委也. 然則道統不在遼金而在宋, 在宋而後及於我朝. 君子可以觀治統之所在矣."

31 명청대의 논의에 대해서는 황진싱黃進興, 『우월하여 성인의 영역에 들어가다―권력, 신앙, 그리고 정당성優入聖域―權力, 信仰與正當性』, 臺北: 允晨, 1994, 제2부를 참조하라.

32 『劉蕺山集』卷3, "臣聞古之帝王, 道統與治統合而爲一, 故世敎明而人心正, 天下之所以久安長治也. 及其衰也, 孔孟不得已而分道統之任, 亦惟是託之空言, 以留人心之一綫, 而功顧在萬世. 又千百餘年, 有宋諸儒繼之." 이 단락은 『文淵閣四庫全書』본에서 인용했다. 유종주가 올린 이 상소문은 통행본通行刊本에서는 제목이 「황극의 핵심을 세 번에 걸쳐 설명함으로써 만세의 평안한 통치를 밝히는 소三申皇極之要以決萬歲治安疏」로 되어 있는데, 첫 단락의 의미는 동일하

나 글자가 매우 다르다. 다이롄장戴連璋, 우광주吳光主 편, 『劉宗周全集』(臺北, 中研院 文哲研究所 刊本, 1996) 제3책 上上, 145쪽을 참조하라. 그러나 통행본에서 이 단락의 글자가 다른 까닭은 그 글의 기원이 다르고 기휘忌諱한 말이 없기 때문이다. 따라서 사고전서본의 관신館臣이 마음대로 고쳤던 것은 아니다. 『사고전서』본이 바탕으로 삼은 저본은 아마도 기원이 달랐을 것이다. 『전집』본 제1책, 「編校説明」 제3조, 4쪽 참조.

33　　『程氏遺書』卷11, "三代之治, 順理者也. 兩漢以下, 皆似持天下者也."

34　　陳亮, 『陳亮集』(增訂本, 中華書局, 1987) 卷28, 340쪽, "遂謂三代專以天理行, 漢唐專以人欲行."

35　　上同, 348쪽, 「又乙巳春書之二」, "三代做得盡" "漢唐做不到盡."

36　　『文集』卷36, 「答陳同甫」 제6서, "千五百年之間 (…) 堯舜三王周公孔子所傳之道, 未嘗一日得行於天地之間."

37　　『止齋集』卷36, "功到成處, 便是有德, 事到濟處, 便是有理, 此老兄之説也. 如此則三代聖賢枉作功夫. 功有適成, 何必有德, 事有偶濟, 何必有理, 此朱丈之説也. 如此則漢祖唐宗賢於盗賊不遠. 以三代聖賢枉作工夫, 則是人力可以獨運, 以漢祖唐宗賢於盗賊不遠, 則是天命可以苟得. 謂人力可以獨運, 其弊上無兢畏之君, 謂天命可以苟得, 其弊下有覬覦之臣. 二君子立論, 不免於爲驕君亂臣之地, 竊所未安也."

38　　『語類』卷89, 제64조, "這也只是自渡江後, 君臣之勢方一向懸絶, 無相親之意, 故如此. 古之君臣所以事事做得成, 緣是親愛一體. 因説虜人初起時, 其酋長與部落都無分別, 同坐同飲, 相爲戲舞, 所以做得事." 錢穆, 『朱子新學案』 제4책, 「주자의 예학」, 137~139쪽 참조.

39　　서양의 'primus inter pares(동료들과 동일한 계층에 속하지만 그들로부터 가장 존경받는 이)'에 상응한다. 또한 후대 황종희黄宗羲의 "군주와 신하는 함께 나무를 끌고 가는 사람들이다君與臣, 共曳木之人也"와 통한다. 『明夷待訪錄』 「原臣」을 보라.

40　　『語類』卷124, 제14조, "呂伯恭烏得爲無罪. 恁地横論, 卻不與他剖説打敎破, 卻和他都自被包裹在裏. 今來伯恭門人卻亦有爲同父之説者, 二家打成一片, 可怪."

41　　『文集』卷13, "所謂人心惟危, 道心惟微, 惟精惟一, 允執厥中者, 堯舜禹相傳之密旨也 (…) 夫堯舜禹之所以相傳者, 旣如此矣. 至於湯武, 則聞而知之而又反之, 以至於此者也. 夫子之所以傳之顔淵曾參者, 此也. (…) 此其相傳之妙, 儒者相與謹守而共學焉, 以爲天下雖大而所以治之者, 不外乎此. (…) 夫人只是這箇人, 道只是這箇道, 豈有三代漢唐之別. 但以儒者之學不傳, 而堯舜禹湯文武以來轉相授受之心, 不明於天下 (…) 此其所以堯舜三代自堯舜三代, 漢祖唐宗自漢祖唐宗終, 不能合而爲一也. 若必欲撤去限隔, 無古無今, 則莫若深考堯舜相傳之心法, 湯武反之之功夫, 以爲準則而求諸身. 却就漢祖唐宗心術微處, 痛加繩削. 取其偶合而察其所自來, 黜其悖戾而究其所從起, 庶幾天地之常經, 古今之通義, 有以得之於我. 不當坐談旣往之迹, 追飾已然之非, 便指其偶同者以爲全體, 而謂其眞不異於古之聖賢也."

42　　『文集』卷27, "浙中近年怪論百出, 駭人聞聽, 壞人心術. 彊者唱, 弱者和, 滔衍四出, 而頗亦自附於伯恭."

43　　上同, "中庸序推本堯舜授受來歷, 添入一段, 甚詳." 왕무굉은 이 편지가 '을사乙巳' 곧 순희 12년(1185)에 지어졌다고 한다. 그는 주희와 진량의 논쟁이 일어난 해에 이 편지가 작성되었

다고 본 것이다. 『주자연보』, "순희 16년 2월 갑자" 조목을 보라. 진래陳來는 순희13년(1186)에 작성되었다고 단정했는데 왕무굉에 비해 훨씬 정밀하다. 『朱子書信編年考證』(上海人民出版社, 1989), 238쪽을 보라.

44 『語類』卷126, 「釋氏」, "有物先天地, 無形本寂廖. 能爲萬象主, 不逐四時凋." 이 게는 학림사鶴林寺 승려 수애壽涯가 주돈이에게 전수했다고 전해지지만 반드시 믿을 만한 것은 아니다. 장빙린은 이 말이 『노자』에서 나왔다고 하는데 그의 견해가 옳다. 『國學說略』, 香港, 1972, 146쪽 참조.

45 『語類』卷1, "若無太極, 便不翻了天地."

46 본서 하편 제8장을 보라.

47 『朱子年譜』卷3 下, 순희 15년 6월 壬申 조목.

48 『語類』卷94, "太極者 (…) 理之極至也."

49 『象山先生全集』卷34, 「語錄上」, "自古聖賢發明此理, 不必盡同. 如箕子所言, 有皐陶之所未言, 夫子所言, 有文王周公之所未言, 孟子所言, 有吾夫子之所未言. 理之無窮如此."

50 上同, "諸公上殿, 多好說格物, 且如人主在上, 便可就他身上理會, 何必別言格物."

51 上同, 卷18, 「删定官輪對箚子」.

52 上同, 卷35, 「語錄下」, "輪對第一劄 (…) 讀不存形迹處, 上曰, 賴得有所悔, 連說不患無過, 貴改過之意甚多. 答, 此爲堯爲舜爲禹爲文武血脉骨髓, 仰見聖學." 저자는 원문의 "貴改過之"를 누락했는데, 옮긴이는 누락 구절을 포함하여 번역했다.—옮긴이

53 "古聖相傳只此心."

54 上同, 卷34, 「語錄上」, "斯人千古不磨心." 성여재盛如梓의 『서재노학총담庶齋老學叢談』卷中之上에는 이 구절이 "이 사람들에게서 1000년 동안 [이어져온] 가장 영험한 마음斯人千載最靈心"이라고 되어 있다.

55 『易傳』, 「序」, "體用一源, 顯微無間."

56 옛것에 가탁해 제도를 바꾸다.—옮긴이

57 『孟子』, 「滕文公上」.

58 『朱子語類』卷124, 「陸氏」, "六經注我." 『주역』의 「계사전」이 공자의 저작이 아니라는 육구연의 말은 아마도 구양수의 『역동자문易童子問』으로부터 영향을 받은 것 같다. 『歐陽文忠公集』卷76~78을 보라.

59 『象山先生全集』卷35, 「語錄下」, "一部禮記, 凡子曰皆聖人之言."

60 上同, 卷12, "姬周之衰, 此道不行."

61 上同, 卷34, "古者勢與道合, 後世世與道離."

62 천룽제陳榮捷, 『朱子新探索』, 臺北: 學生書局, 1988, 430~431쪽.

63 천룽제, 『朱學論集』17쪽.

64 "人心惟危, 道心惟微, 惟精惟一, 允執闕中."

65 『象山全集』卷32, 「拾遺」, "知所可畏而後能致力於中, 知所可必而後能收效於中. 夫大中之道, 固人君之所當執也. (…) 則堯舜禹之所以相授受者, 豈苟而已哉."

66 『語類』卷78, 「尙書一·大禹謨」, "堯當時告舜時, 只說這一句. 後來舜告禹, 又添得人心惟危,道心惟微, 惟精惟一三句, 是舜說得又較子細. (…) 堯舜禹湯文武治天下, 只是這箇道理. 聖門所說, 也只是這箇. (…) 大概此篇所載, 便是堯舜禹湯文武相傳治天下之大法."

67　　張伯行, 『道統錄』, 「序」, "上自堯舜禹湯文武, 下及周程張朱 (…) 統而一之."

68　　『程氏文集』卷11, "周公沒, 聖人之道不行. 孟軻死, 聖人之學不傳, 道不行, 百世無善治, 學不傳, 千載無眞儒. 無善治, 士猶得以明夫善治之道, 以淑諸人, 以傳諸後. 無眞儒, 天下貿貿焉, 莫知所之. 人欲肆而天理滅矣."

69　　『熊勿軒先生文集』卷4, "又嘗聞之. 天子太學祀典, 宜自伏羲神農黃帝堯舜禹湯文武. 自前民開物, 以至後人致用, 其道德功言, 載之六經, 傳在萬世, 誠後世天子公卿所宜取法者也. 若以伏羲爲道之祖, 神農黃帝堯舜禹湯文武, 各以次而列焉. 皋陶伊尹太公望, 皆見而知者, 周公則不惟爲法於天下, 而易詩書所載, 與夫周禮儀禮之書, 皆可傳於後世. 至若稷之立極陳常, 契之明倫敷敎, 夷之降典, 益之贊德, 傅說之論學, 箕子之陳範, 是皆可以與享於先王者. 天子公卿所宜師式也. 以此秩祀天子之學, 禮亦宜之. 若孔子實兼祖述憲章之任, 其爲天下萬世通祀, 則首天子下達鄕學. 春秋釋奠, 天子必躬親蒇事 (…) 敎化本原, 一正於上, 四方其有不風動也哉."

70　　『中庸』第30章, "仲尼祖述堯舜, 憲章文武."

71　　『徂徠石先生文集』卷6.

72　　『臨川先生文集』卷67.

73　　『語類』卷12, 「學六·持守」, "堯是初頭出治第一個聖人."

74　　호정방의 이름은 일계一桂이고 웅화와 나이가 같았으며, 둘은 이론과 학문에서 많은 부분을 서로 의기투합했다고 한다. 『元史』本傳, 卷189, 「儒學一」 및 『宋元學案』卷89, 「介軒學案」 참조.

75　　『勿軒文集』卷1, "秦漢以下, 天下所以無善治者, 儒者無正學也. (…) 儒者無正學, 則道不可得而明矣. 千五百年, 牽補架漏, 天地生民何望焉."

76　　사고전서본 『文軒集』卷28, "建安熊氏欲以伏羲爲道統之宗, 神農黃帝堯舜禹湯文武, 各以次而列焉. (…) 當以此秩祀天子之學, 若孔子寔兼祖述憲章之任, 其爲通祀, 則自天子下達矣. 苟如其言, 則道統益尊."

77　　"尊道有祠, 爲道統設定也." 역시 「제사 전례에 관한 의론」을 보라. 웅화와 송렴 이론의 역사적 배경에 관해서는 황진싱의 「훼상과 성스러운 스승에 대한 제사毀像與聖師祭」를 보라. 이 글은 『성현과 성도聖賢與聖徒』(臺北: 允晨, 2001), 239~240쪽에 수록되어 있다.

3. 고문운동, 신학, 그리고 도학의 형성

1　　상편 제6장을 보라.

2　　"建立道統 (…) 排斥佛老, 匡救政俗之弊害." 천인커陳寅恪, 「한유를 논함論韓愈」, 『금명관총고 초편金明館叢稿初編』, 北京: 三聯書店, 2001, 319~332쪽 참조.

3　　『徂徠石先生文集』卷18, "聖朝大儒柳仲塗 (…) 著書數萬言, 皆堯舜三王治人之道 (…) 仲塗之道, 孔子之道也. 夫人能知孔子之道, 施於天地間, 無有不宜. 以之治民, 以之事君, 以之化天下, 皆得其序."

4　　『河東先生集』卷10, "宋有天下, 今四十年, 太祖太宗, 精求至理. 陛下紹膺大寶, 爲君知難.

若守舊規, 斯未盡善, 能立新法, 乃顯神機." 나는 사고전서본과 사부총간본을 교차 검토 했는데 글자에 약간 차이가 있었다. 또한 이 표문은 『송사』 卷440 본전에 요약 인용 되어 있다. 피터 볼은 "立新法" 세 글자가 왕안석의 선구를 이뤘다고 인식하는데, 일리가 있다. Peter K. Bol, *This Culture of Ours-Intellectual Transitions in T'ang and Sung China*, Stanford University Press, 1992, p. 164.

5　『河東集』卷16,「柳公行狀」, "天下用文治, 公足以立制度, 施敎化, 而建三代之治."

6　『宋史』卷327, "熙寧元年四月, 始造朝. 入對, 帝問, 爲治所先. 對曰, 擇術爲先. 帝曰, 唐太宗何如. 曰陛下當法堯舜, 何以太宗爲哉. 堯舜之道, 至簡而不煩, 至要而不迂, 至易而不難. 但末世學者, 不能通知, 以爲高不可及爾. 帝曰, 卿可謂責難於君, 朕自視眇躬, 恐無以副卿此意, 可悉意輔朕, 庶同濟此道. 一日講席, 群臣退, 帝留安石坐. 曰, 有欲與卿從容論議者. 因言, 唐太宗必得魏徵, 劉備必得諸葛亮, 然後可以有爲, 二子誠不世出之人也. 安石曰, 陛下誠能爲堯舜, 則必有皐夔稷禹, 誠能爲高宗, 則必有傅說. 彼二子, 皆有道者所羞, 何足道哉."

7　『臨川先生文集』卷39.

8　李燾, 『續資治通鑑長編』卷233, "卿所以爲朕用者, 非爲爵祿, 但以懷道術, 可以澤民. 不當自埋沒, 使人不被其澤而已. 朕所以用卿, 亦豈有他. 天生聰明, 所以乂民, 相與盡其道, 以乂民而已, 非以爲功名也. (…) 朕頑鄙初未有知, 自卿在翰林, 始得聞道德之說, 心稍開悟卿. 朕師臣也, 斷不許卿出外."

9　『臨川先生文集』卷82, "若夫道隆而德駿者, (…) 雖天子北面而問焉, 而與之迭爲賓主."

10　蔡上翔, 「王荊公年譜考略」卷11, 「治平元年」조목.

11　『宋史』卷439, 「文苑傳序」.

12　『歐陽文忠公全集』卷78, 「易童子問」卷3, "非聖人之作."

13　上同, 卷48, 「問進士策」3수 중 세번째, "虛言高論 (…) 傳之謬."

14　上同, 卷47, 「이후에게 보내는 두번째 답장答李詡第二書」, "性非學者之所急, 而聖人所罕言."

15　『文集』卷38, 「주익공에게 보내는 답장答周益公」제3서, "於道體猶有欠闕."

16　『歐陽文忠公全集』卷57, 「吏部文章二百年」.

17　『臨川先生文集』卷22, 「영숙이 보내준 글에 대해 삼가 화답함奉酬永叔見贈」, "他日若能窺孟子, 終身何敢望韓公."

18　아래에서 상론한다.

19　이 일은 제4장에서 상론하기로 한다.

20　탑 최상층부의 뾰족한 부분.—옮긴이

21　『程氏遺書』卷1, 「二先生語一」, "公之談道, 正如說十三級塔上相輪. 對望而談曰, 相輪者如此如此, 極是分明. 如某則戇直, 不能如此, 直入塔中上尋相輪, 辛勤登攀, 邐迤而上, 直至十三級時, 雖猶未見相輪能如公之言, 然某却實在塔中, 去相輪漸近, 要之須可以至也. 至相輪中坐時, 依舊見公對塔談說此相輪如此如此."

22　『景迂生集』卷15, "昔王荊公排明道曰, 伯純之學善矣, 其如入壁何. 明道曰, 拙狀如壁, 不可入也. 公則如捕風矣. 一日荊公又戲明道曰, 伯純縱高, 不過級級至十三級而止耳. 明道謝之曰, 公自十三級而出焉, 上據相輪, 恐難久以安也."

23　『宋元學案』卷22, 「경우학안景迂學案」.

24　'排'는 '俳'자의 와전인 듯하다.

25　『遺書』卷19에서는 왕형공이 명도에 대해 "[그대의] 말은 행동으로 옮기기 힘들다言難行也"라고 말한다.

26　『象山全集』卷34, 「語錄上」, "學不見道, 枉費精神" "揣量模寫之工, 依放假借之似."

27　『建炎以來繫年要錄』, 卷173, "祕書省正字兼實錄院檢官葉謙亨面對言, 陛下留意場屋之制, 規矩一新. 然臣猶有慮者, 學術粹駁, 繫於主司去取之間. 向者朝論專尚程頤之學, 有立説稍異者, 皆不在選. 前日大臣, 則陰佑王安石, 而取其説稍涉程學者, 一切擯棄. 夫理之所在, 惟其是而已. 取其合於孔孟者, 去其不合於孔孟者, 可以爲學矣. 又何拘乎. 願詔有司, 精擇而博取, 不拘一家之説, 使學者無偏曲之弊, 則學術正而人才出矣. 上曰, 趙鼎主程頤, 秦檜尚安石, 誠爲偏曲, 卿所言極當. 於是降旨行下."

28　제사의 한 종류로서, 제사 지낼 대상에게 작위와 폐물을 드리는 예식.—옮긴이

29　李心傳, 『道命錄』卷4, "乾道四年建陽魏掞之元履爲太學錄, 釋奠於先聖, 職當分獻先賢之從祀者. 先事白宰相, 言王安石父子以邪説亂天下, 不應祀典, 河南二程, 倡明絕學, 以幸方來, 其功大. 請言於上, 罷安石父子勿祀, 而追爵二程先生, 使從食. 宰相陳魏公康伯不可, 且論元履姑密之. 元履曰, 此事何以密爲. 丞相曰, 恐人笑君爾. 蓋程學不爲當路所知如此."

30　『文集』卷91.

31　卷459, 「隱逸下」.

32　주희, 「진 승상에게 보내는 편지, 별지 두번째與陳承相別紙二」, 『文集』卷26.

33　자세한 내용은 『도명록』제4권을 보라.

34　부副재상에 해당.—옮긴이

35　Benjamin A. Elman, *A Cultural History of Civil Examinations in Late Imperial China*, University of California Press, 2000, pp. 412~414.

36　黃宣民 點校, 『顏鈞集』, 北京: 中國社會科學出版社, 1996, 卷3, 「自傳」, 26쪽, "時徐少湖名階, 爲輔相, 邀鐸主會天下來觀官三百五十員於靈濟官三日. 越七日, 又邀鐸陪赴會試擧人七百士, 亦洞講三日. 如此際會, 兩只溢動."

37　"靈濟宮講學莫盛於嘉靖癸丑甲寅, 蓋徐階歐陽德聶豹等主之. 縉紳附之, 輒得美官."

38　제6장을 보라.

39　『續長編』, 卷211, 희령 3년 5월 경술 조목, "如歐陽修文章於今誠爲卓越, 然不知經, 不識義理, 非周禮, 毀繫辭, 中間學士, 爲其所誤, 幾至大壞."

40　『文忠集』卷48, 「問進士策三首」첫번째.

41　경전 하나를 암송하는지 여부만을 테스트하는 과거시험을 통과한 사람.—옮긴이

42　『續長編』卷233, "西北人舊爲學究, 所習無義理, 今改爲進士, 所習有義理. 以學究爲進士, 於士人不爲不悦. 去無義理就有義理, 於所習不爲不善. (…) 今士人去無義理有義理, 脫學究名爲進士, 此亦新法於西北士人, 可謂無負矣."

43　上同, "聞擧人多資王安石父子文字."

44 『王荊公年譜考略』卷19, 희령 9년 7월 조목.

45 상세한 내용은 全祖望, 『鮚埼亭集·外編』卷23, 「형공의 『주례신의』에 관하여荊公周禮新義題詞」와 卷48 「왕형공의 『삼경신의』 저술에 관한 기록記王荊公三經新義事」을 보라.

46 蔡絛, 『鐵圍山叢談』卷3, "왕원택王元澤[왕안석의 아들 왕방]이 조칙을 받들어 『삼경의』를 편수하다" 조목.

47 『文忠集』卷42, 「장당씨를 청주로 송별하면서 쓴 서문送張唐氏歸淸州序」을 보라.

48 아즈마 주지吾妻中二, 「왕안석의 『주관신의』에 대한 고찰王安石周官新義の考察」, 교토대학 인문과학연구소, 『중국고대예제연구 中國古代禮制研究』, 1995년 3월, 515~558쪽.

49 자字는 천기天祺이며 장재의 동생이다.

50 『程氏遺書』卷2上, 「二先生語二上」, "新政之改, 亦是吾黨爭之有太過. 成就今日之事, 塗炭天下, 亦須兩分其罪可也. (…) 其時介父, 直以數事上前卜去就. 若青苗之議不行, 則決其去. 伯淳於上前, 與孫莘老同得上意, 要了當此事. 大抵上意不欲抑介父, 要得人擔當了, 而介父之意尚亦無必. (…) 介父之意, 只恐始爲人所泪, 其後行不得. 伯淳却道, 但做順人心事, 人誰不從也. 介父道, 此則感賢誠意. 却爲天祺其日於中書大悖, 緣是介父大怒, 遂以死力爭於上前, 上爲之一以聽用, 從此黨分矣. (…) 以今日之患觀之, 猶是自家不善從容. 至如青苗, 且放過, 又且何妨."

51 주희의 「이천 선생 연보伊川先生年譜」 말미에 있는 주주에는 사양좌謝良佐의 말을 인용하고 있다. 『程氏遺書』 부록.

52 여조겸의 『皇朝文鑑』卷44에 수록된 한기韓琦의 「청묘에 대해 논함論青苗」과 함께 같은 책 卷47에 수록된 장방평張方平의 「면역전에 대해 논함論免役錢」을 보라.

53 『三朝名臣言行錄』卷7, 「司馬文正公」, "治天下譬如居室, 弊則修之, 非大壞不更造."

54 첸무錢穆, 「명도와 신법론明道與新法」, 『中國學術思想史論叢 5』 『全集』본 제20책, 75~83쪽.

55 『程氏外書』卷12, "正叔視伯淳墳, 嘗侍行, 問佛儒之辨. 正叔指牆圍日, 吾儒從裏面做, 豈有不見. 佛氏只從牆外見了, 却不肯入來做, 不可謂佛氏無見處."

56 『續長編』卷233, "安石曰, (…) 臣觀佛書, 乃與經合, 盖理如此, 則雖相去遠, 其合猶符節也. 上曰, 佛, 西域人, 言語即異, 道理何緣異. 安石曰, 臣愚以爲苟合於理, 雖鬼神異趣, 要無以易. 上曰, 誠如此."

57 上同, 卷275, "熙寧 9년 5월 癸酉"조목.

58 『臨川先生文集』卷73, 「증자고에게 보내는 답장答曾子固書」.

59 上同, 卷66, 「致一論」, "精其理之道, 在乎致其一."

60 『語類』卷130, 「本朝四」.

61 『臨川先生文集』卷78.

62 卷10, 「聖人多生儒佛中」, "日, 吾止以雪峯一句語作宰相. 世英曰, 願聞雪峯之語. 公曰, 這老子嘗爲衆生作什麼." 나는 이전에 이 일을 상세히 고찰한 적이 있다. 『중국 근세 종교윤리와 상인 정신中國近世宗教倫理與商人精神』, 臺北: 聯經, 1987, 77~80쪽을 보라.

63 천위안陳垣, 『중국 불교 사적 개론中國佛教史籍概論』, 中華書局, 1962, 115쪽.

64 『程氏遺書』卷2 上, "今異教之害, 道家之說則更沒可闢, 唯釋氏之說衍蔓迷溺至深. 今日是釋氏盛而道家蕭索. (…) 然在今日, 釋氏却未消理會, 大患者却是介甫之學. (…) 如今日, 却要先整頓介甫之學壞了後生學者."

65　"王氏之教靡然而同, 是莫大之患也. 以彼之才之言, 而行其學, 故其教易以入人. 始也以利從, 久則心化之, 今而既安矣. 天下僶事一日而可革, 若衆心既定, 風俗已成, 其何可遽改也."

66　『語類』卷107,「內任·寧宗朝」,"伊川最說得公道, 云介甫所見, 終是高於世俗之儒."

67　『遺書』卷2 上,"楊時於新學極精, 今日一有所問, 能盡知其短而持之. 介父之學, 大抵支離, 伯淳嘗與楊時讀了數篇, 其後盡能推類以通之."

68　『語類』卷130,「本朝四」,"龜山集中有政日錄數段, 却好. 蓋龜山長於攻王氏. 然三經義辨中亦有不必辨者, 却有當辨而不曾辨者."

69　내가 이용한 것은 사고전서본이다.

70　『遺書』卷19,「伊川先生語五」,"易有百餘家, 難爲遍觀. 如素未讀, 不曉文義, 且須看王弼胡先生荊公三家." 또한 『程氏文集』卷9,「與金堂謝君書」를 보라.

71　上同,"又問, 如荊公窮物, 一部字解, 多是推五行生成. 如今窮理, 亦只此著工夫, 如何. 曰, 荊公舊年說話煞得, 後來却自以爲不是, 晩年盡支離了."

72　『南軒集』卷19,"竊觀左右論程氏王氏之學, 有兼與而混爲一之意, 此則非所敢聞也. (…) 王氏之說, 皆出於私意之鑿, 而其高談性命, 特竊取釋氏之近似者而已. 夫竊取釋老之似而濟之以私意之鑿, 故其橫流臺壞士心, 以亂國事. 學者當講論明辨而不屑焉, 可也. 今其於二程子所學, 不翅霄壤之異白黑之分, 乃欲比而同之不亦異乎."

73　『南軒集』卷20,「답주원회비서 答朱元晦祕書」 열한번째 편지 참조.

74　上同, 卷19,「寄周子充尙書」 제2절,"熙寧以來人才頓衰於前, 正以王介甫作壞之故. 介甫之學, 乃是祖虛無而害實用者. 伊洛諸君子, 蓋欲深救玆弊也."

75　"叔不排釋老."

76　"彌近理而大亂眞."

77　『河東先生集』卷10,「立新法」"三代之治."

78　『손명복 소집孫明復小集』,「공급사에게 올리는 편지上孔急事書」,"治天下經國家大中之道."

79　『조래 석선생 문집徂徠石先生文集』, 권7,「二大典」,"執二大典以興堯舜三代之治."

80　『文忠文集』卷17,「本論」上,"王政明而禮義充."

81　구양수의 『文集』卷47,「이후에게 보내는 답장答李詡」 두 통을 보라. 두번째 편지에서 구양수는 "요즘 본성에 대해 말하는 사람들이 많다"고 말하는데, 특히 주목할 구절이다.

82　『臨川集』卷66.

83　춘관과 종백 모두 종묘제사를 주관하던 관리다.—옮긴이

84　"立春官宗伯, 使帥其屬而掌邦禮, 以佐王和邦國."

85　『周官新義』卷8(國學基本叢書本, 臺北: 臺灣商務印書館, 1956, 119쪽),"人各上同而自致, 則禮出於一, 而上下治. 外作器以通神明之德, 內作德以正性命之情, 禮之道於是爲至. 禮至矣, 則樂生焉. 以禮樂合天地之化百物之產, 則宗伯之事於是爲至. 夫然後可以相王之大禮而攝其事, 贊王之大事而須其政."

86 『續長編』, 卷233, "熙寧 5년 5월 甲午"조목.

87 '신명'과 '핵심精'의 해석은 모두 그의 「예악론」에 보인다.

88 邱漢生 輯校, 『시의구침詩義鉤沉』, 北京: 中華書局, 1982, 卷8, 115쪽, "陰陽往來不窮, 而與之出入作息者, 天地萬物性命之理, 非特人事也."

89 『周官新義』 卷10, "人之精神與天地同流通. 萬物一氣也. 易曰, 乾道變化, 各正性命, 保合太和, 乃利貞."

90 『詩義鉤沉』 卷11, 160쪽, "人之精神, 與天地陰陽流通, 故夢各以其類之. 先王置官, 觀天地之會, 辨陰陽之氣. (…) 知此則可以言性命之理矣."

91 『臨川文集』 卷66, 「禮論」, "禮始於天而成於人."

92 『周官新義』 卷10, 137쪽, "以樂德敎國子, 中, 和, 祗, 庸, 孝, 友."

93 "삼덕"은 "지덕至德, 민덕敏德, 효덕孝德"을 가리킨다.(『周禮·地官·師氏』)

94 『周官新義』 卷10, 137쪽, "中, 庸, 三德所謂至德. 和, 六德所謂和. 孝, 三德所謂孝. 祗則順行之所成. 友則友行之所成也. 行自外作, 立之以禮, 德由中出, 成之以樂. (…) 中所以本道之體, 其義達而爲和, 其敬達而爲祗, 能和能祗, 則庸德成焉. 庸言之信, 庸行之謹, 在易之乾所謂君德."

95 『臨川文集』 卷66, 「禮樂論」, "聖人之遺言曰, 大禮與天地同節, 大樂與天地同和. 蓋言性也. 大禮性之中, 大樂性之和中. 和之情通乎神明."

96 "大本者, 天命之性, 天下之理皆由此出, 道之體也."

97 "呂大臨曰, 中者道之所由出也. 子曰, 非也. 大臨曰, 所謂道也, 性也, 中也, 和也, 名雖不同, 混之則一歟. 子曰, 中即道也. 汝以道出於中, 是道之於中也又爲一物矣. 在天曰命, 在人曰性, 循性曰道, 各有當也. 大本言其體, 達道言其用, 烏得混而一之乎." 자세한 내용은 『程氏文集』 卷9, 「與呂大臨論中書」를 보라. 여대림은 『중용』의 "중이란 천하의 위대한 근본이다"라는 구절로부터 중을 모든 것의 근원으로 파악한다. 중이 만유의 근본이므로 도 역시 그로부터 나온다는 것이 그의 생각이다. 정이는 중이 만유의 근본이라는 생각을 부정한다. 그에 따르면 중보다 상위에 있는 것이 있다. 바로 천명이고 본성이다. 천명과 본성의 구체적 양상이 중이자 도라는 것이 정이의 생각이다. 요컨대, 여대림에게 궁극적 근원은 중이고 정이에게 궁극적 근원은 천명이자 본성이다. 이런 차이점이 내포하는 철학적 의미는 무엇일까? 세계의 근원을 중으로 본다는 것은 세계의 본질을 고요한 평형체로 본다는 뜻이다. 반면 세계의 근원을 천명이자 본성으로 본다는 것은 세계의 본질을 법칙적인 것이자 창조적인 것으로 본다는 말이다. 이렇게 볼 때, 여대림의 세계관은 그의 스승인 장재의 태허太虛의 세계관, 나아가서 도가적 세계관과 이어지고 정이의 세계관은 고대 유가의 그것과 이어진다고 볼 수 있다.─옮긴이

98 저자의 설명에 보충이 필요하다. 정이가 "큰 근본이 그 본체"라고 말할 때, '큰 근본'이란 천명이자 본성을 가리킨다. 이런 천명과 본성이 본체라는 말이다. 천명과 본성이 본체라면, 도와 중은 그 작용이다. 반면 왕안석은 "중이란 도의 본체에 바탕을 두는 방법"이라고 한다. 앞에서 왕안석은 '본성의 중'이라는 표현을 사용했다. 본성의 본질적 속성이 중이므로, 사람은 평소 그 중을 획득하도록 노력해야지 본연의 본성을 회복할 수 있다는 생각을 왕안석은 하고 있다. 이때 본연의 본성은 다름 아닌 '도의 본체'다. 다시 말해 왕안석은 본성을 본체로 여기고 있는 것이다. 따라서 정이와 왕안석 모두 본성을 본체로 여기고 중을 그 작용으

로 여긴다는 점에서 일치한다.—옮긴이

99 『二程文集』卷10,「與呂大臨論中書」,"昔者旣聞先生君子之敎."

100 『臨川文集』卷66,「大人論」,"古之聖人, 其道未嘗不入於神, 而其所稱止乎聖人者, 以其道存乎虛無寂寞不可見之間. 苟存乎人, 則所謂德也."

101 上同, 卷67,「九變而賞罰可言」,"萬物待是而後存者, 天也. 莫不由是而之焉者, 道也. 道之在我者, 德也."

102 上同, 卷65,「易象論解」,"君子反身以修德."

103 『詩經』,「大雅」「文王之什」,"文王""無念爾祖, 聿修厥德, 永言配命, 自求多福."

104 『詩義鉤沉』卷16, 224쪽,"足乎己, 無待於外之謂德, 以德求多福, 則非有待於外也."

105 한유는「원도」에서 덕에 대해서는 "足乎己, 無待於外之謂德"이라고 하고 도에 대해서는 "由是而之焉之謂道"라고 했다. 따라서 왕안석은 한유의 규정을 글자 그대로 받아들였다.

106 『周易』,「繫辭上」.

107 『詩義鉤沉』卷16, 223~224쪽."皇, 有道之君也. 王, 有業之君也. 皇之多士, 則有道之士也. 王之國, 則有業之國也. 以有道之士, 佐有業之國, 則其興也, 莫之能禦矣."

108 저자의 의도를 알기 위해 약간의 부연설명이 필요하다. 도가 내재하는 사士는 덕이 있는 사다. 그리고 덕이 있는 사가 나라를 보좌하면 그 나라가 흥성한다. 결국 내성의 사가 있으면 외왕이 가능하다. 이는 '성덕대업'의 논리와 동일하다는 것이 저자의 시각이다.—옮긴이

109 『詩義鉤沉』, 223쪽. 이저에 관해서는 『四庫全書總目提要』卷15,「詩類一」,"毛詩集解"조목 참조.

110 『宋史』卷432,「儒林一」本傳,"講孝經禮記論語書易詩左氏傳, 據傳疏敷引之外, 多引時事爲喩."

111 『文集』卷27,「答詹師書」二,"所說經固有嫌於時事而不能避忌者."

112 『易傳』卷1,"利見大德之君, 以行其道. 君亦利見大德之臣, 以共成其功. 天下利見大德之人, 以被其澤."

113 上同, 卷3,"君臣不相遇, 則政治不興."

114 추한성邱漢生,「『이천역전』의 이학 사상伊川易傳的理學思想」,『중화 학술논문집中華學術論文集』, 北京: 中華書局, 1981, 614쪽을 참조하라. 추한성은 『역전』권4의 "鼎卦, 九四" 조목을 인용하고 있다.

4. 도학자의 '불교 배척'과 송대 불교의 새로운 동향

1 이 문제는 주돈이의「태극도설」이 다루는 문제이기도 하다.

2 첸무錢穆,「초기 송학初期宋學」,『中國學術思想史論叢 五』『全集』本 제20책, 6~7쪽.

3 『臨川先生文集』卷68,"夫太極者, 五行之所由生, 而五行非太極也. 性者, 五常之太極也, 而五常不可以謂之性. 此吾所以異於韓子."

4 『昌黎先生集』卷11.

5 『遺書』卷6,「二先生語六」,"楊子之學實, 韓子之學華, 華則涉道淺."

6 上同, 卷18,「伊川先生語四」,"退之晚年爲文, 所得處甚多. 學本是修德, 有德然後有言, 退之却倒學了. 因學文曰求所未至, 遂有所得. 如曰, 軻之死不得其傳, 似此言語, 非是蹈襲前人, 又非鑿空撰得出, 必有所見. 若無所見, 不知言所傳者何事(原性等文皆少時作)."

7　　上同, 卷19,「伊川先生語五」, "韓退之言, 博愛之謂仁, 行而宜之之謂義, 由是而之焉之謂道, 足乎己無待於外之謂德. 此言却好. 只云仁與義爲定名, 道與德爲虛位, 便亂說. 只如原道一篇極好. 退之每有一兩處, 直是搏得親切, 直似知道, 然却只是博也."

8　　이 점과 관련해서 후대에 논쟁이 있었다.

9　　"河南府進士李靄決杖, 配沙門島, 靄不信釋氏, 嘗著書數千言, 號滅邪集, 又輯佛書緻爲衾裯, 爲僧所訴, 河南尹表其事, 故流竄焉."

10　　『續長篇』卷24,「太平興國八年十月甲申條」, "浮屠氏之教有禪政治" "朕於此道, 微究宗旨."

11　　"以佛修心, 以道養生, 以儒治世." 志磐, 『佛祖統紀』卷47,「淳熙八年」조목, 『大正新修大藏經』제49권,「史傳部」一의 두번째 부분에 수록. 상세한 내용은 본서의 하편을 보라.

12　　紀昀, 『閱微草堂筆記』卷18,「姑妄聽之(四)」, 五台僧明玉의 말을 인용한 부분. "辟佛之說, 宋儒深而昌黎淺, 宋儒精而昌黎粗. 然而披緇之徒, 畏昌黎而不畏宋儒, 銜昌黎而不銜宋儒也. 蓋昌黎所辟, 檀施供養之佛也, 爲愚夫婦言之也. 宋儒所辟, 明心見性之佛也, 爲士大夫言之也. (…) 使昌黎之說勝, 則香積無烟, 祇園無地. (…) 使宋儒之說勝, (…) 不過各尊所聞, 各行所知, 兩相枝拄, 未有害也."

13　　"人其人, 火其書, 廬其居."

14　　『二程遺書』, 卷21下, "聖人本天, 釋氏本心."

15　　『程氏遺書』卷2上, "昨日之會, 大率談禪, 使人情思不樂, 歸而悵恨者久之. 此說天下已成風, 其何能救. 古亦有釋氏, 盛時尚只是崇設像教, 其害至小. 今日之風, 便先言性命道德, 先驅了知者, 才愈高明, 則陷溺愈深. 在某, 則才卑德薄, 無可奈何佗. 然據今日次第, 便有數孟子, 亦無如之何."

16　　"持國之爲此學者, 三十年矣."

17　　卷315.

18　　"范蜀公素不飲酒, 又詆佛教. 在許下與韓持國兄弟往還, 而諸韓皆崇此二事. 每燕集, 蜀公未嘗不與, 極飲盡歡, 少間則必以談禪相勉, 蜀公頗病之. 蘇子瞻時在黃州, 乃以書問救之當以何術曰, 麴蘗有毒, 平地生出醉鄉, 土偶作祟, 眼前妄見佛國. 子瞻報之曰, 請公試觀, 能惑之性, 何自而生. 欲救之心, 作何形相. 此猶不立, 彼復何依. 正恐黃面瞿曇亦須斂衽, 況學之者耶. 意亦將有以曉公, 而公終不領. 亦可見其篤信自守, 不肯奪於外物也. 子瞻此書不載於集."

19　　『南陽集』卷30, "學本於六經, 口不道佛老申韓之說."

20　　북송대에 일어났던 문자옥文字獄. 이 사건 때문에 소식이 오대 곧 어사대御史臺에 의해 체포되어 4개월간 투옥되었다. 당시 어사중승 이정李定, 서단舒亶, 하정신何正臣 등이 소식의 「호주사상표湖州謝上表」와 이전의 시들에서 어구를 뽑아내서 신정新政을 비방하는 글을 만들어서, 소식은 신정을 비난했다는 죄명으로 체포되었다. 감찰어사가 소식을 고발했고, 이후 어사대에 투옥되어 판결을 받았다. 당시 관서 안에는 이곳저곳에 동백나무를 심었는데 거기에 까마귀들이 둥지를 틀곤 했다. 그래서 어사대를 '오대'라고도 불렀다.―옮긴이

21　　傅藻,「東坡紀年錄」, 『集注分類東坡詩』卷首를 보라.

22　　아직 다른 증거를 더 찾아야 한다. 상세한 논증은 후일을 기약한다.

23 『文集』卷11, "寒族有姻家之契, 二男蒙國士之和."

24 『文集』卷9.

25 『文集』卷9, "한지국 자정에게 올리는 편지上韓持國資政書."

26 『南陽集』卷29, "先生之罷扶溝, 貧無以家, 至潁昌築室止焉. 大夫以淸德退居, 弟頤正叔樂道不仕, 先生與正叔朝夕就養, 無違志. (…) 子方守潁昌, 遂得從先生遊."

27 『程氏文集』卷11.

28 『程氏外書』卷12, "韓持國與伊川善. 韓在潁昌, 欲屈致伊川明道, 預戒諸子姪, 使治一室, 至於修治窗戶, 皆使親爲之, 其誠敬如此. 二先生到, 暇日與持國同游西湖, 命諸子侍行."

29 종5품 이하 벼슬의 통칭.―옮긴이

30 『二程文集』卷3.

31 卷14, "戲示程正叔范彝叟, 時正叔者洛中過訪."

32 『程氏外書』卷12.

33 한유의 원래 시에는 '재미 삼아 보여주었다'는 표현이 분명히 있는데, 이 표현은 '호수에서 홀로 낚시를 하다가'라는 제목과 전혀 다르다. 아마도 편집사가 잘못하여 '정숙'을 '백순'으로 고친 듯하나, 확실한 증거는 없다.

34 「二先生語一」, "先生曰, 范景仁論性曰, 豈有生爲此, 死又却爲彼, 儘似見得. 後却云, 自有鬼神, 又却迷也."

35 『語類』卷107, 「內任·寧宗朝」, "時呂正獻公作相, 好佛, 士大夫競往參禪, 寺院中人室陞堂者皆滿. 當時號爲禪鑽."

36 丁傳靖, 『宋人軼事滙編』卷6, 「呂夷簡」조목, "呂申公素喜釋氏之學, 及爲相, 務簡靜, 罕與士大夫接. 惟能談禪者, 多得從游, 於是好進之徒, 往往幅巾道袍, 日游禪寺, 隨僧齋粥, 談說性理, 覬以自售, 時人謂之禪鑽."

37 邵伯溫, 『邵氏聞見錄』卷12.

38 『語類』卷97, 「程子之書三」, "遺書首篇, 明道與韓持國論禪一段, 看來韓持國只是曉得那低底禪. 嘗見范蜀公與溫公書, 說韓持國爲禪作祟, 要想山河大地無寸土, 不知還能無寸土否. 可將大樂與喚醒歸這邊來. 今觀明道答它, 至如山河大地之說, 是它山河大地, 又干你何事. 想是持國曾發此問來, 故明道如此說." 저자 위잉스는 주희가 이 구절을 말했다고 하는데, 원문을 찾아보니 이 구절은 주희 자신의 말이 아니라 주희의 제자인 심한의 질문 내용이었다. 따라서 원문에 의거해 본문의 내용 일부를 수정했다.―옮긴이

39 『南陽集』卷30.

40 『傳家集』卷36. 사마광은 아버지의 이름인 '지池' 자를 피하기 위해 '지毈' 자 대신 '병秉' 자를 썼다. 王明淸, 『揮塵後錄』卷6을 보라.

41 『文集』卷9.

42 『傳家集』卷64.

43 『傳家集』卷73.

44 『四庫全書總目提要』卷122, 원나라 白珽 撰, 『湛淵靜語』조목.

45 『遺書』卷2上, "常以中爲念."

46   예를 들어 정이가 쓴 정호 행장, 여대림이 쓴 장재 행장이 모두 그렇게 이야기한다.

47   余英時, 『중국 근세종교윤리와 상인정신中國近世宗敎倫理與商人精神』, 15~26쪽.

48   이 점과 관련한 국내의 연구물로는 변희욱, 「大慧 看話禪 연구」, 서울대학교 대학원 박사학위논문, 2005년 2월 참조.―옮긴이

49   『遺集』 卷2 上, "談禪者雖說得, 蓋未之有得. 其徒亦有肯道, 佛卒不可以治天下國家者, 然又須道, 得本則可以周遍."

50   『景迂生集』 卷14, "往年孤山智圓, 凜然有聲當世, 自成一家之學, 而讀書甚博, 性曉文章經緯, 師法韓文公. 常責其學者不能如韓有功於孔氏. 近則嵩力辨歐陽之謗, 有古義士之風."

51   『中國學術思想論叢 五』, 103~111쪽.

52   "儒釋者, 言異而理貫, 莫不化民, 俾遷禪遠惡也. 儒者飾身之敎, 故謂之外典. 釋者修心之敎, 故謂之內典也. 蚩蚩生民, 豈越於身心哉. 非吾二敎, 何以化之乎. 噫. 儒乎, 釋乎, 其共爲表裏乎. 世有限於域內者, 故厚誣於吾敎, 謂棄之可也. 世有滯於釋氏者, 往往以儒爲戲. 豈知夫非仲尼之敎, 則國無以治, 家無以寧, 身無以安. 釋氏之道何由而行哉." Koichi Shinohara, "Zhi Yuan's Autobiographical Essay: 'The Master of the Mean,'" in Phyllis Granoff and Koichi Shinohara, eds. *Other Selves: Autobiography and Biography in Cross-Cultural Perspective*, Oakville, Ontario: Mosaic Press, 1994, pp. 35~72 참고.

53   "佛敎東傳, 與仲尼伯陽之說False三. 然孔老之訓詞, 談性命未極於唯心, 言報應未臻於三世. 至於治天下, 安國家, 不可一日無也. (…) 至於濟神明, 硏至理 (…) 大暢其妙者, 則存乎釋氏之訓歟."

54   "吾友契嵩師, 熙寧四年没於餘杭靈隱山翠微堂. 人葬訖, 不壞者五物, 睛舌鼻及耳毫數珠. 時恐厚誣, 以烈火重煆, 煆之愈堅. 嵩之文僅參韓柳間, 治平中, 以所著書曰輔敎編, 携詣闕下. 大學者若今首揆王相歐陽諸巨公, 皆低簪以禮焉."

55   『玉壺淸話』, 「序」.

56   『郟溪集』 卷14, 「문영선사 시집 서文瑩師詩集序」.

57   『忠肅集』 卷10.

58   "契嵩禪師常瞋, 人未見其笑, 海月慧禪師常喜, 人未見其怒. 予在錢塘, 親見二人, 皆趺坐而化. 嵩旣荼毗, 火不能壞 (…) 者五. 海月比葬, 面目如生, 且微笑, 乃知二人以瞋喜作佛事也."

59   『鐔津集』 卷首, 또한 『都官集』 卷8.

60   "當是時, 天下之士學爲古文, 慕韓退之排佛而尊孔子. 東南有章表民黃聱隅李泰伯尤爲雄傑, 學者宗之. 仲靈獨居作原敎孝論十餘篇, 明儒釋之道一貫, 以抗其說. 諸君讀之, 既愛其文, 又畏其理之勝, 而莫之能奪也, 因與之游. 遇士大夫之惡佛者, 仲靈無不懇懇爲言之. 由是排者浸止而後有好之甚者, 仲靈唱之也."

61   『鐔津集』, 卷22, "師 (…) 於慶曆間, 始以文鳴道於天下."

62   上同, "明敎大師嵩和尙 (…) 妙達玄宗, 博極世解, 出皇祐至和間, 見外堂有致吾法之瘡痏者, 則曰, 子竊菩薩權, 爲如來使, 辨而明之, 以度彼惑, 俾歸正趣."

63   『都官集』 卷5.

64   계숭의 일생과 사상에 대해서는 황치장黃啓江의 박사논문에 상세한 연구가 되어 있다. Chi-chiang Huang, "Experiment in Syncretism: Ch'i-sung and Eleventh-Century

Chinese Buddhism," Ph.D.dissertation, University of Arizona, 1986.

65　『鐔津集』卷1,「輔敎編上」,"佛之道豈一人之私爲乎. 抑亦有意於天下國家矣. 何嘗不存其君臣父子邪. 豈妨人所生養之道邪. 但其所出不自吏而張之, 亦其化之理隱而難見, 故世不得而盡信."

66　"天下同之, 之謂大公. 天下中正, 之謂皇極. 中正所以同萬物之心也, 非中正所以離萬物之心也. 離之則天下亂也. 同之則天下治也. 善爲天下者必先持皇極, 而致大公也. 不善爲天下者必善放皇極, 而廢大公也. 是故古之聖人推皇極於人君者, 非他也, 欲其治天下也. 敎皇極於人民者, 非他也, 欲其天下治也."

67　『鐔津集』卷4,"或問洪範曰, 皇建其有極說者, 云大立其有中者也. 斯則與子所謂中庸之道, 異乎, 同邪. 曰, 與夫皇極大同而小異也. 同者以其同趣乎治體也. 異者以其異乎敎道也. 皇極, 敎也, 中庸, 道也. 道也者出萬物也, 入萬物也. 故以道爲中也."

68　『閑居編』卷19,「中庸子傳」,"儒家之中庸, 龍樹所謂中道義也. 諸法云云, 一心所變. 心無狀也, 法豈有哉. 亡之彌存, 性本具也, 存之彌亡, 體非有也. 非亡非存, 中義著也."

69　『鐔津集』卷5,"彼孔氏者, 以迹其敎化而目之也. 吾本其道眞而言之也. 敎化, 迹也, 道, 本體也. 窺迹, 則宜其有大有常, 極本, 則皇與帝者宜一. 孔氏可謂見其徵者也, 烏足以知道淵耶."

70　유교와 불교를 조화시키고자 했던 계숭의 논의는 그의 「협주보교편 요의夾註輔敎編要義」에 상세히 제시되어 있다. 황치장黃啓江,「북송대 명교 계숭의 「협주보교편 요의」를 논함論北宋明敎契嵩的夾注輔敎編要義」,『북송 불교사 논고北宋佛敎史論稿』, 臺北: 商務印書館, 1997, 153~200쪽.

71　"吾門中有爲文者, 反斥本敎以尊儒術, 乃曰: 師韓愈之爲人也, 師韓愈之爲文也, 則於佛不得不斥, 於儒不得不尊, 理固然也."

72　『鐔津集』卷12,"慧遠和尚以有道稱於四方, 在天禧乾興間, 其名甚振. 學者無遠近歸之如水, 沛然就下. 子少聞之, 恨不識其人. 晚游吳, 得其語於勤遷二師. 觀其發演詳悉, 應對次序, 語言必文, 不以凡近雜出. 雖出入大經大論, 傍及治世文書, 老子莊周之說而不疑."

73　"出於雲門大師三世."

74　『閑居編』卷49,"禮樂師周孔, 虛無學老莊."

75　『閑居編』卷26,「벗의 질문에 답하며對友人問」및 卷27의「서전신서傳神」.

76　『河東先生集』卷2,「東郊野夫傳」「補亡先生傳」및 卷5「양습유의 개명에 답하는 편지答梁拾遺改名書」.

77　문중자는 왕통王通(580~617)의 호다.―옮긴이

78　『閑居編』卷26,「讀中說篇」.

79　『宋史』卷306, 本傳.

80　『語類』卷129,「本朝三」.

81　『鐔津集』卷9,「인종 황제에게 올리는 만언서萬言書上仁宗皇帝」,"夫迹者屬敎, 而體者屬道. 非道則其敎無本, 非敎則其道不顯."

82　『鐔津集』卷1,「勸書第一」,"非道則其敎無本""心也者, 聖人道義之本."

83　첸무錢穆,「계숭의 『심진집』을 읽고讀契嵩鐔津集」,『中國學術思想史論叢 三』, 113~136쪽.

84 『金明館叢稿二編』, 284쪽.

85 『宋書』卷93, 「隱逸」本傳.

86 『梁書』卷3, 「武帝」下의 마지막 부분.

87 저우이량周一良, 「양무제 및 그 시대에 관하여論梁武帝及其時代」, 『위진남북조사 논집 속편魏晋南北朝史論集續編』, 北京大學出版社, 1991, 46~47쪽.

88 "仁宗卽位 (…) 以工部尙書同中書門下平章事 (…) 時進士唱第, 賜中庸解, 中書上其本, 乃命知白進讀, 至修身齊家之道, 必反復陳之."

89 송대 사대부들을 교육시키던 기구. 광문廣文, 대학大學, 율학律學이 그 안에 설치되어 있었다.─옮긴이

90 삼성三省 및 어사대御史臺를 합하여 부르는 명칭.─옮긴이

91 "是歲, 太宗親試貢士, 嵘預考校 (…) 時摹印儒行篇, 以賜新及第人及三館臺省官, 皆上表稱謝."

92 "治賜新及第進士及諸科貢擧人儒行篇各一軸, 令至所着於壁, 以代左右之誡." 저자는 '至所'가 '所至'의 오기誤記일 것이라고 추정하는데, 저자의 추정에 따라 번역했다.─옮긴이

93 「選擧」二之七, "五年四月二十一日, 賜新及第中庸一篇."

94 『宋史』卷210, 「재보표일宰輔表一」.

95 "凡爲天下國家有九經."

96 『范文正公集』卷20.

97 "甲第九十七名. 試置天下如置器賦."

98 『范文正公集』卷6.

99 "然則道者何, 率性之謂也. 從者何, 由道之謂也. 臣則由乎忠, 子則由乎孝, 行已由乎禮, 制事由乎義, 保民由乎信, 待物由乎仁. 此道之端也. 子將從之乎, 然後可以言國, 可以言家, 可以言民, 可以言物, 豈不大哉. 若乃誠而明之, 中而和之, 揖讓乎聖賢, 蟠極乎天地, 此道之致也. 必大成於心而後可言焉."

100 『張載集』附錄, 中華書局 點校本, 1978, "當康定用兵時, 年十八 (…) 上書謁范文正公, 公 (…) 因勸讀中庸."

101 「選擧」一之八에서 一之九까지.

102 "兵部侍郞譯經潤文官趙安仁鳳詔編修大藏經錄成, 凡二十一卷, 賜名大中祥府法寶錄."

103 『佛祖統紀』卷44, "出經論題目考試沙門, 以爲遷補左右街之序."

104 上同.

105 『宋史』卷305, 本傳.

106 丁傳靖, 『宋人軼事滙編』卷6, 「楊億, 劉筠」, "劉子儀送人詩曰, 惠和官尙小, 師達錄須干, 謂柳下惠子張也."

107 『徂徠文集』卷5, 「怪說中」.

108 1916년 劉氏覆刻元延祐本. 陳垣, 『中國佛敎史籍槪論』, 北京: 科學出版社, 1957, 86~90쪽.

109 "留心釋典禪觀之學."

110 李遵勖, 『天聖廣燈錄』 卷18.

111 『宋史』 卷284, 本傳, "壽八十二不爲夭."

112 上同, "見動物, 必戒在左右勿殺."

113 "殿古寒爐空, 流塵暗金碧, 獨座偶無人, 又得眞消息."

114 『宋會要輯稿』, 「職官」 六十四之二四.

115 『佛祖統紀』 卷45.

116 歐陽脩, 『歸田錄』 卷1.

117 생몰연대는 소순흠蘇舜欽의 「韓公行狀」을 보라.(『蘇舜欽集』, 中華書局 표점본, 1961, 卷 16, 243쪽)

118 『宋史』 卷480, 「世家3, 吳越錢氏」.

119 上同, 卷263, 「석희재전 부록石熙載傳附」.

120 『選擧』 二之七, "賜新及第進士大學一篇, 自後與中庸間賜. 著爲例."

121 『佛祖統紀』 卷45, 天聖 9년 조목.

122 上同 卷45.

123 호인胡寅의 서문을 보라. 그의 『斐然集』 제19권에 수록.

124 『靑箱雜記』 卷10.

125 『遺書』 卷17, "儒行之篇, 此書全無義理, 如後世遊說之士所爲夸大之說. 觀孔子平日言語, 有 如是者否."

126 上同, 卷19.

127 "入辭日 (…) 特開龍圖閣, 召近臣宴崇和殿 (…) 昺視壁間尚書禮記圖, 指中庸篇曰凡爲天下國 家有九經, 因陳其大義, 上嘉納之."

128 上同.

129 『景迂生集』 卷12.

130 『漢書』 卷30, 「藝文志·禮家」.

131 『宋元學案』 卷22, 「景迂學案」, "晚年頗信佛氏之說 (…) 天台敎僧."

132 앞서 인용했던 「懼說贈然公」을 보라.

133 『傳家集』 卷63, 「答韓秉國書」.

134 『中庸解』 帝3.

135 『皇問』, "道, 本體也."

136 이광필과 곽자의는 안녹산安祿山과 사사명史明思의 난을 진압한 공신들이었다. 곽자의 가 환관 어조은魚朝恩에 의해 모함을 당해 조정으로 소한되자, 이광필이 곽사의의 삭방군을 내신 지휘했다고 한다.—옮긴이

137 어떤 사본에는 '米'가 '朱'로 되어 있다고 한다.—옮긴이

138 『靑箱雜記』 卷6, "近世釋子多務吟詠, 唯國初贊寧獨以著書立言, 尊崇儒術爲佛事, 故所著駁 董仲舒繁露二篇, 難王充論衡三篇, 證蔡邕獨斷四篇, 斥顏師古正俗七篇, 非史通六篇, 咨雜斥諸史 五篇, 折海潮論兼明錄二篇, 抑春秋無賢臣論一篇, 極爲王禹偁所激賞, 故王公與贊寧書曰, 累日前 蒙惠顧護才, 辱借通論, 日始三復, 未詳指歸, 徒觀其滌繁露之瑕, 劘論衡之砧, 眼瞭獨斷之瞽, 鍼砭

正俗之疢, 折子玄之邪說, 泯米顆之巧言, 逐光庭若摧枯, 排孫郃似圖蔓, 使聖人之道無傷於明夷, 儒家者流不至於迷復, 然則師胡爲而來哉. 得非天祚素王而假手於我師者歟." 왕우칭의 이 편지는 현행본『소축집小畜集』과『소축외집小畜外集』에 보이지 않는다.『불조통기』제44권 함평咸平 4년(1001) 조목에 비교적 상세하게 인용되어 있으니 참고하기 바란다.

139 『小畜集』卷20.

140 『閑居編』卷37,「輓歌詞」,"平生宗釋復宗儒."

141 『小畜集』卷19.

142 "師戴六經, 排斥百氏, 落落然眞韓柳之徒."

143 『續高僧傳』서두에 있는 찬녕의「表」를 참조.

144 『經進東坡文集事略』卷53,「李君山房記」.

145 찬녕과 사대부의 교류에 대해서는 다음 글을 참조 하라. Albert Welter, "A Buddhist Response to the Confucian Revival: Tsan-ning and the Debate over Wen in the Early Sung," in Peter N. Gregory and Daniel A. Getz, Jr. eds., *Buddhism in the Sung*, Honolulu: University of Hawaii Press, 1999, pp. 21~61.

146 『夢梁錄』, 卷17,「歷代方外僧」, "法照不妄交遊, 與和靖先生同時僧智圓爲友, 宰臣王欽若王隨王化基深敬之."

147 『佛祖統紀』卷44.

148 Chi-chian Huang, "Elite and Clergy in Northern Sung Hang-chou: A Convergence of Interest," in Gregory and Getz, eds., *Buddhism in the Sung*, pp. 295~339 참조.

149 "先生少時, 多與禪客語, 欲觀其所學淺深, 後來更不問."

150 『語類』卷126,「釋氏」, "近看石林過庭錄, 載上蔡說伊川參某僧, 後有得, 遂反之, 偸其說來做己使, 是爲洛學. 某也嘗疑如石林之說固不足信, 却不知上蔡也恁地說, 是怎生的. 向見光老示及某僧與伊川居士帖, 後見此帖乃載山谷集中, 後又見有跋此帖者, 乃僧與潘子眞帖, 其差謬類如此. 但當初佛學只是說, 無存養底工夫, 至唐六祖, 始教人存養工夫. 當初學者亦只是說, 不曾就身上做工夫, 至伊川方教人就身上做工夫, 所以謂伊川偸佛說爲己使."

151 葉紹翁,『四朝聞見錄』乙集,「光拙庵」조목; 陳淳,『北溪大全集』卷24,「與趙司直季仁」2 및 卷32「與鄭行之」.

152 "今日之風, 便先言性命道德, 先驅了知者, 才愈高明, 則陷溺愈深."

153 『張載集』『經學理窟·義理』, 北京: 中華書局 표점본, 1978, 273쪽, "道德性命是長在不死之物也, 己身則死, 此則常在."

154 上同, 7쪽, "死之不亡者, 可與言性."

155 『語類』卷99,「張子書二」, "橫渠闢釋氏輪回之說. 然其說聚散屈伸處, 其弊却是大輪回. 蓋釋氏是箇箇各自輪回, 橫渠是一發和了, 依舊一大輪回."

156 『遺書』卷15,「伊川先生語一」, "凡物之散, 其氣遂盡, 無復歸本原之理. 天地間如洪鑪, 雖生物銷鑠亦盡, 況旣散之氣, 豈有復在. 天地造化, 又焉用此旣散之氣. 其造化者, 自是生氣 (…) 此是氣之終始, 開闔便是易, 一闔一闢謂之變."

157 앞의 절을 보라.

158 『豫章黃先生文集』卷30, "荊公學佛, 所謂吾以爲龍又無角, 吾以爲蛇又有足者也. 然余嘗熟觀其風度, 眞視富貴如浮雲, 不溺於財利酒色, 一世之偉人也."

159 「大人論」.

160 앞의 절을 보라.

161 『鐔津集』卷8, 「西山移文」, "自然子讀書探堯舜之道, 豈宜自私. 得志推諸天下, 與人共之, 不得已山林而已 (…) 彼長沮桀溺者, 規規剪剪, 獨善自養, 無有憂天下之心, 未足與也. 自然子固宜思之. 與具道在於山林, 曷若道在於天下, 與其樂與猿猱麋鹿, 曷若樂與君臣父子."

162 『黃先生文集』卷24, 「福昌信禪師塔銘」, "一切聖賢, 出生入死, 成就無邊衆生行, 願不滿, 不名滿足."

163 『傳家集』卷67, "佛書之要, 盡於空一字而已. 或問揚子, 人有齊死生, 同貧富等貴賤, 何如. 揚子曰, 作此者其有懼乎. 此經云, 照見五蘊皆空, 度一切苦厄, 似與揚子同指. 然則釋老之道, 皆宜爲憂患之用乎."

164 上同, 卷74『迂書』, "或問老釋有取乎. 迂叟曰, 有. 或曰, 何取. 曰, 釋取其空 (…) 或曰, 空則人不爲善 (…) 奈何. 曰, 非謂其然也. 空取其無利欲之心, 善則死而不朽, 非空矣."

165 『臨川文集』卷66, "嗚呼, 禮樂之意不傳久矣. 天下之言養生修性者, 歸於浮屠老子而已. 浮屠老子之說行, 而天下爲禮樂者, 獨以順流俗而已. 夫使天下之人驅禮樂之文以順流俗爲事, 欲成治其國家, 此梁晉之君, 所以取敗之禍也. 然而世非知之者, 何耶. 特禮樂之意大而難知, 老子之言近而易輕. 聖人之道得諸己, 從容人事之間而不離其類焉. 浮屠直空虛窮苦, 絶山林之間, 然後足以善其身而已. 由是觀之, 聖人之與釋老, 其遠近難易可知也."

166 陳垣, 『淸初僧諍記』, 北京: 中華書局, 1962, 90쪽.

167 『大慧普覺禪師語錄』卷1, 『大藏經』제47책, 「諸宗部四」, 811쪽에 수록.

168 『集注分類東坡先生詩』卷5, 「病不開堂道益尊」.

169 『遺書』卷2 上, "昨日之會, 大率談禪" 조목, "無可奈何佗, (…) 便有數孟子, 亦無如之何."

170 『語類』卷126, 「釋氏」, "釋氏之敎, 其盛如此, 其勢如何拗得他轉? 吾人家守得一世再世, 不崇向他者, 已自難得. 三世之後, 亦必被他轉了."

171 『孟子』, 「盡心」上, "上下與天地同流."

172 『臨川文集』卷68, 「對難」.

173 上同, 卷68, 「老子」, "聖人 (…) 必制四術焉. 四術者, 禮樂刑政是也, 所以成萬物者也."

174 上同, 卷82, 「虔州學記」, "先王之道德, 出於性命之理, 而性命之理, 出於人心."

175 上同, 卷66, 「禮樂論」, "同者道也, 不同者心也."

176 『二程遺書』卷21下, 「伊川先生語七下」, "書言天叙天秩, 天有是理, 聖人循而行之, 所謂道也. 聖人本天, 釋氏本心."

177 『張載集』, 279쪽, 『經學理窟』「學大原上」, "旣學而先有以功業爲意者, 於學便相害. 旣有意必穿鑿, 創意作起事來, 德未成而先以功業爲事, 是代大匠斲, 希不傷手也."

178 上同, 323쪽, "世學不明千五百年, 大丞相言之於書, 吾輩治之於己. 聖人之言庶可期乎. 顧所學謀之太迫則心勞而不虛, 質之太煩則泥文而滋弊, 此僕所以未置懷於學者也."—옮긴이

5. 이학과 '정치문화'

1) 도학과 '치도'—고문운동의 영향

1 『語類』卷129, 「本朝二」, "亦有其漸. 自范文正以來已有好議論, 如山東有孫明復, 徂徠有石守道, 湖州有胡安定, 到後來遂有周子程子張子出. 故程子平生不敢忘此數公, 依舊尊他."

2 『張載集』부록, 381쪽, "先生 (⋯) 與邠人焦寅游, 寅喜談兵, 先生說其言. 當康定用兵時年十八, 慨然以功名自許, 上書謁范文正公. 公一見知其遠器, 欲成就之, 乃責之日, 儒者自有名教, 何事於兵. 因勸讀中庸. 先生讀其書, 雖愛之, 猶未以爲足也."

3 『程氏文集』卷5, "然而行王之道, 非可一二而言, 願得一面天顔, 罄陳所學. 如或有取, 陛下其置之左右, 使盡其誠. 苟實可用, 陛下其大用之, 若行而不效, 當服罔上之誅, 亦不虛受陛下爵禄也."

4 『盱江集』卷16.

5 上同, 卷17.

6 上同, 卷27~28.

7 상세한 내용은 魏峙, 「李直講年譜」, 『盱江集』卷首를 보라.

8 "若漢武笑齊宣不行孟子之說, 自致不王, 而不用仲舒之策. 隋文帝笑漢武不用仲舒之策, 不至於道, 而不聽王通之言. 二主之昏, 料陛下亦嘗笑之矣. 臣雖不敢望三子之賢, 然臣之所學, 三子之道也."

9 『程氏文集』卷11, "謂孟子沒而聖學不傳, 以興起斯文爲己任."

10 『遺書』卷1, "橫渠道盡高, 言盡醇, 自孟子後儒者, 都無他見識."

11 『孫明復小集』, "孔子而下至兩漢間, 世稱大儒者, 或曰孟軻氏荀卿氏揚雄氏而已 (⋯) 至於董仲舒, 則忽而不舉, 此非明有所未至, 識有所未周乎. (⋯)且仲舒於孔氏之門, 其功深矣. 觀其道也, 出於游夏遠矣. 對孝武大明王道之端, 與夫任德不任刑之說, 雖伊呂又何加焉. 蓋用與不用耳."

12 『徂徠集』卷10, "仲舒請限民田而不用."

13 "柳仲涂宗之於前, 孫漢公廣之於後, 皆云聖人也."

14 『語類』卷129, 「本朝三」, "太宗朝一時人多尙文中子, 蓋見朝廷事不振, 而文中子之書頗說治道故也."

15 『遺書』卷19, 「伊川先生語五」, "文中子本是一隱君子, 世人往往得其議論, 附會成書, 其間極有格言, 荀揚道不到處."

16 "道必充於己, 而後施以及人, 是故道非大成, 不苟於用. 然亦有不私其身, 應時而作者也. 出處無常, 惟義所在. 所謂道非大成, 不苟於用, 顏回曾參之徒, 是也. 天之大命在夫子矣, 故彼得自善其身, 非至聖人, 則不出也在. 於平世無所用者, 亦然. 所謂不私其身, 應時而作者, 諸葛亮及臣, 是也. 亮感先主三顧之義, 閔生民塗炭之苦, 思致天下於三代, 義不得自安而作也. 如臣者, 生逢聖明之主, 而天下有危亂之虞, 義豈可苟善其身, 而不以一言悟陛下哉. 故曰出處無常, 惟義所在."

17 "子曰, 使諸葛亮而無死, 禮樂其有興乎."

18 『遺書』卷19, "禮樂則未敢望他, 只是諸葛已近王佐."

19 上同, 卷24, "孔明有王佐之心, 道則未盡."

20 『周易』, 「隨卦」, "有孚, 在道, 以明, 何咎."—옮긴이

21 『周易程氏傳』卷2, "古之人有行之者, 伊尹周公孔明, 是也. 皆德及於民, 而民隨之."

22 『徂徠文集』卷8, "劉備能用諸葛亮之謀, 是以王有巴蜀."

23 上同, 卷1.

24 『經進東坡文集事略』卷56, 「范文正公集序」.

25 『續資治通鑑長編』卷158, "至太學盛建, 而講官石介益加崇長, 因其好尚, 寖以成風. 以怪誕詆訕爲高, 以流蕩猥煩爲贍, 逾越繩墨, 惑誤後學, 朝廷惡其然也, 屢下詔書, 丁寧戒飭, 而學者樂於放逸, 罕能自還."

26 『語類』卷129, 「本朝三」, "本朝孫石輩忽然出來, 發明一箇平正底道理自好, 前代亦無此等人. 如韓退之已自五分來, 只是說文章. 若非後來關洛諸公出來, 孫石便是第一等人."

27 『宋元學案』卷2, 「孫泰山先生復」조목, "宋興八十年, 安定胡先生, 泰山孫先生, 徂徠石先生, 始以其師道明正學, 繼而濂洛興矣. 故本朝理學雖至伊洛而精, 實自三先生而始, 故晦菴有伊川不敢忘三先生之語. 震既鈔讀伊洛書, 而終之以徂徠安定篤實之學, 以推發源之自, 以示歸根復命之意." 황백가黃百家는 『黃氏日鈔』卷45, 「讀諸儒書十二」에서 인용했다고 한다.

28 『語類』卷83, 「春秋·經」, "如二程未出時, 便有胡安定孫泰山石徂徠, 他們說經雖是甚有疏略處, 觀其推明治道, 直是凜凜然可畏."

29 『儒志編』, 「附錄」, 『中國哲學』제15집, 1992년 5월, 243쪽에서 재인용, "皇祐賢良儒志先生王景山, 諱開祖 (…) 著書多不出 惟儒志一編, 門弟子傳習 (…) 最末章曰, 由孟子以來, 道學不明, 吾欲述堯舜之道, 論文武之治, 杜淫邪之路, 闢皇極之門 (…) 慶曆皇祐間, 宋興來百年, 經術道微, 伊洛先生未作, 景山獨能研精覃思, 發明經蘊, 倡鳴道學二字, 著之話言 (…) 後四十餘年, 伊洛儒宗始出."

30 上同, 244쪽, "公 (…) 登皇祐癸巳, 鄭獬榜進士第 (…) 倡鳴理學於濂洛未作之先."

31 『宋元學案』卷6, 「進士王儒志先生開祖」.

32 『張載集』349쪽, "朝廷以道學政術爲二事, 此正自古之可憂者, 異之謂孔孟可作將推其所得而施諸天下邪, 將以其所不爲而強施之於天下歟. 大都君相以父母天下爲王道, 不能推父母之心於百姓謂之王道, 可乎. (…) 使吾君愛天下之人如赤子, 則治德必日新, 人之進者必良士, 帝王之道不必改途而成, 學與政不殊心而得矣."

33 『程氏文集』卷6, "臣竊內思, 儒者得以道學輔人主, 蓋非常之遇, 使臣自擇所處, 亦無過於此矣."

34 유개柳開는 「한유의 사설을 이어續師說」에서 "옛날에는 도학을 마음에 두었으니 '우리의 학문은 인의예악에서 구한다'라고 했다古之以道學爲心也. 曰, 吾學其在求仁義禮樂歟"고 말한다.(『河東集』卷1) 이것은 아마도 송나라 사람으로 '도학'이라는 말을 사용한 사례 중 가장 이른 것일 터이나, 그 의미는 다만 '봉록을 위한 학문祿學'과 대비되는 것일 뿐이므로 후대의 용법과 혼동되어서는 안 된다.

35 『語類』卷1, 「理氣上」, "不會壞. 只是相將人無道極了, 便一齊打合, 混沌一番, 人物都盡, 又重新起."

36 "同治天下"는 정이의 말로서, 뒤의 '정씨 「역전」 속의 정치사상'에서 다루겠다.

2) 이중 논증과 맹자의 영향

1   程頤, 「明道先生朋友敍述序」(『程氏文集』卷11), "孟子之後, 傳聖人之道者, 一人而已."

2   游酢, 「書(明道)行狀後」, 『程氏遺書·附錄』, "識者謂與孟子比"

3   全祖望, 「荊公新學略序錄」(『宋元學案』卷98), "淮南雜記初出, 見者以爲孟子." 원문은 晁公
武의 『郡齋讀書志』에 나온다.

4   『程氏遺書』卷2上, "學者須先識仁. 仁者渾然與物同體. 義禮知信皆仁也. 識得此理, 以誠敬
存之而已. 不須防檢, 不須窮索 (…) 此道與物無對, 大不足以名之, 天地之用, 皆我之用. 孟子言萬
物皆備於我, 須反身而誠, 乃爲大樂. 若反身未誠, 則猶是二物有對. 以己合彼, 終未有之. 又安得
樂. 訂頑意思, 乃備言此體, 以此意存之, 更有何事."

5   上同, "軀殼上頭起意."

6   上同, "以天地萬物爲一體, 莫非己也."

7   『正蒙』, 「大心」(『張載集』, 24쪽), "大其心則能體天下之物."

8   『正蒙』, 「乾稱」(『張載集』, 24쪽) "天地之塞, 吾其體, 天地之首, 吾其性. 民吾同胞, 物吾與
也."

9   『文集』卷9, 「答楊時論西銘書」, "明理一而分殊" "擴前聖所未發, 與孟子性善養氣之論同功."

10   尹焞, 『和靖集』卷8, 「年譜」.

11   『程氏外書』卷10, 「大全集拾遺」및 楊時의 『龜山集』卷16, 「答伊川先生」을 보라.

12   『程氏文集』卷1, "陛下躬堯舜之資, 處堯舜之位, 必以堯舜之心自任, 然後爲能充其道. 漢唐之
君有可稱者, 論其人則非先王之學, 考其時則皆駁雜之政, 乃以一曲之見, 幸致小康, 其創法垂統,
非可繼於後世者, 皆不足爲也. 然欲行仁政而不素講其具, 使其道大明而後行, 則或出或入, 終莫有
所至也."

13   "熙寧元年四月始造朝. 入對, 帝問爲治所先. 對曰, 擇術爲先. 帝曰, 唐太宗何如. 曰, 陛下當
法堯舜, 何以太宗爲哉."

14   『臨川文集』卷67, "昔者道發乎伏羲, 而成乎堯舜, 繼而大之於禹湯文武, 此數人者, 皆居天子
之位, 而使天下之道寖明寖備者也. (…) 夫伏羲既發之也, 而其法未成, 至於堯而後成焉. 堯雖能成
聖人之法, 未若孔子之備也."

15   『徂徠集』卷7, "道始於伏羲, 而成終於孔子."

16   『孫明復小集』, 「信道堂記」.

17   『王荊公年譜孤略』말미의 부록인 楊希閔의 「外錄」, 394쪽.

18   "堯舜之道, 不以仁政, 不能平治天下. 今有仁心仁聞而民不被其澤, 不可法於後世者, 不行先
王之道也."

19   『臨川文集』卷84, "時然而然, 衆人也. 己然而然, 君子也. 己然而然, 非私己也, 聖人之道在
焉爾. 夫君子有窮苦顛跌, 不肯一失詘己以從時者, 不以時勝道也. 故其得志於君, 則變時而之道,
若反手然. 然彼其術素修而志素定也. 時乎楊墨, 己不然者, 孟軻氏而已. 時乎釋老, 己不然者, 韓愈
氏而已. 如孟韓者, 可謂術素修而志素定也. 不以時勝道也. 惜也不得志於君, 使眞儒之效, 不白於
當世, 然其於衆人也, 卓矣. (…) 孟韓之道去吾黨, 豈若越人之望燕哉. 以正之之不已而不至焉, 子
未之信也. 一日得志於吾君, 而眞儒之效不白於當世, 子亦未之信也."

20　『孟子』,「告子 下」, "君子之所爲, 衆人固不識也."

21　上同,「公孫丑 上」.

22　上同, "夫天, 未欲平治天下也. 如欲平治天下, 當今之世, 舍我其誰也. 吾何爲不豫哉."

23　『孟子』,「盡心 上」, "待文王而後興者, 凡民也. 若夫豪傑之士, 雖無文王猶興."

24　『傳家集』卷73.

25　『四庫全書總目提要』卷 122, 子部 32, 雜家流 6, "其載倪思論司馬光疑孟一條, 謂王安石援
孟子大有爲之說, 欲神宗師尊之, 故光著此書, 明其未可盡信, 其說爲從来所未及."

26　『孟子』,「藤文公 上」, "孟子道性善, 言必稱堯舜."

27　『臨川文集』卷64,「楊孟」.

28　上同, 卷32,「孟子」, "何妨擧世嫌迂闊, 故有斯人慰寂廖."

29　『詩經』,「國風」「出其東門」, "非我思存."

30　"潛龍勿用."

31　『橫渠易説』,「上經」「乾」(『張載集』75쪽), "顏子未成性, 是爲潛龍, 亦未肯止於見龍. 盖以其德
其時, 則須當潛. 顏子與孟子時異, 顏子有孔子在, 可以不顯, 孟子則處師道, 亦是已老, 故不得不顯
耳."

32　『遺書』卷2 上,「二先生語 上」, "學者全要識時, 若不識時, 不足以言學. 顏子陋巷自樂, 以有孔
子在焉. 若孟子之時, 世既無人, 安可不以道自任."

33　『語類』卷98, "有我去承當之意."

34　"天之大命在夫子矣, 故彼得自善其身."

3) "자기를 위하고 타인을 이뤄준다爲己以成物"―도학의 전개

1　『論語』,「憲問」, "古之學者爲己, 今之學者爲人."

2　『臨川文集』卷68, "楊子之所執者爲己, 爲己學者之本也. 墨子之所學者爲人, 爲人學者之末
也. 是以學者之事, 必先爲己. 其爲己有餘, 而天下之勢可以爲人矣, 則不可以不爲人. 故學者之學也,
始不在於爲人, 而卒所以能爲人也. 今夫始學之時, 其道未足以爲己, 而其志已在於爲人也, 則亦可
謂謬用其心矣."

3　"夫子自道." 출전은 『論語·憲問』의 "子曰, 君子道者三, 我無能焉, 仁者不憂, 知者不惑, 勇者
不懼. 子貢曰, 夫子自道也"이다.―옮긴이

4　『粹言』,「論學篇」, "古之學者爲己而成物, 今之學者爲人而喪己."

5　上同,「人物篇」, "君子之道, 貴乎有成, 有濟物之用, 而未及乎物, 猶無有也."

6　"聖人作而萬物睹"

7　『周易程氏傳』卷1, "物, 人也, 古語云人物物論."

8　『伊洛淵源錄』卷11,「尹侍講」遺事 조목, "和靖曰, 昔與范元長同見伊川. 偶有幹先起下堦.
伊川曰, 君看尹彥明, 他時必有用於世. 元長次日説如此. 蓋伊川平日元不曾許人."

9　『程氏遺書』卷10,「洛陽議論」, "昔嘗謂伯淳優於正叔, 今見之果然. 其救世之志甚誠切, 亦於
今日天下之事儘記得熟."

10　"聖人志於天下國家." 『伊洛淵源錄』卷3,「明道先生·遺事」. 『胡氏傳家錄』에서 재인용.

11 『邵氏聞見錄』卷12, "十年春, 公起知河陽, 河南尹賈公昌衡率溫公程伯餞於福先寺上東院. 康節以疾不赴. 明日伯淳語康節曰, 君實與晦叔席上各辯論出處不已, 某以詩解之曰, 二龍閒臥洛波清, 幾歲優游在洛城, 願得二公齊出處, 一時同起爲蒼生."

12 『程氏文集』卷3.

13 "知君再起爲蒼生."

14 "歎息斯文約共修, 如何夫子便長休. 東山無復蒼生望, 西土誰共後學求."

15 『經學理窟』, 「義理」, "今欲功及天下, 故必多栽培學者, 則道可傳矣."(『張載集』271쪽)

16 "人皆可以堯舜."

17 『張載集』, 32쪽, "凡學, 官先事, 士先志, 謂有官者先敎之事, 未官者使正其志焉. 志者, 敎之大倫而言也."

18 『禮記正義』卷36, 『十三經注疏本』, "若學爲官, 則先敎以居官之事, 若學爲士, 則先喩敎以學士之志."

19 『張載集』, 30쪽, "學者舍禮義, 則飽食終日, 無所獻爲, 與下民一致, 所事不踰衣食之間, 燕游之樂爾."

20 『范文正公集』卷1.

21 孫國棟, 「당송 교체기 사회적 문벌제도의 해체唐宋之際社會門第之消融」, 『唐宋史論叢』, 香港: 龍門書店, 1980, 201~308쪽.

22 『宋會要輯稿』, 「選擧」三之二五, "身是工商雜流, 及曾爲僧道者并不得取."

23 Lian-sheng Yang, "Government Control of Urban Merchants in Traditional China," in *Sinological Studies and Reviews*, Taipei, Shin-huo Publishers Co., 1982, pp. 30~31.

24 『欒城集』卷21, "凡今農工商賈之家, 未有不舍其舊而爲士者也."

25 陶晋生, 「北宋士族~家族·婚姻·生活」, 臺北, 2001년, 中研院 歷史語言研究所 專刊 제102호, 제1장.

26 『渭南文集』卷21, "若推上世之心, 愛其子孫, 欲使之衣食給足, 婚嫁以時, 欲使之爲士, 而不欲使之流爲工商, 降爲卑隷."

27 葉盛, 『水東日記』卷15, 「陸放翁家訓」.

28 『袁氏世范』卷中, 「子弟當習儒業條」.

29 『近思錄』卷7, 「出處」, "人多說某不敎人習擧業, 某何嘗不敎人習擧業也. 人若不習擧業而望及第, 却是責天理而不修人事. 但擧業旣可以及第卽已. 若更去上面盡力求必得之道, 是惑也."

30 上同, "或謂科擧事業奪人之功, 是不然. 且一月之中, 十日爲擧業, 餘日足可爲學. 然人不志於此, 必志於彼. 故科擧之事, 不患妨功, 惟患奪志."

31 『遺書』, 「附錄」「伊川先生年譜」.

32 『論語』, 「里仁」, "士志於道."

33 『程氏文集』卷1.

34 『宋史』卷340, 本傳, "今欲立士規以養德厲行, 更學制以量才進藝, 定試法以區別能否, 修辟法以興能備用, 嚴擧法以覈實得人, 制考法以責任考功, 庶幾可以漸復古矣."

35 　"公始從安定胡先生瑗於太學. 後遍從孫先生復, 石先生介, 李先生覯, 王公安石學. 安石以爲, 凡士未官而事科擧者爲貧也, 有官矣而復事科擧, 是儌倖富貴利達. 學者不由. 公聞遽棄科擧, 一意古學."

36 　『宋史』卷336, 本傳.

37 　『伊洛淵源錄』卷7, "未嘗專注一說, 不私一門."

38 　『文集』卷2, "就移澤州晉城令. 澤人淳厚, 尤服先生教命. 民以事至邑者, 必告之以孝弟忠信. 入所以事父兄, 出所以事長上 (…) 諸鄕皆有校, 暇時親至, 召父老而與之語, 兒童所讀書, 親爲正句讀, 教者不善, 則爲易置. 俗始甚野, 不知爲學. 先生擇子弟之秀者, 聚而教之. 去邑纔十餘年, 而服儒服, 蓋數百人矣."

39 　『荀子』, 「儒效」, "儒者在本朝則美政, 在下位則美俗."

40 　拙作, 「한나라의 올곧은 관리와 문화적 전파漢代循吏與文化傳播」, 『士與中國文化』, 上海人民出版社, 1987.

41 　『遺書』卷15, 「伊川先生語一」, "古者八歲入小學, 十五入大學. 擇其才可教者聚之, 不肖者復之田畝. 蓋士農不易業, 旣入學則不治農, 然後士農判."

42 　"今之命服, 乃古之下士之服. 古者有其德則仕, 士未仕者也, 服之其宜也. 若農商則不可, 非其類也."

43 　『孟子』, 「告子 下」, "人皆可以爲堯舜."

44 　"聖人之教, 以所貴率人. 釋氏以所賤率人. 學佛者難吾言, 謂人皆可以爲堯舜, 則無僕隸. 正叔言, 人皆可以爲堯舜, 聖人所願也, 其不爲堯舜, 是所可賤也, 故以爲僕隸."

45 　「伊川先生語錄七」, "程子之葬屋, 時樞密趙公瞻持喪居邑中, 杜門謝客. 使侯隣語子以釋氏之學. 子曰, 禍莫大於無類, 釋氏使人無類, 可乎. 隣以告趙公. 公曰, 天下知道者少, 不知道者衆, 自相生養, 何患乎無類也. 若天下盡爲君子, 則君子將誰使. 侯子以告. 程子曰, 豈不欲人人盡爲君子哉. 病不能耳, 非利其爲使也. 若然, 則人類之存不賴於聖賢, 而賴於下愚也."

46 　『文集』, "若使擧世之人盡從其說, 不過百年, 便無人種."

47 　『水心文集』卷17, 「劉夫人墓誌銘」, "使皆若蘊, 則人空道廢, 釋氏之道亦不立矣."

4) "리는 하나이되 나뉘어 서로 다른 것이 된다"—「서명」의 정치적 함의

1 　『龜山集』卷16, "西銘之書發明聖人微意至深, 然而言體而不及用, 恐其流遂至於兼愛, 則後世有聖賢者出, 推本而論之, 未免歸罪於橫渠也."

2 　"性者萬物之一源, 非有我之得私也. 惟大人爲能盡其道, 是故立必俱立, 知必周知, 愛必兼愛, 成不獨成."(『張載集』, 21쪽)

3 　"仁者以天地萬物爲一體."

4 　『龜山集』卷16, "前書所論, 謂西銘之書, 以民爲同胞, 長其長幼其幼, 以鰥寡孤獨爲兄弟之無告者, 所謂明理一也. 然其弊無親親之殺, 非明者黙識於言意之表, 烏知所謂理一而分殊哉. 故竊恐其流遂至於兼愛, 非謂西銘之書爲兼愛而發, 與墨氏同也."

5 　『程氏外書』卷12, "楊中立答伊川論西銘書云云, 尾說渠判然無疑. 伊川曰, 楊時也未判然."

6 　『張子全書』, 國學基本叢書本, 卷1, 8~9.

7　"近世士人尊橫渠西銘過於六經, 予讀而疑之, 試發以質焉."

8　『文定集』卷15, "西銘通書兩書, 當置之座右, 以求所未至."

9　"乾稱父, 坤稱母, 予玆藐焉, 乃混然中處."

10　今西銘云, 乾爲父, 坤爲母, 是以乾坤爲天地之號名, 則非易之本義矣. 旣曰, 乾爲父, 坤爲母, 則所謂予玆藐焉, 乃混然中處者, 於伏羲八卦, 文王六十四卦爲何等名稱象類乎. 方大朴之未散也, 老聃謂之混然成列, 莊子謂之混沌, 是混然無間, 不可得而名言也. 旣已判爲兩儀, 則輕淸者上爲天, 重濁者下爲地, 人居其中, 與禽獸草木同然而生, 獨有別也, 安得與天父地母混然中處乎."

11　"天地之塞吾其體, 天地之帥吾其性."

12　"此其語脈出於孟子. 孟子言, 浩然之氣, 養而勿害, 則塞乎天地之間. 又言, 志, 氣之帥也, 故志至焉, 氣次焉. 今舍氣而言體, 則非孟子之本義矣. 其意蓋竊取於浮屠所謂佛身充滿法界之說. 然彼言佛身, 謂道體也. 道之爲體, 擴而充之, 雖滿於法界可也. 今言吾體, 則七尺之軀爾, 謂充塞天地, 不亦妄乎. 至言天地之帥吾其性, 尤無所依據. (…) 況於父天母地, 而以吾爲之帥, 則惟予言而莫之違矣, 不亦妄乎."

13　『龜山集』卷12, 「語錄 3」, "西銘會古人用心要處爲主, 正如杜順作法界觀樣."

14　朱熹, 「胡子知言疑義」, 『文集』卷73, "萬物與我爲一, 可以爲仁之體乎. 曰, 子以六尺之軀, 若何而能與萬物爲一. 曰, 身不能與萬物爲一, 心則能矣. 曰, 人心有百病一死, 天下之物有一變萬生, 子若何而能與之爲一."

15　馮友蘭, 『中國哲學史新論』 第7책, 臺北: 藍燈, 1991, 203~210쪽 참조.

16　"民吾同胞, 物吾與也. 大君者, 吾父母宗子也. 其大臣, 宗子之家相也."

17　"若以其幷生乎天地之間, 則民物皆吾同胞也. 今謂物吾與者, 其於同胞何所辨乎. 與之爲名, 從何立也. 若言大君者, 吾父母宗子也, 其以大君爲父母乎. 爲宗子乎. 書曰, 惟天地萬物父母, 惟人萬物之靈, 亶聰明, 作元侯, 元侯作民父母. 玆固西銘所本以立其說者也. 然一以爲父母, 一以爲宗子, 何其親疏厚薄尊卑之不倫也. 其亦不思甚矣. 父母可降而爲宗子乎. 宗子可升而爲父母乎. 是其易位亂倫, 名敎之大賊也, 學者將何取焉. 又言其大臣, 宗子之家相也, 則宗子有相, 而父母無之, 非特無相, 亦無父母矣, 可不悲哉. 孟子曰, 楊氏爲我, 是無君也. 墨氏兼愛, 是無父也. 無父無君, 是禽獸也. 若邪說誣民, 充塞仁義, 將有牽獸食人之事. 予於西銘亦云. 尊西銘者, 其不可以無辨."

18　「記林黃中辨易西銘」, "又論西銘予曰, 無可疑處, 却是侍郞未曉其文義, 所以不免致疑. 其餘未暇悉辨, 只大君者, 吾父母宗子一句, 全錯讀了, 尤爲明白. 本文之意, 蓋曰, 人皆天地之子, 而大君乃其適長子, 所謂宗子有君道者也. 故曰, 大君者, 乃吾父母之宗子爾. 非如侍郞所說旣爲父母又降而爲子也. 林曰, 宗子如何是適長子. 予曰, 此正以繼禰之宗爲喩爾. 繼禰之宗, 兄弟宗之, 非父母之適長子而何. 此事他人容或不曉, 侍郞以禮學名家, 豈不曉乎. 林乃俛首無說而去, 然意象殊不平."

19　『張子全書』卷1, 「西銘解」.

20　『文集』卷36, "熹所論西銘之意, 正謂長者以橫渠之言不當謂乾坤實爲父母, 而以膠固斥之. 故竊疑之, 以爲若如長者之意, 則是謂人物實無所資於天地, 恐有所未安爾, 非熹本說固欲如此也. 今詳來誨, 猶以橫渠只是假借之言, 而未察父母之與乾坤雖其分之有殊, 而初未嘗有二體, 但其分之殊, 則又不得而不辨也."

21　錢穆, 『朱子新學案』, 제3책, 443~446쪽.

22 『文集』卷82,「題太極西銘解後」, "始子作太極西銘二解, 未嘗敢出以示人也. 近見儒者多議兩書之失, 或乃未嘗通其文義, 而妄肆譏訶, 子竊悼焉. 因出此解, 以示學徒, 使廣其傳."

23 상세한 내용은 하편 제8장을 보라.

24 陳來, 『朱子書信編年考證』, 239∼240쪽 참조.

25 "古之君子, 惟其見得道理眞實如此, 所以親親而仁民, 仁民而愛物, 推其所爲, 以至於能以天下爲一家, 中國爲一人, 而非意之也. 今若必爲人物只是父母所生, 更與乾坤都無干涉, 其所以有取於西銘者, 但取其姑爲宏闊廣大之言, 以形容仁體而破有我之私而已. 則是所謂仁體者, 全是虛名, 初無實體, 而小己之私却是實理, 合有分別. 聖賢於此, 却初不見義理, 只見利害, 而妄以己意造作言語, 以增飾其所無, 破壞其所有也. 若果如此, 則其立言之失, 膠固二字豈足以盡之. 而又何足以破人之梏於一己之私哉."

26 『語類』卷98,「張子之書一」, "他不是說孝, 是將孝來形容這仁, 事親底道理, 便是事天的樣子."

27 上同, "先生謂事親是事天底樣子, 只此一句, 說盡西銘之意矣."

28 "乾者, 萬物之所資以始."

29 "坤者, 萬物之所資以生."

30 『孟子』,「盡心 上」.

31 『語類』卷98, "且如人之一家, 自有等級之別."

32 『語類』卷98, "塞, 如孟子說塞乎天地之間. 塞只是氣, 吾之體卽天地之氣, 帥是主宰, 乃天地之常理也. 吾之性卽天地之理."

33 "成吾身者, 天之神也. 不知以性成身而自謂因身發智, 貪天功爲己力, 吾不知其知也. 民何知哉. 因物同異相形, 萬變相感, 耳目內外之合, 貪天功而自謂己知爾."(『張載集』, 25쪽)

34 『語類』卷98, "吾其體, 吾其性, 有我去承當之意."

35 "夫所謂宗者, 以己之旁親兄弟來宗之. 所以得宗之名, 是人來宗己, 非己宗於人也. 所以繼禰則謂之繼禰之宗, 繼祖則謂之繼祖之宗, 曾高亦然."(『張載集』, 259쪽)

36 "譬如一人數子, 且以適長爲大宗, 須據所有家計厚給以養宗子, 宗子勢重, 則願得之, 供宗子外乃將所有均給族人. 宗子須專立教授, 宗子之得失, 責在教授, 其他族人, 別立教授."(上同, 260쪽)

37 『程氏文集』卷6, "臣以爲, 天下重任, 唯宰相與經筵. 天下治亂系宰相, 君德成就責經筵."

38 上同, "居崇高之位, 持威福之柄, 百官畏懼, 莫敢仰視, 萬方奉承, 所欲隨得."

39 "皇帝堯舜, 垂衣裳而天下治."

40 "上古无君臣尊卑勞逸之別, 故制以禮, 垂衣裳而天下治, 必是前世未得如此. 其文章禮樂簡易朴略, 至堯則煥乎其有文章."(『張載集』, 212쪽)

5) 정씨 『역전』속의 정치사상

1 본서 「자서 2」에 인용된 장식의 말 참조.

2 본서 제3장을 보라.

3 『語類』卷73,「易九」"煥"조목, "他見得許多道理了, 不肯自做他說, 須要寄搭放在經上."

4 上同, 卷67,「朱子本義啓蒙」조목, "只看程易, 見其只就人事上說, 無非日用常行底道理."

5   "首出庶物, 萬國咸寧."

6   『周易程氏易傳』卷1, "乾道首出庶物而萬彙亨, 君道尊臨天位而四海從, 王者體天之道, 則萬國咸寧也."

7   "九五, 同人, 先號咷而後笑."

8   上同, "人君當與天下大同, 而獨私一人, 非君道也. 又先隔則號咷, 後遇則笑, 是私暱之情, 非大同之體也."

9   "同人於野, 亨."

10   上同, "以天下大同之道, 則聖賢大公之心也. 常人之同者, 以其私意所合, 乃暱比之情耳. 故必於野, 謂不以暱近情之所私, 而於郊野曠遠之地, 既不繫所私, 乃至公大同之道, 无遠不同也, 其亨可知. 能與天下大同, 是天下皆同之也."

11   어질다는 것은 관대하다는 것이고, 관대하다는 것은 아낌없이 베푼다는 것이다. 다시 말하여 어질다는 것은 내 소유물을 타인에게 '아낌없이 베풀 줄 안다'는 것이다. 내 것은 사적인 것이 아니라 공공공의 것이다.—옮긴이

12   『遺書』卷22 上, "有少私意, 便是不仁."

13   上同, "非禮處便是私意. 既是私意, 如何得仁. 凡人須是極盡己私後, 只有禮, 始是仁處."

14   "姤之時義大矣哉."

15   『周易程氏傳』卷3, "君臣不相遇, 則政治不興."

16   『遺書』卷2 上.

17   『遺書』卷18, "問, 荊公可謂得君乎. 曰, 後世謂之得君可也, 然荊公之智識, 亦自能知得."

18   『語類』卷130, "論荊公遇神宗, 可謂千載一時, 惜乎渠學術不是, 後來直壞到恁地."

19   "九二, 見龍在田, 利見大人."

20   卷1, "利見大德之君, 以行其道. 君亦利見大德之臣, 以共成其功. 天下利見大德之人, 以被其澤."

21   "九五, 飛龍在天, 利見大人."

22   卷1, "進位乎天地也. 聖人既得天位, 則利見在下大德之人, 與共成天下之事. 天固利見夫大德之君也."

23   『程氏經說』卷2, "帝王之道也, 以澤任賢俊爲本, 得人而後與之同治天下."

24   『續資治通鑑長編』卷221, "與士大夫治天下."

25   『昌谷集』卷5, "天下之共治者."

26   "蒙, 亨, 匪我求童蒙, 童蒙求我."

27   卷1, "匪我求童蒙, 童蒙求我. 五居尊位, 有柔順之德, 而方在童蒙, 與二爲正應, 而中德又同, 能用二之道以發其蒙也. 二以剛中之德在下, 爲君所信嚮, 當以道自守, 待君至誠求己, 而後應之, 則能用其道, 匪我求於童蒙, 乃童蒙來求於我也."

28   『遺書』,「附錄」.

29   "蒙亨, 以亨行, 時中也. 匪我求童蒙, 童蒙求我, 志應也."

30   上同, "匪我求童蒙, 童蒙求我, 志應也. 二以剛明之賢處於下, 五以童蒙居上. 非二求於五, 蓋五之志應於二也. 賢者在下, 豈可自進以求於君. 苟自求之, 必无能信用之理. 古之人所以必待人君致敬盡禮而後往者, 非欲自爲尊大, 蓋其尊德樂道, 不如是不足與有爲也."

31　"一日, 講罷未退, 上忽起憑欄, 戲折柳枝. 先生進曰, 方春發生, 不可無故摧折. 上不悅."

32　「연보」는 「왕공계 연록王公系年錄」을 인용하여, "[철종은] 편안하지 않은 모습으로 수렴 속에 있다簾中以其不靖"고 말한다.

33　『文集』卷6.

34　葉夢得, 『石林燕語』卷7, "平時每欲以道進退."

35　邵伯溫, 『邵氏聞見錄』卷11, "新法不罷, 義不可起."

36　"六五, 童蒙吉."

37　『周易程氏傳』卷1, "五以柔順居君位, 下應於二, 以柔中之德, 任剛明之才, 足以治天下之蒙, 故吉也. 童, 取未發而資於人也. 爲人君者, 苟能至誠任賢以成其功, 何異乎出於己也."

38　"君子學以聚之 (…) 君德也."

39　"聖人在下, 雖已顯而未得位, 則進德修業而已 (…) 君德已著, 利見大人, 而進以行之耳. 進居其位者, 舜禹也, 進行其道者, 伊傅也."

40　"子曰, 無爲而治者, 其舜也與. 夫何爲哉, 恭己正南面而已矣."

41　이 조목에 관해 양보쥔楊伯峻이 여러 학자의 설을 인용한 것을 참조하라. 『論語譯注』, 北京: 中華書局, 1958, 169쪽.

42　『象山全集』卷11, 「與吳子嗣六」, "又古所謂責成者, 謂人君委任之道, 當專一不疑二, 而後其臣得以展布四體以任君之事, 悉其心力, 盡其才智, 而無不以之怨. 人主高拱於上, 不絫以己意, 不間以小人, 不惟制之以區區之繩約, 使其臣無掣肘之患, 然後可以責其成功."

43　楊簡, 「象山先生行狀」, 『慈湖遺書』卷5, "丱角時, 聞人誦伊川語, 自覺若傷我者."

44　『象山全集』卷43, 「語錄 上」.

45　"象曰, 上天下澤, 履, 君子以辨上下, 定民志."

46　『周易程氏傳』卷1, "天在上, 澤居下, 上下之正理也. 人之所履, 當如是, 故取其象而爲履. 君子觀履之, 象以辯別上下之分, 以定其民志. 夫上下之分明, 然後民志有定. 民志定, 然後可以言治. 民志不定, 天下不可得而治也. 古之時, 公卿大夫而下, 位各稱其德, 終身居之, 得其分也. 位未稱德, 則舉而進之. 士修其學, 學至而君求之, 皆非有預於己也. 農工商賈, 勤其事, 而所亨有限, 故皆有定志而天下之心可一. 後世自庶士至於公卿, 日志於尊榮, 農工商賈, 日志於富侈, 億兆之心, 交騖於利, 天下紛然, 如之何其可一也. 欲其不亂, 難矣. 此由上下无定志也. 君子觀履之象, 而分辯上下, 使各當其分, 以定民之心志也."

47　"子曰, 仁者, 天下之定理. 失定理, 則無序而不和."

48　『文集』卷70, "宇宙之間一理而已. 天得之而爲天, 地得之而爲地, 而凡生於天地之間者, 又各得之以爲性. 其張之爲三綱, 其紀之爲五常, 蓋皆此理之流行, 無所適而不在."

49　『易』, 「姤」, "九四, 包无魚, 起凶."

50　卷3, "居上位而失其下, 下之離, 由己之失德也. 四之失者, 不中正也. 以不中正而失其民, 所以凶也. (…) 不能保其下, 由失道也. 豈有上不失道而下離者乎. 遇之道, 君臣民主夫婦朋友皆在焉. 四以下暌, 故主民而言. 爲上而下離, 必有凶變. 起者, 將生之謂. 民心既離, 難將作矣."

51　卷1, "人之生, 不能保其安寧, 方且來求附. 比民不能自保, 故戴君以求寧. 君不能獨立, 故保民以爲安. 不寧而來比者, 上下相應也. 以聖人之公言之, 固至誠求天下之比, 以安民也. 以後王之私言之, 不求下民之附, 則危亡至矣. 故上下之志, 必相應也."

52 『象山先生全集』卷32,「拾遺」, "民生不能無羣, 羣不能無争. 争則亂, 亂則生不可以保. 王者之作, 蓋天生聰明, 使之統理人羣, 息其争, 治其亂, 而以保其生者也."

53 "君善群."

54 『劉申叔先生遺書』, 寧武 高氏 校印, 1937.

55 문맥 상 '구姤' 괘가 빠진 것이 아닌가 한다.―옮긴이

56 「盡心上」, "故士窮不失義, 達不離道. 窮不失義, 故士得己焉; 達不離道, 故民不失望焉. 古之人, 得志, 澤加於民; 不得志, 修身見於世. 窮則獨善其身, 達則兼善天下."

57 "民不失望, 言人素望其興道致治, 而今果如所望也."

58 『國語』卷6,「齊語」及 『管子』,「小匡」,『사와 중국문화士與中國文化』, 17~18쪽 참조.

59 『張載集』, 256~257쪽, "民雖至愚無知, 惟於私己然後昏而不明. 至於事不干碍處則自是公明. 大抵衆所向者必是理也."

60 『遺書』卷23,「伊川先生語九」, "夫民, 合而聽之則聖, 散而聽之則愚."

61 『象山全集』卷34,「語錄 上」, "夫民, 合而聽之則神, 離而聽之則愚."

62 『陸宣公翰苑集』卷13,「奉天請數對群臣兼許令論事狀」, "所謂衆庶者, 至愚而神. 蓋以蚩蚩之徒, 或昏或鄙, 此其似於愚也. 然而上之得失靡不辯, 上之好惡靡不知, 上之所祕靡不傳, 上之所爲靡不效, 此其類於神也."

63 『朱子語類』卷136,「歷代 三」.

64 『宋會要輯稿』,「職官五之一」;『宋史』卷161,「職官 一」.

65 "陸佃 (…) 受經於王安石. 熙寧三年, 應擧入京. 適安石當國, 首問新政, 佃曰: 法非不善, 但推行不能如初意, 還爲擾民, 如青苗是也. 安石驚曰, 何爲乃爾, 吾與呂惠卿議之, 又訪外議. 佃曰, 公樂聞善, 古所未有, 然外間頗以爲拒諫. 安石笑曰, 吾豈拒諫者, 但邪說營營, 顧無足聽. 佃曰, 是乃所以致人言也. 明日, 安石召謂之曰, 惠卿云, 私家取債, 亦須一雞半豚. 已遣李承之使淮南質究矣. 既而承之還, 詭言於民不便, 佃說不行."

66 『象山集』卷36,「年譜」, 紹熙 3년 조목, "荊門之政, 如古循吏."

67 "侍先生到唐石, 待野樵楳夫, 如接賓客, 略無分毫畦町, 某因侍立久之. 先生日, 此一等人, 若勢分相絶, 如何使他得以盡其情. 唐石有社倉, 往往支發不時, 故彼人來告. 先生云, 救弊之道, 在今日極是要嚴. 不嚴, 如何得實惠及此等細民."

68 吾妻重二,「朱熹の政治思想」, 關西大學文學部 中國語中國文學科 編,『文化思想としての中國』, 大阪, 關西大學出版部, 2002, 51~87쪽 참조.

6) 주희의 '군주의 도'와 그 이학적 구조

1 『文集』卷71, "予還自臨安, 客有問此曲折者. (…) 因命兒輩錄此以示之. 客因有問者曰, 太極之論則聞之矣. 宗子之云, 殆即莊生所謂知天子與我皆天之所子者, 子不引之以爲夫子之助, 何耶. 子應之曰, 莊生知天子與我皆天之所子, 而不知其嫡庶少長之別. 知擎跽曲拳爲人臣之禮, 而不知天理之所自來. 故常以其不可行於世者爲内直, 而與天爲徒, 常以其不得已而強爲者爲外曲, 而與人爲徒.

若如其言, 則是臣之視其君, 陰固以爲無異於吾之等夷, 而陽爲是不情者, 以虛尊之也. 孟子所謂楊氏爲我是無君也, 正謂此爾. 其與張子之言理一而分殊者, 豈可同年而語哉."

2   "然則我內直而外曲, 成而上比. 內直者, 與天爲徒, 與天爲徒者, 知天子之與己皆天之所子, (…) 外曲者, 與人爲徒也. 擎跽曲拳, 人臣之禮也, 人皆爲之, 吾敢不爲邪. 爲人之所爲者, 人亦無疵焉, 是之謂與人爲徒."

3   "父子兄弟夫婦, 皆是天理自然, 人皆莫不自知愛敬. 君臣雖亦是天理, 然是義合. 世之人便自易得苟且, 故須於此說忠, 卻是就不足處說. 如莊子說, 命也, 義也, 天下之大戒. 看這說, 君臣自是有不得已意思."

4   앞서 인용한 「讀大紀」 참조.

5   卷98, 「張子之書一」, "乾稱父, 坤稱母. (原注: 厲聲言稱字.) 又曰, 以主上爲我家裏兄子, 得乎."

6   Isaiah Berlin, "Herder and the Enlightenment", in *The Proper Study of Mankind*, New York: Farrar, Straus and Giruoux, 1998, 373쪽.

7   『語類』 卷1, "若無太極, 便不飜了天地." ＊『朱子言論同異考』에 따르면, "便不飜了天地"의 '不' 자는 '已' 자의 오기誤記였을 것이라고 한다. 옮긴이는 이에 따랐다.―옮긴이

8   上同, "太極只是一個理字."

9   上同, "問理與氣. 曰, 伊川說得好. 曰, 理一分殊. 合天地萬物而言, 只是一箇理. 及在人, 則又各自有一箇理."

10   『程氏遺書』 卷2 上, "仁者以天地萬物爲一體."

11   『語類』 卷94, 「周子之書, 太極圖」, "人人有一太極, 物物有一太極."

12   『張載集』, 19쪽, "生有先後, 所以爲天序. 小大高下相幷而相形焉, 是爲天秩. 天之生物也有序, 物之旣形也有秩. 知序然後經正, 知秩然後禮行."

13   『語類』 卷94, 「周子之書·太極圖」, "太極是五行陰陽之理皆有, 不是空底物事. 若是空時, 如釋氏說性相似. 又曰: "釋氏只見得箇皮殼, 裏面許多道理, 他卻不見. 他皆以君臣父子爲幻妄."

14   『語類』 卷97, 「尙書二·洪範」, "某謂不是大中. 皇者, 王也. 極, 如屋之極. 言王者之身可以爲下民之標準也."

15   上同, "皇極, 如以爲民極. 標準立於此, 四方皆面內而取法. 皇, 謂君也; 極, 如屋極, 陰陽造化之總會樞紐. 極之爲義, 窮極極至, 以上更無去處."

16   『文集』 卷72, "旣居天下之至中, 則必有天下之純德, 而後可以立至極之標準."

17   『語類』 卷79, "人君修身, 使貌恭, 言從, 視明, 聽聰, 思睿, 則身自正."

18   上同, 卷108, 「論治道」, "問, 或言今日之告君者, 皆能言修德二字. 不知敎人君從何處修起. 必有其要. 曰, 安得如此說. 只看合下心不是私, 卽轉爲天下之大公. 將一切私底意盡屛去, 所用之人非賢, 卽別搜求正人用之. 問, 以一人耳目, 安能盡知天下之賢. 曰, 只消用一箇好人作相, 自然推排出來. 有一好臺諫, 知他不好人, 自然住不得."

19   『語類』 卷1, 「理氣 上」, "至於聖人, 則順理而已, 復何爲哉."

20   上同, "理却無情意, 無計度, 無造作."

21   "天下公共之理" "理之至極" "總天地萬物之理", 모두 『어류』 권94에 나오는 표현이다.

22   『文集』 卷36, 「答陸子美」, "萬化之根."

23 『文集』卷36,「答陸子靜五」,"周子所以謂之無極, 正以其無方所無形狀, 以爲在無物之前, 而未嘗不立於有物之後, 以爲在陰陽之外, 而未嘗不行乎陰陽之中, 以爲通貫全體, 無乎不在, 則又初無聲臭影響之可信也."

24 上同,"無極而太極, 猶曰莫之爲而爲, 莫之致而至. 又如曰, 無爲之爲, 皆語勢之當然, 非謂別有一物也."

25 『周元公集』卷1,"太極之全體無不各具於一物之中."

26 『文集』卷25,"熹常謂天下萬事, 有大根本, 而每事之中又各有要切處. 所謂大根本者, 固無出於人主之心術, 而所謂要切處者, 則必大本既立, 然後可推而見也. (…) 此古之欲平天下者, 所以汲汲於正心誠意以立其本也."

27 上同, 卷36,「答陸子靜五」,"迥出常情, 不顧旁人是非, 不計自己得失, 勇往直前, 說出人不敢說的道理."

28 『象山集』卷2,「與朱元晦二」.

29 『語類』卷4,"氣强而理弱, 理管攝他不得."

30 上同,"又如君臣同心一體, 臣乃君所命. 上欲行而下沮格, 上之人亦不能一一去督責得他."

31 『全集』卷2,「與朱元晦二」,"此理乃宇宙之所固有, 豈可言無. 若以爲無, 則君不君, 臣不臣, 父不父, 子不子矣. 楊朱未遽無君, 而孟子以爲無君, 墨翟未遽無父, 而孟子以爲無父, 此其所以爲知言也. 極亦理也, (…) 五居九疇之中而曰皇極, 豈非以其中而命之乎."

32 「皇極解」를 보라.

33 "人主高拱在上, 不參以己意."

34 "來書 (…) 又謂, 周子所謂之無極, 正以其無方所, 無形狀. 誠令如此, 不知人有甚不敢道處. 但加之太極之上, 則吾聖門正不肯如此道耳."

제1장 '삼대'로 돌아가자―송대 정치문화의 시작

1 "三代而降, 考論聲明文物之治, 道德仁義之風, 宋於漢唐, 蓋無讓焉."

2 『東山存稿』卷1,"世謂漢唐宋, 謂後三代."

3 『陵川集』卷10,"後來三代, 漢唐宋."

4 송나라, 원나라 시대의 국가 사절.―옮긴이

5 『元史』卷157,「郝經傳」.

6 錢鍾書,『宋詩選注』, 北京: 人民大學出版社, 1958,「序」, 1~2쪽 참조.

7 "制禮作樂如成康, 漸仁摩義期唐虞."

8 『圭齋文集』卷16,「附錄」,"三年詔修遼金宋三史 (…) 名爲總裁官 (…) 立三史凡例, 又爲便宜數十條, 俾論撰者有所据依. (…) 至於論贊表奏, 皆公屬筆."

9 『圭齋文集』卷13,"矧先儒性命之说, 賁聖代表章之功, 先理致而後文辭, 崇道德而黜功利."

10 『圭齋文集』卷9,"臣觀三代而下, 漢唐君臣未聞以道統系之者. 當時儒家或知足與知, 仁未足與居也. 宋濂洛數公, 克續斯道, 然未嘗有得君者."

11 『河南程氏遺書』卷11, "三代之治順理, 兩漢以下皆把持天下."

12 『陳亮集』卷20, 「又乙巳春書之二」, "三代做得盡者也, 漢唐做不到盡者也."

13 『朱子文集』卷36, 「答陳同甫八」, "堯舜三代自堯舜三代, 漢祖唐宗自漢祖唐宗, 終不能合而爲一也."

14 上同, 「答陳同甫六」, "千五百年間 (…) 堯舜三王周公孔子所傳之道, 未嘗一日得行於天地之間."

15 『語類』卷129, "國初人便已崇禮義, 尊經術, 欲復二帝三代, 已自勝如唐人, 但說未透在. 直至二程出, 此理始說得透."

16 『陳亮集』卷1, 「上孝宗皇帝第三書」, "本朝以儒立國, 而儒道之振獨優於前代."

17 "宋世典常不立, 政事叢脞. 一代之制, 殊不足言. 然其過於前人者數事, 如人君宮中, 自行三年之喪, 一也. 外言不入於梱, 二也. 未及未命, 即立族子爲皇嗣, 三也. 不殺大臣及言事官, 四也. 此皆漢唐之所不及, 故得繼世享國, 至三百餘年. 若其職官軍旅食貨之制, 冗襍無紀, 後之爲國者, 並當取以爲戒."

18 「辛制第三」.

19 『宋論』卷3, 「眞宗一」, "宋分敎於天下, 而道以大明."

20 上同, 卷15, 「恭宗, 端宗, 祥興帝二」, "宋亡, 則擧黃帝堯舜以來道法相傳之天下而亡之也."

21 『日知錄』卷13, 「正始」, "亡天下."

22 陳寅恪, 「鄧廣銘宋史職官志考證序」, 『金明館叢稿二編』, 北京: 三聯書店, 2001. 277쪽.

23 李燾, 『續資治通鑑長編』卷116, "太宗皇帝 (…) 又引搢紳諸儒, 講道興學, 炳然與三代同風矣."

24 江少虞, 『宋朝事實類苑』卷2, 「祖宗聖訓」, 太宗皇帝 조목.

25 『歸田錄』卷1, "自太宗崇獎儒學, 驟擢高科至輔弼者多矣."

26 李心傳, 『建炎以來朝野雜記』乙集, 卷3, 「孝宗論用人擇相」조목.

27 『徂徠石先生文集』卷10.

28 "噫嘻. 王道其駁於漢乎. 湯革夏, 改正朔, 易服色, 以順天命而已. 其餘盡循禹之道. 周革商, 改正朔, 易服色, 以順天命而已. 其餘盡循湯之道. 漢革秦, 不能盡循周之道, 王道於斯駁焉."

29 "或曰, 時有澆淳, 道有升降, 當漢之時, 固不同三代之時也, 盡行三王之道, 可乎."

30 "噫. 順天應人, 以仁易暴, 以治易亂, 三王之擧也. 其始何如此其盛哉. 其終何如此其卑哉. 三王大中之道, 置而不行, 區區襲秦之餘, 立漢之法, 可惜矣."

31 『河南先生文集』卷4, "三代何從而治哉. 其敎人一於學而已. (…) 滕公凡爲郡, 必興學, 見諸生, 以爲政先. 慶曆四年守巴陵 (…) 會京師倡學, 詔諸郡置學宮廣生員, 公承詔忭曰, 大子有意三代之治, 守臣述上德, 廣風敎, 宜無大於此, 庸敢不虔. 於是大其制度以營之."

32 "復古勸學, 興學校."

33 『續資治通鑑長編』卷147.

34 『歐陽文忠公集』卷17, 「本論」上, "堯舜三代之際, 王政修明, 禮義之敎充於天下. 於此之時, 雖有佛無由而入."

35 上同, 「本論」下, "火其書而廬其居."

36　上同, 卷48, "夫禮以治民而樂以和之, 德義仁恩長養涵澤, 此三代之所以深於民者也. 政以一民, 刑以防之, 此其淺者爾. 今自宰相至於州縣, 有司莫不行文書, 治吏事, 其急在於督賦斂斷獄訟而已. 此特淺者耳. 禮樂仁義, 吏不知所以爲, 而欲民之被其敎, 其可得乎."

37　『盱江集』卷27, 「典章祕敎書」, "昔三代之人, 自非大頑頓, 盡可以爲君子. 何者, 仁義禮樂之敎, 浸滛於下, 自鄕徂國, 則皆有學, 師必賢, 友必善, 所以養耳目鼻口百體之具, 莫非至正也."

38　"서序"1편, "내치內治"7편, "국용國用"16편, "군위軍衛"4편, "형형금禁"6편, "관인官人"8편, "교도敎道"9편을 포함한다. 『우강집盱江集』제5권에서 14권에 걸쳐 수록되어 있다.

39　『論語』, 「八佾」, "子曰, 周監於二代, 郁郁乎文哉. 吾從周."

40　『盱江集』卷28, 「주례치태평론을 여러분께 바치면서 아뢰는 글致周禮致太平論上諸公啓」.

41　上同, 卷26, 「寄周禮致太平論上諸公啓」, "大君子有心於天下國家者, 少停左右, 觀其意義所歸."

42　上同, 卷27, 「上江職方書」, "使三代之道, 珠連玉積, 盡在掌上."

43　『都官集』卷8, "是時天下之士, 學爲古文, 慕韓退之, 排佛而尊孔子, 東南有章表民黃聱隅李泰伯, 尤爲雄傑, 學者宗之."

44　『漢書』卷56, 「本傳」, "今臨而願治七十餘世矣, 不如退而更化."

45　『臨川先生文集』卷39.

46　卷327, "後安石當國, 其所注措, 大抵皆祖此書."

47　蔡上翔, 『王荊公年譜考略』卷6.

48　"夫二帝三王, 相去蓋千有餘載, 一治一亂, 其盛衰之時具矣. 其所遭之變, 所遇之勢, 亦各不同. 其施設之方亦皆殊, 而其爲天下國家之意, 本末先後, 未嘗不同也. 臣故曰, 當法其意而已."

49　上同, 「尊是樓讀上仁宗皇帝言事書」.

50　이구가 왕안석에게 영향을 끼쳤으리라는 것을 가장 먼저 지적한 것은 후스胡適의 「이구의 학설에 대한 기록-군주를 얻어 도를 실천하지 못한 왕안석記李覯的學說--一個不曾得君行道的王安石」으로, 1924년 초판된 그의 『호적문존胡適文存』제2집 제1권에 수록되어 있다. 최근의 연구도 대체로 후스의 설을 따른다. 謝善元, 『李覯』, 臺北: 東大圖書公司, 1991, 제7장; 姜國柱, 『李覯評傳』, 南京大學出版社, 1996, 제10장 제1절 참조.

51　『語類』卷130, "新法之行, 諸公實共謀之, 雖明道先生不以爲不是, 蓋那時也是合變時節. 但後來人情洶洶, 明道始勸之以不可做逆人情底事. 及王氏排衆議行之甚力, 而諸公始退散."

52　『河南程氏文集』卷1, "聖人創法, 皆本諸人情, 極乎理. 雖二帝三王, 不無隨時因革, 踵事增損之制, 然至乎爲治之大原, 牧民之要道, 則前聖後聖, 豈不同條而共貫哉."

53　師傅, 六官, 境界, 鄕黨, 貢士, 兵役, 民食, 四民, 山澤, 分數.

54　王明清, 『揮麈後錄』卷3, "京凡妄作, 必持說劫持上下曰, 此先帝之法也, 此三代之法也, 或曰熙豐遺意未及施行 (…) 天下之事無常是, 亦無常非, 可則因之, 否則革之, 惟其當之爲貴, 何必三代之爲哉. 李唐三百年間, 所傳者二十一君, 所可稱者太宗一人而已. 當時如房杜王魏, 智慮才識, 必不在蔡京之下. 竊觀貞觀間未嘗一言以及三代. 後世論太宗之治者, 則曰除隋之亂, 比跡湯武, 致治之美, 庶幾成康. 自古功德兼隆, 由漢以來未之有也. 京不學無術, 妄以三代之說欺陛下, 豈不爲有識者之所笑也."

제2장 송대 '사'의 정치적 위치

1   "自古創業垂統之君, 即其一時之好尙, 而一代之規橅可以豫知矣. 藝祖革命, 首用文吏而奪武臣之權, 宋之尙文, 端本乎此. 太宗眞宗, 其在藩邸, 已有好學之名, 作其卽位, 彌文日增. 自時厥後, 子孫相承. 上之爲人君者, 無不典學, 下之爲人臣者, 自宰相以至令錄, 無不擢科, 海內文士, 彬彬輩出焉."

2   송 태조 조광윤은 친위 쿠데타 방식으로 황제가 되었다. 그러므로 군대를 그대로 유지할 경우, 군대를 장악하는 또다른 인물이 스스로 황제가 될 가능성이 있었다.―옮긴이

3   聶崇岐, 「송 태조의 병권 장악論宋太祖收兵權」, 『燕京學報』 第34期, 1948년 6월, 85~106쪽.

4   『續資治通鑑長編』 卷3, 建隆 3月 2日 壬寅 조목, "今之武臣欲盡令讀書, 貴知爲治之道."

5   上同, 卷7, 建德 4년 4월 조목.

6   조광윤이 송나라를 세우기 위해 진교역陳橋驛(지금의 허난 성 카이펑開封 부근)에서 일으킨 친위 쿠데타.―옮긴이

7   『涑水記文』 卷1, "태조가 진교에서 돌아오다太祖之自陳橋還也." "方設齋於定力院."

8   『宋人軼事匯編』 卷1에 인용된 여러 사람의 기록.

9   본서의 「서설」 제4절 참조.

10   洪業, 「半部論語治天下辨」, 『洪業論學集』, 北京: 中華書局, 1981, 405~426쪽.

11   『東齋記事』 卷1, "禮部貢院試進士日, 設香案於堦前, 主司與擧人對拜, 此唐故事也. 所坐設位供帳甚盛. 有司具茶湯飮漿. 至試學究, 則悉徹帳幕廩席之類, 亦無茶湯. 渴則硯水, 人人皆慴其吻. 非故欲困之, 乃防徨幕及供應人私傳所試經義. 盖嘗有敗者, 故事爲之防. 歐文忠有詩, 焚香禮進士, 徹幕待經生, 以爲禮數重輕如此, 其實自有爲之."

12   王定保, 『唐摭言』 卷1, "散序進士" 조목, "三十老明經, 五十少進士."

13   上同, "曹利用先賜進士出身, 而後除僕射, 乃知進士之爲貴也如此."

14   『漢書』 卷58, 「公孫弘傳」.

15   "天聖初, 宋興六十有二載, 天下乂安. 時取才, 唯進士諸科爲最廣. 名卿鉅公, 皆繇此選, 而仁宗亦嚮用之, 登上第者, 不數年輒赫然顯貴矣."

16   "進士第一人, 令金吾給七人導從, 聽引兩節. 著爲令."

17   "蔡文忠公齊狀元及第, 眞宗視其形貌秀偉, 擧止安重, 顧謂寇萊公曰, 得人矣. 因詔金吾給騶從傳呼, 狀元給騶從始於此也." ※『宋史』 제286권 「蔡齊傳」의 내용은 이와 거의 비슷한데, 아마도 범진의 책에 바탕을 둔 듯하다.

18   『唐摭言』 卷8, "自放狀頭" 및 卷9 "惡得及第"를 보라.

19   "狀元登第, 不十餘年, 皆望柄用. (…) 每殿庭傳臚第一, 則公卿以下無不聳觀, 雖至尊亦注視焉. 自崇政殿出東華門, 傳呼甚寵. 觀者擁塞通衢, 人肩摩不可過 (…) 至有登屋而下瞰者. (…) 洛陽人尹洙, 意氣橫躒, 好辯人也. 嘗曰, 狀元登第, 雖將兵數十萬, 恢復幽薊 (…) 凱歌勞還, 獻捷太廟, 其榮亦不可及也."

20   "藝祖受命之三年, 密鐫一碑, 立於太廟寢殿之夾室, 謂之誓碑. 用銷金黃幔蔽之, 門鑰封閉甚

嚴. 因勅有司, 自後時享, 及新天子即位, 謁廟禮畢, 奏請恭讀誓詞. (…) 獨小黃門不識字者一人從, 餘皆遠立. (…) 上至碑前, 再拜跪瞻, 黙誦訖, 復再拜而出. 羣臣及近侍, 皆不知所誓何事. 自後列聖相承, 皆踵故事. 靖康之變, (…) 門皆洞開, 人得縱觀. 碑高七八尺, 闊四尺餘, 誓詞三行. 一云, 柴氏子孫, 有罪不得加刑, 縱犯謀逆, 止於獄中賜盡, 不得市曹刑戮, 亦不得連坐支屬. 一云, 不得殺士大夫及上書言事人. 一云, 子孫有渝此誓者, 天必殛之. 後建炎中, 曹勛自金營回, 太上寄語,祖宗誓碑在太廟, 恐今天子不及知云."* 丁傳靖, 『宋人軼事匯編』卷1에서 인용. 딩촨징丁傳靖(1870~ 1930)의 서문은『피서만초』가 엽몽득의 저작이라고 한다. 시안西安의 린러창林樂昌 선생이 알려주기를, 이 책의 옛 제목을 지은 사람은 육유陸游라고 했다. 『중국총서종록中國叢書綜錄』에 열거된 각종 총서본을 보라. 이 기회를 빌려 린러창 선생에게 감사를 드린다.

21 "郎自燕山遁歸, 建炎元年七月至南京, 以御衣所書進入. 高宗泣以示輔臣."

22 "藝祖有誓約藏之太廟, 不殺大臣及言事者, 違者不祥."장인린張蔭麟,「송 태조의 서약 비석 및 정사당 각석 고찰宋太祖誓碑及政事堂刻石考」, 『張蔭麟文集』, 臺北, 中華叢書委員會, 1956, 106~108쪽.

23 『程氏遺書』卷15,「伊川先生語一」, "嘗觀自三代而後, 本朝有超越古今者五事. 如百年無内亂. 四聖百年. 受命之日, 市不易肆. 百年未嘗誅殺大臣. 至誠以待夷狄. 此皆大抵以忠厚廉恥爲之綱紀, 故能如此. 蓋睿主開基, 規模自別."

24 양롄성楊聯陞,「왕조 간의 경쟁朝代干比賽」, 『楊聯陞論文集』, 北京, 1992, 126~138쪽.

25 "五事歷將前代舉, 帝堯而下固無之."

26 『伊川擊壤集』卷15, "一事, 革命之日, 市不易肆. 二事, 以據天下在卽位後. 三事, 未嘗殺一無罪. 四事, 百年方四葉. 五事, 百年無腹心之患."

27 "克服天下在卽位後."

28 『邵氏聞見錄』卷18.

29 『宋史』卷471,「章惇傳」; 邵博, 『邵氏聞見後錄』卷2.

30 『宋史』卷340, 本傳, "惟本朝用法最輕, 臣下有罪, 止於罷黜, 此寬仁之法也."

31 『宋史』卷425,「劉應龍傳」, "祖宗以來, 大臣有罪未嘗輕肆誅戮. 欲望姑從寬典, 以全體貌."

32 딩광밍鄧廣銘,「송대 문화의 고도 발전과 송 왕조의 문화정책宋代文化的高度發展與宋王朝的文化政策」, 『歷史研究』, 1990年 第2期; 鄧小南,「송조의 "조종의 법도"에 대한 시론: 북송 시기를 중심으로試論宋朝的祖宗之法: 以北宋時期爲中心」, 『國學研究』第7卷, 北京大學 出版社, 2000.

33 『黃宗羲全集』第2册, "唐末, 黃巢逼潼關, 士子應舉者, 方流連曲中以待試. 其爲詩云, 與君同訪洞中仙, 新月如眉拂戶前. 領取嫦娥攀取桂, 任從陵谷一時遷. 中土詩文之士, 大抵無心肝如此."

34 "今再朝公卿親屬, 將相子孫, 有文行可取者, 請許所在州府薦送.""科目之中, 凶豪甚衆." 요계와 최절의 말은 둘 다 『舊五代史』卷148,「選舉志」에 보인다.

35 馬端臨, 『文獻通考』卷30,「考選舉」, "帖書墨義, 舉筆能文者."

36 『唐摭言』卷1,「述進士上篇」.

37 卷30, "歐陽公什邡陳氏榮鄉亭記曰, 什邡之吏, 特不喜儒, 必摧辱中傷之. 民既素饒樂鄉里, 不急祿仕, 又苦吏之爲, 故未嘗有儒其業與服以游者. 甚好學者, 不過專一經, 工歌詩, 優游自養爲鄉

丈人而已. 逮陳君岩夫, 始爲進士. 然亦未嘗敢儒衣冠, 謁縣門, 出入閭巷, 必鄉其服. 已而州下天子
詔書, 索鄉擧秀才, 嚴夫始改服詣門應詔, 吏乃相驚. 既州試之, 送禮部, 中丙科, 以歸省其父日, 噫,
吾始惡進士之病己, 而不知其可以爲榮也. 乃築亭以旌之. 黿歸来子序張穆之觸鱗集日, 五季文物蕩
盡, 而魯儒猶往往抱經伏農野, 守死善道, 盖五十年不改也. 太祖皇帝既定天下, 魯之學者, 始稍稍
自奮, 白袍擧子, 大裾長紳, 雜出戎馬介士之間. 父老見而指以喜日, 此曹出, 天下太平矣. 方是時厭
亂, 人思復常, 故士貴. 盖不待其名實加於上, 下見其物色士類, 而意已悦安之. 此儒之效也. 愚嘗讀
此二篇, 而後知五代之時, 雖科擧未嘗廢, 而士厄於離亂之際, 不得卒業, 或有所長而不能以自見,
老死閭閻, 不爲少矣."
38 상세한 내용은 본서 제6장을 보라.

제3장 "함께 천하를 다스린다"—정치적 주체의식의 현현

1 『文集』卷81.
2 卷129, "且如一個范文正公, 自做秀才時便以天下爲己任, 無一事不理會過."
3 나의 『중국 근세의 종교 윤리와 상인 정신中國近世宗教倫理與商人精神』 중편 제4절 참
조.
4 『論語』, 「泰伯」, "士不可以不弘矣. 任重而道遠. 仁以爲己任, 不易重乎. 死而後已, 不亦遠乎."
5 上同, "天下有道則見, 無道則隱."
6 『日知錄』卷13, 「兩漢風俗」, "三代之下, 風俗之美, 無尙於東京者."
7 『後漢記』卷21, "延嘉二年" 조목 및 『世說新語』卷1, 「德行」, "以天下風敎是非爲己任"8 『臨
川先生文集』卷68, "墨子者 (…) 方以天下爲己任."
9 『范文正公集』, 卷7, 「岳陽樓記」.
10 이 수치는 크라케E.A. Kracke가 『문헌통고』에 근거하여 통계를 낸 것이다. 그의 *Civil
Service in Early Sung China*, Havard University Press, 1953, 59쪽 참조.
11 『唐代政治史述論考』, 北京: 三聯書店, 2001, 281~282쪽.
12 卷16, 「樂府」, "柳三變詞" 조목, "仁宗留意儒雅, 務本理道, 深斥浮艶虛薄之文. 初進士柳三
變, 好爲滛冶謳歌之曲, 傳播四方. 嘗有鶴冲天云, 忍把浮名, 換了淺斟低唱. 及臨軒放榜, 特落之,
日, 且去淺斟低唱, 何要浮名. 景祐元年, 方及第後改名永, 方得磨勘轉官."
13 王讜, 『唐語林』卷4, 「企羨」.
14 卷12, 「記事」, "두기공이 가암에게 생세 유무를 묻다杜祁公問賈黯以生事有無" 조목, "賈
黯以慶歷丙戌廷試第一往謝杜公公無他語獨以生事有無爲問賈退謂門下客日黯以鄙文魁天下而謝於
公公不問而獨在於生事豈以爲無取耶公開而言日凡人無生事雖爲顯官亦不能不俯仰由是進退多輕
今賈君名在第一則其學不問可知其爲顯官則又不問可知衍獨懼其生事不足以致進退之輕而不得行其
志焉何怪之有賈君爲之歎服."
15 "裴思謙狀元及第後, 作紅箋名紙十數, 詣平康里, 因宿於里中. 詣旦, 賦詩日, 銀釭斜背解鳴
璫, 小語偷聲賀玉郎. 從此不知蘭麝貴, 夜來新惹桂枝香." 이 일은 문종文宗 개성開成 3년(803)에

일어났다. 徐松, 『登科記考』, 卷21을 보라.

16 "張舜民遊京師, 求謁先達之門. (…) 唯歐陽公多談吏事, 既久之, 不免有請, 大凡學者之見先生, 莫不以道德文章爲欲聞者. 今先生多敎人以吏事, 所未喩也. 公曰, 不然. 吾子皆時才, 異日臨事, 當自知之. 大底文學止於潤身, 政事可以及物. 吾昔貶官夷陵, 彼非人境也. 方壯年, 未厭學, 欲求漢史一觀, 公私無有也. 無以遣日, 因取架閣陳年公案, 反覆觀之. 見其枉直乖錯, 不可勝數. 以無爲有, 以枉爲直, 違法徇情, 滅親害義, 無所不有. 且以夷陵荒遠偏小尙如此, 天下固可知也. 當時仰天誓心曰, 自爾遇事, 不敢忽也."

17 『文集』卷首, 「歐陽文忠公年譜」.

18 『能改齋漫錄』卷13의 "구양공이 관리 사무에 대해 많이 이야기하다" 조목에 인용된 글도 유사하다. 아울러 『宋史』卷319 本傳도 참조하라.

19 『舊唐書』卷18 上, 「武宗本紀」 會昌 4년 조목 후반부, "臣祖天寶末以仕進, 無他伎勉強随計, 一舉登第. 自後不於私家置文選, 盖惡其祖尙浮華, 不根藝實. 然朝廷顯官, 須是公卿子弟. 何者. 自小便習擧業, 自熟朝廷間事, 臺閣儀範, 班行准則, 不敎而自成. 寒士縱有出人之才, 登第之後, 始得一班一級, 固不能熟習也. 則子弟成名, 不可輕矣." 천인커, 앞의 책, 261~262쪽 참조.

20 『登科記』卷22, "會昌 4년 10월" 조목의 中書門 下奏文.

21 『文獻通考』卷29, 「選擧考二」, "代宗" 조목, "風俗之弊, 至唐極矣. 王公大人巍然於上, 以先達自居, 不復求士. 天下之士, 什什伍伍, 戴破帽騎蹇驢, 未到門百步, 輒下馬奉弊刺, 再拜以謁於典客者, 投其所爲之文名之曰, 求知己. 如是而不問, 則再如前所爲者, 名之曰溫卷. 如是又不問, 則有執贄於馬前, 自贊曰, 某人上謁者. 嗟乎風俗之弊, 至此極矣. 此不獨爲士者可鄙, 其時之治亂盖可知矣."

22 『宋史』卷397, 本傳.

23 『登科記考』卷10, "祖習既深, 奔競爲務, (…) 投刺干謁, 驅馳於要津. 露才揚己, 喧騰於當代."

24 『全唐文』卷294, 王冷然, 「論薦書」 및 「與御使高昌御書」, "今年爲僕索一婦, 明年爲留心一官." 상세한 내용은 첸무錢穆, 「당대 문인의 간알 풍습에 대해記唐文人干謁之風」, 『全集』本 『독사수차讀史隨箚』, 91~103쪽 참조.

25 『唐詩紀事』卷58, "劉魯風" 조목, "自貞元後, 唐文甚振. 以文學科第爲一時之榮. 及其弊也, 士子豪氣罵吻, 遊諸侯門, 諸侯望而畏之. 如劉魯風姚岩杰柳崇平曾之徒, 其文皆不足取. 余故載之者, 以見當時諸侯爭取譽於士士, 此盖外重内輕之牙蘗. 如李益者, 一時文宗, 猶曰, 感恩知有地, 不上望京樓. 其後如李山甫董, 以一名第之失, 至挾方鎮, 刧宰輔, 則又有甚焉者矣."

26 천인커, 『당대정치사술론고唐代政治史述論考』, 210~212쪽 참조. 천인커는 『당시기사唐詩紀事』 권30의 "이익李益" 조목을 인용했지만, "유노풍劉魯風" 조목을 살펴보지는 않은 것 같다. 만약 살펴봤다면 그것을 인용하여 증거로 삼았을 것이다.

27 李弘祺, Thomas H. C. Lee, *Education in Traditional China, A History*, Leiden: Brill, 2000, 135쪽.

28 岑仲勉, 『隨唐史』, 北京: 高等敎育出版社, 1957, 400~401쪽.

29 『당척언唐摭言』, 卷2, "화내고 한탄함忿恨", "盛唐有天下, 垂二百年. 登進士科者, 三千餘人. 良夫之族, 未有登是科者, 以此慨歎憤惋."

30 卷27, 「附考·進士科」, 中和書局 標點本, 1984, 下册, 1079쪽.

31 『續資治通鑑長編』, 卷26.

32 John W. Chaffee, *The Thorny Gates of Learning in Sung China*, New Edition, Albany: SUNY Press, 1995, 35~37쪽.

33 呂大臨, 「橫渠先生行狀」, 『張載集』附錄, "縱不能行之天下, 猶可驗之一鄉."

34 『程氏遺書』, 卷10, "關中學者, 用禮漸成俗."

35 Denis Twitchett, "The Fan Clan's Charitable Estate, 1050~1760," in David S. Nivison and Arthur F. Wright eds., *Confucianism in Action*, Stanford University Press, 1959, 100~101쪽.

36 『荀子』, 「儒效」, "儒者在本朝則美政, 在下位則美俗."

37 『語類』卷98, "有我去承當之意."

38 卷221, "희령 4년 3월 戊子" 조목, "彦博又言, 祖宗法制具在, 不須更張以失人心. 上日, 更張法制, 於士大夫誠多不悅, 然於百姓何所不便. 彦博日, 爲與士大夫治天下, 非與百姓治天下也. 上日, 士大夫豈盡以更張爲非, 亦自有以爲當更張者. 安石日, 法制具在, 則財用宜足[위잉스는 '先' 자를 썼는데 사고전서본에 의거하여 '足' 자로 고쳤다.—옮긴이], 中國宜彊, 今皆不然, 未可謂之法制具在也. 彦博日, 務便人推行爾." 현대의 사학자들은 희령의 변법 논쟁을 논하기 위해 먼저 이 구절을 인용한다. 첸무錢穆, 『國史大綱』『全集』本, 657쪽.

39 우한吳晗의 「황권에 대해 논함論皇權」은 문언박의 위 말을 인용하고 있는데 바로 이런 오해를 하고 있다. 우한, 페이샤오퉁費孝通 등, 『황권과 신권皇權與紳權』, 上海: 觀察社, 1948, 41~42쪽 참조.

40 『河南程氏經說』卷2, "帝王之道也, 以擇任賢俊爲本, 得人而後與之同治天下."

41 「서설」 제5절의 5 참조.

42 "原夫作君之意, 所以治天下也. 天下不能一人而治, 則設官以治之. 是官者, 分身之君也."

43 『新書』卷9, 「大政上」, "人臣之道, 思善則獻之於上, 聞善則獻之於上, 知善則獻之於上. 夫民者, 唯君有之. 爲人臣者助君理之."

44 上同, "故爲人君者, 其出令也, 其如聲. 士民學之, 其如響. 曲折而從君, 其如景(影)矣."

45 「琴操」第5, "天王聖明兮, 臣罪當誅."

46 『昌黎先生集』卷11, 「原道」, "是故君者, 出令者也. 臣者, 行君之令而致之民者也."

47 「原臣」, "緣夫天下之大, 非一人所能治, 而分治之以群工. 故我之出仕也, 爲天下, 非爲君也, 爲萬民, 非爲一姓也. (…) 世之爲臣者昧於此義, 以謂臣爲君而設也. 君分吾以天下而後治之, 君授吾以人民而後牧之, 視天下人民爲人君囊中之私物."

48 "神宗初即位, 猶未見羣臣. 王樂道韓持國維等, 以宮僚先入, 慰於殿西廊. 既退, 獨留維, 問, 王安石今在甚處. 維對在金陵. 上日, 朕召之肯來乎. 維言, 安石蓋有志經世, 非甘老於山林者, 若陛下以禮致之, 安得不來. 上日, 卿可先作書與安石, 道朕此意, 行即召矣. 維日, 若是則安石必不來. 上問何故. 日, 安石平日每欲以道進退, 若陛下始欲用之, 而先使人以私書道意, 安肯遽就. 然安石子雱見在京師, 數來臣家. 臣當自以陛下意語之, 彼必能達. 上日, 善. 於是荊公始知上待遇睿屬之意."

49 "帝必欲用公, 召知許州, 令過闕上殿. 方下詔, 帝謂監察御史裏行程顥曰, 朕召司馬光, 卿度光來否. 顥對曰, 陛下能用其言, 光必來, 不能用其言, 光必不來. (…) 公果辭召命. (…) 帝因與左丞蒲宗孟論人才, 及溫公, 帝曰, 如司馬光未論別事, 只辭樞密一節, 朕自即位以來, 惟見此一人. 帝之眷禮於公不衰如此. 特公以新法不罷, 義不可起."

50 『臨川文集』卷82, "夫士牧民者也. 牧知地之所在, 則彼不知者驅之爾. 然士學而不知, 知而不行, 行而不至, 則奈何. 先王於是乎有政矣. 夫政非爲勸沮而已也, 然亦所以爲勸沮. 故舉其學之成者, 以爲卿大夫, 其次雖未成而不害其能至者, 以爲士. 此舜所謂庸之者也. 若夫道隆而德駿者, 又不止此. 雖天子北面而問焉, 而與之迭爲賓主. 此舜所謂承之者也."

51 『陶山集』卷11, "熙寧之初, 銳意求治, 與王安石議政, 意合, 即倚以爲輔, 一切屈己聽之. (…) 安石性剛, 論事上前, 有所爭辯時, 辭色皆厲. 上輒改容, 爲之欣納. 蓋自三代而後, 君相相知, 義兼師友, 言聽計從, 了無形迹, 未有若茲之盛也."

52 『宋史』卷343, 本傳.

53 『河南程氏文集』卷6, "臣以爲, 天下重任, 惟宰相與經筵. 天下治亂系宰相, 君德成就責經筵."

54 "臣竊以人主居崇高之位, 持威福之柄, 百官畏懼, 莫敢仰視. 萬方承奉, 所欲隨得, 苟非知道畏義, 所養如此, 其惑可知. 中常之君, 無不驕肆, 英明之主, 自然滿假. 此自古同患, 治亂所繫也."

55 『御制文』二集 卷19, 「書程頤論經筵箚子後」, 『四庫全書』本, "夫用宰相者, 非人君其誰爲之, 使爲人君者, 但深居高處, 自修其德, 惟以天下之治亂, 付之宰相, 己不過問, (…) 此不可也. 且使爲宰相者, 居然以天下之治亂爲己任, 而目無其君, 此尤大不可也."

56 『語類』卷130.

57 『宋史』卷345, 「陳瓘傳」, "紹興二十六年, 高宗謂輔臣曰, 陳瓘昔爲諫官, 甚有讜議. 近覽所著尊堯集, 明君臣之大分, 合於易天尊地卑, 及春秋尊王之法. 王安石號通經術, 而其言乃謂, 道隆德駿者, 天子當北面而問焉. 其背經悖理甚矣. 瓘宜特賜諡以表之諡."

58 本傳을 보라.

59 『語類』卷130, "只似討鬧, 却不於道理上理會."

60 『宋史』卷19, 「徽宗本紀」1 및 卷471의 각 本傳 참조.

61 李心傳, 『建炎以來系年要錄』卷170, "朝廷機務至繁, 所賴以同力協濟者, 惟二三執政. 比歲大臣怙權, 參樞皆取充位. 政事例不關決. 宜特詔三省, 務各盡誠, 以贊國事. 時上復親庶政, 躬攬權綱."

62 상세한 내용은 본서 제5장 「국시」 고찰」을 보라.

63 본서 「서설」 제2절.

64 본서 「서설」 제5절의 5 참조.

65 『續通鑑長編』卷33, "天下至廣, 借群材共治之."

66 『宋史』卷155, 「選舉一」, "朕欲博求俊彦於科場中, (…) 止得一二, 亦可爲致治之具矣."

67 최근 송·원 제도를 연구하는 전문가들은 송대 '공동 통치'의 특색에 주목하기 시작했다. 그들의 논의는 참고할 만하다. 장치판張其凡, 「북송대의 "황제와 사대부가 천하를 공동으로 통치한다"에 대한 약설北宋"皇帝與士大夫共治天下"略說」, 『宋初政治研究』, 廣州暨南大學出版社, 1995; 야오다리姚大力, 「몽골-원나라 왕조의 황권에 대해論蒙元王朝的皇卷」, 『學術

集林』卷15, 上海遠東出版社, 1999년 1월.

제4장 군주권력과 재상권력의 사이—이상과 권력의 상호작용

1   위잉스, 「'군신존비'하의 군주권력과 재상권력"君尊臣卑"下的君權與相權」, 『역사와 사상歷史與思想』, 臺北: 聯經, 1976, 47~75쪽.
2   "黃仁卿問, 自秦始皇變法之後, 後世人君皆不能易之, 何也. 曰, 秦之法, 盡是尊君卑臣之事, 所以後世不肯變."
3   『臨川先生文集』卷39, 「上仁宗皇帝言事書」.
4   "神宗好大喜功之資, 王安石惠卿出而與之遇合, 流毒不能止也. (…) 世道污隆, 士習升降, 係於人主一念慮之趨向, 可不戒哉, 可不懼哉."
5   『宋史』卷405, 「劉黻傳」, 治天下之要, 莫先於謹命令, 謹命令之要, 莫先於室內批. 命令, 帝王之樞機, 必經中書參試, 門下封駁, 然後付尚書省施行. 凡不由三省施行者, 名曰斜封墨勅, 不足效也. 臣觀陛下自郊祀慶成以來, 恩數綢繆, 指揮煩數, 今日內批, 明日內批, 邸報之間, 以內批行者居其半, 竊爲陛下惜之."
6   『新唐書』卷45, 「選舉志下」.
7   『文集』卷14, "至於朝廷紀綱, 尤所當嚴, 上自人主以下, 至於百執事, 各有職業, 不可相侵. 蓋君雖以制命爲職, 然必謀之大臣, 參之給舍, 使之熟識, 以求公議之所在, 然後揚於王庭, 明出命令, 而公行之. 是以朝廷尊嚴, 命令詳審, 雖有不當, 天下亦皆曉然, 知其謬之出於某人, 而人主不至獨任其責. 臣下欲議之者, 亦得以極意盡言, 而無所憚. 此古今之常理, 亦祖宗之家法也. 今者陛下即位, 未能旬月, 而進退宰執, 移易臺諫, 甚者方驟進而忽退之, 皆出於陛下之獨斷, 而大臣不與謀, 給舍不及議. 正使實出於陛下之獨斷, 而其事悉當於理, 亦非爲治之體, 以啓將來之弊. 況中外傳聞, 無不疑惑, 皆謂左右或竊其柄, 而其所行, 又未能盡允於公議乎."
8   卷之四上, "行至上饒, 聞以內批逐首相, 有憂色. 學者問其故, 先生曰, 大臣進退, 亦當存其體貌, 豈宜如此."
9   卷161, "制置三司條例司掌經畫邦計, 議變舊法以通天下之利. 熙寧二年置, 以知樞密院陳升之參知政事王安石爲之, 而蘇轍程顥等亦皆爲屬官. 未幾, 升之相, 乃言, 條例者有司事爾, 非宰相之職, 宜罷之. 帝欲併歸中書, 安石請以樞密副使韓絳代升之焉. 三年, 判大名府韓琦言, 條例司雖大臣所領, 然止是定奪之所. 今不關中書而徑自行下, 則是中書之外又有一中書也. 五月, 罷歸中書."
10   卷221.
11   『經進東坡文集事略』卷24, "祖宗以來, 治財用者不過三司使副判官, 經今百年, 未嘗闕事. 今者無故又創一司, 號曰制置三司條例, 使六七少年日夜講求於內, 使者四十餘輩, 分行營幹於外. 造端宏大, 民實驚疑, 創法新奇, 吏皆惶惑."
12   『邵氏聞見錄』卷10, "中書省置三司條例司, 相與議論者以經綸天下爲己任, 始變祖宗舊法, 專務聚歛, 私立條目, 頒於四方. 妄引周官, 以實誅賞, 輔弼異議不能回, 臺諫從官力爭不能奪, 州郡或奉行微忤其意, 則譴黜從之. 所用皆憸薄少年, 天下騷然."

13　卷239.

14　『宋史』卷429.

15　『河南程氏文集』卷11.

16　『續通鑑長編』卷233, 熙寧 5年 5月 戊午日 조목, "卿所以爲朕用者, 非爲爵祿, 但以懷道術可以澤民, 不當自埋沒, 使人不被其澤而已. 朕所以用卿, 亦豈有他. 天生聰明, 所以乂民, 相與盡其道以乂民而已, 非以爲功名也. 自古君臣如卿與朕相知極少, 豈與近世君臣相類. (…) 朕頑鄙初未有知, 自卿在翰林, 始得聞道德之說, 心稍開悟, 卿, 朕師臣也, 斷不許卿出外."

17　上同, 卷234, 熙寧 6年 6月 辛未日 조목, "卿知性命之理, 非有心於功名爵祿. 然君臣之義, 卿必不廢. 朕於卿未有失, 卿又實無病, 何緣便有去就."

18　上同, "朕與卿相知, 近世以來所未有, 所以爲君臣者形而已, 形固不足累卿. 然君臣之義, 固重於朋友, 若朋友與卿要約, 勤勤如此, 卿亦宜爲之少屈. 朕旣與卿爲君臣, 安得不爲朕少屈."

19　『장편』의 각 조목 아래에 인용되어 있는 진관陳瓘의 『존요록尊堯錄』 글을 보라.

20　『聞見錄』卷12, "荊公初相, 以師臣自居, 神宗待遇之禮甚厚."

21　『宋史』卷474, 「賈似道傳」.

22　『續通鑑長編』卷215, 熙寧 3年 8月 庚子 조목, "上與安石如一人, 此乃天也."

23　"曾布檢正五房公事. 布每事白王安石即行之, 或謂布當白兩參政, 指馮京及王珪也. 布曰, 丞相已議定, 何問. 彼爲俟敕出令押字耳."

24　卷220, "御史中丞楊繪言, (…) 臣又聞諸房檢正官每有定奪文字, 未申上聞, 並只獨就宰臣王安石一處商量稟覆, 即便徑作文字申上, 其馮京等只是據已做成申上者文字簽押施行. 臣竊謂國家並建輔弼, 不惟凡事欲集長以詳處其當, 亦欲防權柄專歸於一門也. 今檢正官等皆朝廷選用之人, 不識體如此, 是致外議譁然, 咸謂雖塗注亦有只是宰臣王安石與都檢正官曾布商議, 而參知政事馮京王珪或有不先預聞者."

25　"呂惠卿丁父憂去, 王荊公未知心腹所託可與謀事者. 曾布 (…) 巧黠善迎合荊公意, 公悅之. (…) 布爲都檢正, 故事白荊公即行."

26　『宋史』卷312, 각 本傳.

27　"確善觀人主意, 與時上下, 知神宗已厭安石, 因安石乘馬入宣德門, 與衛士競, 即疏其過以賈直. 加直集賢院, 遷御史知雜事."

28　『長編』卷242, 熙寧 6년 2월 丁丑 조목, "確岔然對日, 陛下方惇友悌, 以化成天下, 置上元禁中曲宴, 以慰慈顏. 安石大臣, 亦宜體陛下孝友之意. 若必以從者失誤, 與親王較曲直, 臣恐陛下大權一去, 不可復收還矣. 上瞿然警日, 卿乃敢如此言安石耶. 自是有大用確矣."

29　上同, "相公亦人臣, 豈可如此, 得無爲王莽乎."

30　卷6, "張諤檢正中書五房公事, 判司農事, 上言, 天下祠廟, 歲時有燒香施利, 乞依河渡坊場, 召人買拆. 王荊公秉政, 多主諤言, 故凡司農啟請, 往往中書即自施行, 不由中覆. (…) 南京有高辛廟, 平日絶無祈祭, 縣吏抑勒, 祝史僅能酹十千. 是時張方平, 留守南京, 因抗疏言, 朝廷生財, 當自有理, 豈可以古先帝王祠廟賣與百姓, 以規十千之利乎. 上覽疏大駭, 遂窮問其由, 乃知張諤建言而中書未嘗覆奏. 自是有旨, 臣僚起請, 必須奏稟, 方得施行, 賣廟事尋罷."

31　卷251.

32 卷254.

33 卷258.

34 卷259, 8년 정월 조목.

35 왕안석 집정 시기의 중서검정관이 지닌 중요성에 대해서는 熊本崇, 「중서검정관—왕안석 정권의 담당자들中書檢正官—王安石正權のにないてたち」, 『東洋史研究』, 제47권 제1호, 1988년 6월, 54~80쪽 참조.

36 『邵氏聞見錄』卷11, "議論高亢, 能以辨博濟其說, 人莫能詘. 始爲小官, 不汲汲於仕進. (…) 少時懇求外補, 得知常州, 由是名重天下, 士大夫恨不識其面. 朝廷嘗欲授以美官, 惟患其不肯就也."

37 "時與王介甫已絕, 其記介甫則直書善惡不隱."

38 『象山先生全集』卷19, "裕陵之得公, 問唐太宗何如主. 公對曰, 陛下每事當以堯舜爲法, 太宗所知不遠, 所爲未盡合法度. 裕陵曰, 卿可謂責難於君. 然朕自視眇然, 恐無以副此意. 卿宜悉意輔朕, 庶同濟此道. 自是君臣議論, 未嘗不以堯舜相期. 及委之以政, 則曰, 有以助朕, 勿惜盡言. 又曰, 須督責朕, 使大有爲. 又曰, 天生俊明之才, 可以覆庇生民, 義當與之戮力. 若虛捐歲月, 是自棄也. 秦漢而下, 南面之君, 亦嘗有知斯義者乎. (…) 公曰, 君臣相與, 各欲致其義耳. 爲君則欲自盡君道, 爲臣則欲自盡臣道, 非相爲賜也. 秦漢而下, 當塗之士, 亦嘗有知斯義者乎."

39 『語類』卷130.

40 卷270, "時有不附新法者, 安石欲深罪之, 上不可. 安石爭之曰, 不然法不行. 上曰, 聞民間亦頗苦新法. 安石曰, 祁寒暑雨, 民猶怨咨, 此豈足恤也. 上曰, 豈若并祁寒暑雨之怨, 亦無邪. 安石不悅, 退而屬疾. 上遣使慰勉之, 乃出. 其黨爲安石謀曰, 今不取門下士上象所不喜者暴進用之, 則權輕, 將有窺人間隙者矣. 安石從之, 上亦喜安石之出. 凡所進擬皆聽. 由是安石權益重."

41 『程氏外書』卷12, 「傳聞雜記」, "樞密院乃虛設, 大事三省同議, 其他乃有司之事, 兵部尚書之職. 然藝祖用此以分宰相之權. 神宗改官制, 亦循此意."

42 『朱子語類』卷128, 「法制」.

43 "高宗初見秦能擔當得和議, 遂悉以國柄付之. 被他入手了, 高宗更收不上. 高宗所惡之人, 秦引而用之, 高宗亦無如之何."

44 "除參知政事, 上曰, 執政於宰相, 固當和而不同. 前此宰相議事, 執政更無語, 何也. 必大曰, 大臣自應互相可否. 自秦檜當國, 執政不敢措一辭, 後遂以爲當然."

45 『文忠集』卷125, 「辭免參知政事表」 및 「謝參知政事表」.

46 『續通鑑長編』卷113, 明道 2년 12월 丁未 조목, "宰相自用臺官, 則宰相過失無敢言者."

47 上同, 卷151, "自今除臺諫官, 毋得用見任輔臣所薦之人."

48 卷143, "賜知諫院王素三品服, 余靖歐陽修蔡襄五品服. 面論之曰, 卿等皆朕所自擇, 數論事無所避, 故有是賜."

49 "自茲以往, 習慣成風, 盡爲執政私人."

50 『傳家集』卷44, "今陛下使大臣自擇臺諫官, 大臣又取同於己者存之, 異於己者去之, 然則陛下獨與大臣爲天下足矣, 何必更置臺諫官也."

51 上同, 卷45, "至於臺諫之官, 天子耳目, 所以規朝政之闕失, 糾大臣之專恣. 此陛下所當自擇, 而亦使執政擇之. 彼專用其所親愛之人, 或小有違忤, 即加貶逐, 以懲後來, 必得佞諛之尤者, 然後

52 "仁宗之世, 議者譏宰相但奉行臺諫風旨而已." 역시 그의「만언서」속에 있는 말이다.

53 『宋史』卷23,「欽宗本紀」, "親擢臺諫官, 宰執勿得薦擧, 著爲令."

54 "胡不擇臺官去之."

55 "遂奏如淵爲御使中丞, 首劾銓."

56 卷473, "又多自言官聽檜彈擊, 輒以政府報之, 由中丞諫議而升者, 凡十有二人."

57 卷131, "秦檜每有所欲爲事, 諷令臺諫知後, 只令林一飛輩往論之. 要去一人時, 只云劾某人去, 臺諫便着尋事上之. 臺諫亦嘗使人在左右, 探其意, 纔得之, 即上文字. 太上只是慮金人, 故任之如此."

58 卷474, "劉敞 (…) 謂侂胄曰, 趙相欲專大功, 君豈惟不得節度, 將恐不免嶺海之行矣. 侂胄愕然, 因問計, 敞曰, 惟有用臺諫爾. 侂胄問, 若何而可. 敞曰, 御筆批出是也. 侂胄悟, 即以内批除所知劉德秀爲監察御史, 楊大法爲殿中侍御史, 罷吳獵監察御史, 而用劉三傑代之. 於是言路皆侂胄之黨, 汝愚之迹始危."

59 『文集』卷97, "公之求去愈力, 而檜之怒公愈甚. 十年春遂使言者, 論公獨以懷異自賢, 陽爲辭遜爲罪, 而出之外郡."

60 『語類』卷107, "落職罷祠" "官多祿小."

61 『宋史』卷327,「王安石傳附唐坰傳」.

62 『續通鑑長編』, 卷237, "上曰, 此皆朕不能調一天下辨察小人, 故致此. 卿何足以此介意. 朕以卿爲無欲, 專以生民爲意, 故委任卿. 坰小人, 何故如此, 此必有說. 安石曰, 國朝大臣, 亦更出互入, 不如是, 即無以壓人言. 上曰, 朕用卿, 豈與祖宗朝宰相同, 卿不須爾."

제5장 '국시' 고찰

1. 북송 편

1 『續通鑑長編』卷210, "上曰, 今天下洶洶者, 孫叔敖所謂, 國之有是, 衆之所惡也. 光曰, 然. 陛下當察其是非, 然後守之. 今條制司所爲, 獨安石韓絳呂惠卿以爲是, 天下皆以爲非也. 陛下豈能獨與三人共爲天下耶."

2 "楚莊王問於孫叔放曰, 寡人未得所以爲國是也. 孫叔放曰, 國之有是, 衆非之所惡也. 臣恐王之不能定也. 王曰, 不定獨在君乎, 亦在臣乎. 孫叔放曰, 國君驕士曰, 士非我無由貴富, 士驕君曰, 國非士無由強. 人君或至失國而不悟, 士或至饑寒而不進. 君臣不合, 國是無由定矣. 夏桀殷紂不定國是, 而以合其取舍者爲是, 以不合其取舍者爲非, 故致亡而不知. 莊王曰, 善哉, 願相國與諸侯士大夫共定國是, 寡人豈敢以褊國驕士民哉."

3 "劉向所集次新序三十篇, 錄一篇, 隋唐之世, 尚爲全書. 今可見者, 十篇而已. 臣既考正其文字, 因爲其序論."

4 "嘉祐二年, 登進士第, 調太平州司法參軍, 歲餘, 召編校史館書, 曆館閣校勘, 集賢校理."

5 『元豐類稿』卷16,「與王介甫」세번째 편지;『臨川先生文集』卷72,「答曾子固書」및 卷75「答

段逢書」.

6　"元豐五年 (…) 官制行, 帝指御史大夫曰, 非司馬光不可. 又將以爲東宮師傅. 蔡確曰, 國是方定, 願少遲之."『邵氏聞見錄』卷11을 참조하라.

7　"元豐官制行 (…) 五年, 正三省官名, 拜尚書左僕射兼門下侍郎, 以蔡確爲右僕射. 先是, 神宗謂執政曰, 官制將行, 欲新舊人兩用之. 又曰, 御史大夫, 非司馬光不可. 珪確相顧失色. 珪憂甚, 不知所出. 確曰, 陛下久欲收靈武, 公能任責, 則相位可保也. 珪喜, 謝確. (…) 珪意以爲既用兵深入, 必不召光, 雖召將不至. 已而光果不召."

8　『續通鑑長編』卷213, "呂公弼將去位, 上議以代之者, 曾公亮韓絳極稱司馬光, 上遲疑未決. (…) 安石曰, 司馬光固佳, 今風俗未定, 異論尚紛紛, 用光即異論有宗主, (…) 事無可爲者. 絳深以安石所言爲然. 公亮言不當以此廢光, 固請用之, 上弗許, 乃獨用京. 明日又謂執政曰, 京懦, 并用光如何. 公亮以爲當. 安石曰, 比京誠差強, 然流俗以爲宗主, 愈不可勝. (…) 公亮曰, (…) 眞宗曰, 且要異論相攪, 即各不敢爲非. 安石曰, 若朝廷人人異論相攪, 即治道何由成. 臣愚以爲朝廷任事之臣, 非同心同德協於克一, 即天下事無可爲者. 上曰, 要令異論相攪, 即不可. (…) 上遂不用光."

9　『語類』卷128, "神宗用唐六典改官制, 頒行之. 介甫時居金陵, 見之大驚, 曰, 上平日許多事, 無不商量來, 只有此一大事, 却不曾商量. 盖神宗因見唐六典, 遂斷自宸衷, 銳意改之, 不日而定, 却不曾與臣下商量也."

10　『臨川文集』卷73, 「答曾公立書」를 보라.

11　『續通鑑長編』卷292, "自熙寧以來, 因朝廷論議不同, 端人良士, 例爲小人排格, 指爲沮壞法度之人, 不可復用, 此非國家之利也, 願陛下加意省察. 上曰, 然, 當以次收用之."

12　"哲宗親政, 有復熙寧元豐之意, 首起惇爲尚書左僕射兼門下侍郎. 於是專以紹述爲國是, 允元祐所革一切復之."

13　"哲宗嗣位, 尊爲太皇太后, 驛召司馬光呂公著, 未至, 迎問今日設施所宜先. 未及條上, 已散遣修京城役夫, 減皇城邏卒, 止禁庭工技, 廢導洛司, 出近侍尤無狀者. 戒中外毋苛斂, 寬民間保戶馬, 事由中旨, 王珪等弗預知. 又起文彥博於既老, 遣使勞諸途, 諭以復祖宗法度爲先務, 且令疏可用者."

14　"光公著至, 並命爲相, 使同心輔政. 一時知名士彙進於廷. 凡熙寧以来政事弗便者, 次第罷之."

15　『宋史』, 「哲宗紀一」, "蔡確罷. 以司馬光爲尚書左僕射門下侍郎."

16　『宋史』卷471, 本傳, "皆以起獄奪人位而居之."

17　『邵氏聞見錄』第3권에 인용된 채경蔡京 등의 「王安石傳」, "流涕爲言安石亂變天下."

18　상세한 내용은 楊仲良, 『通鑑長編紀事本末』, 卷100, 「紹述」편을 보라.

19　『宋史』卷343, 本傳, "元祐末, 以兵部尚書召. 紹聖初, 哲宗親政, 潤甫首陳武王能廣文王之聲, 成王能嗣文武之道, 以開紹述."

20　『續通鑑長編』卷239, 희령 5년 10년 丁丑 조목.

21　『宋史』卷471, 本傳.

22　"哲宗即位甫十歲, 於是宣仁高后垂簾而聽斷焉. 及寖長, 未嘗有一言. 宣仁在宮中, 每語上曰, 彼大臣奏事, 內臂中且謂何, 乃無一語耶. 上但曰, 娘娘已處分, 俾臣道何語. 如是益恭黙不言者九年. (…) 宣仁登仙, 上始親政焉. 上所以銜諸大臣者, 匪獨坐變更. 後數數與臣僚論昔垂簾事, 曰, 朕只見臀背."

23　『語類』卷127, "哲宗常使一舊桌子, 不好. 宣仁令換之, 又只如此在. 問之, 云, 是爹爹用底. 宣仁大慟, 知其有紹述意也. 又劉摯嘗進君子小人之名, 欲宣仁常常喻哲宗使知之. 宣仁曰, 常與孫子說, 然未曾了得. 宣仁亦是見其如此, 故皆不肯放下, 哲宗甚銜之. 紹述雖是其本意, 亦是激於此也."

24　"方頌執政時, 見哲宗年幼, 諸臣太紛紜, 常曰, 君長, 誰任其咎耶. 每大臣奏事, 但取決於宣仁后, 哲宗有言, 或無對者. 惟頌奏宣仁后, 必再稟哲宗, 有宣諭必告諸臣, 以聽聖語. 及貶元祐故臣, 御史周秩劾頌. 哲宗曰, 頌知君臣之義, 無輕議此老."

25　『宋史』卷18, 「哲宗二」, "元祐亦有可取乎."

26　"凡元祐所革一切復之."

27　"名不正, 言不順."

28　"徽宗有意修熙豐政事, 起居舍人鄧洵武黨京, 撰愛莫助之圖以獻, 徽宗遂決意用京 (…) 代曾布爲右僕射. 制下之日賜坐延和殿, 命之曰, 神宗創法立制, 先帝繼之, 兩遭變更, 國是未定. 朕欲上述父兄之志, 卿何以教之. 京頓首謝, 願盡死. 二年正月, 進左僕射. 京起於逐臣, 一旦得志, 天下拭目所爲, 而京陰託紹述之柄箝制天子 (…) 時元祐羣臣貶竄死徒略盡, 京猶未愜意, 命等其罪狀, 首以司馬光, 目曰姦黨, 刻石文德殿門, 又自書爲大碑, 徧班郡國 (…) 皆錮其子孫, 不得官京師及近甸."

29　"徽宗立, 請權同處分軍國事, 后以長君辭. 帝泣拜, 移時乃聽. 凡紹聖元符以還, 惇所斥逐賢大夫士, 稍稍收用之. (…) 纔六月, 即還政. 明年正月崩, 年五十六."

30　『宋史』卷18, 「徽宗一」.

31　『宋史』卷312, 「韓琦傳附」.

32　"時議以元祐紹聖均爲有失, 欲以大公至正消釋朋黨, 明年, 乃改元建中靖國, 邪正雜用, 忠彥遂罷去. 布獨當國, 漸進紹述之說."

33　"四年, 拜尙書左丞, 專托紹述之說, 上欺天子, 下脅同列."

34　『續通鑑長編』卷234, 熙寧 5年 6月, 辛未 條, "安石所撰士師八成義, 以謂守正特立之士, 以邪誣而不容於時, 此禍本之所注而大盜之所以作也. 蔡卞繼述之說, 其本在此. 守此意者謂之守正, 不然則指爲邪朋. 立此說者謂之特立, 不然則指爲流俗. 非我類者皆邪朋也, 異我說者皆邪誣也. 於時, 用其所謂守正特立之士, 廢其所謂邪朋邪誣之人, 從而喜曰, 禍本消矣, 大盜息矣. 此卞之所謂國是也. 人主不得違, 同列不敢議, 惇布在其術內而不知也."

35　"乙未, 詔中書籍元符三年臣僚章疏姓名爲正上, 正中, 正下三等, 邪上, 邪中, 邪下三等. (…) 庚子, 以元符末上書人鍾世美以下四十一人爲正等, 悉加旌擢, 范柔中以下五百餘人爲邪等, 降責有差."(상세한 내용은 『續長篇拾補』卷20을 보라)

2. 남송 편

1　淳祐 7년(1247) 진사. 건륭 28년 간행된 「泉州府志」卷41, 本傳 참조.

2　『建炎以來系年要錄』卷5, "建炎元年五月辛卯"조목, 주석, "當靖康元年二月, 敵退之後, 士大夫爭法新舊, 辨黨邪正, 識者已譏其治不急之務. 今高宗即位, 首詔改宣仁謗史, 不幾復蹈前轍耶.

日, 不然. 張敬夫謂此乃撥亂反正之宏綱, 古今人心之天理. 蓋我朝之治, 元祐爲深, 母后之賢, 宣仁爲最. 當熙豐小人相繼用事之後, 使非繼以元祐, 則中原之禍, 不待靖康而後見. 京師失守之時, 使非元祐之治, 在人耳目, 又何以開炎興之運哉. 此宣仁之功也."

3　馮一梅 輯注, 『續長篇拾補』卷54, 靖康元年 5月 조목 아래에 실린 馮澥·李光·崔鷗 등의 상소 내용 참조.

4　"靖康元年二月壬寅, 追封范仲淹魏國公, 贈司馬光太師, 張商英太保, 除元祐黨籍學術之禁."

5　"七月乙丑朔, 除元符上書邪等之禁."

6　"八月甲午朔, 錄陳瓘后."

7　『繫年要錄』卷4, "建炎元年 4月 甲戌 조목" "乃以衰癃之質, 起於閑廢之中, 迎置宮闈, 進加位號 (…) 乃眷賢王, 越居近服, 已徇述群臣之請, 俾膺神器之歸, 粵康邸之舊藩, 嗣宋朝之大統."

8　『宋史』卷243, 「孟皇后傳」.

9　『繫年要錄』卷5.

10　上同, 卷79.

11　『宋史』卷359, 「李綱傳下」 및 卷360, 「趙鼎傳」.

12　『繫年要錄』卷79, "至今猶有說安石是者. 近日有人要行安石法度, 不知人情何故直至如此."

13　『梁谿集』卷174, "其一議國是, 大略謂, 中國之御夷狄, 能守而後可戰, 能戰而後可和, 而靖康之末皆失之. 今欲戰則不足, 欲和則不可, 莫若自治, 專以守爲策. 俟吾政事修, 士氣振, 然後可議大擧."

14　上同, 卷58, 「表奏議二十」, "古語有之曰, 願與諸君共定國是. 夫國是定, 然後設施注措以次推行. 上有素定之謀, 下無趨向之惑, 天下之事不難擧也. 靖康之間, 惟其國之不定, 而且和且戰, 議論紛然, 致有今日之禍. 則今日之所當監者, 不在靖康乎, 臣故敢陳和戰守三說以獻. 伏願陛下斷自淵衷, 以天下爲度, 而定國是, 則中興之功可期矣."

15　徐夢莘, 『三朝北盟會編』卷104, "上大喜, 付中書省遵守."

16　"願相國與諸侯士大夫, 共定國是."

17　『梁谿集』卷162, 「跋了翁墨迹」, "忘年之契."

18　上同, 말미 수록, 「李綱行狀下」, "元祐大臣如司馬光之流, 皆持正論, 而群枉嫉之, 指爲姦黨. 士風遞相倣傚, 顚倒是非, 變亂白黑, 政事大壞, 以馴致靖康之變. 逮今數十年, 愛惜之情銷盡, 然後朝廷始知元祐群臣之忠, 褒贈官秩, 錄用子孫, 然已何補於事."

19　"詔李綱之新班奏事. 執政退, 綱留身上十議, 且言, 陛下度其可施行者, 願賜施行, 臣乃敢受命."

20　『朱了文集』卷28, 「與留丞相」.

21　『宋史』, 本傳下, "疏奏, 雖與衆論不合, 上不以爲悟."

22　『繫年要錄』卷124, "伏見今日屈己之事, 陛下以爲可, 士大夫不以爲可, 民庶不以爲可, 軍士不以爲可. 如是而求成, 臣等竊惑之."

23　上同, 戊寅日 조목, "士大夫但爲身謀. 向使在明州時, 朕雖百拜亦不復問矣. 上辭色俱厲."

24　"金人有許和之議, 上與宰相議之, 趙鼎堅執不可講和之說. 秦檜意欲講和. 一日朝殿宰執奏事退, 檜獨留身, 奏講和說, 且曰, 臣以爲講和便. 上曰, 然. 檜曰, 講和之議, 臣僚之說皆不同, 各

持兩端, 畏首畏尾, 此不足與斷大事. 若陛下決欲講和, 乞陛下英斷, 獨與臣議其事, 不許群臣干與, 則其事乃可成. 不然, 無益也. 上曰, 朕獨與卿議. 檜曰, 臣亦恐未便, 欲望陛下更精加思慮三日, 然後別具奏稟. 上曰, 然. 又三日, 檜復留身奏事如初, 知上意欲和甚堅, 猶以爲未也. 乃曰, 臣恐別有未便, 欲望陛下更思慮三日, 容臣別奏稟. 上曰, 然. 又三日, 檜復留身奏事如初, 知上意堅確不移, 方出文字, 乞決和議, 不許群臣干與. 上欣納之, 鼎之議不協, 遂罷宰相."(『繫年要錄』권122도 이 구절을 기록하고 있지만, 약간 빠진 부분이 있고 또 잘못된 부분이 있다.)

25 『宋史』卷27,「高宗紀四」, 紹興 4年 5月 癸丑 조목;『繫年要錄』, 卷79, 紹興 4年 8月 戊寅 조목.

26 『繫年要錄』卷124의 注에 인용된 『中興聖政』, 何俌, 『龜鑑』, "夫以盈廷紛議, 竟不能奪一檜之議者, 其說亦有二焉. 其一則倡孝悌之說, 足以動人主之聽. 其二則立三日思慮之言, 有以堅人主之心. 嗟夫. 秦檜倡和議而借口於孝悌, 是與蔡京欲行紹述, 而借繼志述事之說無異也. 秦檜欲議之不搖, 而要君以三日思慮, 是與安石欲行新法, 而要君以講學術之說無異也."

27 上同, 卷124, "彼施庭臣乃務迎合 (…) 姑爲一身進取之資, 不恤君父屈辱之耻 (…) 乃由察官超擢柱史. 夫御使府朝廷紀綱之地, 而陛下耳目之司也. 前日勾龍如淵以附會此議, 而得中丞, 衆論固已嗤鄙之矣. 今庭臣又以此躇橫榻, 一臺之中, 長貳皆然. (…) 衆論沸騰, 方且切齒, 而莫將者, 又以此議由寺丞而擢右史. (…) 陛下奈何遽與此輩斷國論乎."

28 『文集』卷75, "宰相秦檜, 歸自虜庭, 力主其事. 當此之時, 人倫尙明, 人心尙正, 天下之人, 無賢愚無貴賤, 交口合辭, 以爲不可. 獨士大夫之頑鈍嗜利無恥者數輩, 起而和之."

29 『繫年要錄』卷125;『北盟會篇』, 卷191.

30 『朱熹集』卷97,「皇考左承議郎守尙書吏部員外郎兼史館校勘累贈通議大夫朱公行狀」, "然而國是已定官無所由是公之求去愈力而檜之怒公愈甚十年春遂使言者論公獨以懷異自賢陽爲辭遜爲罪而出之外郡."

31 『繫年要錄』卷135, "御史中丞王次翁請對, 言陛下既以和議爲主, 而諸將備禦益嚴, 士卒勇銳, 敵雖敗盟, 曲不在我, 無能爲也. 前日國是初無主議, 事存小變, 則更用他相. 蓋後來者未必賢於前人, 而排黜異黨, 收召親故, 紛紛非累月不能定, 於國事初無補也. 願陛下以爲至戒, 無使小人異議乘間而入. 上深然之."

32 "檜力排羣言, 始終以和議自任, 而次翁謂無主議者, 專謂檜地也. 於是檜位復安, 據之凡十八年, 公論不能撼搖矣."

33 『北盟會編』卷220, 紹興 25년 10月 22일 조목, "伏望皇帝陛下 (…) 永居北極之尊, 益堅隣國之權盟, 深思社稷之大計, 謹國是之動搖, 杜邪黨之窺覦."※『系年要錄』, 卷169 역시 '국시國是'라는 말을 인용한다.

34 "檜乃獨以梓宮長樂藉口, 攘却衆謀, 熒惑主聽, 然後所謂和議者, 翕然以定而不可破. 自是以來, 二十餘年, 國家忘仇敵之虜, 而懷宴安之樂."

35 "上初恢復之志甚銳, 及符離之敗, 上方大慟, 曰, 將謂番人易殺. 遂用湯思退. 再和之後, 又敗盟."

36 『建炎以來朝野雜記』甲集, 卷20.

37 『系年要錄』卷196, "衛士見浚復用, 至以手加額."

38　『宋史』卷348,「汪澈傳」; 卷385,「錢端禮傳」.

39　李心傳,『癸未甲申和戰本末』,"朕以太上聖意, 不敢重違, 而宰輔群臣, 前後屢聽, 已盡依初式, 再易國書, 歲幣成數, 亦如其議. 若彼堅欲商秦之地, 俘降之人, 則朕有以國斃, 不能從也."

40　"癸未之議, 發言盈庭."

41　"時孝宗屢易相, 國論未定, 質乃上疏曰, 陛下即位以來, 慨然起乘時有爲之志, 而陳康伯葉義問汪澈在庭, 陛下皆不以爲才, 於是先逐義問, 次逐澈, 獨徘徊康伯, 難於進退, 陛下意終鄙之, 遂決意用史浩, 而浩亦不稱陛下意. 於是決用張浚議, 而浚又無成, 於是決用湯思退. 今思退專任國政, 又且數月, 臣度其終無益於陛下. 夫宰相之任一不稱, 則陛下之志一沮. 前日康伯持陛下以和, 和不成, 浚持陛下以戰, 戰不驗, 浚又持陛下以守, 守既困. 思退又持陛下以和, 陛下亦嘗深察和戰守之事乎."

42　『宋史』, 卷33,「孝宗紀一」.

43　"孝宗銳意恢復, 詔張浚出師, 會符離稍失利, 湯思退遂倡和議. 端禮奏, 有用兵之名, 無用兵之實, 賈怨生事, 無益於國. 思退大喜, 奏除戶部侍郎 (…) 思退與張浚議和戰不決, 浚方主戰, 上意甚向之. 思退詭求去, 端禮請對乞留, 又奏, 兵者凶器, 願以符離之潰爲戒, 早決國是, 爲社稷至計. 於是思退復留, 命浚行邊, 還戍兵, 罷招納 (…) 右正言尹穡亦劾浚, 罷都督, 自此議論歸一矣."

44　『宋史』卷371, 本傳.

45　『宋史』「錢端禮傳」에는 "刑部侍郎 王弗"로 되어있다.

46　『文集』卷96, "會錢端禮起戚里秉政, 駸駸入相, 館閣之士, 相與上疏斥之, 皆爲端禮所逐. 工部侍郎王弗, 陰附端禮, 建為國是之說, 以助其勢. 公抗疏力詆其非, 且為上言本朝無以戚屬爲宰相者, 今若此, 懼不可爲子孫法. 上以爲然."

47　"蓋講和之計決, 而三綱頹, 萬事隳. 獨斷之言進, 而主意驕於上. 國是之說行, 而公論鬱於下. 此三者, 其大患之本也."

48　『文集』卷24, "而旬日之間, 又有造爲國是之說以應之者, 其欺天罔人, 包藏險慝, 抑又甚焉. 主上既可其奏, 而群公亦不聞有以爲不然者. 熹請有以詰之. 夫所謂國是者, 豈不謂夫順天理合人心而天下之所同是者耶. 誠天下之所同是也, 則雖無尺土一民之柄, 而天下莫得以爲非, 況有天下之利勢者哉. 惟其不合乎天下之所同是, 而彊欲天下之是之也, 故必懸賞以誘之, 嚴刑以督之, 然後僅足以劫制士夫不齊之口, 而天下之眞是非, 則有終不可誣者矣. 不識今日之所爲, 若和議之比, 果順乎天理否耶, 合乎人心否耶. 誠順天理合人心, 則固天下之所同是也. 異論何自而生乎. 若猶未也, 而欲主其偏見, 濟其私心, 彊爲之名號曰, 國是, 假人主之威, 以戰天下萬口一辭之公論, 吾恐古人所謂德惟一者, 似不如是. (…) 昔在熙寧之初, 王安石之徒嘗爲此論矣. 其後章惇蔡京之徒, 又從而紹述之. 前後五十餘年之間, 士大夫出而議於朝退而語乎家, 一言之不合乎此, 則指以爲邪朋邪誣而以四凶之罪隨之. 蓋近世主張國是之嚴, 凜乎其不可犯, 未有過於近時者, 而卒以公論不行, 馴致大禍, 其遺毒餘烈, 至今未已. 夫豈國是之不定而然哉. 惟其所是者, 非天下之眞是, 而守之太過, 是以上下相徇, 直言不聞, 卒以至於危亡而不悟也."

49　『續長編』, 卷292, "自熙寧以來, 因朝廷論議不同, 端人良士, 例爲小人排格, 指爲沮壞法度之人, 不可復用."

50　『系年要錄』卷185, 紹興 30년 5월 辛卯 조목, 주석, "安石既去, 而珪確之行新法自若也. 子厚既去, 而曾布李清臣之紹述自若也. 主和誤國, 固檜之罪, 今檜死矣, 改圖可也. 而當國者執政如

初, 是一檜死而一檜復生也. 紹興末年, 逆亮新立, 營汴久矣, 湯思退沈該之徒, 豈不知金將有叛盟之志. 特恐和議敗, 則張浚之徒進, 而己復退. 此其用心, 是卽秦檜之用心也."

51　上同, 卷172, 紹興 26년 3월 丙寅 조목, 주석.

52　상세한 내용은 『朱子年譜』 卷4의 上, 소희 5년에서부터 卷4의 下 경원 4년 사이에 잘 정리되어 있다.

53　"宏中等妄亂上書, 扇搖國是, 各送五百里外編管."

54　"時知名之士, 罷斥相繼, 人情洶洶, 侂冑患之. 侍御使楊大法, 右正言劉德秀乃乞降詔, 以國是尊君中道等事訓飭在庭. 有不如詔者, 重寘法憲. 五月十三日命直學士院傅伯壽降詔如請."

55　"慶元四年戊午夏四月, 右諫議大夫姚俞上言, 近世行險僥倖之徒, 倡爲道學之名, 權臣力主其說, 結爲私黨, 愿下明詔, 播告天下. 五月己酉, 遂命直學士院兼中書舍人高文虎草詔曰, 賴天之靈, 宗廟之福, 朕獲承慈訓, 膺受內禪, 陰謀壞散, 國勢復安. 嘉與士大夫勵精更始. 凡日淫朋比德, 幾其自新. 而歷載臻玆, 弗迪厥化, 締交合盟, 窺伺間隙. 毀譽舛乖, 流言間發, 將以傾國是而惑衆心. 甚至竊附於元祐之諸賢, 而不思實類乎紹聖之奸黨. (…) 朕旣深詔二三大臣, 與夫侍從言議之官, 益維持正論, 以用示天下矣. 諭告所抵, 各宜改視回聽, 毋復借疑似之說, 以惑亂世俗. 若其逿非不悔, 怙終不悛, 邦有常刑, 必罰無赦. 布告天下毋忽."

56　"時僞學之禁嚴, (…) 諸權臣之用事者, 睥睨不已. 先生曰, 某今頭常如黏在頸上. 又曰, 自古聖人未嘗爲人所殺."

57　『宋史』, 「寧宗紀一」, 慶元 2年 正月 甲辰 조목.

제6장 질서의 재수립─송 초 유학의 특징 및 그 계승

1　당나라 말기 여러 번진藩鎭의 진주사陳奏使가 키웠던 양아들을 의아義兒라고 한다. 이들은 보통 무예가 뛰어나고 용감했다.─옮긴이

2　『韓柳堂集』, 「贈蔣秉南序」, 北京: 三聯書店, 2001, 182쪽.

3　『語類』 卷83, 「春秋·經」, "如二程未出時, 便有胡安定孫泰山石徂徠, 他們說經雖是甚有疏略處, 觀其推明治道, 直是凜凜然可畏."

4　全祖望, 『宋元學案』, 「序論」.

5　『孫明復小集』, "復名晦迹沉, 學夫子之道三十年, 雖不爲世之所知, 未嘗以此搖其心, 敢一日而叛去. 所謂夫子之道者, 治天下經國家大中之道也. 其道基於伏羲, 漸於神農, 著於黃帝堯舜, 章於禹湯文武周公, 然伏羲而下, 創制立度, 或畧或繁, 我聖師夫子, 從而益之損之, 俾協厥中, 筆爲六經, 由是治天下經國家大中之道, 煥然而備."

6　『徂徠先生文集』 卷19, "先生嘗以謂盡孔子之心者大易, 盡孔子之用者春秋, 是二大經, 聖人之極筆也. 治世之大法也. 故作易說六十四篇, 春秋尊王發微十二卷."

7　『歐陽文忠公全集』 卷47, "修患世之學者多言性, 故常爲說曰, 夫性, 非學者之所急, 而聖人之所罕言也. 易六十四, 卦不言性, 其言者動靜得失吉凶之常理也. 春秋二百四十二年, 不言性, 其言者善惡是非之實錄也. 詩三百五篇, 不言性, 其言者政教興衰之美刺也. 書五十九篇, 不言性, 其言者堯舜三代之治亂也. 禮樂之書, 雖不完而雜出於諸儒之記, 然其大要治國修身之法也. 六經之所載, 皆人事之切於世者, 是以言之甚詳. 至於性也, 百不一二言之. 或因言而及焉, 非爲性而言也. 故雖言而不究."

8   『歐陽文忠公全集』卷47, "自景祐明道以來, 學者有師惟先生曁泰山孫明復, 石守道三人."

9   "胡瑗, 字翼之, 泰州如皋人. 七歲善屬文, 十三通五經, 卽以聖賢自期許. (…) 家貧無以自給, 往泰山, 與孫明復石守道同學, 攻苦食淡, 終夜不寢, 一坐十年不歸. 得家書, 見上有平安二字, 卽投之澗中, 不復展, 恐擾心也."

10   『歐陽文忠公全集』卷27, "先生諱復, 字明復, 性孫氏. 晉州平陽人也. 少擧進士不中, 退居泰山之陽, 學春秋, 著尊王發微. 魯多學者, 其尤賢而有道字, 石介. 自介而下皆以弟子事之."

11   『歐陽文忠公全集』卷34, "徂徠先生姓石氏, 名介, 字守道, 兗州奉符人也. 徂徠, 魯東山, 而先生非隱者也. 其仕, 嘗位於朝矣. 魯之人不稱其官而稱其德, 以爲徂徠, 魯之望. 先生, 魯人之所尊, 故因其所居山以配其有德之稱. 曰徂徠先生者, 魯人之志也. 先生貌厚而氣完, 學篤而志大, 雖在畎畝, 不忘天下之憂. 以謂時無不可爲, 爲之無不至. 不在其位則行其言, 吾言用, 功利施於天下, 不必出乎己. 吾言不用, 雖獲禍咎, 至死而不悔."

12   『鷄肋集』卷34, "魯俗當周之盛及孔子時, 文學爲他國矜式. 周衰諸侯并爭, 而魯爲弱國, 文學亦微. 然其故俗由秦漢迄今, 尚多經儒忠信之士. 分裂大壞如五季, 文物蕩盡, 而魯儒猶往往抱耕伏農野, 守死善道. 蓋五十年而不改也. 太祖皇帝起平禍亂 (…) 慨然思得諸生儒士, 與議太平. 而魯之學者, 始稍稍自奮壟畝, 大裾長紳, 雜出戎馬介士之間. 父老見而指以喜曰, 此曹出, 天下太平矣. 方時厭亂, 人思復常, 故士貴. 蓋不待其名實加於上, 下見其物色土類, 而意已悅安之. 此儒之效也. 金鄕故隸兗, 兗, 魯地吾里, 而故張公蓋金鄕人. 公以太平興國三年起家進士甲科, 大理評事, 通判晉州, 蓋太祖皇帝初拔魯群士之一人也."

13   위의 책, 卷30, 「金鄕張氏重修園亭記」를 보라.

14   "孫奭字宗古, 博州博平人. 幼與諸生師里中王徹, 徹死, 有從奭問經者, 奭爲解析微指, 人人驚服, 於是文人數百皆從奭."

15   石介, 『徂徠集』卷9, 「孫少傅致政小錄」.

16   司馬光, 『涑水紀聞』卷4.

17   石介, 『徂徠先生文集』卷15.

18   "奭每上前說經, 及亂君亡國之事, 反復申繹, 未嘗避諱, 因以規諷. 又掇五經切治道者, 爲五十篇, 號經典微言, 上之."

19   "自唐末以來, 所在學校廢絶, 蜀母昭裔出私財百萬營學館, 且請刻板印九經, 蜀主從之. 由是蜀中文學復盛."

20   "初, 唐明宗之世, 宰相馮道李愚請令判國子監田敏校正九經, 刻板印賣, 朝廷從之. 丁巳, 板成, 獻之. 由是, 雖亂世, 九經傳布甚廣."

21   "史言聖人之道所以不墮者, 以其有方策之傳也."

22   『觀堂集林』卷21, 「覆五代刊本爾雅跋」.

23   『元豐類稿』卷12, 「先大夫集後序」, "方五代之際, 儒學旣擯焉, 後生小子治術業於閭巷, 文多淺近."

24 공자가 문도를 모아 강학했다고 전해지는 터.—옮긴이

25 『舊五代史』卷126,「馮道傳」, "馮道之鎭同州也, 有酒務吏乞以家財修夫子廟, 道以狀付判官 僉詳其事. 判官素滑稽, 因以一絶書之判後云, 荊棘森森遶杏壇, 儒官高貴盡偸安. 若敎酒務修夫子, 覺我慚惶也大難. 道覽之有愧色, 因出俸重創之."

26 "儒者飾身之敎, 故謂之外典. 釋者修心之敎, 故謂之內典也. 蚩蚩生民, 豈越於身心哉. 非吾 二敎, 何以化之乎. 噫. 儒乎, 釋乎, 其共爲表裏乎. 世有限於域內者, 故厚誣於吾敎, 謂棄之可也. 世 有滯於釋氏者, 往往以儒爲戲. 豈知夫非仲尼之敎, 則國無以治, 家無以寧, 身無以安. 釋氏之道何由 而行哉."

27 『文獻通考』卷63,「職官考」, "縣令條", "五代任官, 凡齷齪無能者始注爲縣令. 故天下之邑宰皆 不治. 甚者誅求刻剝, 猥瑣萬狀."

28 司馬光,『涑水記聞』卷1, "王明爲鄠陵縣令, 公廉愛民. 是時天下新定, 法禁尙寬, 吏多受民賂 遺, 歲時皆有常數, 民亦習之, 不知其非. 明爲鄠陵令, 民以故事有所獻饋, 明日, 令不用錢, 可人致 數束薪芻水際, 令欲得之. 民不喩其意. 數日, 積薪芻至數十萬, 明取以築堤道, 民(사고전서본에는 明年으로 되어 있다)無水患. 太祖聞之, 卽擢明知廣州."

29 『臨川先生文集』卷39, "又其次日流外. 朝廷固已擠之於廉恥之外, 而限其進取之路矣. 顧屬 之以州縣之事, 使之臨士民之上, 豈所謂以賢治不肖者乎. 以臣使事之所及, 一路數千里之間, 州縣之 吏, 出於流外者往往而有. 可屬任以事者殆無二三, 而當防閑其姦者皆是也."

30 "安定先生在湖學時, 福唐劉彝執中往從之. 學者數百人, 彝爲高弟, 凡綱紀於學者, 彝之力爲 多. 熙寧二年召時, 上問, 從學何人. 對曰, 臣少從學於安定先生胡瑗. 上曰, 其人文章與王安石孰優. 彝曰, 胡瑗以道德仁義敎東南諸生時, 王安石方在場屋修進士業. 臣聞聖人之道有體有用有文. 君臣 父子仁義禮樂, 歷世不可變者, 其體也. 詩書史傳子集, 垂法後世者, 其文也. 擧而措之, 天下能潤 澤其民, 歸於皇極者, 其用也. 國家累朝取士, 不以體用爲本, 而尙其聲律浮華之詞, 是以風俗偸薄. 臣師瑗當寶元明道之間, 尤病其失, 遂明體用之學以授諸生. 夙夜勤瘁, 二十餘年, 專以敎校, 始自 蘇湖終於太學, 出其門者, 無慮二千餘人. 故今學者明夫聖人體用, 以爲政敎之本, 皆臣師之功也."

31 卷334, "熙寧初, 爲制置三司條例官屬, 以言新法非, 便罷."

32 북송 시기 지방 행정 단위. 오늘날의 후베이 성 대부분, 산시 성陝西省 동남부, 허난 성 남부에 걸쳐 있었다.—옮긴이

33 第62冊,「職官五之一」, "神宗熙寧二年 (…) 四月二十一日命權荊湖北路轉運判官劉彝等八人 於制置三司條例司, 令分遣諸路, 相度農田水利稅賦科率徭役利害, 從本司知樞密院事陳升之等請 也."

34 『臨川先生文集』卷13,「古詩」, "孔孟去世遠矣, 信其聖且賢者, 質諸書焉耳. 翼之先生與子並 世, 非若孔孟之遠也. 聞薦紳先生所稱述, 又詳於書, 不待見而後知其人也. 歎慕之不足, 故作是詩. 先生天下豪傑魁, 胸臆廣博天所開. 文章事業望孔孟, 不復睥睨蔡與崔. 十年留滯東南州, 飽足藜藿 安蒿萊. 獨鳴道德驚此民, 民之聞者源源來. 高冠大帶滿門下, 奮如百蟄驚春雷. 惡人沮善善者起, 昔時蹻跖今騫回. 先生不試乃能爾, 誠令得志如何哉. 吾願聖帝營太平, 補葺廊廟枝傾頹. 披旒發纊 廣耳目, 照徹山谷多遺材. 先收先生作梁柱, 以次構架楠與槐. 羣臣面向帝深拱, 仰戴堂陛方崔嵬."

35 『續通鑑長編』卷184; 沈欽韓,『王荊公詩集李璧注勘誤補正』, 卷2,『王荊公詩文沈氏注』에

수록.

36 　저장 성 후저우의 옛 이름.―옮긴이

37 　『歐陽文忠公集』卷2, "吳興先生富道德, 侁侁弟子皆賢材. 鄕閭禮讓已成俗, 餘風漸被來江淮. 子年方少力可勉, 徃與夫子爲顔回."

38 　『元氏長慶集』卷28; 『白氏長慶集』卷30.

39 　『宋史』卷156, 「選擧二」.

40 　『臨川文集』卷51, 「應才識兼茂明於體用科 (…) 蘇軾 (…) 事制」.

41 　『孫明復小集』, 「儒尊」, "夫仁義禮樂, 治世之本也. 王道之所由興, 人倫之所由正, 舍其本則何爲哉."

42 　『臨川文集』卷70, "聖人治世有本末, 其施之也有先後."

43 　『陶山集』卷12, 「答李貴書」, "君子之學, 有體有用" "君子之道, 體不欲迷一方, 用不欲滯一本."

44 　『臨川文集』卷66, 「禮樂論」, "先王知其然, 是故體天下之性而爲之禮, 和天下之性而爲之樂. 禮者, 天下之中經, 樂者, 天下之中和, 禮樂者, 先王所以養人之神, 正人氣而歸正性也."

45 　上同, 卷82, 「虔州學記」, "先王所謂道德者, 性命之理而已. 其度數在乎俎豆鐘鼓管絃之間, 而常患乎難知."

46 　『年譜考略』卷11, "治平元年"조목.

47 　『臨川文集』卷39, 「上仁宗皇帝言事書」 및 卷41, 「擬上殿箚子」, "有仁心仁聞而澤不加於百姓者, 爲政不法先王之道故也."

48 　上同, 卷41.

49 　"然本朝累世, 因循末俗之弊, 而無親友群臣之議. 人君朝夕與處, 不過宦官女子. 出而視事, 又不過有司之細故. 未嘗如古大有爲之君, 與學士大夫討論先王之法, 以措之天下也."

50 　"大有爲之時, 正在今日."

51 　上同, 卷70, "述詩書傳記百家之文, 二帝三王之所以基太平而澤後世者, 必曰禮樂云, 若政與刑, 乃其助爾. 禮節之, 樂和之, 人已大治之後, 其所謂助者, 幾不用矣. 下三王而王者, 亦有議禮樂之情者乎. 其所謂禮樂如何也 (…) 宋之爲宋, 久矣. 禮樂不接於民之耳目, 何也. 抑猶未可以制作邪, 董仲舒王吉以爲王者未制作, 用先王之禮樂宜云於世者. 如欲用先王之禮樂, 則何者宜於世邪."

52 　『宋史』卷155, 「選擧志一」.

53 　『臨川文集』卷84, "惟道之之在政事 (…) 其人足以任官, 其官足以行法, 莫盛乎成周之時. 其法可施於後世, 其文有見於載籍, 莫具乎周官之書."

54 　『臨川文集』卷39, 「上仁宗皇帝言事書」.

55 　邱漢生 輯校本.

56 　『語類』卷130, "王氏新經盡有好處, 蓋其極平生心力, 豈無見得著處. 因擧書中改古注點句數處, 云, 皆如此讀得好. 此等文字, 某嘗欲看一過, 與撿撮其好者而未暇."

57 　「上仁宗書」, "二帝三王爲天下國家之意."

58 　「本朝百年無事箚子」, "本朝累世因循末俗之弊 (…) 討論先王之法, 以措之天下."

59 　『文獻通考』卷46, 「學校考七」.

60 　『臨川文集』卷75, "夫聖人之術, 修其身, 治天下國家, 在於安危治亂, 不在章句名數焉而已."

61   上同, 卷73, "讀經而已, 則不足以知經. 故某自百家諸子之書, 至於難經素問本草諸小說, 無所不讀. 農夫女工, 無所不問. 然後於經爲能知其大體而無疑. 蓋後世學者, 與先王之時異矣. 不如是, 不足以盡聖人故也."

62   『詩義鉤沈』卷7, 「曹蜉蝣義 第十四」.

63   『旴江集』卷5, "噫, 豈徒解經而已哉. 唯聖人君子知其有爲言之也."

64   『旴江集』卷26.

65   본서 제1장 참조.

66   『語類』卷130, "新法之行, 諸公實共謀之, 雖明道先生不以爲不是, 蓋那時也是合變時節."

67   『程氏遺書』卷2上, 「二先生語二上」, "吾黨爭之有太過."

68   『程氏文集』卷5.

69   "不識陛下以今天下爲安乎, 危乎, 治乎, 亂乎."

70   "臣所學者, 天下大中之道也. (…) 三代以上, 莫不由之."

71   『徂徠文集』卷10.

72   "然而天下未治者, 誠由有仁心而無仁政爾. 故孟子曰, 今有仁心仁聞, 而民不被其澤, 不可法於後世者, 不行先王之道也."

73   『시경』「빈풍豳風」의 '칠월七月'시를 가리킨다. 빈풍 7편은 주공이 지었거나 주공을 위해 지었다고 여겨지는 시다. 빈豳은 주나라 선조들의 옛 땅 이름을 가리킨다. '칠월'은 주나라 선조들이 빈 땅에서 농사짓던 일을 주공이 묘사한 시다.—옮긴이

74   『臨川文集』卷12, "豳詩出周公, 根本詎宜輕. 願書七月篇, 一窺上聰明."『王荊公年譜考略』卷4, 皇祐 5년 조목에도 나옴.

75   『續通鑑長編』卷233, 熙寧 5年 5月 甲午 조목, "朕頑鄙初未有知, 自卿在翰林, 始得聞道德之說, 心稍開悟, 卿, 朕師臣也, 斷不許卿出外."

76   『王荊公年譜考略』, 卷14.

제7장 당쟁과 사대부의 분화

1. 이끄는 글

1   『寒柳堂集』, 「論再生緣」, 北京: 三聯書店, 2001, 72쪽.

2   "士大夫故非天子所命."

3   후한의 환제桓帝와 영제靈帝 시기, 관료 사대부들이 환관의 전권에 반대하다가 금고를 당한 사건.—옮긴이

4   북송 당쟁의 연구와 관련하여 아래 3종의 근래 연구 성과를 참고하기 바란다. 羅家祥, 『北宋黨爭研究』, 臺北: 文津, 1993; 沈松勤, 『北宋文人與黨爭』, 北京: 人民出版社, 1998; 平田茂樹, 『宋代の朋黨形成の契機について』, 宋代史研究會 編, 『宋代社會のネットワーク』, 東京: 汲古書院, 1998, 3~46쪽.

5   卷118, 景祐 3년 5월 丙戌 조목, "夷簡大怒, 以仲淹語辨於帝前, 且訴仲淹越職言事, 薦引朋

黨離間君臣. 仲淹亦交章對訴, 辭愈切, 由是降黜. 侍御史韓瀆希夷簡意, 請以仲淹朋黨勝朝堂, 戒百官越職言事, 從之."

6　"明年, 夷簡亦罷, 自是朋黨之論興矣."

7　卷118, "時治朋黨方急, 士大夫畏宰相, 少肯途仲淹者. 天章閣待制李紘集賢校理王質, 皆載酒徃餞. 質又獨留語數夕, 或以誚質, 質曰, 希文賢者, 得爲朋黨幸矣."

8　『文集』卷17.

9　"惟王子野質力疾獨留數夕, 抵掌極論天下利病, 留連惜別. 范嘗謂人曰, 子野居常病羸不勝衣, 及其論忠義, 則龍驤虎賁之氣生焉. 明日, 子野歸, 客有迎大臣之旨惝之者, 君與范仲淹國門會別, 一笑語一樽俎, 采之皆得其實, 將有黨錮之事, 君乃第一人也. 子野對曰, 果得觇者錄某與范公數夕郵亭之論, 條進於上, 未必不爲蒼生之幸, 豈獨質之幸哉. 士論壯之."

10　"君子與君子以同道爲朋."

11　"范文正公 (…) 早歲排呂許公 (…) 自越州還朝, 出鎭西事, 恐許公不爲之地, 無以成功, 乃爲書自咎, 解讐而去. 其後以叅知政事安撫陝西, 許公旣老居鄭, 相遇於途. 文正身歷中書, 知事之難, 惟有過悔之語, 於是許公欣然相與語終日. (…) 故歐陽公爲文正神道碑, 言二公晩年歡然相得, 由此故也. 後生不知, 皆咎歐陽公. 予見張公言之, 乃信."

12　"天下皆以許公爲不念舊惡."

13　『朱子文集』卷28, 「주필대에게與周必大」, "范公之心, 正大光明." ※ 周必大, 『文忠集』, 卷188, 「呂子約寺丞」을 참조하라. 주필대가 주희에게 보낸 편지는 『주자문집』에 남아 있지 않다.

14　上同, "呂公度量渾涵, 心術精微."

2. '국시' 법제화하에서 형성된 당쟁의 새로운 형태

1　『邵氏聞見錄』卷13, "哲宗卽位, 宣仁后垂簾同聽政, 羣賢畢集於朝, 專以忠厚不擾爲治, 和戎偃武, 愛民重穀, 庶幾嘉祐之風矣. 然雖賢者不免以類相從, 故當時有洛黨川黨朔黨之語. 洛黨者, 以程正叔侍講爲領袖, 朱光庭賈易等爲羽翼, 川黨者以蘇子瞻爲領袖, 呂陶等爲羽翼. 朔黨者, 以劉摯梁燾王巖叟劉安世爲領袖, 羽翼尤衆. 諸黨相攻擊不已. 正叔多用古禮, 子瞻謂其不近人情如王介甫, 深疾之, 或加抗侮. 故朱光庭賈易等不平, 皆以謗訕誣子瞻, 執政兩平之. 是時旣退元豊大臣於散地, 皆銜怨刺骨, 陰伺間隙, 而諸賢者不悟, 自分黨相毀. 至紹聖初, 章惇爲相, 同以爲元祐黨, 盡竄嶺海之外, 可哀也."

2　秦檜의 「遺表」에 있는 말.

3　"王安石, 韓絳, 呂惠卿以爲是, 天下皆以爲非."

4　『繫年要錄』卷172, "朕惟偃兵息民, 帝王之盛德, 講信修睦, 古今之大利. 是以斷自朕志, 決講和之策, 故相秦檜, 但能贊朕而已, 豈以其存亡而有渝定議耶. 近者無知之輩, 遂以爲盡出於檜, 不知悉由朕衷, 乃鼓唱浮言, 以惑衆聽. 至有僞造詔命, 召用舊臣, 獻章公車, 妄議邊事. 朕實駭之 (…) 內外小大之臣, 其咸體朕意, 恪遵成績, 以永治安. 如敢妄議, 當重其典刑."

5　나라의 칙령을 주관한다는 의미.—옮긴이

6　葉紹翁, 『四朝聞見錄·乙集』.

7　"謹國是之動搖, 杜邪黨之窺覘."

8　『續通鑑長編』卷213, "眞宗用寇準, 人或問眞宗, 眞宗曰, 且要異論相攪, 卽各不敢爲非."

9　『陳亮集』卷2, 「中興論·論執要之道」, "臣聞之故老言, 仁宗朝, 有勸仁宗以收攬權柄, 凡事皆從中出, 勿令人臣弄威福. 仁宗曰, 卿言固善, 然措置天下事, 正不欲專從朕出. 若自朕出皆是則可, 有一不然難以遽改. 不若付之公議, 令宰相行之. 行之而天下不以爲便, 則臺諫公言其失, 改之爲易."

10　『續通鑑長編』卷127, "初, 仲淹與呂夷簡有隙, 及議加職, 夷簡請超遷之. 上悅, 以夷簡爲長者. 旣而仲淹入謝, 帝諭仲淹令釋前憾, 仲淹頓首曰, 臣向所論蓋國事, 於夷簡何憾也."

11　『宋史』卷471, 本傳, "人主操柄, 不可倒持. 今自丞弼以至言者, 知畏宰相, 不知畏陛下. 臣如不言, 孰敢言者."

12　『系年要錄』卷48, "黨錮之論, 自古病之. 本朝自章惇蔡京, 首建元祐之黨. 至崇寧宣和間, 委任一相, 則天下人材, 不歸蔡京, 則歸王黼之門矣. 恭聞太上內禪之日, 已自悔爲姦臣蒙蔽, 乃屬其大臣, 令輔淵聖, 盡用司馬光政事. 逮朕嗣位以來, 遵用太上玉音, 追復元祐臣僚官職. 又錄用其子孫, 亦欲破朋黨之論也. 方今國削而迫, 殊乏賢能幹蠱之士, 與其圖治, 而於推擇除授之際, 尚以蔡京王黼門人爲嫌, 似未通變. 自今應京黼門人, 實有材能者, 公擧而器使之, 庶幾人人自竭, 以濟艱難之運."

13　上同, 紹興元年 10월 庚午 조목, "近世人才, 以宰相出處爲進退, 盖習以成風. 今當別人之邪正能否而公言之, 豈可謂一時所用皆不賢, 而使視宰相爲進退哉."

14　『繫年要錄』卷129, "朕豈能盡知天下人才, 但付之宰相, 宰相賢, 則賢人皆聚之於朝矣." 또한 소흥 15년(1145) 8월 갑자 조목의 "재상이 현명하다면 그가 천거하는 자들도 모두 현명하다一相賢, 則所薦皆賢"는 구절을 참조하라(同書, 卷154; 『宋史』卷380, 「楊愿傳」).

15　『宋史』卷380, 「楊愿傳」에는 '國是'로 되어 있다.

16　"御史中丞楊愿言, 建寧軍節度副使藤州安置李光, 負傾險之資, 挾縱橫之辨, 諂附蔡京, 竊位省郎. 人倫墮壞, 廉恥不聞. 方時用兵, 迎合干進, 及修鄰好, 陽爲應和, 以得執政. (…) 去國之日, 出險語以激將臣之怒, 聞軍之興, 鼓愚俗以幸非常之變. 人臣如此, 國何賴焉. 比年以來, 猶令子弟親戚, 往來吳越, 敎人上書, 必欲動搖國論而後已. 若非明正其罪, 恐海內之患, 有不勝言. 先是知藤州周某者, 誘光倡和, 其間言及秦檜和議有諷刺者, 積得數篇, 密獻於檜, 檜怒, 令言者論之, 乃移光瓊州安置."

17　『宋會要輯稿』, 제100책, 「職官」, 70의 제24.

18　"端明殿學士簽書樞密院事巫伋罷. 伋與秦檜居同鄉, 一日檜在都堂, 偶問伋云, 里中有何新事, 伋不敢對, 徐云, 近有一術士自鄉里来, 頗能論命. 檜變色謂伋曰, 是人言公何日拜相. 伋皇恐而罷. 章夏聞之, 卽劾伋陰懷異意以搖國也. 林大鼐亦奏伋黷貨營私."

19　『系年要錄』卷164, "吏部尚書林大鼐罷. 右正言史才論大鼐狂躁欺誕, 父在而不迎侍. 陛下擢宋樸爲樞密, 大鼐以其出己上, 憤然不平. 若不亟去, 必搖國是, 故大鼐遂罷."

3. 주희 시대의 당쟁

1　『宋史』卷383 및 卷396의 각 本傳 참조.

2　乙集, 「孝宗恢復」, "上每侍光堯, 必力陳恢復大計以取旨. 光堯曰, 大哥, 俟老者百歲後, 爾却議之. 上自此不復敢言."

3 『水心別集』卷15(『葉適集』제3책, 北京: 中華書局 표점본, 1961), "建炎未和, 則祈請不絶, 紹興既和, 則絀損不較. 冊命行於至尊, 陪隸施於宰輔. 賴陛下威靈遠暢, 始得以匹敵往來耳. 置不戴之讎而廣兼愛之義, 自爲虛弱, 既已久矣. 陛下欲尚加回護, 陰俟他隙, 則憤怒未昭, 固不足以激使受命之士. 若流涕行誅, 顯示決絶, 而國信所藏, 典故具在, 亦恐天下之大義, 未足以易有司之常守. 此則國是之難, 一也."

4 "其懷利尙同, 毀傷善類, 陰塞正路, 謨以力据要津者, 充滿內外."

5 "六月戊戌, 監察御使陳賈請禁僞學."

6 대신이 파직하면 그로 하여금 도교 사원을 관리하도록 함으로써 그를 우대하는, 송대 제도. 하지만 도교 사원 관리는 명목일 뿐이고 실제로 하는 일은 없다. 은퇴한 대신은 도교 사원 관리라는 명목으로 녹봉을 받는다.―옮긴이

7 "初, 朱熹爲浙東提擧, 劾知台州唐仲友. 淮素善仲友, 不喜熹, 乃擢陳賈爲監察御史, 俾上疏言, 近日道學假名濟僞之弊, 請詔痛革之. 鄭丙爲吏部尚書, 相與叶力攻道學, 熹由此得祠. 其後慶元僞學之禁始於此."

8 "丙雅厚仲友, 且迎合宰相意, 奏, 近世士大夫有所謂道學者, 欺世盜名, 不宜信用. 盖指熹也. 於是監察御史陳賈奏, 道學之徒, 假名以濟其僞, 乞擯斥勿用. 道學之目, 丙倡賈和, 其後爲慶元學禁, 善類被厄, 丙罪爲多."

9 "臣竊見近日朱熹除兵部郎官, 未供職間而侍郎林栗急劾去之, 士論怪駭, 莫測其故. 盖熹素有文學行誼, 居官所至有績, 因王淮深惡之, 遂不敢仕. 陛下差熹江西提刑, 使之奏事, 熹趍起辭避, 終未敢前. 淮既罷去, 陛下趣熹入對, 用爲郎官, 人知陛下進賢有漸, 無不稱慶, 忽爲栗誣奏逐去, 衆議所以洶洶不平. 臣始疑之, 以爲栗何故至此. 得非熹果有罪, 外人不能知, 而栗獨得其實以告陛下也. 暨栗劾奏熹文字傳播中外, 臣始得以始末叅驗, 然後知其言熹罪無一實者. 特發於私意而遂忘其欺爾."

10 『水心文集』卷2(『葉適集』제1책), "凡栗之辭, 始末叅驗, 無一實者. 至於其中謂之道學一語, 則無實最甚. 利害所係, 不獨朱熹, 臣不可不力辯. 盖自昔小人殘害忠良, 率有指名, 或以爲好名, 或以爲立異, 或以爲植黨. 近創爲道學之目, 鄭丙倡之, 陳賈和之, 居要津者, 密相付授, 見士大夫有稍慕潔修, 粗能操守, 輒以道學之名歸之. 以爲善爲沽闊, 以好學爲過愆, 相爲鈎距, 使不能進, 從旁窺伺, 使不獲安. 於是賢士惴慄, 中材解體, 銷聲滅影, 穢德垢行, 以避此名, 殆如喫菜事魔, 影迹犯敗之類. 往日王淮表裏臺諫, 陰廢正人, 盖用此術 (…) 栗爲侍從 (…) 而更襲用鄭丙陳賈密相付授之説, 以道學爲大罪, 文致語言, 逐去一熹, [固未甚害]. 自此浮辭無實, 讒口橫生, 善良受禍, 何所不有. (…) 誠不可不預防, 不可不早辯也."

11 "方乾道淳熙間, 程氏學稍振, 忌之者目爲道學, 將攻之. 衮在掖垣, 首言, 夫道學者, 堯舜所以帝, 禹湯武所以王, 周公孔孟所以設教. 近立此名, 詆訾士君子, 故臨財不苟得所謂廉介, 安貧守分所謂恬退, 擇言顧行所謂踐履, 行己有恥所謂名節, 皆目之爲道學. 此名一立, 賢人君子欲自見於世, 一舉足且入其中, 俱無得免, 此豈盛世所宜有, 願陛下名必責其實, 聽言必觀其行, 人才庶不壞於疑似. 孝宗曰, 道學豈不美之名, 正恐假託爲姦, 使眞僞相亂爾. 待付出戒敕之. 衮死數年, 侂胄擅國, 於是禁錮道學, 賢士大夫皆受其禍, 識者以衮爲知言."

12 『建炎以來朝野雜記』, 乙集 卷7, "其後僞學之禁, 實權輿於此."

13 "首末僞黨共五十九人."

14 "秀巖李心傳朝野雜記所編攻僞學人."

15 예를 들어, 첨체인의 성씨가 『잡기』에서는 '장張'으로 되어 있는데, 이는 첨체인이 어렸을 때 "외삼촌인 장씨의 후사로 들어갔기後其舅張氏" 때문이다. 『水心文集』卷15, 「詹公墓誌銘」을 보라.

16 "秀巖李心傳先生 (⋯) 曰, 余有朝野雜錄, 至戊己矣, 借此以助參訂之闕."

17 『宋史』卷383.

18 上同, 卷385.

19 『四朝聞見錄』, 丙集, 「史文惠薦士」.

20 『宋史』卷394.

21 『宋史』卷394, "諂事韓侂胄."

22 "慶元六年, 公終於正寢. 郡守傅伯壽以黨禁不以聞於朝, 猶遣人以賻至, 其家辭焉."

23 "盡傳公之業."

24 "是時道學朋黨之論浸興. 凡娟疾善類者, 概加以此名, 前後紬逐相繼. 公極言其弊."

25 『眞文忠公文集』卷43, "臣從遠方來, 誤玷班列, 去來之間, 今已一紀. (⋯) 臣始至時, 雖間有議貶道學之說, 而實未睹朋黨之分. 中更外艱, 去國六載, 已憂兩議之各甚, 每恐一旦之交攻. 逮臣復來, 其事果見, 因惡道學, 乃生朋黨, 因去朋黨, 乃罪忠諫. 嗟乎, 至於以忠諫爲罪, 則其去紹聖幾何." * 이 인용문을 「도학은 정씨의 사적 언사가 아니라는 유덕수의 논의劉德修論道學非程氏之私言」와 비교하여 조금 교정했다. 李心傳, 『道命錄』卷6을 보라.

26 『文集』卷11, "一有剛毅正直守道循理之士出乎其間, 則群譏衆排, 指爲道學之人, 而加以矯激之罪. 上惑聖聽, 下鼓流俗. 蓋自朝廷之上, 以及閭里之間, 十數年來以此二字禁錮天下之賢人君子, 復如崇宣之間所謂元祐學術者. 排擯詆辱, 必使無所容措其身而後已."

27 왕실의 친족 관련 사무를 관장하는 직위.—옮긴이

28 『攻媿集』卷20, "比年以來, 曰執中, 曰克己, 曰謹獨, 曰正心誠意, 往往有所諱而不敢言. 人主躬行此道於上, 而士大夫反諱言於下. 試考之十數年間章奏, 無慮千萬, 未聞以一語及此, 而又相戒以毋言. ⋯聖世乃有此風, 何耶. 故凡士之端謹好修, 談論經禮者, 一切指之以爲道學. 小則譏笑, 大則折辱, 又甚則疾之如仇. 士之遭此, 其間蓋亦有以自取, 然而俱爲士大夫, 由學以進 ⋯而何相疾之甚也."

29 "古人同天下而爲善, 故得謂之道學, 名之至美者也. 小夫譖人, 不能爲善而惡其異己, 於是反而攻之, 而曰此天下之惡名也. 陛下入其說, 而抱材負學之士, 以道學棄之矣. 惡名既立, 爭爲畏避, 遷就迎合, 掃跡滅影, 不勝衆矣. 小夫譖人, 猶不已, 又取其不應和少罵譏者, 亦例嫌之曰, 我則彼毀, 爾奚黙焉, 是與道學相爲黨爾. 陛下又入其說, 而中立不倚之士, 以朋黨不用矣. 舉國中之士, 不陷於道學, 則困於朋黨矣."(葉適, 『水心文集』卷20, 「周君南仲墓誌銘」, 『葉適集』제2책에 수록. 주 남周南의 원문은 매우 기니 『山房集』卷7을 보라. 제12장에서 상론할 예정이다.

30 "宣諭獎用廉退, 茂良奏朱熹操行耿介, 屢召不起, 宜蒙錄用, 除祕書郎, 郡小乘間讒毀, 未幾, 手詔付茂良, 謂虛名之士, 恐壞朝廷, 熹迄不至."

31 "時權幸群小乘間讒毀, 會有言虛名之士不可用者, 乃因其再辭, 卽從其請."

32 卷470, 「佞幸」 및 卷469 「宦者四」.

33 친왕親王, 유수留守, 절도사로서 시중侍中, 중서령中書令, 동평장사同平章事 직함을 아울러 지닌 사람. 이들은 조정의 정치에 직접 참여하지 않고, 조정에서 대신들을 제수할 때 부서副署만 했는데 이 또한 형식적 성격을 지녔다.—옮긴이

34 송대 관명. 황제가 조회하거나 연회를 베풀 때 의전을 담당한다.—옮긴이

35 송대 환관의 관명. 조회 시 위계를 관리한다.—옮긴이

36 "時曾覿以使弼領京祠, 王抃以知閤門兼樞密都承旨, 昪爲入內押班, 相與盤結, 士大夫無耻者爭附之."

37 "宰相史浩必欲起之, 或言宜處以外郡. 於是差權發遣南康軍事, 兼管內勸農使."(『朱子年譜』 卷2上)

38 "淳熙五年三月, 史文惠浩既再相, 急於進賢如初. 朱文公熹, 呂公祖謙, 張公栻, 曾氏逢輩, 皆薦召之. 朱公熹不仕幾三十年, 累徵不就. 於是文惠勉以君臣之義, 即拜詔."

39 "東萊屢書勉行, 南軒亦謂須一出爲善. 雖去就出處, 素有定論, 然更須斟酌消息, 勿至已甚. 苟一向固拒, 則上之人謂賢者不肯爲用, 於大體却有害也. 先生至是始有行意."(卷2上. 『東萊別集』 卷8, 「尺牘2·與朱侍講」 第21書 참고.)

40 "道學豈不美之名, 正恐假托爲奸, 使眞僞相亂爾."

41 "近日縉紳有所謂道學者, 大率假其名以濟其僞. 望明詔中外, 痛革此習, 每於除授聽納之除, 考察其人, 擯斥勿用."(『建炎以來朝野雜記』 甲集 卷6)

42 "在江西, 薦許中應, 李肅, 皆善士, 時所謂僞學, 畏不敢擧者也."

43 중승. 어사대부의 직을 대행했다.—옮긴이

44 "周洪道爲集賢相, 四方學者稍立於朝. 會晦翁除郎, 以疾未拜, 而林侍郎栗劾其欺慢, 且詆道學之士, 乃亂臣之首, 宜加禁絕. 林雖罷去, 而士大夫譏貶道學之說, 迄不可解, 甚至以朋黨詆之, 而邪正幾不能辨. 至紹熙末趙子直當國, 遂起晦翁侍經筵, 而其學者益進矣. 晦翁侍經筵數十日而去位, 子直貶. 永州何參政澹爲中執法, 復上擊道學之章. 劉樞院德秀在諫列又申言之, 於是始有僞學之禁矣."

45 순희 초년에 건립되어, 고종高宗의 작품을 소장하는 일을 담당한 기관.—옮긴이

46 "悲夫. 禍所從來遠矣. 世方絀道學, 而柄路艱用材. 周丞相執政久, 士多貌若愿, 不心與也. 忮者已怨, 相與擊逐, 喜曰, 道學散群矣. 趙丞相特用材銳甚, 清官重職, 往往世所標指謂道學者. 忮者尤怨. 幸其有功, 生異起說, 枝連葉綴, 若組織然. 謗成而趙公亦逐, 則又喜曰, 道學結局矣."(『水心文集』 卷24)

47 위 명銘은 가정 13년 곧 1220년에 지어졌다.

48 『朱子語類』 卷108, 제46조, "今世士大夫惟以苟且逐旋挨去爲事, 挨得過時且過. 上下相咻以勿生事, 不要十分分明理會事, 且恁鶻突. 才理會得分明, 便做官不得."

49 "大率習軟美之態依阿之言, 而以不分是非不辨曲直爲得計. 下之事上, 固不敢稍忤其意, 上之御下, 亦不敢稍咈其情. 惟其私意之所在, 則千涂萬轍, 經營計較, 必得而後已."

50 우무의 말.

51 王懋竑, 『朱子年譜』 卷4上, "今日之事, 非大更改, 不足以悅天意, 服人心. 必有惡衣服, 非飮食, 卑宮室之志, 而不敢以天子之位爲樂, 然後庶幾積誠盡孝, 黙通潛格, 天人和同, 方可有爲. 其事大, 其體重, 以言乎輔贊之功, 則非吾之所任, 以言乎啓沃之道, 則非吾之敢當. 然天下無不可爲之時, 人主無不可進之善. 以天子之命召藩臣, 當不俟駕而往. 吾知竭吾誠, 盡吾力耳. 外此非吾所能豫料也."

52　『四朝聞見錄』, 丁集, 「慶元黨」 조목, "當文公之嚣用也, 其門人附之者衆. 及黨議之興, 士之淸修者, 深入山林以避禍, 而貪榮畏罪者, 至易衣巾, 携妓女於湖山都市之間以自別. 雖文公之門人故交, 嘗過其門, 凜不敢入. (…) 嘉泰之間, 公之類者, 已幡然而起. 至嘉定間, 偶出於一時之游從, 或未嘗爲公之所知者, 其迹相望於朝. 俗謂當路賣藥. 臨安售綿率非真, 每用藥屑之重之, 故云."

4. 왕회의 집정과 당쟁의 관계

1　"因論壽皇最後所用宰執, 多是庸人. 如某人, 不知於上前說何事. 可學云, 某人卻除大職名, 與小郡. 又有被批出與職名外, 恁卻是知他不足取. 曰, 壽皇本英銳, 於此等皆照見. 只是向前爲人所誤, 後來欲安靜, 厭人喚起事端, 且如此打過. 至於大甚, 則又厭之. 正如惡駿馬之奔踶, 而求一善馬騎之, 至其駑鈍不前, 則又不免加以鞭策. 薛補闕曾及某人. 壽皇云, 亦屢以意導之而不去."

2　"上章力求去, 以觀文殿大學士判衢州."

3　"時倣唐制, 置補闕拾遺, 宰臣啟, 擬令侍從臺諫薦人, 上自除叔似左補闕. 叔似論事, 遂劾首相王淮去位."

4　'중흥中興'은 남송대를 가리키는 별칭이다.―옮긴이

5　『朝野雜記』, 甲集, 卷9, "中興宰相二十九人, 自秦申王外, 在位逾三年者八人而已. 王魯公淳熙八年相, 十五年罷, 凡七年."

6　본서 제5장 「'국시' 고찰」 중 인용된 『宋史』, 「王質傳」을 보라.

7　상세한 내용은 『宋史』 卷213, 「宰輔表四」를 보라.

8　"夫宰相之任一不稱, 則陛下之志一沮."

9　『鶴林玉露』, 丙編, 卷4, "孝宗初年, 規懷之志甚銳, 而卒不得逞者, 非特 (…) 財屈兵弱未可展布, 亦以德壽聖志主於安靜, 不思違也. 闕後蓄積稍羨, 又嘗有意用兵 (…) 後打算只了得十三番犒賞, 於是用兵之意又寢."

10　"臣竊見比年諸道亦多水旱, 民貧日甚. 而國家兵弱財匱, 官吏誕謾, 不足倚仗. 正使彼實可圖, 臣懼我之未足以圖彼也. 上爲黙然久之."(朱熹, 「右文殿修撰張公神道碑」, 『文集』, 卷89) 楊萬里, 「張左司傳」, 『誠齋集』, 卷116에도 비슷한 내용이 실려 있다.

11　「食貨」, 56의 49, "乾道元年五月六日臣僚言, 竊聞近者戶部當諸軍宣限之日, 而帑藏空乏, 無可支散, 遂致轉移日限, 旋行申請, 而後僅解目前之急. 其亦可謂迫矣."

12　"上語宰執, 語及戶部財賦, 且曰, 所借南庫四百萬緡, 朕屢以語曾懷, 不知有甚指淮撥還. 慶允文奏曰, 戶部不過指淮折帛錢耳. 今歲除江上截撥外, 約收四百萬緡, 將來僅了得中中支遣, 豈復有餘, 以償舊欠. 梁克家奏曰, 舊欠且未敢言, 今左帑無三兩之日儲, 大段急闕, 不可支吾."

13　『宋史』 卷165, 「職官志五」.

14　이 제도는 한대에서 이루어진 소부少府와 사농司農의 구별에서 기인한다.

15　梅原郁, 「宋代の內藏と左藏」, 『東方學報』 42권, 1971년, 127~76쪽.

16 卷474,「奸臣傳」, "或勸侂冑立蓋世功名以自固者, 於是恢復之議興."

17 『水心文集』卷21,「趙公墓誌銘」, "嘗謂公曰, 周天下事, 每日須過胘心下一遭, 留卿相聚, 正欲共此, 不可遽去也. 蓋孝宗之有志於治如此. 用人必親簡, 雅不任宰相, 宰相往往慚沮. (…) 其後天子一切恭已, 以事任其臣, 舉腐行魚貫以聽."

18 『宋史』卷213,「宰輔表四」.

19 『學林玉露』, 甲編 卷6, "陳應求嘗告孝宗曰, 近時宰相罷去, 則所用之人, 不問賢否, 一切屏棄, 此鉤黨之漸, 非國家之福. 趙溫叔爲相, 多引蜀士, 及罷相, 有爲飛語以撼蜀士者. 王季海言, 一宰相去, 所用者皆去, 此唐季黨禍之胎也, 豈聖世所宜有哉. 蜀士乃安."

20 "一日, 上曲宴宰執於凝碧 (…) 又言朝廷所用, 正論其人如何, 不可有黨. 如唐牛李之黨, 相攻四十年, 緣主聽不明於此. 文宗曰, 去河北賊易, 去朝中朋黨難. 朕常笑之."

21 卷245, 文宗 太和 8년 11월 조목. '조중朝中'이 원문에는 '조정朝廷'으로 되어 있다.

22 "讀資治通鑑, 知司馬光有宰相度量."

23 『誠齋集』卷120, "除翰林學士知制誥, 知貢舉, 上嘗與公論及朋黨, 至是發策問士以崇名節惡朋黨, 士風丕變, 得士最盛."

24 "王淮爲相, 一日問日, 宰相先務者何事. 曰, 人才. 又問, 孰爲才. 即疏朱熹袁樞以下六十人以獻, 淮次第擢用之."

25 수도 이외 지역에 설치하여 군사 업무를 조사하던 기구.─옮긴이

26 『四朝聞見錄』, 乙集, "淳熙間, 考亭以行部劾台守唐氏, 上將實唐於理. 王與唐爲姻, 乃以唐自辯疏與考亭章俱取旨, 未知其孰. 是王但微笑, 上固問之, 乃以朱程學, 唐蘇學爲對. 上笑而緩唐罪. 時上方崇屬蘇氏, 未遑表章程氏也, 故王探上之意以爲解."

27 楊萬里,「王公神道碑」.

28 『四朝聞見錄』, 甲集, "慶元六君子"조목.

29 『宋元學案』卷60.

30 "秀才爭閑氣耳."

31 『宋元學案』卷60,「唐說齋先生仲友」, "且魯公賢者, 前此固力薦晦翁之人也, 至是或以姻家之故, 稍費調停, 然謂其從此因嗾鄭丙陳賈以毀道學, 豈其然乎. 丙賈或以此爲逢迎, 魯公豈聽之. 夷考其生平, 足以自其不然也."

32 「魯國王公神道碑」, "其圖任相臣, 在初元時則有若魏國張公浚, 在中年時則有若雍國虞公允文, 皆駿發揚厲, 誓清中原. 人咸謂君臣投分, 一何契也. 至其季年則不然, 乃選於衆而舉魯國王公. 公之爲人, 貌不爆其剛, 動不顯其方, 呐呐恂恂, 言徐色夷, 以春遲冬溫之氣, 而當風行雷厲之威. 人又謂君臣異趣, 又何揆也."

33 "允文主恢復, 朝臣多迎合. 克家密諫, 數不合, 力丐去."

34 『水心文集』卷16,「著作正字二劉公墓誌銘」, "虞丞相允文贊上謀恢復銳甚, 希進者趣和之."

35 때문에 '장준이 일을 그르쳤다'고 이야기했던 것이다.

36 고종이 머물던 궁의 이름.─옮긴이

37 "光堯既與子, 孝宗敬愛日隆, 每間安北宮, 間及治道. 時孝宗銳意大功, 新進逢迎, 務爲可喜. 淳熙中, 上益明智國事, 老成向用矣. 一日朝德壽, 謂之曰, 天下事不必乘快, 要在堅忍, 終於有成."

上再拜大書揭於選德殿."

38　본서 하편 제12장 제3절을 보라.

39　진회가 죽은 후 고종이 직접 중요 업무를 장악했다.

40　『攻媿集』卷87, "高宗更化之初, 興滯補弊. 公所言無非經綸要務. 嘗謂道揆正於上, 則法守明 於下, (…) 欲望明詔大臣, 令各以成法來, 上盡去宿弊, 或依違遷就, 則坐以違制. 御筆令三省六曹遵 守. 此實公之相業也. 眷遇日隆, 且將大用."

41　"首以進賢報上爲己任."

42　"首以用人爲己任."

43　본서 제9장 제4절 참조.

44　휘유각은 황실도서관의 명칭이다.—옮긴이

45　"時以荒政爲急, 淮言, 李椿年老成練達, 擬除長沙帥, 朱熹學行篤實, 擬除浙東提擧, 以倡郡 國. 其後推賞, 上曰, 朱熹職事留意. 淮言, 修擧荒政, 是行其所學, 民被實惠, 欲與進職. 上曰, 與 升直徽猷閣."

46　楊萬里의 「神道碑」 및 樓鑰의 「行狀」을 보라.

47　朱熹, 「建寧府崇安縣五夫社倉記」, 『文集』, 卷77.

48　『文集』, 卷27, 「上宰相書」, "自受任以來, 夙夜憂歎, 恐無以仰承聖天子之明命而辱明公之知於 此時也. 是以不憚奔走之勞, 不厭奏請之煩, 以盡其職之當爲者, 以報塞萬一. 而乃奏請諸事, 多見抑 却, 幸而從者, 又牽稽緩後時, 無益於事. 而其甚者, 則又漠然無所可否, 若墮深井之中. 至其又甚者, 則遂至於按故不行, 反遭傷中, 而明公之意所左右, 又自曉然. 使人憤懣, 自悔其來, 而求去不得, 遂使 因仍, 以至於今."

49　王懋宏, 『朱子年譜考異』卷3, 淳熙 9년 정월 조목 참조.

50　"明公憂國之念, 不如愛身之切, 是以但務爲阿諛順指之計. 此其自謀, 可謂盡矣. 然自旁觀者 論之, 則亦可謂不思之甚者也."

51　楊萬里의 「王公神道碑」 및 『宋史』卷396 本傳, "陳康伯雖有人望, 至於處事, 皆不及卿."

52　『宋史』卷384, 本傳 「論」, "臨事明斷."

53　이 네 조목은 북송대의 이약곡李若谷에게서 나왔다. 『三朝名臣言行錄』, 卷12의 3, 「諫議 劉公(安世)」 조목을 보라.

54　본서 「서설」 제5절의 3, "'자기를　위하고 타인을 이뤄준다'—도학의 전개", "知君再起爲 蒼生."

55　『勉齋集』卷36, "會浙東大饑, 易提擧浙東常平茶鹽事. 時民已艱食, 卽日單車就道."

56　卷3上, 淳熙 10년 정월 조목. "先生郡守南康, 使浙東, 始有以身殉國之意."

57　"分畫既定, 按行所部. 窮山長谷, 靡所不到. 拊問存恤, 所活不可勝計. 每出皆乘單車, 屛徒 從. 所廉雖廣而人不知. 郡縣官吏憚其風采, 倉皇驚懼. 常若使者壓其境, 至有自引去者."

58　『文集』卷16〜19.

59　『語類』卷106, 「外任·浙東」.

60　『朱子年譜』卷3上.

61　"伏念臣所劾臟吏, 黨與衆多, 某布星羅, 並當要路. 自其事覺以來, 大者宰制幹旋於上, 小者馳鶩經營於下. (…) 其加害於臣, 不遺餘力."

62　『語類』卷108,「論治道」. "以前日浙東之事觀之, 州縣直是視民如禽獸, 豐年猶多饑死者."

63　본서「서설」제5절 '이학과 정치문화'의 제5를 참조하라.

64　『語類』卷112,「論官」. "治愈大則愈難爲, 監司不如做郡, 做郡不如做縣. 蓋這裏有仁愛心, 便隔這一重. 要做件事, 他不爲做, 便無緣得及民."

65　주희의 정치적 생애에 대해서는 다음에 열거하는 영문 논문 두 편을 참조하라. Conrad M. Schirokauer, "Chu Hsi's Political Career: A Study in Ambivalence," in Arthur F. Wright and Denis Twitchett, eds., *Confucian Personalities*, Stanford University Press, 1962, pp.162~188; John W.Chaffee, "Chu Hsi in Nan-K'ang: Tao-hsüeh and The Politics of Education," in Wm. Theodore de Bary and John W.Chaffee, eds., *Neo-Confician Education: The Formative stage*, University of California Press, 1989, pp. 414~431.

66　『鮚埼亭集』, 外編 卷24,「唐悅齋文鈔序」. "詳考台州之案, 其爲朱子所糾, 未必盡枉."

67　앞에서 인용했던 Schirokauer의 논문은 매우 공정한 입론을 제시한다. 173~175쪽을 보라.

68　"孝皇朝不許宰相進擬鄉人. 王丞相宰相位八年, 林子中亦鄉人, 八年不得除命."

69　『宋元學案』卷74,「慈湖學案」. "張端義"조목.

70　『鶴林玉露』. "罷宰相" 조목.

71　李心傳, 『道命錄』卷5. "近世搢紳士夫有所謂道學者 (…) 相與造成言語, 互爲標榜. (…) 植黨分明, 漸不可長. 夫朋黨之始, 不過相與爲媒, 彼此矛盾而已. 萬一有是人而得用也, 則必求有以相勝, 欺君罔上, 其術遂行, 利害不在其身, 而在天下也."

72　『象山先生全集』卷7. "朱元晦在浙東, 大節殊偉, 劾唐與正一事, 尤大快衆人之心. 百姓甚惜其去, 雖士大夫議論中間不免紛紜, 今其是非已漸明白."

73　송대 소박邵博의『문견후록聞見後錄』권22에 따르면, "程頤, 歐陽棐, 畢仲游, 楊國寶, 孫補, 交結執政子弟, 搢紳之間號五鬼"라고 한다.—옮긴이

74　일곱 명의 순군열사.—옮긴이

75　『水心別集』卷14,「監司」. "奉行法度者, 州郡也. 治其不奉行法度者, 監司也. 故監司者, 操制州郡者也. 使之操制州郡, 則必無又從而操制之, 此則今世所以置監司之體統當如是矣. 今也上之操制監司, 反甚於監司之操置州郡, 緊緊恐其擅權而自用, 或非時不得巡歷, 或巡歷不得過三日, 所從之吏卒, 所批之券食, 所受之禮饋, 皆有明禁. 然則朝廷防監司之不暇, 而監司何足以防州郡哉. 且不責其大而姑禁其細, 何哉. (…) 故監司弛惰, 人反以爲寬大, 上亦以爲知體. 監司之擧職, 人反以爲侵權, 上亦以爲生事, 此真大謬戾者也."

76　『語類』卷127,「本朝一」. "某嘗以浙東常平事入見, 奏及賑荒. 上日, 其弊只在後時失實. 此四字極切荒政之病."

77　본서 하편 제9장 제2절 참조.

78　본서 하편 제9장 제3절 참조.

79　『語類』卷108, 제46조. "今世士大夫惟以苟且逐旋挨去爲事, 挨得過時且過. 上下相咻以勿生

事, 不要十分分明理會事."

80　"王淮當國久, 及之奏, 陛下即位二十七年, 而羣臣未能如聖意者, 以苟且爲安榮, 以姑息爲仁恕, 以不肯任事爲簡重, 以不敢任怨爲老成. 敢言者指爲輕儇, 鮮恥者謂之朴實. 陛下得若人而相之, 何補於治哉. 淮竟罷職予祠."

5. 남은 논의

1　『文集』卷28, "又蒙垂諭, 深以士大夫之朋黨爲患, 此古今之通病, 誠上之人所當疾也. 然熹嘗竊謂, 朋黨之禍, 止於縉紳, 而古之惡朋黨而欲去之者, 往往至於亡人之國. 蓋不察其賢否忠邪, 而惟黨之務去, 則彼小人之巧於自謀者, 必將有以自蓋其迹, 而君子恃其公心, 直道無所回互, 往往反爲所擠, 而目以爲黨. 漢唐紹聖之已事, 今未遠也. (…) 夫杜門自守, 孤立無朋者, 此一介之行也. 延納賢能, 黜退姦險, 合天下之人, 以濟天下之事者, 宰相之職也. 奚必以無黨者爲是, 而有黨者爲非哉. 夫以丞相今日之所處, 無黨則無黨矣, 而使小人之道日長, 君子之道日消, 天下之慮, 將有不可勝言者, 則丞相得安得辭其責哉. 熹不勝愚者之慮. 願丞相先以分別賢否忠邪爲己任, 其果賢且忠耶, 則顯然進之, 惟恐其黨之不衆而無與共圖天下之事也. 其果姦且邪耶, 則顯然黜之, 惟恐其去之不盡而有以害吾用賢之功也. 不惟不疾君子之爲黨, 而不憚以身爲之黨, 不惟不憚以身爲之黨, 是又將引其君以爲黨而不憚也. 如此則天下之事其庶幾乎."

2　『小畜集』卷8, 「朋黨論」.

3　『歐陽文忠公集』卷17, 「朋黨論」.

4　深松勤, 『北宋文人與黨爭』, 48～53쪽.

5　靖康元年, 『梁谿集』卷143.

6　上同, 卷81.

7　『續資治通鑑長編』卷210, 熙寧 3년 4월 己卯, "程顥權遣京西路提點刑獄"조목 아래, "正叔嘗說新法之行, 正緣吾黨之士攻之太力, 遂с各成黨與, 牢不可破."

8　『河南程氏遺書』卷2上, "新政之改, 亦是吾黨爭之有太過, 成就今日之事, 塗炭天下, 亦須兩分其罪可也. 當時 (…) 介父欲去數矣 (…) 爲天祺其日於中書大悖, 緣是介父大怒, 遂以死力爭於上前, 上爲之一以聽用, 從此黨分矣."

9　『文集』卷98, "初頤在經筵, 歸其門者甚盛, 而蘇軾在翰林, 亦多附之者, 遂有洛黨蜀黨之論. 二黨道不同, 互相非毁, 頤竟爲蜀黨所擠."

10　『范忠宣奏議』卷下, "竊以朋黨之起, 蓋因趨向異同. 同我者謂之正人, 異我者疑爲邪黨. 既惡其異我, 則逆耳之言難至. 既喜其同我, 則迎合之佞日親. 以至真僞莫知, 賢愚倒置. 國家之患, 何莫由斯至. 如王安石自負學術, 即非全無知識. 止因喜同惡異, 遂至黑白不分, 引呂惠卿爲大儒, 黜司馬光爲異黨. 至今風俗, 猶以觀望爲能. 後來柄臣, 固合永爲商鑑."

11　『宋史』卷313, 本傳.

12　『攻媿集』, 卷20, "若士大夫之自相排, 雖盛時亦不能無之. 漢之黨錮, 權在宦官, 乘主之昏而肆爲之, 無足怪者. 若唐之朋黨, 元祐之黨籍, 則士大夫自相傾軋, 使人主莫知適從, 爲害尤甚."

13　『誠齋集』, 권69, "臣竊觀近日以来朋黨之論, 何其紛如也. 有所謂甲宰相之黨, 有所謂乙宰相之黨, 有所謂甲州之黨, 有所謂乙州之黨, 有所謂道學之黨, 有所謂非道學之黨, 是何朋黨之多歟.

且天下士大夫, 孰不由宰相而進者. 進以甲宰相, 一日甲罷, 則盡指甲之人以爲甲之黨, 而盡逐之. 進以乙宰相, 一日乙罷, 則又盡指乙之人以爲乙之黨, 而盡逐之. 若夫甲州之士, 乙州之士, 道學之士, 非道學之士, 好惡殊而嚮背異, 則相攻相擯, 莫不皆然. 黨論一興, 臣恐其端發於士大夫, 而其禍及於天下國家. 前事已然矣, 可不懼哉."

14 북송의 '붕당'의 형성에 대해서는 제7장 제1절에서 인용한 平田茂樹의 글을 참조하라. 특히 그 글의 제2절을 보라. 12~24쪽.

15 전한은 승상丞相(대사도大司徒), 태위太尉(대사마大司馬), 어사대부御史大夫(대사공大司空)를 삼공으로 삼았고, 후한은 태위太尉, 사도司徒, 사공司空을 삼공으로 삼았다.―옮긴이

16 『水心別集』, 卷2, 「進卷·國本中」, "蓋漢之三公無以善去位者, 不自殺則受誅. 其輕者者, 猶以醜辭策之. 而自眞宗仁宗以来, 執政大臣之將去也, 必使之連疏自白, 若將不得已而後從者, 又爲之遷官加賜而付以重地. 前世之臣, 以諫諍忤旨而死者皆是也. 祖宗不惟不怒, 又遷擢之以至於公卿. 神宗嘗疑其臣之罷惰而不任職者, 當汰而不忍, 始益宮觀之員, 廩之以粟, 而不責以事, 後遂爲定法. 其後章惇弄權, 嘗欲興劉摯之獄以殺黨人, 而哲宗不從. 蔡京當國, 又欲殺天下士, 而徽宗不聽. 紹興初, 誤聽宰相誅諫官二人, 尋復自悔, 下詔責躬以謝天下, 故雖權臣用事, 二十年間, 予奪惟意, 而無殺士大夫之禍."

17 효종이 진강백에게 한 말이다. 『系年要錄』 卷200, 紹興 32년 10월 丙寅 조목 참조.

18 도종度宗이 진종례陳宗禮에게 한 말이다. 『宋史』 卷421, 「陳宗禮傳」 참조.

19 "寰中士大夫不爲君用, [是自外其教者, 誅其身而沒其家, 不爲之過]."

20 "貴溪儒士夏伯啟叔姪斷指不仕, 蘇州人才姚潤王謨被徵不至, 皆誅而籍其家. 寰中士夫不爲君用之科, 所由設也."

21 羅從彦, 『羅豫章集』 卷8, 「陳瓘論蔡京」 조목, "犯人主未必得禍, 一觸權臣, 必破碎矣."

22 『繫年要錄』 卷8.

23 『宋史』 卷455, 「忠義十」, 本傳.

24 『宋史』 卷375, 本傳, "下吏部, 罷歸."

25 "時潛善奏誅陳東, 翰謂所親曰, 吾與東皆以爭李綱者, 東戮東市, 吾在廟堂可乎. 求去益力, 章八上, 以資政殿大學士提擧洞霄宮."

26 "先君言, 楚公罷政, 吳材章疏也. 先是材及王能甫章論呂希純劉安世不當還職, 朝廷爲寢二人之命. 而材力詆元祐人不已, 公乃請降詔一體不問. 詔下, 侍御使鄧余言當堅守詔書. 公又請牓其章於朝堂, 且進曰, 此詔, 臣願以死守之. 材大不快, 復求對, 力論元祐人不可不痛治. 徽宗曰, 已降詔, 且大臣力謂不可, 姑止, 如何. 材乃曰, 請不可者, 陸某也. 某乃黨人, 正恐相及耳. 明日, 乃上章專論公, 曰, 位雖承轄, 情實黨魁. 是壬午六月. 然章乃不出, 但中批謂名在黨籍也. 是晚, 遂命蔡京代爲左丞."

27 『宋史』, 「徽宗本紀一」.

28 『宋史』 卷356, 本傳.

29 『苕溪漁隱叢話』, 全集 卷46, 「東坡九」, "元豐間, 蘇子瞻繫御史獄, 神宗本無意深罪子瞻, 時相進呈, 忽言蘇軾於陛下有不臣意. 神宗改容曰, 軾固有罪, 然於朕不應至是, 卿何以知之. 時相因擧軾檜詩, 根到九泉無曲處, 歲寒惟有蟄龍知之句, 陛下龍飛在天, 軾以爲不知己, 而求知地下之蟄龍, 非不臣而何. 神宗曰, 詩人之詞, 安可如此論, 彼自詠檜, 何預朕事. 時相語塞. 子厚亦從旁解之, 遂薄其罪. 子厚嘗以語余, 且以醜言詆時相曰, 人之害物無所忌憚有如是也."

30   『宋史』卷329, 각 本傳 참조.

31   『東坡文集事略』卷35, 「乞郡箚子」.

32   『語類』, 卷107, 제26조, "又不曾作詩謗訕, 只是與朋友講習古書, 說這道理. 更不敎做, 卻做何事."

33   上同, 제30조, "其黙足以容, 只是不去擊鼓訟冤, 便是黙, 不成屋下合說底話亦不敢說也."

| 인명 |

주희의 역사세계—상

| 1판 1쇄 | 2015년 10월 5일 |
| 1판 2쇄 | 2022년 1월 21일 |

지은이	위잉스
옮긴이	이원석
펴낸이	강성민
기획	노승현
편집장	이은혜
책임편집	좌세훈
마케팅	정민호 김도윤
홍보	김희숙 함유지 이소정
독자모니터링	황치영

펴낸곳   (주)글항아리 | 출판등록 2009년 1월 19일 제406-2009-000002호

주소	10881 경기도 파주시 회동길 210
전자우편	bookpot@hanmail.net
전화번호	031-955-8897(편집부) 031-955-2696(마케팅)
팩스	031-955-2557
ISBN	978-89-6735-252-3 94900
	978-89-6735-251-6 (세트)

www.geulhangari.com